Teresa von Ávila

Das Buch meines Lebens

Originalausgabe

Alle Rechte vorbehalten – Printed in Germany
Verlag Herder Freiburg im Breisgau 2001
www.herder.de
Satz: DTP+Printmediengestaltung Manfred Raufer, Freiburg i. Br.
Herstellung: fgb · freiburger graphische betriebe 2001
www.fgb.de
Umschlaggestaltung und Konzeption:
R·M·E München / Roland Eschlbeck, Liana Tuchel
Umschlagbild: Erich Buchholz, Roter Kreis im Goldkreis, 1922.
© Eila Buchholz-Schrader
ISBN: 3-451-05211-3

HERDER spektrum

Band 5211

Das Buch

Eines der großen Bücher der mystischen Weltliteratur: In ihrem *Libro de la vida* gibt Teresa von Ávila (1515–1582) Einblick in ihren innerlichen Werdegang, von der um ihr Seelenheil ängstlich besorgten Novizin, die sich aus „knechtischer Furcht" ins Kloster flüchtete (1535), dort aber im Jesus der Evangelien den sie liebenden Gott entdeckt, bis hin zu einem als *Verweilen bei einem Freund* (8,5) verstandenen Leben und Beten. Somit bekommt ihr Leben Sinn, auch wenn es angesichts ihrer Grenzen, ihres Versagens und ihrer beständigen Krankheiten oft sinnlos erscheint, denn von einem solchen Gott weiß sie sich bedingungslos angenommen, sofern sie ihm das nur glaubt. Da sie diese Erfahrung nicht für sich behalten will, gründet sie trotz vieler Schwierigkeiten, der sie in einer von Männern beherrschten Gesellschaft und Kirche ausgesetzt war, 1562 ihr erstes Kloster. Da jeder Mensch zur Freundschaft mit Gott fähig und eingeladen ist, werden auch die von Menschen errichteten Barrieren zwischen den Geschlechtern hinfällig, und Teresa wird zur Anwältin einer von der Praxis Jesu her grundgelegten und legitimierten Gleichberechtigung der Frau. Die vielen von ihr erlebten und in diesem Buch beschriebenen geistlichen, auch außerordentlichen mystischen Erfahrungen erscheinen angesichts ihrer praktischen und nüchternen Lebenseinstellung durchaus als glaubhaft. So wird sie zu einer glaubwürdigen Zeugin für das Wirken Gottes in unserer Welt und vielen Menschen zur Wegweiserin zu einem erfüllten Leben. Edith Stein hat durch die Lektüre dieser Schrift die für sie lebenswichtige „Wahrheit" gefunden. Die aktuelle Neuübersetzung eines Klassikers der Spiritualität.

Die Autorin

Teresa von Ávila, am 28. 3. 1515 in Ávila, Kastilien, in einer väterlicherseits jüdischen Familie geboren, trat im Alter von 21 Jahren ins Karmelitinnenkloster ihrer Heimatstadt ein. Tiefe mystische Erfahrung und nicht gegenreformatorisches Engagement wird zur Triebfeder für die Gründung von Klöstern, von denen sie das erste von insgesamt 17, San José in Ávila, 1562 gründet; ab 1568 wird sie mit Hilfe des hl. Johannes vom Kreuz auch zur Gründerin von Klöstern für Brüdern. Auch in der über ihr Werk bald hereinbrechenden Verfolgung gibt ihr eine persönliche Gottesbeziehung Kraft, oft gegen alle menschliche Hoffnung, denn als eine dem *inneren Beten* ergebene, noch dazu einer *jüdischen Familie* entstammende *Frau* hatte sie es in der damals vorwiegend von spekulativen Theologen beherrschten Kirche und Gesellschaft mehrfach schwer. 1581 wird ihr neuer Orden durch ein Päpstliches Breve zur unabhängigen Provinz, zu dessen erstem Provinzial ihr enger Vertrauter Jerónimo Gracián gewählt wird. Am 4. Oktober 1582 stirbt sie zu Alba de Tormes (Salamanca). Sie gilt als eine der bedeutenden Mystikerinnen der Christenheit.

Teresa von Ávila

Das Buch meines Lebens

Vollständige Neuübertragung
Gesammelte Werke Band 1

Herausgegeben, übersetzt und eingeleitet von
Ulrich Dobhan OCD
Elisabeth Peeters OCD

HERDER

FREIBURG · BASEL · WIEN

INHALT

Einführung

Als Papst Paul VI. Teresa von Ávila oder – wie sie sich selbst nannte – Teresa de Jesús am 27. September 1970 als erster Frau in der Geschichte der Kirche den offiziellen Titel eines *Doctor Ecclesiae* (Kirchenlehrerin) verlieh, hat er damit eine Tatsache anerkannt, die bereits zu Lebzeiten der großen Heiligen begonnen hatte: Lehrerin zu sein für die Menschen auf der Suche nach dem tiefsten Sinn des Lebens.[1] Obwohl es zu ihrer Zeit und in der damaligen Kirche und Gesellschaft Frauen verboten war, irgendeine Art von Lehrtätigkeit auszuüben und 1559 alle geistlichen Bücher in ihrer Muttersprache verbrannt werden mußten,[2] gehört Teresa heute zu den großen Schriftstellerinnen in ihrer kastilischen (spanischen) Muttersprache, ja der Weltliteratur.[3]

In Fragen des geistlichen Lebens, des Betens als einer existentiellen Beziehung mit Gott und der höchsten Gotteserfahrungen, also der Mystik, wird Teresas Bedeutung immer mehr erkannt,[4] vor allem auch als Beitrag zur Erfahrung Gottes aus der Sicht und dem Erleben einer Frau. Kein Wunder, daß sie von der feministischen Theologie als Kronzeugin herangezogen und ge- und bisweilen auch mißbraucht wird.[5]

---

[1] In der *Vida* (Das Buch meines Lebens) wird das immer wieder klar. Ihr Hauptgesprächspartner García de Toledo, dem sie sich immer wieder unterwirft, wird auch immer wieder zum Unterwiesenen, den sie sogar mit *„mein Sohn"* anspricht (V 16,6; 19,9).

[2] Tief betroffen erwähnt Teresa dieses Verbot (V 26,5).

[3] So erschien z. B. 1966 ihre wichtigste Schrift *Castillo interior – Die Innere Burg* in der Übersetzung von Fritz Vogelsang in der Reihe *Neue Bibliothek der Weltliteratur.* (Für nähere Angaben siehe jeweils LITERATUR, S. 76–80.)

[4] Siehe z. B. J. Sudbrack, *Erfahrung einer Liebe.*

[5] I. Buhofer, *Wenn zwischen den Kochtöpfen der Herr geht;* M. Collins, *Töchter der Kirche;* I. Magli, *Storia laica delle donne religiose;* R. Rossi, *Teresa de Ávila;* D. Fasoli – R. Rossi, *Le „estasi laiche" di Teresa d'Avila.*

Als Angehörige der damals vielfach diskriminierten Bevölkerungsschicht der konvertierten Juden, der sog. *Conversos* oder *Judeoconversos*, ist Teresa und ihre Familie geradezu ein Paradebeispiel für die Struktur der damaligen Gesellschaft und ihrer Problematik. Ihre *Vida* gibt an vielen Stellen diesbezüglich einen interessanten Einblick in Teresas Selbstbewußtsein, trotz dieser offensichtlichen Diskriminierung.[6]

Durch die beständigen Krankheiten, denen sie zeit ihres Lebens ausgesetzt war, ist Teresa schließlich auch zu einem interessanten „Fall" der Medizingeschichte geworden, was allerdings auch erst in letzter Zeit entsprechend ausgewertet wird.[7] Wir freuen uns, daß wir mit Frau Dr. Britta Souvignier, Aachen, eine herausragende Expertin gewinnen konnten, die zu vielen einschlägigen Stellen der *Vida* Anmerkungen aus medizinhistorischer Sicht verfaßt hat.[8] An dieser Stelle sei ihr dafür gedankt.

Teresa ist also in vielfacher Hinsicht geeignet, mit verschiedenartigen Lesern in Kontakt zu treten. Wir hoffen, daß diese neue Übersetzung dabei eine Hilfe sein kann.

1. Leben[9]

„Am Mittwoch, den achtundzwanzigsten März des Jahres fünfzehnhundert fünfzehn /1515/ um fünf Uhr früh, mehr oder weniger (denn es war schon fast Tagesanbruch an jenem Mittwoch), wurde meine Tochter Teresa geboren", so notierte Don Alonso, Teresas Vater, in sein Buch, in das er die Geburten seiner zahleichen Kinder einzutragen pflegte. Teresa war das

---

6 Siehe z. B. V 1,1; 2,3.5f.; 3,4; 5,9; 7,4.10.16; 11,2; 20,26; 27,14; 31,23; 34,3.4; 35,15; 37,10.

7 Siehe dazu B. Souvignier, *Die Würde des Leibes.*

8 Mit (B. S.) gekennzeichnet.

9 Für eine zusammenhängende Darstellung des Lebens Teresas verweisen wir auf Efrén de la Madre de Dios – O. Steggink, *Tiempo y vida de Santa Teresa.* Deutschsprachige Biographien: M. Auclair, *Das Leben der hl. Teresa von Avila;* G. Papasogli, *Die hl. Theresia von Avila;* E. Lorenz, *Teresa von Avila. Eine Biographie mit Bildern* von H. N. Loose; J. Burggraf, *Teresa von Avila. Humanität und Glaubensleben;* W. Herbstrith, *Teresa von Avila. Lebensweg und Botschaft.*

dritte Kind aus der zweiten Ehe mit Beatriz de Ahumada, nachdem seine erste Frau Catalina del Peso 1507 gestorben war. Aus dieser ersten Ehe waren zwei Kinder hervorgegangen: María de Cepeda, geboren 1506, und Juan Vázquez de Cepeda, geboren 1507.

Zwei Jahre später, 1509, feierte der inzwischen ca. 29jährige Don Alonso von neuem Hochzeit, diesmal mit der erst 14jährigen Beatriz de Ahumada, die in den ihr noch verbleibenden 19 Jahren zehn Kinder auf die Welt brachte: 1510 Hernando de Ahumada, 1513 oder 1514 Rodrigo de Cepeda, wie schon erwähnt, am 28. März 1515 Teresa de Ahumada, ca. 1517 Juan de Ahumada, 1519 Lorenzo de Cepeda, 1520 Antonio de Ahumada, 1521 Pedro de Ahumada, 1522 Jerónimo de Cepeda, 1527 Agustín de Ahumada, 1528 Juana de Ahumada, die jüngste; Ende dieses Jahres stirbt Beatriz de Ahumada mit 33 Jahren, offensichtlich im Kindsbett.[10] Teresa hat also Recht, wenn sie schreibt: „Wir waren drei Schwestern und neun Brüder" (1,3).

1.1. *Abstammung aus einer jüdischen Familie*

Teresas Vater, Don Alonso Sánchez de Cepeda, eines von mehreren Kindern des Juan Sánchez de Toledo, eines begüterten jüdischen Kaufmanns, und dessen Ehefrau Inés de Cepeda, war ca. 1480 in Toledo geboren und 1485, als die Inquisition dort ihr Tribunal aufschlug, zusammen mit der ganzen Familie getauft worden. Das zeigt, daß die Juden schon vor ihrer endgültigen Vertreibung 1492, als sie vor die Wahl gestellt wurden, entweder das Land zu verlassen[11] oder aber zu konvertieren, vielerlei Pressionen ausgesetzt waren. Durch diesen Umstand gehörte er zu den sog. *Conversos*, einer bis ins 18. Jahrhundert hinein diskriminierten Bevölkerungsschicht in Spanien.[12] Viel-

---

[10] Siehe dazu Efrén de la Madre de Dios – O. Steggink, *Tiempo y vida*, 12–46.

[11] Als wahrscheinlich wird von verschiedenen Autoren eine Anzahl von weniger als 200 000 Juden angegeben, die das Land verließen. (Siehe U. Dobhan, *Gott – Mensch – Welt*, 26, Anm. 35).

[12] Zum historischen Kontext der jüdischen Abstammung Teresa siehe z. B. A. Domínguez Ortiz, *Los Judeoconversos en la España moderna*; U. Dobhan, *Zur jüdischen Abstammung Teresas von Avila*.

fach glaubten die Alt-Christen ihren neuen Glaubensgenossen nicht, daß sie aus ehrlichen Gründen konvertiert hatten, zum anderen verleitete viele der Neid ihnen gegenüber dazu, ihnen das Leben schwer zu machen. Viele Neubekehrte taten sich auch durch besonderen Eifer gegen ihre früheren Glaubensgenossen hervor, um so ihre neue Rechtgläubigkeit zu beweisen. Fast alle antijüdischen Schriften, die im 15. Jahrhundert in Spanien verfaßt wurden, stammen von konvertierten Juden. Um dieser Situation aus dem Weg zu gehen, zog Juan Sánchez mit seiner Familie um 1493 nach Ávila, wo er – mehr oder weniger unbelastet von seiner toledaner Vergangenheit – ein neues Leben begann. Doch ließ ihn bzw. seine Söhne die Vergangenheit nicht in Ruhe. Obwohl er sich einen Adelstitel gekauft hatte, und somit vor dem Gesetz ein Adeliger war, mußten Teresas Vater und seine Brüder in Ávila einen Prozeß anstrengen, um ihren Adel erneut bestätigen zu lassen, als es um die Freiheit von Steuern ging. Mit Hilfe der damals in solchen Fällen üblichen Mitteln von Bestechung der Zeugen und Falschaussagen gewannen sie ihn schließlich im Jahre 1520 bzw. 1523, als Teresa 5 bzw. 8 Jahre alt war.[13] Doch zeigte sich dadurch auch, wie gefährlich es war, zu sehr auf diesem Adel zu bestehen. Teresa wird noch Jahre später deshalb allen Grund haben, ihrem Bruder Lorenzo und dessen Söhnen in dieser Hinsicht zur Mäßigung zu raten.[14]

Auffallend bei Teresa und ihren Geschwistern ist, daß kein einziges den Nachnamen des Vaters *Sánchez* übernommen hat; die meisten haben den ihrer Mutter Beatriz *Ahumada*, oder den der Großmutter väterlicherseits Inés de *Cepeda* gewählt, während der jüdisch belastete Nachname *Sánchez* bereits in ihrer Generation verschwunden ist. Auch strebten Teresas Vater und seine Geschwister danach, in altchristliche Familien hineinzuheiraten, was ihnen auch gelang, Teresas Vater sogar gleich zweimal; dabei nahm er bei seiner zweiten Ehe sogar eine Exkom-

---

[13] T. Egido (Hg.), *El linaje judeoconverso de Santa Teresa.*
[14] Ct 105,8 vom 29.4.1576 an María Bautista; Ct 113,3 vom 9.7.1576 an Lorenzo de Cepeda.

munikation in Kauf, weil seine zweite Frau nach den damaligen Gesetzen zu eng mit der ersten verwandt war.[15]

Ein weiteres typisches Kennzeichen für die *Conversos*, das sich in Teresas Familie deutlich zeigt, ist die Tatsache, daß alle ihre Brüder nach Westindien, das heutige Lateinamerika, auswanderten. Da sie offiziell Adelige waren, konnten sie es, denn den *Conversos* war das verwehrt,[16] da sie aber de facto *Conversos* waren, taten sie es um so lieber, weil sie dort sicher sein konnten, daß sich niemand für ihre wahre Abstammung interessierte, sondern vielleicht sogar damit rechnen konnten, dort zu Ruhm und Geld zu kommen, was für ihren Bruder Lorenzo in etwa auch zutrifft.

1.2. *Kindheit und Jugend*

Ihre Eltern

Teresa stellt ihre Eltern kurz vor und spart dabei natürlich nicht mit Lob über sie: „Mein Vater war ein Mensch von großer Liebe zu den Armen und viel Mitgefühl mit den Kranken und sogar mit den Bediensteten, so sehr, daß man ihn niemals dazu bringen konnte, sich Sklaven zu halten, weil er viel Mitleid mit ihnen hatte. Als eines Tages eine, die einem Bruder von ihm gehörte, zu Hause war, verwöhnte er sie genauso wie seine eigenen Kinder, und sagte, daß er es aus lauter Mitgefühl nicht ertragen konnte, daß sie nicht frei war. Er war sehr wahrhaftig. Niemals sah ihn jemand schwören oder lästern. Und sehr ehrenwert, in jeder Hinsicht".

„Auch meine Mutter hatte viele Tugenden, und machte ihr ganzes Leben lang viele Krankheiten durch; sie war von höchster Ehrsamkeit. Obwohl von großer Schönheit, gab sie niemals zu erkennen, daß das für sie ein Anlaß gewesen wäre, etwas aus sich zu machen. Denn als sie mit dreiunddreißig Jahren starb, kleidete sie sich schon wie eine viel ältere Frau.

---

[15] Efrén de la Madre de Dios – O. Steggink, *Tiempo y vida*, 13.15f.

[16] Der Grund war, daß die Spanier in *Las Indias* („Westindien") eine ganz reine, von allen häretischen Elementen freie Kirche errichten wollten. Siehe dazu etwa T. Egido, *Ambiente misionero en la España de Santa Teresa*.

Sehr sanft und von beachtlicher Intelligenz. Groß waren die Beschwerden, die sie zeit ihres Lebens durchmachte; sie starb als gute Christin" (1,1.2).

Diese eher unverfänglich klingenden Aussagen, als was sie von der Autorin ja auch gedacht waren, gewinnen vor dem damaligen gesellschaftlichen Hintergrund an Brisanz; im Lauf des Werkes werden wir immer wieder darauf hinweisen.

Teresa als Kind

Sich selbst präsentiert sie als Kind so: „Ich hatte einen Lieblingsbruder, obwohl ich sie alle sehr lieb hatte und sie mich auch"; „ich sehnte mich danach, wie die heiligen Frauen zu sterben, ... um in kurzer Zeit in den Himmel zu kommen"; „es gefiel uns, oftmals zu sagen: für immer, für immer, ... so daß sich mir schon in meiner Kindheit der Weg der Wahrheit tief einprägte"; „ich gab Almosen ...; ich bemühte mich, meine Andachten zu verrichten ...; es gefiel mir, Klöster zu bauen, so als wären wir Klosterschwestern ...; ich ging todtraurig zu einem Bild Unserer Lieben Frau und bat sie unter vielen Tränen, meine Mutter zu sein ..." (1,4–7).

Teresa war als Kind mit ihrer ganzen Frömmigkeit eher endzeitlich ausgerichtet, wie ihr Wunsch, bald in den Himmel zu kommen, und die Entdeckung der Ewigkeit zeigen.[17] In dieser Hinsicht wird sie einen großen Wandel durchmachen.

Die Jugendliche

Ihre Interessen ändern sich, sobald „ich zu begreifen begann, welche natürlichen Reize mir der Herr gegeben hatte (die dem Sagen nach zahlreich waren)" (1,8). „Ich gewöhnte es mir immer mehr an, die Ritterromane meiner Mutter zu lesen ...; ich begann, aufwendige Kleider zu tragen, und wünschte, durch mein Aussehen zu gefallen ...; ich nahm alles, was mir schadete, von einer Verwandten an ...; ich fürchtete sehr um meinen

---

[17] Ein typisches Beispiel, das zeigt, wie Teresa von der damaligen sakralisierten Gesellschaft geprägt war, während wir heute in einer säkularisierten Welt leben; vgl. auch Anm. 56 zu 2.1. *Der Weg des inneren Betens.*

guten Ruf ...; Gott hat mir die Gnade gegeben, daß ich überall, wo ich hinkam, Sympathie hervorrief, und so war ich bei allen beliebt ...; meine Seele begann, sich erneut an das Gute meiner frühen Kindheit zu gewöhnen" (2,1.2.3.7.8).

Teresa schätzt sich im Rückblick auf ihre Zeit als Jugendliche, neben den üblichen Eitelkeiten, vor allem als eine junge Frau ein, der Gott die Gnade gegeben hat, Sympathie hervorzurufen, „und so war ich bei allen beliebt", sicher auch ein wichtiger Charakterzug, der sich in ihrem weiteren Leben entfalten wird.

Ringen um die Berufung

Der Kampf um ihre Berufung ist eine dritte Entwicklungslinie in ihrer Jugendzeit. Es tragen dazu verschiedene Begegnungen bei (3,1.4) und wieder Bücher, diesmal gute (3,4). Schließlich zwingt sie sich mit folgender Argumentation zum Eintritt ins Kloster: „Die Härten und die Qual eines Lebens im Kloster konnten nicht größer sein als die des Fegefeuers; da ich aber sehr wohl die Hölle verdient hatte, bedeutete es nicht viel, mein Leben wie in einem Fegefeuer zu verbringen, da ich hernach geradewegs in den Himmel käme, was ja mein Wunsch war". Nicht zu übersehen ist allerdings ihre letzte Begründung für den Eintritt: „Der Böse gaukelte mir vor, daß ich die Härten des Klosterlebens nicht ertragen könnte, weil ich so verwöhnt sei. Dagegen verteidigte ich mich mit den Leiden, die Christus durchgemacht hatte, weil es da nicht viel bedeuten würde, daß ich ein paar für ihn erlitt; und daß er mir schon helfen würde – so muß ich wohl gedacht haben" (3,6). Ein erster, sehr früher Hinweis auf ihre persönliche Beziehung zum Menschen Jesus aus Nazareth. Am 2. November 1535, dem Allerseelentag, trat sie ins Karmelitinnenkloster ihrer Heimatstadt ein. Sicher trug auch ihre Angst vor dem Heiraten zu dieser Entscheidung bei (3,2).

1.3. *Im Kloster der Menschwerdung zu Ávila*

„Sobald ich eingekleidet wurde, gab mir der Herr bald schon zu verstehen, wie sehr er denen beisteht, die sich Gewalt antun, um ihm zu dienen, was bei mir jedoch keiner vermutete, sondern nur größte Bereitschaft. Sofort verspürte ich ein großes inneres Glück, in jener Lebensform zu stehen, das mich bis heute nie mehr verlassen hat, und Gott verwandelte die Trockenheit meiner Seele in tiefste Beseligung. Alles, was mit dem Kloster zu tun hatte, machte mir Freude" (4,2). Offensichtlich wußte sie von Anfang an, daß das der richtige Stand und Platz für sie sei. Teresas Einkleidung fand am 2. November 1536 und ihre Profeß am 3. November 1537 statt.[18]

Im Kloster der Menschwerdung, in dem sie von 1535 bis 1562/63, also 27 bis 28 Jahre lang lebte,[19] machte sie wichtige Erfahrungen, denen der größte Teil ihrer *Vida* gewidmet ist. Die wichtigsten wollen wir hier hervorheben.

Ihre große Krankheit

Diese erstreckt sich über den Zeitraum von Oktober 1538 bis 1542, obwohl sie auch nach ihrer Heilung sich ihr ganzes Leben lang nie einer guten Gesundheit erfreute. In diese Zeit fallen ihre Lektüre des für sie wichtigen Buches von Francisco de Osuna *Tercer Abecedario espiritual* (4,7), die Behandlungen bei der „Heilerin" in Becedas (5,3.7), die Begegnung mit dem Pfarrer von Becedas (5,3–6), die viertägige Todesstarre, die sie fast lebendig ins Grab gebracht hätte (5,9), die Zeit ihrer Lähmung, „fast drei Jahre" (6,2), von Mitte 1539 bis April 1452, als sie auf die Fürsprache des hl. Josef endlich geheilt wurde.

Ihr Kampf ums innere Beten

Lange ringt sie um das innere Beten, den für sie typischen Umgang mit Gott, das sie schon vor ihrem Eintritt ins Kloster zu halten begonnen hatte (9,4). Der Tiefpunkt war, als sie es aufgab, was sie allerdings nicht so sehr aus Oberflächlichkeit tat, wie immer wieder behauptet wird,[20] sondern „weil ich begann,

---

[18] Zu den Daten des Klostereintritts, der Einkleidung und der Profeß Teresas siehe Efrén de la Madre de Dios – O. Steggink, *Tiempo y vida*, 69.72.106.

[19] Und dann nochmals als ernannte Priorin von 1571 bis 1574.

[20] Der durch seine hagiographischen Bücher bekannte Autor Walter Nigg kommt sogar zur Behauptung: „Zwanzig Jahre kann man Nonne sein, im Chor die Liturgie mitsingen und doch keine Ahnung von Christus besitzen. Theresia ist ein Beweis dafür" (W. Nigg – H. N. Loose, *Theresia von Avila – Theresia von Jesus*, 37). Der Leser der *Vida* möge sich selbst ein Urteil bilden, inwieweit Teresa in

mich vor dem inneren Beten zu fürchten, da ich mir so verloren vorkam. Es schien mir besser zu sein, mich so zu verhalten wie die vielen... und nur mündlich die Gebete zu verrichten, zu denen ich verpflichtet war, und nicht mehr mit dem inneren Beten und dem innigen Verweilen bei Gott weiterzumachen" (7,1). Auch Teresa hat also die Versuchung durchgemacht und ist ihr sogar eine Zeitlang erlegen, daß sie gemeint hat, für die Freundschaft mit Gott zu schlecht zu sein.[21]

Die ersten mystischen Erfahrungen

Im Anschluß an den Bericht über ihre endgültige Bekehrung in V 9 gibt sie eine sehr klare Beschreibung von dem, was ihrer Meinung nach *mystisch* ist: „Es widerfuhr mir bei meinem Bemühen, mir Christus vor mir zu vergegenwärtigen, wovon ich gesprochen habe (9,4), oder manchmal sogar beim Lesen, daß mich ganz unverhofft ein Gefühl der Gegenwart Gottes überkam, so daß ich in keiner Weise bezweifeln konnte, daß er in meinem Innern weilte oder ich ganz in ihm versenkt war" (10,1). „Mystisch" ist also das, was Gott bewirkt, unverhofft, aber auch unbezweifelbar für den Menschen, der sich bestenfalls darauf *vorbereiten* oder dafür *bereitmachen*[22] kann durch sein Bemühen, sich Christus zu vergegenwärtigen, oder durch Lesen, letztlich durch *inneres Beten.*

Es lassen sich drei Ebenen oder Schritte bei ihren mystischen Erfahrungen feststellen:

Das *Gefühl der Gegenwart Gottes*, wodurch sie die feste Gewißheit enthält: Gott ist da. Sie sagt es einmal so: „Mir kam es nahezu eindeutig vor, erkannt zu haben, daß dort seine

---

den ersten zwanzig Jahren ihres Klosterlebens, also bis zu ihrer endgültigen Bekehrung im Frühjahr 1554, eine „Ahnung von Christus" hatte.

[21] Siehe dazu unten bei *Lehre.*

[22] Damit ist das *„disponerse – sich bereit machen"* gemeint, von dem auch Johannes vom Kreuz immer wieder spricht als der einzigen „Leistung", die der Mensch da erbringen kann, ohne daß diese jedoch die gottgewirkte Einung hervorbringen müßte oder könnte oder Voraussetzung dafür wäre. Diesem *disponerse* ist eigentlich der ganze *Aufstieg auf den Berg Karmel* gewidmet (Siehe den Titel: *Diese Schrift handelt davon, wie sich ein Mensch bereit machen kann, um bald zur gottgewirkten (Gott)einung zu gelangen).*

Gegenwart selbst weilte" (18,15). Also eine mehr allgemeine Erfahrung der Anwesenheit Gottes in ihr.

Sodann die *Erfahrung der Gegenwart Christi*, der sie begleitet und mit ihr geht: „Ich sah deutlich, daß er als Zeuge dabei war" (28,1), und dessen Gegenwart sie verliebt und frei macht: „Nachdem ich aber die große Schönheit des Herrn gesehen hatte, erblickte ich niemanden mehr, der mir im Vergleich zu ihm anziehend vorkam oder mich innerlich beschäftigte. Denn sobald ich die Augen in der Betrachtung auch nur ein wenig auf das Bild richte, daß ich in meiner Seele trage, bin ich dabei innerlich so frei geworden, daß mir hernach alles, was ich hier sehe, Ekel verursacht" (37,4). Hier wird ihre Gotteserfahrung *christ*-lich.

Schließlich die *Erfahrung der Einwohnung der heiligsten Dreifaltigkeit*, die sie 1571 gemacht hat, als sie nicht mehr im Kloster der Menschwerdung lebte:[23] „Es begann sich meine Seele zu entflammen, und es schien mir, als würde ich klar erkennen, daß ich die gesamte heiligste Dreifaltigkeit in einer intellektuellen Vision gegenwärtig hätte".[24] Das ist der Höhepunkt mystischer Erfahrung, das, was sie 1577 in den sechsten und siebten Wohnungen der *Inneren Burg* als mystische Verlobung bzw. Vermählung beschreiben wird.

Ihre endgültige Bekehrung

Die schon erwähnte endgültige Bekehrung, die sie mit 39 Jahren, in der Fastenzeit des Jahres 1554, erlebte, ist für sie einerseits die Erfahrung ihrer totalen Ohnmacht, andererseits aber auch des spürbaren Wirkens Gottes in ihr, denn er ist es, der sie bekehrt hat. Sie schreibt: „Meine Seele lebte schon ganz müde dahin, aber die schlechten Gewohnheiten, die sie an sich hatte, ließen sie nicht in Ruhe, obwohl sie das wollte" (9,1). Damit sagt sie klar, daß es nicht einfach in ihrer Macht lag, sich von ihren schlechten Angewohnheiten zu befreien, sondern daß sie ihre Begrenztheit existentiell zu verspüren bekam.

---

[23] Diese Erfahrung gehört also nicht mehr in den Lebensabschnitt, den wir hier betrachten, doch sei der Vollständigkeit halber darauf hingewiesen.
[24] R 16,1.

„Da geschah es mir, daß ich eines Tages beim Eintritt in den Gebetsraum ein Bild sah, das man zur Verehrung dorthin gebracht und für ein Fest, das im Haus gefeiert wurde, aufgestellt hatte. Es war das Bild eines ganz mit Wunden bedeckten Christus und so andachterweckend, daß es mich beim Anblick zuinnerst erschütterte, ihn so zu sehen, denn es stellte gut dar, was er für uns durchlitten hatte. Das, was ich empfand, weil ich mich für diese Wunden kaum dankbar gezeigt hatte, war so gewaltig, daß es mir war, als würde es mir das Herz zerreißen. Aufgelöst in Tränen warf ich mich vor ihm nieder und flehte ihn an, mir ein für allemal die Kraft zu geben, ihn nicht mehr zu beleidigen" (9,1). Ihre Ohnmacht bringt Teresa dazu, sich „aufgelöst in Tränen", also mit all ihr zur Verfügung stehenden Kraft, nach Hilfe umzusehen. Wie bereits am Anfang ihres Gebetslebens (4,7)[25] und nach dem Aufgeben des inneren Betens,[26] so ist es auch hier der leidende Christus, an den sie sich wendet, offensichtlich vor allem aus Mitleid, „denn es stellte gut dar, was er für uns durchlitten hatte" (9,1)[27] – bei ihrer reichen affektiven Veranlagung und Begabung zur Freundschaft kein Wunder. Doch ging das nicht ohne den Preis der Erfahrung und Annahme totaler Ohnmacht, was sie deutlich hervorhebt: „Ich hatte zu mir kaum noch Vertrauen, sondern setzte mein ganzes Vertrauen auf Gott" (9,3), und „wenn ich seine Liebe, die er zu mir hatte, betrachtete, faßte ich wieder Mut, denn das Vertrauen auf seine Barmherzigkeit habe ich nie verloren, das auf mich aber oft" (9,7); und „es macht mich ganz verzagt, wie wenig ich von mir aus fertigbrachte und wie verstrickt ich war, daß ich mich nicht entschließen konnte, mich Gott ganz hinzugeben" (9,8). Kein Wunder, daß sie schreibt, und das ist ihre tiefste Überzeugung: „Der Herr hat

---

[25] Siehe aber auch schon V 3,1.6, dann auch V 11,10; 13,12; 15,11.
[26] Siehe V 7,17; 15,11; 22,4; 23,17; 24,2.
[27] Teresa denkt angesichts des Leidens Christi als des höchsten Ausdrucks seiner Liebe nicht nur an sich, denn sie stellt fest, *was er für uns durchlitten hatte"* – vielleicht der erste schriftliche Hinweis auf ihre sich weitende Sicht, denn bei ihrem Eintritt ins Kloster ging es ihr um die für sie *beste und sicherste Lebensform"* (V 3,5).

mich – nach dem, wie es jetzt aussieht – in den rettenden Hafen hineingeholt" (8,4).

Die Gründung von San José

Durch ihre eigenen Bemühungen in Form von Anstrengungen, Mißerfolgen, ständigem Fallen und Aufstehen, vor allem durch das trotz allem immer wieder geübte innere Beten[28] und die spürbar erfahrene Hilfe Gottes war Teresa allmählich eine andere geworden. Bei ihrer schon erwähnten Begabung zur Freundschaft konnte es nicht ausbleiben, daß sie zum Bezugspunkt für viele Menschen, vor allem Schwestern im Kloster der Menschwerdung, wurde. Aus der ängstlichen, um das eigene Heil besorgten Novizin war sie zu einer Führerpersönlichkeit geworden. So schreibt sie über sich: „Allmählich wurde klar, daß jede da, wo ich war, vor Gerede hinter ihrem Rücken sicher sein konnte, und so erging es auch denen, mit denen ich befreundet oder verwandt war und denen ich das beibrachte" (6,3), das heißt, Teresa bemüht sich im konkreten Kontext ihres Klosters, einer Mammutkommunität mit vielen negativen Vorkommnissen,[29] um die Verbesserung der zwischenmenschlichen Beziehungen als einer wichtigen Voraussetzung für das Leben in Freundschaft mit Gott. Sodann berichtet sie von ihrem Wunsch, „daß wir fünf, die wir uns zur Zeit in Christus lieben, … uns bemühen, ab und zu zusammenzukommen, um uns gegenseitig die Augen zu öffnen und uns zu sagen, worin wir uns bessern und Gott noch mehr zufriedenstellen könnten, genau so wie sich in diesen Zeiten andere heimlich gegen Seine Majestät zusammentaten, um zu Übeltaten und Häresien anzustiften, denn niemand kennt sich selbst so gut wie uns die kennen, die auf uns schauen, wenn es aus Liebe und Sorge um unseren Fortschritt geschieht" (16,7). Vielleicht ist das die erste teresianische Gebetsgruppe. Von daher ihr Rat: „Ich möchte denen, die inneres Beten halten, raten, daß sie zumindest am Anfang die Freundschaft und die Aussprache mit anderen

---

[28] Siehe dazu unten *Lehre*.
[29] Siehe dazu V 7,2 und V 23,15, jeweils mit Anm.

Menschen suchen, die dasselbe Anliegen haben. Das ist ganz wichtig, und wäre es nur, damit sie sich gegenseitig mit ihren Gebeten unterstützten; um wie viel mehr noch, wenn man noch viel mehr dabei gewinnt! Und ich weiß nicht (wenn man sich doch schon für Unterhaltungen und rein menschliche Anhänglichkeiten, sogar für solche, die nicht gerade sehr gut sind, mit Freunden zusammentut, um sich bei ihnen zu entspannen und beim Erzählen noch mehr Spaß an jenen nichtigen Vergnügungen zu haben), warum es dann nicht erlaubt sein soll, daß jemand, der Gott wirklich zu lieben und ihm zu dienen beginnt, mit einigen anderen über seine Freuden und Leiden spricht, die alle diejenigen haben, die inneres Beten halten" (7,20). Mit diesem Rat, der wegen des beständigen Mißtrauens der Theologen gegenüber spirituellen Menschen zu ihrer Zeit nicht ungefährlich war, ist Teresa bis heute aktuell geblieben.

So ergab es sich fast wie von selbst, daß sich auch in ihrer geräumigen Zelle immer wieder Frauen um sie scharten, wo sie wie viele damals und zu allen Zeiten von den Ursprüngen träumten. „Da ergab es sich eines Tages, als ich gerade mit einer Person beisammen war, daß diese zu mir und den anderen sagte,[30] ob es denn nicht möglich wäre, ein Kloster gründen zu können, wenn wir schon nicht so wären, daß wir Schwestern nach Art der Unbeschuhten[31] sein könnten. Da ich mich selbst mit solchen Wünschen trug, begann ich mit meiner Gefährtin ... darüber zu sprechen, da sie denselben Wunsch hatte" (32,10). Das war im Herbst 1560.[32] Über die Gründung als solche berichtet Teresa ausführlich in den Kapiteln 32–36.[33] Als schließlich alles vollendet war, faßt sie nicht ohne Genugtuung

---

[30] Es handelt sich um eine kleine Gruppe von Karmelitinnen und sonstigen Freundinnen Teresas. Siehe Anm. zu V 32,10.

[31] Mit den „Unbeschuhten Schwestern" sind die sog. „Königlichen Unbeschuhten" von Madrid gemeint, ein Reformkloster der Franziskanerinnen. Siehe Anm. zu V 32,10.

[32] Silverio de Santa Teresa datiert diese „Gründungssitzung" auf Oktober 1560 (BMC 1, 5 Anm. 2), Efrén de la Madre de Dios – O. Steggink, *Tiempo y vida*, 183, auf September des gleichen Jahres.

[33] Die allmähliche Ausgestaltung des Gründungsideals siehe unten *Die Madre Fundadora*.

und gleichsam offiziell zusammen: „Wir beobachten die Regel Unserer Lieben Frau vom Karmel, und zwar vollständig und ohne Milderung, wie von Frater Hugo, Kardinal von Santa Sabina, angeordnet, gegeben im Jahr 1248, im fünften Jahr des Pontifikats des Papstes Innozenz IV." (36,26).

Nach Abschluß der Gründung am 24. August 1562 mußte Teresa wieder in ihr Stammkloster zurück, um Rechenschaft über ihr Tun abzulegen (36,11), durfte aber im Dezember 1562 nach San José übersiedeln (36,23).[34]

1.4. Die Madre Fundadora

Teresa war allen Widerständen zum Trotz zur Gründerin eines neuen Klosters innerhalb ihres Ordens geworden. Was hat sie dazu bewogen?

Beweggründe
Wenn wir ihre eigenen Angaben bedenken, können wir folgende Gründe nennen:

Das allgemeine Reformklima in vielen Orden Kastiliens und der Kirche Spaniens überhaupt;[35] Teresas Unzufriedenheit mit ihrer Lebensweise im Kloster der Menschwerdung, was sie sogar an eine Übersiedlung in ein anderes Kloster mit strenger Klausur denken läßt (31,13); ihre ständigen Mißerfolge bei ihren Bemühungen um mehr Konsequenz beim inneren Beten; der Mangel an Hilfe durch ihre Umgebung (32,9).

Eine zweite Serie von Gründen ist eher geistlicher Art: die Höllenvision,[36] die unter anderem folgende Wirkung bei ihr hatte: „Es kam in mir der Wunsch hoch, den Menschen zu entfliehen und mich endlich ganz und gar aus der Welt zurückzuziehen" (32,8); „ich dachte darüber nach, was ich für Gott tun könnte. Dabei dachte ich mir, daß das erste wohl

---

[34] Efrén de la Madre de Dios – O. Steggink, Tiempo y vida, I, 231, plädieren gegen die Meinung anderer für Dezember 1562.

[35] Siehe dazu J. García Oro, Reformas y Observancias.

[36] Efrén de la Madre de Dios – O. Steggink, Tiempo y vida, 181, Anm. 38, datieren sie auf Ende August 1560. Ihrer eigenen Chronologie folgend (V 32,4) könnte sie in der ersten Hälfte dieses Jahres stattgefunden haben.

wäre, der Berufung zum Ordensleben, die mir Seine Majestät verliehen hatte, nachzukommen, indem ich meine Regel mit der mir größtmöglichen Vollkommenheit beobachtete" (32,9). Als sie in dieser geistigen Verfassung war, ereignete sich die oben schon erwähnte „Gründungssitzung" und im Anschluß daran erlebte sie die „Gründungsvision": „Eines Tages nach der Kommunion trug mir Seine Majestät eindringlich auf, mich mit aller Kraft dafür einzusetzen, wobei er mir große Versprechungen machte, daß das Kloster errichtet und ihm darin sehr gedient würde, und daß es nach dem heiligen Josef benannt werden solle, und daß an der einen Pforte er über uns wachen würde und Unsere Liebe Frau an der anderen, und daß Christus unter uns weilen würde, und daß es ein Stern wäre, der großen Glanz ausstrahlte, und daß ich nicht denken solle, daß ihm in den Orden wenig gedient würde, auch wenn sie gemildert seien; denn was wäre es um die Welt, wenn nicht der Ordensleute wegen? Und daß ich meinem Beichtvater[37] sagen solle, was er mir auftrage, und daß er ihn bitten würde, nicht dagegen zu sein und mich nicht daran zu hindern" (32,11). Aus all dem ergibt sich für sie die Gewißheit, daß die Gründung Gottes Wille ist; in ihrer Darstellung wird Gott zum Haupthandelnden, „der es mir eindringlich auftrug".[38]

Worin besteht aber ihr Gründungsideal?

Gründungsideal
Um diese Zeit, also noch vor der Gründung selbst, zeichnen sich folgende Ideen ab:

Teresa geht es damals darum, eine für sie geeignete Umgebung zur Beobachtung ihrer Regel und Ordenssatzungen zu finden, „denn für mich war der Nachteil dieses Ausgehens schon groß, auch wenn ich diejenige war, die davon am meisten Gebrauch machte, weil einige Personen, denen meine Oberen nicht absagen konnten, mich gern in ihrer Gesellschaft hatten, so daß sie, dazu gedrängt, es mir auftrugen. Und so konnte ich,

---

[37] P. Baltasar Álvarez.
[38] Siehe V 32,11 mit Anm.

wie es sich nach und nach ergab, nur noch selten im Kloster weilen" (32,9). Das bedeutet, daß es Teresa ganz am Anfang um Abhilfe für ihre persönliche Situation ging, in die sie aufgrund ihrer Begabung zu Kontakt und Freundschaft, aber auch aufgrund von Aufträgen ihrer Oberen kam. Dabei mag der Aspekt der *Reform*, also der Rückführung ihrer Lebensweise auf die frühere, strengere Observanz, vorrangig gewesen sein, denn damals dachte sie noch nicht daran, außer San José in Ávila noch weitere Klöster zu gründen.

Einen weiteren Beitrag brachte die Höllenvision. Dadurch „erwarb ich mir auch das unsäglich große Leid, das mir die vielen Seelen verursachen, die verdammt werden (insbesondere diese Lutheraner, denn die waren durch die Taufe schon Mitglieder der Kirche), sowie die gewaltigen Antriebe, um Seelen von Nutzen zu sein, denn ich glaube sicher, daß ich liebend gern tausend Tode auf mich nehmen würde, um eine einzige aus so extremen Qualen zu befreien" (32,6). „Die gewaltigen Antriebe, um Seelen von Nutzen zu sein", also die apostolische Motivation, ist ein zweites Element, das zu ihrem Gründungsideal gehört, aber am Anfang noch nicht so ausgeprägt ist.

In der oben zitierten „Gründungsvision" (32,11) ist noch von einer weiteren Idee die Rede: Förderung des Dienstes Gottes, Erneuerung des Ordens vom Karmel und des Ordenslebens überhaupt – vielleicht eine entfernte Reaktion auf den berühmt gewordenen Satz des Erasmus von Rotterdam „Monachatus non est pietas"[39] in seinem *Enchiridion militis christiani*[40] und zugleich die Zurückweisung durch sie. Das zeigt auch, daß Teresa um die Reformbedürftigkeit des Ordenslebens in Spanien durchaus wußte, und daß am Anfang der Reformaspekt für sie vorrangig war.

In diesem Kontext ist Teresas Brief an ihren Bruder Lorenzo vom 23.12.1561 zu lesen, wo sie von der Gründung eines Klosters spricht „mit nur 15 Schwestern und nicht mehr, die in größter Zurückgezogenheit leben sollen und niemals heraus-

---

[39] Mönchtum ist nicht Gottesfurcht.
[40] M. Bataillon, *Erasmo y España*, 205.

gehen dürfen, nichts sehen können, außer durch einen Schleier vor dem Gesicht, und sich dem Gebet und der Einübung ins Absterben widmen";[41] das entspricht genau ihrem persönlichen Bedürfnis. Es handelt sich also hier um eine sehr zeitbedingte Beschreibung des Gründungsideals Teresas, sehr stark auf der Linie der damaligen Ordensreformen in Spanien. Die apostolische Motivation ist zu jenem Zeitpunkt noch schwach ausgebildet;[42] immerhin will sie dieses Ideal bereits mit einigen Schwestern teilen und hat nicht vor, irgendwo als Einsiedlerin in größerer Zurückgezogenheit zu leben. Zugunsten dieses ganz ursprünglichen Gründungsmotivs spricht auch die Tatsache, daß sie nur San José gründen wollte, so daß sie nach getaner Arbeit zufrieden schreibt: „Es war mir auch ein großer Trost, das, was mir der Herr so eindringlich befohlen hatte, getan und an diesem Ort eine weitere Kirche errichtet zu haben, eine für meinen Vater, den glorreichen heiligen Josef, die es noch nicht gab" (36,6). Als Abhilfe in ihrer persönlichen Situation im Menschwerdungskloster reichte das ja auch. Und schließlich werden so auch die häufigen Hinweise, sterben zu müssen oder zu dürfen, besonders im zweiten Teil der *Vida* verständlich, was auch ein Anzeichen dafür sein könnte, daß Teresa meinte, mit der Gründung von San José ihren Lebensauftrag erfüllt zu haben.[43]

Vertiefung des Gründungsideals

Die Erweiterung oder Vertiefung des Gründungsideals geschieht durch Teresas existentielle Begegnung mit den „Protestanten", wie sie schreibt.[44] Dadurch wird ihr Gründungsideal aposto-

---

[41] Ct 2,2.

[42] T. Álvarez, *Santa Teresa de Ávila hija de la Iglesia*, 348, schreibt: „Als sie 1560 die Gründung ihres ersten Karmels plant, scheint es nicht, daß *die großen Nöte der Kirche* ihren Geist so sehr beherrscht hätten, als daß sie sich in Motiv und Ansporn zur Gründung verwandelt hätten".

[43] Siehe V 29,8 mit der entsprechenden Anm.

[44] In Wirklichkeit meint sie damit die Hugenotten Frankreichs. Da Frankreich der ständige Gegner Spaniens war, und nicht Deutschland, wo der andere Zweig der Habsburger Dynastie herrschte (bis zu seiner Resignation war Karl V. „Kaiser des Hl. Römischen Reiches" und als Carlos I. König von Spanien), mußten die Spanier motiviert werden, gegen diesen Gegner zu kämpfen, und ein Teil dieser Motivation war religiös begründet.

lisch. Nun geht es ihr um die Kirche – „für die Verteidiger der Kirche, die Prediger und Theologen" –, sie ist aber auch bereit, „ihr Leben tausendmal hinzugeben, um eine der vielen Seelen zu retten, die ich verlorengehen sah".[45] Unter dem Eindruck dieser Begegnung bestimmt sie im *Weg der Vollkommenheit* diesen Einsatz für die Kirche zum Sinn und Ziel ihres Klosters.

Die Begegnung mit den Indios, die ihr und ihren Schwestern der Franziskanermissionar Alonso Maldonado vermittelt, bringt ihr Gründungideal zur Vollendung und Fülle. Ihre Antwort auf die Nachricht vom Verderben der „vielen Millionen Seelen", die in den von ihren Landsleuten entdeckten neuen Ländern leben, ist die Vermehrung der Gründungen, wozu ihr der Ordensgeneral Giovanni Battista Rossi bei seinem Besuch in Ávila die Erlaubnis gab.[46] Zur apostolischen Dimension ihres Ordensideals kommt nun noch die universale, es wird zu einem Heilsuniversalismus, der keine Grenzen mehr kennt, sondern alle Menschen umfaßt und retten will. Teresa wird zur „ruhelosen Herumtreiberin"[47] Gottes, wie sie der Päpstliche Nuntius wenig schmeichelhaft und nicht ungefährlich für sie als klausurierte Ordensschwester nannte. Sie aber hat ein Werk geschaffen, das weniger eine Reform als „vielmehr eine Neuschöpfung und eine Gründung ist, die die Heilige unter die größten Gestalten der Kirche und der Gegenreformation einreiht. Ihr Wirken als Reformatorin scheint nur ein zweitrangiger Aspekt ihres Werkes zu sein".[48] Zu diesem Urteil kommt Otger Steggink O.Carm. in seiner gründlichen historischen Studie über die Reform des Karmel in Spanien.

Die Liste der Klostergründungen Teresas ist beeindruckend: 1562 San José in Ávila, 1567 Medina del Campo, 1568 Malagón und Valladolid, 1569 Toledo und Pastrana, 1570 Salamanca, 1571 Alba de Tormes, 1574 Segovia (von Pastrana wegverlegt),

---

[45] CE 1,2.
[46] F 2,1–3.
[47] Vgl. Brief vom 4.10.1578 an Pablo Hernández (Ct 269); vgl. BMC 2, 265 Anm. 2.
[48] O. Steggink, *La reforma del Carmelo español*, 313.

1575 Beas de Segura und Sevilla, 1576 Caravaca (in Teresas Auftrag durch Ana de San Alberto), 1580 Villanueva de la Jara und Palencia, 1581 Soria, 1582 Granada (in Teresas Auftrag durch Johannes vom Kreuz und Ana de Jesús), 1582 Burgos.[49]

Mit Hilfe des Johannes vom Kreuz wird sie auch zur Gründerin eines neuen männlichen Ordenszweiges im Karmel (Duruelo 28.11.1568), so daß sie zu den wenigen Frauen in der Kirche zählt, die auch einen Männerorden gegründet haben. Dabei legte sie großen Wert darauf, daß Johannes gut verstünde, um was es ihr ging: „Als wir einige Tage mit Handwerkern dort[50] waren, um das Haus herzurichten, noch ohne Klausur, bestand Gelegenheit, Pater Johannes vom Kreuz über unsere gesamte Vorgehensweise zu informieren, damit er alles gut verstünde, wie das mit der Einübung ins Absterben,[51] sowie dem geschwisterlichen Umgang und der Rekreation ist, die wir gemeinsam haben, was alles mit großer Mäßigung geschieht, denn es dient nur, um dabei die Fehler der Schwestern aufzudecken und ein wenig Linderung zu erhalten, um die Strenge der Regel zu ertragen. Er war so gut, daß zumindest ich von ihm mehr lernen konnte als er von mir, doch das war nicht ich, die das tat, sondern die Lebensweise der Schwestern".[52]

Sanftheit

In diesem kurzen Text gibt Teresa zu erkennen, worauf es ihr ankam: Sie hält nichts von dem damals bei den Ordensreformen üblichen Rigorismus;[53] wichtig ist ihr das menschliche Verständnis, die *suavidad* – *Sanftheit*, im Umgang miteinander, die mehr in der Rekreation (gemeinsame Erholung) als durch Bußübungen geschärft wird, sowie die Einübung ins Absterben,

---

49 Siehe dazu U. Dobhan, *Gott – Mensch – Welt*, 10–14.
50 Das war im Sommer (vor dem 15. August) 1568 bei der Vorbereitung der Klostergründung in Valladolid. Teresa mit ihren Schwestern machte ihm dabei sogar den Habit zurecht. (Efrén de la Madre de Dios – O. Steggink, *Tiempo y vida*, 392f.)
51 Siehe Anhang I.
52 F 13,5.
53 Siehe U. Dobhan, *Die Christin Teresa*.

d.h. das ständige Bemühen, all das zu relativieren und all dem abzusterben, was für die Freundschaft mit dem menschgewordenen Gott und den geschwisterlichen Umgang hinderlich sein könnte. Wenn wir außerdem noch ihre „drei Dinge" berücksichtigen, die sie den Schwestern im *Weg der Vollkommenheit* ans Herz legt – „gegenseitige Liebe, Loslösung von allem Geschaffenen, Demut"[54] –, dann haben wir eine kurze, aber prägnante Zusammenfassung ihres Ordensideals. Vor allem dadurch ist sie zu einer *Gründerin* geworden, da sie dadurch etwas Neues vollbracht hat gegenüber den damals üblichen Ordensreformen in Kastilien.

Als sie am 4. Oktober 1582 in Alba de Tormes starb, wo sie am folgenden Tag, der in jenem Jahr der Gregorianischen Kalenderreform der 15. Oktober war, bestattet wurde, waren zu den oben genannten Schwesternklöstern auch 16 Männerklöster hinzugekommen, die durch das Päpstliche Breve *Pia consideratione* vom 22. Juni 1581 eine eigene Provinz der „Unbeschuhten" Karmeliten bildeten.[55]

2. Lehre

Heute können wir sagen: Teresas Leben ist ihr Beten, ihr Beten ist ihr Leben, und das ist auch ihre Lehre. Das war nicht immer so, vielmehr gibt es nach ihren eigenen Angaben eine Zeit, in der sie das Beten größte Mühe gekostet, und sie es sogar aufgegeben hat, bis Gott sie schließlich „in den rettenden Hafen geführt hat" und ihr mystische Erfahrungen zuteil werden ließ. Vorausgegangen war in ihrer Kindheit eine Phase unbeschwerten, sehr eschatologisch geprägten Betens. Wenn wir hier ihre Lehre darstellen wollen, geschieht das am besten, indem wir ihren Weg des inneren Betens aufzeigen.

---

[54] CV 4,4.
[55] Siehe dazu Siehe dazu U. Dobhan, *Gott – Mensch – Welt*, 10–14.

2.1. *Der Weg des inneren Betens*

Ihren eigenen Angaben nach wurde Teresa von ihren Eltern zum Beten und zur Verrichtung von Frömmigkeitsübungen angehalten: „Mein Vater las mit Hingabe gute Bücher, und so besaß er welche in der Muttersprache, damit sie seine Kinder lesen sollten. Diese Bücher, zusammen mit der Sorge, die sich meine Mutter machte, um uns zum Beten zu bringen und uns zur Verehrung Unserer Lieben Frau und einiger Heiliger anzuhalten, begannen mich schon im Alter von, ich glaube, sechs oder sieben Jahren aufzuwecken. Es war mir eine Hilfe zu sehen, daß meine Eltern nur die Tugend förderten. Sie hatten viele" (1,1). Diese Unterweisung brachte ihre Früchte, denn wir sehen, wie Teresa voll Eifer die Heiligenlegenden las: „Ich hatte einen Bruder, fast genauso alt wie ich (wir taten uns zusammen, um Heiligenlegenden zu lesen) ... Als ich die Marter sah, welche die heiligen Frauen für Gott durchmachten, schien es mir, daß sie sich das Eingehen in den Genuß Gottes sehr billig erkauften, und so sehnte ich mich sehr danach, so zu sterben, doch nicht aus Liebe, die ich zu ihm zu haben glaubte, sondern um in so kurzer Zeit von den großen Gütern zu genießen, die es im Himmel gab, wie ich las. So tat ich mich mit diesem Bruder zusammen, um zu beraten, welches Mittel es dazu gäbe. Wir kamen überein, uns ins Land der Mauren aufzumachen, und aus Liebe zu Gott darum zu bitten, uns dort zu köpfen ... Es beeindruckte uns sehr, wenn es in dem, was wir lasen, hieß, daß Pein und Herrlichkeit für immer andauern sollten. Es geschah immer wieder, daß wir viel Zeit mit Gesprächen darüber zubrachten, und es gefiel uns, oftmals zu sagen: *für immer, für immer!* Indem wir uns das lange Zeit hindurch vorsagten, gefiel es dem Herrn, daß sich mir schon in meiner Kindheit der Weg der Wahrheit tief einprägte" (1,4). Sie bleibt also nicht nur voller Bewunderung vor den großen Taten der Heiligen stehen, sondern möchte auch etwas unternehmen und – ein sehr wichtiges Detail – entdeckt dabei die Bedeutung der Ewigkeit „für immer, für immer", die große Wahrheit ihrer Kindheit. Geholfen hat ihr dabei die „sakralisierte Gesellschaft" ihrer Zeit, in der das irdische Leben mit seinen Realitäten keine Bedeutung hatte.[56]

Durch die Lektüre einer anderen Art von Büchern, der Ritterromane ihrer Mutter, wird Teresa keine Hilfe auf ihrem Weg des Betens zuteil (2,1), was sie sehr bedauert. Doch als sie auf der Suche nach Heilung zweimal bei ihrem Onkel Pedro in Hortigosa vorbeikommt, sind es wieder Bücher, die ihr auf dem Weg des Betens weiterhelfen, das erste Mal, um „die Wahrheit meiner Kindheit" wieder zu entdecken und die Entscheidung zum Eintritt ins Kloster voranzubringen (3,4f), das zweite Mal, um eine Bestätigung für ihre Art zu beten zu bekommen, mit dem sie schon vor dem Eintritt ins Kloster begonnen hatte.[57] Sie schreibt: „Der ... Onkel von mir, der auf dem Weg dorthin wohnt, gab mir ein Buch mit dem Titel *Drittes ABC*,[58] das von der Unterweisung im Gebet der Sammlung handelt. Obwohl ich in diesem ersten Jahr gute Bücher gelesen hatte (denn von den anderen wollte ich nichts mehr wissen, da ich schon begriffen hatte, welchen Schaden sie mir zufügten), wußte ich doch nicht, wie ich beim Beten vorgehen, noch wie ich mich sammeln sollte. So freute ich mich sehr über dieses Buch und entschloß mich, diesen Weg mit all meinen Kräften zu gehen" (4,7).

Leben in Beziehung

Und dieser Weg sah für sie so aus: „Ich bemühte mich, so gut ich konnte, mir Jesus Christus, unser Gut und unseren Herrn, in meinem Innern zu vergegenwärtigen; und das war meine Art zu beten: Wenn ich an einen bestimmten Abschnitt der Leidensgeschichte dachte, stellte ich ihn mir innerlich vor, obwohl ich die meiste Zeit mit dem Lesen guter Bücher verbrachte, worin meine ganze Erholung bestand" (4,7). Inneres Beten beginnt für Teresa mit dem immer wieder erneut durch-

---

[56] Dieser grundlegende Unterschied – damals eine sakralisierte Gesellschaft, heute eine säkularisierte Gesellschaft – muß bei der Lektüre und Interpretation Teresas immer mitbedacht werden.

[57] Siehe dazu V 9,4.

[58] Eine Art geistlicher Bestseller des Franziskaners Francisco de Osuna. Siehe V 4,7 mit Anm.

geführten Bemühen, „mir Jesus Christus, unser Gut und unseren Herrn, in meinem Innern zu vergegenwärtigen", und zwar den leidenden Herrn. Nicht als hätte sie eine besondere Freude am Leiden gehabt; vielmehr bekennt sie: „Es ging mir damit an jenen Stellen besser, wo ich ihn am einsamsten erlebte. Mir schien, daß er mich, wenn er einsam und niedergeschlagen war, als einer, der in Nöten ist, zu sich lassen müßte" (9,4). Sie nennt diese Art zu beten zwar „simpel", macht aber nichts anderes als auf eine allgemein menschliche Erfahrung zurückzugreifen: Wer in Not ist, und so sieht sie den menschgewordenen Gott in seinem Leiden, ist schließlich auch mit einer noch so unwürdigen Begleitung oder Gesellschaft, als was sie sich sieht, zufrieden.

Durch das Buch Osunas wird sie in ihrem Bemühen einer Lebensorientierung am Christus der Evangelien bestärkt. Das ist ihre Art des Betens! „Teresa hat in Jesus nicht einfach ein moralisches Ideal gesehen. Sie hat ihn vielmehr als einen wahren Menschen geliebt im eigentlichen und lebendigen Sinn des Wortes. Sie sagt es so: ‚Wir sehen ihn ja als Menschen und erleben ihn in Schwachheiten und Leiden, er leistet uns Gesellschaft' (22,10)".[59] Beten ist für sie also kein Moralismus, weil man dazu verpflichtet ist oder etwas erreichen möchte; Christsein ist auch nicht einfach eine Ethik, sondern in erster Linie eine Beziehung – Leben in einer lebendigen Beziehung mit dem menschgewordenen Gott. Sich um diese Art zu beten zu bemühen, das ist inneres Beten, das ist Freundschaft mit Gott, wie sie selbst sagt: „Meiner Meinung nach ist inneres Beten nichts anderes als Verweilen bei einem Freund, mit dem wir oft allein zusammenkommen, einfach um bei ihm zu sein, weil wir sicher wissen, daß er uns liebt" (8,5).

Vor dem Hintergrund der starken Betonung der Monarchie und des Kultes der *honra* (Ehre, Ansehen) im damaligen Umfeld spricht sie Gott zwar auch immer wieder als „Eure Majestät" an und bewertet es als Beleidigung Gottes, wenn jemand

---

[59] R. García-Mateo, *Die Christuserfahrung Teresas von Ávila und die Christologie*, 160.

seinem Willen zuwiderhandelt, aber zugleich hebt sie deutlich hervor, daß er ganz anders ist als die irdischen Herrscher: „Ich kann mit ihm umgehen wie mit einem Freund, obwohl er doch Herr ist. Denn ich erkenne, daß er nicht ist wie die, die wir hier als Herren haben, die ihr ganzes Herrsein auf ‚Autoritätsprothesen' gründen" (37,5).

Das hat Teresa schon sehr früh verstanden und auch praktiziert, und darin ist sie durch das Buch von Francisco de Osuna auch bestätigt worden. Somit hätte alles gut gehen können, denn sie brauchte ja nichts anderes mehr zu tun als in diesem Bemühen weiterzumachen. Doch so einfach war das nicht.

2.2. Das Problem des „ser ruin"

Wer Teresas *Vida* liest, stößt bereits im ersten Satz des Prologs auf das Wort *ruin*, das wir mit *„erbärmlich, armselig"* wiederzugeben versuchen, doch ist es eigentlich unübersetzbar. Es kommt in der *Vida* 76mal vor,[60] gehört somit zu den Grundaussagen Teresas über sich selbst. Gemeint ist die Unfertigkeit und Unzulänglichkeit des Menschen als gebrochene Existenz, seine Begrenztheit und Unfähigkeit, also die Erfahrung, das Gute zwar zu erkennen und sogar zu wollen, es aber nicht auch schon vollbringen zu können. In 9,1 bringt sie es auf den Punkt: „Meine Seele lebte schon ganz müde dahin, aber die schlechten Gewohnheiten, die sie an sich hatte, ließen sie nicht in Ruhe, obwohl sie das wollte".

Es ist verständlich, daß dieses Gefühl der *ruindad* um so stärker ist, je ausgeprägter und feiner die Selbstbeobachtungsgabe und die Überzeugung ist, von Gott geliebt zu sein und dieser Liebe antworten zu wollen. Teresa macht aus dieser an sich not- und leidvollen Erfahrung sozusagen eine Tugend, wenn sie gerade deshalb immer wieder zur Demut, also zum „Wandel in Wahrheit" aufruft: „Jammern wir nicht und lassen wir uns nicht entmutigen, wenn wir unsere Natur und Kraft so

---

[60] Außerdem spricht sie einmal substantivisch von „*meine[r] Erbärmlichkeit*" *(mi ruindad)* (V 23,15).

schwach sehen, sondern bemühen wir uns, durch Demut uns zu kräftigen und zu begreifen, wie wenig wir aus uns selbst vermögen und wie wir nichts sind, wenn uns Gott nicht beisteht. Man muß unseren Kräften vollständig mißtrauen, dafür aber auf seine Barmherzigkeit vertrauen und und überzeugt sein, daß sich unsere ganze Schwäche zeigt, bis wir so weit sind."[61] Es geht bei *ser ruin* in erster Linie nicht um Verfehlungen und moralische Schuld und Sünde, sondern um diese unfertige – gleichsam „ruinenhafte" – Verfaßtheit des Menschen.

Natürlich stellt sich im Zusammenhang mit dem Bericht Teresas über ihr *„ruin vida - erbärmliches Leben"* immer wieder die Frage, wie weit sie tatsächlich schuldig geworden ist, denn sie spricht ja oft genug von ihren „großen und vielen Sünden".[62] Zur Beschreibung ihres Zustandes gebraucht sie selbst folgende Wendungen: „Dinge, die mir keineswegs als Sünde vorkamen" (2,2). „Ich glaube nicht, daß ich Gott durch schwere Schuld aufgegeben noch die Furcht vor Gott verloren habe" (2,4). „Das, was ich als schwere Sünde erkannt hätte, hätte ich damals nie getan" (5,6). „Niemals hatte ich die Absicht, etwas Böses zu tun" (5,5). Und sozusagen am tiefsten Punkt ihres Lebens, als sie das innere Beten aufgegeben hatte, schreibt sie von sich: „Auf die läßlichen Sünden achtete ich fast nicht, und auf die Todsünden, auch wenn ich sie fürchtete, doch nicht so, wie es hätte sein sollen, denn ich entfernte mich nicht von den Gefahren" (8,2), wobei diesem Selbstzeugnis deutlich das folgende gegenübersteht, das sich auf den gleichen Erfahrungszeitraum bezieht: „Ich ging nach Hause, um meinen Vater zu pflegen, wobei ich in vielen Nichtigkeiten seelisch kränker war als er körperlich, obwohl nicht so, daß ich, soweit ich das verstand, in dieser erwähnten verlorensten Zeit meines Lebens in Todsünde gestanden hätte" (7,14). Damit gibt Teresa eine ziemlich strenge Beurteilung über ihr Leben ab, schließt aber ganz eindeutig schwere Schuld aus.

---

[61] Cp 3,12.
[62] Siehe V pról 1; 7,19; 9,4.9; 20,13; 23,12; 33,14; 37,3.

Zur rechten Einschätzung dieser Beurteilung sollten wir jedoch ihre Aussageabsichten nicht vergessen. Einerseits geht es ihr vor allem darum, die von Gott an ihr gewirkten Wohltaten herauszustellen, wozu man sie ja ermutigt hat, obwohl es ihr mehr gefallen hätte, wenn man mir „die Erlaubnis gegeben hätte, sehr ausführlich und klar meine großen Sünden und mein schlechtes Leben zu erzählen" (pról 1), und das macht sie natürlich immer wieder. Zum anderen geht es ihr aber vor allem um die Wahrheit in ihrer doppelten Ausfaltung: Ihr Leben wahrheitsgemäß darzustellen, mit seinen positiven und negativen Aspekten, aber auch klarzustellen, daß ihre Freundschaftsbeziehung mit Gott niemals abgerissen ist.

Doch muß man über diese eher moralistische Betrachtung der Erfahrung Teresas hinausgehen, da man diese nicht in die Kategorien von läßlicher oder schwerer Sünde eingrenzen oder von daher erklären kann. Es geht bei Teresa nicht um die Frage, inwieweit sie gegen die Normen der Moral verstoßen hat, objektiv bzw. subjektiv, da sie den Maßstab der Liebe an sich legte, denn sie war überzeugt, daß Gott es war, der sie bereits in ihrer Kindheit „aufgeweckt" (1, tít) und dem sie zunächst ja auch entsprochen hat, auch wenn sie zu ihrem Leidwesen nicht daran festgehalten hat. Das machte sie natürlich ganz anders sensibel als einen, der immer nur darauf bedacht ist, die Todesgrenze zur Sünde hin gerade noch zu vermeiden. In dieser Sicht des Lebens aus der Liebe heraus, bei der es nicht so sehr um die Betrachtung einzelner Akte, sondern um eine Beziehung geht, bekommen diese jedoch ein viel größeres Gewicht. So kann eine an sich kleine Untreue dennoch einen großen Schmerz verursachen und den Eindruck erwecken, als handelte es sich tatsächlich um eine – objektiv betrachtet – große Verfehlung. Die „großen und vielen Sünden" sind also vor diesem psychologischen Hintergrund zu lesen.

Aber auf dem Weg des inneren Betens gab es zumindest zwei ganz konkrete Probleme, die sich aus ihrem „erbärmlichen Leben" ergaben.

2.3. *Schwierigkeiten auf dem Weg des Betens*

Zerstreuungen

Die eine große Schwierigkeit, die Teresa das Beten und das Leben schwermachte, war, daß „Gott mir weder Talent zum diskursiven Nachdenken mit dem Verstand verliehen hat, noch die Begabung, mich meiner Vorstellungskraft zu bedienen, denn die ist bei mir so unbeholfen, daß ich es nie fertiggebracht habe, an die Menschheit des Herrn zu denken und sie mir innerlich vorzustellen, wie ich das versuchte" (4,7). Mit anderen Worten: Teresa konnte nicht meditieren in dem Sinn, daß sie schlußfolgernd einen Gedanken aus dem anderen entwickelt hätte, wie es der Weg des *Gebets der Sammlung* vorstellte, denn ihre Gedanken gingen ihr immer wieder durch und sie litt an Zerstreuung. Welche Formen das annahm, sagt sie einmal so: „Ganz, ganz oft gab ich einige Jahre lang mehr auf mein Verlangen acht, daß die Zeit, die ich mir zu bleiben vorgenommen hatte, bald zu Ende ginge, und darauf, auf das Schlagen der Uhr zu lauschen, als auf andere gute Dinge. Und ich weiß nicht, was für eine strenge Buße mir mitunter in den Sinn gekommen wäre, die ich nicht mit größerer Freude auf mich genommen hätte, als mich zu sammeln, um inneres Beten zu halten. Und das ist gewiß, daß die Gewalt, die mir der Böse oder auch meine schlechte Gewohnheit antaten, nicht zum inneren Beten zu gehen, und die Traurigkeit, die mich beim Eintritt in den Gebetsraum befiel, so unerträglich waren, daß ich meinen ganzen Mut zusammennehmen mußte (der, wie man sagt, nicht gerade klein ist, und wovon mir Gott, wie sich gezeigt hat, viel mehr gegeben hat als sonst einer Frau, nur habe ich ihn schlecht eingesetzt), um mich zu zwingen; doch am Ende half mir der Herr. Und nachdem ich mir diese Gewalt angetan hatte, fand ich zu mehr Ruhe und Wonne als zu manch anderen Zeiten, in denen ich mich danach sehnte, Gebete zu verrichten" (8,7).

Was tut sie angesichts des Problems der Zerstreuung?

Sammlungshilfen

● Disziplin und Einsatz

Ein Hilfsmittel nennt sie hier schon: Sie zwingt sich, inneres Beten zu halten, auch zu Zeiten, wenn es ihr schwer fällt, und tut sich sogar Gewalt an, um in den Gebetsraum zu gehen. Damit wird auch klar, daß das innere Beten den Einsatz des ganzen Menschen erfordert und es nicht mit ein paar frommen Worten getan ist.

● Ein Buch

Als zweite Abhilfe nennt sie ein Buch – kein Wunder, wo doch Bücher schon von Kindheit an für sie wichtig waren: „In all diesen Jahren wagte ich nie, ohne ein Buch mit dem Beten zu beginnen, außer gleich nach der Kommunion, denn meine Seele fürchtete sich so sehr, ohne es zu beten, wie wenn sie mit einer großen Schar kämpfen müßte. Mit diesem Hilfsmittel aber, das wie ein Begleiter oder ein Schutzschild war, mit dem sie die Anstürme der vielen Gedanken auffangen konnte, fühlte sie sich getröstet. Wohl war die Trockenheit nicht alltäglich, doch war sie immer dann da, wenn ich kein Buch hatte; dann war meine Seele gleich durcheinander und meine Gedanken schweiften ab. Mit einem Buch aber begann ich, sie zu sammeln, und es fühlte sich meine Seele wie liebkost. Oft brauchte es nicht mehr, als das Buch zu öffnen; ein anderes Mal las ich ein wenig, dann wieder viel, je nach dem, wie mir der Herr seine Gnade gab“ (4,9).

Inneres Beten vollzieht sich dann so, daß man einen Text, z. B. eine Evangelienperikope, liest, darüber nachdenkt und versucht, zu Gott „Du“ zu sagen, so daß es zu einer ganz persönlichen Anrede Gottes kommt; sobald man merkt, daß man wieder zerstreut ist, kehrt man zum Text zurück, um sich dadurch wieder zu sammeln. Das Thema oder den Inhalt dieses Textes bestimmt der Beter selbst, wie sie im *Weg der Vollkommenheit* sagt: „Wenn ihr fröhlich seid, betrachtet ihn, den Auferstandenen, denn allein die Vorstellung, wie er aus dem Grabe erstand, wird euch froh machen ... Wenn ihr mühselig und traurig seid, betrachtet ihn im Ölgarten: Wie sehr war doch seine Seele betrübt ...“[63]

Und auch wie man Tag für Tag mit dem inneren Beten beginnen könnte, sagt sie uns, mehr als einmal: „Wenn ihr euch anschickt, um mit einem so großen Herrn zu reden, dann ist es gut, daß ihr darauf schaut, mit wem ihr sprechen wollt, und wer ihr seid".[64] Inneres Beten kann also mit dem Nachdenken über die zwei Fragen beginnen: Wer ist Gott für mich und wer bin ich? Bei der ersten Frage kann ein Evangelientext gute Dienste tun, bei der zweiten, die immer wieder erwähnte Demut Teresas, das Anerkennen der Wahrheit, d. h. daß ich mir klar mache, wer bin ich – jetzt? Was für Gefühle, Ängste, Sorgen, Nöte, Hoffnungen, Erfolge, Mißerfolge, Sünden usw. bedrängen mich jetzt? Auf diese Weise wird mein inneres Beten tatsächlich zu meinem Leben, durchdringt und prägt es, und bleibt nicht als zusätzliche Verpflichtung mehr oder weniger außerhalb.

● Die Natur

Als weiteres Hilfsmittel zur Sammlung sagt uns Teresa: „Mir nützte es, Felder oder Wasser oder Blumen zu sehen. In diesen Dingen fand ich eine Spur des Schöpfers, ich meine, sie weckten mich auf und sammelten mich und dienten mir als Buch; aber auch in meiner Undankbarkeit und meinen Sünden. In den Dingen des Himmels und in erhabenen Dingen, war mein Verstand so schwerfällig, daß ich mir sie nie und nimmer vorstellen konnte, bis mir sie der Herr auf andere Weise vor Augen führte" (9,5). Die Natur in ihrer reichen Ausstattung wird für Teresa zu einem Buch, in dem sie „eine Spur des Schöpfers" fand, und je mehr sie diesen liebte, desto feiner wurde auch ihr Gespür für die Wunderwerke ihres Geliebten – ein Gedanke, den wir bei Johannes vom Kreuz sehr ausgeprägt finden, besonders in seinem *Geistlichen Gesang.* So sind es vor allem die Mystiker, die die Natur als Buch der Wunderwerke Gottes loben und preisen, ganz im Gegensatz zu dem, was immer wieder über sie zu hören und zu lesen ist.

---

[63] CV 26,4f.
[64] CV 22,1.

● Die Gegenwart Gottes in unserem Innern

Ein guter Einstieg ins innere Beten ist ferner die Bewußt-
machung des in ihr lebenden Gottes, was ihr durch eine innere
Erfahrung aufgegangen ist: „Diese Vision scheint mir nützlich
für Menschen, die Sammlung suchen, um ihnen beizubringen,
den Herrn im tiefsten Innern ihrer Seele zu betrachten. Das ist
nämlich eine Betrachtung, die näher geht und viel fruchtbarer
ist, als ihn außerhalb von sich zu betrachten, wie ich bei anderer Gelegenheit schon gesagt habe; auch in einigen Büchern
über das innere Beten wird beschrieben, wo man Gott suchen
soll. Insbesondere sagt es der glorreiche heilige Augustinus, der
ihn weder auf den Plätzen, noch in den Vergnügungen oder
sonstwo, wo er ihn suchte, so gefunden hätte, wie in seinem
Inneren. Und es ist auch ganz klar, daß das besser ist. Es ist
nicht nötig, in den Himmel hinaufzusteigen oder weiter wegzugehen als nur zu uns selbst, denn das bedeutet, den Geist zu
ermüden und die Seele abzulenken, noch dazu ohne soviel
Frucht" (40,6). Sie sagt also, daß man das immer und überall
machen kann, was bedeutet, daß Beten an keinen Raum und
keine bestimmten Bedingungen geknüpft ist, so daß niemand
sagen kann, er hätte zum Beten keine Zeit oder nicht die geeignete Umgebung.

● Die Gegenwart Christi in der Kommunion

Auch der Kommunionempfang wird für Teresa zu einem solchen Einstieg ins innere Beten, „da ich wußte, daß der Herr
dann sicher in mir weilte" (9,2). Oder auch folgendes Zeugnis:
„Manchmal – fast immer, zumindest die meiste Zeit – kam ich
nach der Kommunion zur Ruhe. Zuweilen fühlte ich mich,
wenn ich mich nur dem Sakrament nahte, seelisch und körperlich gleich so wohl, daß ich mich nur wundere. Es sieht dann
nicht anders aus, als würden sich im Nu alle Finsternisse der
Seele auflösen, und sobald die Sonne aufgegangen ist, erkannte
sie die Dummheiten, in denen sie befangen war" (30,14).

Dadurch wird auch deutlich, daß es für sie zwischen dem
Glauben an den in ihr lebenden Gott, also der mystischen Gegenwart Gottes, und dem Glauben an den in der Eucharistie

gegenwärtigen Gott, der sakramentalen Gegenwart Gottes, letztlich keinen Unterschied gibt. Mit ihren Worten sagt sie es einmal so: „Wenn ich beim Gang zur Kommunion war und an die überaus große Majestät dachte, die ich erblickt hatte, und dann betrachtete, daß er es war, der im Allerheiligsten Sakrament weilte (öfter will der Herr sogar, daß ich ihn in der Hostie erblicke), sträubten sich mir die Haare" (38,19).

• Bilder

In diesem Zusammenhang, also als Hilfe zur Sammlung und somit zum inneren Beten, spricht Teresa auch von Bildern, die ihr geholfen haben. Erwähnt wurde schon, daß sie ihre endgültige Bekehrung vor dem Bild „eines ganz mit Wunden bedeckten Christus" erlebte, das „so andachterweckend [war], daß es mich beim Anblick zuinnerst erschütterte, ihn so zu sehen, denn es stellte gut dar, was er für uns durchlitten hatte" (9,1). Aus dieser Vorliebe für Bilder läßt sie Bilder von Christus an die Wände malen (7,2) und schmückt sie mit Blumen (30,20); wünscht sich, „immer ein Gemälde oder Bildnis von ihm vor Augen [zu] haben, da ich es schon nicht so eingeprägt in meiner Seele haben konnte, wie ich wollte" (22,4) und empfiehlt, uns „durch eigenes Bemühen die Menschheit Christi vor[zu]stellen, indem wir uns mit unserer Vorstellungskraft nach und nach seine große Schönheit ausmalen. Dazu wäre nicht wenig Zeit vonnöten, wenn es ihm auch nur in etwa ähnlich sehen sollte. Die Seele kann sich diese mit ihrer Vorstellungskraft zwar gut vorstellen und sie auch eine Zeitlang anschauen, auch seine Züge und seine Weiße, und dieses Bild allmählich vervollständigen und sich ins Gedächtnis einprägen. Wer könnte ihr das nehmen, da sie es mit dem Verstand hervorbringen konnte?" (29,1), auch wenn es beim mystischen Geschehen dazu keine Möglichkeit gibt, „sondern wir müssen das Bild dann anschauen, wo der Herr es uns vor Augen führen will, und so wie er das will und was er will. Da gibt es nichts wegzunehmen oder hinzuzufügen, noch eine Möglichkeit dazu, so sehr wir uns auch anstrengen, auch nicht, um es zu sehen, wann wir wollen, oder zu unterlassen, daß wir es sehen. Sobald man ein bestimmtes Detail anschauen will, ist Christus gleich verschwunden", doch kann und soll sich der Mensch immerhin darum bemühen (29,1). Damit sagt sie, daß es nicht um interessante Details des Aussehens Jesu geht, sondern um die Beziehung zu ihm.

• Der gesunde Menschenverstand

Als letzte Abhilfe gegen die Zerstreuungen und Abschweifungen nennt sie schließlich den gesunden Menschenverstand: „Die letzte Abhilfe, die ich gefunden habe, nachdem ich mich jahrelang geplagt hatte, ist ..., daß man auf ihn [den zerstreuten Verstand] nicht mehr geben soll, als wäre er ein Verrückter und ihm seine Schrulle lassen soll, denn die kann ihm nur Gott nehmen" (17,7). Der Mensch soll einsehen, daß die Beseitigung der Zerstreuung letzten Endes nicht in seiner Macht liegt, und, was noch wichtiger ist, nicht auch schon ein gutes Beten bedeutet, denn inneres Beten ist nicht einfach eine Konzentrationsübung, wie das vielleicht für manche Meditationsmethoden gelten mag, sondern „Beten ist Lieben", wie Teresa sagt, und „der Nutzen für eine Seele besteht nicht im vielen Denken, sondern im vielen Lieben".[65] Damit ist gesagt, daß das letzte Heilmittel gegen die Zerstreuungen das Vertrauen, geliebt zu sein, ist, und das ist das Wesen des inneren Betens.

Inkonsequenz im Alltag

Die zweite Schwierigkeit, auf die Teresa auf ihrem Weg des inneren Betens stieß, ist viel gefährlicher und rüttelte an den Grundfesten ihrer Freundschaft mit Gott. Sie war immer mehr zur Überzeugung gekommen, daß ihr konkretes alltägliches Leben dem, was ihr beim Beten aufging und immer mehr aufgegangen war – nämlich die Liebe Gottes zu ihr, sogar in Form spürbarer innerer Erfahrungen[66] –, nicht entspricht. Sie fühlt sich von Gott angenommen, doch es fehlt ihr die Kraft, ihm zu entsprechen und treu zu sein; ihr Leben kommt ihr eher als

---

[65] F 5,2.
[66] Siehe dazu V 10,1, wo sie sagt, was für sie „mystisch" ist.

eine ununterbrochene Untreue gegenüber dem geliebten und sie liebenden Herrn vor. Um diese Inkonsequenz aus dem Weg zu räumen, kommt sie soweit, daß „es mir besser zu sein schien, mich so zu verhalten wie die vielen ... und nur mündlich die Gebete zu verrichten, zu denen ich verpflichtet war, als das innere Beten und eine so innige Beziehung mit Gott zu pflegen, ich, die verdient hat, bei den bösen Geistern zu sein, und die Leute hinterging, denn nach außen hin wahrte ich einen guten Eindruck" (7,1).

Damit sagt sie, daß sie weiterhin ihre Gebete verrichtete und ihre Verpflichtungen als Ordensfrau einhielt, aber das innere Beten aufgab, ja eigentlich ohne ihren Gott lebte.[67] Das tat sie nicht aus Oberflächlichkeit oder Lauheit, sondern „weil ich mich sogar schämte, mich in einer so besonderen Freundschaft, wie es das Verweilen im Gebet ist, Gott erneut zuzuwenden" (7,1). Daß es ihr mit ihrem Bemühen um „Tugenden", also die Nächstenliebe, ernst war, haben wir schon gesehen,[68] aber sie kann keinen Erfolg verbuchen.

Vertrauen und Entschlossenheit

Das Aufgeben des inneren Betens entspringt also letzten Endes einem Mangel an Vertrauen auf Gott, was sie später auch klar sagt: „Es geschah aus Hoffnung, denn nie ... gab ich meine Entschlossenheit auf, wieder zum inneren Beten zurückzukehren, wollte aber warten, bis ich ganz von Sünden rein wäre" (19,11). Doch hat ihr das geholfen zu verstehen, „daß jemand, der mit dem inneren Beten begonnen hat, es ja nicht mehr aufgeben soll, mag er noch so viel Schlechtes tun, denn es ist das Heilmittel, durch das er sich wieder bessern kann, während ohne es alles sehr viel schwieriger wird" (8,5).

Hier wird deutlich, daß Beten nicht ein punktuelles Ereignis ist, das man möglichst oft wiederholen und ausdehnen sollte,

---

[67] Das aber bedeutet, daß man trotz der Erledigung aller religiösen Verpflichtungen und der Einhaltung aller religiöser Observanz, was Teresa ja immer tat, „atheistisch" sein kann. Bei der Rigorismus-Mentalität, von der im Lauf der *Vida* öfter die Rede sein wird, ist dies sehr leicht möglich.

[68] Siehe V 6,5.

sondern „nichts anderes als Verweilen bei einem Freund, mit dem wir oft allein zusammenkommen, einfach um bei ihm zu sein, weil wir sicher wissen, daß er uns liebt" (aaO.), also ein total unverzwecktes und unverdienbares Beziehungsgeschehen, das sich nicht auf bestimmte Zeiten beschränken läßt, sondern das ganze Leben durchdringt. Von daher ist es absurd, das Leben in Zeiten des Betens („contemplatio") und des Tuns („actio") und die Menschen in Beter und solche, die dazu keine Zeit haben, aufzuteilen; und es ist auch nicht möglich, an Stelle von anderen zu beten, denn die Freundschaft mit Gott kann und muß jeder selbst leben, da sie nicht in erster Linie eine Frage der Zeit und des Ortes, sondern der Zuneigung und Liebe ist.

Wohl ist es möglich, für andere zu beten, und das bedeutet, sie in die eigene freundschaftliche Beziehung mit dem Herrn einzubeziehen, wie sie es selbst tat und einmal auch beschreibt: „Herr, du darfst mir diese Gnade nicht verweigern; schau, wie gut er ist, dieser Mensch, um unser Freund zu sein!" (34,8). So betet sie für einen Beichtvater, der sie um ihr Gebet gebeten hatte. Die Anliegen des anderen werden jeweils die eigenen: die Anliegen Gottes, das Heil aller Menschen, werden zu den Anliegen jedes wirklichen Beters, die des Menschen werden zu den Anliegen Gottes. So wird Teresas Beten universal und *ist* Apostolat.

Die Lehre, die Teresa aus dem Aufgeben des inneren Betens zieht, ist eindeutig: „Jemand, der mit dem inneren Beten begonnen hat, soll es ja nicht mehr aufgeben, mag er noch so viel Schlechtes tun, denn es ist das Heilmittel, durch das er sich wieder bessern kann, während ohne es alles sehr viel schwieriger wird ... Wer aber noch nicht mit dem inneren Beten begonnen hat, den bitte ich um der Liebe des Herrn willen, sich ein so großes Gut doch nicht entgehen zu lassen. Hier gibt es nichts zu verlieren, sondern nur zu gewinnen" (8,5). Das innere Beten, die Freundschaftsbeziehung mit dem menschgewordenen Gott, ist es, was dem Leben des Menschen Sinn verleiht, auch wenn er keine Erfolge verspüren kann und immer wieder in dieselben Sünden und Fehler zurückfällt, denn die zu vermeiden, liegt nicht einfach in seiner Hand, wie sie selbst bekennt: „Meine Seele lebte schon ganz müde dahin, aber die schlechten Gewohnheiten, die sie an sich hatte, ließen sie nicht in Ruhe, obwohl sie das wollte" (9,1). Trotzdem soll er, wie Teresa ausdrücklich sagt, die Freundschaft nicht aufgeben, „mag er noch so viel Schlechtes tun". Sie erlebt, daß es der Herr ist, der ihr die „endgültige Bekehrung" schenkt und, wenn der Mensch im Beten ausharrt, in den rettenden Hafen geleitet, „trotz aller Sünden und Versuchungen und tausenderlei Stürzen, die der Böse einfädelt" (8,4). Der Herr ist es, der rettet! Damit spricht sie sich gegen alles Leistungsdenken aller Zeiten aus.

2.4. Die Bedeutung der Menschheit Jesu

Sowohl beim Blick auf das Leben Teresas als auch auf das innere Beten als die für sie typische Gebetsform wurde die Bedeutung des Menschen Jesus, vor allem des leidenden Jesus deutlich. Der Grund ist nicht die Liebe zum Leiden als solchem – das suchte auch Teresa zu vermindern so gut sie konnte, wenn man allein an ihre Bemühungen um ihre Gesundheit denkt –, sondern die Liebe zum Menschen Jesus. Und da es in seinem Leben auch Leid und Kreuz gab, ist klar, daß es auch in ihrem Leben mit ihm nicht fehlen wird. So sagt sie: „Wir müssen zusammen gehen, mein Herr. Dein Weg ist mein Weg ..."[69] So brauchen wir uns nicht zu wundern, wenn am Anfang und bei der Wiederaufnahme des inneren Betens, aber auch bei der endgültigen Bekehrung Teresas der Mensch Jesus als leidender so bedeutsam war, „denn mir schien, daß er mich, wenn er einsam und niedergeschlagen war, als einer, der in Nöten ist, zu sich lassen müßte" (9,4).

Was jedoch bei ihr auffällt, ist, daß der Mensch Jesus auch in der tiefsten Kontemplation zugegen ist, wie sie selbst sagt: „Hier[70] aber sieht man deutlich, daß Jesus Christus, der Sohn der Jungfrau, da ist. In jenem anderen Gebet werden uns einige Eindrücke von der Gottheit vermittelt, hier sieht man, zusätzlich

---

[69] CV 26,6.
[70] In der intellektuellen Vision, die in V 27,2 beschrieben wird.

zu diesen, auch noch, daß die Allerheiligste Menschheit uns begleitet und uns sogar Gnaden gewähren will" (27,4). Diese Meinung verteidigt sie besonders in Kapitel 22 und hält auch zwölf Jahre später in der *Inneren Burg*, die 1577 entstanden ist, an dieser ihrer Meinung fest,[71] obwohl angesehene und von ihr geschätzte geistliche Lehrmeister ihrer Zeit da anders denken.

Der Standpunkt ihrer Lehrmeister

Francisco de Osuna (ca. 1497–1542)

Einer von ihnen, Francisco de Osuna, von dessen Bedeutung für Teresa schon die Rede war, gilt als Hauptfigur der *„recogidos – Gesammelten"* mit seinem *„Tercer Abecedario espiritual"*, zum ersten Mal 1527 gedruckt; Teresa fiel es im Winter 1538/39 bei ihrem Onkel Pedro in die Hände. Es bestärkte sie in ihrem bisherigen Beten, so daß sie schreibt: „Ich entschloß mich, diesen Weg mit all meinen Kräften zu gehen" (4,7). Nach dieser Lehre sucht der Mensch Gott in seinem Inneren und bemüht sich, sich von allem Geschaffenem freizumachen, so sehr, daß er selbst das Denken daran aufgeben muß, denn er soll sich ja dem Vergessen der Dinge, dem Schweigen der Sinne, der Konzentration, der Sammlung und dem Zurückziehen in sich selbst widmen. Das führt zur kontemplativen Haltung des *„no pensar nada – nichts zu denken"*, mit heutigen Termini des Aufgebens jeglichen gegenständlichen Meditierens.

Von daher ergibt sich dann die Frage nach der Meditation über die Menschheit Jesu als eines „Gegenstandes". Insgesamt gesehen kommt der Betrachtung der Menschheit Jesu nach der Lehre Osunas große Bedeutung zu. Er unterscheidet: Die Menschheit Jesu ist an sich kein Hindernis für den höchsten Grad der Kontemplation, doch aufgrund der menschlichen Schwachheit müssen die Geschöpfe auf ihrem Weg zur reinen Kontemplation für eine Zeit die Betrachtung der Menschheit Christi aufgeben. Die Begründung ist: „Man muß das Gute [d. h. die Menschheit Jesu] wegen des Besseren [d. h. der Gottheit] und

---

[71] 6M 7.

wegen des vollkommeneren Besitzens desselben aufgeben." Dazu teilt Osuna die geistlich strebenden Menschen in drei Gruppen ein: Im Normalfall geht die Meditation über die Geheimnisse der Menschheit Christi; die Vollkommenen enthalten sich eine gewisse Zeit des Nachdenkens über Geschaffenes und die Menschheit Christi; die Kontemplation der Vollkommensten kann ohne weiteres die Menschheit und die Gottheit umfassen.[72]

Das Gefährliche an dieser Lehre im damaligen spirituellen Kontext war das *„no pensar nada – nichts zu denken"*, das tatsächlich für manche zum Verhängnis wurde. Aber auch die Einteilung der Spirituellen in drei Gruppen und die willkürlich anmutende Anweisung an die „Vollkommenen" sind fragwürdig. Kein Wunder, daß sich Teresa mit ihrem ausgeprägten Sinn für wahre Demut als „Wandel in Wahrheit"[73] davon distanzieren und dem Beter raten wird, die Initiative ganz und gar Gott zu überlassen, da es der Wahrheit des Menschen entspricht, beim mystischen Geschehen nichts tun zu können, er vielmehr alles Gott überlassen soll.

Bernardino de Laredo (1482–1540)

Der zweite für Teresa wichtige geistliche Lehrmeister, ebenfalls aus dem Franziskanerorden, ist Bernardino de Laredo. Als Autodidakt in Theologie hatte er nicht die damals für die Priesterausbildung vorgesehenen Autoren gelesen, doch mit seiner Schrift *„Subida del Monte Sión"* (*„Aufstieg auf den Berg Zion"*) den spirituellen Menschen seiner Zeit, eben auch Teresa, einen guten Dienst erwiesen. Sie erwähnt ihn mit folgenden Worten: „Als ich Bücher durchschaute, um zu sehen, ob ich damit mein Beten, das ich hatte, beschreiben könnte, fand ich in einem mit dem Titel *Aufstieg auf den Berg* dort, wo es um die Einung der Seele mit Gott geht, alle Anzeichen, die ich bei jenem Nichtsdenken[74] aufwies, denn das war es, was ich meistens sagte: daß

---

[72] Siehe dazu F. de Ros, *Un Maître de Sainte Thérèse. Le Père François d'Osuna*, 566–574; M. Andrés (Hg.), *Francisco de Osuna. Tercer Abecedario espiritual*, pról., 127.

[73] 6M 10,7.

[74] *„no pensar nada".*

ich an nichts denken konnte, wenn ich dieses Gebet hatte"
(23,12).

Teresas Problem zu dieser Zeit war also, daß sie beim inneren Beten nichts mehr denken konnte, weil sie von Gott schon
so sehr allem Denken enthoben war. So markierte sie in diesem Buch alles, was sie zum Verständnis ihres Betens für notwendig erachtete und gab es den beiden Lehrmeistern, die sie
damals prüften, Francisco de Salcedo und Gaspar Daza. Mit
ihrer ungenügenden Bildung und mangelnden Erfahrung mußte
bei ihnen vor allem das *„no pensar nada"* große Angst auslösen,
und so kamen sie denn auch zum Schluß, „daß es nach allem,
was sie beide dafürhielten, vom Bösen stamme" (23,14). Inwieweit sie Laredos Lehre verstanden haben, bleibt unklar, er jedenfalls vermeidet den gefürchteten und gefährlichen Quietismus,
den das *„no pensar nada"* nahelegen könnte, durch die Annahme einer zweifachen Kontemplation, die den vier Klassen
oder Gruppen von Spirituellen entspricht, die er einführt: Die
Anfänger, über die er im ersten Teil seiner Schrift handelt, haben ihr eigenes Elend und Nichts zu betrachten, was sie zur
Demut führen soll. Die Fortgeschrittenen, denen der zweite
Teil des Buches entspricht, widmen sich der Betrachtung der
Menschheit Christi. Den fast Vollkommenen kommt die Kontemplation Gottes, des Schöpfers, zu; ihr Weg führt also über
die sichtbaren oder unsichtbaren Geschöpfe. Den Vollkommenen schließlich entspricht die Kontemplation Gottes wie er in
sich ist. Von daher ergeben sich seine zwei Arten von Kontemplation: Die erste, unvollkommene Kontemplation oder auch
Meditation genannt, ist spekulativ, aktiv, intellektuell; die zweite,
Kontemplation im engen und eigentlichen Sinn, ist mystisch,
passiv und auf Gott als die *„essentia increata"*[75] gerichtet.

Und wie steht es dabei mit der Betrachtung der Menschheit
Christi? Ist sie irgendwann überflüssig oder gar ein Hindernis?
Bernardino von Laredo gibt zweifellos der Kontemplation den
Vorzug, womit er von der Betrachtung der Menschheit Jesu ab-
sieht, doch meint er, daß kein Kontemplativer sie einfach auf-

---

[75] *Unerschaffene Wesenheit.*

geben darf, sondern ab und zu ein mündliches Gebet oder eine Frömmigkeitsübung verrichten muß.[76] Damit distanziert er sich vom gefährlichen „no pensar nada", doch seine Begründung der Verehrung des Menschen Jesus von Nazareth hat Teresa – mit Recht – nicht überzeugt.

Man kann bei beiden geistlichen Lehrmeistern den Eindruck bekommen, als ginge es ihnen bei der Bedeutung, die sie der Verehrung der Menschheit Jesu geben, vor allem darum, dem gefährlichen „no pensar nada" zu entgehen, um sich damit von der 1525 verurteilten Gruppierung der Alumbrados, den „dejados – Gelassenen", zu distanzieren.[77] Die beinahe allgegenwärtige Inquisition, die vor allem ab ca. 1535/1540 in Spanien ihre Aktivität verstärkte, weil sich immer deutlicher abzeichnete, daß die auf Ausgleich mit den Protestanten in Deutschland bedachte Politik des Kaisers zum Scheitern verurteilt war, mag zu dieser Vorsicht beigetragen haben. Beiden blieben unangenehme Erfahrungen mit der Inquisition auch erspart, nicht so Teresa. Ihr Name taucht zum ersten Mal 1574 in einem Inquisitionsdokument auf, Anfang 1575 wird ihre Vida vom Inquisitionsrat in Madrid angefordert, dazu kamen 1575/76 Anklagen gegen sie aus Sevilla; doch ging sie schließlich aus allen Anschuldigen siegreich hervor, und auch die Anklagen gegen ihre Schriften in den Jahren 1589 bis 1598 erwiesen sich letzten Endes als haltlos. Und bei allem war es in erster Linie das innere Beten, also Teresas typische Art mit Gott umzugehen, das den Argwohn der Inquisition hervorrief.[78]

Teresas Ansatz

Teresa hat einen anderen Ansatz. Ihr geht es von vornherein und vor allem um den Menschen Jesus von Nazareth, wie ihn ihr die Evangelien vorstellten, wie oben schon gesagt wurde. Ein ganz

---

[76] Siehe dazu B. de Laredo, Subida del Monte Sión, 475f ; und ferner F. de Ros, Un inspirateur de Sainte Thérèse. Le Frère Bernardin de Laredo, 203–250.
[77] Das sind die „Gelassenen", die zu einem ausgeprägten Quietismus kamen und auf jegliches Bemühen des Menschen verzichteten. Siehe dazu U. Dobhan, Gott – Mensch – Welt, 112–114.
[78] Siehe dazu aaO. 342–356.

zentraler Text möge genügen: „Ich war mein ganzes Leben lang eine große Verehrerin Christi gewesen.[79]... Ist es möglich, mein Herr, daß ich auch nur eine Stunde lang den Gedanken haben konnte, daß du mir für ein größeres Gut hinderlich wärest? Woher sind mir denn alle Wohltaten gekommen, wenn nicht von dir? ... Ich bin überzeugt, daß der Grund, weshalb viele Seelen nicht besser vorankommen und zu einer sehr großen Freiheit des Geistes gelangen, sobald sie so weit kommen, das Gebet der Gotteinung zu erfahren, genau dieser ist. Ich meine, daß es zwei Gründe gibt, auf die ich meine Behauptung stützen kann ...

Der erste Grund ist, daß da ein geringer, versteckter und verborgener Mangel an Demut mitspielt, was man nicht merkt. Wer ist, nachdem er sich sein ganzes Leben lang mit allen nur erdenklichen Bußübungen und Gebeten und Angriffen abgeplagt hat, so überheblich und erbärmlich wie ich, daß er sich nicht sehr reich und bestens vergolten vorkommt, wenn ihm der Herr erlaubt, mit dem hl. Johannes unter dem Kreuz zu stehen (Joh 19,26)? Ich weiß nicht, in wessen Kopf es hineingeht, sich damit nicht zu begnügen, außer in meinen, wodurch ich in jeder Hinsicht auch noch das verlor, was ich hätte gewinnen können. Wenn also unsere Natur oder Kränklichkeit es nicht immer verträgt, an die Passion zu denken, weil das schmerzlich ist, wer verbietet uns denn, bei ihm als dem Auferstandenen zu sein, wo wir ihn im Sakrament doch so nahe haben? ...

So mögen sich Euer Gnaden, gnädiger Herr, also keinen anderen Weg wünschen, selbst wenn Ihr auf dem Gipfel der Kontemplation wäret; auf diesem geht Ihr sicher. Dieser unser Herr ist es, durch den uns alle Wohltaten zukommen (vgl. Hebr 2,10; 2Petr 1,4). Er wird Euch unterweisen. Wenn Ihr sein Leben anschaut, ist er das beste Beispiel. Was wollen wir denn mehr von einem so guten Freund an der Seite, der uns in den Mühen und Bedrängnissen nicht im Stich läßt, wie es die von der Welt tun? Glückselig, wer ihn wirklich liebt und ihn immer neben sich hat ...

---

[79] Das ist nicht nur eine Behauptung, sondern in ihrem *Leben* eindrucksvoll belegt. Siehe dazu die Anm. zu V 22,4.

Gewiß, das mit der Abwendung vom Gegenständlichen muß wohl in Ordnung sein, da es so geistliche Leute sagen, aber meines Erachtens darf das nur geschehen, wenn die Seele schon sehr weit fortgeschritten ist, denn bis dahin ist es klar, daß man den Schöpfer durch die Geschöpfe suchen muß (Weish 13,5). Es verhält sich entsprechend der Gnade, die der Herr der jeweiligen Seele erweist; da mische ich mich nicht ein. Was ich verständlich machen möchte, ist nur, daß in diese Überlegung die allerheiligste Menschheit Christi nicht einbezogen werden darf. Und diesen Punkt sollte man recht verstehen, denn da möchte ich mich gut erklären können.

Wenn Gott alle Seelenvermögen aufheben will, wie wir es bei den vorhin genannten Gebetsweisen gesehen haben, dann ist klar, daß diese Gegenwart entschwindet, auch wenn wir es nicht wollen. Dann entschwinde sie in Gottes Namen! Glücklicher Verlust, der dazu da ist, um mehr zu genießen, was man scheinbar verliert, denn dann ist die Seele nur noch damit beschäftigt, den zu lieben, um dessen Kenntnis sich der Verstand abgeplagt hat, und liebt das, was sie nicht erfaßt hat, und genießt von dem, was sie nie so tief hätte genießen können, wenn sie sich nicht immer mehr verlieren würde, um, wie ich sage, mehr zu gewinnen.

Daß wir es uns aber absichtlich und mit Bedacht abgewöhnten, uns mit all unseren Kräften zu bemühen, diese heiligste Menschheit beständig vor Augen zu haben – und gebe der Herr, es wäre wirklich beständig –, davon sage ich, daß es mir nicht gut scheint, und daß es bedeutet, daß die Seele, wie man so sagt, in der Luft hinge, denn es sieht so aus, als habe sie keinen Halt, auch wenn es ihr noch so sehr vorkommt, von Gott erfüllt zu sein. Solange wir leben und Menschen sind, ist es etwas Großartiges, ihn als Menschen bei uns zu haben, denn das ist der zweite Nachteil, den es da gibt, und den ich nenne ...

Um nun zum zweiten Punkt zurückzukehren: Wir sind keine Engel, sondern haben einen Leib. Uns zu Engeln aufschwingen zu wollen, während wir noch hier auf Erden leben – und dazu noch so sehr der Erde verhaftet, wie ich es war –, ist Unsinn, vielmehr braucht das Denken im Normalfall etwas,

was ihm Halt gibt. Daß die Seele manchmal außer sich geraten oder vielmals so sehr von Gott erfüllt sein mag, daß sie nichts Geschaffenes braucht, um sich zu sammeln, ist nicht so normal, als daß ihr bei Geschäften und Angriffen und Leiden, wenn soviel innere Ruhe nicht möglich ist, und in Zeiten der Trockenheit, Christus nicht doch ein sehr guter Freund wäre. Wir sehen ihn ja als Menschen und erleben ihn in Schwachheiten und Leiden, er leistet uns Gesellschaft, und wenn das einmal zur Gewohnheit geworden ist, ist es ganz leicht, ihn an unserer Seite zu finden, auch wenn Momente kommen, in denen man weder das eine noch das andere vermag" (22,4–10).

Bei dieser Meinung bleibt Teresa mit einer bewunderungswürdigen Hartnäckigkeit und verteidigt sie noch zwölf Jahre später in der *Inneren Burg*: „Obgleich man mir damals widersprochen und gesagt hat, ich verstünde es nicht..., wird man mich nicht zum Bekenntnis bringen, dies sei ein guter Weg ... Schaut, ich wage zu sagen, daß ihr niemandem glauben sollt, der euch darüber etwas anderes sagt ... Wenn die Seelen nämlich den Führer verlieren, den guten Jesus, so werden sie den Weg nicht finden ... Denn der Herr selber sagt, er sei der Weg (Joh 14,6). Und er fährt fort: ‚Ich bin das Licht; niemand kommt zum Vater denn durch mich, und wer mich sieht, der sieht meinen Vater' (Joh 8,12; 14,9). Man wird mir entgegnen, diese Worte seien anders zu verstehen. Ich erkenne keinen anderen Sinn. Mit diesem Sinn aber, den meine Seele stets als die Wahrheit empfindet, bin ich sehr gut gefahren".[80]

Hauptsächlich auf zwei Argumente stützt sie sich also: Solange wir auf dieser Erde sind, brauchen wir eine menschliche Stütze, denn wir sind keine Engel; und das zweite Argument, die Heilige Schrift, die von ihr immer wieder angerufene höchste Instanz (vgl. 40,2). Schließlich ist es aber ihre Liebe zum Menschen Jesu, die sie vor falschem Verhalten bewahrt.[81]

---

[80] 6M 7,5f.

[81] Damit wird auch klar, daß sich der Brauch, den es bis heute in Teresas Orden gibt, das Kreuz ohne Korpus zu verehren, nicht auf sie gründen kann. Wir wissen auch, daß sie bei ihren Gründungen immer ein Kreuz dabei hatte und es dann im neugegründeten Kloster zurückließ; man kann sie bis heute noch

2.5. *Teresianische Mystik*

„Mystik" ist gerade heute wieder zunehmend populär, aber dennoch ist der Begriff keineswegs eindeutig geklärt, sondern mit vielen Unklarheiten und Mißverständnissen behaftet. In der Sprache der Werbung wird „mystisch" häufig als Inbegriff für eine Kombination von Unbestimmt-Geheimnisvollem mit vager Gefühlsduselei verwendet, während man andererseits in esoterischen und auch in manchen christlichen Kreisen dazu neigt, mystische Erfahrung mit außergewöhnlichen Erscheinungen wie Visionen, Offenbarungen, Ekstasen, Levitationen und dergleichen gleichzusetzen und sie damit von vornherein in den Bereich des Außerordentlichen, Wunderbaren, Übersinnlichen zu zerren. Nun ist es eine unleugbare Tatsache, daß Teresa in ihrer *Vida* immer wieder *auch* über solche Phänomene berichtet. Aber sie sind gerade nicht der Kern ihrer spirituell-mystischen Botschaft!

Das Wort „Mystik" kommt vom griechischen Adjektiv μυστικος (mystikos), „mit den Geheimnissen verbunden"; es ist abgeleitet vom Verb μυω (myo), „den Mund bzw. die Augen schließen" (nämlich für das allzu Vordergründige), und ist ferner verwandt mit μυεω (myeo), „in die Geheimnisse (d.h. ursprünglich in den antiken Mysterienkult) einführen". Dabei geht es allerdings nicht um Esoterisches, sondern um ein Aufleuchten des Geheimnisses des Lebens, der letzten Wirklichkeit, die wir „Gott" nennen. Bis ins 17. Jahrhundert hinein wurde das Wort nur adjektivisch verwendet; „mystisch" nennt man seit dem Apostel Paulus das, was Gott selbst im Innern eines Menschen bewirkt, dem er sich Schritt für Schritt zu erkennen gibt.

Die christliche Tradition spricht von *cognitio Dei experimentalis*[82], also von Erfahrungskenntnis Gottes. Damit ist gemeint, daß sich der dreifaltige Gott der christlichen Offenbarung – der Gott, der sich im Menschen Jesus von Nazareth uns Men-

---

bewundern. Es sind immer Kreuze mit dem Korpus Jesu. Auch auf Johannes vom Kreuz kann sich diese Praxis der Kreuze ohne Korpus nicht berufen, wie seine Skizze des Gekreuzigten zeigt. (Siehe dazu R. Körner, *„Wenn der Mensch Gott sucht ..."*.)

[82] So etwa bei Thomas von Aquin und Bonaventura.

schen zugewandt hat –, im Leben eines Menschen immer tiefer und immer umfassender zu erfahren gibt, und zwar unverhofft und ungeschuldet, als reines Geschenk, wiewohl der Mensch sich durchaus dafür bereitmachen kann und soll.[83] Gotteserfahrung darf hier allerdings nicht zu eng gefaßt oder zu pointiert verstanden werden; sie meint keineswegs nur den Gefühlsbereich und erst recht nicht nur und nicht einmal vorrangig irgendwelche besonderen Erlebnisse, sondern sie schließt den ganzen Bereich des Glaubens – gerade auch des dunklen Glaubens – mit ein.

Mystiker und Mystikerinnen sind also Menschen, für die „Glaube" oder „Religion" nicht nur eine Weltanschauung, eine Sammlung von Wahrheiten, und erst recht nicht nur ein System von ethischen Grundsätzen, sondern ein Weg zur lebendigen Begegnung mit dem Gott ist, der ihnen erfahrbar Leben in Fülle schenkt.

Genau diese lebendige, personale Beziehung zu Gott meint Teresa, wenn sie immer wieder vom „inneren Beten" spricht, das den Rahmen für ihre ganze mystische Entwicklung bildet. Ihrer eigenen berühmt gewordenen Definition zufolge ist damit ja nichts anderes gemeint als immer wieder neues „Verweilen bei einem Freund, mit dem wir oft allein zusammenkommen, einfach um bei ihm zu sein, weil wir sicher wissen, daß er uns liebt" (8,5). Und diese Freundschaft ist für sie keineswegs auf die ausdrücklichen Gebetszeiten beschränkt – wie könnte das bei einer echten Freundschaft der Fall sein? –, sondern sie durchdringt immer mehr ihren ganzen Alltag. Man braucht nur darauf zu achten, mit welcher Leichtigkeit ihr Lebensbericht immer wieder spontan zum Gebet wird, um zu erahnen, wie selbstverständlich sie in einem beständigen Dialog mit ihrem göttlichen „Freund" gelebt hat.

O. Steggink spricht von vier Elementen, die zusammen die mystische Erfahrung charakterisieren:[84] 1. Es ist eine Durch-

---

[83] Zum Begriff „disponerse – sich bereit machen", siehe Anm. 22.
[84] Siehe Lemma „Mystik" in: C. Schütz (Hg.), Praktisches Lexikon der Spiritualität, 904ff.

bruchserfahrung, bei der dem Menschen aufgeht, daß da etwas Grundlegendes mit ihm geschehen ist; 2. er erfährt etwas von der endgültigen Wirklichkeit, von einer unvergleichlichen Gegenwart; 3. dieser Erfahrungskern hat eine unmittelbare Einwirkung auf ihn, sie formt ihn von innen her zu einem neuen Dasein um; 4. die mystische Erfahrung wirkt sich paradox aus, sie ist unendlich zart und erschreckend zugleich, sie läßt sich in herkömmlicher Sprache gar nicht ausdrücken, und dennoch kann der Mystiker auch nicht darüber schweigen.

Teresa als Mystikerin

Alle vier Elemente, die Steggink aufzählt, lassen sich unschwer bei Teresa wiederfinden:

— Auch wenn Teresa sich seit Jahren um eine persönliche Christusbeziehung bemühte, bedeutet doch das „Bekehrungserlebnis", das sie während der Fastenzeit 1554 vor dem Bildnis eines „ganz mit Wunden bedeckten Christus" (9,1) hatte, einen echten Durchbruch für sie: „Dieses letzte Mal, ich meine mit diesem Bild, scheint mir doch mehr genutzt zu haben ..., denn seitdem ging es viel besser mit mir" (9,3). Ab jetzt schließen sich in rascher Folge weitere Durchbruchserfahrungen an: „Da Seine Majestät auf nichts als nur auf irgendeinen Ansatz in mir wartete, nahmen die geistlichen Gnadenerweise allmählich zu" (9,9).

— Sie ist zutiefst überzeugt, daß es die Gegenwart Gottes ist, die in ihr Leben eingebrochen ist: „Es widerfuhr mir bei meinem Bemühen, mir Christus vor mir zu vergegenwärtigen, wovon ich gesprochen habe, oder manchmal sogar beim Lesen, daß mich ganz unverhofft ein Gefühl der Gegenwart Gottes überkam, so daß ich in keiner Weise bezweifeln konnte, daß er in meinem Innern weilte oder ich ganz in ihm versenkt war" (10,1). Es wurde oben schon angedeutet, daß diese Gegenwartserfahrung bei ihr in drei Entwicklungsschritten verläuft, vom noch recht allgemeinen Gefühl der Gegenwart Gottes über die spezifisch-christliche Erfahrung der Gegenwart Christi bis zur vollen Erfahrung der

Einwohnung der heiligsten Dreifaltigkeit im Jahr 1571.[85]
Dabei wird ihr zunehmend bewußt, daß sie die WAHRHEIT
schlechthin erfährt: „Mir war, in jene Majestät, die ich andere Male schon erkannt hatte, eingetaucht und von ihr
erfüllt zu sein. In dieser Majestät wurde mir eine Wahrheit
zu verstehen gegeben, die der Inbegriff aller Wahrheiten ist ...
Es blieb mir, ohne zu wissen wie, noch was, von dieser göttlichen WAHRHEIT, die sich mir darstellte, eine Wahrheit so
tief eingemeißelt, daß mich das eine neue Ehrfurcht vor
Gott empfinden läßt, weil sie auf eine Weise, die man nicht
benennen kann, von seiner Majestät und Macht Kunde gibt"
(40,1.3).

— Sie erlebt diesen mystischen Einbruch Gottes in ihr Leben
als tiefgreifende Zäsur, die ihr Leben von Grund auf um-
formt und neugestaltet. Sie spricht sogar von einem „andere[n], neue[n] Leben. Das bis hierher war meines; das, was
ich gelebt habe, seitdem ich diese Gebetserfahrungen zu erläutern begann, ist, wie mir scheint, das, was Gott in mir
lebte. Denn mir ist klar, daß es sonst unmöglich gewesen
wäre, in so kurzer Zeit aus so schlechten Gewohnheiten
und Taten herauszukommen" (23,1).

— Sie klagt immer wieder über die Unaussprechlichkeit ihrer
Erfahrungen, deren paradoxen Charakter sie hervorhebt:
„Kommen wir nun zu dem, was die Seele hier innerlich
verspürt. Das möge aussprechen, wer kann, denn man kann
es nicht einmal begreifen, geschweige denn aussprechen!"
(18,14).[86] – „Das innere Beten und das Alleinsein, wo mich
der Herr tröstete, ist jetzt zu allermeist [eine] Qual, und die
ist so köstlich und die Seele erlebt sie als so wertvoll, daß sie
ihr bereits lieber sind als alle Wonnen, die sie sonst erhielt"
(20,15).[87]

---

[85] Siehe S. 23 f.
[86] Vgl. ferner V 20,9; 38,2; 39,26; 40,1–4; 6M 1,13; usw.
[87] Vgl. auch V 29,10; 30,20; und ferner 5M 1,4; 6M 2,2.4; 6,1.9; Ct 177,5.

Der Kern der mystischen Erfahrung und die paramystischen Begleiterscheinungen

Das Entscheidende ihrer spirituellen und mystischen Erfahrung ist für Teresa die wachsende Vertiefung ihrer Freundschaft mit Gott und Hingabe an ihn und, dadurch bedingt, die Umgestaltung ihres ganzen Lebens. Das „neue Leben" (23,1), von dem sie dankbar staunend berichtet, besteht nicht primär im Erleben außergewöhnlicher Gebetsgnaden, sondern darin, daß sie aus ihrer „Selbstverfangenheit" (22,17) befreit wird und selbstlos lieben lernt: „Immerzu ist die Liebe in Wallung und denkt nach, was zu tun wäre. Sie hält nicht an sich ... So findet sich die Seele ganz oft vor, denn sie kommt nicht zur Ruhe, noch hält sie mit der Liebe, die in ihr ist, an sich; sie hat sie schon ganz in sich aufgesogen" (30,19).

Aber wenn das der Kern der mystischen Erfahrung Teresas ist, was ist dann von ihren spektakulären ekstatischen und visionären Erlebnissen zu halten?

Berichte über Visionen, Auditionen (innere Ansprachen), Ekstasen, Levitationen („Schweben") gibt es nicht nur bei Teresa, sondern auch bei vielen anderen – wenn auch durchaus nicht bei allen! – christlichen und nicht-christlichen Mystikern. Es handelt sich bei diesen Phänomenen keineswegs um das eigentliche Merkmal der mystischen Erfahrung, wie immer wieder irrtümlich angenommen wird, sondern um paramystische Begleiterscheinungen einer intensiven Gottesfahrung, die zwar vorkommen können, aber keineswegs müssen. Nachweislich kann die Stimulierung bestimmter Gehirnsegmente durch meditative Wiederholungstechniken, aber auch etwa durch musikalische oder optische Reize bzw. durch Drogen, ganz ähnliche ekstatische und halluzinatorische Phänomene auslösen, die gehirnphysiologisch auf eine Hypersynchronie (gleichzeitige Zündung) aller Nervenzellen des betreffenden Gehirnsegmentes (etwa des Okzipitallappens bei visuellen Halluzinationen, des Temporallappens bei auditiven Halluzinationen usw.) zurückgehen.[88]

---

[88] Siehe dazu J. Álvarez, *Éxtasis sin fe*, u.a. 23–44.

Wo solche Phänomene im Rahmen von Gebetserfahrungen vorkommen, sind sie charakteristisch für eine Übergangsphase, in der die menschliche Psyche die ungewohnte Intensität der Gotteserfahrung noch nicht integrieren kann; in der tiefsten Gotteinung gibt es diese Begleiterscheinungen nicht mehr. Tatsächlich wird Teresa später über die Verfassung der geistlichen Vermählung – die tiefste Gotteinung in diesem Leben – berichten: „Sobald die Seele bis hierher gelangt ist, verlassen sie alle Verzückungen, außer ab und zu einmal eine ... dann aber nicht mit solchen Entrückungen oder mit einem Geistesflug; und das geschieht nur äußerst selten und dann kaum je einmal öffentlich wie vorher, wo das ganz häufig der Fall war."[89] Und Johannes vom Kreuz meint, daß „die Verzückungen, Herzbeschwerden und Knochenverrenkungen ... sich immer dann ereignen, wenn die Mitteilungen nicht rein geistlicher Art sind, d.h. nicht allein dem Geist mitgeteilt werden wie bei den Vollkommenen. Da diese auch durch die zweite Nacht, die des Geistes, geläutert sind, hören bei ihnen diese Verzückungen und Quälereien des Leibes auf, und sie genießen die Freiheit des Geistes, ohne daß der Sinnenbereich umwölkt oder entstellt wird."[90] Das eigentlich Erstrebenswerte ist für beide nicht die vorübergehende ekstatische Einheitserfahrung im Gebet – die immer reines Geschenk bleibt –, sondern das, was Teresa später „die Gotteinung, bei der unser Wille ganz dem Willen Gottes hingegeben ist"[91] nennen wird.

Daß es sich bei diesen paramystischen Phänomenen vornehmlich um *Reaktionen* der Psyche auf die viel tiefere und unspektakulärere innere Berührung durch Gott handelt, zeigt u.a. auch die Tatsache, daß nicht nur die geringere oder größere emotionale Ansprechbarkeit des jeweiligen Gottsuchers, sondern auch kulturelle Faktoren dabei eine Rolle spielen: In Zeiten und Kulturen bzw. in religiösen Bewegungen, die solche Phänomene schätzen, kommen sie überdurchschnittlich

---

89 7M 3,12.
90 2N 1,2.
91 5M 3,3.

häufig vor, was wohl einfach heißen dürfte, daß die psychische Hemmschwelle niedriger bzw. eine gewisse Erwartungshaltung da ist, die das Auftreten (und freilich auch das Vortäuschen) solcher Phänomene begünstigt. Außerdem weist J. Sudbrack daraufhin, daß bei der Beurteilung der Berichte über paramystische Phänomene nicht zuletzt auch quellengeschichtliche und linguistische Fragen (etwa der Einfluß der Sprachstruktur auf die Erfahrung) sowie pyschologische Fragestellungen (namentlich tiefenpsychologische Erkenntnisse wie die Rolle des Unbewußten oder des Archetypischen) zu berücksichtigen wären.[92]

Teresas hohe emotionale Ansprechbarkeit machte sie für solche Phänomene besonders empfänglich. Außerdem lebte sie in einem kulturellen Umfeld, in dem derartige Erfahrungen – zumindest in spirituellen Kreisen – keineswegs selten waren. Sie selbst deutet an, daß zumindest ihr Bruder Lorenzo de Cepeda[93] und ihre Beichtväter García de Toledo und Pedro Ibáñez[94] ekstatische Erlebnisse hatten, und auch mehreren ihrer ersten Schülerinnen waren sie nicht unbekannt.[95]

Es ist keine Frage, daß Teresa in Extrembereiche psychischen Erlebens vorgedrungen ist. Wie es nicht anders zu erwarten ist, deutet sie ihre Erlebnisse im Rahmen des geistigen Horizontes ihrer Zeit. Für einen Menschen des 16. Jahrhunderts war das ganze irdische Leben vom Wirken himmlischer und höllischer Mächte durchdrungen, darum kann Teresa gar nicht anders, als auch mit dämonischen Einflüssen zu rechnen. Ihre innere Bilderwelt, in der sich für sie als eidetisch veranlagten Menschen die unaussprechliche innere Einsicht ausdrückt, ist nicht nur zutiefst von der Bildersprache der Bibel, sondern – wie könnte es anders sein? – auch von den Vorstellungen ihrer Zeit geprägt, so etwa wenn sie, mittelalterlichen Vorstellungen entsprechend,

---

[92] Lemma „Mystik" in P. Dinzelbacher (Hg.), *Wörterbuch der Mystik*, 367ff.

[93] Siehe den Brief an ihn vom 17.1.1577 (Ct 177,6–9).

[94] Siehe V 20,21 bzw. V 38,13.

[95] Siehe etwa bei Ana de San Bartolomé die Berichte über ihre mystischen Erfahrungen in der *Autobiografía de Amberes*, Kap. 17, *Obras Completas*, I, 366–377, bzw. in der *Autobiografía de Bolonia*, Kap. 12, *Obras Completas*, I, 477–479.

vor ihrem inneren Auge den Bösen als ein „scheußliches schwarzes Kerlchen" (31,3) oder die Hölle als einen engen, dunklen, schmutzigen und stinkenden Ort (32,1–4) sieht.

Der Hintergrund ihrer ausführlichen Beschreibungen paramystischer Erlebnisse

Die tiefe Gotteserfahrung und Gottnähe, die Teresa erlebt hat und zu denen sie auch ihre Leser führen möchte, sind – auch ihrer eigenen Meinung nach! – durchaus ohne diese spektakulären Begleiterscheinungen möglich, ja das ist sogar der Normalfall. Warum hat sie dann so ausführlich über diese Dinge berichtet?

Abgesehen vom formellen Auftrag, sich „nichts daraus zu machen, wenn [sie] weitschweifig [wird], und nichts auszulassen" (30,22), sind es vor allem zwei Gründe, die sie dazu bewegt haben:

- Ihre außergewöhnlichen Erlebnisse brachten sie innerlich und äußerlich in schwere Bedrängnis. Die möglichst detaillierte Beschreibung ihrer Erlebnisse und ihre Überprüfung durch „Studierte" – aber nicht zuletzt auch durch den renommierten Spirituellen Juan de Ávila – ist für sie der einzig denkbare Weg, um selbst Gewißheit über den göttlichen Ursprung zu erlangen und sich zugleich vor dem Argusauge der Inquisition zu schützen.

- Gerade weil sie selbst deswegen soviel gelitten hat, hofft sie, durch die Beschreibung ihrer Erfahrungen anderen, die Ähnliches erleben sollten, Orientierung geben und Mut machen zu können.

Das Ausmaß der inneren Not Teresas angesichts ihrer nicht nur beglückenden, sondern auch sehr beunruhigende Erfahrungen – die sie teilweise sogar in der Öffentlichkeit überfielen, ohne daß sie sie irgendwie hätte steuern können! – läßt sich nur erahnen. Ganz allein, ohne eine ihr angemessene geistliche Begleitung (ihre Beichtväter und Berater waren offensichtlich völlig überfordert, wenn sie ihr nicht noch zusetzten) sah sie sich Erlebnissen ausgesetzt, von denen sie – vor dem Deutungshorizont ihrer Zeit – befürchten mußte, daß sie dämonischen Ursprungs sein könnten, wie es ihr auch verschiedentlich suggeriert wurde. Zugleich wußte sie, daß sie durch ihre auffallenden Erlebnisse in den Verdacht des Illuminismus und damit in das Visier der Inquisition geriet, die mystisch begnadeten Frauen gegenüber besonders mißtrauisch war. Unter den sog. „Alumbrados" („Erleuchteten") und „Espirituales" („Spirituellen") waren in den Jahrzehnten, bevor Teresa ihre *Vida* schrieb, mehrfach Pseudomystikerinnen und falsche Visionärinnen entlarvt und verurteilt worden, darunter auch Ordensschwestern.[96]

Diesen Hintergrund gilt es mitzubedenken, wenn man verstehen will, warum Teresa in ihrer *Vida* fast bis zum Überdruß über Erlebnisse berichtet, die in ihren Augen keineswegs das Ziel oder das Eigentliche des geistlichen Weges darstellen, sondern höchstens Zugaben sind. Bei aller Befremdlichkeit mancher Beschreibungen beeindrucken bis heute die Introspektionsfähigkeit und unbestechliche Ehrlichkeit, mit denen sie ihre Erfahrungen auszudrücken und zu deuten versucht.

Sie selbst unterscheidet drei Phasen im mystischen Erkenntnisvorgang, die letztlich alle drei nicht machbar sind, sondern von Gott geschenkt werden müssen: „Ein Gnadengeschenk ist es, wenn der Herr die Gnade schenkt, ein weiteres, zu verstehen, was für eine Gnade und welcher Segen das ist, und noch ein weiteres, sie beschreiben und verständlich machen zu können, von welcher Art sie ist" (17,5). Durch ihr ehrliches Ringen um Verständnis und um einen angemessenen sprachlichen Ausdruck dessen, was ihr widerfuhr, ist sie schon zu Lebzeiten zu einer geistlichen Lehrmeisterin für viele geworden, allen voran für ihre Beichtväter, von denen viele nach und nach zu ihren Schülern wurden.

---

[96] So etwa die Äbtissin der Klarissen von Córdoba, Magdalena de la Cruz, deren Verurteilung durch die Inquisition im Jahre 1546 hohe Wellen schlug.

3. Das Buch meines Lebens

3.1. *Entstehung*

Am Anfang der *Vida* steht ein Auftrag, den Teresa von ihren Beichtvätern bekommen hat (pról. 1). Auf diese Weise wollten sie sich Klarheit verschaffen über das, was in Teresa vor sich ging. So bemüht sie sich, Unsagbares aufs Papier zu bringen, um sich dadurch Klarheit zu verschaffen.

Ein erster schriftlicher Niederschlag über ihre innerlichen Erfahrungen entstand vielleicht schon bald nach ihrer endgültigen Bekehrung im Frühjahr 1554, als sie 39 Jahre alt war; sie übergab ihn mit dem Buch *„Subida del Monte Sión"* des Franziskaners Bernardino de Laredo an ihre damaligen geistlichen Berater Gaspar Daza und Francisco de Salcedo. „Als dann die Antwort kam, die ich mit großer Angst erwartete, ... kam er tief betrübt zu mir und sagte mir, daß es nach allem, was sie beide dafürhielten, vom Bösen stamme" (23,14).

Immerhin wiesen sie ihr eine Tür, um weiterzukommen, indem sie ihr rieten, mit dem jungen Jesuiten Diego de Cetina Kontakt aufzunehmen; das war 1555. „Ich begann, meine Generalbeichte vorzubereiten und all meine Bosheiten und Vorzüge niederzuschreiben, einen Bericht über mein Leben so offen, wie ich es erkannte und vermochte, ohne irgend etwas auszulassen" (23,15). Teresa war damals gerade 40 Jahre alt. Der Inhalt waren „meine Bosheiten und Vorzüge", ihre Armseligkeit und die Erbarmungen Gottes, was dann das Hautthema ihrer *Vida* werden sollte.

In den Jahren 1560 und 1561 folgten weitere solche Berichte (R 1; 2). Es waren für sie gute Übungen, durch die sie allmählich zur Schriftstellerin wurde.

Pedro de Alcántara war einer von denen, die ihr weiterhalfen:[97] „Dieser heilige Mann gab mir in allem Licht und erklärte mir alles. Er sagte, daß ich mir keine Sorgen machen, sondern Gott loben sollte, und daß ich dessen, daß es vom Geist Gottes komme, so sicher sein dürfte, daß es, abgesehen vom Glauben, nichts geben könne, was der Wahrheit mehr ent-

---

[97] Teresa traf sich öfter mit ihm. Siehe Anm. zu V 30,3.

spricht, und nichts, was ich so fest glauben könnte" (30,5). Bei
der Niederschrift der ersten Redaktion im ersten Halbjahr 1562
im Palast der Doña Luisa de la Cerda in Toledo – Teresa war
inzwischen 47 Jahre alt – vermag sie sich schon besser auszudrücken und über die vielen inzwischen erhaltenen Gnaden
Rechenschaft abzulegen. Sie richtet diese Schrift an den Dominikaner Pedro Ibáñez.

Doch ihre Erfahrungen gingen weiter und damit wuchsen
auch ihre Ängste (29,4; 30,3), wiewohl sie allmählich subjektiv
wie auch objektiv sicherer wurde. Als um diese Zeit, ca. 1562,
der Inquisitor und spätere Bischof von Salamanca, Don Francisco de Soto y Salazar, nach Ávila kam, „sagte er ihr, als er sie
so niedergeschlagen erlebte, daß sie ihr ganzes Leben für den
Magister Ávila[98] vollständig aufschriebe, ohne etwas auszulassen, denn er war ein Mann, der viel von Beten verstand, und daß
sie, indem sie ihm schreibe, beruhigt sein dürfe. Und sie machte es so und beschrieb ihre Sünden und ihr Leben" (R 4b,6).
Außer diesem hatten ihr auch die Dominikaner García de
Toledo und Domingo Báñez den Auftrag dazu gegeben; García
de Toledo wurde dann auch zum Hauptadressaten der endgültigen Fassung der *Vida*. Diese entstand in den letzten Monaten
des Jahres 1565 und den ersten des folgenden Jahres in San
José in Ávila, als sie 50/51 Jahre alt war.

Ca. 12 Jahre, von ihrem 39. bis 51. Lebensjahr, war sie also
mit der Abfassung ihrer *Vida* beschäftigt. Sie selbst spricht nie
vom „Buch ihres Lebens" – wie es später bekannt wurde –, sondern nennt es schlicht „das große Buch",[99] um es vom „kleinen
Büchlein", dem *Weg der Vollkommenheit*, abzuheben. In einem
Brief an den Domherrn Pedro de Casto y Nero, einen ehemali-
gen Professor an der berühmten Universität von Salamanca,
aus dem Jahr 1581 nennt sie allerdings als ihren Wunschtitel
„Von den Erbarmungen Gottes",[100] womit sie die Aufmerksamkeit von sich weg und auf Gott hinlenkt.

---

[98] Vgl. V 10,1 Anm.
[99] Brief vom 28.8.1575 an María Bautista (Ct 88,11); Brief vom 11.01.1580 an
Jerónimo Gracián (Ct 324,9).
[100] Brief vom 19.11.1581 (Ct 415,1).

3.2. *Gliederung*

Teresa hat gewiß nicht nach einer vorher angefertigten Gliederung geschrieben, sondern eher spontan und immer in einer gewissen Zeitnot (10,7; 14,8; 30,22). Trotzdem kann man eine gewisse Gliederung feststellen, die beim Lesen eine Hilfe ist. So lassen sich fünf große Blöcke erkennen:

Kapitel 1–9: vorwiegend autobiographisch; 10–22: geistliche Autobiographie und Abhandlung über das Beten; 23–31: ein weiterer autobiographischer Abschnitt mit einer Lehre über mystische Gnadengaben und Phänomene; 32–36: Gründungsgeschichte des Klosters San José in Ávila; 37–40: autobiographischer Bericht und außergewöhnliche mystische Gnaden in dieser Zeit.

3.3. *Literarische Eigenart*

Die *Vida* beinhaltet nicht die Memoiren Teresas im heutigen Sinn des Wortes. Von dieser Literaturgattung unterscheidet sie sich schon deshalb, weil sie zum Schreiben beauftragt wird; sodann möchte sie am liebsten ihre „großen Sünden und mein erbärmliches Leben" darstellen, während ihr aufgetragen wurde, „meine Gebetsweise und die Gnaden zu beschreiben, die mir der Herr erwiesen hat" (pról 1). Das Ergebnis ist wohl eine Mischung aus diesen drei Elementen: eine geistliche Autobiographie unter besonderer Berücksichtigung ihres „erbärmlichen Lebens" und der völlig unverdienten und unverdienbaren Gnadenerweise Gottes. So wird Teresa mit ihrer *Vida* zur Zeugin des Wirkens Gottes in dieser Welt, und das zu einer Zeit, in der man sich die Rettung von seinen eigenen guten Taten und frommen Leistungen erwartete.[101]

Spontaner, assoziativer Stil

Der Reiz der *Vida* besteht auch im spontanen, assoziativen Stil, in dem Teresa schreibt. Auf weite Strecken wirkt sie wie eine aufgeschriebene Unterhaltung, was das Verständnis und dann

---

[101] Siehe U. Dobhan, *Die* Christin *Teresa.*

auch die Übersetzung nicht erleichtert, aber die Lektüre dafür um so lohnender macht. Dabei wird die Autorin, ohne es zu wollen, zur Sprachschöpferin, wodurch sie einen wichtigen Beitrag zur Entwicklung ihrer kastilischen Muttersprache leistet. Die Zeugnisse über sie als überaus angenehme Unterhalterin sind sehr zahlreich. Hier ist eines: „Etwas verwundert mich an der Unterhaltung mit dieser glorreichen Mutter, und das ist, daß es eine so angenehme Unterhaltung mit ihr war, auch wenn man drei oder vier Stunden mit ihr sprach, so erhabene Worte und so viel Freude beim Reden, daß sie niemals müde wurde, und es niemanden gab, der mit ihr Schluß machen konnte".[102] Sie selbst ist andererseits auch überzeugt, daß sie mit ihrer *Vida* ihre Seele weitergibt, wie sie an ihre Freundin Doña Luisa de la Cerda schreibt: „Achten Sie darauf, gnädige Frau, denn ich vertraue Ihnen meine Seele an", als es darum ging, ihre *Vida* dem Magister Juan de Ávila zukommen zu lassen.[103]

Sie schreibt in aller Einfachheit und Wahrhaftigkeit, geradezu besessen vom Bemühen darum, ohne sich zu schonen, aber auch ohne einer Selbstverachtung zu verfallen, wie folgendes Bekenntnis zeigt: „Es stimmt allerdings, daß es in diesen Jahren viele Monate, und ich glaube mitunter sogar ein ganzes Jahr gab, wo ich mich davor hütete, den Herrn zu beleidigen, und mich intensiv dem inneren Beten hingab und einige ziemlich große Anstrengungen machte, um ihn nicht wieder zu beleidigen. Weil alles, was ich schreibe, in aller Wahrheit gesagt ist, sage ich das jetzt auch. Doch verbleibt mir nur wenig Erinnerung an solch gute Tage, und so dürften es nur wenige gewesen sein, die schlechten aber zahlreich. Es gingen nur wenige Tage vorbei, ohne lange Zeiten inneren Betens zu halten, es sei denn, es ging mir sehr schlecht oder ich war sehr beschäftigt. Wenn es mir schlecht ging, ging es mir besser mit Gott; und

---

[102] Pedro de la Purificación, *Relación de Fray Pedro de la Purificación, que asistió a la fundación de Burgos, de algunos hechos y virtudes de la Santa* (2 de febrero de 1602), in: BMC 6, 379–385 (380).

[103] Brief vom 23.06.1568 (Ct 10,2).

ich gab mir Mühe, daß es den Menschen, die mit mir sprachen, auch so erging und bat den Herrn darum; ich sprach oftmals von ihm" (8,3).[104] Und sie schreibt aus Erfahrung: „Aber über das, was ich aus Erfahrung weiß, kann ich sprechen, und das ist …" (8,5), d.h. was sie schreibt, sagt etwas von ihr aus, bringt sie dem Leser näher und gibt ihm Anteil an ihrem Leben.

Aus dem Erleben einer Frau

Es ist eine Frau, die schreibt. Wahrscheinlich ist das der wichtigste Punkt, den man sich beim Bemühen, Teresa heute zu lesen und zu verstehen, vor Augen halten muß. Sie lebte in einer in jeder Hinsicht von Männern beherrschten Kirche und Gesellschaft, wo es für sie als Frau nichts anderes gab, als sich zu unterwerfen und zu schweigen; und diese Situation wird sogar noch biblisch begründet, u.a. mit dem Hinweis auf Paulus.[105] Besonders seit dem Bücherverbot des Großinquisitors Fernando de Valdés hat sich die Situation für Frauen noch verschlechtert (26,5). Hören wir z.B. die Meinung des damals sehr einflußreichen Theologen Melchor Cano: „Die Erfahrung lehrt uns, daß es den Frauen und nicht-studierten Leuten sehr geschadet hat, wenn man ihnen die Hl. Schrift … in der Muttersprache in die Hände gibt … Das haben die Häretiker gemacht. Da sie die Deutschen gescheit machen wollten, indem sie ihnen die Augen öffneten, um das zu sehen, was ihre Vorfahren niemals sahen, begannen sie, die Irrtümer vorzubereiten und auszuarbeiten, die sie später dann ausgesät haben … So schön der Baum dieser theologischen Wissenschaft den Augen erscheinen und so schmeichelhaft er dem Geschmack sein mag, so sehr die Schlange versprechen mag, dem Volk mit dieser Frucht doch die Augen zu öffnen, und so sehr die Frauen mit unersättlichem Appetit danach verlangen, von dieser Frucht [der Hl. Schrift] zu essen, so notwendig ist es, sie zu verbieten und ein Flammenschwert aufzustellen, daß das Volk nicht daran

---

[104] Siehe auch V 30,22; 40,24.
[105] Siehe zum Verbot des Apostels Paulus R 19. Zur Situation der Frau im damaligen Spanien siehe U. Dobhan, *Gott – Mensch – Welt*, 45–56; ders., *Teresa von Ávila und die Emanzipation der Frau*.

kommt."[106] Und dennoch schafft sie es, eine betende Frau zu werden und Gruppen von betenden Frauen zu gründen, und, was noch verwunderlicher ist, darüber zu schreiben, obwohl sie als betende Frauen im wahrsten Sinn des Wortes eingepfercht waren.

Unter der Einwirkung ihrer inneren Erfahrungen

Und schließlich bekennt sie, mit einer inneren Erleuchtung zu schreiben, gleichsam als Ausgleich für die wenige Zeit, die sie hat: „Doch wenn der Herr den Geist gibt, schreibt man es leichter und besser nieder; man ist dann wie jemand, der ein Muster vor Augen hat, das er in dieser Arbeit schrittweise kopiert. Aber wenn der Geist fehlt, dann ist das Anpassen des sprachlichen Ausdrucks daran nicht besser zu schaffen als an Arabisch, wie man so sagt, auch wenn schon viele Jahre mit innerem Beten vergangen sind. Darum scheint es mir ein Riesenvorteil zu sein, wenn ich beim Schreiben unter dieser Einwirkung stehe. Dann sehe ich nämlich deutlich, daß nicht ich es bin, die dies sagt, denn nicht ich stelle es mit meinem Verstand zusammen, noch weiß ich nachher, wie ich fertiggebracht habe, es zu sagen. Das passiert mir immer wieder" (14,8). Und auch wenn sie immer wieder sagt, daß es „Euer Gnaden" – García de Toledo – verbrennen möge (10,8), möchte sie ihre Leser gewinnen, nicht für sich, sondern daß sie inneres Beten halten, also für die Freundschaft mit Gott (8,5), und rechnet auch damit, daß es nicht nur die Zensoren sind, die ihre *Vida* lesen (12,5).

Verhüllte Sprache

Ein weiteres Merkmal ihres Stils ist die verhüllte Sprache. Es sind „schwere Zeiten" (33,5), in denen Teresa lebt. Über geistliche Themen schreiben, dazu noch in der Volkssprache und als „nicht-studierte" Frau, ist eine riskante Sache. Oftmals kann sie nicht offen sagen, was sie denkt, sondern muß sich sehr diplo-

---

[106] *Censura de los maestros fray Melchor Cano y fray Domingo de Cuevas sobre los Comentarios y otros escritos de D. fray Bartolomé de Carranza* (1559), in: F. Caballero, *Vida de fray Melchor Cano*, 537.542.

matisch verhalten. So paßt sie sich nach außen hin dem gängigen Frauenbild an, gibt sich also unwissend und unterwürfig, aber wer zwischen den Zeilen zu lesen vermag – und etwa auch darauf achtet, was sie *nicht* sagt –, stellt erstaunt fest, was diese zu großer Souveränität und innerer Freiheit herangereifte Frau ihren männlichen Adressaten dennoch alles durch die Blume nahebringt. So etwa, wenn sie über ihre Freundin Doña Guiomar de Ulloa schreibt: „Da sie ein sehr vernünftiger Mensch und sehr verschwiegen ist und der Herr ihr im Gebet ziemlich viel Gnade erwies, wollte ihr Seine Majestät in einer Angelegenheit Licht spenden, wo sich die Studierten nicht auskannten" (30,3), womit sie ihren gelehrten Adressaten – über deren mangelnde Diskretion sie sich zuvor beklagt hatte! (23,3) – nicht nur unter die Nase reibt, daß eine Frau manchmal, entgegen dem alten Vorurteil, nicht nur diskreter ist als sie, sondern auch mehr weiß ...

Ein weiteres Beispiel finden wir in Kapitel 22, wo sie sehr geschickt vorgeht, um ihre Kritik gegen die geistlichen Lehrer anzubringen, die dazu raten, in der Kontemplation „jede gegenständliche Vorstellung von sich zu weisen ..., selbst wenn es sich um die Menschheit Christi handelt": „Ich widerspreche [ihnen] ja nicht, denn es sind Studierte und Spirituelle, und sie wissen schon, was sie sagen; und Gott führt die Seelen auf vielen Wegen und Stegen. Wie er meine geführt hat, das möchte ich jetzt sagen – in anderes mische ich mich nicht ein –, und welcher Gefahr ich mich ausgesetzt sah, weil ich mich an das halten wollte, was ich da las. Ich glaube gern, daß einer, der soweit kam, die Gotteinung zu erleben, aber nicht darüber hinaus – ich meine zu Verzückungen und Visionen und weiteren Gnaden, die Gott den Seelen erweist –, das Genannte für das Bessere halten wird, wie auch ich es tat. Wenn ich aber dabei geblieben wäre, wäre ich, glaube ich, niemals so weit gekommen, wie ich jetzt bin, denn meines Erachtens ist das ein Irrtum" (22,1.2). Zuerst versichert sie also ihren „studierten" Gegnern, ihnen als nicht-studierte Frau durchaus nicht zu widersprechen, dann bringt sie ihre eigene Erfahrung ins Spiel, die die genannte These eindeutig widerlegt, um schließlich zu verstehen zu geben, daß so etwas wohl nur behaupten kann, wer noch nicht so viel Erfahrung hat wie sie!

Auch ihre inneren Ansprachen bringen zum Ausdruck, was sie wirklich denkt, denn oft packt sie gerade in diese ihren Protest und ihre wahre Meinung ein; oder sie spricht von ihren großen Wünschen, die sie hat: „Was für eine Souveränität besitzt eine Seele, die der Herr bis hierher geleitet ... Sie würde am liebsten laut aufschreien, um ihnen zu verstehen zu geben, in welcher Täuschung sie stecken, und das tut sie sogar manchmal, doch dann hagelt es tausend Angriffe auf ihren Kopf herab. Man hält sie für wenig demütig, für eine, die die belehren möchte, von denen sie noch etwas lernen könnte, vor allem, wenn es eine Frau ist" (20,25). Ähnlich auch zwölf Jahre später in der *Inneren Burg*.[107]

Schließlich gibt es viele versteckte Anspielungen auf ihre eigene jüdische Abstammung, so etwa, wenn sie einerseits in 1,1 geflissentlich vermeidet, etwas von der adeligen Abstammung oder Blutreinheit ihres Vaters zu sagen,[108] ihn aber zugleich in 5,9 ausdrücklich als „gut katholisch und wohl unterrichtet" bezeichnet, also seinen katholischen Glauben hervorhebt, wo doch die *Conversos* im allgemeinen nicht als gute Christen galten.

Paradoxe Sprache
Charakteristisch für die literarische Gestalt der *Vida* ist schließlich, wie schon gesagt wurde (siehe 2.5.), auch die Tatsache, daß die Autorin immer wieder mit der Unaussprechlichkeit ihrer mystischen Erfahrungen ringt und vieles, wenn überhaupt, nur in Paradoxen ausdrücken kann. Gerade dieses Ausloten der Grenzen der Sprache hat Teresa aber – wie viele andere Mystiker und Mystikerinnen – zu einer Sprachkünstlerin werden lassen.

* * *

---

[107] 6M 6,3–4.
[108] Siehe auch die dortige Anm.

Wir übersetzen nach der Ausgabe von T. Álvarez, *Santa Teresa. Obras Completas.* Burgos [10]1998.

Siglen und Abkürzungen:

In den Anmerkungen werden in Übereinstimmung mit den *Concordancias de los escritos de Santa Teresa de Jesús* (hg. Juan Luis Astigarraga – Agustí Borrell, Rom 2000) für die Werke der hl. Teresa folgende Siglen benützt:

C   = *Weg der Vollkommenheit* (Camino de Perfección)

CE = *Weg der Vollkommenheit* (Camino de Perfección), 1. Fassung (Ms. vom Escorial)

CV = *Weg der Vollkommenheit* (Camino de Perfección), Endfassung (Ms. von Valladolid)

Cp = *Gedanken über die Liebe Gottes* (Conceptos del Amor de Dios), auch bekannt als *Meditationen über das Hohelied* (Meditaciones sobre los Cantares, abgekürzt MC)

Cs = *Konstitutionen* (Constituciones)

Ct = *Briefe* (Cartas)

E   = *Rufe der Seele zu Gott* (Exclamaciones del alma a Dios)

F   = *Klostergründungen* (Fundaciones)

M   = *Innere Burg* (Moradas del Castillo Interior)

Mo = *Visitationsverfahren* (Modo de visitar los conventos)

P   = *Gedichte* (Poesías)

R   = *Gewissensberichte* (Relaciones, in anderen Ausgaben: Cuentas de conciencia, abgekürzt CC)

V   = *Leben* (Vida)

Für die in den Anmerkungen erwähnten Werke des hl. Johannes vom Kreuz werden folgende in der Fachwelt gebräuchliche Siglen benützt:

Av = *Vier Anweisungen für einen Ordensmann* (Cuatro avisos a un religioso)

C   = *Geistlicher Gesang* (Cántico espiritual)

CA = *Geistlicher Gesang* (Cántico espiritual), 1. Fassung

CB = *Geistlicher Gesang* (Cántico espiritual), 2. Fassung

LB = *Lebendige Liebsflamme* (Llama de amor viva), 2. Fassung

N = *Dunkle Nacht* (Noche Oscura)
P = *Gedichte* (Poesías)
S = *Aufstieg auf den Berg Karmel* (Subida del Monte
    Carmelo)

Siehe die vollständige Neuübersetzung von U. Dobhan –
E. Hense – E. Peeters. Freiburg–Basel–Wien 1996 ff (5 Bde).

Sonstige Abkürzungen:

Anm. = Anmerkung
BMC = Biblioteca Mística Carmelitana
epíl = *Nachwort* (epílogo)
iról = *Vorwort* (prólogo)
tít = *Überschrift* (título)
Vg = Vulgata

LITERATUR

*In dieser Literaturliste sind die Bücher und Zeitschriftartikel auf-
geführt, auf die in den Anmerkungen verwiesen wird.*

Álvarez, J., *Éxtasis sin fe*. Madrid 2000.
Álvarez, T., *Pleito sobre visiones*, in: Ephemerides Carmeliticae
8 (1957) 3–43.
Santa Teresa de Ávila, hija de la Iglesia, in: Ephemerides Car-
meliticae 17 (1966) 305–367.
Jesucristo en la experiencia de Santa Teresa, in: Monte Car-
melo 88 (1980) 78–86.
Teresa von Ávila – Zeuge christlicher Hoffnung, in: Christ-
liche Innerlichkeit 19 (1984) 200–216.
Nota histórica. Anexo al volumen II del *Libro de la Vida*
[Faksimile-Ausgabe]. Burgos 1999.
Ana de San Bartolomé, *Obras Completas* (hg. J. Urkiza). Rom
1981 (2 Bde).
Andrés de la Encarnación, *Memorias Historiales* (hg. M. Domín-
guez u. a.). Salamanca 1993 (3 Bde).
Astigarraga, J. L. – Borrell, A., *Concordancias de los escritos de
Santa Teresa de Jesús*. Rom 2000 (2 Bde).
Auclair, M., *Das Leben der hl. Teresa von Ávila*. Zürich 1953.
Barrado Manzano, A., *San Pedro de Alcántara (1499–1562).
Estudio documentado y crítico de su vida* (2ª ed. prep. por A.
Arévalo Sánchez]. Cáceres 1995.
Bataillon, M., *Erasmo y España. Estudios sobre la historia espiri-
tual del siglo XVI*. México - Buenos Aires ²1966.
Biblioteca Mística Carmelitana [BMC]. Burgos 1915–2000 (31
Bde, Reihe wird fortgesetzt).
Bilinkoff, J., *The Avila of Saint Teresa. Religious Reform in a
Sixteenth-Century City*. Ithaca-London 1989.

Blankers, H., *Dilemma's in lichamelijkheid. Interpretatie van het mystieke genieten bij Teresa van Avila*, in: Tijdschrift voor Theologie 32 (1992) 367–388.

Buhofer, I., *Wenn zwischen den Kochtöpfen der Herr geht. Feministische Theologie und mystische Erfahrung*, in: *Unterwegs zur Einheit* (hg. J. Brantschen und P. Selvatico). Freiburg–Basel–Wien 1980, 386–398.

Burggraf, J., *Teresa von Avila. Humanität und Glaubensleben*. Paderborn 1996.

Caballero, F., *Vida de fray Melchor Cano*. Madrid 1871.

Carranza de Miranda, B., *Comentarios sobre el Catecismo christiano* (hg. J. I. Tellechea Idígoras). Madrid 1972.

Collins, M., *Töchter der Kirche. Die vier Theresien*, in: Concilium 21 (1985) 398–405.

Dante Alighieri, *Die Göttliche Kommödie*. München 1988.

Dinzelbacher, P. (Hg.), *Wörterbuch der Mystik*. Stuttgart [2]1998.

Dobhan, U., *Gott – Mensch – Welt in der Sicht Teresas von Avila*. Frankfurt/Main 1978.

Teresa von Ávila und die Emanzipation der Frau, in: W. Herbstrith (Hg.), *Gott allein. Teresa von Ávila heute*. Freiburg–Basel–Wien 1982, 209–234.

Marienverehrung im Karmel. Leutesdorf 1990.

Zur jüdischen Abstammung Teresas von Avila, in: Edith Stein Jahrbuch 3 (1997) 86–98.

Die Christin Teresa, in: Edith Stein Jahrbuch 5 (1999) 151–164.

„Werke möchte der Herr". Gedanken zur Rechtfertigung bei Teresa von Ávila, in: Christliche Innerlichkeit 35 (2000) 107–116.

Dobhan, U. – Körner, R., *Einfühlung und Wahrheitsliebe. Impulse Edith Steins für die Spiritualität heute*. Leipzig 2002.

Domínguez Ortiz, A., *Los Judeoconversos en la España moderna*. Madrid 1992.

Efrén de la Madre de Dios – Steggink, O., *Tiempo y vida de Santa Teresa*. Madrid [3]1996.

Egido, T., *Ambiente misionero en la España de Santa Teresa*, in: *Teresa de Jesús, su vivencia eclesial y misionera*. Burgos 1982, 19–46.

(Hg.), *El linaje judeoconverso de Santa Teresa. (Pleito de hidalguía de los Cepeda)*. Madrid 1986.

Der Gehorsam der hl. Teresa, in: Christliche Innerlichkeit 21 (1986) 262–270.

Fasoli, D. – Rossi, R., *Le „estasi laiche" di Teresa d'Avila. Psicoanalisi, misticismo e altre esperienze culturali a confronto.* Rom 1998.

Fernández-Ruiz, C., *Medicina y médicos en la vida y obra de Santa Teresa de Jesús*, in: Revista de Espiritualidad 23 (1964) 186–209.

Ferrer, V., *Tractatus de vita spirituali*. Madrid 1956.

García de la Concha, V., *El arte literario de Santa Teresa*. Barcelona 1978.

García-Mateo, R., *Die Christuserfahrung Teresas von Avila und die Christologie*, in: W. Herbstrith, *Gott allein. Teresa von Ávila heute*. Freiburg-Basel-Wien 1982, 158–183.

García Oro, J., *Reformas y Observancias: crisis y renovación de la vida religiosa española durante el Renacimiento*, in: Revista de Espiritualidad 40 (1981) 191–213.

González y González, N., *Historia del monasterio de la Encarnación de Ávila*. Ávila 1995.

Granada, L. de, *Obras Completas*. Madrid 1908. [neue Ausgabe : *Obras Completas* (hg. Álvaro Huerga). Madrid 1994ff. (40 Bde, von denen bis dato 37 erschienen sind)].

Gutiérrez, G., *Gott oder das Gold. Der befreiende Weg des Bartolomé de Las Casas.* Freiburg/Breisgau 1990.

Herbstrith, W., *Teresa von Avila. Lebensweg und Botschaft.* München 1993.

Ignatius von Loyola, *Geistliche Übungen und erläuternde Texte.* Übersetzt und erläutert von P. Knauer. Graz–Wien–Köln 1978.

Jerónimo de San José, *Historia del Carmen Descalzo*. Madrid 1637.

Körner, R., *„Wenn der Mensch Gott sucht…" Glaubensorientierung an der Berg-Karmel-Skizze des Johannes vom Kreuz.* Leipzig 2001.

Laredo, B. de, *Subida del Monte Sión* (hg. A. Alonso González, M. García Trascasas und B. Gutiérrez Rodilla). Madrid 2000.

La Reforma Teresiana: documentario histórico de sus primeros días (hg. Tomás de la Cruz – Simeón de la Sagrada Familia). Rom 1962.

León, L. de (Hg.), *Los libros de la Madre Teresa de Iesus fundadora de los monesterios de monjas y frayles Carmelitas descalços de la primera regla.* Salamanca 1588 (Editio princeps).

Llamas, E., *Bartolomé de Torres, teólogo y obispo de Canarias.* Madrid 1979.

Llamas, R., *Una cita teresiana en Vida 23,15* in: Monte Carmelo 92 (1984) 461–468.

Lorenz, E. (Hg.), *Francisco de Osuna. ABC des kontemplativen Betens.* Freiburg ³1994.
Teresa von Avila. Eine Biographie mit Bildern von H. N. Loose. Freiburg 1994.

Madrid, A. de, *Arte para servir a Dios* (hg. Juan Bautista Gomis). Madrid 1948.

Magli, I., *Storia laica delle donne religiose.* Mailand 1995.

Marañón, G., *Antonio Pérez. El hombre, el drama, la época.* Madrid 1969 (2 Bde).

Marcos, J. A., *Dios y las metáforas financieras en Santa Teresa. La mística como negocio,* in: Monte Carmelo 107 (1999) 487–508.

María de San José (Salazar), *Libro de Recreaciones,* in: *Escritos espirituales* (hg. Simeón de la Sagrada Familia). Rom 1979.

Martínez Arancón, A., *Geografía de la eternidad.* Madrid 1987.

Nigg, W. – Loose, H. N., *Theresia von Avila – Theresia von Jesus.* Freiburg-Basel-Wien 1981.

Osuna, F. de, *Abecedario espiritual* (hg. M. Andrés). Madrid 1972.

Palma, B. de, *Via Spiritus* (hg. T. H. Martín). Madrid 1998.

Papasogli, G., *Die hl. Theresia von Avila.* München 1958.

Puente, L. de la, *Vida del P. Baltasar Álvarez.* Madrid 1943.

Ribera, F. de, *La Vida de la Madre Teresa de Jesús, fundadora de las Descalças y Descalços, compuesta por el Doctor F. de R., de la Compañía de Jesús, y repartida en cinco libros.* Salamanca 1590. (Moderne Ausgabe: Nueva edición, aumentada con una introducción, copiosas notas y apéndices por el P. Jaime Pons. Barcelona 1908.)

Ros, F. de, *Un Maître de Sainte Thérèse. Le Père François d'Osuna. Sa vie, son œuvre, sa doctrine spirituelle*. Paris 1936.
– *Un inspirateur de Sainte Thérèse. Le Frère Bernardin de Laredo*. Paris 1948.

Rossi, R., *Teresa de Avila: Biografía de una escritora*. Barcelona 1997.

Ruusbroec, J. van, *Dat Rycke der Ghelieven* (hg. L. Moereels). Tielt-Amsterdam 1978.

Saggi, L., *La „Bolla Sabatina". Ambiente – testo – tempo*. Rom 1967.

Schütz, C. (Hg.), *Praktisches Lexikon der Spiritualität*. Freiburg-Basel-Wien 1992.

Senza Varela, A., *La enfermedad de Santa Teresa de Jesús*, in: Revista de Espiritualidad 41 (1982) 601–612.

Souvignier, B., *Die Würde des Leibes. Heil und Heilung bei Teresa von Avila*. Köln 2001.

Steggink, O., *Erfahrung und Realismus bei Teresa von Avila und Johannes vom Kreuz*. Düsseldorf 1976.
La reforma del Carmelo español. La visita canónica del general Rubeo y su encuentro con Santa Teresa (1566–1567). Avila ²1993.

Sudbrack, J., *Erfahrung einer Liebe. Teresa von Ávilas Mystik als Begegnung mit Gott*. Freiburg-Basel-Wien 1979.

Teresa de Jesús, *Obras Completas* (hg. T. Álvarez). Burgos ¹⁰1998.
– *Obras Completas* (hg. M. Herráiz García). Salamanca 1997.
– *Obras Completas* (hg. A. Barrientos). Madrid ⁵2000.

Teresa von Avila, *Die innere Burg* (hg. und übers. Fritz Vogelgsang). Stuttgart 1966 (Reihe *Neue Bibliothek der Weltliteratur*).

Terrones del Caño, *Instrucción de Predicadores*. Madrid 1946.

Vorgrimler, H., *Geschichte der Hölle*. München 1993.

Waaijman, K., *Der mystische Raum des Karmel. Eine Erklärung der Karmelregel*. Mainz 1997.

Das Buch meines Lebens

JHS[1]

1. Ich hätte es gern gehabt, wenn man mir die Erlaubnis gegeben hätte, in aller Ausführlichkeit und Deutlichkeit meine großen Sünden[2] und mein erbärmliches[3] Leben darzustellen; das wäre für mich sehr tröstlich gewesen. Aber das hat man nicht gewollt, ja mich diesbezüglich sogar noch sehr eingeschränkt und mir eine weitreichende Erlaubnis und dazu noch den Auftrag gegeben, meine Gebetsweise und die Gnaden[4] zu beschreiben, die mir der Herr erwiesen hat. Und darum bitte ich um des Herrn willen jeden, der diesen Bericht über mein Leben lesen sollte, sich vor Augen zu halten, daß es so erbärmlich gewesen ist, daß ich unter den Heiligen, die sich Gott zugewandt haben, keinen gefunden habe, mit dem ich mich da vertrösten könnte. Denn ich denke mir, daß sie den Herrn nicht immer wieder beleidigt[5] haben, nachdem er sie gerufen hatte; ich aber wurde nicht nur immer noch schlechter, sondern es sieht so aus, als strengte ich mich sogar an, mich gegen die Gnaden zu sträuben, die mir Seine Majestät erwies, wie eine, die sich zwar verpflichtet fühlte, ihm mehr zu dienen, aber verstand, von sich aus nicht das geringste von dem vergelten zu können, was sie ihm schuldete.

---

[1] Traditionelles Anagramm für Jesus, bestehend aus den ersten drei Buchstaben des Namens Jesus nach dem griechischen Alphabet: ʼΙΗΣΟΥΣ

[2] Wie in der Einführung dargestellt, müssen diese und ähnliche Ausdrucksweisen Teresas, die wie fromme Übertreibungen erscheinen, von ihrem ausgeprägten Gespür für das, was Gott gebührt, her gesehen werden; vgl. auch die diesbezügliche Anm. zu V 7,1.

[3] *Ruin*, siehe Anhang I und Einführung.

[4] *Mercedes*, siehe Anhang I.

[5] Zur Ausdrucksweise Gott beleidigen, die mit dem Bild von Gott als König (Seine Majestät) zusammenhängt, siehe Einführung.

2. Er sei für immer gepriesen, weil er so lange auf mich gewartet hat, er, den ich von ganzem Herzen bitte, mir die Gnade[6] zu geben, daß ich diesen Bericht, den mir meine Beichtväter[7] auftragen, in aller Deutlichkeit und Wahrhaftigkeit[8] niederschreibe (und auch der Herr, das weiß ich, will das schon seit langem, nur habe ich mich nicht darangewagt);[9] und daß er ihm zu Lob und Ehre gereiche; und daß meine Beichtväter, wenn sie mich besser kennen, mir von jetzt an in meiner Schwachheit zu Hilfe kommen, damit ich dem Herrn wenigstens in etwa so dienen kann, wie ich es ihm schulde; ihn mögen alle Dinge auf immer preisen. Amen.

---

[6] *Gracia*, siehe Anhang I.

[7] Siehe Einführung zur Redaktionsgeschichte dieses Werkes. Hier sind wohl die beiden Dominikaner P. García de Toledo (der ihr den Auftrag zur Erstellung einer zweiten Fassung erteilt hatte) und P. Domingo Báñez sowie einige weitere Beichtväter wie Francisco de Soto y Salazar gemeint. So gelingt es Teresa, trotz des 1559 vom Großinquisitor Fernando de Valdés verhängten Bücherverbots ein geistliches Buch zu schreiben.

[8] *Verdad*, siehe Anhang I.

[9] Siehe auch die diesbezügliche Bemerkung in V 37,1.

KAPITEL 1

*In ihm berichtet sie, wie der Herr begann, ihre Seele[1] schon
in ihrer Kindheit zu tugendhaftem[2] Verhalten aufzuwecken,
und die Hilfe, die es dabei bedeutet, wenn die Eltern es sind.*

1. Tugendhafte und gottesfürchtige Eltern zu haben,[3] hätte mir
zusammen mit dem, daß mich der Herr verwöhnte, genügen
müssen, um gut zu sein, wenn ich nicht so armselig[4] gewesen
wäre. Mein Vater las mit Hingabe gute Bücher,[5] und so besaß
er welche in der Muttersprache, damit sie seine Kinder lesen

---

[1] *Alma*, siehe Anhang I.

[2] *Virtuoso*, siehe Anhang I. Die Bezeichnung „tugendhaft" stand in der zutiefst
religiös geprägten Gesellschaft des 16. Jahrhundert für: in sittlicher und spiritueller Hinsicht bewährt, ein guter Mensch und guter Christ. Nicht umsonst
spricht die Autorin öfter im selben Atemzug von der „Gottesfurcht" eines solchen Menschen. Angesichts ihrer Abstammung von *Conversos* (zum Christentum übergetretenen Juden), die als wenig verläßliche Christen galten, erhält
dieses Lob eine besondere Brisanz.

[3] Die Eltern Teresas waren Alonso Sánchez de Cepeda (1480?-1543) und Beatriz
Dávila y Ahumada (1494–1528/29). Don Alonso wurde als Jude geboren, gehörte jedoch kraft eines Adelsbriefes, den sich sein Vater bei der Konversion
1485 kaufte, offiziell einem niederen Adel an. Mit der bald nach der Konversion erfolgten Übersiedlung von Toledo nach Ávila versuchte die Familie, in
einer fremden Stadt eine neue Identität aufzubauen. In dem Buch, in das
Don Alonso die Geburten seiner Kinder eintrug, heißt es: „*Am Mittwoch, dem
achtundzwanzigsten März des Jahres fünfzehnhundert fünfzehn /1515/ um
fünf Uhr früh, mehr oder weniger (denn es war schon fast Tagesanbruch an jenem Mittwoch), wurde meine Tochter Teresa geboren.*"

[4] Für das schwer übersetzbare *ruin*, das die Autorin in Bezug auf sich selbst
immer wieder benutzt; siehe auch Anhang I.

[5] Don Alonsos Bibliothek umfaßte u. a. folgende Werke: *Retablo de la Vida de
Cristo* (Lebensbild Christi); *Tratado de la Misa* (Abhandlung über die hl. Messe);
Los siete pecados (Die sieben Wurzelsünden); Ciceros *De officiis* (Über die Dienste);
eine Ausgabe von Boethius; Senecas *Sprüche*; die Gedichte Vergils; einige
Werke von Juan de Mena und ein Lunarium (eine Art Almanach, der sich den
Bedürfnissen der damaligen Agrargesellschaft entsprechend an den Mond-
phasen orientierte). All diese Werke waren damals weit verbreitet; man findet
sie in den meisten Katalogen von Universitätsbibliotheken oder Privatsamm-
lungen, die Werke aus der Zeit vor 1550 auflisten. Nach Victor García de la
Concha gab es wohl noch eine Art „Geheimbibliothek" der Mutter, die im
Gegensatz zum Vater an ganz anderen Büchern interessiert war; siehe ders., *El
arte literario de Santa Teresa*, 17. (Für nähere Angaben, siehe jeweils LITERATUR,
S. 76–80.)

sollten. Diese Bücher, zusammen mit der Sorge, die sich meine Mutter machte, um uns zum Beten zu bringen und zur Verehrung Unserer Lieben Frau und einiger Heiliger anzuhalten, begannen mich schon im Alter von, ich glaube, sechs oder sieben Jahren aufzuwecken. Es war mir eine Hilfe zu sehen, daß meine Eltern nur die Tugend[6] förderten. Sie hatten viele.

Mein Vater war ein Mensch von großer Liebe zu den Armen und viel Mitgefühl mit den Kranken und sogar mit den Bediensteten, so sehr, daß man ihn niemals dazu bringen konnte, sich Sklaven[7] zu halten, weil er viel Mitleid mit ihnen hatte. Als eines Tages eine, die einem Bruder von ihm[8] gehörte, zu Hause war, verwöhnte er sie genauso wie seine eigenen Kinder, und sagte, daß er es aus lauter Mitgefühl nicht ertragen konnte, daß sie nicht frei war. Er war sehr wahrhaftig.[9] Niemals sah ihn jemand schwören oder lästern. Und sehr ehrenwert, in jeder Hinsicht.[10]

2. Auch meine Mutter[11] hatte viele Tugenden, und machte ihr ganzes Leben lang viele Krankheiten durch; sie war von höch-

---

6 *Virtud*, siehe Anhang I.

7 Im Spanien des 16. Jahrhunderts hielten sich viele adelige Familien maurische Bedienstete, die zwar keine Sklaven im strikten Sinn waren, aber doch nur eine eingeschränkte Freiheit genossen.

8 Vermutlich Don Pedro de Cepeda, der mit Doña Catalina del Águila verheiratet war und in Hortigosa lebte; vgl. V 3,4.

9 Hier klingt schon das Thema der Wahrheit bzw. Wahrhaftigkeit an, daß bei Teresa eine große Rolle spielt; siehe etwa V 8,3; 16,7; 25,12.21; 28,4; 40,1–4; R 28 (=CC 64); CV 40,3f; 3M 2,10; 6M 10,7; F 10,13 und viele weitere Stellen.

10 Bezeichnend ist, daß die Autorin unter diesen Eigenschaften ihres Vaters nichts von seiner adeligen Abstammung und Blutreinheit sagt, wie sie das bei anderen Personen durchaus tut, z.B. F 20,2. Man hat den Eindruck, als wollte Teresa sagen: Mein Vater ist trotz seiner jüdischen Abstammung ein anständiger Mann. Ähnlich spricht sie in F 15,1 von Martín Ramírez, einem Kaufmann, also auch einem *Converso*.

11 Doña Beatriz Dávila y Ahumada, 1494 geboren, wurde in sehr jungem Alter (manchen Quellen zufolge mit nur vierzehn Jahren) Alonsos zweite Ehefrau, nachdem seine erste Frau, Catalina del Peso y Henao, bereits 1507 verstorben war. Don Alonsos beide Frauen stammten somit aus altchristlichen Familien, ein Umstand, den man damals bei vielen *Conversos* beobachten kann. Auf diese Weise versuchten sie, ihren „Geburtsfehler", d.h. ihre Abstammung aus einer jüdischen Familie, möglichst schnell zu überwinden. Das junge Alter von Doña Beatriz könnte auf den Frauenüberschuß hinweisen, da viele Männer in

ster Ehrsamkeit. Obwohl von großer Schönheit, gab sie niemals zu erkennen, daß das für sie ein Anlaß gewesen wäre, etwas aus sich zu machen. Denn als sie mit dreiunddreißig Jahren starb, kleidete sie sich schon wie eine viel ältere Frau. Sehr sanft und von beachtlicher Intelligenz.[12] Groß waren die Beschwerden,[13] die sie zeit ihres Lebens durchmachte; sie starb als gute Christin.[14]

3. Wir waren drei Schwestern und neun Brüder.[15] Durch Gottes Güte glichen alle, was ihr tugendhaftes Verhalten angeht, ihren Eltern, wenn nicht ich gewesen wäre; und doch war ich der Liebling meines Vaters. Bevor ich Gott[16] zu beleidigen begann, hatte er, meine ich, auch einigen Grund dazu; doch bedrückt es mich, wenn ich an die guten Neigungen denke, die

---

heiratsfähigem Alter in die neuentdeckten Länder Westindiens (Las Indias) auswanderten, wo sie sich mehr Ruhm und Reichtum erhofften, und somit als Heiratskandidaten in Spanien ausfielen. Teresas Brüder sind ein Beispiel dafür, zumal sie dort sicher sein konnten, daß sich niemand für ihre wahre Abstammung interessierte.

[12] Im Kontext der damaligen Zeit, die Frauen keine intellektuellen Fähigkeiten zutraute, ist es bemerkenswert, daß Teresa die Intelligenz ihrer Mutter hervorhebt. Auch die größere Wertschätzung für intellektuelle Fähigkeiten ist charakterisch für das Milieu der *judeoconversos* (zum Christentum bekehrten Juden).

[13] Wenn man bedenkt, daß sie in 20 Jahren neun bzw. zehn Kinder zur Welt gebracht hat, dann kann man sich diese „Beschwerden" leicht erklären.

[14] Doña Beatriz machte ihr Testament am 24. November 1528 (nach damaliger avilaer Zeitrechnung einem der letzten Tage im Jahr); sie starb Ende 1528 oder Anfang 1529 in Gotarrendura (Ávila) und wurde in der Pfarrkirche San Juan Bautista in Ávila – Teresas Taufkirche – beigesetzt.

[15] Die beiden ältesten dieser großen Geschwisterschar waren Halbgeschwister Teresas aus der ersten Ehe des Vaters mit Catalina del Peso y Henao: María de Cepeda, geboren 1506, und Juan Vázquez de Cepeda, geboren 1507. Aus der zweiten Ehe stammten zehn weitere Kinder: Hernando de Ahumada, geboren 1510; Rodrigo de Cepeda, geboren 1513 oder 1514; TERESA DE AHUMADA, geboren am 28. März 1515; Juan de Ahumada, geboren ca. 1517; Lorenzo de Cepeda, geboren 1519; Antonio de Ahumada, geboren 1520; Pedro de Ahumada, geboren 1521; Jerónimo de Cepeda, geboren 1522; Agustín de Ahumada, geboren 1527; Juana de Ahumada, geboren 1528. Siehe dazu Efrén de la Madre de Dios – O. Steggink, *Tiempo y vida,* 12–46. Dem aufmerksamen Leser wird es nicht entgehen, daß keines der Geschwister den Familiennamen Sánchez angenommen hat, der sie als bekehrte Juden *(judeoconversos)* entlarvt hätte.

[16] *Dios,* siehe Anhang I.

mir der Herr gegeben hatte, und wie schlecht ich sie zu nutzen verstand.

4. Meine Geschwister hinderten mich nämlich keineswegs, Gott zu dienen. Ich hatte einen Bruder[17], fast genauso alt wie ich (wir taten uns zusammen, um Heiligenlegenden zu lesen), und das war der, den ich am liebsten mochte, obwohl ich sie alle sehr lieb hatte und sie mich auch. Als ich die Marter sah, welche die heiligen Frauen für Gott durchmachten, schien es mir, daß sie sich das Eingehen in den Genuß Gottes sehr billig erkauften, und so sehnte ich mich sehr danach, so zu sterben, doch nicht aus Liebe, die ich zu ihm zu haben glaubte, sondern um in so kurzer Zeit von den großen Gütern zu genießen, die es im Himmel gab, wie ich las.[18] So tat ich mich mit diesem Bruder zusammen, um zu beraten, welches Mittel es dazu gäbe. Wir kamen überein, uns ins Land der Mauren aufzumachen, und aus Liebe zu Gott darum zu bitten, uns dort zu köpfen.[19] Und mir scheint, daß uns der Herr in so zartem Alter durchaus den Mut dazu eingab, wenn wir nur ein Mittel gesehen hätten; doch Eltern zu haben, schien uns dabei das größte Hindernis zu sein.[20]

---

[17] Rodrigo de Cepeda, der ein oder zwei Jahre älter war als Teresa. Zwischen beiden bestand ein so tiefes Band, daß Rodrigo bei seinem Aufbruch nach Amerika im September 1535 zu Teresas Gunsten auf sein Erbteil verzichtete. Er wurde bereits 1536 oder 1337 in der Wildnis des Gran Chaco am Río de la Plata im Kampf gegen die Einheimischen getötet.

[18] Die Frömmigkeit Teresas war in ihrer Kindheit eindeutig eschatologisch geprägt. Es kam ihr darauf an, gerettet zu werden, wie das für die damalige Zeit typisch war. Um so beachtenswerter ist der Wandel in ihrer Frömmigkeit zur „Freundschaft mit Gott".

[19] Der Erbfeind der Christen in Spanien waren die Mauren (siehe auch Ct 218,6; 221,6; 5 M 2,10), und nicht etwa die Juden, die bei Teresa nicht vorkommen – ein versteckter Hinweis auf ihre jüdische Abstammung, um die sie sehr wohl Bescheid wußte.

[20] Offensichtlich führten die beiden Geschwister ihren Entschluß auch aus. Der erste Biograph Teresas Francisco de Ribera berichtet: „*Schließlich nahm sie dies so ernst, daß sie etwas zum Essen einsteckte und mit ihrem Bruder das Elternhaus verließ, beide fest entschlossen, ins Land der Mauren zu ziehen, wo man ihnen für Christus den Kopf abschlagen würde. Die Stadt durch die Puerta del Adaja verlassend ... gingen sie über die Brücke weiter, bis sie ein Onkel sah und nach Hause zurückbrachte ... Der Knabe führte als Entschuldigung an, daß seine*

Es beeindruckte uns sehr, wenn es in dem, was wir lasen, hieß, daß Pein und Herrlichkeit für immer andauern sollten.[21] Es geschah immer wieder, daß wir viel Zeit mit Gesprächen darüber zubrachten, und es gefiel uns, oftmals zu sagen: *für immer, für immer!* Indem wir uns das lange Zeit hindurch vorsagten, gefiel es dem Herrn, daß sich mir schon in meiner Kindheit der Weg der Wahrheit tief einprägte.[22]

5. Als ich sah, daß es unmöglich war, dorthin zu gehen, wo sie mich für Gott umgebracht hätten, beschlossen wir, Einsiedler zu werden. In einem Garten, den es zu Hause gab,[23] versuchten wir, so gut es ging, Einsiedeleien zu bauen, indem wir kleine Steine aufschichteten, die aber bald wieder einfielen; so fanden wir keine Abhilfe für unseren Wunsch. Noch heute berührt es mich eigen, wenn ich sehe, wie früh mir Gott das gab, was ich durch meine Schuld verlor.

6. Ich gab Almosen, wie ich konnte, doch vermochte ich nicht viel. Ich bemühte mich, allein zu sein, um meine Andachten zu verrichten, die zahlreich waren, vor allem den Rosenkranz, dem meine Mutter sehr zugetan war; und so brachte sie auch uns dazu. Es gefiel mir sehr, wenn ich mit anderen Mädchen

---

Schwester ihn dazu überredet hätte, diesen Weg einzuschlagen" (ders., *Vida ...*, I,4). Der Tradition nach war es an den sog. „vier Säulen" *(cuatro postes)* an der Straße nach Salamanca, wo die beiden kleinen Ausreißer von ihrem Onkel eingefangen wurden; aufgrund mehrerer Zeugenaussagen beim Seligsprechungsprozeß zweifeln Efrén de la Madre de Dios und Otger Steggink diese erst relativ spät entstandene Tradition jedoch an und halten es für wahrscheinlicher, daß die Kinder noch auf der Brücke am Stadttor abgefangen wurden; siehe dies., *Tiempo y vida*, 37, Anm. 42.

[21] Gemeint sind die Höllenstrafe bzw. die ewige Herrlichkeit.

[22] Der *„Weg der Wahrheit"* ist die Erkenntnis der Vergänglichkeit der Welt. Das ist keine negative Sicht der Welt, sondern unsere wahre Situation; siehe auch V 3,5 und Anhang I.

[23] Nach Efrén de la Madre de Dios und Otger Steggink dürfte der große Garten des Landgutes, das Teresas Vater in Gotarrendura, einer kleinen Ortschaft in der Nähe von Ávila, besaß, gemeint sein; das Stadthaus in Ávila hatte nur einen Innenhof, der sich für derartige Spiele kaum eignete. Die Wände des Taubenschlags auf diesem Landgut zieren heute noch Kreuze und fromme Kritzeleien, die eindeutig aus dem 16. Jahrhundert stammen; siehe dies., *Tiempo y vida*, 32, Anm. 18.

spielte, Klöster zu bauen, wie wenn wir Klosterschwestern wären. Und ich glaube, daß ich das auch werden wollte, freilich nicht so gern wie die anderen Dinge, die ich gesagt habe.

7. Ich erinnere mich, daß ich kaum weniger als zwölf Jahre alt war, als meine Mutter starb.[24] Als ich zu begreifen begann, was ich verloren hatte, ging ich todtraurig zu einem Bild Unserer Lieben Frau und bat sie unter vielen Tränen, meine Mutter zu sein. Obwohl ich das in aller Schlichtheit tat, glaube ich doch, daß es mir geholfen hat, denn offensichtlich habe ich bei dieser Jungfrau Gehör gefunden, wann immer ich mich ihr anempfohlen habe, und schließlich hat sie mich an sich gezogen.[25] Es bedrückt mich heute noch, wenn ich dies sehe und überlege, woran es wohl gelegen hat, daß ich nicht ungeteilt bei den guten Vorsätzen geblieben bin, die ich anfangs hatte.

8. Mein Herr! Da es so aussieht, als wärst du[26] entschlossen, mich zu retten, möge es Eurer Majestät[27] gefallen, daß es so

---

24 Für Daten und Jahreszahlen hat die Autorin kein sehr zuverlässiges Gedächtnis. Wenn wir davon ausgehen, daß Doña Beatriz Ende 1528 oder Anfang 1529 starb und Teresa am 28.3.1515 geboren wurde, war diese damals fast vierzehn Jahre alt.

25 Eine Anspielung auf ihren Eintritt in den Orden der Allerseligsten Jungfrau Maria vom Berge Karmel. –Traditionell ist man der Ansicht, daß es sich bei dem besagten Bild um U. L. Frau von der Liebe (Nuestra Señora de la Caridad) handelt, das zu Lebzeiten der Autorin in der Lazarusklause beim Adaja-Fluß verehrt wurde und sich seit dem Einsturz dieser Klause im ersten Drittel des 19. Jahrhunderts in der Kathedrale von Ávila befindet. Diesem Bild hätte sie sich auch zusammen mit ihrem Bruder Rodrigo empfohlen, als sie sich ins Land der Mauren aufmachten. Zum Gedenken an diese beiden Episoden im Leben Teresas wird ihre Statue jedes Jahr am Vorabend des 15. Oktober in Prozession in die Kathedrale und an ihrem Festtag wieder in die Geburtskirche „La Santa" getragen.

26 Im Gegensatz zu Johannes vom Kreuz, der das vertrauliche *tú* (du) benutzt, spricht Teresa Gott konsequent mit dem höflichen *Vos* (Ihr) an, das jedoch im Deutschen antiquierter klingt und einen anderen Gefühlswert hat, als von der Autorin intendiert war; für sie widersprach die Höflichkeitsform keineswegs einem sehr vertrauten Umgang, vgl. V 8,5. Darum wird durchweg mit „du" übersetzt.

27 Im absolutistischen Spanien des 16. Jahrhunderts war dies eine übliche Bezeichnung für Gott bzw. für Christus, die an das Bild der „Königsherrschaft Gottes" anknüpfte. Während diese Bezeichnung bei Johannes vom Kreuz eher selten ist, verwendet sie Teresa auf Schritt und Tritt; siehe Einführung.

sei. Nachdem du mir so viele Gnaden erwiesen hast, wie es der Fall ist, würdest du es da nicht für gut halten – nicht zu meinem Gewinn, sondern zu deinen Ehren –, daß eine Herberge, in der du dich so unablässig aufhalten solltest, nicht gar so schmutzig würde? Es bedrückt mich, Herr, das auch nur zu sagen, denn ich weiß, daß die Schuld ganz bei mir liegt. Denn du hast, glaube ich, gewiß nichts unterlassen, daß ich nicht bereits von jenem Alter an ganz dir gehörte. Wollte ich mich über meine Eltern beklagen, so kann ich auch das nicht, denn bei ihnen erlebte ich nur Gutes und Sorge um mein Wohl. Als ich nun, sobald ich aus diesem Alter herauswuchs, zu begreifen begann, welche natürlichen Reize mir der Herr gegeben hatte (die dem Sagen nach zahlreich waren), da begann ich, obwohl ich dem Herr dafür hätte danken sollen, mich all ihrer zu bedienen, um ihn zu beleidigen, wie ich nun sagen werde.

KAPITEL 2

Sie berichtet, wie sie diese Tugenden nach und nach verlor,
und wie wichtig es ist, in der Kindheit Umgang
mit tugendhaften Menschen zu haben.

1. Mir scheint, daß das, was ich jetzt sagen werde, für mich der Anfang für einen großen Schaden war. Ich denke mir manchmal, wie ungut die Eltern handeln, wenn sie nicht dafür sorgen, daß ihre Kinder immer und in jeder Hinsicht Vorbilder an Tugend vor Augen haben. Denn obwohl das meine Mutter sehr war, wie ich gesagt habe, nahm ich von dem Guten doch nicht so viel oder gar nichts an (sobald ich zum Gebrauch meiner Vernunft kam); das Schlechte aber schadete mir sehr.

Sie war versessen auf Ritterromane[1], doch nahm sie aus diesem Zeitvertrieb nicht so großen Schaden wie ich das für mich tat, denn sie vernachlässigte deswegen ihre Arbeit nicht, aber wir erledigten sie schnell, um dann darin zu lesen. Vielleicht tat sie das auch, um nicht an die großen Beschwerden zu denken, die sie immer wieder durchmachte, und ihre Kinder zu beschäftigen, damit sie sich nicht mit anderen Dingen verlieren würden. Darüber war mein Vater so verstimmt, daß wir achtgeben mußten, daß er es nicht sah. Ich gewöhnte es mir immer mehr an, sie zu lesen, und so war dieser kleine Fehler, den ich an meiner Mutter wahrnahm, der Anfang, daß meine guten Wünsche abkühlten und ich mich auch anderweitig verfehlte. Mir kam es nicht schlimm vor, viele Stunden am Tag und sogar bei Nacht mit einer so nutzlosen Beschäftigung zu vertun, dazu noch hinter dem Rücken meines Vaters. Es war derart extrem,

---

[1] Liebes- und Abenteuerromane, die mit ihren romantischen Heldengeschichten dazu angetan waren, die Phantasie eines jungen Mädchens anzuregen; sie genossen im 16. Jahrhundert eine große Popularität, bis sie Miguel de Cervantes in seinem *Don Quichote* so lächerlich machte, daß das Genre endgültig an Bedeutung verlor. Zu den berühmtesten zählten *Amadis de Gaula, Esplandián, Florisandro, Tirante, Tristan und Isolde* usw. Einigen der ältesten Biographen Teresas zufolge hätte sie sich auch selbst zusammen mit ihrem Bruder Rodrigo an einem solchen Roman versucht; vgl. Francisco de Ribera, *Vida* I,5.

wie ich davon erfüllt war, daß ich meinte, nicht glücklich zu sein, wenn ich kein neues Buch hatte.[2]

2. Ich begann, aufwendige Kleider zu tragen und mir zu wünschen, durch mein Aussehen zu gefallen, mit viel Sorge um meine Hände und Haare, mit Parfum und allen Dummheiten, derer ich dazu habhaft werden konnte – und das waren viele, denn ich war sehr eitel.[3] Dabei hatte ich keine schlechte Absicht, denn ich wollte nicht, daß jemand meinetwegen Gott beleidigte. Die große Eitelkeit, mich zu sehr herauszuputzen, und anderes, das mir keineswegs als Sünde vorkam, blieb mir jahrelang. Heute sehe ich ein, wie verkehrt das gewesen sein muß.[4]

Ich hatte ein paar Cousins, denn andere kamen bei uns schon gar nicht ins Haus, weil mein Vater da sehr streng war, und hätte es doch Gott gefallen, daß er es auch mit diesen gewesen wäre! Jetzt sehe ich nämlich, was für eine Gefahr es ist, in einem Alter, in dem allmählich Tugenden[5] wachsen sollten, mit Leuten umzugehen, die die Nichtigkeit der Welt[6] nicht erkennen, sondern im Gegenteil gerade wach dafür werden, um sich in sie hineinzustürzen. Sie waren fast in meinem Alter,

---

2 Einschlägige Bibliographien belegen, daß ab 1510 tatsächlich immer wieder neue Ritterromane gedruckt wurden; Teresa wartete offensichtlich mit großer Ungeduld auf jede Neuerscheinung. In seinem *Modus Concionandi* behauptet Diego de Estella sogar, daß die Prediger durch die Übernahme von Ausdrücken und Bildern aus dieser literarischen Gattung zu deren Verbreitung beitrugen; siehe Terrones del Caño, *Instrucción de Predicadores*. Einf. von F. de Olmedo, LXXXVIII.

3 In einem Brief von 23.12.1561, in dem Teresa sich bei ihrem Bruder Lorenzo für ein Muttergottesbild bedankt, daß ihr dieser aus Quito geschickt hatte, heißt es: „*Wenn wir noch in jener Zeit wären, als ich Gold trug, wäre ich sehr eifersüchtig auf dieses Bild gewesen, denn es ist wunderschön!*" (Ct 2,20).

4 Von der jungen Teresa fehlen Bilder oder Beschreibungen, doch legt z.B. das Porträt, das ihre langjährige Vertraute María de San José (Salazar) in ihrem *Libro de recreaciones* von der reifen Frau schildert, nahe, daß sie als junges Mädchen sehr hübsch und anziehend gewesen sein muß.

5 *Virtud*, siehe Anhang I.

6 Hier wie an vielen weiteren Stellen steht *Welt (mundo)* für eine Lebenseinstellung, die mehr auf materielle Werte wie Besitz, Konsum, Macht, Ansehen usw. als auf spirituelle Werte setzt; siehe auch Anhang I (Stichworte Nichtigkeit und Welt).

ein bißchen älter als ich. Wir steckten immer zusammen. Sie hatten mich sehr gern; und ich redete mit bei allem, was ihnen nur Spaß machte, und hörte ihnen zu, wenn sie von ihren gar nicht erbaulichen Liebeleien und Kindereien erzählten. Und was noch schlimmer war: Meine Seele ließ sich auf das ein, was der Grund für ihre ganze Schlechtigkeit war.[7]

3. Wenn ich einen guten Rat zu geben hätte, dann würde ich den Eltern sagen, daß sie bei ihren Kindern in diesem Alter sehr darauf achten sollen, mit wem sie zusammen sind; denn ein großes Übel liegt darin, daß unsere Natur eher auf das Schlechte als auf das Gute aus ist.

So erging es mir. Ich hatte eine viel ältere Schwester, doch von deren Sittsamkeit und Gutheit – die sie in hohem Maße besaß – nahm ich nichts an,[8] dafür nahm ich alles, was mir schadete, von einer Verwandten[9] an, die oft in unserem Hause verkehrte. Sie war so leichtsinnig, daß meine Mutter alles darangesetzt hatte, sie von unserem Haus fernzuhalten; anscheinend hatte sie das Schlechte geahnt, das mir von ihr her zukommen würde, doch gab es so viele Anlässe, daß diese Verwandte zu uns kommen konnte, daß sie es nicht ausschalten konnte. Zu dieser besagten Verwandten faßte ich Zuneigung. Mit ihr beredete und besprach ich alles, denn sie war bei allem, was ich als Zeitvertreib nur machen wollte, mit dabei und zog mich sogar noch tiefer hinein, da sie mich an ihren Unterhaltungen und Dummheiten beteiligte.

Bis zu meiner Beziehung mit ihr, das war, als ich vierzehn oder ich glaube etwas älter war (ich meine, als sie Freundschaft[10] mit mir schloß und ihre Angelegenheiten mit mir besprach),

---

[7] Aller Wahrscheinlichkeit nach sind die Söhne von Doña Elvira de Cepeda, der Witwe von Don Hernando Mejía, gemeint: Vasco (1507), Francisco (1508) und Diego (1513). Da ihr Vater bereits gestorben war, wuchsen sie in größerer Freiheit und weniger behütet auf als Teresa und ihre Geschwister.

[8] Doña María de Cepeda, eine Tochter aus der ersten Ehe des Vaters mit Doña Catalina del Peso, die neun Jahre älter war als Teresa.

[9] Wahrscheinlich ist Inés de Mejía gemeint, eine Tochter von Doña Elvira de Cepeda.

[10] *Amistad*, siehe Anhang I.

glaube ich nicht, Gott durch schwere Schuld aufgegeben oder die Furcht vor Gott verloren zu haben, wenn ich sie auch mehr um meinen guten Ruf[11] hatte. Diese Furcht hatte die Kraft, meinen guten Ruf nicht ganz zu verlieren, und ich glaube, daß ich mich darin durch nichts auf der Welt hätte ändern können, noch daß es eine Liebe zu einem Menschen auf ihr gegeben hätte, die mich hierin hätte nachgeben lassen. Hätte ich doch auch Kraft gehabt, in nichts gegen Gottes Ehre anzugehen, so wie meine Natur sie mir gab, um nichts von dem zu verlieren, worin meiner Meinung nach die Ehre dieser Welt bestand! Und ich merkte nicht, daß ich gerade diese auf vielerlei Weise verlor!

4. An dieser Ehre hing ich aus Eitelkeit in extremer Weise, die notwendigen Mittel aber, um sie zu erhalten, setzte ich nicht ein. Nur daß ich mich nicht noch ganz verlor, darauf gab ich sehr acht.

Meinem Vater und meiner Schwester war diese Freundschaft ein großer Dorn im Auge. Öfter wiesen sie mich deswegen zurecht. Da sie aber die Gelegenheit nicht ausschalten konnten, daß diese Cousine immer wieder zu uns kam, nützten ihnen ihre ganzen Vorkehrungen nichts, denn mein Scharfsinn für alles mögliche Schlechte war sehr ausgeprägt. Ich bin manchmal über den Schaden entsetzt, den eine schlechte Gesellschaft anrichtet, und wenn ich es nicht selbst erlebt hätte, könnte ich es gar nicht glauben. Besonders in der Jugend muß der Schaden, den sie anrichtet, noch größer sein. Ich wünschte, daß die Eltern durch mich klug würden, um gerade darauf sehr zu achten. In der Tat veränderte mich diese Beziehung so, daß von der natürlichen Neigung meiner Seele zur Tugend kaum etwas übrig blieb, und daß, wie ich glaube, sie und noch eine andere, die sich mit dem gleichen Zeitvertreib abgab, mir ihre Verhaltensweisen aufprägten.

5. Von daher erkenne ich den großen Nutzen, den die gute Gesellschaft bewirkt, und halte es für sicher, daß ich in der Tugend gefestigt worden wäre, wenn ich in jenem Alter mit

---

[11] *Honra*, siehe Anhang I.

tugendhaften Menschen zusammen gewesen wäre. Denn wenn ich in jenem Alter jemanden gehabt hätte, der mir Gottesfurcht beigebracht hätte, hätte meine Seele nach und nach Kräfte geschöpft, um nicht zu fallen. Später, nachdem diese Furcht ganz weg war, blieb mir nur noch die um mein Ansehen[12], die mich bei allem, was ich tat, in Qual versetzte. Mit dem Gedanken, daß es nicht bekannt würde, wagte ich vieles, das gegen mein Ansehen und auch gegen Gott ging.

6. Anfangs schadeten mir, wie mir scheint, die schon erwähnten Umstände, wobei das nicht ihre, sondern meine Schuld gewesen sein dürfte. Denn später genügte mein Hang zum Bösen, zusammen mit den Hausmädchen, die wir hatten, bei denen ich für alles Schlechte willige Bereitschaft fand. Wenn nämlich nur eine von ihnen mir Gutes geraten hätte, hätte mir das vielleicht genützt, doch ihr Eigeninteresse blendete sie ebenso, wie mich meine Anhänglichkeit. Allerdings war ich niemals zu etwas ganz Schlechtem geneigt – denn Anstößiges verabscheute ich schon von Natur aus –, aber immerhin zum Zeitvertreib mit netter Unterhaltung; sobald ich aber in einer Gelegenheit steckte, war die Gefahr offensichtlich, und ich zog meinen Vater und meine Geschwister mit hinein. Davon befreite mich Gott auf eine Weise, daß es ganz so aussieht, als hätte er es gegen meinen Willen so betrieben, daß ich nicht völlig verloren ging, selbst wenn das Ganze nicht so geheim war, daß es für mein Ansehen nicht ziemlich abträglich und für meinen Vater nicht doch verdächtig gewesen wäre.

Denn ich glaube, es dauerte nicht einmal drei Monate, daß ich mich diesen Nichtigkeiten hingab, als man mich in ein Kloster hier in der Stadt steckte, wo Mädchen von meiner Art erzogen wurden, freilich keine mit so schlechten Gewohnheiten wie ich.[13] Das wurde so geschickt eingefädelt, daß nur ich

---

12 *Honra*, siehe Anhang I.
13 Das Augustinerinnenkloster Nuestra Señora de Gracia (U. L. Frau von der Gnade) außerhalb der Stadtmauern, wo junge Damen aus dem Adel erzogen wurden. Teresa dürfte bei ihrem Eintritt in dieses Mädchenpensionat etwa 16 Jahre alt gewesen sein.

selbst und der eine oder andere Verwandte darum wußten, denn man wartete eine günstige Gelegenheit ab, damit es nicht überraschend aussähe. Da meine Schwester geheiratet hatte, war es nämlich nicht angebracht, daß ich ohne Mutter allein zu Hause blieb.[14]

7. Die Liebe, die mein Vater zu mir hegte, und meine Verstellungskunst waren so über die Maßen groß, daß er niemals eine solche Schlechtigkeit in mir vermutet hätte, weshalb er über mich auch nicht verstimmt war. Da es sich nur um eine kurze Zeit handelte, konnte niemand etwas mit Sicherheit darüber sagen, selbst wenn etwas davon durchgesickert wäre. Weil ich so sehr um meinen guten Ruf fürchtete, gingen alle meine Bemühungen dahin, es geheimzuhalten, ohne zu bedenken, daß es dem nicht verborgen bleiben konnte, der alles sieht.[15]
O mein Gott, wie viel Schaden entsteht dadurch in der Welt, daß man das für unwichtig hält und glaubt, was man gegen dich tut, könnte verborgen bleiben! Ich bin mir sicher, daß große Übel vermieden werden könnten, wenn uns klar wäre, daß es nicht darauf ankommt, uns vor den Menschen zu hüten, sondern uns vielmehr davor zu hüten, dir zu mißfallen!

8. Die ersten acht Tage dort litt ich sehr, aber mehr wegen meines Verdachts, daß man meine Eitelkeit erkannt hätte als deshalb, weil ich mich dort befand. Denn eigentlich war ich ihrer schon überdrüssig, und wenn ich Gott beleidigte, fehlte es mir nicht an großer Furcht vor ihm, und ich bemühte mich, bald zu beichten. Es trieb mich innerlich um, so daß ich mich in acht Tagen – ich glaube, sogar noch schneller – viel zufriedener fühlte als zu Hause bei meinem Vater.[16] Alle waren es

---

[14] Teresas älteste Schwester, María de Cepeda, heiratete im Januar 1531 Martín Guzmán y Barrientos; vgl. auch V 3,3 und V 4,6.
[15] Das letzte Motiv für den Eintritt Teresas in das Klosterinternat bleibt unklar. Übertreibt sie hier ihre vermeintliche Schuld? Warum glaubte sie, ihr Verhalten verheimlichen zu müssen? Absatz V 2,9 legt nahe, daß es sich um eine Liebesbeziehung gehandelt haben dürfte, doch muß diese relativ unschuldig gewesen sein, wenn der Beichtvater nichts dagegen einzuwenden hatte.
[16] Das legt die Frage nach dem Verhältnis Teresas zu ihrem Vater nahe.

mit mir, denn darin hat mir Gott Gnade gegeben, daß ich überall, wo ich hinkam, Sympathie hervorrief, und so war ich sehr
beliebt.[17] Und obwohl ich damals ganz gegen einen Eintritt
ins Kloster war, freute es mich, so gute Schwestern zu erleben,
denn das waren sie in diesem Haus wirklich, und von großer
Ehrsamkeit, Frömmigkeit und Sammlung.

Bei all dem gab es der Böse[18] nicht auf, mich weiter in Versuchung zu führen, noch gaben es die Leute von draußen auf,
einen Weg zu suchen, mich durch Nachrichten in Unruhe zu
versetzen. Doch da es an Gelegenheit fehlte, hörte das bald auf,
und so begann sich meine Seele erneut an das Gute meiner
frühen Kindheit zu gewöhnen, und ich sah die große Gnade, die
Gott dem erweist, den er in die Gesellschaft von Guten versetzt.

Mir ist, als dachte und bedachte Seine Majestät immer wieder, wie er mich wieder an sich ziehen konnte. Gepriesen seist
du, Herr, daß du mich so lange ertragen hast! Amen.

9. Etwas gab es, das meiner Meinung nach eine Entschuldigung
sein mochte, wenn ich nicht so viel Schuld gehabt hätte, daß
es sich nämlich um eine Beziehung zu jemanden handelte,
die meines Erachtens durch Heirat gut enden konnte; außerdem
sagten mir mein Beichtvater und andere Leute, als ich mich
wegen vieler Dinge erkundigte, daß ich nicht gegen Gott vorging.

10. Mit uns, die wir als weltliche Schülerinnen dort waren,
schlief eine Schwester, durch die mir der Herr allem Anschein
nach allmählich Licht geben wollte, wie ich nun berichten
werde.[19]

---

[17] Das erwähnt die Autorin öfter bei ihrem Rückblick auf ihre Kindheit; vgl.
V 1,3.4; 2,2.7; 3,3.4.

[18] *Demonio*, siehe Anhang I.

[19] Es handelt sich um Doña María de Briceño, eine Nonne von adeliger Abstammung, vermutlich eine Verwandte von Beatriz de Briceño, die ungefähr zur
selben Zeit Karmelitin im Menschwerdungskloster zu Ávila war. Geboren im
Jahr 1498, war sie 1514 mit sechzehn Jahren bei den Augustinerinnen eingetreten und wurde 1530 zur Novizenmeisterin und Verantwortlichen für die
weltlichen Schülerinnen ernannt. Sie starb 1584 im hohen Alter von 86 Jahren. Als Teresa im Internat weilte, war sie etwa 28 Jahre alt, eine intelligente,
warmherzige und verständnisvolle Frau und eine eifrige Ordensfrau.

KAPITEL 3

*In ihm berichtet sie, wie die gute Gesellschaft beigetragen hat,
ihre guten Wünsche wieder zu wecken, und auf welchem
Weg ihr der Herr in dem Irrtum, in dem sie gefangen war,
allmählich Licht gab.*

1. Als ich so an der guten und frommen Unterhaltung mit
dieser Schwester zunehmend Gefallen fand, freute es mich, zu
hören, wie gut sie von Gott sprach, denn sie war sehr klug und
fromm. So etwas gerne zu hören, hatte ich meines Erachtens
zu keinem Zeitpunkt aufgegeben. Sie begann mir zu erzählen,
daß sie dazu gekommen war, ins Kloster zu gehen, nur weil sie
die Worte des Evangeliums gelesen hatte: *Viele sind berufen,
wenige aber auserwählt* (Mt 20,16). Auch sprach sie zu mir von
der Belohnung, die der Herr denen gibt, die alles für ihn aufgeben.

Diese gute Gesellschaft trieb mir allmählich die Gewohnheiten wieder aus, die mir die schlechte beigebracht hatte, und
weckte in meinen Gedanken nach und nach die Sehnsucht
nach den bleibenden Dingen, und vertrieb langsam in etwa die
große Abneigung gegen das Klosterleben, die bei mir riesen-
groß geworden war. Und wenn ich eine Schwester beim Beten
in Tränen geraten sah oder andere Tugenden, dann wurde ich
ganz neidisch auf sie; denn in diesem Punkt hatte ich ein so
kaltes Herz, daß ich die ganze Leidensgeschichte hätte lesen
können, ohne auch nur eine einzige Träne zu vergießen; und
das bereitete mir Kummer.

2. Ich war eineinhalb Jahre in diesem Kloster und war dadurch
viel besser geworden. Ich begann, viele mündliche Gebete zu
verrichten und alle zu bitten, mich Gott zu empfehlen, daß er
mir zeigen möge, in welcher Lebensform[1] ich ihm dienen solle.
Doch wünschte ich mir immer noch, daß das nicht das Kloster

---

[1] Wörtlich: *in welchem Stand;* unter den Bedingungen der damaligen Gesellschaft kam für eine Frau nur die Ehe oder das Ordensleben in Frage.

sei, daß es also Gott nicht gefallen möge, mir das einzugeben, auch wenn ich mich zugleich vor dem Heiraten fürchtete.[2]

Am Ende der Zeit, die ich dort verbrachte, hatte ich mich mit dem Klostergedanken schon mehr angefreundet, wenn auch nicht in diesem Haus, weil sie dort, wie ich später verstand, groß-artige Tugendübungen hatten, die mir aber damals allzu über-trieben vorkamen. Dazu gab es unter den jüngsten Schwestern einige, die mich darin unterstützten, während es mir sehr ge-nützt hätte, wenn sie alle einer Meinung gewesen wären. Außer-dem hatte ich in einem anderen Kloster eine große Freundin, und das war der Grund, weshalb ich, wenn ich denn schon Schwester werden sollte, es nur dort sein wollte, wo sie war.[3] Ich schaute mehr auf das, was meinen Gefühlen und meiner Eitelkeit wohltat, als auf das, was meiner Seele gut getan hätte. Diese guten Gedanken, ins Kloster zu gehen, kamen manch-mal und gingen bald wieder; doch konnte ich mich nicht zum Eintritt entschließen.

3. Obwohl ich in dieser Zeit um mein Seelenheil nicht wenig besorgt war, lag dem Herrn noch mehr daran, mich auf die Lebensform vorzubereiten, die am besten für mich war. Er ließ mich sehr krank werden, so daß ich zu meinem Vater nach Hause zurückkehren mußte.[4] Als ich wieder gesund war, brachte man mich zu Besuch zu meiner Schwester[5], die in einem Dorf

---

[2] Angesichts der damaligen Situation der verheirateten Frau, die Teresa von ihrer Mutter her gut kannte, eine sehr verständliche Einstellung. Siehe dazu CV 11,3; 26,4; F 31,46f.

[3] Juana Juárez, die Karmelitin war im Menschwerdungskloster zu Ávila, wo die Autorin sie öfter besuchte. Manche Historiker glauben, daß sie vorher Haus-mädchen bei Teresa zu Hause gewesen war.

[4] Teresas Lebensgeschichte ist von Krankheiten durchzogen, die viel zu ihrer persönlichen Entwicklung beigetragen haben. Häufig läßt sich die jeweilige Erkrankung nicht mehr präzise bestimmen, ihre diesbezüglichen Angaben sind selten eindeutig. Ein Grund liegt darin, daß Sprache und Krankheits-vorstellungen sich seit ihrer Zeit sehr verändert haben. Das gilt auch für diese erste beschriebene Krankheit. (B. S.)

[5] Doña María de Cepeda, die, wie gesagt, mit Martín Guzmán y Barrientos ver-heiratet war und in dem kleinen Weiler Castellanos de la Cañada wohnte.

wohnte, denn ihre Liebe zu mir war extrem, und wenn es nach ihrem Willen gegangen wäre, wäre ich nicht mehr von ihr fortgekommen. Auch ihr Mann liebte mich sehr, zumindest erwies er mir jedwede Aufmerksamkeit, denn auch das verdanke ich eher dem Herrn, daß ich das immer und überall erhalten habe, während ich ihm in allem als die gedient habe, die ich bin.

4. Auf dem Weg dorthin lebte ein Bruder meines Vaters, sehr unterrichtet und von großen Tugenden, ein Witwer, den der Herr auch immer mehr zubereitete, um ihn an sich zu ziehen, denn noch in fortgeschrittenem Alter gab er alles auf, was er besaß, trat ins Kloster ein und beendete sein Leben derart, daß er sich, glaube ich, Gottes erfreut.[6] Er wollte, daß ich einige Tage bei ihm verbrachte. Seine Beschäftigung bestand im Lesen guter Bücher in der Muttersprache und darin, daß er die meiste Zeit über Gott und die Nichtigkeit der Welt sprach. Er bat mich, ihm vorzulesen, und obwohl ich keine Freundin seiner Bücher war, tat ich doch so. In diesem Punkt, nämlich anderen eine Freude zu machen, war ich extrem, auch wenn es mir schwer fallen mochte; und zwar so sehr, daß das, was bei anderen Tugend sein mochte, bei mir ein großer Fehler war, denn ich ging oftmals unklug zu Werke.

O mein Gott! Auf was für Wegen machte Seine Majestät mich doch langsam bereit für die Lebensform, in der er sich meiner bedienen wollte; denn ohne daß ich es gewollt hätte, zwang er mich, mir Zwang anzutun! Er sei für immer gepriesen. Amen.

5. Wenn es auch nur wenige Tage waren, die ich dort war, ging mir durch die Kraft, mit der sich die gelesenen oder gehörten

---

6 Don Pedro de Cepeda, dessen Frau Doña Catalina del Águila damals bereits verstorben war. Er lebte in Hortigosa und trat später bei den Hieronymiten in Guisando ein. Sein zurückgezogenes Leben, seine Verbitterung über die Welt und sein Eintritt in den Einsiedlerorden der Hieronymiten ist eine der typischen Verhaltensweisen der *Conversos*; die andere ist durch Teresa und viele andere verkörpert, nämlich als Angehörige einer unterdrückten Minderheit die Mehrheit zu überflügeln.

Worte Gottes meinem Herzen einprägten, und durch die gute Gesellschaft die Wahrheit meiner Kindheit[7] allmählich wieder auf, daß nämlich alles nichts sei, und die Vergänglichkeit der Welt, und wie es mit ihr in kurzer Zeit zu Ende wäre.[8] Und es stieg die Angst in mir hoch, daß ich in die Hölle käme, wenn ich sterben würde.[9] Und wenn mein Wille es auch noch nicht fertig brachte, sich dem Eintritt ins Kloster zuzuwenden, so sah ich doch ein, daß es wohl die beste und sicherste Lebensform sei; und so entschloß ich mich nach und nach, mich zum Eintritt zu zwingen.

6. In diesem Kampf verbrachte ich drei Monate, wobei ich mir mit folgender Argumentation Zwang antat: daß die Härten und die Qual eines Lebens im Kloster nicht größer sein könnten als die des Fegefeuers, daß ich aber sehr wohl die Hölle verdient hatte, und daß es nicht viel bedeutete, mein Leben wie in einem Fegefeuer zu verbringen, und daß ich hernach geradewegs in den Himmel käme, was ja mein Wunsch war.

Bei dieser Überlegung zur Wahl einer Lebensform bestimmte mich meiner Meinung nach mehr knechtische Furcht als Liebe.[10] Der Böse gaukelte mir vor, daß ich die Härten des Klosterlebens nicht ertragen könnte, weil ich so verwöhnt sei. Dagegen verteidigte ich mich mit den Leiden, die Christus durchgemacht hatte, weil es da nicht viel bedeuten würde, daß ich ein paar für ihn erlitt; und daß er mir schon helfen würde – so muß ich wohl gedacht haben –, doch an letzteres erinnere ich mich nicht. Ich machte viele Anfechtungen durch in jenen Tagen.

---

[7] Vgl. V 1,4ff.

[8] Das Motiv der Vergänglichkeit alles Irdischen, oft verbunden mit dem Hinweis auf die Nichtigkeit alles dessen, was sie „Welt" nennt, und der Ermunterung, Gott in diesem Leben zu dienen, spielt bei Teresa eine zentrale Rolle. Als Kind ihrer Zeit war sie stark von der auch im 16. Jahrhundert weit verbreiteten mittelalterlichen *contemptus-mundi*-Literatur beeinflußt. Siehe dazu auch B. Souvignier, *Die Würde des Leibes*, 224.

[9] Die Angst vor der Hölle ist geradezu ein Topos in der damaligen Zeit, geschürt durch entsprechende Predigten. Siehe z.B. auch Luther.

[10] Vgl. auch hierzu die „knechtische Furcht" Luthers.

7. Es befielen mich neben Fieberschüben auch immer wieder starke Ohnmachtsanfälle, da ich immer eine sehr schwache Gesundheit hatte.[11] Was mir Leben gab, war, daß ich schon Freude an guten Büchern hatte. Ich las in den *Briefen des hl. Hieronymus*[12], die mir soviel Mut machten, daß ich mich entschloß, es meinem Vater zu sagen, was schon fast so viel war, wie den Habit zu nehmen[13]. Denn ich war so besorgt um mein Ansehen, daß ich, wie ich glaube, es niemals zurückgenommen hätte, sobald ich es einmal gesagt hatte. Er hatte mich aber so gern, daß ich auf keinen Fall mit ihm einig werden konnte, noch reichten dazu die Bitten von Leuten aus, die ich dazu brachte, mit ihm zu sprechen. Das Höchste, was man bei ihm erreichen konnte, war, daß ich nach Ablauf seiner Tage tun durfte, was ich wollte. Ich bekam schon wieder Angst vor mir und meiner Schwachheit, nicht doch einen Rückzieher zu machen, und so schien mir das nicht angebracht für mich. Daher betrieb ich es auf andere Weise, wie ich nun berichten möchte.

---

[11] Teresa beschreibt Symptome, die sich als Begleiterscheinungen einer ganzen Reihe unterschiedlicher Erkrankungen verstehen lassen. Eine Messung der Körpertemperatur war zu ihrer Zeit nicht möglich; der beschriebene Bewußtseinsverlust kann unterschiedliche Ursachen gehabt haben. (B. S.)

[12] Vermutlich las sie die Ausgabe des Baccalaureus Juan de Molina, die ab 1520 mehrfach in Valencia aufgelegt wurde unter dem Titel *Las epístolas de San Jerónimo con una narración de la guerra de las Germanías*; die erste Auflage war der Herzogin von Gandía und Äbtissin des Klarissenklosters von Valencia, Doña María Enríquez de Borja gewidmet. In San José zu Ávila befindet sich ein Exemplar der Auflage von 1536.

[13] Hier allgemein für „in den Orden einzutreten", auch wenn die Autorin in V 4,2 denselben Ausdruck mehr spezifisch für die Zeremonie der Einkleidung (Bekleidung mit dem Ordensgewand) nach der ersten Probezeit verwendet.

KAPITEL 4

*Sie erzählt, wie ihr der Herr half, sich zum
Klostereintritt zu zwingen, und von den vielen Krankheiten,
die Seine Majestät ihr zu schicken begann.*

1. In jenen Tagen, in denen ich mit diesen Entschlüssen hin- und
herging,[1] hatte ich einen Bruder von mir überredet, ins Kloster
zu gehen, indem ich ihn auf die Vergänglichkeit der Welt hinwies.[2] Wir machten miteinander aus, an einem bestimmten Tag
in aller Frühe zu dem Kloster zu gehen, wo meine Freundin war,
denn das war es, zu dem es mich sehr hinzog.[3] Allerdings war
ich bei meinem letzten Entschluß schon so weit, daß ich in jedes
Kloster gegangen wäre, wo ich glaubte, Gott mehr zu dienen,
oder mein Vater es gewünscht hätte. Denn nun schaute ich
schon mehr auf das Heilmittel für meine Seele,[4] während ich
auf meine Bequemlichkeit schon nichts mehr gab.

Ich erinnere mich nach all meinem Dafürhalten und in aller
Wahrheit, daß der Schmerz, den ich empfand, als ich das Haus
meines Vaters verließ, wie ich glaube, nicht stärker sein kann,

---

[1] Dieser Bericht bezieht sich vermutlich auf den Sommer des Jahres 1535, als
Teresa zwanzig Jahre alt war.

[2] Meistens nimmt man an, daß Antonio de Ahumada gemeint ist, der bei den
Dominikanern um Aufnahme gebeten haben soll, doch ohne die Zustimmung
des Vaters nicht aufgenommen wurde. Später trat er bei den Hieronymiten in
Ávila ein, mußte den Orden jedoch aus gesundheitlichen Gründen wieder
verlassen. Schließlich zog er wie alle seine Brüder nach Amerika, wo er im
Januar 1546 nach der Schlacht von Iñaquitos (Ecuador) an seinen Verwundun-
gen starb. Davon abweichend sind Efrén de la Madre de Dios und Otger
Steggink der Ansicht, daß der in den älteren Biographien nicht genannte Juan
de Ahumada gemeint ist, der ca. zwei Jahre jünger als Teresa war; siehe
Tiempo y vida, 43f.; 68.

[3] Das Menschwerdungskloster (*La Encarnación*) in Ávila, wo Teresas Freundin
Juana Juárez bereits als Nonne lebte. Teresa trat dort am 2. November 1535,
dem Allerseelentag, ein, denn sie glaubte ja, ins Fegfeuer zu gehen; sie war
damals gut zwanzig Jahre alt.

[4] Hier wie an vielen weiteren Stellen verwendet sie einen breit angelegten Topos
kirchlicher Tradition, der bis in die Schriften der Kirchenväter zurückreicht,
das „Christus-Medicus-Motiv". Christus wird, insbesondere durch Augustinus, als Arzt, der Weg zu ihm als Gesundung der Seele dargestellt. (B. S.)

als wenn ich stürbe, denn mir scheint, daß sich mir jeder Knochen von sich aus loslöste. Da nämlich noch keine Gottesliebe da war, die die Liebe zum Vater und zu den Verwandten aufgehoben hätte, bedeutete das ganze eine so große Gewaltanwendung, daß meine Überlegungen nicht gereicht hätten, um vorwärtszukommen, wenn der Herr mir nicht geholfen hätte. Hier gab er mir Mut gegen mich, so daß ich es ausführte.

2. Sobald ich eingekleidet wurde,[5] gab mir der Herr bald schon zu verstehen, wie sehr er denen beisteht, die sich Gewalt antun, um ihm zu dienen, was bei mir jedoch keiner vermutete, sondern nur größte Bereitschaft. Sofort verspürte ich ein großes inneres Glück, in jener Lebensform zu stehen, das mich bis heute nie mehr verlassen hat, und Gott verwandelte die Trockenheit[6] meiner Seele in tiefste Beseligung. Alles, was mit dem Kloster zu tun hatte, machte mir Freude, und es ist wahr, daß ich manchmal zu bestimmten Stunden am Putzen war, die ich sonst auf mein Vergnügen und meine Aufmachung zu verwenden pflegte; wenn mir dann einfiel, daß ich jetzt davon frei war, überkam mich eine neuartige Freude, so daß ich erstaunt war und nicht zu begreifen vermochte, woher das kam.

Wenn ich mich daran erinnere, gibt es nichts, was sich mir entgegenstellen könnte, und wäre es noch so schwierig, was ich nicht ohne Zögern in Angriff genommen hätte. Denn in vielen Dingen habe ich bereits die Erfahrung gemacht, daß Gott – wenn ich es nur am Anfang fertigbringe, mich zur Tat zu entschließen, weil sie nur für ihn geschieht – der Seele dieses Zurückschrecken nur solange zu verspüren geben will, bis sie

---

5 Wörtlich wie in V 3,7: *den Habit nahm.* Die Einkleidung (Bekleidung mit dem Ordensgewand), mit der das Noviziatsjahr begann, fand ein Jahr nach dem Klostereintritt, also am 2. November 1536 statt; Teresa war einundzwanzigeinhalb Jahre alt, für damalige Verhältnisse relativ alt. Wer ihre Novizenmeisterin war, ist nicht eindeutig belegt, doch spricht manches dafür, daß damals Doña María de Luna, die auch mehrfach Priorin gewesen war, dieses Amt innehatte; siehe Efrén de la Madre de Dios – Otger Steggink, *Tiempo y vida,* I, 103. – Zur Situation im Menschwerdungskloster damals siehe O. Steggink, *La reforma del Carmelo español,* 39–45; N. González y González, *Historia del monasterio de la Encarnación de Ávila,* 117–340.

6 *Sequedad,* siehe Anhang I.

beginnt, damit wir nämlich größeren Verdienst haben; und je größer es ist, desto größer und angenehmer ist nachher auch der Lohn, falls sie es fertigbringt.[7] Sogar in diesem Leben vergilt es Seine Majestät auf Wegen, die nur ein Mensch versteht, der das genießt. Das weiß ich, wie gesagt, aus Erfahrung, in bezug auf viele sehr schwerwiegende Angelegenheiten. Daher würde ich – falls ich jemand wäre, der seine Meinung zu sagen hat – niemals raten, eine immer wieder kommende gute Eingebung aus Angst nicht in die Tat umzusetzen; wenn das nämlich eindeutig nur für Gott geschieht, braucht man nicht zu befürchten, daß es schlecht ausgehen wird, denn er hat die Macht für alles. Er sei gepriesen in Ewigkeit! Amen.

3. Sie hätten genügen müssen, mein höchstes Gut und meine Ruhe, die Gnadenerweise, die du mir bislang geschenkt hattest, um mich mit deinem Erbarmen und deiner Größe auf so vielen Umwegen zu einer so sicheren Lebensform und in ein Haus zu bringen, wo es viele Dienerinnen Gottes gab, von denen ich hätte abschauen können, um in deinem Dienst zu wachsen. Ich weiß nicht, wie ich von hier aus weiterschreiben soll, wenn ich daran denke, wie ich meine Profeß ablegte und mit welcher Entschlossenheit und inneren Beglückung ich sie machte und mich mit dir vermählte.[8] Davon kann ich nicht ohne Tränen reden, und sie müßten von Blut sein, und es müßte mir das Herz brechen, und das wäre noch immer nicht genug Schmerz für das, was ich dir später an Beleidigungen zufügte.

---

[7] Die Autorin greift immer wieder auf Vergleiche aus der Geschäftswelt zurück, doch sind diese mit Vorsicht zu genießen: In Wirklichkeit will sie damit keineswegs andeuten, daß der Mensch Leistungen zu erbringen hätte, für die Gott dann eine gerechte Gegenleistung gäbe, so daß wir im Grunde die Gnade Gottes verdienen müßten. Obwohl es in ihrem spirituellen Umfeld durchaus üblich war, so zu denken, ist sie aller Handelsterminologie zum Trotz sehr frei von einer solchen Händlermentalität. Sie lebt zutiefst aus der Gnade Gottes; darum ist für sie letztlich auch alles, was der Mensch im Dienste Gottes zu vollbringen vermag, nur die Frucht der bereits empfangenen Gnade; siehe J. A. Marcos, *Dios y las metáforas financieras en Santa Teresa*; und ferner U. Dobhan, „*Werke möchte der Herr*".

[8] Die Profeß fand am 3. November 1537 statt.

Heute scheint mir, daß ich recht hatte, als ich keine so große Auszeichnung wollte, weil ich so schlechten Gebrauch davon machen sollte. Doch du, mein Herr, wolltest derjenige sein, dem Unrecht geschah, – und das fast zwanzig Jahre lang, während ich diese Gnade mißbrauchte! – nur, damit ich mich besserte. Es sieht sogar so aus, mein Gott, als hätte ich gelobt, von all dem, was ich dir gelobte, nichts einzuhalten, auch wenn das damals nicht meine Absicht war. Aber ich sehe im nachhinein meine Taten so, daß ich nicht weiß, was ich damals für Absichten hatte, außer daß man besser sieht, wer du bist, mein Bräutigam, und wer ich bin. Denn es ist gewiß wahr: Der Schmerz über meine große Schuld wird oftmals vom Glücksgefühl gemildert, das sich bei mir einstellt, da man so deine reichen Erbarmungen versteht.[9]

4. In wem, Herr, könnten diese so aufleuchten wie in mir, die ich die großen Gnadenerweise, die du mir zu schenken anfingst, mit meinen schlechten Taten so sehr verdunkelt habe? Ich Unglückliche, mein Schöpfer! Wenn ich eine Entschuldigung anführen möchte, finde ich keine. Keiner hat Schuld, nur ich; denn wenn ich dir die Liebe, die du mir zu erweisen begannst, auch nur in etwa vergolten hätte, hätte ich sie niemandem als nur dir schenken dürfen, und damit wäre alles gut geworden. Doch das hatte ich nicht verdient, noch hatte ich dieses Glück; so helfe mir jetzt, Herr, dein Erbarmen.[10]

5. Die Veränderung meiner Lebensweise und des Essens waren für meine Gesundheit abträglich, denn wenn mein Glück auch groß war, so reichte das doch nicht aus. Die Ohnmachtsanfälle nahmen allmählich zu, und es befiel mich ein so schweres Herzleiden, daß jeder, der es mitbekam, darüber erschrocken war, dazu noch viele andere Beschwerden. So verbrachte ich das

---

[9] Eine Anspielung auf Ps 51,3.
[10] Als Teresa um 1565 diese Zeilen schreibt, ist sie etwa fünfzig Jahre alt und nicht nur in psychologischer, sondern auch in spiritueller Hinsicht zu einer großen Reife gelangt. Im Rückblick wird ihr bewußt, wie sehr ihr der Herr geholfen hat, Hindernisse auf ihrem Weg zu überwinden.

erste Jahr mit einer recht schlechten Gesundheit, wenn ich auch glaube, daß ich Gott in dieser Zeit nicht sehr beleidigt habe. Da die Krankheit so ernst war, daß sie mir ständig fast das Bewußtsein nahm, ich manchmal sogar ganz ohne es verblieb, bemühte sich mein Vater sehr, um Abhilfe zu schaffen.[11] Da aber die hiesigen Ärzte nicht auf ihn eingingen, ließ er mich an einen Ort bringen, dem der besondere Ruf vorausging, daß man dort andere Krankheiten heilte, und so, sagte man, gälte das auch für meine.[12] Mit mir ging jene Freundin, die ich in diesem Kloster hatte, wie ich sagte, denn sie war eine der Älteren.[13] In dem Haus, wo ich Schwester war, versprach man nämlich keine strenge Klausur.[14]

6. Ich war fast ein Jahr lang dort, drei Monate davon unter größten Qualen wegen der Kuren, die man mich machen ließ und die so streng waren, daß ich mir nicht erklären kann, wie ich sie habe aushalten können.[15] Schließlich habe ich sie zwar

---

[11] Sie sieht diese Beschwerden als Verschlimmerung der Symptome an, die sie schon in V 3,7 beschrieben hat, denkt also nicht an eine neu auftretende Erkrankung. Das *„Herzleiden"* nennt sie hier erstmalig. (B. S.)

[12] In Becedas, etwa achtzig km von der Stadt Ávila entfernt, im äußersten Südwestzipfel der gleichnamigen Provinz, lebte eine berühmte *curandera* („Heilerin"). Der Kranken zuliebe legte man die Reise in vier Etappen zurück (Hortigosa, Castellanos de la Cañada, Piedrahita, Becedas); siehe Efrén de la Madre de Dios – Otger Steggink, *Tiempo y vida*, I, 109. – Auf der Suche nach Heilung suchte man zur damaligen Zeit örtliche Spezialisten auf, die sich angeblich auf die Behandlung besonderer Krankheiten verstanden. Es bestand ein breit ausgeformtes Kurwesen, das jedoch medizinisch riskante Verfahren umfaßte. (B. S.)

[13] Juana Juárez, siehe V 3,2; 4,1.

[14] Teresas Kloster war als Beatinnenhaus – in etwa den Beginen vergleichbar – gegründet worden. Die Schwestern legten zwar die drei klassischen Gelübde ab, doch waren sie nicht zur Klausur verpflichtet. Siehe auch V 7,3; 36,8–9.

[15] *Cura*, die „Kur", bedeutet vor allem die planmäßige Anwendung eigens zusammengestellter Heilmittel. Zu Teresas Zeit bestand das Ziel dieser Kur in einer Wiederherstellung des Gleichgewichts der Säfte im Körper, deren vermutetes Ungleichgewicht man für die Entstehung von Krankheiten verantwortlich machte. Das Arsenal der „Heilmittel" wies Trinkkuren mit heilkräftigem Quellwasser auf, außerdem Bäder, extreme Schwitzkuren, vielfache Aderlässe sowie ausgiebige Anwendungen von Brechmitteln und Abführmitteln (mit acht bis zwölf Stuhlentleerungen pro Tag über mehrere Wochen). Nicht wenige Patienten verstarben unter der Anwendung solcher „Kuren", die allerdings dem schulmedizinischen Standard der Zeit entsprachen. (B. S.)

ausgehalten, doch hat sie mein Körper nicht ausgehalten, wie ich noch sagen werde.[16]

Die Behandlung mußte zu Anfang des Sommers[17] beginnen, doch ich war schon zu Beginn des Winters dort. Diese ganze Zeit über war ich bei meiner Schwester, die, wie ich schon sagte, auf dem Dorf wohnte,[18] das in der Nähe lag, und wartete dort bis April; so mußte ich nicht hin- und herreisen.

7. Auf dem Hinweg gab mir der bereits erwähnte Onkel von mir,[19] der auf dem Weg dorthin wohnt, ein Buch mit dem Titel *Drittes ABC*, das von der Unterweisung im Gebet der Sammlung[20] handelt.[21] Obwohl ich in diesem ersten Jahr gute Bücher gelesen hatte (denn von den anderen wollte ich nichts mehr wissen,[22] da ich schon begriffen hatte, welchen Schaden sie mir zufügten), wußte ich doch nicht, wie ich beim Beten vorgehen, noch wie ich mich sammeln sollte. So freute ich mich sehr über dieses Buch und entschloß mich, diesen Weg mit all meinen Kräften zu gehen.[23] Und da der Herr mir bereits die Gabe der Tränen[24] geschenkt hatte und ich gern las, zog ich mich immer wieder zurück, begann häufig zu beichten und diesen Weg einzuschlagen, wobei ich dieses Buch als Lehrmeister nahm. Einen Lehrmeister, ich meine einen Beichtvater, der mich verstanden hätte, habe ich nämlich trotz meiner Suche in

---

[16] In V 5,7 wird sie mit dem Bericht darüber fortfahren.

[17] Die Autorin meint im Frühjahr (April).

[18] Doña María de Cepeda, die in Castellanos de la Cañada lebte; siehe V 3,3.

[19] Don Pedro de Cepeda, der in Hortigosa lebte; siehe V 3,4.

[20] *Oración de recogimiento;* siehe Anhang I.

[21] Sein Autor war der bekannte Franziskaner Francisco de Osuna; das Werk, mit vollständigem Titel *Tercera parte del libro llamado Abecedario espiritual (Dritter Teil des Buches genannt das geistliche ABC)*, 1527 erschienen, war eine Art geistlicher Bestseller. Der Autor gehörte zur Gruppierung der *recogidos* (Gesammelten), die im Gegensatz zu den *dejados* (Gelassenen) nicht mit der Inquisition in Konflikt gerieten. Im Kloster San José zu Ávila wird ein Exemplar aufbewahrt, das nach alter Überlieferung Teresa gehört haben soll.

[22] Sie denkt an die Ritterromane ihrer Jugend (V 2,1).

[23] Den Weg des Gebets der Sammlung, wie er von den *recogidos* begangen wurde.

[24] Die Fähigkeit, sich von Gehörtem oder Gelesenem emotional betreffen zu lassen.

den ganzen zwanzig Jahren danach nicht gefunden; das hat mir großen Schaden verursacht, so daß ich oft und oft wieder zurückfiel und mich sogar ganz verlor. Ein Lehrmeister hätte mir wenigstens geholfen, die Gelegenheiten zu fliehen, die sich mir boten, um Gott zu beleidigen.

Nun begann Seine Majestät, mir in jenen Anfängen so viele Gnaden zu erweisen, daß er mir gegen Ende meines Aufenthalts dort (in dieser Einsamkeit verbrachte ich nämlich fast neun Monate, wenn auch nicht so frei davon, Gott zu beleidigen, wie es das Buch mir sagte, doch darüber las ich hinweg; denn es kam mir nahezu unmöglich vor, eine solche Wachsamkeit aufzubringen, ich hatte sie nur, um keine schwere Sünde zu begehen, und gäbe Gott, ich hätte sie immer gehabt. Auf die leichten Sünden gab ich nicht so viel, und genau das war es, was mich ruinierte) [25] – es begann also der Herr, mich auf diesem Weg so zu verwöhnen, daß er mir die Gnade erwies, mir das Gebet der Ruhe [26] zu schenken, und manchmal gelangte ich sogar zu dem der Gotteinung, [27] auch wenn ich weder das eine noch das andere begriff, und auch nicht, wie sehr das zu schätzen war; das zu begreifen hätte mir, glaube ich, sehr gut getan. Es ist allerdings wahr, daß das Gebet der Gotteinung nur sehr kurz anhielt, ich weiß nicht, ob es ein *Avemaria* lang war, [28] doch hatte es auf mich so starke Auswirkungen, daß ich glaubte, die Welt schon unter den Füßen zu haben, [29] obwohl

---

[25] Nach dem langen Zwischengedanken hat die Autorin den ursprünglichen Faden verloren und setzt noch einmal neu an: „… *es begann also der Herr.*" Da sie sehr spontan schreibt, wie sie spricht, gehorchen viele ihrer langen Sätze nicht den strengen Regeln der Syntax; es kommt immer wieder zu Anakoluthen (Satzbrüchen) und Ellipsen (Weglassung an und für sich unverzichtbarer Satzteile).

[26] *Oración de quietud,* siehe Anhang I und V 14–15, wo Teresa selbst erklärt, was sie unter diesem Begriff versteht.

[27] *(Oración de) unión,* siehe Anhang I und V 17–21, wo die Autorin ausführlich darüber spricht.

[28] Eine interessante Zeitmessung; an anderer Stelle spricht sie von einem *Credo* lang – typisch für die damalige Zeit, in der alles sakralisiert war.

[29] *Welt (mundo)* steht hier erneut für eine oberflächliche, materialistische Lebensanschauung; *die Welt unter den Füßen haben*: nicht mehr nach Besitz, Macht, Ansehen usw. streben, sondern sich nur noch von spirituellen Werten leiten lassen.

ich damals noch keine zwanzig Jahre alt war.[30] So erinnere ich mich, daß mir die leid taten, die ihr nachliefen, mochte es sich auch um Erlaubtes handeln.

Ich bemühte mich, so gut ich konnte, mir Jesus Christus, unser Gut und unseren Herrn, in meinem Innern zu vergegenwärtigen; und das war meine Art zu beten: Wenn ich an einen bestimmten Abschnitt der Leidensgeschichte dachte, stellte ich ihn mir innerlich vor, obwohl ich die meiste Zeit mit dem Lesen guter Bücher verbrachte, worin meine ganze Erholung bestand. Denn Gott hat mir weder Talent zum diskursiven Nachdenken mit dem Verstand verliehen, noch die Begabung, mich meiner Vorstellungskraft[31] zu bedienen, denn die ist bei mir so unbeholfen, daß ich es nie fertiggebracht habe, an die Menschheit des Herrn[32] zu denken und sie mir innerlich vorzustellen, wie ich das versuchte. Auch wenn man auf diesem Weg, nämlich mit dem Verstand nicht arbeiten zu können, schneller zur Kontemplation[33] gelangt, sofern man durchhält,[34] ist das doch mühsamer und qualvoller; denn wenn es Wille und Empfinden[35] an Beschäftigung und der Liebe an etwas Konkretem fehlt, womit sie sich beschäftigen mag, bleibt die Seele gleichsam ohne Stütze und Betätigung, und folglich setzen ihr die Einsamkeit und Trockenheit[36] sehr zu, und die Gedanken liefern ihr schwere Kämpfe.

---

[30] In Wirklichkeit war die Autorin schon fast dreiundzwanzig Jahre alt.

[31] *Imaginación*, siehe Anhang I.

[32] *Humanidad del Señor*, siehe Anhang I (Stichwort Menschheit Christi).

[33] *Contemplación*, d.h. schweigendes Dasein vor Gott, in dem der Beter, ohne selbst etwas dazu zu tun, die Selbstmitteilung Gottes empfängt; siehe auch Anhang I.

[34] D.h. in der Gegenwart Gottes bleibt und sich „Jesus Christus im Innern vergegenwärtigt".

[35] *Voluntad* (lat. *voluntas*), was nach scholastischem Verständnis nicht nur den Willen, sondern auch den ganzen Gefühlsbereich umfaßte (hier mit Empfinden wiedergegeben). In diesem ganzen Absatz greift die Autorin auf einige Begriffe aus der scholastischen Philosophie und Theologie zurück, die ihr durch ihre Kontakte mit gelehrten Beichtvätern geläufig gewesen sein mögen.

[36] *Sequedad*, d.h. das Fehlen einer gefühlsmäßigen Ergriffenheit; siehe auch Anhang I.

8. Menschen, die diese Veranlagung haben, bedürfen mehr eines reinen Gewissens[37] als solche, die mit ihrem Verstand arbeiten können; denn wer darüber nachdenkt, was die Welt[38] ist, und was er Gott schuldet, und wie sehr dieser gelitten hat, wie wenig er ihm aber dient und dem zurückgibt, der ihn so liebt, der entnimmt daraus eine Unterweisung, um sich gegen störende Gedanken und Gelegenheiten und Gefahren zu wehren. Wer sich dies aber nicht zunutze machen kann, ist gefährdeter und muß sich viel mit Lektüre beschäftigen, denn von sich aus kann er sich keinerlei Unterweisung zurechtlegen.

Diese Art des Vorgehens ist äußerst mühsam; und wenn der Lehrmeister, der sie unterweist, sie bedrängt, auf das Lesen zu verzichten, das doch zur Sammlung sehr hilfreich ist (für einen, der auf diese Weise vorgeht, auch wenn er nur wenig lesen mag, ist das sogar notwendig anstelle des inneren Betens[39], das er nicht üben kann) – ich sage also, daß es für einen solchen unmöglich ist, lange im Gebet zu verbleiben, falls er gezwungen wird, ohne diese Hilfe lange Zeit in ihm zu verharren, und daß er seiner Gesundheit Schaden zufügt, wenn er darauf besteht, da es eben sehr mühsam ist.

9. Heute allerdings scheint es mir, daß der Herr dafür sorgte, daß ich niemanden fand, der mich unterwiesen hätte, denn meiner Meinung nach wäre es unmöglich gewesen, achtzehn Jahre, in denen ich diese Not durchmachte, durchzuhalten, noch dazu mit diesen langen Phasen von Trockenheit, weil ich, wie ich eben sage, nicht diskursiv betrachten konnte. In all diesen Jahren wagte ich nie, ohne ein Buch mit dem Beten[40] zu beginnen, außer gleich nach der Kommunion, denn meine

---

[37] Damit ist vor allem eine existentielle Wahrhaftigkeit gemeint, die Teresa als die *„Wahrheit meiner Kindheit"* bezeichnet. Siehe die diesbezügliche Anm. zu V 1,4.

[38] Erneut in demselben Sinn zu verstehen wie oben in V 4,7.

[39] *Oración mental*, womit an dieser Stelle eindeutig das in V 4,7 beschriebene nachsinnende Betrachten mit Hilfe des Verstandes und der Vorstellungskraft gemeint ist; an anderer Stelle faßt Teresa den Begriff *„inneres Beten"* viel weiter, vgl. etwa die berühmte Definition in V 8,5. Siehe ferner auch Anhang I.

[40] *Tener oración*, Teresas Ausdruck für: im inneren Gebet verweilen.

Seele fürchtete sich so sehr, ohne es zu beten, wie wenn sie mit einer großen Schar kämpfen müßte. Mit diesem Hilfsmittel aber, das wie ein Begleiter oder ein Schutzschild war, mit dem sie die Anstürme der vielen Gedanken auffangen konnte, fühlte sie sich getröstet. Wohl war die Trockenheit nicht alltäglich, doch war sie immer dann da, wenn ich kein Buch hatte; dann war meine Seele gleich durcheinander und meine Gedanken schweiften ab. Mit einem Buch aber begann ich, sie zu sammeln, und es fühlte sich meine Seele wie liebkost. Oft brauchte es nicht mehr, als das Buch zu öffnen; ein anderes Mal las ich ein wenig, dann wieder viel, je nach dem, wie mir der Herr seine Gnade gab.

Damals, in jener Anfangszeit, von der ich spreche, meinte ich, es hätte keine Gefahr gegeben, die mich je von einem so großen Gut weggezogen hätte, sofern ich nur Bücher und die Möglichkeit zum Alleinsein gehabt hätte. Ich glaube sogar, daß es mit Gottes Hilfe wirklich so gewesen wäre, wenn ich nur einen Lehrmeister oder sonst jemanden gehabt hätte, der mich darauf hingewiesen hätte, die Gelegenheiten schon gleich zu Beginn zu fliehen, und mir aus ihnen schnell herausgeholfen hätte, wenn ich in sie hineingeriet. Wenn der Böse mich damals offen angegriffen hätte, hätte ich meiner Meinung nach in keiner Weise wieder von neuem schwer gesündigt; aber er stellte es so geschickt an und ich war so armselig[41], daß mir alle meine Entschlüsse wenig nützten, obwohl sie mir in den Tagen, als ich Gott diente, eine große Hilfe waren, um die schrecklichen Krankheiten, die ich durchmachte, ertragen zu können, noch dazu mit so großer Geduld, wie sie mir Seine Majestät gab.

10. Oft habe ich voller Staunen über die große Güte Gottes nachgedacht, und meine Seele war ganz beglückt, wenn sie seine gewaltige Großmut und Barmherzigkeit sah. Er sei für alles gepriesen! Ich habe nämlich eindeutig gesehen, daß er es

---

[41] Für das schwer übersetzbare *ruin*, das Teresa in Bezug auf sich selbst immer wieder benutzt; siehe auch Anhang I.

nicht versäumt hat, mir auch nur einen einzigen guten Wunsch zu vergelten, dazu noch in diesem Leben. Mögen meine Werke noch so armselig und unvollkommen gewesen sein, dieser mein Herr hat sie nach und nach besser und vollkommener und wertvoller gemacht, meine bösen Taten und Sünden aber verbarg er sogleich. Selbst die Augen von einem, der sie doch gesehen hat, läßt Seine Majestät blind dafür werden und löscht sie aus seinem Gedächtnis. Er vergoldet meine Fehler und läßt eine Tugend aufleuchten, die mir der Herr selbst einpflanzt, indem er mich fast zwingt, sie festzuhalten.

11. Doch nun möchte ich zu dem zurückkehren, was man mir aufgetragen hat.[42] Dazu meine ich, daß es einen anderen Verstand als den meinen bräuchte, wollte ich bis ins einzelne davon reden, wie der Herr in jenen Anfängen mit mir umgegangen ist, um hervorheben zu können, was ich ihm in dieser Hinsicht schulde, und auch meine große Undankbarkeit und Schlechtigkeit, habe ich doch dies alles vergessen. Er sei für immer gepriesen, da er mich so lange ertragen hat![43] Amen.

---

[42] Ihren Auftrag hat sie in V pról 1 genannt.
[43] Vgl. V 2,8.

KAPITEL 5

*Sie fährt fort mit den schweren Krankheiten, die sie
durchmachte, und mit der Geduld, die ihr der Herr dabei
gab, und wie er Böses zum Guten wendet, was man aus
einer Begebenheit ersehen kann, die ihr an dem Ort zustieß,
wo sie zur Kur weilte.*

1. Ich habe ganz vergessen zu sagen, daß ich während des
Noviziatsjahres große innere Unruhen durchmachte wegen an
sich unbedeutender Dinge, die mir aber doch des öfteren die
Schuld an etwas gaben, ohne Schuld zu haben. Das ertrug ich
nur sehr unwillig und unvollkommen, doch stand ich das alles
auch wieder in großer Zufriedenheit durch, weil ich im Kloster
war. Da sie sahen, daß ich mich bemühte, allein zu sein, und
auch sahen, daß ich gelegentlich über meine Sünden weinte,
glaubten sie, ich sei unglücklich, und sagten das auch.

Ich war begeistert von allem, was mit dem Leben im Kloster
zu tun hatte, aber nicht vom Ertragen von etwas, das nach
Zurücksetzung aussah. Ich genoß es, geschätzt zu sein. Ich nahm
es genau mit allem, was ich tat. Das kam mir alles als Tugend
vor, auch wenn mir das nicht als Entschuldigung dienen kann,
denn bei allem fand ich das heraus, was mir Befriedigung verschaffte, und zudem nimmt Unwissenheit die Schuld nicht weg.
Eine gewisse Entschuldigung besteht darin, daß das Kloster
nicht auf allzu große Vollkommenheit[1] gegründet war. Ich,
armselig wie ich bin, lief dem nach, was mangelhaft war, und
ließ das Gute links liegen.

2. Es gab damals eine Schwester, die an einer sehr schweren
und sehr schmerzhaften Krankheit litt, denn wegen einer Ver-

---

[1] Damals verstand man *Vollkommenheit* zuweilen als etwas, das man mit
objektiven Maßstäben gleichsam messen konnte, z.B. an der Anzahl von Bußübungen, wie Fasten, Abstinenz, Geißelungen, Schlafentzug usw. Von daher
erklärt sich diese Aussage Teresas über ihr Kloster. Wir werden sehen, daß
sich Teresas Vollkommenheitsbegriff davon sehr unterscheiden wird. Siehe
z.B. CV 4,4 und ferner auch Anhang I.

stopfung hatten sich an ihrem Bauch offene Wunden gebildet, durch die sie alles, was sie aß, wieder ausschied. Sie starb sehr bald daran. Ich sah, daß alle vor diesem Kreuz zurückschreckten, mir jedoch verursachte ihre Geduld großen Neid.[2] Ich bat Gott, er solle mir, sofern er mir nur diese dazugab, nach seinem Belieben ruhig alle Krankheiten schicken. Vor keiner, scheint mir, hatte ich Angst, denn ich war so darauf aus, ewige Güter zu verdienen, daß ich entschlossen war, sie mir zu erwerben, durch welches Mittel auch immer.[3] Das erstaunt mich, denn meines Erachtens hatte ich damals noch keine Gottesliebe, wie ich sie später wohl zu haben glaubte, als ich schon mit dem inneren Beten begonnen hatte, sondern nur ein inneres Licht, in dem mir alles, was vergänglich war, wenig erstrebenswert erschien, die Güter aber, die man damit verdienen kann, sehr wertvoll, weil sie ewig sind.

Auch in diesem Punkt erhörte mich Seine Majestät, denn noch bevor zwei Jahre vergangen waren,[4] befand ich mich in einem solchen Zustand, daß ich zwar nicht diese Art von Krankheit hatte, doch die, unter der ich drei Jahre lang litt, war, meine ich, nicht weniger schmerzhaft und beschwerlich. Davon will ich jetzt berichten.[5]

3. Als nun der Zeitpunkt für die Kur kam, auf die ich die ganze Zeit an dem Ort gewartet hatte, wo ich, wie ich gesagt habe, bei meiner Schwester war,[6] brachten mich mein Vater,

---

2 Mit einiger Sicherheit handelte es sich um verstopfungsbedingte Ausstülpungen des Darms, die sich entzündet und offene Verbindungen mit der Bauchdecke gebildet hatten. Unter den damaligen hygienischen und medizinischen Bedingungen mußte diese Krankheit extrem unästhetisch, schmerzhaft und letztlich tödlich verlaufen. (B. S.)

3 Teresas Frömmigkeit war um diese Zeit noch immer eschatologisch geprägt, wie in ihrer Kindheit; siehe V 1,4. Zu *verdienen* siehe Anm. zu V 4,2.

4 Wahrscheinlich vom Zeitpunkt ihrer Profeß an gerechnet, die sie am 3.11.1537 abgelegt hatte, also ca. 1538/39.

5 Nach dem Exkurs über ihre Anfänge im inneren Beten und die Rückblende in ihre Noviziatszeit knüpft Teresa nun wieder beim Bericht über ihren krankheitsbedingten Aufenthalt bei ihrer älteren Schwester und der Kur in Becedas an, den sie in V 4,5 angefangen hatte.

6 Castellanos de la Cañada, wo sie bei ihrer ältesten Schwester María de Cepeda weilte; siehe V 4,6.

meine Schwester und jene Mitschwester, meine Freundin[7], die mitgekommen war, weil sie mich sehr gern hatte, mit viel Vorsicht um mein Wohlbefinden dorthin.

Hier begann nun der Böse meine Seele aus den Angeln zu heben, obwohl Gott da viel Gutes herausholte. Es gab da in dem Dorf, wo ich zur Kur hinging, einen Pfarrer, recht gut und verständig. Er war studiert,[8] allerdings nicht sehr.[9] Ich begann bei ihm zu beichten, denn ich war immer eine Liebhaberin von Studien, wobei Beichtväter mit unzureichenden Studien meiner Seele großen Schaden zugefügt haben, denn ich hatte keine mit so guten Studien, wie ich mir gewünscht hätte.

Ich habe durch Erfahrung gesehen, daß es besser ist, keinerlei Studien zu haben, sofern sie tugendhaft sind und sich an fromme Gewohnheiten halten, denn so verlassen sie sich nicht auf sich selbst, ohne sich bei einem mit guten Studien zu erkundigen, und ich würde mich nicht auf sie verlassen. Einer mit guten Studien hat mich noch nie in die Irre geführt. Auch die anderen wollten mich gewiß nicht in die Irre führen, aber sie wußten es nicht besser. Ich glaubte aber, daß sie Bescheid wußten und ich zu nicht mehr verpflichtet war, als ihnen Glauben zu schenken, zumal das, was sie mir sagten, weitherzig war und mehr Freiraum ließ. Wäre ich nämlich eingeengt worden, dann hätte ich mir, armselig wie ich bin, andere gesucht. Von dem, was eine leichte Sünde war, sagten sie mir, es sei keine, und von dem, was eine äußerst schwere Todsünde war, es sei nur eine leichte. Das fügte mir so großen Schaden zu, daß es nicht zuviel ist, wenn ich hier davon spreche, zur Warnung anderer vor einem so großen Übel. Doch vor Gott, das sehe ich klar, ist das keine Entschuldigung für mich, da es

---

[7] Juana Juárez; siehe V 3,2 und V 4,5.

[8] Diese umgangssprachliche (süddeutsche) Ausdrucksweise gibt unseres Erachtens recht gut die Bedeutung des spanischen *tener letras* wieder und läßt auch den gewissen Gegensatz zwischen den *letrados* und den *espirituales* zur Zeit Teresas mitschwingen.

[9] Becedas; siehe V 4,5. Der Dorfpfarrer, von dem hier die Rede ist, hieß Pedro Hernández. Was Teresa bezüglich seiner Bildung sagt, ist typisch für die Dorfpfarrer damals.

hätte reichen müssen, daß es von ihrer Natur her ungute Dinge waren, um vor ihnen auf der Hut zu sein. Ich glaube, Gott ließ das wegen meiner Sünden zu, daß diese in die Irre gingen und mich hineinführten. Ich führte eine ganze Reihe anderer hinein, indem ich ihnen dasselbe sagte, was man mir gesagt hatte. In dieser Verblendung lebte ich, glaube ich, mehr als siebzehn Jahre, bis mich ein sehr studierter Dominikaner[10] in so manchen Dingen aus diesem Irrtum befreite; und die von der Gesellschaft Jesu flößten mir erst recht großen Schrecken ein, als sie mir meine so schlechten Grundsätze vorhielten, wie ich nachher noch sagen werde.

4. Sobald ich also bei dem besagten Pfarrer zu beichten begann,[11] faßte er eine extrem starke Zuneigung zu mir, denn damals hatte ich verglichen mit später wenig zu beichten, und ich hatte nie viel gehabt, seit ich ins Kloster gegangen war. Seine Zuneigung war an sich nicht schlecht, da die Zuneigung aber zu groß war, kam es dazu, daß sie nicht mehr gut war. Er hatte genau verstanden, daß ich niemals zum Entschluß käme, etwas Schwerwiegendes zu tun, was gegen Gott wäre, unter keinen Umständen, und er versicherte mir das gleiche von sich, und so bestand ein reger Austausch. Doch was mir bei meinen Unterhaltungen damals mit meiner Begeisterung, die ich für Gott hatte, am meisten gefiel, war, über Dinge zu sprechen, die ihn betrafen; und da ich noch so jung war, brachte es ihn ganz durcheinander, als er das merkte. Aufgrund seiner großen Zuneigung, die er zu mir hatte, begann er mir sein Unglück darzulegen. Und das war nicht gering, denn seit fast sieben Jahren lebte er in einem sehr gefährlichen Zustand der Anhänglichkeit und des Umgangs mit einer Frau aus demselben Ort;[12] und bei all dem hielt er Messe. Es war schon so bekannt, daß

---

10 P. Vicente Barrón; siehe auch V 7,16f.
11 Siehe oben V 5,3.
12 Ein damals nicht gar zu seltener Fall, denn die Zölibatsverpflichtung in ihrer rigorosen Form geht erst auf das Konzil von Trient zurück (1545–1563).

er Ehre und Ansehen verloren hatte, doch niemand wagte, etwas dagegen zu sagen.

Mir tat er sehr leid, denn ich mochte ihn sehr gern. Denn so viel an Leichtsinn und Blindheit hatte ich an mir, daß ich es für Tugend hielt, jemandem, der mich gern hatte, dankbar zu sein und mich ihm verbunden zu fühlen. Verwünscht sei diese Verbundenheit, die so weit geht, daß sie gegen die mit Gott geht! Einem solchen Unsinn verfällt man in der Welt, daß mich das ganz von Sinnen bringt, denn alles Gute, das man uns erweist, verdanken wir Gott, halten es aber für Tugend, eine solche Freundschaft nicht aufzugeben, obwohl sie gegen ihn geht. Wie blind ist doch die Welt! Hätte es dir, mein Herr, doch gefallen, daß ich zutiefst undankbar gegen sie gewesen wäre, dir gegenüber jedoch nicht in einem einzigen Punkt; doch es war wegen meiner Sünden genau umgekehrt.

5. Ich versuchte, bei Leuten aus seinem Haus noch mehr herauszubekommen und zu erfahren. So erkannte ich das Unglück noch besser, und ich sah, daß den Armen nicht soviel Schuld traf, denn diese Unglückselige von Frau hatte ihn mit Hilfe eines kleinen kupfernen Amuletts[13] verzaubert, und ihn dann gebeten, es aus Liebe zu ihr um den Hals zu tragen; und niemand hatte genug Einfluß auf ihn gehabt, um es ihm wegnehmen zu können.

Ich glaube entschieden, daß diese Zaubereien nicht auf Wahrheit beruhen, möchte aber sagen, was ich erlebt habe, als Warnung, damit die Männer sich vor Frauen in Acht nehmen, die gern mit so etwas umgehen. Sie mögen glauben, daß sie ihnen in nichts trauen dürfen, sobald sie ihre Scheu vor Gott verlieren (sie sind nämlich mehr verpflichtet, auf Anstand zu achten, als die Männer); denn um sich auf jeden Fall mit ihrem Willen und jener Zuneigung durchzusetzen, die der Böse ihnen

---

[13] In den damaligen Schriften über Magie werden die Metalle mit bestimmten Planeten in Verbindung gebracht, so das Kupfer mit Venus; siehe Efrén de la Madre de Dios – Otger Steggink, *Tiempo y vida*, 116.

eingibt, scheuen sie vor nichts zurück.[14] Auch wenn ich selbst sehr armselig war, bin ich doch etwas derartigem nie verfallen, noch erhob ich jemals den Anspruch, Böses zu tun, noch hätte ich jemals erzwingen wollen, daß man mir Zuneigung erwiese, auch wenn ich es gekonnt hätte, denn davor bewahrte mich der Herr. Wenn er mich aber im Stich gelassen hätte, hätte ich Böses getan, wie ich es sonst auch tat, denn mir kann man in nichts trauen.

6. Als ich dies wußte, begann ich ihm noch mehr Liebe zu erweisen. Meine Absicht war zwar gut, mein Tun aber schlecht; denn um etwas Gutes zu tun, und mag es noch so groß sein, durfte ich auch ein kleines Übel nicht in Kauf nehmen. Ich sprach mit ihm gewöhnlich von Gott. Das dürfte ihm geholfen haben, wenn ich auch eher glaube, daß bei ihm seine große Liebe zu mir den Ausschlag gab. Um mir einen Gefallen zu erweisen, kam er schließlich mit dem Amulett, das ich gleich in einen Fluß werfen ließ. Als er dieses los war, begann ihm – wie einem, der aus einem tiefen Schlaf erwacht – allmählich aufzugehen, was er alles in diesen Jahren getan hatte; und voll Entsetzen über sich bereute er sein Unglück, und begann, die Frau schließlich zu verstoßen. Unsere Liebe Frau muß ihm viel geholfen haben, denn er verehrte sehr ihre Empfängnis[15] und beging jenen Tag immer als ein großes Fest. Schließlich gab er es ganz auf, sich mit ihr zu treffen, und konnte Gott nicht genug danken, daß er ihn erleuchtet hatte.

Nach einem Jahr, genau an dem Tag, an dem ich ihn zum ersten Mal getroffen hatte, starb er. Er war sehr im Dienst Gottes gestanden, denn jene große Zuneigung, die er zu mir hatte, habe ich nie als schlecht empfunden, wenn auch mehr Lauterkeit hätte dabei sein können. Aber es gab auch Augen-

---

14 In dieser Einschätzung der Frau gibt Teresa die damals herrschende Meinung wieder, die ausschließlich von zölibatär lebenden Männern gebildet war, ebenso weiter unten (V 5,6), wo sie Maria, die Unbefleckt Empfangene, der Verführerin gegenüberstellt – ein beliebter Topos in den Äußerungen von Theologen über die Frau.
15 Das Fest Mariä Empfängnis am 8. Dezember.

blicke, wo es zu schweren Verfehlungen gegen Gott hätte kommen können, wenn wir ihn nicht sehr vor Augen gehabt hätten. Wie gesagt,[16] etwas, das meiner Einsicht nach schwere Sünde war, hätte ich damals nie getan. Mir scheint sogar, daß es ihm half, das in mir wahrzunehmen, um Liebe zu mir zu empfinden; auch glaube ich, daß alle Männer mehr den Frauen Freund sein sollten, die sie mehr um Tugend bemüht erleben. Und sogar für das, was sie hienieden anstreben, werden die Frauen bei ihnen auf diese Weise mehr gewinnen, wie ich nachher noch sagen will.[17]

Ich bin mir gewiß, daß er auf dem Weg zum Heil ist. Er starb eines seligen Todes und ganz frei von dieser Bindung. Es sieht ganz so aus, daß der Herr ihn durch diese Mittel hat retten wollen.

7. Ich verbrachte drei Monate an diesem Ort[18] unter schrecklichsten Qualen, weil die Kur strenger war, als es meine körperliche Verfassung verlangte.[19] Nach zwei Monaten war ich kraft der Medikamente mit dem Leben fast am Ende, und die Schärfe meines Herzleidens, zu dessen Heilung ich gekommen war, hatte sich sogar noch verschlimmert, so daß es mir manchmal vorkam, als würde man mir das Herz mit scharfen Zähnen ausreißen, so schlimm, daß man fürchtete, es sei Raserei. Wegen des großen Kräfteverfalls (denn vor Übelkeit konnte ich nichts Festes zu mir nehmen, sondern nur Flüssiges), und weil ich ständig Fieber hatte und ganz erschöpft war, da man mir fast einen Monat lang täglich ein Abführmittel verabreicht hatte,[20] war ich so abgemagert, daß sich meine Nerven unter so un-

---

[16] Siehe oben V 5,4.

[17] Dieses Versprechen löst die Autorin nicht ein.

[18] Becedas, wobei Teresa auch hier nicht den Ortsnamen preisgibt.

[19] Wie ihre Zeitgenossen stellt Teresa nicht den Wert der Kur als solchen in Frage, sondern moniert nur, sie sei für ihre Körperbeschaffenheit insgesamt zu streng gewesen. (B. S.)

[20] Der massive Flüssigkeitsentzug infolge der Abführmittel verschlimmerte Teresas ohnehin prekären körperlichen Zustand, während ihre ursprüngliche Erkrankung vermutlich fortbestand. (B. S.)

erträglichen Schmerzen zu verkrampfen begannen, daß ich weder Tag noch Nacht Ruhe finden konnte. Dazu noch eine abgrundtiefe Traurigkeit.

8. Mit diesem Zugewinn brachte mich mein Vater dorthin zurück, wo mich wieder Ärzte betreuten. Alle gaben mich auf, denn sie sagten, daß ich über diese Krankheit hinaus auch noch schwindsüchtig war. Daraus machte ich mir allerdings nicht viel. Es waren die Schmerzen, die mich aufrieben, denn mein ganzer Körper tat mir dauernd weh, vom Kopf bis zu den Füßen. Nervenschmerzen sind nach Aussage der Ärzte ohnehin unerträglich, und weil sich meine alle verkrampften, war es ohne Frage eine harte Qual, wenn ich nur nicht den Verdienst dafür durch eigene Schuld verloren hätte.

Unter dieser Quälerei dürfte ich wohl kaum länger als drei Monate gelitten haben, denn es schien unmöglich, so viele Leiden auf einmal aushalten zu können. Heute bin ich erstaunt und betrachte die Geduld, die mir Seine Majestät gab, als ein großes Gnadengeschenk des Herrn, denn es war klar zu sehen, daß sie von ihm kam. Um sie zu haben, hat es mir sehr geholfen, daß ich in den *Moralia* des hl. Gregor[21] die Geschichte des Ijob gelesen hatte; ja, es sieht so aus, als habe der Herr damit, und daß ich schon begonnen hatte, das innere Beten zu pflegen, vorgesorgt, damit ich alles mit soviel Gleichmut aushalten konnte. Ich war ständig mit ihm im Gespräch, und hatte dabei folgende Worte Ijobs die ganze Zeit über in meinem Kopf und sagte sie mir vor: *Da wir das Gute aus der Hand des Herrn angenommen haben, warum ertragen wir dann nicht auch das Schlimme?* (Ijob 2,10). Ich glaube, das gab mir Kraft.

---

21 Dieses Werk wurde 1514 und erneut 1527 in Sevilla unter der Überschrift *Los Morales de San Gregorio Papa, Doctor de la Iglesia (Die Moralia des hl. Papstes und Kirchenlehrers Gregor)* herausgebracht; die Übersetzung besorgte Alonso Álvarez de Toledo. Im San José zu Ávila wird ein Exemplar aufbewahrt, das entgegen der entsprechenden Notiz im zweiten Teil aber vermutlich nicht Teresa gehört hat; viele der zahlreichen Anmerkungen stammen nicht von ihrer Hand.

9. So kam das Fest Unserer Lieben Frau im August[22]; von April an bis dahin nämlich hatte meine Qual angedauert, dabei besonders stark in den letzten drei Monaten. Ich machte mich eilends daran zu beichten, denn ich neigte immer gern dazu, häufig zu beichten. Man dachte, daß das bei mir Angst vor dem Sterben sei, und um mir nicht noch weiteren Schmerz zuzufügen, ließ es mein Vater nicht zu. O diese übertriebene Liebe zum eigenen Fleisch und Blut! Mochte sie auch die eines so gut katholischen und wohl unterrichteten Vaters sein – das war er nämlich wirklich, und es war nicht etwa Unwissenheit[23] –, so hätte es mir doch großen Schaden zufügen können.[24] In der folgenden Nacht befiel mich nämlich ein Lähmungsanfall, so daß ich vier Tage lang oder kaum weniger bewußtlos war. Dabei gaben sie mir das Sakrament der Letzten Ölung[25] und rechneten stündlich, ja jeden Augenblick mit meinem Tod und beteten mir ununterbrochen das *Credo* vor, wie wenn ich etwas davon verstanden hätte. Zeitweise hielten sie mich schon für tot, denn später habe ich noch das Wachs auf den Augenlidern gefunden.[26]

10. Das Leid meines Vaters, weil er mich nicht hatte beichten lassen, war groß, und zahlreich seine Klagen und Gebete zu

---

[22] Mariä Himmelfahrt am 15. August.

[23] Eine weitere mögliche versteckte Anspielung auf die jüdische Abstammung ihres Vaters, hier in Form einer Verteidigung seines *katholischen* Glaubens, da die *Conversos* im allgemeinen nicht als gute Christen galten. Siehe noch deutlicher in F 15,1, wo sie einem Kaufmann, also einem *Converso*, bescheinigt, daß er *gut katholisch* war.

[24] Teresas Kritik am Verhalten ihres Vaters entspricht einem typischen Thema der mittelalterlichen *ars moriendi*-Literatur (die Verwandten als Risikofaktor, weil sie den Sterbenden davon abhalten, sich auf den Tod einzustellen); siehe B. Souvignier, *Die Würde des Leibes*, 227.

[25] So nannte man damals das Sakrament der Krankensalbung; siehe auch V 7,15.

[26] Anspielung auf einen Brauch, der in manchen Kleinstädten Kastiliens bis heute überlebt hat: Sobald der Tod festgestellt war, verschloß man die Augen des Verstorbenen mit einigen Wachstropfen; dazu wurde die Kerze benützt, die während der Agonie beim Sterbenden gebrannt hatte. – Dies alles dürfte sich im Jahr 1539 abgespielt haben, als Teresa 24 Jahre alt war, vermutlich am Vorabend von Mariä Himmelfahrt (14. August) oder am Tag selbst (15. August); dem Beginn des nächsten Kapitels zufolge kam sie erst nach vier Tagen zu sich, nach Aussage der Inés de Quesada schon nach drei Tagen.

Gott. Gepriesen sei er, daß er sie erhören wollte, denn nachdem sie in meinem Kloster schon anderthalb Tage lang das
Grab offen hatten und dort meinen Leichnam erwarteten, und
in einem Kloster unserer Brüder außerhalb der Stadt schon das
Totenoffizium für mich gebetet hatten, gefiel es dem Herrn,
daß ich zu mir kam.

Sofort verlangte ich zu beichten. Ich kommunizierte unter
vielen Tränen; die aber rührten meiner Meinung nach nicht
einfach vom Bedauern und Schmerz her, Gott beleidigt zu haben, was ja zu meiner Rettung schon genügt hätte, falls dazu
nicht schon die Irreführung durch die gereicht hätte, die mir
gesagt hatten, gewisse Dinge wären keine schwere Sünde,
was sie aber, wie ich später einsah, mit Sicherheit waren. Die
Schmerzen, die ich nach wie vor hatte, waren nämlich unerträglich, das Bewußtsein vermindert, und doch, meine ich,
war meine Beichte in allem, worin ich Gott beleidigt hatte,
vollständig, soweit ich es verstanden hatte. Denn diese Gnade
hat mir Seine Majestät unter manchen anderen gegeben, daß
ich nach meiner Erstkommunion bei der Beichte niemals etwas
ausgelassen habe, was ich für Sünde hielt; mochte es auch nur
eine leichte sein, so hätte ich doch nicht unterlassen, sie zu
beichten. Aber ich glaube, daß mein ewiges Heil zweifellos auf
dem Spiel gestanden hätte, wenn ich damals gestorben wäre,
zum einen, weil meine Beichtväter so schlecht ausgebildet waren,
zum anderen, weil ich so armselig bin, und noch aus vielen
anderen Gründen.

11. Wirklich, wenn ich nun bis hierher gekommen bin und
sehe, wie mich der Herr allem Anschein nach zu neuem Leben
erweckt hat, glaube ich ein solches Entsetzen zu verspüren,
daß es mich innerlich fast erzittern läßt. Ich glaube, es wäre
gut gewesen, meine Seele, wenn du auf die Gefahr geachtet
hättest, aus der dich der Herr befreit hatte; denn wenn du
schon nicht aus Liebe aufgehört hast, ihn zu beleidigen, so hättest du es doch aus Furcht unterlassen, denn er hätte dich noch
tausendmal in einem viel gefährlicheren Zustand umbringen
können. Ich glaube nicht, zu übertreiben, wenn ich sage „noch

tausendmal", auch wenn derjenige[27], der mir aufgetragen hat, beim Erzählen über meine Sünden zurückhaltend zu sein, mich dafür tadeln mag, sie sind doch noch ziemlich schöngefärbt.

Um der Liebe Gottes willen bitte ich ihn, von meinen Fehlern doch nichts zu streichen, denn so sieht man die Großmut Gottes besser, und wie viel er von einem Menschen erträgt. Er sei für immer gepriesen! Möge es Seiner Majestät gefallen, daß ich eher vergehe als aufzuhören, ihn mehr zu lieben.

---

[27] García de Toledo OP.

KAPITEL 6

Sie berichtet, wie viel sie dem Herrn verdankte,
weil er ihr in so großen Prüfungen Gleichmut verlieh,
und wie sie den hl. Josef zum Fürsprecher und Anwalt nahm,
und wie sehr ihr das half.

1. Ich verblieb aufgrund dieser viertägigen Lähmung in einem solchen Zustand, daß nur der Herr ermessen kann, welch unerträgliche Qualen ich erlitt. Meine Zunge zerbissen, die Kehle nicht minder, weil ich nichts geschluckt hatte und so geschwächt war, daß ich zu ersticken drohte, so daß ich nicht einmal Wasser schlucken konnte. Ich kam mir ganz aufgelöst vor, im Kopf ganz verwirrt, und ganz zusammengekrampft wie ein Wollknäuel, denn so weit hatte mich der Schmerz in jenen Tagen gebracht; ich konnte mich kaum besser bewegen, als wenn ich tot gewesen wäre, weder Arm noch Bein noch Hand noch Kopf, es sei denn, man hob mich herum. Ich glaube, nur einen Finger der rechten Hand konnte ich noch bewegen. Es war kaum möglich, mich auch nur anzufassen, denn es tat mir alles so weh, daß ich es nicht ertragen konnte. In ein Bettuch gewickelt, das eine oben und eine unten festhielt, hoben sie mich herum.

Dies ging so bis Ostern.[1] Das eine Gute dabei war, daß die Schmerzen oft aufhörten, solange man mich nur nicht anfaßte, und sobald ich ein bißchen schlafen konnte, hielt ich mich schon für gesund. Ich hatte nämlich Angst, daß es mir an Geduld fehlen könnte, und so war ich schon ganz glücklich, wenn ich einmal ohne diese heftigen und andauernden Schmerzen war, auch wenn der arge Schüttelfrost bei den gräßlichen Fieberanfällen, die mich jeden zweiten Tag packten,[2] unerträglich war; die Übelkeit war sehr stark.[3]

---

[1] D. h. vom 18. August 1539 bis 6. April 1540, als Teresa 24 bis 25 Jahre alt war.

[2] In der medizinischen Sprache ihrer Zeit spricht Teresa von *cuartanas dobles*, womit Fieberanfälle gemeint waren, die sich jeden zweiten Tag wiederholten, mit einem Tag Pause dazwischen.

[3] Der ausgiebig geschilderte Krankheitsverlauf hat bereits viele Deutungsversuche hervorgerufen, welche die immer gleichen Symptombeschreibungen nut-

2. Ich hatte es bald so eilig, in mein Kloster zurückzukehren, daß ich mich hinbringen ließ, wie ich war.[4] Die man tot erwartet hatte, wurde lebendig aufgenommen, doch war ich körperlich schlechter dran als eine Leiche; ich sah zum Erbarmen aus. Wie entsetzlich ich geschwächt war, kann man gar nicht sagen; ich war nur noch Haut und Knochen. Daß es mir so erging, dauerte, wie ich sage, mehr als acht Monate;[5] gelähmt zu sein, auch wenn es langsam besser wurde, fast drei Jahre.[6] Als ich auf allen vieren zu kriechen begann, pries ich Gott.[7] Die ganzen Jahre ertrug ich mit großem Gleichmut und, abgesehen von jener Anfangszeit, sogar mit großer Freude; denn verglichen mit den Schmerzen und Qualen der ersten Zeit kam mir alles wie nichts vor. Ich war ganz ergeben in den Willen Gottes, auch wenn er mich immer so gelassen hätte.

Ich glaube, mein Verlangen, gesund zu werden, bestand deshalb, um im Gebet allein zu sein, wie ich es gewohnt war, denn im Krankenzimmer ging das nicht. Ich beichtete häufig. Ich sprach oft von Gott, so daß ich alle erbaute und sie über die Geduld staunten, die mir der Herr gab; denn wenn sie nicht

---

zen, um unterschiedlichste Erkrankungen daraus abzuleiten. Eine zweifelsfreie Diagnose würde erfordern, die Patientin zu ihren Aussagen zu befragen, sie körperlich zu untersuchen sowie Laboranalysen anzustrengen. Insofern kann die Festlegung in Teresas Fall immer nur eine Hypothese bleiben. Auf dieser Ebene ist eine infektiöse Erkrankung durch den Genuß verunreinigter Ziegenmilch (Brucellosis melitensis) ebenso vorgeschlagen worden wie eine seltene Verlaufsform der Epilepsie (Temporallappen- bzw. psychomotorische Epilepsie). Eine rein psychologische Erklärung ihrer Beschwerden, wie sie früher postuliert wurde, erscheint zunehmend unwahrscheinlich. Denkbar wäre auch ein Zusammenwirken unterschiedlicher Krankheitsbilder, welches die beschriebene Symptomatik hervorgerufen hat. (B. S.)

4 Nach T. Álvarez dürfte Teresa noch im August 1539 vom Haus ihres Vaters in das Menschwerdungskloster zurückgekehrt sein (*Obras Completas*, 39, Anm. 6); Efrén de la Madre de Dios und Otger Steggink setzen diese Rückkehr jedoch erst Ende März 1540 an; siehe *Tiempo y vida*, 121.

5 Bis Ostern 1540, wie sie in V 6,1 schon angedeutet hatte.

6 Nämlich von Mitte 1539 bis April 1542, als sie auf die Fürsprache des hl. Josef geheilt wurde; d.h. von ihrem 25. bis zu ihrem 27. Lebensjahr.

7 Die lange Zeit der Wiederherstellung bei Teresa stellt ein wesentliches Argument dar, mit dem für die genannte infektiöse Erkrankung mit Komplikationen im Bereich des Nervensystems plädiert wird. Auch die andauernden, von Teresa häufig beschriebenen Schmerzen und Lähmungserscheinungen wären unter dieser Annahme als Spätfolgen erklärlich. (B. S.)

aus der Hand des Herrn gekommen wäre, schien es unmöglich, soviel Leid in solcher Zufriedenheit ertragen zu können.

3. Etwas Großes war es, daß er mir die Gnade, die er mir geschenkt hatte, im Gebet geschenkt hatte, denn dieses ließ mich begreifen, was es heißt, ihn zu lieben. In jener kurzen Zeit erlebte ich diese Tugenden von neuem in mir, wenn auch nicht gerade stark, denn sie reichten nicht aus, um mich in rechtem Verhalten zu bewahren: Von niemandem schlecht zu reden, so geringfügig es auch sein mochte, sondern normalerweise jede üble Nachrede zu vermeiden, denn ich hielt mir sehr vor Augen, daß ich von einem anderen nichts wünschen noch sagen sollte, wovon ich nicht wollte, daß man es von mir sagte. Das nahm ich mir bei allen Gelegenheiten, die sich mir anboten, sehr zu Herzen, wenn auch nicht so konsequent, daß ich nicht manchmal doch versagte, wenn die Gelegenheit allzu günstig war; normalerweise aber war es so. Und so brachte ich auch diejenigen, die um mich herum waren und mit mir zu tun hatten, so weit, daß sie sich das zur Gewohnheit machten. Allmählich wurde klar, daß jede da, wo ich war, vor Gerede hinter ihrem Rücken sicher sein konnte, und so erging es auch denen, mit denen ich befreundet oder verwandt war und denen ich das beibrachte.[8] Trotzdem muß ich in anderen Punkten vor Gott durchaus Rechenschaft über das schlechte Beispiel ablegen, das ich ihnen gab.

Möge es Seiner Majestät gefallen, mir zu verzeihen, daß ich oft Anlaß für vielfältiges schlechtes Verhalten war, ohne dabei allerdings die Schädigung zu beabsichtigen, wie sie sich dann bei der Verwirklichung ergab.

4. Es blieb mir die Sehnsucht nach dem Alleinsein; bei meiner Vorliebe, von Gott zu reden und zu sprechen, sofern ich jemand fand, mit dem das ging, brachte mir das mehr Freude und

---

8 Dieses Zeugnis weist auf ein geradezu heroisches Verhalten Teresas im konkreten Kontext ihres Klosters hin und stellt so manche Darstellungen in Frage, die die Zeit bis zu ihrer endgültigen Bekehrung als Lotterleben und ein oberflächliches Dahinleben bezeichnen.

Ablenkung als alles gescheite – oder besser gesagt dumme – Gerede der Welt. Kommunizieren und Beichten war nun noch viel häufiger, ebenso die Sehnsucht danach; besonders gern las ich gute Bücher und bereute es äußerst heftig, wenn ich Gott beleidigt hatte, und ich erinnere mich sogar, daß ich es dann oft nicht wagte, inneres Beten zu halten, da ich den gewaltigen Schmerz, den ich verspüren würde, weil ich Gott beleidigt hatte, wie eine große Strafe fürchtete. Das nahm später allmählich so zu, daß ich nicht wüßte, womit ich diese Qual vergleichen soll. Und das geschah niemals aus Angst, weder aus wenig noch aus viel, sondern ich konnte das einfach nicht ertragen, wenn ich an die Geschenke dachte, die mir der Herr im Gebet machte, und an das viele, das ich ihm verdankte, und dann sah, wie schlecht ich es ihm vergalt. Dabei war ich äußerst verärgert wegen der vielen Tränen, die ich aus eigener Schuld vergoß, wenn ich sah, wie wenig ich mich besserte, denn weder Entschlüsse noch die Erschlaffung, in der ich mich befand, reichten aus, nicht wieder zu fallen, sobald sich mir nur eine Gelegenheit dazu bot. Mir kamen diese Tränen heuchlerisch vor und mir war, als sei die Schuld nachher noch größer, da ich sah, welch große Gnade es war, daß mir der Herr die Tränen gab und eine so große Reue. Ich bemühte mich, bald zu beichten und tat meiner Meinung nach von mir aus, was ich nur konnte, um wieder in der Gnade zu stehen.

Das ganze Übel kam daher, daß ich die Gelegenheiten nicht mit der Wurzel ausrottete, und von meinen Beichtvätern, die mir wenig halfen. Wenn die mir nämlich gesagt hätten, in welcher Gefahr ich mich befand, und daß ich die Pflicht hatte, jene Beziehungen nicht weiter zu pflegen, ich glaube, daß ich mich zweifellos gebessert hätte. Denn keinesfalls hätte ich es ertragen, auch nur einen Tag in schwerer Sünde zu leben, wenn ich das nur erkannt hätte.

All diese Anzeichen von Gottesfurcht wurden mir durch das Gebet zuteil; das größte aber war, von Liebe umfangen zu sein, denn Strafe kam mir gar nicht in den Sinn. Die ganze Zeit, als ich so krank war, achtete ich sehr auf mein Gewissen, sofern es schwere Sünden betraf. O mein Gott! Ich sehnte mich nach

127

Gesundheit, um ihm mehr zu dienen, und dabei war sie die Ursache für mein ganzes Übel!

5. Wie ich mich so erlebte, gelähmt und noch so jung, und wie mich die irdischen Ärzte zugerichtet hatten, entschloß ich mich, meine Zuflucht zu den himmlischen zunehmen, damit die mich heilten.[9] Denn ich hatte durchaus den Wunsch, gesund zu werden, auch wenn ich alles mit großer Freude trug, dachte mir aber manchmal, daß ich so wohl besser dran wäre, als wenn ich mich als Gesunde verurteilen müßte; doch glaubte ich immer noch, daß ich Gott als Gesunde viel besser dienen könnte. Das ist unser Irrtum, daß wir uns nicht ganz und gar in das fügen, was der Herr tut, denn er weiß besser, was gut für uns ist.

6. Ich begann, Messen feiern zu lassen und gut approbierte Gebete zu verrichten, denn niemals bin ich eine Freundin von anderen Frömmigkeitsübungen gewesen, wie sie manche Menschen, besonders Frauen, abhalten, mit Zeremonien, die ich nie leiden konnte, die bei ihnen aber andächtige Gefühle auslösten; später stellte sich dann heraus, daß sie nicht in Ordnung, sondern abergläubisch waren.[10] Dabei nahm ich mir den glorreichen heiligen Josef zu meinem Anwalt und Herrn und empfahl

---

[9] Teresa und ihre Zeitgenossen setzten voraus, daß es viele gleichberechtigte Wege zur Heilung gab, die alle in gleicher Weise Erfolg versprachen. Gebet, Fürbittgebet anderer, das Stiften von Meßopfern, die Wahl eines himmlischen Fürsprechers oder eine Wallfahrt konnten in ihrer Sicht mindestens ebenso heilsam sein wie die Anwendung medizinischer Maßnahmen. Okkulte Praktiken waren zwar verboten, wurden aber von ihren Zeitgenossen dennoch weidlich genutzt. (B. S.)

[10] Teresa wendet sich hier gegen manche ungesunden Frömmigkeitspraktiken ihrer Zeit, vor allem gegen die Tatsache, daß die Erhörung oder Nichterhörung weniger mit der inneren Glaubenshaltung als mit der genauen Einhaltung äußerer Zeremonien in Verbindung gebracht wurde; diese konnten dann bisweilen sehr skurrile Formen annehmen. Ähnliche Vorbehalte gegen die veräußerlichte Frömmigkeitspraxis *„wenig erleuchteter und die Einfachheit des Glaubens entbehrender Menschen"* äußert der hl. Johannes vom Kreuz im *Aufstieg auf den Berg Karmel;* siehe etwa 3S 43,1f; 44,4, wo der Autor auch jeweils Beispiele anführt. – Man spürt geradezu, wie gern Teresa hier die Gelegenheit ergreift, um festzustellen, daß sie mit den heterodoxen Gruppierungen von Valladolid und Sevilla nichts zu tun hat, die einige Jahre vor dem Schreiben dieser Zeilen, 1559, aufgedeckt wurden, was dann zum Bücherverbot durch den Großinquisitor Fernando de Valdés führte. Siehe dazu V 26,5.

mich ihm sehr. Ich sah deutlich, wie dieser mein Vater und Herr mich nicht nur aus dieser Not, sondern auch aus anderen, noch größeren, bei denen mein Ansehen und mein Seelenheil auf dem Spiel standen, auf bessere Weise rettete, als ich von ihm zu erbitten vermocht hätte.[11] Mir fällt nichts ein, worum ich ihn bislang gebeten und was er mir zu gewähren unterlassen hätte. Es ist zum Staunen, welch große Gnaden mir Gott durch diesen glückseligen Heiligen geschenkt hat, und wie er mich aus Gefahren für Leib und Seele errettet hat. Anderen Heiligen scheint der Herr die Gnade verliehen zu haben, in einer bestimmten Notlage zu helfen, mit diesem großen Heiligen aber habe ich die Erfahrung gemacht, daß er in allen Nöten hilft. Damit möchte uns der Herr zu verstehen geben, daß er nun, so wie er dem hl. Josef auf Erden unterstellt war, im Himmel tut, worum ihn dieser bittet – da dieser als sein Pflegevater ihm gegenüber Vaterstelle vertrat, konnte er ihm ja Aufträge erteilen.

Diese Erfahrung haben auch noch manch andere gemacht, denen ich geraten hatte, sich ihm zu empfehlen; und es sind sogar viele, die ihn neuerdings verehren, weil sie erfahren, wie wahr das ist.

7. Ich gab mir Mühe, sein Fest mit aller mir möglichen Feierlichkeit zu begehen, mehr aus Eitelkeit als geisterfüllt, da ich es sehr auffallend und bestens gestaltet haben wollte, wiewohl mit guter Absicht. Doch hatte ich diesen Fehler an mir: Sobald der Herr mir die Gnade schenkte, etwas Gutes zu tun, war es voll Unvollkommenheiten und vieler Mängel. Für Böses und Auffallendes und Nichtigkeiten hatte ich großen Eifer und viel Geschick. Der Herr verzeihe mir.

Am liebsten möchte ich alle überreden, diesen glorreichen Heiligen zu verehren, weil ich so oft die Erfahrung gemacht habe, wie viel Gutes er von Gott erlangt. Ich habe noch keinen Menschen kennengelernt, der ihn wirklich verehrt und ihm besondere Liebesdienste erwiesen hätte und bei dem ich keine Fortschritte in der Tugend wahrgenommen hätte, denn er fördert

---

[11] Vgl. auch V 30,7.

die Seelen sehr, die sich ihm empfehlen. Ich glaube, es sind schon einige Jahre her, daß ich ihn jedes Jahr an seinem Festtag jeweils um etwas Bestimmtes bitte, und ich sehe, daß es immer erfüllt wird. Wenn meine Bitte ein wenig verschroben ist, rückt er sie zu meinem größeren Wohl zurecht.

8. Wenn ich jemand wäre, der mit Autorität schreiben könnte, würde ich mich gern noch mehr darüber verbreiten und in allen Einzelheiten die Gnaden beschreiben, die dieser glorreiche Heilige mir und anderen Leuten erwiesen hat. Um aber über das, was man mir aufgetragen hat, nicht hinauszugehen, werde ich mich in vielen Punkten kürzer fassen als mir eigentlich lieb ist, in anderen aber ausführlicher als nötig wäre. Kurz, wie jemand, der bei allem, was gut ist, wenig Augenmaß hat. Nur bitte ich den, der mir nicht glauben sollte, es Gottes wegen auszuprobieren, dann wird er selbst erfahren, wie viel Gutes es bringt, sich diesem glorreichen Patriarchen zu empfehlen und ihn zu verehren. Besonders Menschen des inneren Betens sollten ihm immer zugetan sein, denn ich weiß nicht, wie man an die Königin der Engel[12] denken kann in der Zeit, in der sie mit dem Jesuskind soviel durchlitten hat, ohne dem hl. Josef für das Gute zu danken, mit dem er ihnen geholfen hat. Wer keinen Lehrmeister finden sollte, der ihn im Gebet unterweist, möge doch diesen glorreichen Heiligen als Lehrmeister nehmen, und er wird sich auf dem Weg nicht verirren. Gebe der Herr, daß es von mir kein Irrtum war, daß ich es gewagt habe, über ihn zu reden; denn wenn ich auch öffentlich bekenne, daß ich ihn verehre, so habe ich doch in seinem Dienst und beim Nachahmen von ihm immer versagt.

Denn er hat gezeigt, wer er ist, da er bewirkte, daß ich aufstehen und herumlaufen konnte und nicht länger gelähmt war; ich aber, was für eine ich bin, da ich von dieser Gnade so schlechten Gebrauch machte.

---

[12] Maria. Es folgt eine Anspielung auf die Kindheitsgeschichten bei Mt und Lk; man kann z. B. an die Flucht nach Ägypten (Mt 2,13–15) oder auch an das Verschwinden des Zwölfjährigen in Jerusalem (Lk 2,41–52) denken.

9. Wer hätte gesagt, daß ich so bald wieder fallen würde, nach all den Geschenken Gottes? Nachdem Seine Majestät begonnen hatte, mir Tugenden zu schenken, und genau diese mich wachrüttelten, ihm zu dienen? Nachdem ich mich fast tot erlebt hatte und in so großer Gefahr, verdammt zu werden? Nachdem er mir Seele und Leib auferweckt hatte, so daß sich alle, die mich sahen, wunderten, mich am Leben zu sehen? Was ist das, mein Herr? Müssen wir so preisgegeben durchs Leben gehen? Während ich das hier so niederschreibe, kommt es mir vor, daß ich mit deiner Hilfe und durch deine Barmherzigkeit dasselbe sagen könnte, wie der hl. Paulus, wenn auch nicht mit derselben Vollkommenheit: *Nicht mehr ich lebe, sondern du, mein Schöpfer, lebst in mir* (vgl. Gal 2,20), da du mich, soweit ich das sehen kann, seit einigen Jahren an der Hand hältst, und ich in mir Wünsche und entschlossene Vorsätze verspüre, in denen ich mich im Lauf dieser Jahre in vielerlei Hinsicht auch schon einigermaßen durch die Erfahrung bewährt habe, nichts gegen deinen Willen zu tun, so unbedeutend das auch sei, auch wenn ich Eurer Majestät sicherlich noch genug Beleidigungen zufüge, ohne das zu durchschauen. Auch meine ich, daß ich nicht unterlassen würde, alles, das sich mir darbietet, in aller Entschlossenheit aus Liebe zu dir zu tun, und in manchen Dingen hast du mir auch schon geholfen, damit fertig zu werden. In nichts verlange ich nach der Welt,[13] noch nach irgendwas von ihr, noch glaube ich, daß mich irgend etwas außer dir glücklich machen kann;[14] alles andere kommt mir wie ein schweres Kreuz vor.

Leicht kann ich mir da etwas vormachen, und so mag es sein, daß das, was ich hier sage, gar nicht ich bin. Doch du siehst gut, mein Herr, daß ich, soweit ich das erkennen kann, nicht lüge. Ich habe geradezu Angst – und zwar aus gutem Grund –, daß du mich wieder im Stich lassen müßtest, denn

---

[13] In demselben Sinn zu verstehen wie in V 2,2.
[14] Wie so oft sagt auch Teresa hier, daß *„nur Gott genügt"*, um sie glücklich zu machen, während alles andere ungenügend ist; vgl. auch V 16,4; 27,11; CV 6,6; CE 71,1; E 6,1; usw.

ich weiß inzwischen, wie weit meine Kraft und meine geringe Tugend reichen, wenn du sie mir nicht immer wieder von neuem schenkst und mir hilfst, dich nicht zu verlassen. Möge es Eurer Majestät gefallen, daß ich nicht gerade jetzt, wo all dies mir zu entsprechen scheint, von dir verlassen werde!

Ich weiß nicht, wie wir überhaupt noch leben wollen, wo doch alles so unsicher ist! Dabei hielt ich es schon für unmöglich, dich, mein Herr, so ganz zu verlassen; da ich dich aber schon so oft verlassen habe, schaffe ich es nicht, meine Angst ganz loszuwerden, denn ich lag immer dann ganz am Boden, sobald du dich auch nur ein wenig von mir entfernt hast.

Gepriesen seist du für immer, denn obwohl ich dich verlassen habe, hast du mich nicht ganz verlassen, so daß ich nicht wieder aufstehen konnte, indem du mir immer deine Hand entgegengestreckt hast. Ich aber habe sie oftmals nicht einmal gewollt, Herr, noch wollte ich verstehen, wie du mich immer wieder von neuem gerufen hast, wie ich jetzt berichten werde.

KAPITEL 7

Sie berichtet, auf welche Weisen sie allmählich der Gnaden
verlustig ging, die ihr der Herr erwiesen hatte, und auf
was für ein verlorenes Leben sie sich immer mehr einließ. –
Sie spricht von den Schäden, die sich aus dem Mangel an
strenger Abgeschlossenheit in den Frauenklöstern ergeben.

1. So begann ich also, von Zeitvertreib zu Zeitvertreib, von
Eitelkeit zu Eitelkeit, von Gelegenheit zu Gelegenheit, mich sehr
bedenklichen Gelegenheiten so stark auszusetzen, und meine
Seele in so viele Eitelkeiten zu verstricken, daß ich mich sogar
schämte, mich in einer so besonderen Freundschaft,[1] wie es
das Verweilen im Gebet ist,[2] Gott erneut zuzuwenden. Dazu
trug noch bei, daß mir allmählich auch der Geschmack und
die Lust an einem Leben nach den Tugenden abhanden kam, je
mehr die Sünden zunahmen. Ich sah ganz klar, mein Herr, daß
mir das deswegen fehlte, weil ich dir gegenüber fehlte.[3]

Das war der schrecklichste Irrtum, zu dem mich der Böse
unter dem Anschein von Demut[4] verleiten konnte, daß ich
nämlich begann, mich vor dem inneren Beten zu fürchten, da

---

[1] *Amistad,* siehe Anhang I.

[2] Ein wichtiger Hinweis auf den für Teresa typischen Ausdruck für *inneres Beten.* Die Übersetzung von *tratar de oración* lehnt sich an die klassische Stelle in V 8,5 an, wo sie von *trato de amistad* spricht: Verweilen bei einem Freund. Siehe auch die dortige Anm.

[3] Nach Enrique Llamas begann die hier beschriebene Phase in der Biographie der Autorin um 1542–43, als sie etwa 27 oder 28 Jahre alt war (Teresa de Jesús, *Obras Completas,* hg. A. Barrientos, 32, Anm. 1); Efrén de la Madre de Dios und Otger Steggink setzen sie jedoch bereits Mitte 1540 an (*Tiempo y vida,* 138). Die Biographen sind einhellig der Meinung, daß sie hier übertrieben streng mit sich ins Gericht geht. Freilich war es gerade ihre tiefe Erfahrung der Liebe Gottes, die sie einen besonders hohen Maßstab anlegen ließ; aufgrund der bereits erfahrenen Gottesnähe nahm sie sehr viel wacher als die meisten Menschen wahr, wo sie Gottes Liebe zu wenig entsprach. Nach Aussage ihres langjährigen Beichtvaters P. Báñez hatte sie in Wirklichkeit kaum mehr Fehler als die meisten ihrer Mitschwestern, sie betete sogar mehr als diese; doch bestätigt auch er, daß sie viel Zeit mit Besuchern verbrachte (vgl. V 7,6); siehe BMC 13, 6f. Vgl. auch V 7,14.

[4] *Humildad,* siehe Anhang I. Dieser Begriff, den Teresa als „in der eigenen Wahrheit stehen" begreift (vgl. 6M 10,7), spielt in ihrer Spiritualität eine große Rolle. An dieser Stelle wehrt sie sich vehement gegen eine falsche Auffassung

ich mir so verloren vorkam. Es schien mir besser zu sein, mich so zu verhalten wie die vielen[5] – denn armselig, wie ich bin, gehörte ich zu den schlimmsten – und nur mündlich die Gebete zu verrichten, zu denen ich verpflichtet war, und nicht mehr mit dem inneren Beten und dem innigen Verweilen bei Gott weiterzumachen, ich, die ich verdient hatte, bei den bösen Geistern zu sein, und die Leute hinterging, denn nach außen hin wahrte ich einen guten Eindruck.[6]

Und so kann man es nicht dem Haus zur Last legen, in dem ich lebte, denn mit meinem Geschick sorgte ich dafür, daß man eine gute Meinung von mir hatte, obwohl ich nicht bewußt die gute Christin herausgespielt habe, denn bezüglich Scheinheiligkeit und Geltungssucht habe ich ihn – gottlob! – niemals beleidigt, jedenfalls nicht bewußt. Wenn mir nämlich der erste Anflug davon kam, tat mir das so weh, daß der Böse das Spiel verlor, während ich Gewinnerin blieb, und so hat er mich in dieser Hinsicht nie groß versucht. Wenn Gott ihm gegebenenfalls erlaubt hätte, mich hier auch so hartnäckig zu versuchen wie in sonstigen Punkten, wäre ich auch da gefallen; doch hat mich Seine Majestät bis jetzt davor bewahrt. Er sei für immer gepriesen! Mich bedrückte es im Gegenteil sehr, daß man eine gute Meinung von mir hatte, da ich wußte, was sich in mir alles verbarg.

von Demut, daß man nämlich sich selbst und der Güte Gottes zu wenig zutraut und vor lauter Fixierung auf die eigenen Fehler nicht mehr zu glauben wagt, daß wir Menschen bedingungslos von Gott angenommen sind. Daß sie aus diesem Grund das innere Beten aufgegeben habe, sei der *schrecklichste Irrtum* gewesen, zu dem der Böse sie je habe verführen können; vgl. auch V 7,11 und ferner V 8,5; 19,4.10–15.

5 Wohl eine Anspielung auf die Schriftstelle: *Das Tor ist weit, das ins Verderben führt, und der Weg dahin ist breit, und viele gehen auf ihm* (Mt 7,13).

6 Zu der Unterscheidung zwischen mündlichem und innerem Gebet, siehe auch V 8,5 und vor allem CV 24. Dort wird deutlich, daß die Autorin weit davon entfernt ist, diese beiden Gebetsweisen gegeneinander auszuspielen, auch wenn sie an manchen Stellen das innere Beten mit der (nachsinnenden) Meditation gleichsetzt und es gegen das Verrichten von mündlichen Gebeten abgrenzt, so etwa in V 7,13. Letztlich versteht sie unter innerem Beten jedoch das, was alles Beten eigentlich erst zum Gebet macht, nämlich die bewußte Ausrichtung auf Gott und die gelebte Beziehung mit ihm. Das Hersagen von Gebeten ohne diese innere Achtsamkeit auf das Du Gottes kann ihr zufolge letztlich überhaupt nicht als „Gebet" gelten.

2. Daß ich nicht für so schlecht gehalten wurde, kam daher, daß man sah, wie jung ich war, umgeben von so vielen Gelegenheiten, daß ich mich oft in die Einsamkeit zurückzog, um meine Gebete zu verrichten und zu lesen, viel über Gott sprach, mit Vorliebe an vielen Stellen ein Bild von ihm malen ließ und mein Oratorium hatte[7] und es so einrichtete, daß es zur Andacht anregte; daß ich nicht herumnörgelte und derartiges mehr, was nach Tugend aussah; und eitel wie ich war, verstand ich es, mir in den Dingen Wertschätzung zu verschaffen, denen man auch in der Welt mit Wertschätzung zu begegnen pflegt. Daher räumte man mir genauso viel und sogar noch mehr Freiheit ein als denen, die schon sehr lange im Kloster waren, und fühlte sich meiner sehr sicher. Mir nämlich Freiheiten herauszunehmen oder ohne Erlaubnis etwas zu tun, ich meine da im Kloster durch Mauerlöcher oder Mauern oder gar nachts Unterhaltungen zu pflegen, derartiges hätte ich, glaube ich, niemals fertiggebracht, noch tat ich es, denn der Herr hielt mich an seiner Hand.[8] Es schien mir – und ich achtete auf-

---

7 Siehe auch die Anm. zu Teresas Zelle in V 32,10.

8 In diesem Absatz erfahren wir einiges über den konkreten Alltag in den damaligen Frauenklöstern: Es gab krasse soziale Unterschiede unter den Schwestern, manche, die es sich leisten konnten, verfügten über einen privaten Gebetsraum, den sie sich nach ihrem eigenen Gutdünken einrichten konnten; wer länger im Orden war, genoß mehr Freiheiten; in vielen Klöstern herrschten Mißstände, wie heimliche, mitunter sogar nächtliche Kontakte mit Außenstehenden durch Mauerritzen usw., was zur Einführung der strengen Klausur (strikte Bindung der Schwestern an das Klosterareal, das gleichzeitig für Außenstehende gesperrt ist) durch das Konzil von Trient führen sollte. Dank des Berichts, den der Ordensgeneral G. B. Rossi anläßlich seiner Visitation des Menschwerdungsklosters im Jahr 1567 verfaßte, sind wir über die rechtliche, sittliche und geistliche Situation dieses Klosters ziemlich gut im Bilde: Obwohl die wirtschaftliche Not manche Mißbräuche wie zu häufige Besuche und Abwesenheiten mit sich brachte, steht der religiöse Eifer der Gemeinschaft außer Frage, wie die Autorin selbst in V 7,3 auch zugibt. Außerdem weisen Efrén de la Madre de Dios und Otger Steggink daraufhin, daß Teresa später als Grundstock für ihre Gründungen mehr als dreißig vorbildliche Schwestern aus dem Menschwerdungskloster rekrutieren konnte; siehe dies., *Tiempo y vida*, 100f. Demnach wäre es verfehlt, von einem total verflachten Ordensleben im Menschwerdungskloster auszugehen; siehe auch O. Steggink, *Erfahrung und Realismus*, 55–68. Zu bedenken ist ferner, daß viele Frauen mangels einer Alternative ins Kloster gingen, so daß sich dort viele ohne echte Berufung befanden. Siehe auch die Anm. zum Frauenüberschuß in V 1,2.

merksam und bewußt auf viele Dinge –, daß es etwas sehr
Schlechtes gewesen wäre, wegen meiner Armseligkeit das Ansehen so vieler guter Schwestern aufs Spiel zu setzen, so als ob
anderes, das ich tat, gut gewesen wäre! Um die Wahrheit zu
sagen, geschah das Böse hier nicht mit so viel Bedacht als es
jenes gewesen wäre, aber es war dennoch viel.

3. Darum fügte es mir meines Erachtens beträchtlichen Schaden zu, daß ich nicht in einem abgeschlossenen Kloster lebte,
denn die Freiheit, die gute Schwestern guten Gewissens haben
durften, (weil sie zu mehr nicht verpflichtet waren, da man
keine Klausur gelobte[9]), hätte mich, armselig wie ich bin, sicher
in die Hölle gebracht, wenn mich der Herr nicht mit so vielen
Hilfsmitteln und Mitteln, also mit ganz besonderen Gnaden
seinerseits, dieser Gefahr entrissen hätte. Deshalb glaube ich,
daß diese für ein Kloster von Frauen mit viel Freiheit[10] in sehr
hohem Maß gegeben ist, und weiter glaube ich, daß es für die,
die in ihrer Armseligkeit verbleiben wollen, eher einen Weg in
die Hölle als eine Abhilfe in ihren Schwächen darstellt. Das
möge man aber nicht auf das meine[11] beziehen, denn dort gibt
es so viele, die dem Herrn in aller Ehrlichkeit und mit großer
Vollkommenheit dienen, daß Seine Majestät in seiner Güte
nicht anders kann, als ihnen zu helfen. Es gehört ja auch nicht
zu den ganz offenen, und man beobachtet in ihm die ganze
Ordensregel; es bezieht sich vielmehr auf manch andere, die
ich kenne und gesehen habe.

4. Ich sage nur, daß es mir sehr leid tut, daß der Herr besondere Anrufe ergehen lassen muß – und das nicht nur einmal,
sondern mehrmals –, damit diese Schwestern gerettet werden,
so sehr sind dort die weltlichen Formen von Prestigedenken[12]

---

9 D.h. die strengen Klausurgesetze, die das Konzil von Trient 1563 für die Frauenklöster einführte, wurden hier noch nicht angewendet.
10 Also ohne die Beschränkungen der strengen Klausur.
11 Sie meint das Menschwerdungskloster zu Ávila, und nicht San José, in dem
sie zum Zeitpunkt der Niederschrift der *Vida* lebt.
12 Erneut schreibt Teresa *honras*; siehe Anhang I.

und Unterhaltung zugelassen; und so schlecht haben sie dort verstanden, wozu sie verpflichtet sind, daß, gebe es Gott, sie nicht noch für Tugend halten, was Sünde ist, wie ich das oftmals tat. Und es ist so schwierig, ihnen das verständlich zu machen, daß der Herr da ganz deutlich selbst Hand anlegen muß.

Wenn die Eltern von mir einen Rat annehmen wollten, dann sollen sie doch, wenn sie schon nicht darauf schauen wollen, daß sie ihre Töchter an einen Ort bringen, wo sie den Weg des Heils gehen, sondern noch mehr Gefahr ausgesetzt sind als in der Welt, dann sollen sie doch zumindest auf das schauen, was mit ihrem guten Ruf zusammenhängt. Sie sollen sie lieber weit unter ihrem Stand verheiraten als sie in derartige Klöster zu stecken, außer sie sind sehr gut dazu veranlagt – und gebe Gott, das hilft –, oder sie sollen sie gleich zu Hause behalten. Denn wenn eine ein schlechtes Leben führen will, wird sie das da nicht lange verbergen können, dort jedoch sehr lange, doch schließlich deckt es der Herr dann doch auf; dabei schadet sie dann nicht nur sich, sondern allen. Manchmal trifft die armen Geschöpfe dabei gar keine Schuld, denn sie passen sich dem an, was sie vorfinden. Es ist geradezu schade um die vielen, die sich aus der Welt zurückziehen möchten und sich in der Meinung, auf diese Weise dem Herrn zu dienen und sich aus den Gefahren der Welt zurückzuziehen, in zehn Welten zugleich vorfinden, so daß sie weder ein noch aus wissen. Ihre Jugend, ihre Gefühlswelt und der Böse umwerben und bewegen sie, manchen Dingen nachzulaufen, die genau der Welt entsprechen. Man erlebt dort, daß das sozusagen für gut gehalten wird.

Sie kommen mir so ein bißchen wie die unglücklichen Häretiker[13] vor, die ihre Augen zumachen und zu verstehen geben wollen, daß ihr Weg der richtige ist, und das auch glau-

---

[13] Zweifellos dachte die Autorin hier an die Reformatoren und deren Anhänger, die sie als Spanierin im aufgeheizten Klima der Gegenreformation nur als „Häretiker" betrachten konnte; vgl. CE/CV 1,2; CV 3,1; 5M 2,10; M epíl 4; usw. Sie konnte es sich offensichtlich nicht anders vorstellen, als daß diese Leute gegen besseres Wissen und Gewissen handelten, zumal diese in den königlichen Rundschreiben, mit denen man ums Gebet bat, auch so dargestellt wurden.

ben, ohne es wirklich zu glauben, den in ihrem Innern haben sie eine Stimme, die ihnen sagt, daß es verkehrt ist.

5. Welch gewaltiges Unheil! Welch gewaltiges Unheil in den Orden – ich spreche da nicht weniger von Frauen als von Männern –, wo man die Ordensregel nicht hält, wo es in einem Kloster zwei Wege gibt: Tugend und Observanz und Fehlen von Observanz, und beide fast gleichberechtigt sind, nein, falsch gesagt, nicht gleichberechtigt, denn wegen unserer Sünden wird der unvollkommenste noch am häufigsten begangen, und weil auf ihm mehr gehen, wird er bevorzugt. Der einer wahren Observanz wird selten begangen, so daß der Bruder oder die Schwester, die wirklich anfangen möchten, ihre Berufung vollständig zu leben, die Leute im eigenen Haus mehr fürchten müssen als alle Dämonen. Und so muß einer mehr Vorsicht und Verstellung anwenden, um von der Freundschaft zu reden, die er mit Gott haben möchte, als bei anderen Freundschaften und Verbindlichkeiten, die der Böse in den Klöstern einführt. Ich weiß nicht, worüber wir uns noch wundern, wenn es in der Kirche so viele Mißstände gibt, wo diejenigen, die Vorbilder sein sollten, damit alle Tugenden gewännen, das Werk, das der Geist der Heiligen früherer Zeiten in den Orden zurückgelassen hat, so gründlich ausgelöscht haben.

Möge es der göttlichen Majestät gefallen, hier Abhilfe zu schaffen, wie sie es für nötig hält! Amen.

6. Wie ich nun solche Unterhaltungen zu pflegen begann, ohne zu glauben, daß sie meiner Seele solchen Schaden zufügen – denn ich sah ja, daß sie gang und gäbe waren –, und mich so sehr ablenken sollten, wie ich später erkannte, daß es solche Kontakte tun; wie ich also glaubte, daß etwas so allgemein Verbreitetes, wie es diese Besuche in vielen Klöstern sind, mir auch nicht mehr schaden würde als den anderen, von denen ich sah, daß sie gut waren – dabei beachtete ich nicht, daß die viel besser waren, und daß etwas, was für mich gefährlich war, es für andere nicht so sehr sein mußte, denn so ganz bekam ich meine Zweifel nie los, und wäre es auch nur wegen der Zeit-

verschwendung –; wie ich nun also mit jemandem zusammen war, noch ganz am Anfang unserer Bekanntschaft, wollte der Herr mir zu verstehen geben, daß derartige Freundschaften nichts für mich sind, und mich davor warnen und mir in meiner großen Verblendung Licht geben. Es zeigte sich mir Christus in großer Strenge und gab mir zu erkennen, wie sehr ihn das betrübte.[14] Ich sah ihn mit den Augen der Seele viel klarer als ich ihn mit den leiblichen hätte sehen können;[15] und er blieb mir so eingeprägt, daß mir ist, als hätte ich ihn jetzt noch vor mir, obwohl dies mehr als sechsundzwanzig Jahre her ist. Ich war sehr erschüttert und verwirrt und wollte mit der Person, mit der ich zusammen war, nichts mehr zu tun haben.[16]

7. Es schadete mir sehr, daß ich nicht wußte, daß man auch ohne die Augen des Leibes etwas sehen kann; zudem half mir der Böse noch dabei, das so zu glauben und mir zu verstehen zu geben, daß das unmöglich sei, und ich es mir nur eingebildet hätte, und daß es vom Bösen kommen könne und derartiges mehr; obwohl mir immer so war, daß es von Gott käme und keine Einbildung war. Da es aber nicht nach meinem Geschmack war, versuchte ich, mir das auszureden. Und da ich mich mit niemandem darüber zu reden traute und später wie-

---

[14] Im Manuskript hat ein Korrektor (P. Báñez?) diesen Ausdruck Teresas gestrichen und ihn durch die abgeschwächte Formulierung „daß ihm das *nicht gefiel"* ersetzt.

[15] Der Leser beachte, daß die Autorin nicht behauptet, Christus sei leibhaftig vor ihr gestanden, sondern nur, daß sie ihn „mit den Augen der Seele" gesehen habe. Es handelte sich also um die innere Erfahrung, die sie später als imaginative (bildhafte) Vision bezeichnen wird; siehe V 28,4–8; 6M 4,5; 5,7–8 usw. und Anhang I. Man vergleiche ferner mit den Ausführungen des hl. Johannes vom Kreuz zu diesem Thema in 2S 16,2ff.

[16] An dieser Stelle ist die Chronologie Teresas ungenau. Einerseits ist sie inzwischen im Bericht ihres Lebens bei den Jahren 1542–43 angelangt. Andererseits sei diese Vision „mehr als sechsundzwanzig Jahre her". Wenn wir davon ausgehen, daß die Endredaktion der *Vida* gegen Ende 1565 entstand, und dann 26 oder 27 Jahre zurückrechnen, müßte sie also bereits im Jahre 1538 oder 1539 stattgefunden haben. Außerdem gibt die Autorin in V 7,10 an, daß ihr Vater, der 1543 starb, damals bereits seit fünf oder sechs Jahren das innere Beten geübt hätte, also etwa seit 1537 oder 1538. Es gibt noch einige weitere Gründe, die eher für die frühe Datierung sprechen.

der sehr bedrängt wurde, und mir dazu noch versichert wurde, daß es nichts Schlechtes sei, diese Person zu treffen, und ich dabei nichts von meinem Ansehen verlieren, sondern höchstens gewinnen würde, pflegte ich den Umgang mit ihr wieder, und bei anderen Gelegenheiten auch noch mit anderen, denn es waren viele Jahre, daß ich mir diese verderbliche Entspannung herausnahm; mir kam sie – solange ich mittendrin steckte – nicht so schlimm vor, wie sie wirklich war, wenn ich auch ab und zu klar sah, daß sie nicht gut war. Doch verursachte mir keine Beziehung eine solche Ablenkung wie die, von der ich hier spreche, denn zu diesem Menschen empfand ich große Zuneigung.

8. Als ich ein anderes Mal mit diesem Menschen zusammen war, sahen wir – und einige andere, die mit dabei waren, sahen es auch – so etwas wie eine große Kröte auf uns zukommen, doch mit viel größerer Leichtigkeit als sie sonst vorankommen. Ich kann überhaupt nicht verstehen, wie es am hellichten Tag an dem Ort, wo sie herkam, ein solches Ungeziefer geben könnte, und das hatte es dort auch noch nie gegeben. Die Auswirkung, die das auf mich hatte, scheint mir nicht ohne geheime Absicht gewesen zu sein. Und auch das konnte ich nie vergessen. O großer Gott! Mit wieviel Sorge und Nachsicht hast du mich immer wieder auf jede nur erdenkliche Weise gewarnt, und wie wenig nützte mir das!

9. Es gab dort eine Schwester, eine Verwandte von mir, die schon lange im Kloster war, eine große Dienerin Gottes und sehr fromm.[17] Auch diese warnte mich manchmal, aber ich gab nicht nur nichts darauf, sondern ärgerte mich sogar über sie und meinte, sie würde ohne jeden Grund daran Anstoß nehmen.

Ich habe das deswegen erzählt, damit man meine Schlechtigkeit und die große Güte Gottes erkennt, und auch, wie sehr

---

[17] Manche nehmen an, daß Doña María Cimbrón gemeint ist, die von 1539–1542 Priorin im Menschwerdungskloster war, als Teresa krank war, und erneut von 1562–1565, als sie ihre *Vida* schrieb.

ich für meine große Undankbarkeit die Hölle verdient hatte, aber auch deswegen, damit sich später einmal die eine oder andere Schwester an mir eine Lehre nimmt, falls der Herr es so fügt und es ihm gefällt, daß es eine liest.[18] Um der Liebe unseres Herrn willen bitte ich sie, sich vor derartigen Erholungen zu hüten. Möge es Seiner Majestät gefallen, daß die oder andere von denen, die ich getäuscht habe, als ich zu ihnen sagte, daß das nichts Schlechtes sei, und sie in meiner Blindheit trotz der großen Gefahr noch beruhigt habe, aus ihrer Täuschung herauskomme, denn absichtlich wollte ich sie gewiß nicht täuschen. Doch durch das schlechte Beispiel, das ich ihnen gab, bin ich – wie ich oben gesagt habe[19] –, die Ursache für viele Mißstände geworden, ohne daran zu denken, daß ich so viel Schlechtes tat.

10. Als es mir in der ersten Zeit meiner Krankheit schlecht ging, noch bevor ich mir selbst helfen konnte, überkam mich ein sehr starkes Verlangen, anderen von Nutzen zu sein, eine ganz normale Versuchung der Anfänger, auch wenn sie in meinem Fall gut ausging.[20]

Da ich meinen Vater sehr gern hatte, wünschte ich ihm auch das Gute, das mir meiner Meinung nach durch die Übung des inneren Betens zuteil geworden war – denn mir schien, daß es in diesem Leben kein größeres Gut geben konnte als inneres Beten zu halten – und so begann ich, so gut ich konnte, auf Umwegen darauf hinzuarbeiten, daß auch er es hielt. Zu diesem Zweck gab ich ihm Bücher. Da er, wie ich oben gesagt habe,[21] sehr tugendhaft war, wuchs er so gut in diese Übung hinein, daß er in fünf oder sechs Jahren – ich meine, so lang wäre es gewesen – so weit fortgeschritten war, daß ich den Herrn sehr lobte, während es mich innerlich tröstete. Er hatte vielerlei sehr große Prüfungen durchzumachen, doch überstand er sie alle

---

[18] Die Autorin hatte also nicht ausgeschlossen, daß ihre *Vida* auch von ihren Schwestern gelesen würde.
[19] Siehe V 6,3.
[20] Siehe auch V 13,9, wo die Autorin näher auf diese Versuchung eingeht.
[21] Siehe V 1,1f.

mit größtem Gleichmut.[22] Er kam mich oft besuchen, denn es gereichte ihm zum Trost, von Gott zu sprechen.

11. Später, als ich so zerstreut lebte, ohne inneres Beten zu halten, und als ich sah, daß ich seiner Meinung nach noch die gleiche war wie früher, brachte ich es nicht über mich, ihn in dieser Täuschung zu belassen, denn ich lebte schon seit mehr als einem Jahr ohne inneres Beten zu halten, weil mir das als mehr Demut vorkam.[23] Das war, wie ich später noch sagen werde,[24] die größte Versuchung, die ich je hatte, da ich dadurch soweit kam, mich vollends ins Verderben zu stürzen.[25] Denn so lange ich inneres Beten hielt, beleidigte ich Gott zwar am einen oder anderen Tag, doch sammelte ich mich an anderen wieder und hielt mich auch von so mancher Gelegenheit fern.

Als der gute Mann mit diesem Anliegen zu mir kam, kam es mir schwer an, ihn in dieser Täuschung zu sehen, daß er nämlich glaubte, ich würde noch so mit Gott umgehen wie früher, und so sagte ich ihm, daß ich kein inneres Beten mehr hielt, wenn auch nicht den Grund. Ich führte meine Krankheiten als Hindernis dafür an, von denen ich, auch wenn ich von jener so schweren geheilt war, bis jetzt immer noch genug hatte und habe, wiewohl seit kurzem nicht mehr in dieser Heftigkeit und Vielfalt, aber ganz weg sind sie nicht. Insbesondere mußte ich mich zwanzig Jahre lang jeden Morgen erbrechen, so daß es vorkam, daß ich bis über Mittag hinaus nichts essen konnte, und manchmal auch später noch nicht. Seitdem ich häufiger kommuniziere, kommt es abends, bevor ich schlafen gehe, dazu,

---

22 Ähnlich wie bei ihrer Mutter (V 1,2) hatte auch Teresas Vater viel durchzumachen. Was dürfte das gewesen sein? Das läßt sich nur vermuten. Don Alonso führte mit seinen Brüdern mehrere Prozesse, um seinen vom Vater gekauften Adelstitel bestätigt zu bekommen, was ihm 1520 bzw. 1523 schließlich gelang. Doch konnte er sich aus Gründen der *honra* keiner gewinnbringenden Tätigkeit widmen, so daß ihm nichts anderes übrig blieb, als vom väterlichen Erbe und der Mitgift seiner beiden Ehefrauen zu leben. Wir haben auch keinerlei Hinweis auf irgendeine berufliche Tätigkeit Don Alonsos. Sein Bruder Pedro lebte zurückgezogen in Hortigosa (siehe Anm. zu V 3,4).

23 In V 19,4 sagt sie, daß es eineinhalb Jahre war.

24 Siehe V 8,5; 15,3; 19,4.10–15.

25 Vgl. V 7,1 mit der diesbezüglichen Anm.

unter viel größeren Schmerzen, so daß ich mich mit Hilfe von
Federn oder etwas anderem zum Erbrechen bringen muß, denn
wenn ich das nicht tue, fühle ich mich sehr unwohl. Meinem
Eindruck nach bin ich fast nie ohne vielerlei Schmerzen, mitunter habe ich sogar sehr heftige, vor allem am Herzen, obwohl der Schmerz, der mich ganz ergriffen hatte, nur noch ab
und zu auftritt. Von starker Lähmung und weiteren Krankheiten wie Fieberanfällen, wie sie mich oft befielen, bin ich seit
acht Jahren verschont.[26] Auf solche Beschwerden gebe ich inzwischen so wenig, daß ich mich oft sogar darüber freue, weil
ich glaube, daß dem Herrn damit irgendwie gedient ist.[27]

12. Mein Vater glaubte mir, daß dies der Grund war, da er nie
auf eine Lüge zurückgriff, und auch ich, meiner Beziehung
zu ihm entsprechend, keine zu benutzen hatte. Damit er dies
leichter glauben könne (ich sah nämlich wohl ein, daß es dafür
keine Entschuldigung gab), sagte ich ihm, daß es schon viel sei,
wenn ich am Chorgebet teilnehmen könne.[28] Freilich war auch
das kein ausreichender Grund, um etwas zu unterlassen, für
das es keinerlei körperlicher Kräfte bedurfte, sondern nur Liebe
und Gewöhnung;[29] der Herr gibt nämlich immer eine günstige
Gelegenheit dazu, wenn wir nur wollen.

Ich sage bewußt „immer", denn wenn er uns auch gelegentlich
oder sogar durch Krankheit zeitweise daran hindern mag, längere Zeit allein zu sein, so gibt es doch andere Zeiten, wo unser
Gesundheitszustand dafür ausreicht; und selbst bei Krankheit und
anderen Gelegenheiten besteht für einen Menschen, der liebt, das
echte Beten darin, Gott dies darzubringen und daran zu denken,
für wen er dies durchmacht, und sich darin und in tausend
andere Dinge, die sich ihm darbieten, zu fügen. Hier übt man die

---

[26] Vgl. V 6,1 mit der dortigen Anm.
[27] Im ganzen Verlauf ihres Lebens klagte Teresa über vielfältige Beschwerden.
Gleichzeitig führte sie ein ausgeprägt aktives Leben, das Gründungsreisen zu
Fuß, auf Ochsenkarren und Eselsrücken mit sich brachte. Die Natur des täg-
lichen, willentlich herbeigeführten Erbrechens erscheint rätselhaft. (B. S.)
[28] In V 31,23 schreibt sie über ihre Teilnahme am Chorgebet.
[29] Hier deutet Teresa an, was sie ausdrücklich z.B. in F 5,2 sagt, daß Beten identisch ist mit Lieben.

Liebe, da es ja nicht zwangsläufig so ist, daß man inneres Beten nur zu halten hat, wenn man Zeit zum Alleinsein hat, und alles andere wäre kein Gebet. Mit ein wenig Bedacht findet man gerade in der Zeit, in der der Herr uns durch Prüfungen die Zeit zum Beten nimmt, große Wohltaten; ich habe sie auf diese Weise gefunden, sofern ich nur ein gutes Gewissen hatte.[30]

13. Er[31] aber, mit seiner guten Meinung von mir und seiner Liebe zu mir, glaubte mir alles und hatte sogar noch Mitleid mit mir. Da er aber schon auf einer so hohen Stufe stand, blieb er danach nicht mehr so lange bei mir, sondern ging bald wieder, nachdem er mich besucht hatte, denn er sagte, es sei verschwendete Zeit. Da ich sie mit anderen Nichtigkeiten vertat, gab ich nicht viel darauf.

Nicht nur um ihn, sondern auch um manch andere Leute war ich besorgt, daß sie inneres Beten hielten. Auch als ich mich selbst in diesen Nichtigkeiten aufhielt, sagte ich ihnen, wie sie Meditation[32] üben könnten und half ihnen und gab ihnen Bücher dazu, sobald ich sah, daß sie gern mündlich beteten. Dieses Verlangen, daß andere Gott dienten, bewegte mich nämlich, wie ich schon gesagt habe,[33] seit ich mit dem inneren Beten begonnen habe. Ich meinte nämlich, daß nicht verloren gehen dürfte, was Seine Majestät mir zu verstehen gegeben hatte, wenn ich schon dem Herrn nicht so diente, wie ich es erkannt hatte, und daß ihm andere an meiner Stelle dienen sollten.[34] Das sage ich, damit man die große Blindheit sähe, in

---

[30] *Gutes Gewissen* im Sinn von Ehrlichkeit zu sich selbst, sich selbst nichts vormachen.

[31] Ihr Vater, siehe V 7,12.

[32] *Meditación*, siehe Anhang I.

[33] Vgl. V 7,10.

[34] Immerhin war Gott ihr trotz ihrer angeblichen „Verlorenheit" noch so viel wert. Ganz ähnlich drückt sich Johannes vom Kreuz im Vorwort zu den *Merksätzen von Licht und Liebe* aus: „… *auch wenn mir nur das Sprechen über [diese Merksätze] zu eigen ist, und ich nicht auch ihr Wirken und ihre Tugendkraft habe …, so werden doch vielleicht andere Menschen von diesen Worten angeregt und in deinem Dienst und in der Liebe zu dir voranschreiten, worin ich versage, und meine Seele mag etwas haben, sich zu trösten, da sie Anlaß gewesen ist, daß du bei anderen das findest, was in ihr fehlt.*"

der ich mich befand, die mich verlorengehen ließ, zugleich
aber andere dafür zu gewinnen versuchte.

14. In dieser Zeit bekam mein Vater die Krankheit, die nur ein
paar Tage dauerte, an der er dann starb. Ich ging nach Hause,
um ihn zu pflegen, an meiner Seele kränker als er an seinem
Leib und vielen Nichtigkeiten hingegeben, wenn auch nicht derart, daß ich – nach meiner Erkenntnis – in dieser verlorensten
Zeit, von der ich hier spreche, jemals in Todsünde gestanden
hätte, denn wenn ich das erkannt hätte, wäre ich auf keinen
Fall darin verblieben.

Ich habe während seiner Krankheit viel Beschwernis durchstanden. Ich glaube, so habe ich ihm etwas von den vielen Be-
schwernissen vergolten, die er bei meinen Krankheiten durchgemacht hatte. Obwohl es mir selbst ziemlich schlecht ging, nahm
ich meine ganze Kraft zusammen, und obwohl ihn zu verlieren
für mich der Verlust meiner ganzen Habe und Wonne bedeutete
(denn das war er für mich stets), brachte ich den Mut auf, ihm
meinen Schmerz nicht zu zeigen und bis zu seinem Tod so zu
tun, als würde ich gar nichts empfinden, auch wenn es mir
vorkam, als würde man mir die Seele herausreißen, als ich sein
Leben langsam zu Ende gehen sah, denn so lieb hatte ich ihn.

15. Der Tod, den er starb, war Anlaß, um den Herrn zu loben,
ebenso sein Verlangen zu sterben, und die Ratschläge, die er
uns nach dem Empfang der Letzten Ölung[35] gab, sein Auftrag,
ihn Gott zu empfehlen und für ihn Barmherzigkeit zu erflehen,
und daß wir ihm immer dienen und bedenken sollten, daß
alles zu Ende geht. Unter Tränen gestand er uns, welch großen
Schmerz er empfand, weil er ihm nicht gedient hätte, und daß
er Klosterbruder sein wollte, ich meine, es in einem der strengsten Orden, die es gab, hätte sein wollen.[36]

---

[35] So nannte man damals das Sakrament der Krankensalbung; siehe auch V 5,9.
[36] Ein Reflex der damaligen Meinung, daß das Klosterleben als „Stand der Vollkommenheit" der sicherste Stand sei, um in den Himmel zu kommen. Siehe
V 3,5. – Der Wunsch, im Ordensstand gelebt zu haben, war ein typisches
Element der mittelalterlichen *ars moriendi*; siehe auch unten V 7,16.

Ich bin mir ganz sicher, daß der Herr ihm vierzehn Tage vorher zu verstehen gegeben hatte, daß er nicht länger zu leben hätte, denn vorher war ihm der Gedanke daran nicht gekommen, obwohl es ihm schlecht ging. Und obwohl es ihm nachher viel besser ging und auch die Ärzte das sagten, gab er doch nichts darauf, sondern verlegte sich darauf, seine Seele in Ordnung zu bringen.[37]

16. Seine Krankheit bestand vor allem in äußerst heftigen Rückenschmerzen, die ihn nie verließen; manchmal setzten sie ihm so zu, daß sie ihn arg quälten. Da er den Herrn mit dem Kreuz auf den Schultern sehr verehrte, sagte ich ihm, er solle sich denken, daß Seine Majestät ihm mit diesem Leiden etwas von dem zu spüren geben wolle, was er selber durchlitten hätte. Das tröstete ihn so sehr, daß ich ihn, glaube ich, nie mehr klagen hörte.

Drei Tage lang war er ohne Bewußtsein, doch an dem Tag, als er starb, ließ ihn der Herr wieder so zu sich kommen, daß wir nur so staunten, und so verblieb er, bis er mitten im *Credo*, das er selbst mitbetete, aushauchte.[38] Er sah aus wie ein Engel, und meiner Meinung nach war er auch einer, wie man so sagt, seiner Seele und seiner inneren Einstellung nach, denn die war bestimmt sehr gut.[39]

---

[37] D.h., sich auf den Tod vorzubereiten. Das Wissen um den bevorstehenden Tod war damals ein Topos, der zu einem heiligmäßigen Leben gehörte; ähnlich auch bei Teresa.

[38] Don Alonso starb am 24. Dezember 1543, was nach damaliger avilaer Zeitrechnung der letzte Tag des Jahres war. Wie bereits seine Frau Doña Beatriz wurde er in der Pfarrkirche San Juan zu Ávila beigesetzt. Sein Testament wurde zwei Tage später, am 26. Dezember 1544, geöffnet. Wenn wir davon ausgehen, daß er, wie in V 7,10 behauptet wird, zuvor etwa fünf oder sechs Jahre lang das innere Gebet geübt hat, dürften sich die „Oberflächlichkeit" und das innere Hin und Her, von denen hier berichtet wird, etwa von 1538–1545 hingezogen haben.

[39] Wie der Wunsch, im Orden gelebt zu haben, waren auch die bewußte Vorbereitung auf das Sterben, der Hinweis auf die Vergänglichkeit des irdischen Lebens, die Bitte um Fürbitte, die Reue, der Tod bei vollem Bewußtsein, so daß man das Sterberitual mitvollziehen konnte, Elemente der mittelalterlichen *ars moriendi*, die Don Alonso hier in der Darstellung Teresas also vorbildlich erfüllt (wie übrigens auch Teresa selbst bei ihrem Sterben 1582); vgl.

Ich weiß nicht, wozu ich das jetzt gesagt habe, außer um mir noch mehr mein schlechtes Leben vorzuwerfen, nachdem ich ein solches Sterben miterlebt und ein solches Leben kennengelernt hatte; denn um wenigstens in etwa einem solchen Vater zu gleichen, hätte ich meines besser machen müssen. Sein Beichtvater[40] – ein Dominikaner und sehr studiert –, sagte, er zweifle nicht daran, daß er direkt in den Himmel gekommen sei, denn er hatte einige Jahre lang seine Beichte gehört und lobte seine Gewissensreinheit.

17. Dieser Dominikanerpater, der sehr gut und gottesfürchtig war, tat mir viel Gutes. Ich beichtete nämlich bei ihm, und er nahm sich mit Umsicht um das Wohl meiner Seele an und machte mir die Verlorenheit bewußt, in der ich mich befand. Er ließ mich alle vierzehn Tage kommunizieren. Und so ganz allmählich, als ich mich mit ihm zu besprechen begann, sprach ich mit ihm über mein inneres Beten. Er sagte mir, daß ich es nicht unterlassen solle, weil es mir auf jeden Fall nur Nutzen bringen könne. So begann ich, es wieder aufzunehmen, wenn auch nicht ebenso die Gelegenheiten zur Sünde zu vermeiden, und habe es nie wieder aufgegeben.

Ich führte nun ein äußerst zermürbendes Leben, denn beim Beten erkannte ich meine Verfehlungen noch klarer. Einerseits rief Gott mich immer wieder, andererseits lief ich der Welt nach. Alles, was mit Gott zu tun hatte, machte mich ganz glücklich, aber zugleich hielten mich die weltlichen Dinge gefangen. Es sah so aus, als wollte ich diese beiden Gegensätze miteinander in Einklang bringen – wo das eine dem anderen so

---

B. Souvignier, *Die Würde des Leibes*, 228. – Mit diesem Denkmal, das die Autorin ihrem Vater hier setzt, geht sie bewußt oder unbewußt gegen die Einschätzung der *Conversos* als schlechte Christen an. Ähnlich auch in F 15,1.6, wo sie die Stifter des Klosters von Toledo, eindeutig *Conversos*, als vorbildliche Christen hinstellt.

[40] P. Vicente Barrón, auf den die Autorin schon in V 5,3 angespielt hatte. Innerhalb seines Ordens gehörte er der von Juan Hurtado de Mendoza ins Leben gerufenen Reformbewegung an, sonst ist von seinem Leben nur wenig bekannt. Siehe Efrén de la Madre de Dios – Otger Steggink, *Tiempo y vida*, 142.

widerspricht –, wie es geistliches Leben [41] und sinnenhafte Vergnügungen und Freuden und Zerstreuungen sind. [42] Mit dem inneren Beten hatte ich große Plage, weil der Geist nicht als Herr, sondern als Sklave wirkte. So konnte ich mich nicht in mein Inneres einschließen (worin die ganze Methode bestand, die ich beim Beten hatte), ohne zugleich tausend Nichtigkeiten mit einzuschließen.

So verbrachte ich viele Jahre, so daß ich jetzt nur so staune, was ein Mensch durchhält, um weder das eine noch das andere aufzugeben. Ich weiß wohl, daß es bereits nicht mehr in meiner Hand lag, das innere Beten aufzugeben, denn schon hielt mich jener, der mich gern hatte, mit seinen Händen fest, um mir noch größere Gnadengeschenke zu machen.

18. Gott steh' mir bei, wenn ich erzählen sollte, wie viele Gelegenheiten mir der Herr in jenen Jahren aus dem Weg räumte, und wie ich mich immer wieder in sie hineinstürzte, und aus wie vielen Gefahren, meinen guten Ruf ganz zu verlieren, er mich befreit hat! Ich war ständig dabei, Dinge anzustellen, um mich als die zu entdecken, die ich war, und der Herr, meine Schlechtigkeiten zu- und die eine oder andere kleine Tugend, falls ich sie hatte, aufzudecken und in den Augen aller groß zu machen, so daß man immer große Stücke auf mich hielt. [43] Denn mochten auch manchmal meine Nichtigkeiten durchscheinen, so glaubten sie das nicht, weil sie immer wieder andere Dinge sahen, die ihnen gut erschienen.

Das war wohl, weil der Allwissende schon gesehen hatte, daß das so nötig war, damit man mir später in allem, was ich über den Dienst für ihn sagte, in etwa Glauben schenken würde, und es schaute seine souveräne Großmut nicht auf meine großen Sünden, sondern auf meine Wünsche, ihm zu dienen,

---

[41] *Vida espiritual*, siehe Anhang I.

[42] Vgl. auch V 19,12. Wie der hl. Johannes vom Kreuz an vielen Stellen auch, benützt Teresa den Begriff *sensual* (wörtlich: sinnlich) hier im Sinne von „sinnenhaft, (allzu) sinnenfreudig", jedoch ohne erotische oder sexuelle Konnotationen; vgl. V 10,2 und V 12,1, wo er in demselben Sinn verwendet wird.

[43] Dieses Bild von Gott klingt schon in V 4,10 an.

die ich immer wieder hatte, und auf meinen Schmerz, daß ich nicht die Kraft in mir hatte, dies auch zu verwirklichen.

19. Herr meiner Seele! Wie kann ich genug die Gnaden hervorheben, die du mir in jenen Jahren erwiesen hast! Und wie du mich in der Zeit, als ich dich am meisten beleidigte, in kurzer Zeit durch eine übermächtige Reue darauf vorbereitet hast, deine Wonnen und Gnadengaben zu verkosten! Wirklich, mein König, du hast als Mittel die empfindlichste und schmerzlichste Strafe, die gerade für mich in Frage kam, ausgewählt, wie einer, der genau wußte, was für mich am schmerzlichsten sein müßte: Mit großen Geschenken hast du meine Vergehen bestraft!

Und ich glaube nicht, Unsinn zu reden, auch wenn es gut wäre, außer Sinnen zu geraten, wenn mir jetzt von neuem meine Undankbarkeit und Schlechtigkeit einfallen.

Es verursachte mir bei meiner Veranlagung mehr Schmerz, Gnadengeschenke zu erhalten, sobald ich in schwere Schuld gefallen war, als Strafen zu erhalten, denn ich glaube, daß auch nur eines von diesen mich gewiß mehr vernichtete und verwirrte und ermüdete als viele Krankheiten und viele andere Prüfungen zusammen. Bei letzterem sah ich nämlich ein, daß ich es verdiente, und glaubte, dadurch meine Sünden in etwa wieder gutzumachen, auch wenn das alles bei ihrer großen Anzahl gering war. Aber zu erleben, daß ich von neuem Gnaden erhielt, obwohl ich die zuvor empfangenen so schlecht vergolten hatte, ist für mich eine schreckliche Art von Qual, und ich glaube, das ist es für alle, die auch nur geringe Kenntnis von Gott oder Liebe zu ihm haben sollten; das können wir ja schon hier an einem tugendhaften Verhalten ablesen. Hierin lag der Grund für meine Tränen und meinen Unmut, daß ich genau sah, was in mir vorging, da ich mich nämlich derart sah, daß ich immer wieder kurz vor einem neuem Sturz war, obwohl meine Entschlüsse und Wünsche damals – ich meine zu jenem Zeitpunkt – unumstößlich waren.

20. Ein großes Übel ist es, wenn ein Mensch in so vielen Gefahren allein ist. Ich glaube, wenn ich jemand gehabt hätte, mit

dem ich über all das hätte reden können, dann hätte mir das geholfen, nicht immer wieder von neuem zu fallen, und wäre es nur aus Scham gewesen, wenn ich diese schon vor Gott nicht empfand. Darum möchte ich denen, die inneres Beten halten, raten, daß sie zumindest am Anfang die Freundschaft und die Aussprache mit anderen Menschen suchen, die dasselbe Anliegen haben. Das ist ganz wichtig, und wäre es nur, damit sie sich gegenseitig mit ihren Gebeten unterstützten; um wie viel mehr noch, wenn man noch viel mehr dabei gewinnt! Und ich weiß nicht (wenn man sich doch schon für Unterhaltungen und rein menschliche Anhänglichkeiten, sogar für solche, die nicht gerade sehr gut sind, mit Freunden zusammentut, um sich bei ihnen zu entspannen und beim Erzählen noch mehr Spaß an jenen nichtigen Vergnügungen zu haben), warum es dann nicht erlaubt sein soll, daß jemand, der Gott wirklich zu lieben und ihm zu dienen beginnt, mit einigen anderen über seine Freuden und Leiden spricht, die alle diejenigen haben, die inneres Beten halten.[44] Denn wenn es tatsächlich um die Freundschaft geht, die einer mit Seiner Majestät haben will, braucht er wegen Angeberei nichts zu fürchten; und wenn ihn die erste Regung ergreift, dann möge er mit Gewinn daraus hervorgehen. Ich glaube, daß jemand, der mit dieser Absicht ein Gespräch darüber führt, sich selbst und denen, die ihm zuhören, Nutzen bringt und mit mehr Wissen daraus hervorgeht, ja, ohne zu wissen wie, wird er sogar seine Freunde darin unterweisen.

21. Wer vom Reden darüber eingebildet würde, der wird es auch, wenn er gesehen wird, wie er die Messe andächtig mitfeiert, und andere Dinge tut, zu denen er unter Strafe verpflichtet ist, um Christ zu sein, und die er aus Furcht vor Angeberei nicht unterlassen darf.

---

[44] Hier verteidigt die Autorin das innere Beten, sowie auch den Zusammenschluß von Menschen mit diesem Anliegen gegen alle Verdächtigungen vieler Theologen und Inquisitoren. Siehe dazu auch CE 35,2f; 37,3.

Es ist dies für Menschen, die in der Tugend noch nicht gefestigt sind, äußerst wichtig, weil sie so viele Widersacher, und auch Freunde haben, die sie zum Bösen verführen, daß ich nicht weiß, wie ich es genug betonen soll. Ich habe den Eindruck, daß der Böse sich folgender List bedient hat, als etwas, was ihm sehr wichtig ist: daß diejenigen, die sich wirklich bemühen wollen, Gott zu lieben und ihm Freude zu machen, sich so bedeckt halten, damit man es ja nicht merke, wie er andererseits dazu angeregt hat, daß andere unpassende Neigungen aufgedeckt werden, und diese so sehr gang und gäbe sind, daß man schon den Eindruck bekommt, es gelte als etwas Besonderes, und daß die Beleidigungen, die man in diesem Fall Gott zufügt, noch öffentlich bekannt gemacht werden.

22. Ich weiß nicht, ob ich Unsinn rede. Wenn es so ist, dann zerreißen es Euer Gnaden,[45] und wenn es keiner ist, dann helft Ihr mir, bitte, in meiner Einfältigkeit und ergänzt an dieser Stelle noch vieles. Denn das, was mit dem Dienst Gottes zu tun hat, läuft so halbherzig dahin, daß diejenigen, die ihm dienen, sich gegenseitig den Rücken stärken müssen, um vorwärtszukommen, so sehr hält man es für gut, den Nichtigkeiten und Freuden der Welt nachzulaufen. Solche[46] werden kaum wahrgenommen; wenn aber einer anfängt, sich Gott hinzugeben, gibt es so viele, die herumnörgeln, daß man sich Gefährten suchen muß, um sich zu wehren, bis sie stark genug sind und es ihnen nichts mehr ausmacht, zu leiden; wenn nicht, geraten sie in große Bedrängnis.

Ich glaube, daß es deshalb so manchen Heiligen gut entsprochen haben dürfte, sich in die Wüste zurückzuziehen. Es ist dies eine Form von Demut, nicht auf sich zu vertrauen,[47] sondern zu glauben, daß Gott einem zugunsten von denjenigen hilft, mit denen man zusammen ist, und daß die Liebe

---

[45] P. García de Toledo OP, der den Auftrag zur Zweiten Fassung gegeben hatte. Teresa bittet ihn immer wieder, Unpassendes ruhig zu zerreißen oder zu verbrennen; siehe V 10,7; 16,8; 21,4; 36,29, epíl 2.

[46] Menschen, die den oberflächlichen Freuden dieser Welt nachlaufen.

[47] Zu diesem Mißtrauen gegenüber sich selbst siehe V 9,3 mit Anm.

wächst, wenn sie mitgeteilt wird, und es noch tausend weitere Vorteile gibt, von denen ich nicht zu sprechen wagte, wenn ich nicht aus großer Erfahrung wüßte, wie viel daran liegt.

Es stimmt zwar, daß ich schwächer und armseliger als alle anderen bin, die je geboren wurden, doch glaube ich, daß man nichts verliert, wenn man aus Demut nicht von sich glaubt, man sei stark, auch wenn man es sein mag, und sich da jemandem anvertraut, der Erfahrung hat. Von mir kann ich nur sagen: Wenn der Herr mir nicht die Augen für diese Wahrheit geöffnet und mir Mittel gegeben hätte, damit ich mich ganz normal mit Leuten, die inneres Beten halten, besprechen konnte, dann wäre ich mit meinem Fallen und Aufstehen in der Hölle gelandet. Bei meinen Stürzen hatte ich nämlich viele Freunde, die mir halfen; um aber wieder aufzustehen, war ich ganz allein, so daß ich mich heute wundere, daß ich nicht immerzu am Boden lag, und das Erbarmen Gottes preise, denn er war der einzige, der mir seine Hand entgegenstreckte.

Er sei für immer gepriesen. Amen.

KAPITEL 8

*Sie spricht davon, wie gut es ihr tat, daß sie das innere Beten
nicht ganz aufgab, so daß sie ihre Seele nicht verlor,
und davon, welch ausgezeichnetes Mittel es ist, um das
Verlorene zurückzugewinnen. – Sie überredet alle, es zu
halten. – Sie sagt, welch großer Gewinn es ist, und daß es,
selbst wenn man es wieder aufgeben sollte, dennoch
sehr gut ist, ein so großes Gut wenigstens eine Zeitlang
in Anspruch zu nehmen.*[1]

1. Nicht ohne Grund bin ich auf diesen Abschnitt in meinem
Leben so ausführlich eingegangen, da ich gut sehe, daß es wohl
keinem Freude macht, etwas so Armseliges zu sehen; ich wünschte mir wirklich, daß alle, die dies lesen, mich verabscheuten,
wenn sie einen Menschen erleben, der so verbohrt und undankbar zu dem ist, der ihm solche Gnadengeschenke gemacht hat.
Und am liebsten hätte ich die Erlaubnis,[2] zu sagen, wie oft ich
Gott gegenüber in dieser Zeit gefehlt habe.

2. Weil ich mich nicht an dieser starken Säule des inneren
Gebetes festklammerte, trieb ich mich fast zwanzig Jahre[3] auf
diesem stürmischen Meer herum mit diesem Fallen und Aufstehen, aber das nur schlecht – denn ich stürzte wieder –, und
einer Lebensweise von so geringer Vollkommenheit, daß ich
mir aus leichten Sünden kaum etwas machte, und aus den
schweren nicht so viel, wie es hätte sein sollen, auch wenn ich
sie fürchtete, denn ich entfernte mich nicht von den Gefahren.[4]
Ich kann nur sagen, daß das eine der mühseligsten Lebens-
weisen ist, die man sich meines Erachtens vorstellen kann,
denn weder erfreute ich mich Gottes, noch fand ich in der Welt
mein Glück. Wenn ich in den Freuden der Welt weilte, war es

---

[1] Der Titel ist schon ein Lob auf das innere Beten und soll auf ihre Ausführungen dazu vorbereiten.
[2] Vgl. V pról 1.
[3] Sie meint seit ihrem Eintritt 1535 bis ca. 1554. Vgl. V 23,12.
[4] Siehe aber auch V 8,3.

mit Schmerz, sobald mir einfiel, was ich Gott schuldete; wenn ich bei Gott weilte, beunruhigten mich meine Bindungen an die Welt. Das ist ein so harter Kampf, daß ich nicht weiß, wie ich das auch nur einen Monat lang aushalten konnte, geschweige denn so viele Jahre.

Bei allem sehe ich deutlich das große Erbarmen, das der Herr mit mir hatte, daß ich dennoch Mut hatte, inneres Beten zu halten, wo ich mich doch immer wieder mit der Welt abzugeben hatte. Ich sage Mut, denn ich weiß nicht, ob es von allen Dingen, die es in ihr gibt, für etwas mehr Mut braucht, als am König Verrat zu üben und zu wissen, daß er es weiß, und dennoch niemals vor ihm zu verschwinden. Denn auch wenn wir immer vor Gott stehen, ist das meiner Meinung nach doch noch ganz anders der Fall bei denen, die sich dem inneren Beten widmen, denn die sehen immerzu, daß er sie anschaut; bei den anderen kann es ja vorkommen, daß sie mehrere Tage verbringen, ohne auch nur daran zu denken, daß Gott sie sieht.

3. Es stimmt allerdings, daß es in diesen Jahren viele Monate, und ich glaube mitunter sogar ein ganzes Jahr gab, wo ich mich davor hütete, den Herrn zu beleidigen, und mich intensiv dem inneren Beten hingab und einige ziemlich große Anstrengungen machte, um ihn nicht wieder zu beleidigen. Weil alles, was ich schreibe, in aller Wahrheit gesagt ist, sage ich das jetzt auch. Doch verbleibt mir nur wenig Erinnerung an solch gute Tage, und so dürften es nur wenige gewesen sein, die schlechten aber zahlreich. Es gingen nur wenige Tage vorbei, ohne lange Zeiten inneren Betens zu halten, es sei denn, es ging mir sehr schlecht oder ich war sehr beschäftigt. Wenn es mir schlecht ging, ging es mir besser mit Gott; und ich gab mir Mühe, daß es den Menschen, die mit mir sprachen, auch so erging und bat den Herrn darum; ich sprach oftmals von ihm.

So verbrachte ich, abgesehen von dem besagten Jahr, von den achtundzwanzig Jahren, die es jetzt her sind, seit ich mit dem inneren Beten begann, mehr als achtzehn in diesem Kampf und dieser Zerreißprobe, mit Gott und der Welt zu leben.[5] In den restlichen, über die ich jetzt noch sprechen muß, war der Grund für das Ringen ein anderer, auch wenn es nicht gerade leicht war; da es aber, wie ich meine, im Dienst für Gott und im Bewußtsein von der Nichtigkeit der Welt geschah, fiel mir alles leicht, wie ich nachher noch sagen werde.

4. Der Grund nun, warum ich dies so ausführlich erzählt habe, ist, wie ich gesagt habe,[6] damit man das Erbarmen Gottes und meine Undankbarkeit sieht; andererseits auch, damit man versteht, welch großes Gut Gott einem Menschen schenkt, wenn er ihn darauf einstimmt, bereitwillig inneres Beten zu halten, auch wenn er nicht so eingestimmt sein mag, wie es nötig wäre; und wie der Herr ihn, wenn er darin ausharrt, trotz aller Sünden und Versuchungen und tausenderlei Stürze, die der Böse einfädelt, was ich für sicher halte, schließlich in den rettenden Hafen hineinholt, so wie er mich – nach dem, wie es jetzt aussieht –, hineingeholt hat.[7] Gebe Seine Majestät, daß ich nicht wieder verlorengehe.

5. Das Gute, das derjenige erhält, der sich im Beten, ich meine im inneren Beten übt, haben viele Heilige und gute Menschen beschrieben. Gott sei dafür gepriesen! Und wenn es nicht so

---

[5] Diese chronologischen Angaben beanspruchen keine mathematische Genauigkeit; in V 10,9 spricht die Autorin nicht wie hier von achtundzwanzig, sondern von siebenundzwanzig Jahren, seit sie mit dem inneren Beten begann; in V 23,12 – in einem Kontext, in dem von Ereignissen berichtet wird, die sich um 1554 abgespielt haben – heißt es, sie habe es damals seit fast zwanzig Jahren geübt. Wie sie selbst immer wieder zugibt (vgl. etwa V 19,4), hat sie für Zeitangaben kein sehr genaues Gedächtnis. Wenn man davon ausgeht, daß Teresa dies bereits im Jahr 1562 schrieb (erste Fassung), dürfte sie also um 1534 mit dem inneren Beten angefangen haben. Es spricht jedoch viel dafür, daß diese Zeilen erst bei der zweiten Fassung 1565 geschrieben wurden (siehe die diesbezügliche Anmerkung zu V 10,7); in dem Fall hätte sie erst 1537 mit dem inneren Beten begonnen. Das wäre insofern einleuchtend, als sie in jenem Jahr ihre Ordensprofeß ablegte und kurze Zeit danach auch das *Tercer Abecedario* des Francisco de Osuna kennenlernte; vgl. V 4,7f.

[6] Siehe V 5,11; 7,22 und V 8,1f.

[7] Damit sagt die Autorin eindeutig, daß der Herr sie errettet hat, und das sogar trotz ihres ständigen Versagens, und nicht sie selbst mit ihren „Werken", wiewohl sie sich natürlich auch bemüht hat.

wäre, so wäre ich, wenn ich auch nicht sehr demütig sein mag, doch nicht so eingebildet, daß ich es wagte, darüber zu reden. Aber über das, was ich aus Erfahrung weiß, kann ich sprechen, und das ist, daß jemand, der mit dem inneren Beten begonnen hat, es ja nicht mehr aufgeben soll, mag er noch so viel Schlechtes tun,[8] denn es ist das Heilmittel, durch das er sich wieder bessern kann, während ohne es alles sehr viel schwieriger wird. Und der Böse soll ihn nur nicht dazu verleiten, wie er es mit mir getan hat, es aus Demut zu unterlassen;[9] er soll daran glauben, daß seine[10] Worte nicht trügen können und daß die Freundschaft wieder geknüpft wird, sofern wir nur ehrlich bereuen und uns dazu entschließen, ihn nicht mehr zu beleidigen, und daß er die Gnaden von neuem erweist, die er vorher erwies, ja manchmal sogar noch viel mehr, wenn unsere Reue das verdient.

Wer aber noch nicht mit dem inneren Beten begonnen hat, den bitte ich um der Liebe des Herrn willen, sich ein so großes Gut doch nicht entgehen zu lassen. Hier gibt es nichts zu verlieren, sondern nur zu gewinnen; denn wenn er auch nicht vorankommen und sich Mühe geben sollte, so vollkommen zu werden, daß er die Wohlgefühle und Wonnen verdient, die Gott solchen Menschen gibt, so wird er doch schon nach einem noch so kleinen Gewinn den Weg zum Himmel erkennen. Und wenn er durchhält, dann hoffe ich auf das Erbarmen Gottes, daß ihn noch nie jemand zum Freund erwählt hat, dem er es nicht vergolten hätte.[11] Denn meiner Meinung nach ist inneres Beten nichts anderes als Verweilen bei einem Freund, mit dem wir oft allein zusammenkommen, einfach um bei ihm zu sein,

---

8 Viel wichtiger als das Vermeiden von Schlechtem ist also das innere Beten, denn Teresa ist überzeugt, daß der Mensch durch die Liebesbeziehung verwandelt wird, und nicht durch das Vermeiden von Schlechtem.

9 Vgl. V 7,1 mit der dortigen Anm.

10 Gottes.

11 Hier, wie bei allen Ausdrücken wie *verdienen, vergelten* usw., ist jede Art von Selbsterlösung ausgeschlossen, sondern gemeint ist etwa: Niemand nahm ihn zum Freund, dem von ihm (Gott) her nicht entsprochen worden wäre, oder der vorher nicht von ihm schon geliebt worden wäre; vgl. V 11,4.12.

weil wir sicher wissen, daß er uns liebt.[12] Und wenn ihr [13] ihn noch nicht liebt (damit die Liebe echt ist und die Freundschaft anhält, müssen beide in ihrer Art aufeinander abgestimmt sein: Bei der des Herrn wissen wir schon, daß sie keine Fehler aufweisen kann, unserer ist es zu eigen, daß sie voller Fehler, auf Sinnesfreuden bedacht und undankbar ist), dann könnt ihr es von euch aus auch nicht fertigbringen, ihn entsprechend zu lieben, weil er nicht von eurer Wesensart ist; wenn ihr aber seht, wie viel euch an seiner Freundschaft gelegen ist und wie sehr er euch liebt, dann nehmt ihr den Schmerz in Kauf, viel mit jemandem zusammenzusein, der so ganz anders ist als ihr.

6. O unendliche Güte meines Gottes! So meine ich dich und so mich zu sehen! O Wonne der Engel, wenn ich das so sehe, möchte ich mich ganz in Liebe zu dir auflösen! Wie gewiß ist es doch, daß du den erträgst, der es erträgt, daß du bei ihm bist! Was für ein guter Freund bist du, Herr! Wie verwöhnst und erträgst du ihn dauernd und erwartest, daß er sich deiner Art angleicht, und erträgst in der Zwischenzeit seine! Du rechnest ihm die Zeiten an, in denen er dich liebt, und ein Augenblick von Reue läßt dich die Beleidigung vergessen, die er dir angetan hat!

Das habe ich für mich klar gesehen, und ich verstehe nicht, mein Schöpfer, warum nicht alle Welt darauf aus ist, dir durch diese besondere Freundschaft nahe zu kommen: die Bösen, die deiner Art nicht entsprechen, damit du sie gut machst, indem sie es ertragen, daß du bei ihnen weilst, und wäre es nur zwei Stunden am Tag, auch wenn sie nicht bei dir weilen, sondern bei tausenderlei Ablenkungen durch weltliche Sorgen und Gedanken, wie ich es getan habe. Durch diesen Zwang, den sie sich auferlegen, um gern in so guter Gesellschaft zu weilen, –

---

[12] Für Teresas Art zu beten ist es wichtig, daß es unverzweckt, unverdient und unberechnet ist. Es ist auch nicht notwendigerweise ein Gespräch, wie dieser Text oft übersetzt wird. Unsere Übersetzung versucht, diese Merkmale wiederzugeben und doch dem Original möglichst treu zu sein.

[13] Hier fällt die Autorin in eine Anrede an ihre Schwestern, vielleicht sogar an ihre zukünftigen Leser.

du siehst ja ein, daß sie in diesem Punkt am Anfang noch nicht mehr fertigbringen, und manchmal auch später nicht –, bezwingst du, Herr, die bösen Geister, damit sie sie nicht angreifen und von Tag zu Tag weniger Gewalt über sie haben, gibst ihnen aber diese Gewalt, um sie zu besiegen. Ja wahrlich – o Leben aller Leben –, du bringst von denen, die sich auf dich verlassen, und von denen, die dich zum Freund haben wollen, keinen um, sondern kräftigst das Leben des Leibes mit mehr Gesundheit[14] und schenkst es auch der Seele.

7. Ich verstehe nicht, was jene befürchten, die fürchten, mit dem inneren Beten zu beginnen, noch weiß ich, wovor sie Angst haben. Der Böse macht seine Sache schon gut, uns Angst einzuflößen, um uns dann tatsächlich Böses anzutun, wenn er mich nämlich so weit bringt, vor lauter Ängsten nicht an das zu denken, womit ich Gott beleidigt habe, und daran, wieviel ich ihm schulde, und daß es Hölle und Herrlichkeit gibt, und auch nicht an die großen Prüfungen und Leiden, die er für mich erlitt.

Das war mein ganzes Beten und ist es immer gewesen, als ich in diesen Gefahren schwebte; darauf ging mein Sinnen, sofern ich dazu in der Lage war. Und ganz, ganz oft gab ich einige Jahre lang mehr auf mein Verlangen acht, daß die Zeit, die ich mir zu bleiben vorgenommen hatte, bald zu Ende ginge, und darauf, auf das Schlagen der Uhr zu lauschen, als auf andere gute Dinge. Und ich weiß nicht, was für eine strenge Buße mir mitunter in den Sinn gekommen wäre, die ich nicht mit größerer Freude auf mich genommen hätte, als mich zu sammeln, um inneres Beten zu halten.

Und das ist gewiß, daß die Gewalt, die mir der Böse oder auch meine schlechte Gewohnheit antaten, nicht zum inneren Beten zu gehen, und die Traurigkeit, die mich beim Eintritt in

---

14 Für Teresa bedarf es keiner Diskussion, daß der Umgang mit Gott auch auf den Leib heilend wirkt bis hin zu Heilungswundern, über die sie berichtet. In ihrer Sicht strömt das Heil, das aus der Gottesbeziehung erwächst, in die leibliche Existenz über. (B. S.)

den Gebetsraum befiel, so unerträglich waren, daß ich meinen ganzen Mut zusammennehmen mußte (der, wie man sagt, nicht gerade klein ist, und wovon mir Gott, wie sich gezeigt hat, viel mehr gegeben hat als sonst einer Frau, nur habe ich ihn schlecht eingesetzt), um mich zu zwingen; doch am Ende half mir der Herr.

Und nachdem ich mir diese Gewalt angetan hatte, fand ich zu mehr Ruhe und Wonne als zu manch anderen Zeiten, in denen ich mich danach sehnte, Gebete zu verrichten.[15]

8. Wenn also der Herr ein so schlechtes Wesen wie mich so lange ertrug, und man deutlich sieht, daß sich dadurch all meine Übel besserten, wer, und mag er noch so schlecht sein, könnte sich dann noch fürchten? So sehr er es auch sein mag, so wird er es doch nicht so viele Jahre sein wie ich, nachdem ich so viele Gnadengeschenke vom Herrn erhalten habe. Wer wird dann noch kleinmütig sein können, wo er mich so lange ertragen hat, nur weil ich mich nach ein wenig Zeit und Gelegenheit sehnte und umtat, daß er bei mir sei, und das oft noch nicht einmal gern, nur aufgrund großer Gewalt, die ich mir antat oder gar der Herr selbst mir antat? Wenn das innere Beten also solchen, die ihm nicht dienen, sondern ihn beleidigen, so gut tut und so notwendig für sie ist und tatsächlich niemand einen Schaden finden kann, den es hervorriefe, der nicht noch viel größer wäre, wenn man es nicht übte, warum sollten es dann gerade diejenigen, die Gott dienen oder dienen wollen, unterlassen? Wirklich, das kann ich nicht begreifen, es sei denn, um von den Belastungen des Lebens noch mehr belastet zu werden und Gott die Tür zu verschließen, daß er ihnen in ihrem Leben keine Freude gibt. Wirklich, sie tun mir leid, da sie Gott auf eigene Kosten dienen, denn bei denen, die inneres Beten halten, trägt der Herr selbst die Kosten, da er ihnen für ein bißchen Mühe Freude daran schenkt, die Mühen mit ihm durchzustehen.

---

[15] *Rezar* sagt Teresa hier, was – im Gegensatz zu *tener oración (inneres Gebet halten)* – Gebete verrichten heißt.

9. Da von diesen Wohlgefühlen, die der Herr denen schenkt, die im inneren Gebet ausharren, noch viel die Rede sein wird, sage ich hier nichts dazu. Ich sage nur, daß für diese großen Gnaden, die mir der Herr geschenkt hat, die Eingangspforte das innere Beten ist. Ist diese Pforte verschlossen, so weiß ich nicht, wie er sie erweisen soll, denn selbst wenn er eintreten wollte, um an einer Seele seine Wonne zu haben und sie zu verwöhnen, gibt es keinen Weg, da er sie für sich will, lauter und voll Verlangen, diese Wohlgefühle zu erhalten. Wenn wir ihm viele Hindernisse aufrichten und nichts unternehmen, um sie wegzuräumen, wie soll er dann zu uns kommen? Und dann wollen wir, daß Gott uns große Gnadengeschenke macht!

10. Damit man Gottes Erbarmen sieht, und wie gut es für mich war, das innere Beten und die geistliche Lesung[16] nicht aufgegeben zu haben, möchte ich hier von dem Geschütz sprechen, das der Böse gegen einen Menschen auffährt, um ihn für sich zu gewinnen – denn das zu verstehen, ist viel wert –, und vom Geschick und Erbarmen, mit dem der Herr sich bemüht, ihn wieder sich zuzuwenden, damit man sich vor den Gefahren hüte, vor denen ich mich nicht hütete. Vor allem aber bitte ich sie um der Liebe unseres Herrn und um der großen Liebe willen, mit der er ständig dabei ist, uns sich zuzuwenden, sich vor den Gelegenheiten zu hüten; steckt man nämlich einmal drinnen, dann gibt es keinen Verlaß mehr, wo so viele Feinde gegen uns kämpfen und es in uns so viele Schwächen gibt, um uns zu wehren.

11. Ich wünschte mir, ich könnte die Knechtschaft, in der sich meine Seele in dieser Zeit befand, plastisch darstellen, denn

---

16 *Lección* im Sinne der monastischen Lectio (divina), womit die meditative Lektüre der Hl. Schrift sowie sonstiger geistlicher Schriftsteller gemeint ist. Als Frau hatte die Autorin zu ihrer Zeit freilich keinen Zugang zur Hl. Schrift, sondern nur zu geistlichen Schriften, die in spanischer Sprache abgefaßt waren; und auch der Zugang zu diesen wurde durch die Inquisition zunehmend erschwert, vor allem ab 1559, als der Index des Valdés eine ganze Reihe von ihnen verbot.

ich begriff sehr wohl, daß ich in einer solchen war, aber ich konnte nie so recht verstehen, worin sie bestand, noch konnte ich so ganz glauben, daß das, was mir die Beichtväter als nicht so schwerwiegend darstellten, nicht doch so schlimm war, wie ich es in meinem Innern empfand. Einer sagte mir sogar, als ich mit Skrupeln zu ihm kam, daß derartige Anlässe und Beziehungen nicht unangebracht wären, selbst wenn ich in der tiefsten Kontemplation gelebt hätte.

Das war bereits am Ende, als ich mich mit Gottes Hilfe schon mehr von den großen Gefahren fernzuhalten begann; doch mied ich die Gelegenheit noch nicht ganz. Da sie mich mit meinen guten Wünschen sahen, und daß ich um inneres Beten bemüht war, glaubten sie, ich würde schon viel tun; meine Seele verstand aber, daß das noch nicht bedeutete, daß sie alles tat, wozu sie durch den verpflichtet war, dem sie so viel verdankte. Heute tut sie mir leid, daß sie so viel durchlitt und von kaum jemand auch nur geringe Hilfe erfuhr, außer von Gott, und man ihr soviel Freiraum für ihre Tändeleien und Vergnügungen gewährte, weil man behauptete, sie seien erlaubt.

12. Die Qual bei den Predigten war nicht gering, und doch hörte ich sie sehr gerne, so gerne, daß ich eine besondere Zuneigung zu einem faßte, den ich als geistvollen und guten Prediger empfand, selbst ohne mich darum zu bemühen, denn ich weiß nicht, wer mir das eingab. Fast nie kam mir eine Predigt so schlecht vor, daß ich sie nicht gern angehört hätte, auch wenn es nach Aussage der Zuhörer kein guter Prediger war. Wenn er gut war, war es ein ganz besonderes Vergnügen für mich.

Von Gott zu reden oder von ihm zu hören, ermüdete mich kaum, aber das erst, nachdem ich mit dem inneren Beten begonnen hatte. Einerseits empfand ich großen Trost bei den Predigten, andererseits quälte es mich, denn da wurde mir klar, daß ich nicht die war, die ich hätte sein sollen, eher weit davon entfernt. Ich flehte den Herrn an, mir zu helfen; doch – wie mir heute vorkommt – lag mein Fehler wohl darin, daß ich mein Vertrauen nicht ganz auf Seine Majestät gesetzt und das zu mir nicht ganz verloren habe. Ich suchte nach Abhilfe, machte Anstrengungen, verstand aber wohl nicht, daß all das wenig nützt, wenn wir unser Vertrauen nicht ganz auf Gott setzen, nachdem wir es auf uns ganz und gar aufgegeben haben.[17] Ich sehnte mich danach zu leben, denn ich verstand sehr wohl, daß ich nicht eigentlich lebte, sondern mit einem Schatten des Todes rang, aber es gab niemanden, der mir Leben gab, selbst geben konnte ich es mir aber auch nicht; der es mir aber geben konnte, hatte Recht, mir nicht zu Hilfe zu kommen, denn viele Male hatte er mich wieder an sich gezogen, während ich ihn im Stich gelassen habe.

---

[17] Ähnlich wie Johannes vom Kreuz (siehe z.B. 1N 6,8; 7,5; 10,3; 2N 8,1; LB 3,29; 3,46) ist auch Teresa, trotz ihrer Selbstanklagen, zu wenig getan zu haben, der Meinung, daß es Gott ist, der den Menschen rettet. Der Beitrag des Menschen besteht darin, daß er Gottes Wirken zuläßt.

KAPITEL 9

Sie berichtet, auf welchen Wegen der Herr begonnen hat,
ihre Seele wachzurufen und ihr inmitten großer
Finsternisse Licht zu geben und ihre Tugenden zu kräftigen,
um ihn nicht mehr zu beleidigen.

1. Meine Seele lebte schon ganz müde dahin, aber die schlechten Gewohnheiten, die sie an sich hatte, ließen sie nicht in Ruhe, obwohl sie das wollte. Da geschah es mir, daß ich eines Tages beim Eintritt in den Gebetsraum ein Bild sah, das man zur Verehrung dorthin gebracht und für ein Fest, das im Haus gefeiert wurde, aufgestellt hatte. Es war das Bild eines ganz mit Wunden bedeckten Christus und so andachterweckend, daß es mich beim Anblick zuinnerst erschütterte, ihn so zu sehen, denn es stellte gut dar, was er für uns durchlitten hatte. Das, was ich empfand, weil ich mich für diese Wunden kaum dankbar gezeigt hatte, war so gewaltig, daß es mir war, als würde es mir das Herz zerreißen. Aufgelöst in Tränen warf ich mich vor ihm nieder und flehte ihn an, mir ein für allemal Kraft zu geben, ihn nicht mehr zu beleidigen.[1]

2. Ich war eine große Verehrerin der glorreichen Magdalena und dachte sehr oft an ihre Bekehrung, vor allem, wenn ich

---

[1] Die hier geschilderte Episode, die die endgültige Bekehrung (sog. „Zweite Bekehrung") Teresas markierte, dürfte während der Fastenzeit 1554 stattgefunden haben; sie war damals 39 Jahre alt. Man geht heute zumeist davon aus, daß es sich beim *„ganz mit Wunden bedeckten Christus"* nicht, wie eine aus San José stammende Tradition behauptet, um ein Gemälde, sondern um eine Holzskulptur handelte, die sich vermutlich in ihrem persönlichen Gebetsraum innerhalb ihrer Zelle befand und nicht, wie ebenfalls behauptet worden ist, den gegeißelten Heiland, sondern den Schmerzensmann darstellte. Im Menschwerdungskloster wird bis heute eine farblich gefaßte, etwa 10 bis 20 cm hohe Holzskulptur des Schmerzensmannes (Ecce Homo) aufbewahrt, die nach der Überlieferung mit der von der Autorin beschriebenen Statue identisch sei. Efrén de la Madre de Dios – Otger Steggink halten allerdings an der Tradition aus San José fest, daß es sich um ein Gemälde aus der kastilischen Schule gehandelt habe; siehe dies., *Tiempo y vida*, 146f.

kommunizierte.[2] Da ich nämlich wußte, daß der Herr dann sicher in mir weilte, fiel ich ihm zu Füßen, weil ich glaubte, daß es nicht möglich war, meine Tränen zurückzuweisen. Ich wußte da nicht, was ich sagte, denn derjenige, der zustimmte, daß ich sie seinetwegen vergoß, tat damit schon genug, weil ich diesen Schmerz immer wieder schnell vergessen habe. Dabei empfahl ich mich immer wieder dieser glorreichen Heiligen, damit sie mir Vergebung erlangte.

3. Aber dieses letzte Mal, ich meine mit diesem Bild, scheint mir doch mehr genutzt zu haben, denn ich hatte zu mir kaum noch Vertrauen, sondern setzte mein ganzes Vertrauen auf Gott.[3] Ich glaube, ich habe ihm damals gesagt, daß ich von dort nicht mehr aufstehen würde, bis er tat, worum ich ihn anflehte. Ich glaube sicher, daß mir das geholfen hat, denn seitdem ging es viel besser mit mir.

4. Ich hatte folgende Art zu beten: Da ich mit dem Verstand nicht diskursiv nachdenken[4] konnte, versuchte ich, mir Christus in meinem Innern vorzustellen, und – wie mir schien – ging es mir damit an jenen Stellen besser, wo ich ihn am einsamsten erlebte. Mir schien, daß er mich, wenn er einsam und

---

[2] Entgegen heutiger exegetischer Erkenntnisse wurde Maria von Magdala in der Heiligenlegende, aus der Teresa hier schöpft, sowohl mit der Sünderin aus Lk 7,36–50 (daher die Anspielung auf eine Bekehrung) als auch mit Maria von Bethanien identifiziert, von der es in Lk 10,39 heißt, sie habe sich *„dem Herrn zu Füßen gesetzt und seinen Worten zugehört.“* Der auch in der christlichen Kunst sehr häufig aufgegriffenen Legende zufolge hätte Maria Magdalena nach Jesu Tod und Auferstehung ein sehr strenges Büßerleben geführt.

[3] Damit soll nicht suggeriert werden, daß Selbstvertrauen etwas Schlechtes sei, sondern gesagt werden, daß eine endgültige Befreiung von all den schlechten Angewohnheiten nicht von ihr kommt, sondern von Gott gewirkt wird.

[4] In V 13,12ff verdeutlicht die Autorin selbst anhand einiger Beispiele, was sie darunter versteht: die nachsinnende, schlußfolgernde Beschäftigung mit einer Glaubenswahrheit, einer Episode der Leidensgeschichte oder einer sonstigen Schriftstelle. Teresa betont, daß dies für Anfänger wichtig sei, damit sie Gott und sich selbst besser kennenlernen, weist jedoch zugleich daraufhin, daß es viele Wege gibt und jeder Beter seinen ganz persönlichen Weg finden soll. Sie selbst gehörte offensichtlich zu den mehr kontemplativ veranlagten Menschen, denen von Anfang an das affektive Gebet und das einfache Dasein bei Gott mehr lag als die verstandesmäßige Beschäftigung mit religiösen Themen.

niedergeschlagen war, als einer, der in Nöten ist, zu sich lassen müßte. Von diesen simplen Vorstellungen hatte ich viele.[5]

Besonders gut ging es mir mit dem Gebet Jesu im Ölgarten. Dort war es, wo ich ihn begleitete. Ich dachte an den Schweiß und die Not, die er dort durchgemacht hatte, sofern ich das konnte. Gern hätte ich ihm jenen Angstschweiß abgewischt. Aber ich erinnere mich, daß ich es niemals wagte, mich zu entschließen, das zu tun, da mir immer wieder meine großen Sünden in den Sinn kamen. Ich verweilte bei ihm, so gut es meine Gedanken zuließen, denn es waren viele, die mich da quälten. Viele Jahre lang dachte ich an den meisten Abenden vor dem Einschlafen, wenn ich mich zum Schlafen Gott empfahl, immer wieder eine Weile an diesen Abschnitt des Gebetes Jesu im Ölgarten, noch bevor ich im Kloster war,[6] denn man hatte mir gesagt, daß man damit viele Ablässe gewinnen würde. Und ich bin überzeugt, daß meine Seele sehr großen Gewinn davon hatte, denn so begann ich, inneres Beten zu halten, ohne zu wissen, was das war, und die so eingespielte Gewohnheit bewirkte, daß ich das nicht unterließ, so wie ich es auch nicht unterließ, mich vor dem Einschlafen zu bekreuzigen.[7]

---

5 Ein schönes Beispiel, wie konkret und menschlich Teresa vom menschgewordenen Gott dachte. Wenn er ganz Mensch ist, dann fühlt er auch wie ein Mensch, und ist in Zeiten der Verlassenheit auch um jede noch so unzureichende Begleitung froh. Es geht also nicht um Liebe zum Leid, sondern um den leidenden menschgewordenen Gott, nicht um Liebe zum Kreuz, sondern um den, der daran hängt.

6 Es ist beachtenswert, daß Teresa das innere Beten schon vor dem Eintritt ins Kloster gehalten hat. Vielleicht hat sie es sich nach ihrem ersten Besuch bei ihrem Onkel Pedro de Cepeda in Hortigosa, also um 1532–33, angewöhnt; in V 3,4 berichtet sie, daß dieser Onkel ihr einige fromme Bücher in spanischer Sprache zu lesen gegeben hätte. Offensichtlich entsprach ihr das viel mehr als das sonst auch in den Klöstern übliche „Verrichten von Gebeten", was sie auch erwähnt, z. B. in Bezug auf ihre Zeit bei den Augustinerinnen in V 3,2. Zusammen mit dem in V 2,8 gemachten Bekenntnis, daß es ihr leicht fiel, Freundschaften mit den Menschen zu knüpfen, könnte dieses Bekenntnis ihre Veranlagung zum trato de amistad mit Gott unterstreichen.

7 Ohne an der Aufrichtigkeit Teresas zu zweifeln, die äußeren Zeichen von Frömmigkeit sicher den ihnen zukommenden Platz gewährte, hat sie, die immer im Verdacht stand, zu den teils heterodoxen Alumbrados zu gehören, die Gelegenheit gern benutzt, um auf entsprechende Praktiken in ihrem Leben hinzuweisen, galten sie doch als Beweis für die Rechtgläubigkeit eines Menschen.

5. Um nun wieder auf das zurückzukommen, was ich von der Qual sagte, die mir die Gedanken bereiteten, so hat es diese Art des Vorgehens ohne diskursives Nachdenken mit dem Verstand so an sich, daß die Seele da entweder großen Gewinn haben oder aber verloren sein muß, ich meine, das Betrachten verloren haben muß. Beim Voranschreiten macht sie große Fortschritte, weil es im Lieben ist. Doch um dahin zu gelangen, geht das sehr auf ihre Kosten, außer bei Menschen, die der Herr in sehr kurzer Zeit zum Gebet der Ruhe[8] führen möchte, wie ich einige kenne. Für solche, die hier entlanggehen, ist ein Buch gut, um sich schnell zu sammeln. Mir nützte es, Felder oder Wasser oder Blumen zu sehen.[9] In diesen Dingen fand ich eine Spur des Schöpfers, ich meine, sie weckten mich auf und sammelten mich und dienten mir als Buch; aber auch in meiner Undankbarkeit und meinen Sünden. In den Dingen des Himmels und in erhabenen Dingen war mein Verstand so schwerfällig, daß ich mir sie nie und nimmer vorstellen konnte, bis mir sie der Herr auf andere Weise vor Augen führte.

6. Ich hatte so wenig Geschick, um mir mit dem Verstand[10] Dinge vorzustellen, daß ich von meiner Vorstellungskraft keinen Nutzen hatte, wenn ich etwas nicht vor mir sah, wie es andere Leute machen, die sich Vorstellungen machen können, durch die sie sich dann sammeln. Ich konnte an Christus nur als Menschen denken.[11] Aber es ist so, daß ich ihn mir nie in

---

8 Vgl. V 4,7 und vor allem V 14–15, wo die Autorin selbst erklärt, was sie unter diesem Begriff versteht.

9 Ähnlich auch in R 1,11, was sie kurz zuvor niederschrieb.

10 Aufgrund fehlender Vertrautheit mit der scholastischen Terminologie verwechselt Teresa gelegentlich Verstand bzw. Erkenntnisvermögen (*entendimiento*) und Vorstellungskraft (*imaginación*); wie sie selbst im Nachsatz sagt, ist hier eigentlich die Vorstellungskraft gemeint. Auch wenn sie in diesen Abschnitten von Gedanken (*pensamientos*) spricht, sind keine rationalen Denkvorgänge, sondern die spontanen Einfälle, Erinnerungen und Gedankenblitze einer lebhaften Vorstellungskraft gemeint.

11 Abgesehen von der kurzen Erwähnung in V 4,7 kommt Teresa an dieser Stelle zum ersten Mal ausdrücklich auf das Thema der Menschheit Christi (*Humanidad de Cristo*) zu sprechen, das in ihrer Spiritualität und Gebetslehre eine große Rolle spielt; siehe vor allem auch V 22 und ferner V 12,1; 6M 7,5–15; R 5,23; usw. Vgl. auch Anhang I (Stichwort Menschheit Christi).

meinem Innern vorstellen konnte, mochte ich noch so viel
über seine Schönheit lesen und Bilder anschauen, sondern wie
jemand war, der blind oder im Dunkeln ist, obwohl er mit
jemanden spricht und spürt, daß er mit ihm zusammen ist,
weil er sicher weiß, daß dieser da ist (ich meine, daß er versteht und glaubt, daß dieser da ist, ihn aber nicht sieht). So
erging es mir immer, wenn ich an unseren Herrn dachte. Aus
diesem Grund hatte ich Bilder so gern. Wie unglücklich sind
doch die, die etwas so Gutes durch eigene Schuld verlieren![12]
Es sieht ganz danach aus, daß sie den Herrn nicht lieben, denn
wenn sie ihn liebten, würden sie sich freuen, sein Abbild zu sehen,
so wie es schon hier Freude macht, das Porträt von jemand zu
sehen, den man gern hat.

7. In dieser Zeit gab man mir die *Bekenntnisse* des hl. Augustinus. Es sieht so aus, als hätte der Herr es so gefügt, denn ich
hatte sie mir nicht besorgt, noch hatte ich sie jemals gesehen.[13]
Ich hänge sehr am hl. Augustinus, weil das Kloster, wo ich als
weltliche Schülerin gelebt hatte, zu seinem Orden gehörte,[14]
und auch er ein Sünder gewesen war, denn bei den Heiligen,
die der Herr wieder an sich gezogen hatte, nachdem sie Sünder
gewesen waren, fand ich großen Trost, da ich glaubte, daß ich
bei ihnen doch Hilfe finden müsse, und der Herr mir verzeihen
könnte, so wie er es bei ihnen getan hat. Nur eines machte
mich dabei untröstlich, wie ich gesagt habe,[15] daß nämlich der
Herr sie nur ein einziges Mal gerufen hatte, und sie nicht wieder zu Boden fielen, während es bei mir schon so viele Male
waren, daß es mich ermüdete. Doch wenn ich seine Liebe, die
er zu mir hatte, betrachtete, faßte ich wieder Mut, denn das

---

[12] Eine erneute Anspielung auf die Reformation, diesmal unter dem Aspekt des
von ihr entfachten Bildersturms.
[13] Die erste spanische Ausgabe der *Bekenntnisse (Confessiones)*, übersetzt von
Sebastián Toscano, erschien am 15. Januar 1554 bei Andrés de Portonariis in
Salamanca; sie gelangte offenbar sehr bald nach Erscheinen in Teresas Hände.
[14] Das Augustinerinnenkloster Nuestra Señora de Gracia in Ávila, wo sie eineinhalb Jahre lang zur Erziehung geweilt hatte; siehe V 2,6.
[15] V pról. 1.

Vertrauen auf seine Barmherzigkeit habe ich nie verloren, das auf mich aber oft.

8. O mein Gott! Wie erschüttert mich die Verhärtung, in die meine Seele geraten war, wo ich doch so viele Hilfen von Gott erhielt! Es macht mich ganz verzagt, wie wenig ich von mir aus fertigbrachte und wie verstrickt ich war, daß ich mich nicht entschließen konnte, mich Gott ganz hinzugeben.

Als ich die *Bekenntnisse* zu lesen begann, kam es mir vor, als fände ich mich da wieder. Ich begann, mich diesem glorreichen Heiligen sehr zu empfehlen. Als ich bei seiner Bekehrung angekommen war und las, wie er jene Stimme im Garten hörte,[16] war es mir, entsprechend dem, was mein Herz empfand, nicht anders, als hätte der Herr mich gerufen. Eine gute Weile erging es mir so, daß ich in Tränen aufgelöst und innerlich ganz niedergeschlagen und erschöpft war.

Was, mein Gott, macht doch eine Seele durch, wenn sie die Freiheit verliert, die sie hatte, um Herrin zu sein, und was für Qualen erleidet sie! Ich wundere mich heute noch über mich selbst, wie ich mit einer solchen Qual leben konnte. Gott sei gepriesen, daß er mir Leben gab, um aus einem so tödlichen Tod herauszukommen.

9. Ich glaube, daß meine Seele von der göttlichen Majestät große Kräfte erlangte, und daß sie meine Hilferufe hören und bei meinen vielen Tränen mitfühlen mußte. Sie begann in mir die Bereitschaft zu verstärken, länger bei ihm zu verweilen und die Gelegenheiten vor meinen Augen wegzunehmen, denn wenn diese einmal weg waren, liebte ich Seine Majestät schon bald wieder. Ich begriff nämlich meines Erachtens sehr wohl, daß ich ihn liebte, aber ich begriff nicht so, wie ich es hätte begreifen sollen, worin die wahre Liebe zu Gott bestand.

Ich glaube nicht, daß ich mich schon so ganz darauf eingestellt hatte, ihm dienen zu wollen, als Seine Majestät begann,

---

16 Siehe Augustinus, *Confessiones*, Liber VIII, Kap. 12. Die Stimme sagte zu ihm: „*Tolle et lege – nimm und lies.*"

mich von neuem zu verwöhnen. Es sieht nicht anders aus, als
hätte sich der Herr Mühe gegeben, von mir die Einwilligung
zu erlangen, daß ich das annähme, was andere unter großer
Anstrengung zu erwerben suchen, nämlich mir in diesen letzten Jahren Wohlgefühle und Wonnen[17] zu geben. Darum zu
flehen, daß er mir diese oder auch nur fühlbare Andacht gegeben hätte, wagte ich nie; ich bat ihn nur, mir die Gnade zu
verleihen, ihn nicht zu beleidigen und mir meine großen Sünden zu vergeben. Da ich sah, wie groß diese waren, wagte ich
es nie, mich bewußt nach Wonnen und Wohlgefühlen zu sehnen. Ich glaube, in seinem Mitgefühl tat er schon genug, und er
erwies mir wirklich großes Erbarmen, daß er mich vor sich
weilen ließ und in seine Gegenwart[18] versetzte; denn ich sah,
daß ich nicht gekommen wäre, wenn er es nicht so sehr besorgt hätte.

Nur einmal in meinem Leben erinnere ich mich, ihn um
Wohlgefühle gebeten zu haben, als ich in großer Trockenheit
weilte. Sobald ich merkte, was ich da tat, war ich so bestürzt,
daß mir gerade die Schwäche, mich so wenig demütig zu erleben,
das gab, worum ich zu bitten gewagt hatte. Ich wußte wohl,
daß es erlaubt war, darum zu bitten, doch meinte ich, das sei es
nur für solche, die dafür bereit sind, nachdem sie sich mit all
ihren Kräften um das bemüht hätten, was wahre Frömmigkeit
ist, nämlich Gott nicht zu beleidigen und zu allem Guten
bereit und entschlossen zu sein.

Es war mir, als wären meine Tränen weibisch und kraftlos,
da ich mit ihnen nicht erreichte, was ich ersehnte. Trotzdem,
glaube ich, halfen sie mir weiter, denn besonders nach jenen
beiden Malen,[19] wo ich so sehr in Tränen aufgelöst und zuinnerst erschöpft war, begann ich, wie ich sage, mich mehr
dem Gebet hinzugeben und weniger mit Dingen abzugehen,
die mir schadeten, wenn ich sie auch noch nicht ganz aufgab,

---

[17] *Gustos y regalos*, siehe Anhang I. Diese Begriffe verwendet die Autorin fast
nur als Bezeichnung für mystische Gnaden oder Formen des mystischen
Gebets.

[18] *Presencia*, siehe Anhang I.

[19] Nach dem in V 9,1 und V 9,8 Berichteten.

doch Gott half mir – wie ich sage – immer wieder, mich davon abzuwenden.

Da Seine Majestät auf nichts als nur auf irgendeinen Ansatz in mir wartete, nahmen die geistlichen Gnadenerweise allmählich zu, auf eine Weise, wie ich noch sagen werde;[20] etwas sonst Unübliches, da sie der Herr nur solchen schenkt, die in größerer Gewissensreinheit leben.

---

[20] In V 10 und ab V 23.

KAPITEL 10

*Sie beginnt, die Gnadenerweise zu erläutern, die der Herr
ihr beim inneren Beten schenkte, und das, was wir dazu
beitragen können, und wie wichtig es ist, daß wir die Gnaden,
die der Herr uns gibt, auch verstehen. – Sie bittet den,
dem sie das schickt, daß das, was sie von jetzt an schreibt,
geheim bleibe, da er ihr aufträgt, so ausführlich über die
Gnaden zu berichten, die der Herr ihr schenkt.[1]*

1. Ich erlebte bisweilen, wie ich gesagt habe,[2] wenn auch nur
für eine ganz kurze Dauer, den Anfang von dem, was ich jetzt
sagen will. Es widerfuhr mir bei meinem Bemühen, mir Christus
vor mir zu vergegenwärtigen, wovon ich gesprochen habe,[3]
oder manchmal sogar beim Lesen, daß mich ganz unverhofft
ein Gefühl der Gegenwart Gottes überkam, so daß ich in keiner Weise bezweifeln konnte, daß er in meinem Innern weilte
oder ich ganz in ihm versenkt war.[4]

Das geschah nicht nach Art einer Vision[5]; ich glaube, man
nennt es mystische Theologie[6]. Es enthebt die Seele derart, daß

---

[1] Diese Bitte ergeht an erster Stelle an den Dominikaner P. García de Toledo,
aber vermutlich auch an einige weitere Adressaten wie den hl. Johannes von
Ávila (Juan de Ávila), den Teresa 1568 bat, ihr Werk zu begutachten. Der Grund,
weshalb man sie beauftragt hatte, bis in alle Einzelheiten über ihre mystischen
Erfahrungen zu berichten, war gerade, um deren Authentizität und die Rechtgläubigkeit ihrer Gebetslehre prüfen zu können; vgl. V 10,8. Man darf nicht vergessen, daß die Autorin die Endfassung dieses Werks in einem Klima schrieb,
in dem sie ständig fürchten mußte, vor ein Inquisitionsgericht geschleppt und
wegen ihrer Gebetslehre und ihrer Visionen und Offenbarungen verurteilt zu
werden; vgl. V 33,5. Ihr Buch sollte tatsächlich von der Inquisition beschlagnahmt und erst nach ihrem Tod freigegeben werden; siehe Einführung.
[2] Siehe V 9,9; vgl. ferner auch V 4,7.
[3] V 9,4.
[4] Hier gibt Teresa eine treffende Beschreibung von „mystisch":
 • Ihr *Bemühen*, sich Christus zu vergegenwärtigen oder nahe bei ihm zu sein
 oder zu lesen;
 • Das *unverhoffte* (unbeabsichtigte, unmachbare, unverdiente) *Gefühl*: Gott
 ist in ihr;
 • Die *Sicherheit*, daß er in ihr und sie in ihm ist.
[5] *Visión*, siehe Anhang I.
[6] *Teología mística*, siehe Anhang I. Vermutlich hat die Autorin diesen Ausdruck
von Francisco de Osuna übernommen, der im zweiten Kapitel des sechsten

sie ganz außer sich zu sein schien: Mit der Kraft ihres Empfindens liebt sie; ihr Erinnerungsvermögen scheint mir eher verloren; das Erkennen[7] denkt meines Erachtens nicht diskursiv nach,[8] verliert sich aber nicht, doch arbeitet es nicht, wie ich sage, sondern ist gleichsam erstaunt über alles, was ihm hier aufgeht. Gott möchte ihm nämlich zu verstehen geben, daß es von dem, was Seine Majestät ihm zeigt, nichts versteht.

2. Vorher schon hatte ich sehr anhaltend eine Zärtlichkeit empfunden, die man sich meines Erachtens teilweise in etwa selbst verschaffen kann: eine Wonne, die weder so richtig ganz sinnlich, noch richtig geistlich ist.[9] Zwar ist alles von Gott geschenkt,

---

Traktats seines *Tercer Abecedario* zwischen „spekulativer" und „mystischer" (bzw. „verborgener") Theologie unterscheidet; vgl. Erika Lorenz (Hg.), Francisco de Osuna, *ABC des kontemplativen Betens*, 25f. Unter „mystischer Theologie" versteht Osuna im Zuge einer breiten mittelalterlichen Tradition, die auf Pseudo-Dionysius Areopagita und die griechischen Kirchenväter zurückgeht, nicht etwa das theoretische Studium der mystischen Erfahrung, sondern die in der Kontemplation gewonnene Erfahrungserkenntnis Gottes; insofern ist der Begriff synonym mit Kontemplation. Der Ausdruck „*ich glaube, man nennt*" verrät einen gewissen inneren Widerstand Teresas gegen die Verwendung solcher theologischer Termini, die sie offensichtlich gut kannte, aber als Frau eigentlich nicht hätte kennen dürfen. Eine ähnlich verschleiernde Redeweise im Zusammenhang mit diesem Terminus siehe in V 11,5; 12,5; 18,2.

7   Um zu erklären, was bei dieser Erfahrung vor sich geht, greift Teresa an dieser Stelle auf die scholastische (in diesem Fall augustinische) Anthropologie zurück, die zwischen drei Seelenkräften oder Seelenvermögen unterscheidet: das Empfindungsvermögen bzw. der Wille *(voluntad)*, der nicht nur die Willenskraft und Entscheidungsfähigkeit, sondern auch den ganzen Gefühlsbereich, insbesondere die Fähigkeit, zu lieben, umfaßt; das Erinnerungsvermögen *(memoria)*, das Erlebtes und Gelerntes speichert und es den anderen Seelenvermögen zur Verfügung stellt, ferner aber auch die Fähigkeit umfaßt, sich Künftiges vorzustellen; und schließlich das Erkenntnisvermögen *(entendimiento)*, das neben den rationalen auch die intuitiven Fähigkeiten des Menschen, zu erkennen, zu verstehen oder zu erahnen, umfaßt (von daher, daß es hier, nach Ansicht Teresas, zwar nicht diskursiv nachdenkt, jedoch auch nicht ganz ausgeschaltet ist, weil es intuitiv erfaßt). Siehe ferner auch Anhang I.

8   Hier hatte die Autorin zuerst „*no obra – arbeitet nicht*" geschrieben, es dann aber verbessert und „*a mi parecer – meines Erachtens*" dazwischen geschrieben, einige Wörter danach aber vergessen, es erneut zu verbessern. Es ist dies ein gutes Beispiel für ihr Bemühen um Exaktheit, aber auch für die ständige Bedrohung durch die Zensoren. Tatsächlich fügte Luis de León in seiner 2. Ausgabe der *Vida* 1599 eine Erklärung an.

9   *Sensual – espiritual*, siehe Anhang I.

---

doch sieht es so aus, als könnten wir zu letzterem viel beitragen, indem wir unsere Unzulänglichkeit und Undankbarkeit
betrachten, die wir gegenüber Gott haben, und wieviel er für uns
getan hat, seine Leidensgeschichte mit den großen Schmerzen,
sein notvolles Leben; und indem wir uns freuen, seine Werke
und seine Größe zu sehen, und wie sehr er uns liebt und vieles
andere mehr, auf das einer häufig stößt, der mit Eifer vorankommen möchte, auch wenn er nicht sehr bewußt darauf
achtet. Wenn dann ein bißchen Liebe mit dabei ist, schwebt die
Seele in Wonne, wird das Herz weich, fließen Tränen; manchmal sieht es so aus, als würden wir sie mit Gewalt hervorpres-
sen, andere Male scheint der Herr uns diese anzutun, so daß wir
nicht widerstehen können. Es hat den Anschein, als vergelte
Seine Majestät das bißchen Eifer mit einem so großen Geschenk,
wie es der Trost ist, den es einem Menschen bereitet, wenn er
sieht, daß er für einen so großen Herrn Tränen vergießt; darüber
wundere ich mich nicht, denn er hat mehr als genug Gründe,
sich getröstet zu fühlen: Mal schwebt er in Wonne, mal ergötzt
er sich.

3. Mir scheint hier folgender Vergleich, der mir gerade einfällt,
gut zu passen: Es sind diese Gebetsfreuden so, wie es die sein
müssen, die im Himmel sind. Da man dort nicht mehr zu
sehen bekommt, als der Herr will, daß man seinen Verdiensten
entsprechend sieht, und man seine geringen Verdienste sieht,
ist jeder mit dem Platz zufrieden, an dem er ist, obwohl es
zwischen der einen und der anderen Freude des Himmels einen
so riesigen Unterschied gibt,[10] viel größer als er hier zwischen
der einen und der anderen geistlichen Freude ist, der schon
sehr groß ist.

---

[10] Dieser Gedanke taucht schon bei Dante (1265–1321) auf, wo im Dritten
Paradiesesgesang Piccarda Donati das vollkommene Glück aller Seligen mit
der Gleichförmigkeit in den Willen Gottes erklärt, trotz des unterschiedlichen
Grades an Seligkeit: „... *In seinem Willen finden wir den Frieden. Er ist das
Meer, zu ihm muß alles fließen. Was er erschuf und was Natur geschaffen*", in:
Dante Alighieri, *Die Göttliche Kommödie*, Dritter Teil, Dritter Gesang, 37.
Ähnlich drückt sich auch Johannes vom Kreuz in 2S 5,10 aus.

Tatsächlich hat ein Mensch in der ersten Zeit, wenn Gott ihm diese Gnade gewährt, schon fast den Eindruck, daß ihm nichts mehr zu wünschen übrigbleibt, und hält sich für alles, was er in seinem Dienst getan hat, für reichlich vergolten. Und dazu hat er mehr als genug Gründe, denn eine einzige von diesen Tränen, die wir uns, wie ich sage, fast selbst verschaffen – obwohl ohne Gott nichts geschieht –, kann man meines Erachtens mit allen Mühsalen dieser Welt nicht erkaufen, da man von ihnen so viel Gewinn hat. Und was für einen größeren Gewinn gibt es als einen Beweis dafür zu haben, daß wir Gott gefallen? So möge, wer hierher gelangen sollte, ihn sehr loben und sich als großen Schuldner anerkennen, denn es sieht so aus, als wolle Gott ihn als Wohnung und Auserwählten für sein Reich, wenn er nur nicht zurückfällt.

4. Er mache sich nur keine Sorgen wegen einiger Demuts-erweise, die es da gibt und über die ich noch zu sprechen beabsichtige,[11] wo es manchen als Demut vorkommt, nicht zu verstehen, daß der Herr ihnen da gerade Geschenke erweist. Verstehen wir doch bitte gut, was hier vor sich geht, daß Gott sie uns nämlich ohne jegliches Verdienst unsererseits erweist, und danken wir Seiner Majestät dafür; denn wenn wir nicht erkennen, was wir bekommen, werden wir nicht wach um zu lieben. Und das ist ganz sicher: Je mehr wir aufgrund der Einsicht, an und für sich arm zu sein, sehen, daß wir als Reiche dastehen, um so mehr Fortschritt, ja sogar echte Demut kommt uns zu. Alles andere bedeutet, den Geist einzuschüchtern, bis er glaubt, daß er für keine großen Güter fähig ist, wenn ihm aus Angst vor Ruhmsucht der Schrecken in die Glieder fährt, sobald sich der Herr dranmacht, sie ihm zu geben.

Glauben wir doch, daß er, der uns die Güter gibt, uns auch Gnade geben wird, damit der Mensch es erkennt, sobald ihn der Böse in diesem Punkt zu versuchen beginnt, und auch die Kraft, zu widerstehen; ich meine das jedenfalls, solange wir in

---

[11] Siehe V 13,4. Erneut wehrt sich die Autorin gegen eine falsche Auffassung von Demut; vgl. auch V 7,1 mit der dortigen Anm.

Aufrichtigkeit vor Gott wandeln und bestrebt sind, nur ihm zu gefallen und nicht den Menschen.

5. Es ist ganz klar, daß wir jemanden mehr lieben, wenn wir oft an die guten Werke erinnert werden, die er uns erweist. Wenn es nun erlaubt und so verdienstvoll ist, immer daran zu denken, daß wir unser Sein von Gott haben, daß er uns aus dem Nichts erschaffen hat, daß er uns am Leben erhält, und an alle weiteren Wohltaten, wie seinen Tod und seine Leiden, die er schon lange, bevor er uns erschuf, für jeden von denen, die jetzt leben, auf sich genommen hat, warum sollte es dann nicht erlaubt sein, daß ich erkenne und sehe und häufig bedenke, wie ich es gewohnt war, mich in Nichtigkeiten zu ergehen, und wie es der Herr mir jetzt gewährt hat, nur noch von ihm reden zu wollen? Das ist doch wahrlich eine Perle, die uns beim Gedenken, daß sie uns geschenkt ist und wir sie schon besitzen, geradezu zum Lieben zwingt, worin das ganze Gut des auf Demut gegründeten inneren Betens besteht.

Was wird aber erst sein, wenn sie weitere, noch wertvollere Perlen in ihrem Besitz sehen, wie sie einige Diener Gottes schon erhalten haben, wie Hintanstellung der Welt oder sogar ihrer selbst? Es ist klar, daß sie sich noch mehr für Schuldner und für verpflichtet halten müssen, zu dienen und einzusehen, daß wir von all dem nichts hatten, und die Freigebigkeit des Herrn zu erkennen, der eine so armselige und erbärmliche und jeglichen Verdienstes bare Seele wie die meine, für die schon die erste dieser Perlen genügt hat, ja sogar schon zu viel für mich war, mit noch mehr Reichtümern überhäufen wollte, als ich mir hätte ersehnen können.

6. So heißt es, von neuem Kräfte zu schöpfen, um zu dienen und uns zu bemühen, nicht undankbar zu sein; der Herr gibt sie nämlich unter dieser Bedingung, daß er sie uns wieder wegnimmt, wenn wir uns diesen Schatz und den hohen Stand, in den er uns erhebt, nicht richtig zunutze machen; und dann werden wir viel armseliger dastehen als zuvor, während Seine Majestät die Perlen jemandem schenken wird, der mit ihnen

erstrahlt und zum eigenen Nutzen und dem der anderen beiträgt.

Wie wird einer aber Nutzen haben und reichlich austeilen, wenn er gar nicht versteht, daß er reich ist? Es ist von unserer menschlichen Natur her – nach meinem Dafürhalten – unmöglich, daß jemand sich für große Dinge begeistert, wenn er nicht versteht, daß er von Gott begnadet ist. Denn wir sind so erbärmlich und so zu irdischen Dingen hingeneigt, daß einer nur schwer in großer Losgelöstheit alles Diesseitige zu verschmähen vermag, wenn er nicht merkt, daß er schon in etwa einen Vorgeschmack vom Jenseits genießt. Mit Hilfe dieser Gaben nämlich geschieht es, daß uns der Herr die Kraft gibt, die wir durch unsere Sünden verlieren. Und schwerlich wird einer in sich den Wunsch verspüren, daß alle ungehalten und abweisend zu ihm sind,[12] sowie auch nach allen anderen großen Tugenden, die die Vollkommenen besitzen, wenn er nicht schon einen Vorgeschmack von der Liebe besitzt, die Gott zu ihm hat, und dazu einen lebendigen Glauben. Unsere Natur ist nämlich so sehr dem Tod verfallen,[13] daß wir dem nachlaufen, was wir vor uns sehen; so sind es diese Gunsterweise, die den Glauben wecken und ihn stärken. Es mag allerdings sein, daß ich, da ich so erbärmlich bin, nur nach mir gehe, und es andere gibt, die nichts weiter brauchen als die Wahrheit des Glaubens, um sehr vollkommene Werke zu vollbringen, während ich, armselig wie ich bin, all dies gebraucht habe.

---

[12] Hier soll nicht einer ungesunden, masochistischen Neigung das Wort geredet werden, bei der fehlende Selbstachtung auf die Mitmenschen projiziert wird; vielmehr geht es um die innere Freiheit, sich nicht von der Sympathie oder Antipathie anderer bestimmen zu lassen, sondern das eigene Selbstwertgefühl aus einer tieferen Quelle zu beziehen, nämlich aus der Erfahrung, von Gott geliebt zu sein. Wie in den vorhergehenden Kapiteln immer wieder zwischen den Zeilen zu lesen ist, hat Teresa jahrzehntelang um genau diese innere Freiheit gerungen; vgl. etwa V 2,8; 3,3; 5,4; 6,4; 7,6ff; 7,22; usw.

[13] Im Gefolge der mittelalterlichen Sicht vom Sündenfall als Urheber allen Übels, die ihr geläufig ist, erwähnt Teresa häufiger den Topos der Todesverfallenheit der irdischen Existenz. Sie verwendet ihn aber in der Regel, um darzulegen, daß es klug sei, diese naturgemäße Schwäche zu berücksichtigen, oder um, wie hier, die größere Güte Gottes dagegen zu kontrastieren. (B. S.)

7. Diese[14] werden es schon sagen. Ich sage, was mir passiert ist, wie man es mir aufträgt. Und wenn es nicht gut wäre, möge es derjenige, dem ich es schicke,[15] zerreißen, denn er kann besser erkennen als ich, was falsch ist. Ihn bitte ich um der Liebe des Herrn willen, das, was ich bislang über mein erbärmliches Leben und meine Sünden geschrieben habe, bekanntzumachen. Schon jetzt gebe ich die Erlaubnis dazu, und zwar allen meinen Beichtvätern, so wie es der ist, an den dieses geht; wenn sie wollen, sogar schon gleich zu meinen Lebzeiten, damit ich die Welt nicht länger täusche, die meint, daß es in mir etwas Gutes gäbe. Und gewiß, gewiß,[16] das sage ich in aller Wahrheit, sofern ich es jetzt von mir erkenne, wird mir das zu großem Trost gereichen.[17]

Für das, was ich von jetzt an schreibe, gebe ich diese Erlaubnis nicht, noch will ich, wenn sie es denn jemandem zeigen, daß gesagt wird, wem es widerfuhr oder wer es geschrieben hat; darum nenne ich weder mich noch andere mit Namen,[18] sondern muß alles, so gut ich es vermag, so niederschreiben, daß ich nicht erkannt werde; und so bitte ich um der Liebe Gottes willen darum. Es genügen solch studierte und bedeutende Männer, um das eine oder andere, was gut daran ist, mit Autorität zu versehen, wenn der Herr mir die Gnade geben sollte, um so etwas zu sagen; denn wenn es das ist, wird es seines und nicht meines sein.[19] Ich bin nämlich ohne Bildung

---

[14] Die *Vollkommenen*, im Unterschied zu den *Anfängern* und *Fortgeschrittenen*.

[15] Erneut dürfte P. García de Toledo OP gemeint sein. Die Autorin hatte das nachfolgende Verb zuerst im Plural geschrieben, änderte es dann aber selbst in die Singularform. Die Bitte bzw. das Angebot, ihre Arbeit zu zerreißen oder zu verbrennen, wenn sie dem Korrektor *nicht gut* erscheint, kehrt immer wieder; siehe auch V 7,22; 16,8; 21,4; 36,29, epíl 2.

[16] *Cierto, cierto;* Teresa liebte diese Art intensivierender Wiederholung, wie sie bei Kindern, ferner aber auch im Hebräischen üblich ist, vgl. V 15,2 (*muchas, muchas*); V 20,15 (*muy, muy sobrenatural*); usw.

[17] Ohne die Ehrlichkeit der Autorin anzuzweifeln, ist auch hier wieder eine Vorsichtsmaßnahme zu vermuten, da es seit 1559 ja verboten war, geistliche Bücher in der Muttersprache zu besitzen, geschweige denn solche zu verfassen. Siehe dazu V 26,5.

[18] Durch diesen klugen Schachzug vermied Teresa es nicht zuletzt auch, angesichts der allgegenwärtigen Inquisition andere Leute zu kompromittieren.

[19] Vgl. V 18,8.

und gute Lebensführung, noch von einem Studierten oder sonst jemandem unterwiesen (denn nur die, die mir aufgetragen haben, zu schreiben,[20] wissen, daß ich dies schreibe, und die sind zur Zeit nicht hier), und ich tue es, mir gleichsam die Zeit stehlend und mit Mühe, weil es mich beim Spinnen stört, denn ich bin hier in einem armen Haus und mit Beschäftigungen überhäuft.[21] Doch selbst wenn mir der Herr mehr Geschick und Gedächtnis gegeben hätte, so daß ich mich dessen bedienen könnte, was ich gehört oder gelesen habe, so ist das, was ich davon habe, nur sehr gering. Falls ich also etwas Gutes sagen sollte, so will es der Herr zu irgend etwas Gutem; das, was unzureichend ist, kommt von mir, und Euer Gnaden mögen es streichen.

Weder für das eine, noch für das andere ist es von Vorteil, meinen Namen zu nennen. Solange ich lebe, ist klar, daß man ihn bei dem, was gut ist, nicht nennen soll; und wenn ich tot bin, besteht kein Grund mehr, es sei denn, damit das Gute sein Ansehen verliert und man ihm keinen Glauben schenkt, weil es von einem so unzulänglichen und schlechten Menschen gesagt wurde.

---

20 Einer handschriftlichen Notiz von P. Gracián zufolge waren das die beiden Dominikaner Domingo Báñez und García de Toledo, ferner muß man auch den Inquisitor Francisco de Soto y Salazar dazu zählen, auf den die Autorin in V 40,16 anspielt; er hatte ihr geraten, ihre geistliche Autobiographie zu schreiben, um sie vom „Apostel Andalusiens", Juan de Ávila, der eine große geistliche Autorität besaß, begutachten zu lassen.

21 Aus dieser Bemerkung geht hervor, daß Teresa sich beim Schreiben dieser Zeilen in dem 1562 von ihr gegründeten Kloster San José zu Ávila befindet, über dessen Gründungsgeschichte sie in V 32–36 noch ausführlich berichten wird; dort mußte sie arbeiten, um zum Lebensunterhalt der Schwestern beizutragen. Da die Endfassung der *Vida* offensichtlich eine redaktionelle Einheit bildet, geht man aufgrund dieser Stelle davon aus, daß sie insgesamt nicht, wie die erste Fassung, im Palast der Doña Luisa de la Cerda (Januar bis Juli 1562), sondern zwischen 1563 und 1565 (aller Wahrscheinlichkeit nach erst gegen Ende 1565) in San José entstand; siehe auch Einführung. In der Anspielung auf das Spinnen mag ferner eine feine Ironie mitschwingen, denn Teresa wußte nur zu gut, daß viele Theologen ihrer Zeit Frauen lieber mit Spinnen und anderen Hausarbeiten als mit anspruchsvollen spirituellen Themen beschäftigt sahen; vgl. U. Dobhan, *Gott – Mensch – Welt*, 45–48; J. Burggraf, *Teresa von Ávila. Humanität und Glaubensleben*, 127–138.

8. Und im Gedanken, daß Euer Gnaden und ebenso auch die anderen, die dies zu sehen bekommen,[22] das tun werden, weil ich Euch um der Liebe des Herrn willen darum bitte, schreibe ich in Freiheit; andernfalls hätte ich große Skrupel, außer beim Berichten über meine Sünden, denn da hätte ich gar keine. Im übrigen reicht es schon, Frau zu sein, daß mir die Flügel herunterfallen, um wieviel mehr noch Frau und erbärmlich. Was also mehr wäre als nur einfach der Bericht über mein Leben, das behalten Euer Gnaden für sich – denn Ihr habt mich ja so sehr bedrängt, eine Darstellung der Gnadenerweise zu geben, die mir Gott beim inneren Beten schenkt –, wenn es nur mit den Wahrheiten unseres heiligen katholischen Glaubens übereinstimmt, und wenn nicht, dann verbrennen es Euer Gnaden sogleich; da unterwerfe ich mich.[23] Und so werde ich sagen, was ich erlebe, damit es Euer Gnaden einigen Nutzen bringe, wenn es damit übereinstimmt. Und wenn nicht, dann werdet Ihr meine Seele von der Täuschung befreien, damit nicht der Böse gewinnt, wo es aussieht, daß ich gewinne; denn, wie ich später noch sagen werde,[24] weiß der Herr schon, daß ich mich immer bemüht habe, jemanden zu suchen, der mir Licht gibt.

9. Wie deutlich auch immer ich diese Dinge über das innere Beten sagen mag, so wird es für den, der keine Erfahrung davon hat, doch recht dunkel sein.[25] Einige Hindernisse werde ich nennen, die es meiner Erkenntnis nach beim Voranschreiten auf diesem Weg gibt, und andere Dinge, die Gefahren mit sich bringen, über die mich der Herr durch Erfahrung belehrt hat und die ich später mit großen Gelehrten und im geistlichen

---

[22] Einer dieser Adressaten ist auf jeden Fall P. García de Toledo. In V 40,24 spricht die Autorin von *„drei Personen"*, die ihr Manuskript begutachten sollen; zu ihnen zählt ohne jeden Zweifel auch Juan de Ávila; vgl. Anm. zu V 40,16. Wer der dritte Adressat ist, konnte bis heute nicht einwandfrei geklärt werden.

[23] Ein erneut taktisch kluges Verhalten Teresas. Der ganze Abschnitt kann als Absicherung gelten, damit sie endlich mit dem Bericht über ihr Beten beginnen kann.

[24] Vgl. V 13,16ff; 22,3; 28,6.

[25] Ähnlich äußert sich auch Johannes vom Kreuz; vgl. 3S 13,9; LB 1,15; 3,1.

Leben seit vielen Jahren erfahrenen Menschen besprochen habe; dann seht Ihr, daß mir Seine Majestät in nur siebenundzwanzig Jahren,[26] seitdem ich inneres Beten halte, genauso viel Erfahrung gegeben hat wie manchen anderen in siebenundvierzig oder siebenunddreißig Jahren, wo sie in Buße und immer in Tugend gewandelt sind, obwohl ich diesen Weg mit soviel Stolpern und so erbärmlich gegangen bin.

Er sei für alles gepriesen, und er bediene sich meiner als der, der Seine Majestät ist. Mein Herr weiß nämlich sehr wohl, daß ich damit nichts anderes im Sinn habe, als nur, daß er ein klein wenig gepriesen und erhöht werde, wenn man sieht, daß er aus einem schmutzigen und stinkenden Misthaufen einen Garten mit so herrlich duftenden Blumen gemacht hat. Möge es Seiner Majestät gefallen, daß ich sie nicht wieder durch eigene Schuld ausreiße und er wieder zu dem werde, was er war. Darum bitte ich Euer Gnaden, ihn um der Liebe des Herrn willen zu bitten, denn Ihr wißt noch viel deutlicher, als Ihr es mich hier habt sagen lassen, was für eine ich bin.

---

[26] Irrtümlich wiederholte sich hier die Autorin, indem sie schrieb, *„daß mir der Herr, daß mir seine Seine Majestät ..."* Wir geben hier die Version von Luis de León wieder. Zu dieser Zeitangabe, siehe die entsprechende Anm. zu V 8,3.

KAPITEL 11

Sie sagt, worin der Fehler besteht, wenn man nicht
in kurzer Zeit dahin kommt, Gott in Vollkommenheit
zu lieben. – Anhand eines Vergleichs, den sie bringt,
beginnt sie, vier Stufen des inneren Gebets[1] zu erläutern. –
Hier geht sie zur Besprechung der ersten über. –
Das ist sehr hilfreich für die Anfänger und für alle,
die beim Beten keine Wohlgefühle erleben.[2]

1. Wenn wir jetzt also von denen sprechen, die sich anschicken, Diener der Liebe zu sein (denn nichts anderes, glaube ich, ist es, wenn wir uns entschließen, auf diesem Weg des inneren Betens dem nachzufolgen, der uns so sehr geliebt hat), so ist das eine so große Würde, daß mir der Gedanke daran eine wundersame Wonne bereitet. Die knechtische Furcht[3] verschwindet nämlich bald, wenn wir in diesem ersten Stadium so voranschreiten, wie wir sollten. Herr meiner Seele und mein einziges Gut! Warum hast du nicht gewollt, daß ein Mensch durch den Entschluß, dich zu lieben – wo er dann tut, was er kann, um alles loszulassen, um sich auf diese Gottesliebe besser einzulassen –, nicht auch bald die Freude erlebt, diese vollkommene Liebe zu besitzen? Schlecht habe ich das jetzt gesagt, denn ich müßte

---

[1] *Grados de oración*, siehe Anhang I.

[2] Hier beginnt ein längerer Exkurs innerhalb der Autobiographie, der bis V 22 einschließlich geht und im Grunde eine systematische Abhandlung über das innere Beten in seinen verschiedenen Entwicklungsstufen darstellt; dabei werden die vier Gebetsstufen mit vier verschiedenen Arten verglichen, wie man einen Garten bewässern kann. Obwohl die Autorin hier absichtlich einen unpersönlicheren Stil wählt, weil sie anonym bleiben möchte (siehe V 10,7), weisen Inhalt und Stil dieser kleinen Abhandlung sie doch unverkennbar als Autorin aus. Der persönlichste Beitrag Teresas in diesen Kapiteln ist wohl ihre klare Stellungnahme gegen eine damals (und teilweise auch heute) verbreitete Meditationsmethode, die ihres Erachtens zuviel Gewicht auf die bewußte Anstrengung des Menschen legt, das diskursive Denken auszuschalten, und zugleich die Menschwerdung Gottes in Christus zu wenig ernst nimmt; siehe vor allem V 12 und V 22.

[3] D.h. die Angst vor der Strafe im Gegensatz zur „Gottesfurcht". Ähnlich auch in V 3,6; 15,14.

sagen und mich darüber beklagen, warum *wir* das nicht wollen, da es ganz und gar unsere Schuld ist, wenn wir uns nicht alsbald dieser großen Würde erfreuen, da die Liebe zu Gott, wenn wir erst einmal so weit kommen, sie in Vollkommenheit zu besitzen, alle Güter mit sich bringt. Wir verkaufen uns so teuer und zögern so sehr, uns Gott ganz hinzugeben, daß wir es nicht einmal schaffen, uns darauf einzulassen, nur weil Seine Majestät nicht will, daß wir etwas so Kostbares ohne hohen Preis genießen.[4]

2. Gut verstehe ich, daß es einen solchen, mit dem man ein so großes Gut kaufen könnte, auf Erden nicht gibt. Wenn wir aber tun würden, was wir können,[5] um uns an nichts von der Erde festzumachen, dafür aber unser ganzes Sinnen und Trachten auf den Himmel ausgerichtet wäre, dann glaube ich ohne jeden Zweifel, würde uns sehr bald dieses Gut zuteil, falls wir uns nur schnell ganz darauf einlassen würden, wie es manche Heiligen getan haben. Uns kommt es zwar vor, als gäben wir alles her, doch tatsächlich ist es so, daß wir Gott nur die Zinsen oder den Ertrag anbieten, das Kapital und das Eigentumsrecht aber behalten. Wir entschließen uns, arm zu sein, und das ist sehr verdienstvoll, doch verwenden wir häufig von neuem Sorge und Mühe darauf, daß uns nicht nur das Notwendige nicht abgeht, sondern auch nicht der Überfluß, und fangen von neuem an, uns Freunde zu machen, die es uns geben, und, damit uns ja nichts abgeht, uns noch größerer Sorge, ja sogar Gefahr auszusetzen, als wir sie vorher hatten, wo wir unser Eigentum noch besaßen.

---

4 An dieser Stelle greift Teresa erneut auf die bei ihr immer wiederkehrende Terminologie aus der Geschäftswelt zurück, ohne damit jedoch einer Händlermentalität im Umgang mit Gott Vorschub zu leisten; vgl. V 4,2 mit der dortigen Anm. und ferner V 19,11; 20,27; 33,14; 39,15.

5 *Tun, was wir können* („*was in uns ist*") ist einer der Leitgedanken Teresas, den sie immer wieder ausspricht (V 11,1.9; CE 31,2; 65,5; CV 8,1; 17,7; 7M 4,15), was ihre realistische, allem Moralismus abholde Spiritualität beweist und vielleicht ein Echo des scholastischen Axioms ist: „*Facienti quod est in se Deus non denegat gratiam* – *Dem, der tut, was er kann, verweigert Gott die Gnade nicht.*"

Es sieht auch so aus, als lassen wir alles Prestigedenken[6] hinter uns, wenn wir ins Kloster eintreten oder begonnen haben, ein geistliches Leben zu führen und nach Vollkommenheit zu streben; doch kaum rührt man in auch nur einem Punkt an unsere Ehre, und schon denken wir nicht mehr daran, daß wir sie Gott gegeben haben, sondern wollen uns von neuem mit ihr hervortun und sie ihm – wie man so sagt – aus den Händen reißen, nachdem wir ihn doch, wie es scheint freiwillig, zum Herrn über unseren Willen gemacht hatten. Und so ist es in allen anderen Punkten.

3. Eine saubere Art, die Gottesliebe zu suchen! Und dann wollen wir, wie man so sagt, aus dem vollen schöpfen. Doch unsere Vorlieben beizubehalten (unsere Wünsche allerdings versuchen wir schon gar nicht, in die Tat umzusetzen, noch bringen wir es fertig, sie von der Erde zu erheben) und zugleich viele geistliche Tröstungen zu haben, das geht nicht, noch glaube ich, daß sich das eine mit dem anderen verträgt.[7] Da wir es also nicht schaffen, uns auf einmal hinzugeben, wird unser dieser Schatz auch nicht auf einmal geschenkt. Möge es dem Herrn gefallen, daß Seine Majestät ihn uns tröpfchenweise schenke, auch wenn uns das alle Mühen der Welt koste.

4. Ganz großes Erbarmen erweist er einem, dem er Gnade und Mut gibt, um sich zum Entschluß durchzuringen, daß er sich mit allen Kräften um dieses Gut bemüht; denn wenn er durchhält, verweigert Gott sich keinem. Nach und nach wird er seinen Mut befähigen, um diesen Sieg zu erringen. Ich sage Mut, denn so vieles führt der Böse den Anfängern vor Augen, damit sie diesen Weg erst gar nicht richtig einschlagen, wie einer, der um den Schaden weiß, der ihm dadurch entsteht, weil er nicht nur diese Seele, sondern viele verliert. Wenn ein Anfänger sich mit Gottes Hilfe bemüht, den Gipfel der Vollkommenheit zu

---

6 *Honra*, siehe Anhang I.
7 Die Interpunktion dieses Absatzes wird in den verschiedenen Ausgaben unterschiedlich gehandhabt; daraus ergeben sich auch kleinere Unterschiede in der Interpretation.

erreichen, dann kommt er, glaube ich, nie allein in den Himmel, sondern zieht immer eine ganze Menge nach sich. Wie einem guten Heerführer schenkt Gott ihm Leute, die in seiner Gesellschaft mitziehen.

Der Böse aber führt ihnen so viele Gefahren und Schwierigkeiten vor Augen, daß es keines geringen, sondern eines sehr großen Mutes und großer Hilfe von Gott bedarf, um nicht umzukehren.

5. Doch um nun von den Anfängen derer zu reden, die schon entschlossen sind, diesem Gut nachzujagen und dieses Unternehmen zu einem guten Ende zu bringen (vom anderen, wovon ich schon zu sprechen begann, der mystischen Theologie, denn so heißt das, glaube ich, werde ich später noch sprechen)[8]: an diesen Anfängen ist größte Anstrengung erforderlich, denn es sind die Anfänger selbst, die hier arbeiten, während der Herr das Vermögen gibt;[9] auf den weiteren Gebetsstufen überwiegt dann das Genießen, obwohl alle, die ersten, die mittleren oder die letzten, ihre durchaus unterschiedlichen Kreuze tragen.[10] Auf diesem Weg, den Christus ging, müssen nämlich auch die gehen, die ihm nachfolgen, wenn sie nicht verlorengehen wollen. Doch glückselige Mühen, die schon hier in diesem Leben so überreich vergolten werden!

6. Ich muß mir mit einem Vergleich helfen, auch wenn ich sie lieber vermeiden würde, weil ich eine Frau bin und einfach das niederschreibe, was man mir aufträgt. Aber diese spirituelle

---

8 Siehe V 10,1, wo dieser Ausdruck zum ersten Mal fiel und ferner Anhang I; in V 12,5 wird die Autorin näher auf dieses Thema eingehen. Erneut schützt sie Unsicherheit vor („so heißt das, glaube ich"), obwohl sie offensichtlich sehr wohl mit der gängigen Terminologie vertraut ist. In den Augen der meisten Theologen ihrer Zeit stand es einer Frau nicht zu, in diesen Dingen Bescheid zu wissen; außerdem standen die Bücher, in denen sie darüber hätte lesen können, seit 1559 auf dem Index.

9 Teresa bleibt im Bild der „Unternehmensgründung": die Anfänger müssen als „Jungunternehmer" hart arbeiten, während der Herr das „Kapital" – die Gnade, überhaupt anfangen und durchhalten zu können – beisteuert.

10 Teresa benutzt hier nicht die gebräuchliche Terminologie: Anfänger, Fortgeschrittene, Vollkommene. Vgl. aber V 21,8.

Sprache ist für solche, die wie ich nicht studiert haben, so schlecht zu erklären, daß ich wohl irgendeine Methode suchen muß; und trotzdem kann es sein, daß es sich nur in den wenigsten Fällen ergibt, daß der Vergleich auch zutrifft.[11] Das diene Euer Gnaden[12] dann zur Erheiterung, wenn Ihr so viel Dummheit erlebt.

Nun, ich glaube, daß ich folgenden Vergleich gelesen oder gehört habe – denn da ich ein schlechtes Gedächtnis habe, weiß ich nicht mehr, wo oder zu welchem Zweck, aber für meinen gebe ich mich jetzt damit zufrieden:[13] Einer, der anfängt, muß sich bewußt machen, daß er beginnt, auf ganz unfruchtbarem Boden, der von ganz schlimmem Unkraut durchwuchert ist, einen Garten anzulegen, an dem sich der Herr erfreuen soll. Seine Majestät reißt das Unkraut heraus und muß dafür die guten Pflanzen einsetzen. Stellen wir uns nun vor, daß dies bereits geschehen ist, wenn sich ein Mensch zum inneren Beten entschließt und schon begonnen hat, es zu halten. Mit Gottes Hilfe haben wir als gute Gärtner nun dafür zu sorgen, daß diese Pflanzen wachsen, und uns darum zu kümmern, sie zu gießen, damit sie nicht eingehen, sondern so weit kommen, um Blüten hervorzubringen, die herrlich duften, um diesem unseren Herrn Erholung zu schenken, und er folglich oftmals komme, um sich an diesem Garten zu erfreuen und sich an den Tugenden zu ergötzen.

---

[11] Als spirituell erfahrene Frau befand sich Teresa in einer heiklen Lage: Einerseits konnte sie es sich nicht leisten, mit der spirituellen Terminologie allzu vertraut zu erscheinen, andererseits war ihr durchaus bewußt, daß sie den gelehrten Männern etwas zu sagen hatte (vgl. V 11,8!). Darum ergreift sie immer wieder die Flucht nach vorne und pocht – weniger aus mangelndem Selbstvertrauen, als vielmehr aus Klugheit – auf ihre angebliche Unwissenheit und Dummheit.

[12] P. García de Toledo.

[13] Francisco de Osuna bringt diesen Vergleich, den die Autorin in V 14,9 wiederholen und mit einigen persönlichen Ergänzungen ausschmücken wird, in seinem *Tercer Abecedario*, IV, 3, doch lag es inzwischen mehr als 25 Jahre zurück, daß sie dieses Buch gelesen hatte; siehe V 4,7. Ferner mögen vage Reminiszenzen an Schriftstellen wie Mt 21,33 oder Hld 1,5; 4,12 eine Rolle gespielt haben.

7. Schauen wir nun, auf welche Weise man bewässern kann,[14] damit wir erkennen, was wir tun müssen, und ob die Mühe, die uns das kosten wird, größer ist als der Gewinn, oder wie lange wir sie aufwenden müssen.

Ich meine, daß man auf viererlei Weisen bewässern kann:

Entweder, indem man Wasser aus einem Brunnen schöpft, was uns große Anstrengung kostet;[15]

oder mit Hilfe von Schöpfrad und Rohrleitungen, wo das Wasser mit einer Drehkurbel heraufgeholt wird; ich habe es selbst manchmal heraufgeholt:[16] das ist weniger anstrengend als jene andere Art und fördert mehr Wasser;

oder aus einem Fluß oder Bach: Damit wird viel besser bewässert, weil die Erde besser mit Wasser durchtränkt wird und man nicht so oft bewässern muß, und es ist für den Gärtner viel weniger anstrengend;

oder indem es stark regnet; dann bewässert der Herr ihn ohne jede Anstrengung unsererseits, und das ist unvergleichlich viel besser als alles, was gesagt wurde.

8. Diese vier Arten der Bewässerung, durch die der Garten erhalten wird – denn ohne das müßte er eingehen – nun zur Anwendung zu bringen, das ist es, worauf es mir ankommt und womit ich glaubte, etwas von den vier Gebetsstufen erläutern zu können, in die der Herr in seiner Güte meine Seele manchmal versetzt hat. Gebe er in seiner Güte, daß es mir gelingt, es

---

[14] Auch in der *Inneren Burg* greift Teresa auf das Wasser zurück, um *„einige geistliche Dinge zu erklären"*, und sagt, daß sie das Wasser sehr gern hat und es *„mit mehr Aufmerksamkeit betrachtet hat als andere Dinge,* und daß es, wie die anderen Dinge der Schöpfung auch, *viele Geheimnisse verbirgt, die uns weiterhelfen können"* (4M 2,2). Im trockenen Kastilien ist diese Vorliebe für Wasser gut zu verstehen.

[15] Teresa verweist auf die größere bzw. geringere Anstrengung für den Menschen, worunter sich das „aszetische" oder „mystische" Geschehen verbirgt.

[16] Im Garten des Landgutes der Eltern in Gotarrendura gab es tatsächlich einen Ziehbrunnen, wie der erste Biograph Teresas, Francisco de Ribera, berichtet: Als die kleine Teresa und ihr Bruder Rodrigo eines Tages ausrissen, um ins Land der Mauren zu pilgern (siehe V 1,4), habe die Mutter gleich befürchtet, die Kinder könnten in diesen Brunnen gefallen und ertrunken sein; siehe ders., *Vida*, I,4.

so zu sagen, daß es einer von den Personen, die mir den Auftrag zum Schreiben gegeben haben, Nutzen bringt;[17] denn in
nur vier Monaten hat der Herr ihn viel weiter gebracht, als ich
in siebzehn Jahren gekommen war.[18] Er hat sich besser darauf
eingelassen, und so bewässert er diesen Lustgarten[19] ohne eigene Mühe auf alle vier Arten, wenn ihm auch die letzte vorerst
nur tröpfchenweise gegeben wird; doch geht es ihm so gut, daß
er sich mit der Hilfe des Herrn bald darin versenken wird. Und
wenn ihm meine Erklärungsweise unsinnig vorkommt, soll er
darüber lachen; es wäre mir ein Vergnügen.

9. Von denen, die beginnen, inneres Beten zu halten, können
wir sagen, daß es die sind, die das Wasser aus dem Brunnen
schöpfen, was, wie ich gesagt habe,[20] für sie eine große Anstrengung ist, weil sie sich abplagen müssen, um die Sinne zu
sammeln. Da diese es gewohnt sind herumzustreifen, ist das
eine ziemliche Anstrengung. Sie müssen es sich allmählich zur
Gewohnheit machen, auf das Sehen und Hören nichts mehr
zu geben, und das dann in den Stunden des inneren Betens
auch zu praktizieren, sondern in Einsamkeit zu verweilen und,
zurückgezogen, über ihr vergangenes Leben nachzudenken.
Freilich müssen das alle oft und oft machen, seien sie nun
am Anfang oder schon am Ende, nur gibt es beim Nachsinnen
darüber ein Mehr und ein Weniger, wie ich später noch sagen
werde.[21] Anfangs verursacht es ihnen noch Schmerz, daß sie

---

[17] Nach Auskunft von P. Gracián sei hier der Dominikaner P. Pedro Ibáñez
gemeint, doch dürfte Teresa in Wirklichkeit an P. García de Toledo gedacht
haben. Trotz der Beteuerung in V 11,6, wie unwissend sie sei, traut sie sich an
dieser Stelle durchaus zu, daß sie einem namhaften Theologen in spiritueller
Hinsicht weiterhelfen kann.

[18] Zu dieser Zeitangabe, siehe die entsprechende Anm. zu V 8,3.

[19] *Vergel*, womit kein gewöhnlicher Nutzgarten, sondern ein üppiges Gartenpara-
dies mit einer Überfülle an Blüten und Früchten gemeint ist. Auch Johannes
vom Kreuz hebt immer wieder hervor, daß Gott seine Gaben in reicher Überfülle (*abundancia*) schenkt.

[20] In V 11,7.

[21] Siehe V 13,14f; 15,6ff; und ferner CV 39,5; 1M 2,8; 6M 10,7 und viele weitere
Stellen im Gesamtwerk, in denen die Autorin immer wieder betont, wie unerläßlich die Selbsterkenntnis auf allen Stufen des geistlichen Lebens sei. – Im

nicht bis ins letzte erkennen können, ob sie wegen ihrer Sünden Reue empfinden; doch sie tun es, da sie sich doch entschließen, Gott wirklich zu dienen. Sie sollen sich bemühen, sich mit dem Leben Christi zu beschäftigen,[22] was den Verstand allerdings ermüdet.

Bis hierher können wir etwas erreichen, mit Gottes Hilfe, versteht sich, denn ohne diese können wir keinen guten Gedanken fassen, wie man weiß. Das bedeutet, mit dem Wasserschöpfen aus dem Brunnen zu beginnen, und gebe Gott, daß er überhaupt welches enthält; doch liegt es dann zumindest nicht an uns, denn wir machen uns schon ans Wasserschöpfen und tun, was wir vermögen, um diese Blumen zu begießen. Und Gott ist so gut, daß er, falls er aus Gründen, die nur Seine Majestät weiß, – womöglich sogar zu unserem großen Vorteil – will, daß der Brunnen ausgetrocknet ist, die Blumen auch ohne Wasser am Leben hält und Tugenden wachsen läßt, wenn wir nur als gute Gärtner tun, was in unseren Kräften steht. Mit ‚Wasser' meine ich hier die Tränen, und falls diese ausbleiben sollten, die zärtliche Zuneigung und das innere Gefühl der Andacht.

10. Was aber soll hier einer machen, der in vielen Tagen nichts als Trockenheit und Unlust und Widerwillen erlebt und so wenig Lust hat, zum Brunnen zu kommen, um Wasser zu schöpfen, daß er alles aufgeben würde, wenn ihm nicht einfiele, daß er so dem Herrn des Gartens Freude macht und zu

---

übrigen sind sowohl die Betrachtung des eigenen Lebens auf dieser Stufe des inneren Betens als auch der Vergleich mit dem Wasserschöpfen bei Osuna zu finden. Diese Meditationsmethode war damals sehr verbreitet. Vergleichbare Hinweise für die Anfänger finden sich z.B. im *Exerzitienbuch* des hl. Ignatius von Loyola, wo dieser von der „Anwendung der Sinne" spricht, oder auch bei Bartolomé Carranza de Miranda in dessen *Katechese über die liturgische Feier der Geheimnisse des Lebens, Leidens und Strebens Jesu Christi*; siehe ders., *Comentarios sobre el Catecismo christiano*, I.2.4, 252–259.

22 Einen vergleichbaren Ratschlag gibt auch Johannes vom Kreuz: *„Haben Sie eine gewohnheitsmäßige Bestrebung, Jesus Christus in all seinen Werken nachzuahmen, indem Sie mit seinem Leben übereinstimmen, das Sie betrachten müssen, um es nachahmen zu können und sich in allem so zu verhalten, wie er es getan hätte"* (1S 13,3).

Diensten ist, und wenn er nicht darauf schaute, nicht wieder alles zu verlieren, was er in seinem Dienst erreicht hatte, ja auch das noch, was er sich von seiner großen Mühe erhofft, die darin besteht, den Eimer oft und oft in den Brunnen hinabzulassen und ohne Wasser wieder heraufzuholen? Oft wird es ihm sogar so ergehen, daß er nicht einmal dazu die Arme hochbringt, noch wird er einen guten Gedanken fassen können, denn dieses Arbeiten mit dem Verstand wird hier unter Wasserschöpfen aus dem Brunnen verstanden.

Was soll, wie ich sage, der Gärtner hier also machen? Froh sein und sich trösten und es für eine sehr große Gnade halten, im Garten eines so großen Kaisers arbeiten zu dürfen. Da er weiß, daß er ihn damit zufriedenstellt und es nicht seine Absicht sein darf, sich selbst zufrieden zu stellen, sondern ihn, soll er ihn sehr loben, weil er Vertrauen zu ihm hat, sieht er doch, daß sich der Gärtner auch ohne Bezahlung so sehr um das kümmert, was er ihm anvertraut hat. Und er helfe ihm, das Kreuz zu tragen,[23] und denke daran, daß er sein Leben lang am Kreuz gelebt hat, und verlange nicht schon hier nach seinem Reich, noch lasse er jemals vom inneren Beten ab. Und so soll er sich entschließen,[24] auch wenn für ihn diese Trockenheit das ganze Leben lang andauern sollte, Christus mit dem Kreuz nicht hinfallen zu lassen. Die Zeit, wo ihm das auf einmal vergolten wird, wird schon kommen. Er soll keine Angst haben, daß die Mühe umsonst sei. Dient er doch einem guten Herrn. Er behält ihn im Auge. Auf ungute Gedanken soll er nichts geben. Er bedenke, daß der Böse sie auch dem hl. Hieronymus in der Wüste vorgaukelte.[25]

11. Sie haben ihren Preis, diese Mühen, von denen ich als eine, die sie jahrelang durchgemacht hat, weiß, daß sie sehr groß

---

[23] Der Gedanke der Kreuzesnachfolge kehrt bei Teresa immer wieder; vgl. V 7,16; 11,5; 15,11.13; 25,21; 27,13 und viele weitere Stellen im Gesamtwerk.

[24] Einer der weiteren Grundsätze Teresas nach dem *tun, was uns möglich ist*; siehe V 11,12 und vor allem die *entschlossene Entschlossenheit* in CV 21,2.

[25] Anspielung auf einen Brief des Heiligen an Eustochium (ML 22, 398f); in V 3,7 hat sie erwähnt, daß sie die Briefe des hl. Hieronymus gelesen hat.

sind (denn wenn ich nur einen Tropfen aus diesem gebenedeiten Brunnen holte, glaubte ich schon, Gott würde mir Gnade
erweisen), ja, ich glaube, daß man dafür mehr Mut braucht
als für viele andere Mühen dieser Welt. Doch habe ich klar erkannt, daß Gott nichts ohne große Belohnung läßt, schon in
diesem Leben nicht; denn es ist sicher so, daß mir durch eine
einzige Stunde, in der sich der Herr mir hier später zu verkosten gab, alle Qualen, die ich beim Durchhalten im inneren
Beten lange Zeit durchmachte, vergolten vorkommen.

Ich bin überzeugt, daß der Herr diese Qualen und viele weitere Versuchungen, die oftmals am Anfang und andere Male
am Schluß auftauchen, schicken will, um seine Liebhaber zu
erproben und in Erfahrung zu bringen, ob sie fähig sind, den
Kelch zu trinken[26] und ihm beim Kreuztragen zu helfen, bevor
er ihnen große Schätze anvertraut. Und ich glaube, daß der
Herr uns zu unserem Wohl hier entlang führen will, damit wir
das Wenige, das wir sind, gut erkennen, denn die späteren
Gnaden sind von so erhabener Würde, daß er uns unsere Armseligkeit vorher erfahren lassen will, bevor er sie uns gibt, damit es uns nicht so ergeht wie Luzifer.[27]

12. Was machst du nicht alles, mein Herr, was nicht zum
größeren Wohl der Seele wäre, von der du weißt, daß sie schon
die deine ist, und die sich deiner Macht unterstellt, um dir zu
folgen, wohin du nur gehst, sogar bis zum Tod am Kreuz, und
entschlossen ist, es dir tragen zu helfen und dich damit nicht
allein zu lassen?

Wer in sich diese Entschlossenheit verspürt, nein, der braucht
nichts zu befürchten. Ihr geistlichen Menschen, es besteht kein
Grund, niedergeschlagen zu sein! Wer einmal auf einer so
hohen Stufe steht, wie es der Wunsch ist, allein bei Gott zu
verweilen und von weltlichen Tändeleien zu lassen, für den ist
das meiste geschafft. Lobt Seine Majestät dafür und vertraut
auf seine Güte, denn er hat seine Freunde noch nie im Stich ge-

---

[26] Eine Anspielung auf Mk 10,38.
[27] Luzifer, der wegen seines Stolzes vom Himmel gestürzt wurde (Jes 14,12).

lassen. Verschließt eure Augen vor Gedanken wie: ‚Wieso schenkt er dem nach so wenigen Tagen spürbare Andacht und mir nicht nach so vielen Jahren?' Glauben wir, daß alles zu unserem größeren Wohl geschieht. Seine Majestät soll uns so führen, wie sie möchte. Wir gehören schon nicht mehr uns, sondern ihm. Er erweist uns schon große Gnade, da er will, daß wir in seinem Garten graben und dessen Besitzer nahe sein wollen, denn er ist sicher bei uns. Wenn er will, daß diese Pflanzen und Blumen bei manchen durch das Wasser wachsen, das sie aus dem Brunnen heraufholen, und bei anderen ohne es, was kümmert es mich? Mach du, mein Herr, was du willst![28] Daß ich dich nur nicht beleidige! Daß nur die Tugenden nicht verlorengehen, falls du mir aus reiner Güte vielleicht schon die eine oder andere gegeben hast! Ich bin bereit zu leiden, Herr, weil auch du gelitten hast;[29] es erfülle sich in jeder Hinsicht an mir dein Wille! Es gefalle Eurer Majestät nicht, daß etwas so Kostbares wie deine Liebe Leuten gegeben wird, die dir nur der Wohlgefühle wegen dienen.

13. Es ist sehr zu beachten – und das sage ich, weil ich es aus Erfahrung weiß –, daß der Mensch, der sich mit Entschlossenheit auf diesen Weg des inneren Betens begibt, und es für sich fertigbringen kann, sich nicht viel daraus zu machen, und sich weder getröstet, noch untröstlich zu fühlen, weil diese Wohlgefühle und das zärtliche Gefühl fehlen oder auch weil der Herr sie ihm schenkt, daß ein solcher einen großen Teil des Weges schon hinter sich gebracht hat. Er braucht sich nicht zu fürchten, daß er wieder zurückfällt, mag er noch so häufig stolpern, denn das Gebäude ist von Anfang an auf ein festes Fundament gegründet. O ja, denn die Liebe zu Gott besteht nicht darin, die Gabe der Tränen zu haben oder diese Wohlgefühle und dieses zärtliche Gefühl, was wir uns doch meistens herbei-

---

[28] Vgl. Gedicht *Dein bin ich, für dich geboren* (P 2).

[29] Teresa sucht das Leiden also keineswegs um seiner selbst willen, sondern es ist für sie eine Konsequenz der Nachfolge, das Leid, das ungebeten auf sie zukommt, aus Liebe zu Christus auf sich zu nehmen, der auch für sie gelitten hat. Für sie ist wichtig, bei Christus zu sein, falls nötig auch am Kreuz.

wünschen und womit wir uns trösten, sondern darin, ihm in Gerechtigkeit, Starkmut und Demut zu dienen. Das andere kommt mir eher wie Empfangen vor, ohne von uns aus etwas zu geben.

14. Für Weiblein wie ich, schwach und mit wenig Kraft, mag es, wie mir scheint, noch angehen, daß Gott mich mit Geschenken weiterbringt, wie er es jetzt tut, damit ich ein paar Mühen erdulden kann, die Seiner Majestät belieben, daß ich sie habe; aber für Diener Gottes, gestandene Mannsbilder, studiert, intelligent, wenn ich die soviel Aufhebens machen sehe, weil Gott ihnen keine spürbare Andacht schenkt, dann geht mir das ganz gegen den Strich, das auch nur zu hören.[30] Ich sage ja nicht, daß sie es nicht annehmen sollen, wenn Gott es schenkt, und es dann nicht schätzen sollen, denn Seine Majestät wird dann schon wissen, was recht ist; sondern nur, daß sie sich nicht abtun sollen, wenn sie es nicht haben, sondern begreifen sollen, daß dies gar nicht nötig ist, weil Seine Majestät es nicht gibt, und daß sie Herren über sich bleiben sollen. Sie mögen glauben, daß es ein Fehler ist. Ich habe es erfahren und erlebt. Sie mögen glauben, daß es Unvollkommenheit und eben nicht Wandel in der Freiheit des Geistes ist, sondern für den Angriff schwächt.

15. Das sage ich jetzt nicht so sehr für solche, die am Anfang stehen (auch wenn ich sehr darauf bestehe, weil es ganz wichtig ist für sie, gleich mit dieser inneren Freiheit und Entschlossenheit anzufangen),[31] sondern für die anderen, denn es gibt viele, die schon lange begonnen haben und es nicht fertigbringen, damit fertig zu werden. Ich glaube, das kommt vor allem daher, weil sie nicht von Anfang an das Kreuz umfassen, so daß sie niedergeschlagen herumlaufen und meinen, nichts zu tun.

---

[30] Mit deutlicher Ironie setzt sich die Autorin hier zur Wehr gegen die *„gestandenen Mannsbilder"* ihrer Zeit, die Frauen aufgrund ihrer angeblichen Schwäche ein geistliches Leben verwehren wollten, sich dann aber ihrer Erfahrung nach keineswegs als die Stärkeren und Entschiedeneren erwiesen, wenn es darum ging, sich in der Kreuzesnachfolge zu bewähren.

[31] *Freiheit* und *Entschlossenheit* sind die Haltungen, die sie den Anfängern in V 13,1ff. besonders ans Herz legt.

Sobald das Erkenntnisvermögen seine Arbeit einstellt, können sie es nicht aushalten, während vielleicht gerade dann der Wille zunimmt und erstarkt, und sie das gar nicht merken.

Wir müssen denken, daß der Herr auf solche Dinge nicht achtet, denn wenn sie uns auch als Versagen vorkommen, so sind sie doch keine. Seine Majestät kennt unsere Armseligkeit und unsere unzulängliche Natur schon, besser als wir selbst, und weiß, daß diese Menschen den Wunsch haben, immer an ihn zu denken und ihn zu lieben. Das ist die Entschlossenheit, die er möchte. Doch jene Niedergeschlagenheit, die wir uns selbst bereiten, nützt zu nichts anderem als die Seele zu beunruhigen, und wenn sie vorher unfähig gewesen sein sollte, aus einer Stunde Nutzen zu ziehen, dann ist sie es nun vier Stunden lang. Denn sehr oft kommt es von einem körperlichen Indisponiertsein (ich habe sehr viel Erfahrung damit und weiß, daß es wirklich so ist, denn ich habe es sorgfältig beobachtet und dann mit geistlichen Menschen darüber gesprochen). Wir sind nämlich so arm dran, daß diese arme eingekerkerte Seele am Elend des Leibes teilhat,[32] und oft bewirken Wetterumschläge und der Umlauf der Körpersäfte,[33] daß sie ohne eigene Schuld nicht das tun kann, was sie möchte, sondern in jeder erdenklichen Weise leidet. Und je mehr man sie in solchen Momenten zwingen möchte, desto schlimmer wird es und desto länger dauert das Übel an; vielmehr soll man mit Klugheit vorgehen, um zu erkennen, wann dies der Fall ist, und die Arme nicht erdrücken. Man soll bedenken, daß solche Menschen

---

[32] Anklänge an die Lehre Platons, daß der Leib das Gefängnis der Seele sei. Solche und ähnliche Sätze haben Teresa oft den Vorwurf des Dualismus, also der Aufteilung des Menschen in Leib und Seele, eingebracht. Gewiß finden wir davon Spuren in ihren Schriften, zumindest in der Terminologie, was auch gar nicht anders sein kann. Doch wenn sie die Auswirkungen ihrer mystischen Erfahrungen beschreibt, behauptet sie, daß auch der Leib daran teilnimmt, wodurch wieder ihre ganzheitliche Sicht des Menschen zum Ausdruck kommt, ebenso auch durch den Rat, den sie am Ende dieses Abschnittes gibt (V 17,8; 20,21; 29,13; 30,14; CV 31,3; 4M 2,4; 7M 4,11; R 1,23, u.a.).

[33] Im Zuge der antiken Vier-Säftelehre des Hippokrates bzw. Galenus führte die damalige Medizin das körperliche Befinden bzw. das Entstehen von Krankheiten auf das Zusammenspiel der Körpersäfte zurück.

krank sind. Man soll die Gebetszeit ändern, und oft genug wird das mehrere Tage lang sein. Sie sollen diese Verbannung so gut wie möglich durchstehen, denn für eine Seele, die Gott liebt, ist es ein hartes Los zu erleben, daß sie in diesem Elend lebt und nicht das vermag, was sie möchte, weil sie bei einem so schlechten Wirt wie diesem Leib Gast ist.[34]

16. Ich sagte ‚mit Klugheit', denn gelegentlich verursacht der Böse so etwas. Und darum ist es gut, das innere Beten nicht für immer aufzugeben, wenn der Verstand von großer Zerstreuung und Verwirrung heimgesucht wird, noch die Seele ständig mit etwas zu quälen, was sie nicht kann.

Es gibt dann äußere Beschäftigungen wie Werke der Nächstenliebe oder Lektüre, obwohl man manchmal nicht einmal dazu fähig ist. Dann soll die Seele aus Liebe zu Gott für den Leib da sein, weil dieser andere Male oftmals für die Seele da ist, und sich manch heilsame Entspannung gönnen wie Gespräche, sofern es heilsame sind, oder einen Spaziergang, je nach dem Rat des Beichtvaters. Bei allem aber ist die Erfahrung sehr wichtig, denn sie macht klar, was uns zuträglich ist, und daß man in allem Gott dient. *Sein Joch ist sanft* (Mt 11,30), und es ist eine wichtige Angelegenheit, die Seele nicht, wie man so sagt, an die Kandare zu nehmen, sondern sie zu ihrem größeren Fortschritt mit Sanftheit[35] zu führen.

17. So weise ich nochmals daraufhin – und wenn ich es immer wieder sage, so macht das nichts –, daß es ganz wichtig ist, daß sich keiner wegen Trockenheiten[36] oder innerer Unruhe oder

---

34 Erneut zeigen sich Einflüsse der damals verbreiteten *contemptus mundi*-Literatur; vgl. auch V 3,5 mit der diesbezüglichen Anm.

35 *Suavidad* – Sanftheit, eine wichtige Eigenschaft für Teresas Pädagogik, ebenso wie auch bei Johannes vom Kreuz. In den bald nach ihrem Tod einsetzenden Richtungsstreitigkeiten, deren berühmteste Opfer Jerónimo Gracián und Johannes vom Kreuz wurden, ging es vor allem um diese Eigenschaft in der Leitung von Menschen, im Gegensatz zum Rigorismus (*rigor*), der typisch war für die damals in Kastilien bestehenden Reformbewegungen. „Sanftheit" kennzeichnet die Art und Weise Gottes im Umgang mit den Menschen.

36 *Sequedad*, siehe Anhang I.

Zerstreuung beim diskursiven Nachdenken bedrängen oder bedrücken soll. Wenn er die Freiheit des Geistes erlangen und nicht ständig in Nöten sein will, beginne er, vor dem Kreuz nicht zurückzuschrecken, und so wird er erleben, daß der Herr ihm auch hilft, es zu tragen, und wie er dann glücklich lebt und welchen Gewinn er aus allem zieht. Denn es ist doch klar, daß wir in den Brunnen auch kein Wasser hineinschütten können, solange er nicht sprudelt. Zugleich ist auch wahr, daß wir nicht nachlässig sein dürfen, um es dann heraufholen zu können, sobald welches da ist, denn dann will Gott mit diesem Mittel unsere Tugenden vermehren.

KAPITEL 12

Sie fährt mit dem ersten Stadium fort. – Sie sagt, wie weit wir
mit Gottes Hilfe aus eigener Kraft gelangen können, und
was für ein Schaden es ist, den Geist selbst zu übernatürlichen[1]
Dingen erheben zu wollen, bevor der Herr das tut.[2]

1. Was ich im letzten Kapitel klarmachen wollte – wenn ich mich auch viel bei anderen Dingen aufgehalten habe, weil sie mir sehr notwendig erschienen –, ist zu sagen, bis zu welchem Punkt wir selbst gelangen können, und wie wir uns bei diesem ersten Andachtsgefühl ein bißchen weiterhelfen können. Wenn wir nämlich daran denken und erforschen, was der Herr für uns durchgemacht hat, so regt uns das zum Mitfühlen an, und der Schmerz und die Tränen, die dem entspringen, sind köstlich. Und wenn wir an die ewige Herrlichkeit denken, die wir erhoffen, und an die Liebe, die der Herr uns erwies, und an seine Auferstehung, dann regt uns das zur Freude an, die zwar nicht ausschließlich geistlich, aber auch nicht nur mit den Sinnen wahrnehmbar, sondern eine auf Tugend gegründete Freude ist, und der Schmerz ist dabei sehr verdienstvoll. Von dieser Art ist alles, was ein frommes Gefühl hervorruft, das zum Teil mit

---

1 Von einer anderen Hand wurde ergänzt: *und außergewöhnlichen*; diese Ergänzung findet sich in vielen Ausgaben. Wie unter geistlichen Schriftstellern damals üblich, verwendet Teresa den Begriff *übernatürlich* im Zusammenhang mit dem inneren Beten in demselben Sinne wie *mystisch* oder *eingegossen*, mit anderen Worten für Gnadenerweise oder Erfahrungen, die der Beter nicht selbst hervorrufen kann, sondern ohne sein Zutun von Gott geschenkt bekommt; in R 5,3, ungefähr zehn Jahre später als die *Vida* entstanden, gibt sie selbst eine Definition: *„Übernatürlich nenne ich, was man nicht durch eigene Anstrengung oder Mühe erwerben kann, mag man sich noch so sehr abtun, sich darauf vorbereiten kann man aber wohl."* Vgl. auch CV 31,2.
2 Es geht ihr um die Erklärung des ersten Gebetsgrades, und damit um die Frage: Was vermag der Mensch, und wo beginnt das „eingegossene Gebet", das der Mensch nicht machen kann? Damit rührt sie ein damals umstrittenes Thema an, so daß Luis de León in seiner zweiten Ausgabe von 1599 hier eine lange Randbemerkung anfügte. Auch heutzutage ist diese Frage aktuell, wenn wir an die verschiedenartigen Bemühungen der Menschen denken, sich eine „Gotteserfahrung" zu verschaffen, sei es durch entsprechende Übungen oder gar mit Hilfe von Drogen.

dem Erkenntnisvermögen erworben ist, wiewohl man sich das weder verdienen noch erwerben kann, es sei denn Gott schenkt es. Es steht einem Menschen, den Gott nicht höher als bis hierher erhoben hat,[3] gut an, nicht zu versuchen hinaufzugehen, denn, und das ist sehr zu beachten, es wird ihn nicht weiterbringen als nur ins Verderben.

2. In diesem Stadium kann er viele Akte setzen, um zum Entschluß zu kommen, viel für Gott zu tun und Liebe zu erwecken, und weitere, um den Tugenden zum Wachstum zu verhelfen, entsprechend dem, was ein Buch mit dem Titel *Die Kunst, Gott zu dienen*[4] sagt, das für solche, die in diesem Stadium sind, sehr gut und geeignet ist, denn hier arbeitet der Verstand.[5] Er kann sich vorstellen, bei Christus zu sein, und es sich zur Gewohnheit machen, sich sehr in seine heilige Menschheit zu verlieben, ihn immerfort bei sich zu haben und mit ihm zu sprechen, ihn in seinen Nöten zu bitten, sich in seinen Plagereien bei ihm zu beklagen, in glücklichen Stunden sich mit ihm zu freuen und ihn deswegen nicht zu vergessen, ohne sich um vorformulierte Gebete zu bemühen, sondern mit Worten, wie sie seinen Wünschen und seinem Bedürfnis entsprechen.[6]

Dies ist ein ausgezeichnetes Mittel, um voranzukommen, und dazu in sehr kurzer Zeit. Wer sich darum bemüht, diese erlesene Gesellschaft bei sich zu haben, und viel Nutzen daraus zieht und zu diesem Herrn, dem wir so viel verdanken, echte Liebe faßt, den halte ich für fortgeschritten.

---

[3] Zu keinem höheren Gebetsgrad.

[4] *Arte para servir a Dios* des Franziskaners Alonso de Madrid. Dieses Werk ist zum ersten Mal 1521 in Sevilla erschienen, weiterhin 1526, 1530, 1542, 1551, 1555, 1570; selbst im 20. Jahrhundert wurde es mehrfach neu aufgelegt, zuletzt in der Reihe „Místicos Franciscanos Españoles", Bd. 1, 82–213, mit einer Einführung von P. Juan Bautista Gomis.

[5] D. h. es ist ein Gebet oder ein Stadium, in dem der Verstand arbeitet, auf zweifache Weise, wie die Autorin meint: Einmal indem er nachdenkt (aktiv), und dann, indem er empfängt (passiv).

[6] Ähnlich in CV 26,3–6. Eine sehr anschauliche Beschreibung von *innerem Beten*, die zeigt, daß bei Teresa *Beten* identisch ist mit *Leben*, und daß es für jeden möglich ist, Schritt für Schritt.

3. Deswegen soll es uns, wie ich schon gesagt habe,[7] nichts ausmachen, wenn wir keine Andacht verspüren, sondern wir sollen dem Herrn danken, daß er uns voller Sehnsucht sein läßt, um ihm Freude zu machen, auch wenn unsere Werke armselig sind. Dieses Hilfsmittel, Christus bei sich zu haben, ist in allen Gebetsstadien von Nutzen und ein ganz sicheres Mittel, im ersten Stadium Schritt für Schritt voranzukommen und das zweite Stadium bald zu erreichen, und auch in den letzteren vor den Gefahren sicher zu sein, die der Böse bereiten kann.

4. Das ist das, was wir vermögen. Doch darüber hinauszugehen und den Geist zu erheben, um Wohlgefühle zu empfinden, wenn sie nicht gegeben werden, das bedeutete meines Erachtens, sowohl das eine als auch das andere zu verlieren, denn das ist etwas Übernatürliches;[8] und wenn der Verstand ausgeschaltet ist, bleibt die Seele verlassen und in großer Trockenheit zurück. Und da dieses gesamte Gebäude auf Demut gegründet ist, muß diese Tugend um so mehr wachsen, je näher man zu Gott kommt; wenn nicht, geht alles verloren. Es sieht aber nach einer gewissen Art von Hochmut aus, wenn wir selbst höher hinauswollen, denn in Anbetracht dessen, was wir sind, macht Gott schon mehr als genug, indem er uns zu sich heranholt.

Das ist aber nicht so zu verstehen, als würde ich vom Erheben der Gedanken zum Nachsinnen über erhabene Dinge des Himmels und Gottes oder über die Großtaten, die es dort gibt, sprechen, sowie über seine große Weisheit. Obwohl ich das selbst niemals getan habe (da ich dafür – wie ich gesagt habe[9] – kein Geschick hatte und so erbärmlich dran war, daß Gott mir allein schon beim Denken an irdische Dinge die Gnade erwies, diese Wahrheit einzusehen, was schon kein geringes Wagnis war, um wie viel mehr bezüglich der himmlischen), dürften andere Menschen Nutzen davon haben, vor

---

[7] Siehe V 11,13f.
[8] Vgl. Anm. zur Überschrift dieses Kapitels. *Übernatürlich* bedeutet in der Terminologie Teresas nicht das gleiche wie heute, sondern meint *mystisch*, d. h. von Gott *eingegossen*. Siehe auch Anhang I.
[9] Vgl. V 9,5.

allem wenn sie studiert haben, denn das ist nach meinem Dafürhalten bei dieser Übung ein großer Schatz, sofern sie Demut haben. Vor einigen Tagen habe ich das an einigen Studierten festgestellt, die erst vor kurzem mit dem inneren Beten begonnen und sehr große Fortschritte gemacht haben;[10] das läßt mich große Sehnsucht empfinden, daß doch viele zu Spirituellen[11] werden möchten, wie ich später noch sagen werde.

5. Wenn ich also sage: ‚Sie sollen sich nicht erheben, bis Gott sie erhebt‘, so ist das spiritueller Sprachgebrauch.[12] Wer auch nur ein bißchen Erfahrung hat, wird mich verstehen, denn, falls man es so nicht versteht, anders ausdrücken kann ich es nicht. In der mystischen Theologie, von der ich zu sprechen begann,[13] gibt der Verstand seine Tätigkeit auf, weil Gott ihn aufhebt, wie ich später noch genauer erklären werde, falls ich es denn fertigbringe und er mir seine Hilfe dazu gibt. Den Anspruch zu erheben oder zu meinen, daß wir ihn von uns aus aufheben, das ist es, was man, wie ich sage, nicht tun soll, noch soll man aufhören, mit ihm tätig zu sein, denn sonst würden wir dumm und gefühllos und täten weder das eine noch

---

[10] Wenn wir davon ausgehen, daß diese Zeilen nach 1562, vermutlich 1564 oder sogar erst Ende 1565 geschrieben wurden, dürften hier folgende geistliche Berater und Mitarbeiter Teresas gemeint sein: Pedro Ibáñez; Domingo Báñez; der unmittelbare Adressat des Manuskriptes, García de Toledo; Magister Daza; Baltasar Álvarez; der Bischof von Ávila, Don Álvaro de Mendoza; und einige weitere Personen.

[11] Die „Studierten" (letrados) mögen „Spirituelle" (espirituales) werden, das ist Teresas Wunsch; vgl. V 33,5f; 34,6ff; CV 3. Da scheint die damalige Situation durch, die zu einer Art Bürgerkrieg zwischen diesen beiden Gruppen ausgeartet war, was dann wiederum die zum Teil harte Reaktion der Inquisition hervorrief. Siehe dazu den Gegensatz zwischen Melchor Cano und Bartolomé Carranza de Miranda (siehe U. Dobhan, Gott – Mensch – Welt, 89–94).

[12] D.h., es ist ein Terminus, der bei den espirituales oder Mystikern vorkommt, wie den von Teresa gelesenen Autoren Francisco de Osuna, Tercer Abecedario XI, 8, und Bernardino de Laredo, Subida al Monte Sión III, 41 (siehe Einführung).

[13] Siehe V 10,1 mit der dortigen Anm.; vgl. ferner auch V 11,5 und Anhang I. An dieser Stelle wird sehr deutlich, daß Teresa diesen Begriff – im Zuge des Areopagiten und dem spirituellen Sprachgebrauch ihrer Zeit entsprechend – synonym mit Kontemplation verwendet.

das andere. Wenn aber der Herr ihn aufhebt und stillhalten läßt, gibt er ihm, was ihn in Erstaunen und Beschäftigung versetzt, und dann versteht er ohne diskursives Nachdenken in einem *Credo*[14] mehr als wir mit all unseren menschlichen Bemühungen in vielen Jahren verstehen können. Aber die Seelenvermögen[15] zu beschlagnahmen und zu glauben, daß wir sie zum Verstummen bringen, ist Unsinn.

Ich sage es nochmals, daß das nicht gerade von großer Demut zeugt, auch wenn man nicht darum weiß. Mag auch keine Schuld dabei sein, so ist doch Schmerz mit dabei, weil es vergebliche Mühe ist, und der Seele bleibt ein bitterer Nachgeschmack, wie einem, der losspringen will, aber von hinten zurückgehalten wird. Denn er hat offensichtlich schon seine Kraft eingesetzt, und entdeckt nun, daß er nicht erreicht hat, was er mit ihr vollbringen wollte. Und am geringen Gewinn, der einem bleibt, wird jeder, der darauf achten wollte, diesen winzigen Mangel an Demut, von dem ich sprach,[16] ablesen können. Das zeichnet diese Tugend nämlich aus, daß es keine Tätigkeit gibt, mit der sie einhergeht, die die Seele niedergedrückt zurückläßt.

Ich glaube, daß ich es verständlich ausgedrückt habe, aber vielleicht gilt das nur für mich. Der Herr möge denen, die dies lesen sollten,[17] durch Erfahrung die Augen öffnen, denn so gering diese auch sein mag, werden sie es doch gleich verstehen.

6. Jahrelang erging es mir so, daß ich vieles las und nichts davon verstand. Und lange Zeit konnte ich auch, obwohl der Herr es mir schenkte, mit keinem Wort etwas davon ausdrücken, um es verständlich zu machen, was mir keine geringe

---

14 Ein weiteres Zeitmaß der damaligen sakralisierten Gesellschaft; vgl. auch V 4,7 mit der dortigen Anm.

15 *potencias*, siehe Anhang I.

16 V 12,4.

17 Offensichtlich rechnet Teresa hier trotz ihrer Beteuerungen in V 10,7ff damit, daß ihr Werk eines Tages auch von einer größeren Leserschaft als den ursprünglichen Adressaten gelesen wird. Vielleicht können wir in diesen unterschiedlichen Äußerungen verschiedene Entstehungsschichten der *Vida* sehen.

Qual gekostet hat. Wenn Seine Majestät will, lehrt er einen im
Nu alles, so daß ich mich wundere.

Eines kann ich in aller Wahrheit sagen: Auch wenn ich mit
vielen spirituellen Menschen gesprochen habe, die mir verständlich machen wollten, was mir der Herr schenkte, damit
ich es ihnen darzulegen verstünde, so ist doch gewiß, daß meine Dummheit so groß war, daß es mir weder wenig noch viel
nützte; oder aber der Herr wollte, da Seine Majestät immer
mein Lehrmeister gewesen ist,[18] daß ich niemandem zu danken hätte (er sei für alles gepriesen, denn es bestürzt mich
schon sehr, dies wahrheitsgemäß sagen zu dürfen). Und ohne
es zu wollen, noch zu erbitten (denn in diesem Punkt, wo es
eine Tugend gewesen wäre, war ich nie wißbegierig, in bezug
auf andere Nichtigkeiten wohl), schenkte es mir Gott in einem
Augenblick, es in aller Deutlichkeit zu verstehen und ausdrücken zu können,[19] so daß sich meine Beichtväter wunderten und ich noch mehr, denn ich kannte meine Dummheit
besser. Das ist erst seit kurzem so; daher bemühe ich mich
auch um nichts, was der Herr mich nicht gelehrt hat, es sei
denn, um das, was mein Gewissen betrifft.

7. Ich weise noch einmal daraufhin, daß es ganz wichtig ist,
‚den Geist nicht selbst zu erheben, wenn ihn nicht der Herr
erhebt‘. Was damit gemeint ist, versteht man dann schon. Besonders bei Frauen ist das noch schlimmer, weil da der Böse
irgendeine Illusion hervorrufen könnte;[20] allerdings bin ich mir

---

18 Vgl. V 39,8.
19 Von ihrer Unfähigkeit, sich ausdrücken zu können, spricht die Autorin auch
   in V 13,11–12. Mit feinem psychologischem Gespür unterscheidet sie an dieser Stelle zwischen der Fähigkeit, die eigenen inneren Erfahrungen zu verstehen, und der, sie auch noch ausdrücken zu können; siehe auch V 17,5, wo sie
   von den drei Phasen im mystischen Erkenntnisvorgang spricht: erfahren, verstehen, sich ausdrücken. Vgl. ferner V 30,4 und 4M 1,1.
20 Als kluge Taktikerin greift Teresa hier den klassischen Einwand auf, der häufig gegen Frauen vorgebracht wurde, um ihnen den Zugang zum inneren Beten
   zu verwehren: ihre angeblich größere Anfälligkeit für Illusionen. Scheinbar
   gibt sie den Kritikern also recht, jedoch nur, um deren Einwand gleich zu entkräften, daß nämlich nur die gefährdet sind, denen es an Demut fehlt.

sicher, daß der Herr ihm nicht gewährt, jemandem zu schaden, der bemüht ist, in Demut zu ihm zu kommen, im Gegenteil, er wird gerade von daher, wo der Böse ihn ins Verderben zu führen glaubte, am meisten Nutzen und Gewinn haben. Weil dieser Weg an den Anfängen[21] am häufigsten begangen wird und die Ratschläge, die ich gegeben habe, sehr wichtig sind, habe ich mich dabei so lange aufgehalten. Anderswo wird man es viel besser beschrieben haben, das gebe ich zu, ebenso, daß ich es mit großer Bestürzung und Beschämung beschrieben habe, wenn auch nicht mit so viel, wie ich hätte haben sollen. Es sei der Herr für alles gepriesen, daß er so eine wie mich mag und zustimmt, daß sie über seine so großartigen und erhabenen Angelegenheiten spricht.

---

[21] Gemeint ist das erste Gebetsstadium.

KAPITEL 13

*Sie fährt fort mit diesem ersten Stadium und gibt
Ratschläge gegen einige Versuchungen, die der Böse für
gewöhnlich einflüstert. – Sie gibt Ratschläge dagegen. –
Das ist sehr hilfreich.*

1. Mir schien es angebracht, einige Versuchungen zu nennen,
die man, wie ich beobachtet habe, am Anfang hat, und wovon
ich auch einige hatte, sowie zu Dingen, die mir notwendig
erscheinen, einige Ratschläge zu erteilen.

Nun also, man bemühe sich am Anfang, seinen Weg in Freude und Freiheit zu gehen, denn es gibt so manche Leute, die
meinen, daß ihnen gleich alle Frömmigkeit abhanden kommen
müsse, wenn sie ein bißchen unbesorgt sind. Dabei ist es gut,
vor sich selbst auf der Hut zu sein, um weder selten noch
häufig auf sich zu bauen und sich Gelegenheiten auszusetzen,
in denen man für gewöhnlich Gott beleidigt, denn das ist ganz
nötig, solange man in der Tugend nicht ganz fest steht; und es
gibt nicht viele, die so gefestigt wären, daß sie bei Gelegenheiten, die ihrer Natur entgegenkommen, unachtsam sein dürfen,
denn solange wir am Leben sind, ist es schon aus Demut gut,
unsere armselige Natur gut zu kennen.[1] Doch gibt es viele Dinge,
in denen man, wie ich sagte,[2] Erholung suchen darf, und sei
es, um dann gestärkt zum inneren Beten zurückzukehren. In
allem ist kluge Unterscheidung nötig.

2. Und großes Vertrauen zu haben,[3] denn viel ist daran gelegen,
unsere Wünsche nicht klein zu halten,[4] sondern es Gott zu

---

[1] Selbsterkenntnis im Sinne von Anerkennen der Realität – in Teresas Terminologie *Demut* – ist eine der Grundhaltungen ihrer Spiritualität (CV 4,4). Man
beachte, daß sie als erstes „*Freude und Freiheit*" nennt, die durch ein geistliches
Leben verstärkt und nicht verringert werden sollen.
[2] Siehe V 11,15f.
[3] Teresa hat die Kapitel nicht unterteilt, was an dieser Stelle gut zu sehen ist,
denn grammatikalisch hängt dieser Satz von *es menester – es ist nötig* des vorhergehenden Satzes ab.
[4] Vgl. V 13,4.

glauben, daß wir, zwar nicht gleich, aber doch Schritt für Schritt mit seiner Hilfe dasselbe erreichen können, wie viele Heilige, wenn wir uns nur bemühen. Wenn die sich nämlich nicht entschlossen hätten, danach zu verlangen und es Schritt für Schritt zu verwirklichen, wären sie nicht zu einer so hohen Verfassung aufgestiegen. Seine Majestät mag mutige Seelen und ist ein Freund von ihnen, sofern sie ihren Weg in Demut gehen und nicht auf sich selbst bauen.[5] Von diesen habe ich noch keine erlebt, die auf diesem Weg unten geblieben wäre, aber auch noch keine unter dem Vorwand von Demut feige Seele, die in vielen Jahren soweit gekommen wäre, wie jene ersteren in ganz wenigen. Ich bin erstaunt, wie viel es auf diesem Weg ausmacht, ob man sich zu großen Dingen aufschwingt; auch wenn die Seele nicht gleich große Kräfte hat, so setzt sie doch zum Flug an und kommt weit voran, auch wenn sie – einem kleinen Vogel gleich, der noch nicht flügge ist – ermüdet und eine Weile verschnauft.

3. Ich hielt mir früher oft vor Augen, was der hl. Paulus sagt, daß man *in Gott alles vermag* (Phil 4,13). In mir, das hatte ich gut verstanden, vermochte ich nichts. Und das hat mir sehr genützt,[6] ebenso was der hl. Augustinus sagt: *Schenke mir, Herr, was du mir aufträgst, und trage mir auf, was du willst.*[7] Ich dachte oftmals, daß der hl. Petrus nichts verlor, als er sich in den See warf, auch wenn er nachher Angst bekam (Mt 14,30). Diese anfänglichen Entschlüsse sind etwas Großes, auch wenn es in diesem ersten Stadium notwendig ist, mit mehr Zurückhaltung und gebunden an die Klugheit und die Meinung eines Lehrmeisters voranzugehen; doch möge man darauf schauen, daß er ein solcher ist, und uns nicht den Krötengang lehrt, und sich damit zufriedengibt, daß sich die Seele bloß zum Fangen

---

5 Siehe dazu V 9,3 mit der dortigen Anm.
6 Eine wichtige Bemerkung, wenn man bedenkt, daß Teresa ständig mit dem Mißtrauen ihrer geistlichen Berater konfrontiert war, die meinten, daß bei ihr alles vom Bösen käme.
7 *Confessiones* 10,29: „*Da quod iubes et iube quod vis.*"

von Eidechslein anschickt.[8] Stets gehe die Demut voran, um klar zu haben, daß diese Kräfte nicht aus unseren hervorgehen![9]

4. Doch ist es notwendig zu verstehen, wie diese Demut sein soll, denn ich glaube, daß der Böse großen Schaden anrichtet, damit Menschen, die das innere Beten üben, nicht sehr vorankommen, indem er sie zu einem falschen Verständnis von Demut führt. Er läßt es uns nämlich als Hochmut erscheinen, große Wünsche zu hegen, die Heiligen nachahmen zu wollen und sich nach dem Martyrium zu sehnen. Dann sagt er oder gibt er uns zu verstehen, daß die Taten der Heiligen zwar zu bewundern, aber für uns, die wir Sünder sind, nicht zu verwirklichen seien.

So etwas behaupte ich zwar auch, doch müssen wir zusehen, was zum Bestaunen und was zum Nachahmen ist. Es wäre nämlich nicht gut, wenn ein schwächlicher und kränklicher Mensch sich auf viel Fasten und rauhe Bußübungen verlegte und in eine Wüste ginge, wo er weder schlafen könnte noch etwas zu essen hätte, oder Ähnliches mehr. Wohl aber, zu bedenken, daß wir uns mit Gottes Hilfe anstrengen können, um zu einer großen Geringschätzung der Welt[10] zu kommen, Prestigedenken nicht zu schätzen und nicht am Besitz zu hängen, denn wir haben so enge Herzen, daß wir glauben, es würde uns die Erde unter den Füßen wegbrechen, wenn wir nur ein bißchen weniger Sorge für unseren Leib aufwenden wollen, um sie dem Geist zu geben. Bald gilt es als Hilfe zur Sammlung, mit allem Notwendigen recht gut versorgt zu sein, weil Sorgen beim Beten beunruhigen.

Daran bedrückt mich, daß wir so wenig Gottvertrauen und soviel Eigenliebe haben, daß uns diese Sorge beunruhigt. Und

---

[8] Damit sind unwichtige Einzelheiten gemeint, wie etwa der Erfüllung kleinlicher asketischer Vorschriften zuviel Gewicht beizumessen.

[9] Die Anerkennung der eigenen begrenzten und unzulänglichen Situation, die Demut also, und zugleich der Glaube an den liebenden Gott führen zu Gelassenheit und befreien von Angst und Streß, und nicht der damals als Reformideal angesehene Rigorismus.

[10] Erneut im Sinne einer Lebenseinstellung, die mehr auf materielle Werte wie Besitz, Konsum, Macht, Ansehen usw. als auf spirituelle Werte setzt; siehe auch Anhang I.

es ist sogar so, daß da, wo der Geist so unterentwickelt ist
wie das, ein paar Kleinigkeiten uns genauso viel Not bereiten
wie anderen Leuten große und schwerwiegende Dinge. Und
dann erheben wir in unserem Kopf den Anspruch, geistliche
Menschen zu sein!

5. Es kommt mir jetzt diese Art des Vorangehens so vor, als
wolle man zwischen Leib und Seele ein Abkommen schließen,
um hier nicht die Ruhe einzubüßen und sich im Jenseits an
Gott zu freuen. So wird es auch sein, wenn man in Gerechtigkeit wandelt und wir auf Tugend gegründet vorangehen; aber
es ist ein Schneckentempo[11]. Damit gelangt man nie zur Freiheit des Geistes. Es scheint mir das eine recht gute Vorgehensweise für den Stand der Verheirateten, die ihren Weg ihrem
Ruf entsprechend gehen müssen;[12] für den anderen Stand aber
wünsche ich mir keinesfalls diese Art des Fortschritts, und man
wird mich nicht zur Meinung bringen, daß sie in Ordnung ist,
denn ich habe sie ausprobiert, und es stünde immer noch so
mit mir, wenn der Herr in seiner Güte mir nicht eine andere
Wegabkürzung gezeigt hätte.[13]

6. Auch wenn ich in Bezug auf Wünsche nie kleinlich war,[14]
strebte ich doch das an, was ich schon sagte: Gebet halten wohl,
aber leben nach meiner Lust und Laune. Ich glaube, wenn ich
jemanden gehabt hätte, der mich zum Fliegen gebracht hätte,[15]
dann hätte ich mich mehr darauf verlegt, daß diese Wünsche

---

[11] Wörtlich: Hühnerschritt (*paso de gallina*), d.h. ein sehr langsames Tempo im
Gegensatz zum Fliegen, von dem in V 13,6 die Rede sein wird, oder auch zur
„Wegabkürzung", von der die Autorin am Ende dieses Absatzes spricht.

[12] Teresa zeigt sich hier nicht frei von dem bis heute verbreiteten Vorurteil, daß der
Ordensstand als *Stand der Vollkommenheit* höher zu bewerten sei als der Ehestand.

[13] Nämlich den des Vertrauens und der mutigen Entschlossenheit, von denen in
V 13,2 die Rede war. In CV 22–23 wird Teresa diesen Weg mit aller Entschiedenheit empfehlen; vgl. ferner auch V 22,11 und 5M 3,4.

[14] Das bezeugt Teresa immer wieder von sich; vgl. V 6,9; 30,17; R 1 und R 3;
Cp 2,29.

[15] Erneut beklagt sich die Autorin darüber, daß sie jahrelang ohne geeigneten
geistlichen Begleiter auskommen mußte; vgl. auch V 4,7.9; 13,14.16.19; 14,7;
19,15; 22,3; 40,8.

zur Tat geworden wären. Aber es gibt – wegen unserer Sünden –
so wenige, geradezu abgezählte, die in dieser Hinsicht keine
übertriebene Vorsicht walten lassen, daß das, glaube ich, oft
genug der Grund ist, warum die Anfänger nicht schneller zu
hoher Vollkommenheit gelangen. Der Herr fehlt uns nämlich
nie, noch liegt es an ihm; wir sind es, die es fehlen lassen und
armselig sind.

7. Auch kann man die Heiligen nachahmen, indem man sich
um Alleinsein und Schweigen und viele weitere Tugenden bemüht, die unsere leidigen Leiber keineswegs umbringen werden,
die so rücksichtsvoll gepflegt werden wollen, daß sie mit der
Seele rücksichtslos umgehen.[16] Und der Böse hilft sehr mit, sie
untauglich zu machen, sobald er nur ein wenig Angst bemerkt;
er braucht weiter nichts, um uns glauben zu machen, daß alles
uns umbringen und die Gesundheit ruinieren wird; sogar beim
Vergießen von Tränen läßt er uns befürchten, zu erblinden. Ich
bin da selbst hindurchgegangen und darum weiß ich es; doch
weiß ich nicht, ob wir uns Sehkraft oder Gesundheit zu etwas
Besserem wünschen können, als sie aus diesem Grund zu verlieren.

Da ich so kränklich bin, war ich immer gebunden, ohne etwas
zu vermögen, bis ich mich entschloß, mir aus meinem Leib oder
meiner Gesundheit nichts mehr zu machen, und auch jetzt
schaffe ich nur wenig. Da Gott aber wollte, daß ich diese List
des Bösen durchschaute, sagte ich, als dieser mir vor Augen
führte, daß ich meine Gesundheit einbüßen würde: ‚Was macht
es schon, wenn ich sterbe‘; oder wenn es hieß, meine Ruhe:
‚Ich brauche keine Ruhe, sondern das Kreuz‘, und so auch bei
anderen Dingen.

Ich sah klar, daß es sich, obwohl ich tatsächlich ziemlich
krank bin, in sehr vielen Fällen um eine Versuchung des Bösen
oder um meine Schwächlichkeit handelte.[17] Seitdem ich mich

---

[16] Vgl. auch 2M 5–7.

[17] Angesichts der Allgegenwart des Bösen in der damaligen sakralisierten Gesellschaft ist diese Relativierung beachtlich. Siehe auch V 8,7; F 5,12.14; 17,16;
29,2.5; 4M 1,14; 5M 2,9; 6M 1,8; 2,5; usw.

nicht mehr so pflege und verwöhne, bin ich nämlich viel gesünder.[18]

So liegt am Anfang, wenn man mit dem inneren Beten beginnt, viel daran, mutlosen Gedanken nicht nachzugeben, und das möge man mir glauben, denn ich weiß es aus Erfahrung. Und damit man von meinem Beispiel lerne, könnte es sogar hilfreich sein, diese meine Fehler aufzuzählen.

8. Eine weitere Versuchung kommt dann für gewöhnlich dazu, nämlich den Wunsch zu hegen, daß doch alle sehr geistlich wären, kaum daß man beginnt, sich der Ruhe und des Gewinns zu erfreuen, die das bedeutet. Das zu wünschen, ist nicht verkehrt, aber sich damit abzutun, könnte ungut ausgehen, wenn es nicht mit viel Klugheit und Geschick geschieht, und man so vorgeht, daß es nicht wie Belehrung aussieht. Denn wer immer in diesem Bereich irgendwie von Nutzen sein sollte, muß sehr gefestigt sein in den Tugenden, damit er für andere nicht zur Versuchung wird.

Das ist mir passiert – und deshalb verstehe ich es –, als ich mich, wie ich gesagt habe,[19] darum bemühte, daß andere Schwestern inneres Beten hielten. Da sie mich einerseits große Reden führen sahen, welch hohes Gut es bedeute, inneres Beten zu halten, andererseits aber die Armseligkeit meiner Tugenden erlebten, versetzte es sie in Versuchung und Verwirrung, daß ich es übte, und das aus gutem Grund! Später sind sie zu mir gekommen und haben es mir gesagt. Sie verstanden nämlich nicht, wie sich das eine mit dem anderen vertragen konnte, und das war der Grund, weshalb sie manches, was in sich schlecht war, nicht als schlecht betrachteten, weil sie sahen, daß ich es gelegentlich tat, wo ihnen manches an mir gut vorkam.

---

[18] Teresa wendet sich gegen eine Sorge um die Bedürfnisse des Leibes, die sie als übertrieben ansieht, weil sie das Streben nach Gott behindert. Jedoch betont sie ebenso häufig die Bedeutung der Gesundheit als Möglichkeit, für Gott tätig zu sein, und die Verantwortung des Menschen, für deren Erhaltung Sorge zu tragen. (B. Souvignier, *Die Würde des Leibes*, 271–278.) (B.S.)

[19] Siehe V 7,10ff.

9. Das wirkt der Böse, der sich offensichtlich der echten Tugenden, die wir haben, bedient, um damit so gut er nur kann das von ihm angestrebte Böse zu rechtfertigen. Mag es auch noch so geringfügig sein, so wird er doch großen Gewinn davon haben, wenn dies in einer Gemeinschaft vorkommt, um so mehr, als das Böse, das ich tat, sehr schlimm war. Und so hatten in vielen Jahren nur drei[20] Nutzen von dem, was ich ihnen sagte, während später, als der Herr mir schon mehr Kräfte in der Tugend gegeben hatte, innerhalb von zwei oder drei Jahren viele davon Nutzen hatten, wie ich später noch sagen werde.[21]

Aber abgesehen davon gibt es einen weiteren großen Nachteil, daß nämlich die Seele mit Verlust daraus hervorgeht. Denn am Anfang sollen wir uns vor allem darum bemühen, uns nur um uns selbst zu kümmern und uns bewußt zu machen, daß es auf der Erde nur Gott und die Seele gibt; das ist es, was ihr sehr zuträglich ist.[22]

10. Er flößt noch eine Versuchung ein (sie gehen alle mit Tugendeifer einher, was man verstehen und wovor man auf der Hut sein muß), nämlich Schmerz über die Sünden und Fehler, die man an anderen wahrnimmt. Der Böse macht vor, das sei nur Schmerz, der vom Wunsch kommt, daß Gott nicht beleidigt werde, und daß es einem um seine Ehre leid täte, und dem möchten sie gleich abhelfen. Das löst soviel innere Unruhe aus, daß es für das Beten hinderlich ist; und der größte Schaden ist noch, zu denken, daß es Tugend und Vollkommenheit und großer Eifer für Gott ist.

---

[20] Der Randbemerkung von P. Gracián zufolge seien dies die Mitschwestern Teresas im Menschwerdungskloster zu Ávila María de San Pablo, Ana de los Ángeles und María de Cepeda gewesen.

[21] Siehe V 32–36.

[22] Dies ist nicht heilsindividualistisch mißzuverstehen. Teresa hebt immer wieder hervor, daß der Prüfstein für die Gottesliebe die Liebe zum konkreten Mitmenschen ist; siehe etwa 5M 3,8. Hier geht es jedoch um die Selbstüberschätzung der Anfänger, die anderen helfen wollen, bevor sie selbst im geistlichen Leben gefestigt sind, und damit letztlich sich und den anderen schaden. Es geht also auch hier wieder um *Anerkennung der Realität*, d.h. um Demut.

Ich lasse einmal die Schmerzen beiseite, die uns öffentliche Sünden in einer Ordensgemeinschaft bereiten, – falls solche zur Gewohnheit geworden wären –, oder Schäden an der Kirche durch diese Häresien,[23] wo wir so viele Seele verloren gehen sehen; das ist ein sehr angebrachter Schmerz, und weil er angebracht ist, löst er keine innere Unruhe aus. Der sichere Weg für einen Menschen, der inneres Beten hält, ist folglich, sich um nichts und niemanden zu kümmern und mit sich selbst ins Reine zu kommen und Gott zufriedenzustellen.[24] Das ist sehr wichtig, denn was wäre, wenn ich alle Irrtümer aufzählen müßte, die ich im Vertrauen auf die gute Absicht begehen sah …![25]

Versuchen wir also immer, auf die Tugenden und die guten Dinge zu achten, die wir an anderen wahrnehmen, und ihre Mängel mit unseren großen Sünden zuzudecken.[26] Das ist eine Vorgehensweise, durch die man, auch wenn man sie nicht gleich in Vollkommenheit beherrscht, allmählich große Tugend gewinnt, nämlich alle anderen für besser zu halten als uns selbst; so geht man allmählich mit Gewinn daraus hervor, mit Gottes Hilfe, die in jeder Hinsicht nötig ist, denn wenn die fehlt, sind alle Bemühungen umsonst; bitten wir ihn, daß er uns diese Tugend schenkt, und vollbringen wir sie mit ihr, dann fehlt sie niemandem.[27]

11. Und auch folgenden Ratschlag sollten die beachten, die mit dem Verstand[28] viel nachdenken, indem sie aus einem Thema viele Einzelthemen und viele Gedanken herausholen. Denen,

---

[23] Erneute Anspielung auf die Reformation; vgl. V 7,4 mit der dortigen Anm.

[24] Erneut geht es nicht um Heilsindividualismus, sondern um den Verzicht auf die Beschäftigung mit den angeblichen Fehlern anderer, was letztlich nicht nur dem eigenen Seelenfrieden, sondern auch dem Frieden untereinander dient. In demselben Sinn ist es zu verstehen, wenn Johannes vom Kreuz schreibt, daß man *„im Kloster so leben soll, als ob da sonst niemand mehr lebte"* (Av 2).

[25] Der erste Herausgeber Luis de León ergänzte: *„dann käme ich an kein Ende."*

[26] Dazu rät Teresa immer wieder; vgl. etwa 5M 3,11.

[27] Diese Zusammenarbeit des Menschen mit Gott ist Teresa wichtig, nämlich unsere Bemühungen mit der von Gott geschenkten Tugend zu vollbringen.

[28] *Entendimiento*: Verstand bzw. (im technischen Sinn) Erkenntnisvermögen; siehe Anhang I.

die mit dem Verstand nicht arbeiten können, wie ich es nicht konnte,[29] braucht man nur zu raten, Geduld zu haben, bis der Herr ihnen etwas zu ihrer Beschäftigung gibt und Licht dazu, denn diese bringen von sich aus so wenig fertig, daß ihr Verstand sie eher behindert als daß er ihnen hilft.

Um nun aber zu denen zurückzukehren, die diskursiv denken, so meine ich, daß für sie nicht die ganze Zeit darin bestehen sollte; denn auch wenn das sehr verdienstvoll ist, meinen sie, – weil es eine köstliche Gebetsweise ist –, daß es keinen Sonntag braucht oder eine Pause, die nicht Arbeit bedeutet. Das kommt ihnen gleich wie verlorene Zeit vor, während ich diesen Verlust für einen großen Gewinn halte. Sie sollen sich im Gegenteil – wie ich gesagt habe –[30] in die Gegenwart Christi versetzen und, ohne den Verstand zu ermüden, im Gespräch mit ihm verweilen und sich an ihm freuen, ohne sich mit dem Ausdenken von Überlegungen zu ermüden, ihm vielmehr ihre Nöte benennen und den Grund, den er eigentlich hätte, um uns nicht bei sich zu dulden: eine Zeitlang dies, und dann jenes, damit die Seele nicht müde wird, immer nur dieselbe Speise zu essen. Diese Speisen sind sehr schmackhaft und bekömmlich, wenn der Gaumen sich einmal daran gewöhnt, davon zu essen; sie haben viel Nahrhaftes in sich, um der Seele Leben zu spenden, und vielerlei Gewinn.[31]

12. Ich will mich noch besser erklären, denn diese Dinge bezüglich des inneren Betens sind insgesamt schwierig und, wenn man keinen Lehrmeister findet,[32] sehr schwer zu verstehen. Das bringt es mit sich, daß meine Dummheit außerstande ist, etwas, dessen richtige Darstellung so wichtig wäre, in ein paar Worten zu sagen und verständlich zu machen, auch wenn ich

---

[29] Vgl. V 4,7.

[30] Siehe V 12,2.

[31] Indem Teresa Bilder aus dem Bereich der Körpervorgänge verwendet, steht sie in einer langen christlichen Tradition seit den Tagen der frühen Kirche. Ihre Wertschätzung der leiblichen Existenz zeigt sich ebenso darin wie ihre lebenspraktische, konkrete Wesensart. (B. S.)

[32] Vgl. V 4,7, wo sich die Autorin darüber beklagt hatte, daß sie zwanzig Jahre lang keinen geeigneten Lehrmeister gefunden hätte.

mich kurz fassen möchte und es für den klaren Verstand dessen, der mir auftrug,[33] diese Dinge über das innere Beten aufzuschreiben, genügen würde, sie nur anzutippen. Da ich selbst soviel durchgemacht habe, tun mir diejenigen leid, die nur mit Hilfe von Büchern anfangen,[34] denn es ist schon auffallend, wie anders als dieses man das versteht, was man nachher auf Grund von Erfahrung einsieht.[35]

Um nun aber zu dem zurückzukehren, was ich sagte:[36] Wir machen uns also daran, über einen Abschnitt aus der Leidensgeschichte nachzudenken, sagen wir als der Herr an der Säule angebunden war. Der Verstand geht daran, nach Gründen zu suchen, die er dort verstehen kann, die großen Schmerzen und das Leid, das Seine Majestät in jener Verlassenheit durchgemacht haben mag, und noch viele andere Dinge, die der Verstand, wenn er tätig ist, daraus erschließen kann. Was, wenn er studiert ist …! Es ist die Gebetsweise, auf die alle am Anfang, in der Mitte und am Schluß zurückgreifen sollen, und er ist ein ganz ausgezeichneter und sicherer Weg, bis der Herr sie zu anderen, übernatürlichen[37] Dingen geleitet.

13. Ich sage ‚alle‘, weil es viele Menschen gibt, die mehr Nutzen von anderen Meditationen haben als von der über die heilige Leidensgeschichte; denn so wie es *im Himmel viele Wohnungen gibt* (Joh 14,2), gibt es auch viele Wege.[38] Manche ziehen Nutzen aus Überlegungen über die Hölle, andere über den Himmel, die es dann niedergeschlagen macht, an die Hölle zu denken, wieder andere über das Sterben. Manche ermüdet es

---

[33] Vermutlich ist es wieder García de Toledo, dem Teresa hier liebevoll schmeichelt, während sie in Bezug auf sich wieder untertreibt.

[34] Vgl. V 4,7, und ferner V 7,20ff.

[35] Vgl. V 7,22. Wieder verweist Teresa auf ihre Erfahrung, was damals nicht ungefährlich war. Aber sie hat sich ja zuvor wieder zu ihrer „Dummheit" bekannt und die Überlegenheit der Männer anerkannt.

[36] In V 13,11 und oben in V 12,2.

[37] *Sobrenatural*, siehe Anm. zu V 11, tít und ferner Anhang I.

[38] Hier beginnt ein längerer Exkurs, der bis einschließlich V 13,21 geht; erst in V 13,22 setzt Teresa ihr praktisches Beispiel fort, wie es ein Anfänger mit dem inneren Beten halten könnte.

sehr, falls sie weichherzig sind, immer an die Leidensgeschichte zu denken, doch erfahren sie Wonne und Nutzen, wenn sie
Gottes Macht und Größe in seinen Geschöpfen und seine
Liebe zu uns betrachten, die in allen Dingen aufleuchtet. Das
ist eine wunderbare Art des Vorgehens, solange man die häufige Betrachtung des Leidens und Lebens Christi nicht unterläßt, denn er ist es, von dem uns alles Gute zugekommen ist
und zukommt.[39]

14. Es braucht, wer anfängt, Anweisung, um zu sehen, was ihm
am meisten nützt. Daher ist der Lehrmeister sehr notwenig,
wenn er nur erfahren ist, denn wenn er es nicht ist, kann er sich
sehr irren und eine Seele führen, ohne sie zu verstehen oder ihr
zu erlauben, sich selbst zu verstehen; da sie nämlich weiß, daß
es sehr verdienstvoll ist, einem Lehrmeister unterstellt zu sein,
wagt sie es nicht, von dem abzuweichen, was er ihr aufträgt.
Ich habe Menschen getroffen, die ganz eingepfercht und niedergedrückt waren, weil es demjenigen, der sie unterwies, an
Erfahrung fehlte, so daß sie mir leid taten; manch eine wußte
schon gar nicht mehr, was sie mit sich anfangen sollte. Denn
wenn diese den Geist[40] nicht verstehen, drücken sie Leib und
Seele nieder und halten den Fortschritt auf. Es besprach sich
mit mir eine, deren Lehrmeister sie seit acht Jahren festhielt
und ihr nicht erlaubte, aus der Selbsterkenntnis herauszugehen,
während sie der Herr schon im Gebet der Ruhe hielt; und
darum machte sie viel Not durch.

15. Allerdings sollte man das mit der Selbsterkenntnis nie aufgeben, noch gibt es auf diesem Weg eine Seele, die ein solcher
Riese ist, daß sie nicht oft wieder ein kleines Kind werden und
an der Brust trinken muß[41] (das darf man nie vergessen, und

---

[39] Vgl. auch V 11,9 mit der dort zitierten Parallelstelle bei Johannes vom Kreuz.
[40] Gemeint ist: die geistliche Erfahrung.
[41] Das Bild des Stillens begegnet bei Teresa mehrfach. Sie vergleicht den Betenden mit einem Kind; seine Muttermilch sei die Selbsterkenntnis. Hier findet
sich ein Bild von der Beziehung zwischen Mensch und Gott, das von weiblicher
Erfahrung geprägt ist. (Vgl. J. Burggraf, *Teresa von Avila. Humanität und Glaubensleben*, 383–385.) (B.S.)

ich werde es vielleicht noch öfter sagen, weil es sehr wichtig ist), weil es nämlich keine noch so erhabene Gebetsstufe gibt, auf der es nicht oft notwendig wäre, zum Anfang zurückzukehren. Und das mit den Sünden und der Selbsterkenntnis ist das Brot, das auf diesem Weg des inneren Betens zu allen Speisen gegessen werden muß, wie köstlich sie auch immer sein mögen, und ohne dieses Brot könnte man nicht am Leben bleiben.[42] Doch muß es mit Maß gegessen werden, denn nachdem eine Seele bereits sieht, daß sie bescheiden geworden ist, und klar erkennt, daß sie aus sich nichts Gutes hat und sich vor einem so großen König beschämt fühlt und sieht, wie wenig sie ihm vergilt für das viele, das sie ihm schuldet, was braucht sie dann hier noch ihre Zeit zu vertun? Vielmehr sollen wir dann zu anderen Dingen übergehen, die uns der Herr vor Augen führt, und es besteht kein Grund, diese zu lassen, denn Seine Majestät weiß besser als wir, welche Speise uns bekommt.

16. So ist es sehr wichtig, daß der Lehrmeister gescheit sei – ich meine, mit gutem Urteilsvermögen – und daß er Erfahrung habe. Wenn er dazu noch studiert ist, dann ist das ein glänzendes Geschäft. Wenn man aber diese drei Voraussetzungen nicht zusammen finden kann, sind die beiden ersten wichtiger,[43]

---

[42] Zur Selbsterkenntnis, siehe V 11,9 mit der dortigen Anm. und ferner CV 39,5; 1M 2,8; 6M 10,7 und viele weitere Stellen im Gesamtwerk. – Für das religiöse Klima des 16. Jahrhunderts ist es bezeichnend, daß ein Leser diese Stelle im Manuskript mit einem dicken Strich am rechten Seitenrand hervorhob, wohl weil er an der Orthodoxie der hier vorgetragenen Meinung zweifelte (wie wenn die Autorin hätte sagen wollen, daß man ohne das Brot der Selbsterkenntnis nicht im Stand der Gnade weilen könne). Zu übertriebener Vorsicht besteht hier jedoch kein Anlaß.

[43] Von einem geistlichen Begleiter erwartet Teresa also im Idealfall, daß er *klug, erfahren* (in V 5,3 heißt es: *fromm*) und *theologisch gebildet* sei. Wenn jemand erst mit dem inneren Beten beginnt, sind beim Begleiter vor allem die beiden ersten Eigenschaften unerläßlich, je weiter der Beter vorankommt, um so wichtiger wird auch das theologische Wissen des Begleiters, denn *„einer mit guten Studien hat mich noch nie in die Irre geführt"* (V 5,3); vgl. auch V 13,17, wo die Autorin noch mehr Gewicht auf das Gespräch mit theologisch Gebildeten legt als an dieser Stelle. Dieselben Voraussetzungen zählt auch Johannes vom Kreuz in seiner *Lebendigen Liebesflamme* auf, wenn er von einem geistlichen Begleiter *„Wissen, Unterscheidungsgabe und Erfahrung"* verlangt; siehe LB 3,30.

denn Studierte kann man sich immer noch holen, um sich mit ihnen auszutauschen, wenn man das brauchen sollte. Ich meine nur, daß an den Anfängen theologische Bildung wenig nützt, wenn sie kein inneres Beten halten. Ich will nicht sagen, daß sie sich mit Studierten nicht besprechen sollten, denn einen Geist, der sich nicht von Anfang an auf die Wahrheit stützt, hätte ich lieber ohne inneres Beten. Und es ist etwas Großes um die theologische Bildung, denn diese belehrt uns, die wir nicht viel wissen, und spendet uns Licht, und wenn wir dann zu den Wahrheiten der Heiligen Schrift gelangt sind, tun wir, was wir sollen. Vor unerleuchteter Frömmigkeit bewahre uns Gott![44]

17. Ich möchte mich noch näher erklären, denn ich glaube, daß ich mich jetzt in vieles einmische. Immer schon hatte ich diesen Fehler, mich nicht verständlich machen zu können – wie ich gesagt habe –,[45] es sei denn um den Preis vieler Worte. Da beginnt eine Schwester, inneres Beten zu halten. Wenn sie von einem Einfältigen geführt wird und dieser sich das so einbildet, wird er ihr zu verstehen geben, daß sie besser ihm als ihrem Oberen gehorchen soll, und das ohne Böswilligkeit seinerseits, sondern in der Meinung, daß er es recht macht. Wenn er nämlich kein Ordensmann ist, mag er meinen, es gehöre sich so.[46] Handelt es sich um eine verheiratete Frau, wird er ihr sagen, auch wenn sie ihren Mann damit verärgert, daß es besser sei, im inneren Beten zu verweilen, wo sie doch ihren Haushalt besorgen sollte. So versteht er es nicht, die Zeit so einzuteilen oder die Dinge so zu ordnen, daß sie der wahren Sachlage entsprechen. Weil es ihm selbst an Licht mangelt, gibt er es auch den anderen nicht, auch wenn er möchte. Auch wenn es so aus-

---

[44] Gemeint ist ohne gesundes Fundament in der Hl. Schrift. Gegen ungesunde Frömmigkeitsübungen wehrt sich auch Johannes vom Kreuz in 3S 43,1f.

[45] Siehe V 11,6 und V 13,12.

[46] Die Autorin meint: Wenn es sich beim Begleiter nicht um einen Ordens-, sondern um einen Weltpriester handelt, könnte es sein, daß er in Ordensangelegenheiten zu wenig Bescheid weiß und deshalb Ordensleuten zu Dingen rät, die ihrer Lebensform zuwiderlaufen.

sieht, als würde man dazu keine theologische Bildung brauchen, ist es doch immer meine Meinung gewesen und wird es auch bleiben, daß jeder Christ, wenn möglich, versuchen sollte, sich mit jemandem zu besprechen, der eine gediegene Bildung hat, und je gediegener, desto besser. Die den Weg des inneren Betens gehen, brauchen das noch mehr; und je geistlicher sie sind, um so mehr.

18. Und man soll sich nicht täuschen, indem man sagt, daß Studierte ohne inneres Beten nichts sind für den, der es hält.[47] Ich habe mich mit vielen besprochen, denn seit einigen Jahren habe ich aufgrund meines größeren Bedürfnisses noch mehr das Gespräch mit ihnen gesucht, und immer bin ich eine Freundin von ihnen gewesen; selbst wenn manche von ihnen keine Erfahrung haben mögen, so weisen sie doch den Geist[48] nicht zurück und sind seiner nicht unkundig. In der Heiligen Schrift, mit der sie umgehen, finden sie nämlich immer die Wahrheit des guten Geistes. Ich bin überzeugt, daß der Böse einen Menschen des Gebetes, der sich mit Studierten bespricht, nicht mit Wahnbildern täuschen wird, wenn er sich nicht selbst täuschen will, da ich glaube, daß sie[49] sich vor theologischer Bildung, die mit Demut und Tugend einhergeht, sehr fürchten und wissen, daß sie entdeckt und nur mit Verlust davonkommen werden.

---

[47] In diesem und den folgenden Absätzen nimmt Teresa ausdrücklich Stellung zu der damals hochaktuellen Kontroverse zwischen den *espirituales* (Menschen, die im Zuge des sehr heterogenen – teils orthodoxen, teils heterodoxen – spirituellen Aufbruchs der ersten Hälfte des 16. Jahrhunderts bewußt nach Gotteserfahrung strebten) und den *letrados* (Theologen, Studierte). Erstere waren oftmals betont antiintellektuell, letztere neigten dazu, allem Streben nach geistlicher Erfahrung als häresieverdächtig zu mißtrauen. Teresa versucht, zu vermitteln: Als Gründerin eines neuen Ordenszweiges, über dessen Anfänge sie in den Kapiteln 32–36 dieses Buches berichtet, wird sie sich u. a. auch dadurch von den meisten sonstigen Ordensreformatoren ihrer Zeit abheben, daß sie sich allen antiintellektuellen Zügen widersetzte und geistliche Erfahrung mit einer guten theologischen Grundlage zu verbinden suchte.
[48] Erneut im Sinne von „geistlicher Erfahrung".
[49] Die bösen Geister.

19. Ich habe das gesagt, weil es da Meinungen gibt,[50] daß Studierte ohne geistliche Erfahrung nichts seien für Menschen des Gebets. Ich habe schon gesagt, daß ein geistlicher Lehrmeister vonnöten ist, doch wenn dieser kein Studierter ist, so ist das ein großer Nachteil. Dennoch ist es eine große Hilfe, sich mit ihnen[51] zu besprechen, sofern sie tugendhaft sind. Auch wenn er keine geistliche Erfahrung hat, wird er mir doch von Nutzen sein, und Gott wird ihm zu verstehen geben, was er mich lehren soll, und ihn sogar zu einem Spirituellen machen, damit er uns von Nutzen sei. Das sage ich, nicht ohne es erprobt zu haben, und nachdem es mir mit mehr als nur zweien so ergangen ist.[52] Ich sage also, daß ein Mensch, der sich ausschließlich einem Lehrmeister unterstellt, einen großen Irrtum begeht, wenn er nicht darum bemüht ist, daß es so einer ist; wenn er im Kloster ist, dann ist er ohnehin schon seinem Oberen unterstellt, dem unter Umständen alle drei Eigenschaften fehlen – was kein geringes Kreuz ist –, doch muß er seinen Verstand nicht auch noch freiwillig einem unterwerfen, der keinen guten hat. Ich zumindest habe das nie fertig gebracht, und es scheint mir auch nicht angebracht zu sein. Wenn einer Laie ist, dann preise er Gott, da er selbst aussuchen kann, wem er unterstellt sein will, und gebe diese heilige Freiheit nicht preis. Lieber bleibe er ohne Lehrmeister, bis er so einen findet, denn der Herr wird ihm schon einen geben, wenn das Ganze nur auf Demut gegründet

---

50 Vermutlich denkt Teresa hier u. a. an Pedro de Alcántara, der ihr am 14. 4. 1562 geschrieben hatte: „… *Wirklich, ich habe mich gewundert, daß Euer Gnaden [Teresa] auf die Meinung von Gelehrten gesetzt hat, was nicht in deren Bereich fällt ..; hinsichtlich des Lebens der Vollkommenheit darf man sich nur mit Leuten besprechen, die sie leben* …" (BMC 2,125f). Ab V 27 wird sie diesen großen „Spirituellen", der sich in diesem Brief als typischer Vertreter der damaligen franziskanischen Reformbewegung erweist, noch öfter erwähnen, bei aller Bewunderung allerdings nicht ohne Ironie. (Siehe dazu U. Dobhan, *Die Christin Teresa*.)

51 Hier ist erneut die Rede von den theologisch Gebildeten. Im folgenden schwankt die Autorin mehrfach zwischen dem Singular und dem Plural.

52 Mit anderen Worten: Mehrere Theologen, bei denen sich Teresa Rat holte, wurden durch den Kontakt mir ihr zu Spirituellen, eine Tatsache, auf die sie bereits in V 12,4 diskret angespielt hatte. Sie zeigt, daß Teresa als *armselige* Frau zur Lehrmeisterin von Männern wurde.

und vom Wunsch begleitet ist, das Richtige zu tun. Ich preise ihn sehr, und wir Frauen und die nicht studiert sind müssen ihm unendlich dankbar sein, daß es jemanden gibt, der unter so großen Anstrengungen zur Wahrheit gelangt ist, die wir in unserer Unkenntnis nicht kennen.

20. Ich bin oftmals erstaunt über Studierte, vor allem solche in den Orden, die sich nur mit Mühe das erworben haben, wovon ich ohne jede Mühe, durch bloßes Fragen, Nutzen habe. Und dann gibt es Leute, die sich das nicht zunutze machen wollen! Das verhüte Gott! Ich sehe sie den Anforderungen ihres Ordens, die fürwahr groß sind, ausgesetzt, mit Bußübungen, schlechtem Essen, zum Gehorsam verpflichtet, was mir bisweilen zu großer Beschämung gereicht, ohne Zweifel; dazu noch wenig Schlaf, nichts als Mühe, nichts als Kreuz.[53] Da wäre es, glaube ich, ein großes Übel, wenn jemand ein so hohes Gut durch eigene Schuld preisgäbe. Und dann kann es noch sein, daß manche von uns, die wir von solchen Anstrengungen verschont bleiben und, wie man so sagt, das fertige Gericht vorgesetzt bekommen und nach unserer Vorstellung leben können, meinen, über so viele Anstrengungen erhaben zu sein, nur weil wir ein bißchen mehr inneres Gebet halten.[54]

21. Gepriesen seist du, Herr, daß du mich so untauglich und nutzlos gemacht hast! Aber ich lobe dich sehr, weil du so viele wach gemacht hast, die uns wach machen. Es sollte ihnen, die uns Licht geben, unser beständiges Gebet gelten. Was wären wir ohne sie in diesen großen Stürmen, wie sie die Kirche gegenwärtig erlebt? Wenn es auch manch Schlechte gegeben hat,[55] so werden die Guten um so klarer leuchten. Möge es dem Herrn

---

[53] Das sind die typischen Kennzeichen der auf Rigorismus gegründeten Reformbewegungen im damaligen Kastilien.

[54] Teresa ist also durchaus nicht der Meinung, im Gegensatz zu vielen Menschen bis heute, daß ihre Lebensform die strengere, *eigentlich* richtige und bessere ist.

[55] Vermutlich eine Anspielung auf den Hofprediger Karls V., Agustín Cazalla, der am 24.5.1559 im Autodafé von Valladolid verurteilt worden war.

gefallen, sie an seiner Hand zu halten und ihnen beizustehen, damit sie uns beistehen. Amen.[56]

22. Ich bin weit vom Thema abgekommen,[57] über das ich zu sprechen begonnen habe, doch ist für die Anfänger alles ein Thema, damit sie einen so erhabenen Weg so einschlagen, daß sie auf den wahren Weg gelangen. Um also auf das zurückzukommen, was ich vom Nachdenken über Christus an der Säule sagte,[58] ist es gut, das eine Weile zu bedenken und an die Schmerzen zu denken, die er dort erlitt, und warum er sie erlitt, wer derjenige ist, der sie erlitt, und mit welcher Liebe er sie erlitt. Doch sollte man sich nicht immer damit ermüden und auf die Suche danach gehen, sondern auch einfach bei ihm verweilen und mit dem Verstand schweigen, und falls möglich, ihn damit beschäftigen, den anzuschauen, der mich anschaut, bei ihm zu bleiben, mit ihm zu sprechen, ihn zu bitten, sich vor ihm in Demut zu beugen und an ihm zu freuen, und zu denken, daß man es nicht verdient, bei ihm zu sein.[59] Wenn man das zu tun vermag, und sei es auch nur am Anfang, wenn man mit dem inneren Beten beginnt, dann wird man großen Nutzen davon haben; diese Art des Betens bringt viele Vorteile, zumindest fand meine Seele sie darin.

Ich weiß nicht, ob es mir gelingt, es auszudrücken. Euer Gnaden[60] wird es schon sehen. Möge es dem Herrn gefallen, daß es mir gelinge, ihn immer zufriedenzustellen. Amen.

---

[56] Im *Weg der Vollkommenheit* nennt Teresa das Gebet für die Seelsorger und Prediger angesichts der schwierigen Lage der Kirche eines der Hauptanliegen ihrer Neugründung; siehe CV 1,2; 3,2.

[57] Hier endet der lange Exkurs und die Autorin kehrt wieder zum praktischen Beispiel für das innere Beten zurück, das sie in V 13,12f auszufalten begonnen hatte. Vgl. auch CV 5, wo sie darauf besteht, daß die Beichtväter und geistlichen Begleiter theologisch gebildet sein sollen.

[58] Siehe V 13,12f.

[59] Vgl. CV 26,3–6.

[60] García de Toledo.

KAPITEL 14

Sie beginnt mit der Erläuterung der zweiten Gebetsstufe,
wo der Herr der Seele schon mehr besondere Wohlgefühle
zu verspüren gibt. – Sie erläutert dies, um klarzumachen,
daß diese schon übernatürlich sind. – Es ist sehr zu beachten.

1. Da von der Anstrengung, mit der dieser Lustgarten bewässert wird, und von der Kraft, die man in den Armen braucht,
um das Wasser aus dem Brunnen heraufzuholen, schon die
Rede war, wollen wir jetzt über die zweite Art, Wasser herbeizuschaffen, sprechen, die der Herr des Gartens vorgesehen hat,
damit der Gärtner mittels eines Mechanismus aus Schöpfrad
und Wasserröhren mit weniger Anstrengung mehr Wasser för-
dere und ausruhen kann, ohne ständig zu arbeiten.

Nun, diese Bewässerungsart, angewandt auf das sogenannte
Gebet der Ruhe[1], ist es, über die ich hier sprechen will.

2. Hier beginnt die Seele sich zu sammeln und rührt dabei
schon an etwas Übernatürliches,[2] das sie allerdings in keiner
Weise selbst erreichen kann, so viele Anstrengungen sie auch
vollbringt.[3] Es stimmt zwar, daß es so aussieht, als habe sie sich
eine Zeitlang mit dem Drehen des Schöpfrads und dem Arbeiten mit ihrem Erkenntnisvermögen abgeplagt, und als hätten
sich die Rohrleitungen schon gefüllt, doch steht der Wasser-
spiegel hier schon höher, und so hat man hier viel weniger

---

[1] *Oración de quietud*, siehe Anhang I und ferner 5M 3,12; Cp 4,2ff; R 5,4. Mit
der Formulierung *das sogenannte* macht Teresa klar, daß sie hier auf die Terminologie zurückgreift, wie sie in den von ihr gelesenen geistlichen Büchern –
etwa bei Francisco de Osuna –, üblich war; erneut zeigt sich eine gewisse Vorsicht bei der Verwendung von Ausdrücken, die eindeutig aus dem Umfeld der
„Spirituellen" stammten. Teresa selbst verwendet in demselben technischen Sinn
auch den Begriff *Wohlgefühle (gustos)*. So wird sie später in der *Inneren Burg*
schreiben: *„was ich Wohlgefühle nenne …; an anderer Stelle* (etwa in diesem
Kapitel der *Vida* oder auch in CV 31) *habe ich es Gebet der Ruhe genannt …"*
(4M 2,2).
[2] Anschließend definiert die Autorin selbst, wie sie diesen Begriff verstanden
haben will; vgl. auch V 12,4 und die Anm. zur Kapitelüberschrift V 12.
[3] Vgl. V 12,4.

Arbeit als beim Wasserschöpfen aus dem Brunnen. Ich möchte sagen, daß das Wasser schon näher ist, weil sich die Gnade der Seele schon klarer zu erkennen gibt.

Das bedeutet eine Sammlung der Seelenvermögen in sich hinein, um von dieser Beglückung mit noch mehr Wohlbehagen zu genießen; doch gehen sie nicht verloren, noch schlafen sie ein.[4] Nur das Empfindungsvermögen ist derart beschäftigt, daß es sich, ohne zu wissen wie, gefangen nehmen läßt, das heißt, es gibt nur seine Zustimmung, damit Gott es einkerkert, wie jemand, der sehr wohl weiß, daß er der Gefangene dessen ist, den er liebt.[5] O Jesus, mein Herr, was vermag hier deine Liebe für uns! Sie hält die unsere so gebunden, daß sie ihr nicht mehr die Freiheit läßt, in diesem Augenblick noch etwas anderes als dich zu lieben.

3. Die beiden anderen Seelenvermögen[6] helfen dem Empfinden, damit es nach und nach fähig wird, von einem so großen Gut zu genießen, auch wenn es bisweilen vorkommt, selbst wenn das Empfinden geeint ist, daß sie ziemlich schlechte Helfer sind. Dann soll das Empfindungsvermögen nichts auf sie geben, sondern in seiner Freude und Ruhe verharren. Wenn es sie nämlich einsammeln will, werden sowohl es selbst als auch sie sich verlieren, denn sie sind dann wie Tauben, die nicht zufrieden sind mit dem Futter, das ihnen der Eigentümer

---

[4] Die Autorin versucht hier, das Gebet der Ruhe gegen spätere, tiefere mystische Gebetserfahrungen abzugrenzen. *Verloren gehen* steht für „ganz und gar aufgehoben (bzw. ausgeschaltet) werden", wie das auf der vierten Gebetsstufe, z.B. in der Ekstase, der Fall sein wird; siehe V 18,1ff. *Einschlafen* steht für den „Schlaf der Seelenvermögen" auf der dritten Gebetsstufe, bei dem die Aktivität der Seelenvermögen zwar nicht restlos, aber doch weitgehend ausgeschaltet ist; siehe V 16,1. – Teresa will also sagen: Auf dieser zweiten Stufe, im Gebet der Ruhe, sind die Seelenvermögen zwar zur Ruhe gekommen und weniger aktiv als vorher (siehe V 15,1.6.9), aber noch keineswegs ausgeschaltet. Es ist dies erst ein Vorspiel, bei dem die Intensität der Gotteserfahrung noch nicht so groß ist, daß sie die Fähigkeiten des Menschen völlig lahmlegte und er nur noch rein passiver Empfänger wäre.

[5] Ein Widerhall der weltlichen Liebeslyrik, evtl. auch des „*Cárcel de amor*" (Liebeshaft) des Diego de San Pedro.

[6] Erkenntnis- und Erinnerungsvermögen; siehe Anhang I.

des Taubenschlags ohne ihr eigenes Abmühen gibt, und statt dessen woanders etwas zu essen suchen, aber so wenig finden, daß sie zurückkommen. So kommen und gehen sie,[7] um zu schauen, ob ihnen das Empfindungsvermögen etwas von dem gibt, was es genießt. Wenn der Herr ihnen Futter vorwerfen will, bleiben sie da, und wenn nicht, gehen sie wieder auf die Suche. Dabei denken sie vielleicht, daß sie dem Empfinden nützlich sind, und jedes Mal, wenn das Erinnerungsvermögen oder die Vorstellungskraft dem Empfinden vorspiegeln wollen, was es genießt, schaden sie ihm. Man gebe also acht, so mit ihnen umzugehen, wie ich noch sagen werde.[8]

4. Nun, alles, was hier geschieht, geht mit höchsten Trostgefühlen und mit so wenig Anstrengung vor sich, daß das Beten auch dann nicht ermüdet, wenn es länger dauert. Hier arbeitet das Erkenntnisvermögen nämlich nur sehr selten und fördert doch viel mehr Wasser als es aus dem Brunnen holte. Die Tränen, die Gott hier schenkt, sind schon mit Freude verbunden; man fühlt sie zwar, preßt sie aber nicht selbst hervor.

5. Dieses Wasser von großen Wohltaten und Gnadengaben, das der Herr hier schenkt, läßt die Tugenden unvergleichlich besser wachsen als bei der vorigen Gebetsweise, denn diese Seele erhebt sich schon langsam über ihr Elend und es wird ihr schon ein wenig Erfahrungskenntnis[9] von den Freuden der ewigen Herrlichkeit geschenkt. Ich glaube, das läßt sie besser wachsen und auch der wahren Tugendkraft, aus der alle Tugenden hervorgehen, nämlich Gott, näherkommen. Seine Majestät beginnt nämlich, sich dieser Seele mitzuteilen, und er möchte, daß sie auch spürt, wie er sich ihr mitteilt.

Sie beginnt, wenn sie hierher kommt, alsbald die Gier nach den Dingen von hienieden zu verlieren, aber das ist wahrhaftig

---

[7] Die beiden anderen Seelenvermögen.
[8] Siehe V 14,7 und V 15 *passim*.
[9] *Noticia*, womit keine verstandesmäßige Erkenntnis, sondern intuitive Erfahrungskenntnis gemeint ist.

kein großer Verdienst![10] Sie sieht nämlich deutlich ein, daß man ein solches Wohlgefühl hier auf Erden auch nicht einen Augenblick lang erleben kann, und daß es weder Reichtümer, noch Herrscheransprüche, noch Ehren, noch Freuden gibt, die ausreichen würden, um auch nur einen Augenaufschlag[11] lang dieses Glücksgefühl zu vermitteln, denn es ist echt und ein Glück, bei dem man erlebt, daß es uns beglückt. Denn bei denen von hienieden verstehen wir, so kommt mir vor, nur wie durch ein Wunder, wo das Glück ist, weil es da nie am „Jein" fehlt. Hier ist zu diesem Zeitpunkt alles ein „Ja"; das „Nein" kommt erst später, wenn man sieht, daß es zuende ist und man es nicht zurückzuholen vermag, ja nicht einmal weiß, wie denn. Denn wenn man sich auch mit Bußübungen und Gebet und all den anderen Dingen zerreißt, so nützt das wenig, wenn es der Herr einem nicht schenken will.[12] Gott in seiner Größe möchte, daß diese Seele begreift, Seine Majestät sei ihr so nahe, daß sie ihm keine Boten zu schicken braucht, sondern selbst mit ihm sprechen kann, und das nicht einmal mit lautem Geschrei, weil er schon so nah ist, daß er sie versteht, wenn sie nur die Lippen bewegt.

6. Es hört sich ungehörig an, das zu sagen, weil wir ja wissen, daß Gott uns immer hört und bei uns ist. Daran, daß es so ist, ist nicht zu zweifeln, doch möchte dieser unser Kaiser und

---

[10] *Pocas gracias*, eine volkstümliche Redeweise, die auch bei Juan de Ávila vorkommt. Covarrubias erwähnt sie in seinem *Diccionario de la Lengua Española*; im *Diccionario de autoridades* wird sie wie folgt erklärt: „*Ausdruck, mit dem man zu erkennen gibt, daß etwas keinen Dank verdient, sondern nur pflichtschuldigst geschieht.*" – Manche Herausgeber interpretieren die Stelle als syntaktisches Zeugma (unpassende Beziehung des Verbs auf zwei Satzglieder zugleich), was freilich bei Teresa ungewöhnlich wäre: „*... beginnt sie die Gier nach den Dingen von hienieden zu verlieren und (verliert) auch nur wenige Gnaden (von oben).*" – Der Leser beachte, daß Teresa hier deutlich sagt, daß das Freiwerden von der Gier nach materiellen Dingen eine Frucht der Erfahrung der Nähe Gottes im Gebet – und nicht der eigenen asketischen Anstrengungen! – ist.

[11] Die Autorin schreibt: *Ein Auge-Schließen-und-Öffnen*; ähnlich drückt sie sich auch in V 22,15 aus.

[12] Wie Johannes vom Kreuz auch, betont Teresa, daß die Kontemplation bzw. das Gebet der Ruhe (das für Teresa die erste Stufe der Kontemplation darstellt) reines Geschenk und nicht „machbar" oder durch bestimmte Techniken herbeizuführen ist.

Herr, daß wir hier auch verstehen, daß er uns hört, und das, was seine Gegenwart bewirkt, und daß er durch die große innere und äußere Befriedigung, die er der Seele gibt, ganz besonders in ihr zu wirken beginnen will, und den Unterschied, der, wie ich gesagt habe, zwischen dieser Beseligung und Beglückung[13] und denen von hienieden besteht, denn es sieht so aus, als fülle sie die Leere aus, die wir durch unsere Sünden in der Seele aufgerissen haben. Diese Befriedigung findet in ihrem tiefsten Innern statt, und sie weiß nicht, woher oder wie sie ihr zuteil wurde, ja oft weiß sie nicht einmal, was sie tun oder sich wünschen oder erbitten soll. Sie hat den Eindruck, alles zugleich zu finden, und weiß doch nicht, was sie gefunden hat; und auch ich weiß nicht, wie ich es verständlich machen soll, denn für etliche Punkte wäre theologische Bildung vonnöten. Hier würde es nämlich gut passen, zu erläutern, was mit allgemeiner oder besonderer Gnadenhilfe[14] gemeint ist – es gibt nämlich viele, die das nicht wissen –, und wie der Herr will, daß die Seele diese besondere Gnadenhilfe hier fast, wie man so sagt, mit eigenen Augen sieht; und diese Bildung wäre ebenso nötig für viele Punkte, bei denen es wohl Irrtümer geben wird. Da es aber noch Personen zu Gesicht bekommen sollen, die merken, wenn es da einen Irrtum gibt, bin ich unbesorgt; ich weiß ja, daß ich das sowohl im Hinblick auf die Theologie als auch auf das Geistliche sein kann, da dies in gute Hände kommt. Diese werden es schon verstehen und streichen, was daran schlecht sein sollte.[15]

7. Ich möchte dies also verständlich machen, weil es sich hier um die Anfänge handelt, und wenn der Herr mit der Gewährung

---

[13] *Deleite y contento*, siehe Anhang I.

[14] Eine deutliche Anspielung auf den von den Theologen (Domingo Báñez OP bzw. Luis de Molina SJ) damals geführten Gnadenstreit; vgl. auch 5M 2,3 und 3M 1,2. Unter *allgemeiner Gnade* wurde die göttliche Hilfe verstanden, die allen Gläubigen kraft der Taufe zuteil wird und zur Erlangung der ewigen Seligkeit notwendig ist, unter *besonderer Gnade* zusätzliche Gnadengeschenke, die Gott darüber hinaus einzelnen Menschen gewährt.

[15] Eine erneute Anspielung auf die Adressaten, die zugleich als Zensoren auftreten sollten; vgl. V 10,8 mit der diesbezüglichen Anm.

dieser Gnadengaben beginnt, versteht sie die Seele selbst nicht, noch weiß sie, was sie mit sich anfangen soll. Wenn Gott sie nämlich den Weg der Furcht führt, wie er es mit mir tat, bedeutet es große Mühe, wenn niemand da ist, der sie versteht, während es eine große Freude für sie ist, wenn sie sich hier geschildert sieht; dann sieht sie deutlich ein, daß sie da entlang geht. Es tut einem sehr gut, zu wissen, was man tun soll, um in jedem dieser Stadien voranzukommen. Ich habe nämlich viel durchgemacht und reichlich Zeit verloren, weil ich nicht wußte, was ich tun sollte, und so tun mir die Seelen sehr leid, die allein dastehen, wenn sie bis hierher gelangen.[16] Denn ich habe zwar viele geistliche Bücher gelesen, doch sie erklären es nur sehr dürftig, auch wenn sie das ansprechen, worum es hier geht; und wenn es nicht eine schon sehr geübte Seele ist, wird sie es schwer haben, sich zu verstehen, auch wenn es ausführlich erklärt wird.

8. Ich wünschte sehr, daß der Herr mir beistünde, um die Auswirkungen niederzuschreiben, die diese bereits anfänglich übernatürlichen Dinge in der Seele haben, damit man an den Auswirkungen erkenne, wann es Gottes Geist ist. Ich sage, ‚man erkenne‘, sofern man das hienieden erkennen kann, auch wenn es immer gut ist, in Furcht und mit Vorsicht voranzugehen. Mag es nämlich auch von Gott kommen, so könnte sich doch der Böse das eine oder andere Mal in einen Engel des Lichts verwandeln (2 Kor 11,14),[17] und wenn es nicht eine sehr geübte Seele ist, wird sie es nicht erkennen. Und so geübt muß sie sein, daß es erforderlich ist, auf den Gipfel der Gebetserfahrung bereits weit vorgedrungen zu sein, um das zu erkennen.

Es hilft mir die wenige Zeit, die ich habe, nur wenig weiter, und so muß es Seine Majestät tun; denn ich muß mich der Kommunität anschließen und das mit vielen weiteren Verpflichtungen (weil ich nämlich in einem Haus bin, das jetzt gerade

---

[16] Erneut spielt die Autorin auf die Notwendigkeit eines erfahrenen Lehrmeisters an; vgl. V 4,7.9; 13,14.16.19; und ferner erneut in V 19,15; 22,3; 40,8.

[17] Vgl. auch 5M 1,1 und 6M 3,16.

erst beginnt,[18] wie man später sehen wird), und daher schreibe ich ohne dranbleiben zu können, was ich gerne hätte, sondern nur Stück für Stück. Doch wenn der Herr den Geist gibt, schreibt man es leichter und besser nieder; man ist dann wie jemand, der ein Muster vor Augen hat, das er in dieser Arbeit schrittweise kopiert. Aber wenn der Geist fehlt, dann ist das Anpassen des sprachlichen Ausdrucks daran nicht besser zu schaffen als an Arabisch,[19] wie man so sagt, auch wenn schon viele Jahre mit innerem Beten vergangen sind. Darum scheint es mir ein Riesenvorteil zu sein, wenn ich beim Schreiben unter dieser Einwirkung stehe.[20] Dann sehe ich nämlich deutlich, daß nicht ich es bin, die dies sagt, denn nicht ich stelle es mit meinem Verstand zusammen, noch weiß ich nachher, wie ich fertiggebracht habe, es zu sagen. Das passiert mir immer wieder.

9. Kehren wir nun aber zu unserem Garten oder Lustgarten zurück und sehen wir uns an, wie die Bäume zu knospen beginnen, um Blüten zu treiben und nachher Früchte zu tragen, und die Blumen und Nelken genauso, um ihren Duft zu verströmen. Dieser Vergleich macht mir richtig Spaß, denn in meinen Anfängen (und gebe Gott, daß ich jetzt schon angefangen habe, Seiner Majestät zu dienen; mit ‚Anfang' meine ich das, was ich von jetzt an über mein Leben sagen werde) war es mir eine große Freude, zu bedenken, daß meine Seele ein Garten sei und der Herr in ihm spazierenging. Ich bat ihn, den Duft der Tugendblütchen, die, so wie es aussah, gerade im Begriffe waren aufzubrechen, zu verstärken, und daß dies zu seiner Verherrlichung geschehe und er sie am Leben erhalte, denn für mich wollte ich nichts; und daß er die, die er wolle, abschneide,

---

[18] Das Kloster San José in Ávila, das sie am 24.8.1562 gegründet hatte; in V 32–36 wird sie die Gründungsgeschichte ausführlich schildern.

[19] *Algarabía*, d.h. das Arabisch der (bekehrten) Mauren, das den Kastiliern unverständlich war, von daher kann der Begriff auch bedeuten: „Kauderwelsch"; vgl. „Spanisch" oder „Chinesisch" in unserem Sprachgebrauch.

[20] Dieses Bekenntnis ist wichtig: Teresa kann ihre Gebetserfahrungen am besten beschreiben, wenn sie noch unter dem Einfluß der unmittelbaren Erfahrung steht, wie an manchen Stellen auch sehr deutlich wird; siehe etwa V 16,4.6; 38,22.

denn ich wußte, daß sie sich dann besser auswachsen würden. Ich sage ,abschneiden', denn es kommen für die Seele Zeiten, in denen die Erinnerung an diesen Garten weg ist: Dann sieht es aus, als sei alles verdorrt und als gebe es kein Wasser mehr, um ihn zu erhalten, und man glaubt nicht, daß es in der Seele jemals etwas an Tugend gegeben habe. Da macht man große Not durch, denn der Herr möchte, daß der arme Gärtner den Eindruck hat, daß alles, was er auf den Erhalt und die Bewässerung des Gartens verwendet hat, umsonst war. Gerade dann aber wird das noch verbleibende Unkraut – auch wenn es winzig sein mag – wirklich ausgerottet und mit der Wurzel entfernt. Wenn wir erkennen, daß es keine Anstrengung gibt, die genügen würde, sobald Gott uns das Wasser der Gnade vorenthält, und wir unser Nichts für gering halten, ja für noch weniger als Nichts, dann erlangt man hier viel Demut; so beginnen die Blüten von neuem zu wachsen.

10. Mein Herr und mein höchstes Gut! Wie kann ich das sagen ohne Tränen und große Wonne in meiner Seele! Wie willst du, Herr, auf diese Weise bei uns sein, und wie bist du auch im Sakrament[21] (denn das darf man in aller Wahrheit glauben, weil es so ist, und so können wir auch in aller Wahrheit diesen Vergleich ziehen), und wie können wir uns dort, außer durch unsere Schuld, an dir erfreuen, und wie erfreust du dich an uns, denn du sagst ja, daß es deine Freude sei, bei den Menschenkindern zu sein (Spr 8,31)![22] Mein Herr! Was ist das nur? Jedesmal, wenn ich dieses Wort höre, ist es mir ein großer Trost, sogar damals, als ich ganz verloren war. Ist es möglich, Herr, daß es eine Seele gibt, die so weit kommt, daß du ihr vergleichbare Gnaden und Wonnen gewährst, und sie versteht, daß du dich an ihr freust, die dich aber von neuem beleidigt nach so vielen Gunsterweisen und so deutlichen Zeichen dei-

---

[21] D. h. in der Eucharistie; Teresa betont hier die Realpräsenz Christi in der Eucharistie, sicher auch, weil sie wußte, daß diese von manchen Reformatoren in Frage gestellt wurde.
[22] In 1M 1,1 wird die Autorin dies noch besser entfalten.

ner Liebe, die du zu ihr hegst, an denen man gar nicht zweifeln kann, weil man ihr Wirken deutlich sieht?

Ja, das gibt es sicher, und nicht nur einmal, sondern vielmals, denn ich bin es. Und möge es deiner Güte gefallen, Herr, daß ich die einzige Undankbare bin und diejenige, die eine so große Bosheit beging und eine so maßlose Undankbarkeit gezeigt hat, denn sogar daraus hat deine unermeßliche Güte noch etwas Gutes herausgeholt. Und je größer das Übel, um so mehr leuchtet das große Gut deiner Erbarmungen auf! Mit welch gutem Grund darf ich sie auf immer besingen![23]

11. Ich bitte dich, mein Gott, daß es so sei und ich sie ohne Ende besinge, da du es schon für gut befunden hast, mir solch außerordentlich große zu erweisen, daß sie alle, die sie sehen, in Erstaunen versetzen und ich oftmals ganz außer mir bin,[24] um dich noch besser loben zu können. Denn auf mich gestellt, ohne dich, brächte ich nichts fertig, mein Herr, außer daß die Blumen in diesem Garten wieder abgeschnitten würden, so daß diese armselige Erde wieder als Misthaufen diente, genau wie vorher. Erlaube das nicht, Herr, noch mögest du wollen, daß eine Seele verloren gehe, die du mit solchen Mühen erkauft und so viele Male immer wieder von neuem freigekauft und den Zähnen des schrecklichen Drachen[25] entrissen hast!

12. Euer Gnaden[26] mögen mir verzeihen, daß ich vom Thema abschweife. Da ich aber über mich als Thema rede, seid, bitte, nicht entsetzt, denn da die Seele das, was man schreibt, aufnimmt, kommt es ihr manchmal schwer an, zu unterlassen, daß

---

23 Eine Anspielung auf Ps 89,2: *„Von den Taten deiner Huld, Herr, will ich ewig singen"* bzw. nach dem Vulgata-Text, der Teresa vom Stundengebet her vertraut war: *„Misericordias Domini in aeternum cantabo"* (Ps 88,2 Vg). Dieser Text durchzieht wie eine Leitidee Teresas Leben und schmückt auch die frühesten Porträts von ihr.

24 *Me sacan de mí;* wörtlich „außer sich geraten lassen", hier im Sinne von „von Sinnen sein". An anderer Stelle benutzt die Autorin diesen Ausdruck auch für: „in Ekstase geraten"; siehe V 16,6; 22,10; 33,14.

25 Eine Metapher für den Bösen, in Anlehnung an Offb 12.

26 P. García de Toledo.

sie mit Gottes Lobpreisungen fortfahre, weil ihr beim Schreiben wieder vor Augen steht, was sie ihm schuldet. Und ich
glaube nicht, daß das bei Euer Gnaden Mißfallen erregt, denn
beide können wir, meine ich, denselben Gesang anstimmen,[27]
wenn auch in unterschiedlicher Tonlage. Ich schulde Gott
nämlich viel mehr, weil er mir, wie Euer Gnaden wissen, mehr
verziehen hat.[28]

---

[27] Beide, García de Toledo und sie selbst, könnten wegen der empfangenen Gnaden
die Erbarmungen Gottes besingen.

[28] Eine Anspielung auf die lukanische Geschichte der Begegnung Jesu mit der
Sünderin (Lk 7,47). Da diese in der Heiligenlegende irrtümlich mit Maria
Magdalena identifiziert wurde, dürfte Teresa hier an diese Heilige gedacht
haben, die ihr innerlich sehr nahe stand; vgl. auch V 9,2. Auch hier dürfte es –
bei aller Wahrhaftigkeit Teresas – nicht an einer leisen Ironie fehlen, die wieder einmal das Vorurteil der Männer gegenüber den Frauen aufgreift und sich
somit als weniger „gefährlich" erweist.

KAPITEL 15

Sie fährt mit demselben Thema fort und gibt einige Ratschläge, wie man sich in diesem Gebet der Ruhe zu verhalten hat. – Sie spricht davon, daß es viele Seelen gibt, die so weit kommen, um dieses Gebet zu halten, aber nur wenige, die darüber hinauskommen. – Das, was hier angesprochen wird, ist sehr notwendig und hilfreich.

1. Kehren wir nun zu unserem Thema zurück.[1] Diese Ruhe und Sammlung[2] der Seele ist etwas, das man an der Zufriedenheit und dem Frieden, die ihr eingeflößt werden, deutlich spürt, zusammen mit einer außergewöhnlich großen Beglückung und Beruhigung der Seelenvermögen und einer ganz zarten Beseligung. Es kommt ihr vor – da sie noch nicht weiter gelangt ist –, daß ihr nichts mehr zu wünschen übrig bleibt, und daß sie am liebsten mit dem heiligen Petrus darum bäte, hier Wohnung nehmen zu dürfen (Mt 17,4). Sie wagt sich nicht zu rühren und zu regen, weil sie meint, daß ihr jenes Gut sonst zwischen den Fingern zerrinnen würde, ja mitunter möchte sie am liebsten nicht einmal atmen. Dabei versteht die Arme, die von sich aus schon nichts dazu tun konnte, um dieses Gut zu sich heranzuholen, nicht, daß sie jetzt noch viel weniger imstande ist, es länger festzuhalten, als der Herr es wünscht.

---

[1] In V 14,12 hatte die Autorin selbst erkannt, daß sie vom Thema abgekommen war und die theoretische Abhandlung über das Gebet durch autobiographische Bemerkungen unterbrochen hatte; nun kehrt sie zur Besprechung der zweiten Gebetsstufe zurück.

[2] *Quietud y recogimiento*, siehe Anhang I. In diesen Kapiteln werden beide Begriffe synonym verwendet: Beide stehen für die zweite Gebetsstufe, d.h. für den Einstieg in das „mystische" oder „übernatürliche" (mehr von passivem Empfangen als von aktivem Tun geprägte) Beten. Später wird Teresa genauer zwischen beiden unterscheiden: In der *Inneren Burg* sowie in dem kurz vorher entstandenen Erfahrungsbericht R 5 gilt das Gebet der Sammlung (4M 3) als Vorstufe zum Gebet der Ruhe (4M 2). Dagegen leitet die Autorin in ihrem frühen Werk *Weg der Vollkommenheit* zu einem „nicht-mystischen" Gebet der Sammlung an, bei dem die Sammlung also noch eigenem Bemühen und nicht dem freien Geschenk Gottes entspringt; siehe CV 26–29. Die Unterschiede zeigen, wie vorsichtig man mit der Nomenklatur Teresas sein muß, weil in ihrem Umgang mit bestimmten technischen Begriffen durchaus eine Entwicklung zu beobachten ist.

Ich habe schon gesagt, daß bei dieser ersten Sammlung und Ruhe die Vermögen der Seele nicht ausfallen,[3] doch ist sie mit Gott so glücklich, daß die innere Ruhe und Gelassenheit nicht verloren gehen, solange dies anhält, obwohl die beiden anderen Seelenvermögen[4] durcheinander geraten, und zwar deshalb nicht, weil das Empfindungsvermögen mit Gott geeint ist; ja, mehr noch, dieses bringt auch das Erkenntnis- und Erinnerungsvermögen langsam dazu, sich wieder zu sammeln. Mag es auch noch nicht vollständig in Gott versunken sein, so ist es doch, ohne zu wissen wie, so gut beschäftigt, daß sie ihm auch durch ein noch so großes Aufgebot sein Glücksgefühl und seine Freude nicht nehmen können; vielmehr hilft es sich ganz mühelos weiter, damit dieses Fünklein[5] Gottesliebe nicht erlischt.

2. Möge es Seiner Majestät gefallen, mir die Gnade zu geben, dies richtig deutlich zu machen, denn es gibt viele, viele Seelen,[6] die bis zu diesem Stadium gelangen, doch nur wenige, die dann noch weiterkommen, und ich weiß nicht, wer daran schuld ist. Ganz sicher läßt Gott es nicht fehlen, denn wenn Seine Majestät einem schon die Gnade erweist, bis hierher zu gelangen, so glaube ich nicht, daß er aufhören wird, noch viele weitere zu erweisen, es sei denn wegen unserer Schuld. Und es liegt viel daran, daß die Seele, die bis hierher gelangt, die große Würde erkennt, in der sie steht, und die große Gnade, die ihr der Herr erwiesen hat, und wie sie aus gutem Grund nicht von dieser Welt sein sollte, da es schon so aussieht, als mache sie seine Güte zu einer Bürgerin des Himmels, es sei denn, es bleibt dies wegen ihrer Schuld aus, und daß sie unglücklich ist, wenn sie

---

3 Das heißt, sie werden nicht ganz ausgeschaltet; vgl. V 14,2 mit der dortigen Anm.

4 Erkenntnis- und Erinnerungsvermögen.

5 *Fünklein der Liebe* oder *Seelenfünklein* (*scintilla animae*) ist in der abendländischen Mystik ein häufiges Bild; Teresa greift immer wieder darauf zurück; vgl. etwa V 29,11; 39,23; 6M 1,11; 2,4; 3,8; 4,3; 7,11; CV 28,8. Gelegentlich spricht sie auch von einem *feurigen Pfeil*; siehe V 29,10; 6M 11,2; R 5,17.

6 Erneut eine verstärkende Wiederholung; daß viele Beter bis hierher gelangen, aber nur wenige dann noch weiterkommen, wiederholt die Autorin auch in 5M 1,2.

zurückfällt! Ich glaube, das bedeutet dann, nach unten zu gehen, wie ich es getan hätte, wenn mich das Erbarmen des Herrn nicht umgewendet hätte. Meistens gibt es das nämlich meines Erachtens nur infolge schwerer Sünden, noch ist es möglich, ein so großes Gut aufzugeben, ohne durch viel Böses geblendet zu sein.

3. Deshalb bitte ich um der Liebe des Herrn willen die Seelen, denen Seine Majestät eine so große Gnade erwiesen hat, um bis zu diesem Stadium zu gelangen, daß sie sich erkennen und mit demütigem und heiligem Selbstbewußtsein viel auf sich halten,[7] um nicht zu den Fleischtöpfen Ägyptens zurückzukehren (vgl. Ex 16,3). Und sollten sie aus Schwäche und Bosheit oder wegen ihrer erbärmlichen, armseligen natürlichen Veranlagung[8] doch fallen, wie ich es tat, so mögen sie immer das Gut im Auge haben, das sie verloren haben, und den Verdacht hegen und in der Furcht leben (sie haben nämlich allen Grund, diese zu haben), daß sie von Bösem zu Schlimmerem kommen, wenn sie nicht zum inneren Beten zurückkehren.[9] Das nenne ich eine wirklich gefallene Seele, jene, die den Weg zurückweist, auf dem sie so viel Gutes gewonnen hat; zu solchen Seelen spreche ich hier.[10] Ich sage ja nicht, daß sie Gott nicht beleidigen und nicht in Sünden fallen sollen, obwohl es recht wäre, daß sie, wenn sie diese Gnaden schon einmal erhalten

---

7 An dieser Stelle wird deutlich, daß „Selbsterkenntnis" und „Demut" für Teresa zwei Seiten haben: Da es letztlich um die eigene Wahrheit vor Gott geht (vgl. 6M 10,7), ist die Erkenntnis der eigenen Schwächen nur die eine Seite, zugleich geht es auch darum, die eigene Würde vor Gott anzuerkennen, aus der wir ein „demütiges und heiliges Selbstbewußtsein" schöpfen sollen.

8 Beachtenswert diese Aufzählung von möglichen Gründen um zu fallen! Teresa ist sich der Begrenztheit des Menschen mit den sich daraus ergebenden Folgen durchaus bewußt. So wird klar: Nicht alles, was einem Menschen nicht gelingt, ist auch schon Sünde!

9 Ähnlich wie in V 8,5 sagt Teresa nicht, daß sie sich um mehr Tugenden bemühen und Sünden vermeiden, sondern das innere Beten, d.h. das Leben in Freundschaft mit dem menschgewordenen Gott suchen sollen.

10 Die Autorin kommt erneut auf eines ihrer Lieblingsthemen zu sprechen: Wer einmal mit dem inneren Beten begonnen hat, sollte es nie mehr aufgeben, auch wenn er sich einen noch so inkonsequenten Lebensstil vorzuwerfen hat,

hat, sich sehr davor hüte, doch sind wir so armselig. Das, was ich ihr sehr anrate, ist, daß sie das innere Beten nicht aufgebe, denn dort wird sie erkennen, was sie tut, und wird vom Herrn Reue und die Kraft erhalten, um wieder aufzustehen. Man glaube mir, daß man nach meinem Dafürhalten mit der Gefahr spielt, wenn man sich vom inneren Beten entfernt. Ich weiß nicht, ob ich verstehe, wovon ich rede, denn – wie ich gesagt habe – richte ich mich nach mir ...[11]

4. Es ist, also, dieses Gebet[12] ein Fünklein wahrer Liebe zum Herrn, das er in der Seele zu entzünden beginnt, und er möchte, daß die Seele nach und nach begreift, was diese mit Wonne verbundene Liebe, diese Ruhe und Sammlung und dieses Fünklein ist, ob es Gottes Geist oder ein vom Bösen eingeflößtes oder von uns hervorgerufenes Wohlgefühl ist. Freilich ist es für jemanden, der Erfahrung hat, unmöglich, nicht gleich zu begreifen, daß es nicht etwas ist, das man sich selbst verschaffen kann, doch ist unsere Natur so sehr auf Köstliches erpicht, daß sie alles probiert. Das läßt sie aber bald sehr kalt, denn so sehr sie auch den Wunsch haben mag, das Feuer zum Auflodern zu bringen, um dieses Wohlgefühl zu erlangen, so sieht es doch so aus, als würde sie Wasser daraufschütten, um es auszulöschen ...[13] Nun also, dieses von Gott gegebene Fünklein verursacht, so winzig es auch sein mag, ein starkes Geprassel, und wenn man es nicht durch eigene Schuld auslöscht, dann ist es genau dieses Fünklein, das allmählich das große, Flammen aus-

denn es gibt kein besseres Hilfsmittel, als das innere Beten, um sein Leben wieder in geordnetere Bahnen zu lenken, auch nicht Tugenden üben und Bußwerke vollbringen; vgl. V 8,5; 19,4.10–15. Auch hier hebt sie sich klar vom damals herrschenden Rigorismus ab.

[11] Die Pünktchen stammen in diesem Fall von der Autorin, die dem Brauch ihrer Zeit entsprechend sonst fast gänzlich auf Interpunktion verzichtete. – *Wie ich gesagt habe* bezieht sich in diesem Fall auf die vorausgehenden Absätze und auf V 8,5.

[12] Gemeint ist das Gebet der Ruhe, von dem in diesem ganzen Kapitel die Rede ist und das in V 15,1 bereits als *Fünklein* bezeichnet wurde.

[13] Erneut stammen die Pünktchen von der Autorin, die den Satz in der Schwebe läßt, um erneut beim Thema des Fünkleins anzuknüpfen.

sendende Feuer der stärksten Gottesliebe entfacht, die Seine Majestät die vollkommenen Seelen haben läßt, wie ich an passender Stelle noch sagen werde.[14]

5. Dieses Fünklein ist ein von Gott dieser Seele geschenktes Zeichen oder Unterpfand dafür, daß er sie schon zu großen Dingen auserwählt, wenn sie sich anschickt, sie zu empfangen. Es ist ein großes Geschenk, viel größer als ich es ausdrücken könnte.

Es ist für mich ein großes Leid, weil ich – wie ich sage[15] – viele Seelen kenne, die bis hierher gelangen, aber solche, die dann noch weitergehen, wie man weitergehen sollte, sind so gering an Zahl, daß ich mich schäme, es zu sagen.[16] Ich sage ja nicht, daß es nur wenige davon gibt, denn es muß wohl viele geben, weil uns der Herr ja wegen etwas am Leben erhält. Ich sage nur, was ich selbst beobachtet habe. Ich möchte ihnen sehr raten, achtzugeben, daß sie ihr Talent nicht verstecken (Mt 25,25), denn es sieht so aus, als wolle sie Gott zum Nutzen vieler anderer erwählen, vor allem in diesen Zeiten, wo es starker Freunde Gottes bedarf, um die Schwachen zu stützen. Diejenigen also, die diese Gnade in sich erkennen, mögen sich für solche halten, wenn sie den Gesetzmäßigkeiten zu entsprechen wissen, die ja sogar für eine gute Freundschaft in der Welt gelten; wenn nicht, dann mögen sie – wie ich gesagt habe[17] – befürchten und Angst haben, sich zu schaden, und gebe Gott, nur sich selbst!

6. Das, was die Seele in den Zeiten dieses Gebets der Ruhe zu tun hat, darf nur in Sanftheit und ohne Lärm vor sich gehen. ‚Lärm' nenne ich, mit dem Verstand nach vielen Worten und Betrachtungen herumzusuchen, um für diese Wohltat zu danken, und haufenweise eigene Sünden und Fehler aufzuzählen,

---

14 Siehe V 18,2; 29,10.
15 Siehe V 15,2.
16 Vgl. 5M 1,2.
17 Siehe V 15,3.

und dann festzustellen, daß man diese nicht verdient. All das gerät hier in Bewegung: der Verstand stellt es vor, das Gedächtnis flattert hin und her, ja wirklich, diese Seelenvermögen gehen mir bisweilen auf die Nerven, denn obwohl ich ein schlechtes Gedächtnis habe, vermag ich nicht, es zu unterwerfen. Der Wille mit seinen Empfindungen[18] soll ruhig und gelassen einsehen, daß mit Gott nicht gut gewaltsam zu verhandeln ist und daß unsere Gewaltakte[19] wie große Holzscheite sind, die unbedacht auf das Fünklein geworfen werden und es nur ersticken. Er soll das einsehen und in Demut sagen: „Herr, was vermag ich hier? Was hat denn die Magd mit dem Herrn, die Erde mit dem Himmel zu schaffen?" oder so ähnliche Worte, die einem hier aus Liebe kommen, tief durchdrungen von der Erkenntnis, daß das, was sie sagt, auch wahr ist; er möge nichts auf den Verstand geben, der doch nur ein lästiger Mühlstein[20] ist. Und wenn der Wille mit seinen Empfindungen ihm an dem, was er genießt, Anteil geben will oder sich bemüht, ihn zu sammeln, da er in sich oftmals dieses Einssein von Willensempfinden und Ruhe erlebt, während der Verstand ganz durcheinander ist, dann ist es besser, daß er ihn, ich meine den Willen mit seinen Empfindungen, laufen läßt und ihm nicht nachläuft, sondern dabei bleibt und sich dieser Gnade erfreut und wie eine weise Biene gesammelt bleibt. Wenn nämlich keine in den Korb hineinkröche, sondern alle ausschwärmten, weil sie einander mitziehen, könnte wohl kaum Honig bereitet werden.[21]

---

[18] Die hier genannten drei Seelenvermögen (*entendimiento, memoria, voluntad*) sind im technischen Sinn Erkenntnis-, Erinnerungs- und Empfindungsvermögen, wobei letzteres nach scholastischem Verständnis nicht nur die Willenskraft, sondern den ganzen affektiven Bereich mit einschließt. Siehe auch Anhang I.

[19] D.h. unsere Denkanstrengungen, die das „Fünklein", d.h. den zarten Anfang eingegossener Liebe im Empfindungsvermögen ersticken.

[20] *Moledor*, wörtlich Mühlwalze, im übertragenen Sinn nach dem *Diccionario de Autoridades*: „*ein Narr, der anderen durch seine Aufdringlichkeit auf die Nerven geht*"; vgl. „Nervensäge". In 4M 1,13 nennt Teresa die unaufhörlichen Gedanken „Mühlengeklapper".

[21] Das Gleichnis von der Honig machenden Biene kommt auch in CV 28,7 und 1M 2,8 vor; es geht eventuell auf Osuna zurück, siehe E. Lorenz (Hg.), *Francisco de Osuna. ABC des kontemplativen Betens*, 126.

7. Daher wird die Seele viel verlieren, wenn sie nicht darauf achtet, vor allem, wenn der Verstand geschärft ist, denn wenn sie beginnt, diskursiv nachzudenken und nach Begründungen zu suchen, wird sie, sofern diese nur wohlformuliert sind, bei jedem bißchen schon meinen, etwas zu leisten. Die einzige Begründung, die hier anzuführen ist, besteht in der klaren Einsicht, daß es keine gibt, weshalb uns Gott eine so große Gnade erweist, es sei denn allein seine Güte, und einzusehen, daß wir ihm so nahe sind, und Seine Majestät um Gnaden anzuflehen und ihn für die Kirche zu bitten und für alle, die uns ums Gebet gebeten haben, und für die Seelen im Fegfeuer, und das nicht mit einem Wortschwall, sondern mit tief empfundener Sehnsucht, daß er uns erhöre. Das ist eine Gebetsweise, die vieles umfaßt, und man erreicht dadurch mehr als durch lange Reden des Verstandes. Um diese Liebe zu beleben, möge der Wille in sich einige Begründungen anführen, die sich von selbst schon allein aus diesem Grund einstellen werden, weil er sich um so viel besser erfährt, und er soll ein paar Liebesakte erwecken, was er wohl für den tun wird, dem er soviel schuldet, jedoch ohne das Lärmen des Verstandes zuzulassen – wie ich schon gesagt habe –,[22] indem er sich auf die Suche nach großartigen Dingen begibt. Mehr richten hier ein paar Strohhälmchen aus, die in Demut aufgelegt werden (und wenn wir sie auflegen, werden sie noch weniger als Halme sein), und die tragen mehr dazu bei, das Fünklein zu entzünden, als viele unserer Meinung nach sehr gelehrte Holzscheite von Begründungen zusammen, die es schon in einem *Credo*[23] ersticken würden.

Dies paßt für die Gelehrten, die mich beauftragen, dies zu schreiben;[24] denn durch Gottes Güte gelangen alle bis hierher, und es könnte ja sein, daß ihnen die ganze Zeit mit der Anwendung von Schriftstellen vergeht. Auch wenn es die Wissenschaft bei ihnen vorher und nachher nicht an Nutzen fehlen lassen wird, so gibt es in diesen Zeiten des inneren Betens

---

[22] Siehe oben V 15,6.
[23] Erneut als Zeitmaß; vgl. V 12,5.
[24] Siehe V 10,8 mit der dortigen Anm.

meines Erachtens nur wenig Bedarf dafür, höchstens um den Willen mit seinen Empfindungen lau werden zu lassen. Das Erkenntnisvermögen befindet sich dann nämlich, weil es sich dem Licht so nahe weiß, in einer so großen Klarheit, daß sogar ich, obwohl ich doch die bin, die ich bin, mir wie eine andere vorkomme.

8. Und so ist es mir widerfahren, während ich in dieser Ruhe weilte, daß ich, obwohl ich von dem, was ich auf lateinisch bete, vor allem von den Psalmen, kaum etwas verstehe, den Vers nicht nur in meiner Muttersprache verstand, sondern noch weiter kam und meine Wonne daran hatte, das zu sehen, was er in meiner Muttersprache sagen will.[25]

Lassen wir jetzt den Fall beiseite, daß sie zu predigen oder zu unterrichten haben, denn dann ist es schon gut, sich mit diesem Gut zu behelfen, um Armen mit geringem Wissen wie mir zu helfen, denn Nächstenliebe und den Seelen von Nutzen zu sein, ist immer etwas Großartiges, sofern es selbstlos für Gott geschieht.

Also, in diesen Zeiten des Gebets der Ruhe die Seele bei dem, was ihr Rast verschafft, rasten lassen! Die Wissenschaft soll am Rand bleiben. Die Zeit wird kommen, daß sie dem Herrn nützt und man sie so schätzt, daß man es um keinen Preis hätte unterlassen wollen, sie zu kennen, nur um Seiner Majestät zu dienen, denn sie ist eine große Hilfe. Doch vor der unendlichen Weisheit, glaubt mir, gilt ein wenig Studium der Demut und ein einziger Demutsakt mehr als alles Wissen der Welt. Hier geht es nicht ums Argumentieren,[26] sondern um das aufrichtige Anerkennen dessen, was wir sind, und um das

---

[25] Damals wurde das Stundengebet in lateinischer Sprache gebetet. Wie die meisten Frauen ihrer Zeit hatte Teresa nie Gelegenheit gehabt, Latein zu lernen, doch dürfte sie durch die sprachliche Nähe zum romance, wie sie ihre Muttersprache, das damalige Kastilisch nennt, den Sinn mancher Psalmverse, die sie ja über viele Jahre tagtäglich rezitierte, verstanden haben.

[26] Argüir. Mit diesem Terminus wurde die Phase in den gelehrten Disputationen bezeichnet, in denen der Gegner Gegenargumente gegen die aufgestellte These vorbrachte, u. a. auch durch die „Anwendung von Schriftstellen", von denen in V 15,7 die Rede war.

schlichte Versetzen in die Gegenwart Gottes, der möchte, daß die Seele dumm wird, wie sie es in seiner Gegenwart in Wahrheit auch ist, weil Seine Majestät sich so demütig macht,[27] daß er sie in seiner Nähe erträgt, obwohl wir doch die sind, die wir sind.

9. Auch der Verstand kommt in Bewegung, um mit sehr gewählten Worten zu danken, doch vollbringt der Wille mit seinen Empfindungen, ohne es dem Zöllner gleich auch nur zu wagen, die Augen aufzuschlagen (Lk 18,13), in Ruhe mehr Dankesbezeigung als alles, was der Verstand vielleicht fertigbringt, wenn er die ganze Rhetorik umstülpt. Jedenfalls braucht man hier das innere Beten[28] nicht ganz aufzugeben und nicht einmal das eine oder andere mündliche Gebet, sofern man das ab und zu möchte oder kann; denn wenn die innere Ruhe groß ist, kann man schlecht sprechen, außer mit viel Beschwernis.

Man spürt meines Erachtens, wann es Gottes Geist ist oder aufgrund einer ersten Rührung, die Gott schenkt, von uns hervorgerufen ist, und wir dann – wie ich schon gesagt habe[29] – in diese innere Ruhe im Empfinden übergehen wollen: Das bringt überhaupt keine Wirkung, hört schnell auf, hinterläßt Trockenheit.

10. Wenn es vom Bösen kommt, wird eine erfahrene Seele das, glaube ich, erkennen, denn es hinterläßt Unruhe und nur geringe Demut und Eignung für die Wirkungen, die Gottes Geist hinterläßt. Es hinterläßt kein Licht im Erkenntnisvermögen und keine Festigung in der Wahrheit. Der Böse kann hier aber wenig oder gar keinen Schaden anrichten, wenn die Seele ihre Freude und Zärtlichkeit, die sie hier empfindet, auf Gott rich-

---

[27] Einer der ersten Korrektoren (Báñez?) änderte an dieser Stelle *se humilla* (macht sich demütig), das ihm wohl anstößig vorkam, in *se humana* (wird Mensch); der erste Herausgeber der Werke Teresas, Luis de León, übernahm *se humilla*, was im übrigen ganz biblisch ist; vgl. Phil 2,8.

[28] Hier ist das diskursive innere Beten der ersten Stufe gemeint; siehe V 11.

[29] Siehe V 15,4.

tet, und ihre Gedanken und Wünsche auf ihn einstellt, wie angeraten wurde. Dann kann der Böse nichts gewinnen, vielmehr wird Gott zulassen, daß er sogar durch die innere Freude, die er in der Seele hervorruft, viel verliert. Die wird nämlich dazu beitragen, daß die Seele, im Glauben, daß es von Gott kommt, mit heftigem Verlangen nach ihm häufig zum Beten kommt. Und wenn sie demütig und nicht neugierig oder auf innere Freuden aus ist, nicht einmal auf geistliche, sondern eine Freundin des Kreuzes ist, dann wird sie sich wenig aus dem vom Bösen geschenkten Wohlgefühl machen, was sie, wenn es vom Geist Gottes kommt, so nicht wird tun können, sondern dann wird sie es sehr schätzen. Das, was der Böse einflößt, ist, wie er selbst, eine einzige Lüge (vgl. Joh 8,44); wenn er sieht, daß die Seele durch dieses Wohlgefühl und diese innere Freude demütig wird (denn darauf muß man viel Wert legen: sich zu bemühen, aus allen Gebetserfahrungen und Wohlgefühlen demütig hervorzugehen), wird der Böse nicht oft zurückkommen, da er sieht, was er verliert.

11. Aus diesem und vielen weiteren Gründen habe ich bei der ersten Gebetsweise, also beim ersten Wasser,[30] darauf hingewiesen, daß es eine wichtige Angelegenheit ist, daß die Seelen, die mit dem inneren Beten anfangen, sich von Anfang an von inneren Beglückungen jeglicher Art lösen und mit dem Entschluß hineingehen, einzig Christus beim Kreuztragen zu helfen, wie gute Ritter, die ihrem König ohne Sold dienen wollen, weil sie ihn schon ganz sicher in der Tasche haben. Die Augen auf das wahre, ewige Königreich gerichtet, das wir zu erlangen suchen! Es ist eine ganz wichtige Sache, sich dies immer vor Augen zu halten, besonders an den Anfängen. Später sieht man es so deutlich ein, daß es viel nötiger ist, es zu vergessen als es sich zu verschaffen, um leben zu können: sich also in Erinnerung zu rufen, wie kurzlebig alles ist, wie alles nichts ist[31] und für wie gering man die eigene Ruhe zu halten hat.

---

30 Vgl. V 11,12–16 und V 12,3.
31 Vgl. V 3,5: *„die Wahrheit meiner Kindheit, daß nämlich alles nichts sei."*

12. Es scheint dies etwas ganz Niederträchtiges zu sein, und das ist es tatsächlich, denn diejenigen, die weiter fortgeschritten sind in der Vollkommenheit, würden es für eine Schande halten und sich im Innersten schämen, wenn sie denken würden, daß sie die Güter dieser Welt nur lassen, weil sie ohnehin zu Ende gehen, sondern sie freuen sich, sie für Gott zu lassen, auch wenn sie von ewiger Dauer wären. Und je vollkommener sie sind, um so mehr. Hier ist bei diesen Menschen die Liebe schon gewachsen, und sie ist es, die am Werk ist. Für die Anfänger ist es aber äußerst wichtig, und sie mögen es nicht für niederträchtig halten, denn das Gut, das man dabei gewinnt, ist groß, darum weise ich so eindringlich darauf hin. Zu manchen Zeiten, wenn Gott sie auf die Probe stellen will und es so aussieht, als würde Seine Majestät sie im Stich lassen, werden es sogar diejenigen brauchen, die schon eine ganz hohe Gebetsstufe erreicht haben.[32] Denn wie ich schon gesagt habe,[33] und ich möchte nicht, daß man das vergißt, wächst die Seele in diesem Leben, in dem wir stehen, nicht so wie der Leib, auch wenn wir sagen, daß sie das tut, und sie wächst ja tatsächlich. Sobald aber ein Kind herangewachsen ist und einen großen Leib bekommen und schon die Gestalt eines Erwachsenen hat, wird es nicht wieder kleiner und einen kleinen Leib haben; hier[34] aber möchte der Herr das sehr wohl so, nach allem, was ich bei mir erlebt habe, denn von anderen weiß ich das nicht. Es muß wohl so sein, um uns zu unserem großen Wohl demütig zu machen, und damit wir nicht sorglos werden, solange wir in dieser Verbannung[35]

---

[32] Eine der vielen Stellen, an denen sich die Autorin als gute Kennerin subtiler seelischer Vorgänge zeigt.

[33] Siehe V 13,15.

[34] Bei der Seele.

[35] Als Kind ihrer Zeit betrachtet Teresa, im Zuge einer langen asketischen Tradition, konkretisiert in der mittelalterlichen *contemptus-mundi*-Literatur, das Leben in dieser Welt letztlich als *Exil* oder auch als *Gefangenschaft* (V 16,8), weil der Mensch das wahre Leben – die endgültige Gotteinung – erst im Jenseits findet; vgl. auch V 16,4. Diese Grundüberzeugung führt jedoch keineswegs zu einer weltfremden Verweigerungshaltung den Anforderungen des Lebens gegenüber, sie hindert Teresa nicht daran, sich ganz auf das Alltagsleben in all seinen Aspekten einzulassen, da dies der Ort ist, wo sie Gott jetzt begegnen und ihm dienen kann.

leben, denn wer an höchster Stelle steht, muß mehr Furcht haben und darf weniger auf sich bauen. Es kommen Anlässe, in denen Menschen, die ihren Willen schon so sehr in den Willen Gottes ergeben haben, daß sie sich lieber foltern lassen und tausend Tode sterben würden, als eine Unvollkommenheit zu begehen, um frei von Beleidigungen Gottes zu bleiben, also um keine Sünden zu begehen, wieder zu den ersten Gebetswaffen greifen – je nachdem sie sich von Versuchungen und Angriffen bedrängt sehen und erneut bedenken müssen, wie alles ein Ende hat und es einen Himmel und eine Hölle gibt und dergleichen Gedanken mehr.

13. Um nun aber zu dem zurückzukehren, was ich sagte,[36] so ist es ein sicheres Fundament, um sich von den Heimtücken des Bösen und den von ihm geschenkten Wohlgefühlen zu befreien, sich von Anfang an mit Entschlossenheit auf den Weg des Kreuzes zu begeben und keine Wohlgefühle zu ersehnen, denn diesen Weg der Vollkommenheit hat der Herr selbst gewiesen, als er sagte: *Nimm dein Kreuz auf dich und folge mir nach!* (Mt 16,24). Er ist unser Vorbild; wer sich, einzig um ihn zu erfreuen, an seine Ratschläge hält, hat nichts zu befürchten.

14. An dem Fortschritt, den sie an sich wahrnehmen, werden sie erkennen, daß es nicht vom Bösen kommt. Denn sogar wenn sie erneut zu Fall kämen, so gibt es doch ein Anzeichen, daß der Herr dort war, nämlich daß sie bald wieder aufstehen, sowie auch folgende, die ich nun aufzählen will:
– Wenn es Gottes Geist ist, braucht man nicht ständig Dingen nachzuspüren, um Demut und Beschämung einzusammeln, denn der Herr selbst gibt sie uns auf ganz andere Weise ein, als wir sie mit unseren stümperhaften Betrachtungen erlangen können; sie sind nichts im Vergleich zu einer wahren, lichtvollen Demut, die der Herr hier lehrt und die eine Beschämung bewirkt, die einen zunichte werden läßt. Das ist etwas Wohlbekanntes, diese Erkenntnis, die Gott gibt, damit wir

---

[36] In V 15,11.

erkennen, daß wir von uns aus nichts Gutes haben, und je größer die Gnaden sind, um so deutlicher die Erkenntnis.

- Er flößt einem eine starke Sehnsucht ein, im Gebet Fortschritte zu machen und es wegen keiner Prüfung, die einem zuteil werden könnte, zu unterlassen.
- Man gibt sich allem hin.
- Bei aller Demut und Furcht doch eine Gewißheit, daß man gerettet wird.
- Er vertreibt bald die knechtische Furcht der Seele[37] und gibt ihr die viel mündigere vertrauensvolle Gottesfurcht ein.
- Man sieht, daß man Gott mit viel weniger Eigennutz zu lieben beginnt.
- Man sehnt sich nach Zeiten der Einsamkeit, um sich dieses Gutes besser zu erfreuen.

15. Kurz, um mich nicht zu ermüden, es ist der Anfang aller guten Dinge, der Zustand, wo den Blüten[38] schon fast nichts mehr fehlt, um aufzubrechen. Das wird die Seele sehr deutlich sehen und durch nichts wird sie zum Entschluß zu bewegen sein, daß Gott nicht bei ihr war, bis sie sich wieder voller Gebrechen und Unvollkommenheiten erlebt, denn dann befürchtet sie das alles. Und es ist gut, daß sie sich fürchtet. Allerdings gibt es Seelen, denen der feste Glaube, daß es von Gott kommt, mehr hilft als alle Befürchtungen, die man ihnen einflößen kann, denn wenn eine Seele von sich aus verliebt und dankbar ist, hilft ihr die Erinnerung an die Gnade, die Gott ihr erwiesen hat, mehr, um sich ihm zuzuwenden, als alle Höllenstrafen, die man ihr vor Augen stellt. Wenigstens war das bei mir der Fall, obwohl ich so erbärmlich bin.[39]

---

[37] Vgl. V 11,1 und ferner V 3,6.
[38] Der Tugenden, siehe V 14,9.
[39] Eine vorsichtige Kritik gegen die verbreitete Tendenz, die Gläubigen unter Androhung von Höllenstrafen zu einem gottesfürchtigen Leben anzuhalten. Teresa ist überzeugt, daß die Erfahrung der Güte Gottes den Menschen sehr viel eher dazu ermutigt, sich Gott hinzugeben, als alle Drohungen; so wird ihre eigene geistliche Pädagogik auch immer mehr auf *suavidad* (Sanftheit) als auf *rigor* (Rigorismus) setzen. Ferner spielt sie wohl auf die Angst an, die ihr unerleuchtete geistliche Führer zu Beginn ihres Gebetslebens einflößten, ihre inneren Erfahrungen könnten vom Bösen stammen.

16. Da die Anzeichen des guten Geistes nach und nach noch zur Sprache kommen werden, zähle ich sie hier als eine, der es große Anstrengungen kostet, sie sauber aufzuschreiben, nicht weiter auf. Ich glaube, daß mir das mit Gottes Hilfe in etwa gelingen wird, denn abgesehen von meiner eigenen Erfahrung, durch die ich viel begriffen habe,[40] weiß ich es von einigen sehr studierten Gelehrten und heiligmäßigen Personen, denen man mit Recht Glauben schenkt. Und so werden die Seelen, wenn sie durch die Güte des Herrn bis hierher gelangen, auf ihrem Weg nicht so geplagt sein, wie ich es war.

---

[40] Obwohl sie sich immer wieder auf das Urteil der „Studierten" beruft, ist sich Teresa durchaus ihrer großen geistlichen und menschlichen Erfahrung bewußt.

KAPITEL 16

Sie behandelt die dritte Gebetsstufe[1] und erklärt
Schritt für Schritt sehr erhabene Dinge, und was eine
Seele, die bis hierher gelangt, vermag, und wie sich
diese großen Gnadengeschenke des Herrn auswirken. –
Das ist sehr dazu angetan, den Geist zu Lobpreisungen
Gottes zu erheben und gereicht dem, der bis hierher
gelangt ist, zu großem Trost.

1. Kommen wir nun auf das dritte Wasser[2] zu sprechen, mit dem dieser Garten bewässert wird, nämlich das fließende Wasser eines Flusses oder einer Quelle, mit dem man mit viel weniger Mühe bewässert, auch wenn es einige Mühe kostet, das Wasser zuzuleiten. Hier will der Herr dem Gärtner schon derart helfen, daß er fast schon selber der Gärtner ist und derjenige, der alles tut.

Es ist dies ein *Schlaf der Seelenvermögen*, die sich nicht ganz verlieren, aber auch nicht verstehen, wie sie am Werk sind.[3] Das Wohlgefühl und die Zärtlichkeit und die Beseligung sind unvergleichlich viel größer als das Bisherige. Es ist nämlich so, daß das Wasser der Gnade dieser Seele schon bis zum Hals steht, so daß sie nicht mehr vorangehen kann, und auch nicht weiß wie, aber auch nicht zurück kann. Sie möchte sich der höchsten Herrlichkeit erfreuen. Sie ist wie jemand, der die Kerze bereits in der Hand hält,[4] so daß ihm nur noch wenig fehlt, um den Tod zu sterben, nach dem er sich sehnt. In dieser Agonie genießt sie die tiefste Beseligung, die sich nur ausdrücken

---

1 Dieser dritten Gebetsstufe widmet die Autorin V 16 und V 17.
2 Siehe V 11,7.
3 *Schlaf der Seelenvermögen* (*sueño de las potencias*): Terminus technicus für eine prä-ekstatische Gebetsstufe, auf der die Seelenvermögen zwar nicht ganz und gar außer Kraft gesetzt sind, wie das in der Ekstase der Fall ist, aber doch kaum noch aktiv, sondern allenfalls rezeptiv tätig sind; vgl. auch V 10,1 und Anhang I. In einigen späteren Werken wird sie erneut kurz auf diesen Zustand eingehen; siehe 4M 3,11; 6M 3,10; R 5,5; Cp 4,4; 6,6; F 6,1.
4 Eine Anspielung auf den damaligen Brauch, dem Sterbenden bei der Letzten Ölung (heute: Krankensalbung) eine Kerze in die Hand zu geben.

läßt.[5] Nichts anderes scheint es mir zu sein, als ein fast gänzliches Sterben für alle weltlichen Dinge und ein Genießen Gottes.

Ich weiß keine anderen Begriffe, um das auszudrücken, noch es zu erklären, und die Seele weiß in dem Augenblick auch nicht, was sie tun soll, denn sie weiß nicht einmal, ob sie spricht oder schweigt, lacht oder weint. Es ist ein herrlicher Unsinn, eine himmlische Verrücktheit, in der man die wahre Weisheit lernt, und für die Seele eine höchst beseligende Art des Genießens.

2. Und es ist so, daß mir der Herr, ich glaube, vor fünf oder auch sechs Jahren[6] dieses Gebet oftmals in reicher Fülle geschenkt hat, daß ich es aber nicht verstand und es auch nicht hätte sagen können; und so nahm ich mir vor, einmal hier angekommen, nur sehr wenig oder gar nichts zu sagen. Ich begriff sehr wohl, daß es keine gänzliche Gotteinung aller Seelenvermögen, aber mehr war als die vorige; das war sehr klar. Aber ich gestehe, daß ich nicht benennen oder verstehen konnte, worin dieser Unterschied bestand.

Ich glaube, wegen der Demut, die Euer Gnaden[7] hatte, sich der Hilfe einer so einfältigen Person wie ich es bin, bedienen zu wollen, schenkte mir der Herr heute nach der Kommunion diese Gebetsweise, ohne weitergehen zu können, und er gab mir diese Vergleiche ein und lehrte mich, wie ich es ausdrücken soll und was die Seele hier zu tun hat. Denn ich war wirklich erstaunt und begriff es im Nu.

Oft war ich auf diese Weise wie außer Sinnen und berauscht von dieser Liebe,[8] und doch habe ich nie verstehen können,

---

5 Die mystische Erfahrung läßt sich nicht anders als mit Paradoxen beschreiben; darum wird die Autorin in diesem Kapitel immer wieder auf dieses Stilmittel zurückgreifen; vgl. am Ende dieses Absatzes *„himmlische Verrücktheit."*

6 Also etwa in den Jahren 1559–1560.

7 Erneut ist P. García de Toledo gemeint; an dieser Stelle erscheint er weniger als Zensor, denn als Schüler Teresas.

8 Bei der Beschreibung dieser Gebetsweise greift die Autorin auf drei Bilder unterschiedlicher Bewußtseinszustände zurück: den Schlaf, den Alkoholrausch und die Verrücktheit. In den *Gedanken über die Liebe Gottes* (= *Meditationen zum Hohen Lied)* spricht sie von einer *„gottgewirkten Trunkenheit"* bzw. vom

woher das kam. Ich verstand sehr wohl, daß es von Gott kam, aber ich konnte nicht verstehen, wie er hier am Werk war. Denn wahrhaftig, die Seelenvermögen sind fast gänzlich geeint,[9] jedoch nicht so versenkt, daß sie nicht mehr am Werk sind. Es hat mich riesig gefreut, das nun verstanden zu haben. Gepriesen sei der Herr, der mich so beschenkt hat!

3. Die Seelenvermögen sind nur noch fähig, sich ganz und gar mit Gott zu beschäftigen. Es hat den Anschein, als wagte keine von ihnen noch aufzubegehren und als könnten auch wir sie nicht dazu bringen, sich zu regen, außer mit großer Anstrengung, uns zerstreuen zu wollen, und sogar dann brächte man das, glaube ich, nicht ganz fertig. Hier äußert man viele Worte zum Lobpreis Gottes, aber völlig ungereimt, wenn sie nicht der Herr selbst zusammenreimt. Zumindest ist der Verstand hier nichts wert. Die Seele möchte in laute Lobpreisungen ausbrechen, aber sie ist ihrer nicht mächtig, eine köstliche Unruhe. Schon gehen die Blüten auf, schon beginnen sie zu duften. Hier möchte die Seele, daß alle sie sähen und zum Lob Gottes ihre Herrlichkeit erkännten, und daß sie ihr hülfen, und sie ihnen von ihrer Freude mitteilte, denn sie kann nicht soviel genießen. Sie kommt mir vor wie die Frau, von der es im Evangelium heißt, daß sie ihre Nachbarinnen rufen wollte oder auch rief (Lk 15,9). Das ist es, was, glaube ich, der bewundernswerte Geist des königlichen Propheten David empfunden haben muß, als er zum Lobpreis Gottes sang und auf der Harfe spielte (2 Sam 6,14). Diesen ruhmreichen König verehre ich sehr und ich wünschte, daß es alle täten, vor allem wir, die wir Sünder sind.[10]

„Schlaf und dem himmlischen Rausch, in der [die Seele] wie verblüfft und benommen und auf heilsame Weise von Sinnen zurückbleibt" (Cp 4,3f). An beiden Stellen drückt die Vokabel *wie* aus, daß es um ein Bild geht, das die Wirklichkeit nur annähernd anzudeuten vermag.

9 Im technischen Sinn: in mystischer Einung mit Gott bzw. mit dem Gegenstand der Kontemplation geeint.

10 In dem vom Generalkapitel 1564 approbierten liturgischen Kalender der Karmeliten, der viele alttestamentliche Heiligen enthält, wurde das Fest des „hl. Königs und Propheten" David am 29. Dezember begangen, in Teresas (älterem)

4. Gott steh' mir bei! Wie ist einer Seele wohl zumute, wenn es ihr so ergeht! Sie möchte nur noch aus Zungen bestehen, um den Herrn zu loben. Sie sagt tausendfach heiligen Unsinn, und schafft es doch, immer wieder den zufriedenzustellen, der sie in diesem Zustand hält. Ich kenne eine Person,[11] der es zuteil wurde, obwohl sie keine Dichterin ist, plötzlich tief-empfundene Strophen zu verfassen, um ihren Schmerz gut auszudrükken; diese entsprangen nicht ihrem Verstand, sondern sie beklagte sich vielmehr über ihn bei Gott,[12] um sich noch mehr der Herrlichkeit zu erfreuen, die ihr so köstlichen Schmerz schenkte. Sie wünschte, Leib und Seele würden geradezu zerstückelt, um die Freude zu zeigen, die sie bei diesem Schmerz empfindet. Welche Qualen kann man ihr dann vor Augen stellen, die sie für ihren Herrn nicht liebend gern durchmachen würde? Sie sieht deutlich, daß die Märtyrer von sich aus nichts taten,[13] als sie Qualen erlitten, denn die Seele erkennt nur zu gut, daß die Kraft von anderer Seite herkommt. Was wird sie aber empfinden, wenn sie wieder ihren Kopf gebrauchen muß, um in der Welt zu leben, und wieder zu ihren Sorgen und Verpflichtungen zurückkehren muß?

Nun, ich glaube nicht, daß ich etwas übertrieben habe, sondern sogar hinter dieser Art von Freude zurückbleibe, die die Seele nach dem Wunsch des Herrn in dieser Verbannung genießt. Mögest du für immer gepriesen sein, Herr! Alle Dinge mögen dich für immer loben! Wolle doch jetzt, mein König, ich

---

Brevier am 30. Dezember. In der von Teresa aufgestellten Liste der Heiligen, die sie verehrte, kommt tatsächlich auch David vor; siehe Francisco de Ribera, *Vida*, 425.

[11] Sie selbst. In der *Inneren Burg* wird sie sich immer wieder so ausdrücken, um die Anonymität zu wahren; siehe 1M 2,2 usw. Der Ausdruck dürfte auf den hl. Paulus zurückgehen; vgl. 2 Kor 12,2. – Um diese Zeit (1565) hatte Teresa zumindest schon das Gedicht „O Schönheit, die du überstrahlst" (*Oh hermosura que excedéis*) (P 6) verfaßt; vgl. Brief an Lorenzo de Cepeda vom 2. 1. 1577 (Ct 172,23).

[12] Die paradoxe Verbindung von „Schmerz" und „Köstlichkeit" oder „Wonne" findet sich auch bei Johannes vom Kreuz, siehe LB 2,6–8.

[13] Der vorsichtige Theologe Báñez (?) korrigiert: *fast nichts*, doch übernimmt der erste Herausgeber Luis de León diese Korrektur nicht.

bitte dich darum, da ich selbst beim Schreiben[14] durch deine Güte und dein Erbarmen nicht frei von dieser heiligen, himmlischen Verrücktheit bin – denn du verleihst mir diese Gnade ohne alle Verdienste meinerseits –, daß entweder alle, mit denen ich Umgang habe, auch vor Liebe zu dir verrückt seien, oder erlaube du mir, mit niemand mehr Umgang zu haben, und füge es, mein Herr, entweder so, daß ich nicht länger auf irgend etwas von der Welt achte oder nimm mich aus ihr heraus! Mein Gott, diese deine Dienerin kann die großen Qualen, wie sie ihr zuteil werden, wenn sie sich ohne dich erlebt, nicht länger ertragen, denn wenn sie noch weiterleben soll, dann will sie in diesem Leben keine Ruhe, noch sollst du sie ihr geben! Diese Seele möchte sich schon frei erleben: Das Essen bringt sie um, der Schlaf bedrückt sie; sie merkt, daß sie die Zeit ihres Lebens mit dem Erleben von Wonnen verbringt, und daß ihr nichts außer dir das Leben schenken kann. Es hat den Anschein, als lebe sie gegen die Natur,[15] denn sie möchte nicht mehr in sich, sondern nur noch in dir leben.[16]

5. Mein wahrer Herr und meine Herrlichkeit! Was für ein leichtes und doch allerschwerstes Kreuz hast du denen zu-

---

[14] Sie schreibt noch unter dem Einfluß der am Morgen erhaltenen mystischen Gnade, auf die sie in V 16,2 angespielt hatte und in V 16,6 erneut eingeht. Bei der Beschreibung dieser unaussprechlichen Erfahrungen ist es für sie eine große Hilfe, noch die Auswirkungen des unmittelbaren Erlebens in sich wahrzunehmen; vgl. V 14,8 mit der dortigen Anm.

[15] Scholastischer Ausdruck, der soviel bedeutet wie „gegen die natürliche Neigung des Menschen".

[16] Eine Anspielung auf Gal 2,20: *Nicht mehr ich lebe, sondern Christus lebt in mir*; vgl. auch V 6,9; 17,1; 20,12f; 21,6; 29,8.10.12; 30,20; 33,8; 34,10; 40,20; und die Gedichte „Ich lebe, ohn' in mir zu leben" (*Vivo sin vivir en mí*; P 1); „Liebendes Zwiegespräch" (*Coloquio amoroso*; P 4); „Seufzer einer verbannten Seele" (*Ayes del destierro*; P 7). – Von der Spannung zwischen der unstillbaren Sehnsucht nach der endgültigen Gotteinung im Jenseits und dem Leben in dieser Welt, in dem die ersehnte Gottnähe immer nur in kurzen, vorübergehenden Augenblicken zu haben ist, sprechen viele Mystiker, so etwa auch Johannes vom Kreuz in CB 8,2 bzw. CA 8,1; LB 1,34; und in der (auf denselben Volksrefrain wie das analoge teresianische Gedicht zurückgehenden) Glosse *Ich lebe, ohn' in mir zu leben* (*Vivo sin vivir en mí*; P 8). Man beachte jedoch, daß Teresas Todessehnsucht in späteren Jahren abnimmt, zugunsten der Verfügbarkeit für Gott und die Menschen im Hier und Jetzt; vgl. 7M 3,6f.

bereitet, die bis zu diesem Stadium gelangen! Leicht, weil es sanft ist; schwer, weil Augenblicke kommen, in denen es keine Geduld gibt, die es erträgt, und doch möchte man sich niemals frei davon erleben, es sei denn, um sich schon bei dir zu erleben. Wenn man bedenkt, daß man dir noch in keiner Weise gedient hat, dir aber, wenn man am Leben bleibt, dienen kann, möchte man sich ein viel schwereres Kreuz aufladen und niemals sterben, bis zum Ende der Welt. In nichts findet man Ruhe, außer darin, dir einen kleinen Dienst zu erweisen. Man weiß nicht, was man sich wünscht, erkennt aber gut, daß man nichts anderes wünscht als dich.

6. O mein Sohn[17] (denn derjenige, an den dies geht und der mir den Auftrag gab, es zu schreiben, ist so demütig, daß er so genannt werden will), behaltet bitte so manches von dem, bei dem Ihr seht, daß ich zu weit gehe, für Euch. Denn es gibt keinen Vernunftgrund, der ausreichen würde, um mich da nicht herauszuholen, wenn der Herr mich aus mir herausholt, und seit meiner Kommunion heute morgen glaube ich nicht, daß ich es bin, die redet. Mir kommt vor, als träumte ich, was ich sehe,[18] und ich wünschte mir, ich sähe nur solche, die an derselben Krankheit leiden wie ich zur Zeit. Ich bitte Euer Gnaden, laßt uns doch alle verrückt sein vor Liebe zu dem, den man unseretwegen so nannte. Da Euer Gnaden behaupten, daß Ihr mich gern habt, möchte ich, daß Ihr es mir zeigt, indem Ihr Euch bereitet, damit Gott Euch diese Gnade erweise, denn ich sehe nur ganz wenige, bei denen ich nicht erleben muß, daß sie den Kopf viel zu voll von dem haben, was ihnen entspricht. Es könnte aber sein, daß ich ihn noch voller davon habe als alle anderen. Das mögen Euer Gnaden

---

[17] Erneut ist P. García de Toledo gemeint. Die Sohnesanrede und die Anspielung auf seine Demut wurden im Autograph durchgestrichen, allem Anschein nach von der Autorin selbst; Luis de León behielt sie in seiner Ausgabe jedoch bei.

[18] Der Leser beachte die thematische Nähe zu dem in V 16,1 erwähnten *Schlaf der Seelenvermögen*, zumal die spanische Sprache für „Schlaf" und „Traum" dieselbe Vokabel *sueño* verwendet. In V 38,7 und V 40,22 wird Teresa sich ähnlich ausdrücken.

nicht zulassen, mein Vater, denn das seid Ihr mir genauso wie Sohn,[19] da Ihr mein Beichtvater seid, dem ich meine Seele anvertraut habe. Holt mich mit der Wahrheit aus meiner Täuschung heraus, denn solche Wahrheiten sind ganz wenig in Mode.

7. Dieses Abkommen wünschte ich mir, daß wir fünf,[20] die wir uns zur Zeit in Christus lieben, abschließen, nämlich uns zu bemühen, ab und zu zusammenzukommen, um uns gegenseitig die Augen zu öffnen und uns zu sagen, worin wir uns bessern und Gott noch mehr zufriedenstellen könnten, genau so wie sich in diesen Zeiten andere heimlich gegen Seine Majestät zusammentaten, um zu Übeltaten und Häresien anzustiften,[21] denn niemand kennt sich selbst so gut wie uns die kennen, die auf uns schauen, wenn es aus Liebe und Sorge um unseren Fortschritt geschieht.

Ich sage ‚heimlich‘,[22] denn diese Sprache ist schon aus der Mode gekommen. Sogar die Prediger formulieren ihre Predigten so, daß sie niemand vor den Kopf stoßen.[23] Sie werden schon eine gute Absicht haben und das Werk wird es wohl auch sein,

---

[19] Auch diese Zwischenbemerkung wurde von der Autorin wieder gestrichen.

[20] P. Silverio nennt außer Teresa selbst folgende Personen: Magister Daza, Francisco de Salcedo, García de Toledo oder evtl. Pedro Ibáñez und Doña Guiomar de Ulloa. Da jedoch feststeht, daß Teresa dies erst 1565 schrieb, scheint es im Kontext der Lebensgeschichte der Autorin folgerichtiger, neben Daza, Salcedo und García de Toledo an Domingo Báñez zu denken.

[21] Vermutlich eine Anspielung auf die Gruppe der Luther-Sympathisanten um den Kanonikus Agustín de Cazalla, der 1559 in einem Autodafé in Valladolid verurteilt wurde. Zu ihnen gehörte auch Juan Manteca, der in Ávila mit einigen Personen aus dem Bekanntenkreis Teresas in Verbindung stand. Sie kamen häufig zusammen, um sich mit den reformatorischen Ideen auseinanderzusetzen, bis diese Zusammenkünfte durch die Inquisition unterbunden wurden. Nach Aussage Anas de Jesús soll Cazalla in den Jahren 1557–1559, über die die Autorin an dieser Stelle berichtet, Versuche unternommen haben, Teresas Freundin Doña Guiomar de Ulloa und einige weitere Personen aus Ávila für seine Sache zu gewinnen; siehe BMC 18,471f.

[22] Hier unterläuft Teresa eine Verwechslung, denn *heimlich* hatte sie oben auf die Häretiker bezogen, während sie es jetzt auf *die fünf* anwendet.

[23] Am Seitenrand ergänzt Báñez nicht ohne eine gewisse Ironie: *„legant praedicatores"* (*„Das sollen die Prediger mal lesen!"*).

aber auf diese Art und Weise bessern sich nur wenige! Warum aber sind es nicht viele, die aufgrund der Predigten von ihren öffentlichen Fehltritten ablassen? Wißt Ihr, was ich glaube? Weil diejenigen, die diese Predigten halten, so viel Verstand haben.[24] Er fehlt ihnen zwar nicht, aber sie sind auch nicht entflammt von einem großen Liebesfeuer zu Gott, wie es die Apostel waren, und darum wärmt diese Flamme so wenig. Ich sage nicht, daß sie so groß sein sollte wie bei diesen, aber ich wünschte mir, sie wäre größer als das, was ich erlebe. Wissen Euer Gnaden, woran viel gelegen ist? Daran, daß man sein Leben nicht mehr über alles stellt und sein gesellschaftliches Ansehen[25] gering einschätzt; den Aposteln machte es nichts mehr aus, alles zu verlieren oder alles zu gewinnen – dafür, daß sie eine Wahrheit sagten und sie zur Ehre Gottes hochhielten. Wer für Gott wirklich alles aufs Spiel gesetzt hat, nimmt das eine wie das andere gleichermaßen hin. Ich sage nicht, daß ich so bin, aber ich wäre es gern.

8. Welch große Freiheit, wenn man es als Gefangenschaft betrachtet, entsprechend den Gesetzen der Welt leben und sich verhalten zu müssen![26] Weil diese Freiheit nur vom Herrn erlangt wird, gibt es keinen Sklaven, der nicht alles aufs Spiel setzte, um freigekauft zu werden und in seine Heimat zurückzukehren. Da dies der wahre Weg ist, sollte man nicht auf ihm

---

[24] Mit kaum verhohlener Ironie kritisiert die Autorin die Eitelkeit der Prediger, die durch ihre Intelligenz und Gelehrsamkeit Eindruck zu machen versuchen, denen aber das geistliche Fundament fehlt, um mit ihren Predigten wirklich die Herzen anzurühren. Weiter oben hatte sie schon die Tendenz angeprangert, ihr Ansehen nur ja nicht durch unliebsame Äußerungen aufs Spiel zu setzen.

[25] Ein weiterer Aspekt dessen, was Teresa immer als *honra* bezeichnet.

[26] Die Begründung folgt gegen Ende dieses Absatzes: Weil man *den großen Schatz* der endgültigen Gotteinung erst mit dem leiblichen Tod erlangt. Erneut geht es also um die Spannung zwischen der Sehnsucht nach der endgültigen Gotteinung im Jenseits und dem Leben im Diesseits; vgl. V 16,4 (Schluß) mit der dortigen Anm. Das neuplatonische Thema des irdischen Lebens als Gefangenschaft kehrt bei Teresa immer wieder, u.a. im Gedicht *Ich lebe, ohn' in mir zu leben (Vivo sin vivir en mí)* und ferner in V 20,25; 21,6; E 17,3. Vgl. auch V 11,15 mit der dortigen Anm. zur Thematik der Gefangenschaft der Seele im Leib.

stehen bleiben, denn endgültig werden wir diesen großen Schatz erst dann erlangen, wenn unser Leben zu Ende geht. Dazu gebe uns der Herr seine Hilfe.

Zerreißen Euer Gnaden, was ich geschrieben habe, wenn es Euch gut scheint, und betrachtet es als einen persönlichen Brief. Und verzeiht mir, denn ich habe mich sehr weit herausgewagt.[27]

---

[27] Diese Schlußbemerkungen unterstreichen, daß zumindest manche Teile dieses Werkes den Charakter eines persönlichen Briefes an den Adressaten, García de Toledo, haben; vgl. auch V 10,8. In V 40,23 wird die Autorin erneut auf seine Freiheit anspielen, ihre Arbeit ins Feuer zu werfen, wenn er das für besser hält; vgl. ferner V 7,22; 10,7; 21,4; 36,29, epíl 2.

KAPITEL 17

*Sie macht mit demselben Thema, nämlich der Erläuterung
der dritten Gebetsstufe, weiter. – Sie kommt mit der
Erläuterung der Auswirkungen, die diese hat, ans Ende. –
Sie spricht von der Schädigung,[1] die hier die Vorstellungskraft
und das Gedächtnis anrichten.*

1. Genug ist nun über diese Gebetsweise gesagt worden und
auch über das, was die Seele hier zu tun hat, oder besser
gesagt, was Gott in ihr tut, denn er ist es, der hier bereits die
Aufgabe des Gärtners übernimmt und möchte, daß sie ausruht.
Nur der Wille mit seinem Empfinden[2] gibt seine Zustimmung
zu den Gnadengeschenken, die er genießt. Er soll sich allem,
was die wahre Weisheit in ihm wirken will, hingeben, denn
dazu braucht es gewiß Mut. Die Freude ist nämlich so groß,
daß es manchmal so aussieht, als fehle gerade noch ein Quentchen, damit die Seele vollends aus diesem Leib heraustritt.
Und was für ein beglückender Tod wäre das![3]

2. Hier scheint es mir, wie ich Eurer Gnaden schon sagte,[4] gut
zu passen, sich ganz und gar den Armen Gottes zu überlassen.
Wenn er die Seele in den Himmel mitnehmen will, gehe sie nur
mit; wenn in die Hölle, dann schmerzt sie das nicht, weil sie ja
mit ihrem höchsten Gut hingeht; will er ihrem Leben ein Ende
setzen, will sie das auch; will er, daß sie noch tausend Jahre
lebe, ebenso. Es möge Seine Majestät mit ihr verfahren, wie mit
etwas Eigenem. Sie gehört sich schon nicht mehr selbst; sie ist

---

[1] *Daño*. Im Manuskript wurde von fremder Hand verbessert: *Behinderung*
(*impedimento*), was jedoch vom ersten Herausgeber, Fray Luis de León, nicht
übernommen wurde.
[2] *Voluntad*, womit nach scholastischem Verständnis nicht nur die Entscheidungsfähigkeit, sondern auch der ganze Gefühlsbereich gemeint war.
[3] Vgl. die diesbezügliche Anm. zu V 16,4.
[4] Anspielung auf ein geistliches Gespräch mit García de Toledo, in dem die
Rollen schon umgekehrt waren: Der gelehrte Dominikaner war offensichtlich
zu ihrem Schüler geworden.

ganz dem Herrn hingegeben; um nichts mehr soll sie sich kümmern.

Ich meine, daß die Seele all das auf einer so hohen Gebetsstufe wie dieser zu tun vermag, sofern Gott ihr das zuteil werden läßt. Und noch viel größer als dies sind dann die Auswirkungen. Und dabei erkennt sie, daß sie das alles ohne jede verstandesmäßige Anstrengung tut. Nur wie verblüfft kommt sie mir vor, wenn sie erlebt, daß der Herr ein so guter Gärtner ist und will, daß sie keinerlei Arbeit übernimmt, sondern sich darüber freut, daß die Blüten ihren Duft zu verströmen beginnen. Denn bei einer einzigen dieser Heimsuchungen, wie kurz auch immer sie dauere, gibt er ihr als ein solcher Gärtner und letztlich Erschaffer des Wassers davon ohne Maß; und das, was das arme Geschöpf von Seele womöglich in zwanzig Jahren des Abmühens mit dem Verstand nicht hatte ansammeln können, bewirkt dieser himmlische Gärtner im Handumdrehen. Er läßt die Frucht wachsen und so reichlich heranreifen, daß sie sich, so der Herr will, von ihrem Garten ernähren kann. Doch gibt er ihr nicht die Erlaubnis, von der Frucht auszuteilen, solange der Mensch[5] nicht durch das, was er von ihr gegessen hat, so erstarkt ist, daß diese nicht nach und nach durch Kostproben vergeudet wird, ohne ihm selbst irgendeinen Vorteil zu bringen, noch dem dafür zu bezahlen, der sie ihm gibt, er dafür aber diese anderen auf eigene Kosten am Leben erhält und ihnen zu essen gibt, und ihm nichts übrig bleibt, als womöglich vor Hunger zu sterben.

Das ist für so intelligente Leute[6] wohl verständlich erklärt, und sie werden es besser anzuwenden verstehen, als ich es ausdrücken könnte; mich hat es ermüdet.

3. Letztlich ist es so, daß die Tugenden jetzt schon kräftiger geworden sind als im vorausgehenden Gebet der Ruhe, so daß

---

5 Statt wie üblich mit dem weiblichen Pronomen *la* verweist die Autorin hier auf *alma* (die Seele) mit dem männlichen Pronomen *le*; tatsächlich steht *alma* letztlich für den ganzen Menschen in seiner geistig-geistlichen Dimension.
6 Humorvolle Anspielung auf ihre Adressaten, die ja alle *„sehr studierte Gelehrte"* (V 15,16) sind.

die Seele sie gar nicht ignorieren kann,[7] denn sie sieht, daß sie eine andere geworden ist, und weiß doch nicht, wie. Durch den Duft, den diese Blumen von sich geben, beginnt sie, großartige Dinge zu vollbringen, denn der Herr möchte, daß sie aufspringen, damit sie sieht,[8] daß sie Tugenden hat, auch wenn sie sehr wohl sieht, daß sie diese selbst in vielen Jahren nie zu erlangen vermochte – und auch jetzt nicht vermocht hat –, aber daß der himmlische Gärtner sie ihr in dieser kurzen Zeit gegeben hat. Hier ist die Demut, die in der Seele zurückbleibt, viel größer und tiefer, als im vorigen Stadium. Sie sieht nämlich deutlicher, daß sie weder viel noch wenig dazu getan hat, außer zuzustimmen, daß ihr der Herr diese Gnaden erwies, und diese mit ihrem Willen und Empfinden zu umfassen.

Es scheint mir diese Gebetsweise eine ganz offensichtliche Einung der ganzen Seele mit Gott zu sein, nur sieht es so aus, als wolle Seine Majestät den Seelenvermögen erlauben, daß sie erkennen, wie viel er dort wirkt, und es genießen.[9]

4. Es kommt gelegentlich, ja sogar sehr häufig vor, wenn das Empfindungsvermögen mit Gott geeint ist, (damit Euer Gnaden sehen, daß das sein kann, und es verstehen, wenn es Euch zuteil werden sollte; zumindest hat mich das immer ganz verrückt gemacht, darum sage ich es hier), daß man deutlich sieht[10] und erkennt, daß das Empfinden angebunden ist und

---

[7] Dieser Zwischensatz wurde vom Korrektor Domingo Báñez gestrichen, offensichtlich, weil ihm die hier zum Ausdruck gebrachte Gewißheit über die eigenen übernatürlichen – das heißt, von Gott geschenkten – Tugenden theologisch fragwürdig erschien; auf dem Konzil von Trient (1545–1563) war diese Frage tatsächlich eingehend diskutiert worden. Erneut war es der weniger skrupelhafte erste Herausgeber Luis de León, der den ursprünglichen Text wiederherstellte.

[8] Auch diesmal korrigiert Báñez (?), der sich an der zum Ausdruck gebrachten Sicherheit stößt, *vea (damit sie sieht)* in *crea (damit sie glaubt)*. Teresas Standpunkt ist jedoch eindeutig: In diesem und dem nächsten Abschnitt ist bis zu dreimal die Rede vom *Sehen* oder *Erkennen*.

[9] Mit anderen Worten, in dieser Gotteinung sind die Seelenvermögen zwar mit Gott geeint, jedoch nicht ausgeschaltet, so daß sie noch erkennen und genießen können, was Gott in ihnen wirkt.

[10] Auch diese „Gewißheit" wurde von Báñez (?) gestrichen, während Fray Luis de León es vorzog, den Ausdruck abzuschwächen: *man erkennt (conócese).*

sich der Freude hingibt. Ich sage, ‚man sieht deutlich‘, und in tiefer Ruhe weilt nur der Wille mit seinem Empfinden, während andererseits Verstand und Gedächtnis[11] so frei sind, daß sie über Geschäfte verhandeln und sich Werken der Nächstenliebe widmen können.

Auch wenn es alles ein und dasselbe zu sein scheint, ist dies doch anders als das Gebet der Ruhe, von dem ich schon sprach,[12] wenigstens teilweise, denn dort verweilt die Seele derart, daß sie sich weder regen noch rühren möchte, während sie sich jener heiligen Untätigkeit der Maria erfreut; in diesem Gebet hier vermag sie zugleich Marta zu sein (Lk 10,38–42).[13] So ist sie nahezu gleichzeitig mit dem tätigen und dem kontemplativen Leben beschäftigt, ist mit Werken der Nächstenliebe und Geschäften befaßt, die ihrem Stand entsprechen, und mit Lesen, auch wenn die Vermögen nicht ganz Herr ihrer selbst sind und gut verstehen, daß der bessere Teil der Seele woanders ist. Es ist, wie wenn wir mit jemandem im Gespräch wären, während uns andererseits jemand anderer anspricht, so daß wir weder beim einen noch beim anderen richtig dabei sind.

Das ist etwas, was man ganz deutlich spürt, und es löst große Zufriedenheit und Glück aus, wenn man dies erlebt; auch ist es eine ausgezeichnete Vorbereitung, damit die Seele, sobald sie Zeit zum Alleinsein hat oder unbehelligt von Geschäften ist, zu einer ganz tiefen inneren Ruhe findet. Es bedeutet, wie ein Mensch zu leben, der im Innersten zufrieden ist, der nicht mehr zu essen braucht, sondern das Gefühl hat,

---

[11] Bzw. im technischen Sinn: Erkenntnis- und Erinnerungsvermögen. Teresas relativ sorgloser Umgang mit der Terminologie zeigt sich u. a. darin, daß sie öfter das Erkenntnisvermögen (*entendimiento*) und die Vorstellungskraft (*imaginación*) in einen Topf wirft. Tatsächlich hatte sie in der Kapitelüberschrift von der Vorstellungskraft und dem Gedächtnis gesprochen. – Im übrigen zeigt diese Stelle erneut, daß die Autorin keineswegs nur von den ausdrücklichen Gebetsstunden spricht, sondern Beten für sie identisch ist mit „mit Gott leben".

[12] Siehe V 14,1f.

[13] In der traditionellen Auslegung stehen Maria und Marta (von Bethanien) für die beiden Pole der Kontemplation und Aktion. Im Gebet der Ruhe ist der Mensch also gänzlich der Kontemplation hingegeben, während er in dem hier beschriebenen Gebet der Gotteinung bereits fähig ist, Kontemplation und aktiven Einsatz miteinander zu verbinden.

sein Magen sei beruhigt, so daß er sich nicht auf jede Speise
stürzt, aber auch nicht so satt ist, daß er nicht doch gern etwas
ißt, wenn er köstliche Speisen sieht.[14] So befriedigt sie zu diesem Zeitpunkt kein weltliches Glück noch möchte sie das,
weil sie eines in sich hat, das sie weit mehr befriedigt, nämlich
größere Beglückungen Gottes und Wünsche, ihre Sehnsucht zu
stillen, um noch mehr zu genießen und bei ihm zu sein. Das
ist es, was sie möchte.

5. Es gibt noch eine weitere Art der Gotteinung, die zwar noch
keine vollständige Einung, aber doch tiefer ist als die, von der
ich eben sprach, doch nicht so tief wie die, die beim dritten
Wasser erwähnt wurde.[15]

   Euer Gnaden werden sich sehr freuen, sobald der Herr sie
Euch alle drei schenkt, falls Ihr sie noch nicht besitzt, das hier
beschrieben zu finden und zu verstehen, was das sei. Denn ein
Gnadengeschenk ist es, wenn der Herr die Gnade schenkt, ein
weiteres, zu verstehen, was für eine Gnade und welcher Segen
das ist, und noch ein weiteres, sie beschreiben und verständlich machen zu können, von welcher Art sie ist.[16] Auch wenn
es so aussieht, als bräuchte es nicht mehr als die erste, so ist es
doch ein großer Vorteil und eine Gnade, sie zu verstehen, damit
die Seele nicht verwirrt und ängstlich ist und, alle weltlichen
Dinge mit Füßen tretend, mutiger auf dem Weg des Herrn vor-

---

[14] Vgl. V 13,11 mit der dortigen Anm.

[15] Sie unterscheidet also zwischen drei Graden der Gotteinung: Neben dem
weniger intensiven, der einem durchaus mitten in den alltäglichen Geschäften
zuteil werden kann (V 17,4), gibt es einen intensiveren, der jedoch noch keine
„vollständige Gotteinung" ist (V 17,5) und schließlich – als intensivsten Grad –
die gänzliche Gotteinung, von der in V 16 die Rede war.

[16] Als subtile Kennerin seelischer Vorgänge spricht Teresa von drei Phasen im
mystischen Erkenntnisvorgang, von der mystischen Erfahrung selbst bis zu
ihrem literarischen Niederschlag: erfahren – verstehen – beschreiben, vgl. auch
V 12,6 und ferner V 30,4 und 4M 1,1. Damit kommt sie der Erkenntnistheorie
der modernen Psychologie sehr nahe, die ebenfalls von drei Momenten spricht:
erfahren – verstehen – mitteilen. – Im übrigen wird an dieser Stelle erneut der
Einfluß des Franziskanermystikers Osuna spürbar, der in seinem *Tercer Abecedario* schrieb: *„Eine Gabe ist es, wenn Gott eine Gnade schenkt, eine weitere
Gabe, wenn er es uns auch gibt, sie zu erkennen"*; siehe Francisco de Osuna,
Abecedario Espiritual (hg. Melquiades Andrés), III, 2, 183.

angeht. Für jede einzelne Gnade besteht für denjenigen, der sie erhält, aber auch für den, der sie nicht erhält, Grund, den Herrn zu loben, weil sie Seine Majestät einem der Lebenden geschenkt hat, um uns von Nutzen zu sein.

Nun kommt also diese Art der Gotteinung, von der ich sprechen will, häufig vor (vor allem bei mir, denn Gott erweist mir ganz oft diese Art von Gnade), daß nämlich Gott den Willen mit seinem Empfinden und, wie mir scheint, auch das Erkenntnisvermögen einfängt, denn es geht keinen Gedankengängen nach, sondern ist mit der Freude an Gott beschäftigt, wie jemand, der am Schauen ist und soviel sieht, daß er nicht weiß, wohin schauen.[17] Eines läßt das andere aus seinem Blick verschwinden, so daß er keines deutlich wahrnimmt. Das Erinnerungsvermögen bleibt frei, und zusammen mit der Vorstellungskraft muß es so sein. Und da diese sich alleingelassen sieht, ist es nicht zu glauben,[18] was für einen Kampf sie veranstaltet und wie sie sich bemüht, alles in Unruhe zu versetzen. Mir geht das auf die Nerven und gegen den Strich, und oftmals flehe ich den Herrn an, sie mir in diesen Augenblicken zu nehmen, wenn sie mich so sehr behindern sollte. Manchmal sage ich zu ihm: „Wann, mein Gott, wird meine Seele endlich ganz und gar zu deinem Lob gesammelt und nicht mehr zerrissen sein, ohne sich helfen zu können?"[19] Hier sehe ich, wieviel Böses uns die Sünde antut,[20] denn sie unterwarf uns derart, daß wir nicht zu tun vermögen, was wir gern möchten, nämlich immer mit Gott beschäftigt zu sein.

6. Ich sage, daß es mir manchmal zustößt[21] – und heute war es wieder so, darum habe ich es frisch im Gedächtnis –, daß ich erlebe, wie sich meine Seele zerreißt, um sich ganz und gar

---

[17] Hier geht es also nicht um eine rationale Verstandestätigkeit, sondern um ein gesamtheitliches intuitives Erfassen.

[18] Wörtlich: *gereicht es zum Lob Gottes*, hier als Ausdruck ungläubigen Staunens.

[19] Vgl. V 30,16.

[20] Teresa spielt damit auf die Folgen der Erbschuld an, traditionell Erbsünde genannt.

[21] Im vorigen Absatz.

dort zu erleben, wo ihr größerer Teil ist, dies aber unmöglich ist, sondern ihr statt dessen Gedächtnis und Vorstellungskraft einen solchen Kampf liefern, daß sie sie nicht hochkommen lassen. Und da die übrigen Seelenvermögen versagen,[22] vermögen sie nichts, nicht einmal um Schaden zuzufügen. Sie tun schon genug, diese Unruhe zu verursachen. Ich sage ‚nicht einmal um Schaden zuzufügen‘, weil sie nämlich keine Kraft haben, noch an einem Punkt verweilen. Da das Erkenntnisvermögen der Erinnerungskraft bei dem, was es ihr vor Augen führt, weder viel noch wenig hilft, bleibt sie bei nichts stehen, sondern schwirrt vom einen zum anderen, so daß sie wie einer dieser lästigen, unruhigen kleinen Nachtfalter[23] erscheint: so fliegt sie hin und her. Dieser Vergleich scheint mir außerordentlich passend, denn auch wenn er keine Kraft hat, um Schaden zuzufügen, so ist er doch lästig für diejenigen, die ihn erleben.

Ich weiß nicht, was für eine Abhilfe es dagegen gäbe, denn bis heute hat mich Gott keine erkennen lassen; nur zu gerne würde ich sie selbst anwenden, denn dies quält mich oftmals, wie ich gesagt habe.[24] Hier tritt unsere Erbärmlichkeit zu Tage und zudem ganz klar Gottes große Macht, denn das Vermögen, das frei bleibt, schadet und ermüdet uns so, während die anderen Vermögen, die bei Seiner Majestät weilen, uns soviel innere Ruhe schenken.

7. Die letzte Abhilfe, die ich gefunden habe, nachdem ich mich jahrelang geplagt hatte, besteht in dem, was ich beim Gebet der Ruhe schon sagte:[25] daß man auf sie nicht mehr geben soll, als wäre sie eine Verrückte, und ihr ihre Schrulle

---

[22] Das heißt, sie sind vorübergehend ausgeschaltet, da sie ganz und gar in Gott versunken sind.

[23] Das Bild des Schmetterlings kehrt in V 18,14 wieder; in der *Inneren Burg* wird es dann zu einem der grundlegenden Symbole Teresas; siehe 5M und 6M.

[24] Siehe V 17,5.

[25] Siehe V 14,3 und V 15, 6.7; wobei bei Teresa immer wieder Schwankungen in der Terminologie (etwa zwischen Erkenntnisvermögen und Erinnerungsvermögen bzw. Vorstellungskraft) zu beobachten sind. Man könnte das ganze also auch auf den Verstand beziehen, daß also er wie ein Verrückter zu betrachten sei, der letztendlich aber doch zum Sklaven wird.

lassen soll, denn die kann ihr nur Gott nehmen, während sie letztendlich hier zur Sklavin wird. Wir müssen es geduldig hinnehmen, wie Jakob es mit Lea tat, denn der Herr erweist uns schon reichlich Gnade, daß wir uns an Rachel freuen dürfen (Gen 29,16).[26] Ich sage, daß sie ,eine Sklavin bleibt', weil sie es letztendlich – so viel sie auch tun mag – nicht fertigbringt, die anderen Vermögen an sich zu ziehen, eher noch bringen diese sie oftmals ohne jede Anstrengung dazu, zu ihnen zu kommen. Manchmal gefällt es Gott, Mitleid zu haben, wenn er sie so verloren und unruhig erlebt, voller Sehnsucht, bei den anderen zu sein, und dann gesteht Seine Majestät es ihr zu, sich im Feuer dieser göttlichen Kerze zu verbrennen, in dem die anderen Vermögen, ihres natürlichen Seins verlustig, schon zu Asche geworden und fast schon übernatürlich sind, während sie sich großer Wohltaten erfreuen.[27]

8. Bei all diesen Ausprägungen, die ich von diesem letzten Wasser aus der Quelle angeführt habe,[28] ist die Herrlichkeit und innere Ruhe der Seele so groß, daß an dieser Freude und Beseligung der Leib sehr spürbar teilhat, wirklich sehr spürbar, und die Tugenden so sehr gewachsen sind, wie ich es gesagt habe.[29]

Es scheint, als habe es dem Herrn gefallen, diese Zustände, in denen sich die Seele erlebt, nach meinem Dafürhalten auf die hienieden bestmögliche Weise zu erklären. Besprechen Euer

---

[26] Wie Marta und Maria stehen auch Lea und Rachel für das aktive bzw. kontemplative Leben, wobei Lea in der biblischen Geschichte die untergeschobene, ungeliebte Frau war, Rachel aber die bevorzugte, geliebte.

[27] Mit diesen Bildern wird auf einen spirituellen bzw. mystischen Umformungsprozeß angespielt, in dem sämtliche Kräfte und Vermögen des Menschen nach und nach ihre unzulängliche und selbstbezogene „natürliche" Wirkung verlieren und „übernatürlich" werden, das heißt, durchlässig für Gottes Wirken in ihnen. Es geht da letztlich um nichts anderes als um die Verwandlung des egozentrischen „alten Menschen" im paulinischen Sinn in den ganz und gar Gott hingegebenen „neuen Menschen"; siehe Eph 4,22ff; Kol 3,9f.

[28] Siehe die diesbezügliche Anm. zu V 17,5.

[29] Siehe V 16,3 und V 17,2f. Ein weiterer Hinweis auf Teresas gesamtheitliche Sicht des Menschen, also kein neuplatonischer Dualismus, wie den Mystikern immer wieder vorgeworfen wird.

Gnaden[30] es doch mit einem spirituellen Menschen, der bis hierher gelangt, aber auch studiert ist. Wenn der Euch sagt, daß es recht ist, dann mögt Ihr glauben, daß Gott es Euch gesagt hat, und es Seiner Majestät hoch anrechnen. Denn, wie ich gesagt habe,[31] werdet Ihr Euch mit der Zeit sehr freuen, wenn Ihr versteht, was es damit auf sich hat, solange er Euch nicht die Gnade gibt, es auch zu verstehen (auch wenn er Euch die gibt, sich dessen zu erfreuen). Sobald Euch Seine Majestät die erste Gnade[32] geschenkt hat, werdet Ihr mit Eurem Verstand und Eurem Studium es durch das hier schon verstehen.

Er sei in alle Ewigkeit für alles gepriesen. Amen.

---

[30] Erneut ist García de Toledo gemeint.
[31] Siehe V 17,4f.
[32] Anspielung auf die erste der drei in V 17,5 erwähnten Gnaden.

KAPITEL 18

In ihm spricht sie über die vierte Gebetsstufe. –
Sie beginnt auf hervorragende Weise die große Würde zu
erläutern, in die der Herr eine Seele, die in diesem Stadium
weilt, versetzt. – Das ist sehr dazu angetan, um alle,
die sich mit dem inneren Beten befassen, zu ermutigen,
damit sie sich Mühe geben, zu dieser hohen Verfassung zu
gelangen; denn man kann sie hier auf Erden erreichen,
zwar nicht aus eigenem Verdienst, sondern durch die
Güte des Herrn. – Das lese man sehr aufmerksam, denn
es wird auf ganz subtile Weise erklärt und es enthält
vieles, was sehr beachtenswert ist.[1]

1. Der Herr möge mir die Worte beibringen, wie man etwas über das vierte Wasser sagen kann.[2] Seine Gunst ist hier sehr nötig, noch mehr als beim vorigen, denn bei jenem[3] spürt die Seele, daß sie noch nicht ganz gestorben ist, denn so dürfen wir uns ausdrücken, weil sie es für die Welt ist. Aber wie ich schon sagte,[4] hat sie noch soviel Gespür, um zu erkennen, daß sie in ihr weilt, und ihre Einsamkeit zu spüren, und sie nützt äußere Mittel, um zu verstehen zu geben, was sie empfindet, und sei es durch Zeichen.

---

[1] Ein schönes Beispiel für die treuherzige Begeisterung und das Selbstbewußtsein, mit denen Teresa ihre (nachträglich ergänzten) Kapitelüberschriften formulierte; siehe etwa auch V 14; 16; 19; 20; 21; 22; 25 usw., oder auch die meisten Überschriften der *Inneren Burg*. Ihre Korrektoren und Herausgeber wußten diese Offenherzigkeit nicht immer zu schätzen: Einer von ihnen – vermutlich Báñez – strich im Autographen kurzerhand alles, was nach Selbstlob klang (*auf hervorragende Weise* sowie den letzten Satz vollständig). So weit ging Fray Luis de León zwar nicht, aber auch er fand es nötig, die Schlußbemerkung über das viele, *sehr beachtenswert* sei, zu streichen.

[2] Ähnlich wird sich Teresa auch zu Beginn der *Inneren Burg* ausdrücken; siehe 1M 1,1; es ist ihr bewußt, daß sie hier über mystische Erfahrungen sprechen muß, die sich nur sehr schwer in Worte fassen lassen. Ihre Absicht ist mystagogisch: Es geht ihr nicht um theoretische Ausführungen über mystische Themen, sondern um die Beschreibung von inneren Erfahrungen, um damit denen zu helfen, die einen ähnlichen Weg gehen.

[3] Also beim dritten Wasser.

[4] Siehe V 16,3.

Bei jedem Gebet und bei allen Gebetsweisen, von denen bislang die Rede war, tat der Gärtner immer noch irgendeine Arbeit, auch wenn bei diesen letzten die Arbeit mit soviel Herrlichkeit und Trost für die Seele verbunden ist, daß sie da nie herausgehen möchte, und so empfindet sie es nicht als Anstrengung, sondern als Herrlichkeit.

Hier[5] nun nimmt man nichts wahr, sondern genießt nur, ohne zu erkennen, was man genießt. Man erkennt zwar, daß man ein Gut genießt, in das alle anderen Güter eingeschlossen sind, doch erfaßt man dieses Gut nicht. Es sind alle Sinne mit diesem Genuß beschäftigt, so daß keiner mehr frei ist, um sich noch mit etwas anderem beschäftigen zu können, weder mit Äußerem noch mit Innerem.

Vorher war es ihnen, wie ich sage, gestattet, von diesem großen Genuß, den sie empfinden, einige Kostproben abzugeben. Hier aber genießt die Seele unvergleichlich mehr, doch kann sie viel weniger davon erkennen lassen, da im Leib keine Kraft mehr verbleibt und auch die Seele sie nicht hat, um diesen Genuß mitteilen zu können. Zu diesem Zeitpunkt wäre alles eine große Last und Qual für sie und eine Störung ihrer Ruhe; und ich sage, wenn es sich um eine Gotteinung aller Seelenvermögen handelt, dann kann sie das nicht, sogar wenn sie es wollte – ich meine, solange sie darin weilt –, und wenn sie es doch kann, ist es schon keine Einung mehr.

2. Das Wie dieses Gebets, das man als Gotteinung[6] bezeichnet, und was es ist, das wüßte ich nicht verständlich zu machen. Es wird in der mystischen Theologie[7] erläutert, denn ich wüßte nicht einmal die richtigen Ausdrücke zu benennen, noch kann ich begreifen, was Intellekt[8] ist, noch worin sich dieses von der

---

5 Auf der vierten Gebetsstufe bzw. beim vierten Wasser.
6 Teresa übernimmt hier die traditionelle Terminologie, wie sie sie bei Francisco de Osuna, Bernardino de Laredo und Bernabé de Palma hatte finden können. Es dürfte zumindest auch taktische Gründe haben, daß sie immer wieder ihre terminologische Unsicherheit beteuert, obwohl sie die Fachausdrücke offensichtlich kennt; vgl. auch die diesbezüglichen Anm. zu V 10,1 und V 11,5.
7 Siehe V 10,1 mit der dortigen Anmerkung und ferner Anhang I.
8 *Mente*.

Seele oder dem Geist unterscheidet.[9] Das scheint mir alles ein
und dasselbe zu sein, auch wenn die Seele manchmal außer
sich gerät, wie ein Feuer, das brennt und Flammen schlägt, und
dieses Feuer manchmal plötzlich stark auflodert. Die Flamme
schießt dann ganz hoch über das Feuer hinaus, doch ist sie
deswegen nicht etwas anderes, sondern immer noch dieselbe
Flamme, die im Feuer ist.

Euer Gnaden[10] mit Euren Studien werden das schon verstehen – ich wüßte es nicht besser auszudrücken.[11] Was ich
erklären möchte, ist, was die Seele empfindet, wenn sie sich in
dieser gottgewirkten Gotteinung befindet.

3. Was Einung ist, ist schon verständlich geworden, nämlich,
daß zwei verschiedene Dinge eins werden. Mein Herr, wie gut
bist du! Sei für immer gepriesen! Alle Dinge sollen dich preisen,
mein Gott, denn du hast uns so sehr geliebt, daß wir in Wahrheit von einer solchen Verbindung sprechen dürfen, die du sogar in dieser Verbannung[12] mit den Seelen eingehst! Selbst bei
den guten zeugt das von großer Freigebigkeit und Großherzig-
keit, letztlich von deiner, mein Herr, denn du schenkst als der,
der du bist. O grenzenlose Freigebigkeit, wie großartig sind
deine Werke! (vgl. Ps 92,2; 104,24) Es erschüttert den, der seinen
Verstand nicht mit irdischen Dingen beschäftigt hält, daß er
keinen hat, um Wahrheiten zu begreifen.[13] Denn daß du Seelen,
die dich so sehr beleidigt haben, so hohe Gnaden schenkst,
wirklich, das geht über meinen Verstand; und wenn ich daran
zu denken beginne, komme ich nicht mehr weiter. Wohin soll
er sich wenden, ohne zurückzugehen? Denn dir für so große
Gnadengeschenke zu danken, das kann er nicht. Manchmal
helfe ich mir, indem ich Ungereimtheiten sage.

---

[9] Vgl. 7M 1 tít und 7M 2,9ff., wo Teresa den Unterschied zwischen *Seele* und *Geist* zu erläutern versucht.
[10] García de Toledo.
[11] Erneute Anspielung auf die „studierten" Adressaten des Werkes.
[12] Vgl. V 15,12 mit der dortigen Anm.
[13] Weil sein Verstand, auch wenn er von irdischen Dingen frei ist, dennoch diese Wahrheiten nicht begreifen kann.

4. Oft überkommt es mich, wenn ich gerade solche Gnaden erhalten habe oder der Herr sie mir zu schenken beginnt (denn wenn man darin weilt, besteht, wie ich schon sagte, keine Möglichkeit, irgend etwas zu tun), zu sagen:

„Herr, schau doch, was du tust; vergiß doch nicht so schnell meine großen Missetaten. Wenn du sie schon vergessen hast, um mir zu verzeihen, so bitte ich dich doch, an sie zu denken, um mit den Gnadengeschenken maßvoll umzugehen. Fülle doch, mein Schöpfer, eine so kostbare Flüssigkeit nicht in ein so zerbrechliches Gefäß (vgl. 2 Kor 4,7), denn du hast ja bei anderen Gelegenheiten gesehen, daß ich sie wieder verschütte. Gib einen so großen Schatz doch nicht da hin, wo noch nicht alle Sucht nach den Tröstungen dieses Lebens verschwunden ist – wie es der Fall sein sollte –, denn da wird er verschwendet und verpraßt. Warum übergibst du die Streitmacht dieser Stadt und die Schlüssel zu ihrer Festung einem so feigen Statthalter, der die Feinde gleich beim ersten Angriff hereinläßt? Laß deine Liebe nicht so groß sein, du ewiger König, daß du so kostbare Juwelen aufs Spiel setzt. Das sieht so aus, mein Herr, als gäbe man Anlaß, sie gering zu schätzen, weil du sie in die Macht eines so erbärmlichen, unzulänglichen, schwachen und armseligen Etwas von so geringer Bedeutung gibst, das es nicht schafft, selbst wenn es sich bemühte, sie mit deiner Hilfe nicht zu verlieren (und dazu ist keine geringe Hilfe vonnöten, so wie ich beschaffen bin), mit ihnen irgend jemanden zu gewinnen; letztendlich also eine Frau, und keine gute, sondern erbärmlich.[14] Es sieht so aus, als würden die Talente nicht nur versteckt (Mt 25,18), sondern begraben, wenn du sie in so unwirtliches Erdreich[15] legst. Solche Großtaten und Gnaden gibst du, Herr, einer Seele für gewöhnlich doch nur, damit sie vielen von Nutzen sei. Du weißt schon, mein Gott, daß ich

---

14 Vgl. V 10,8.
15 Ein Bild für ihre eigene Seele; vgl. V 10,9, wo sie diese einen *schmutzigen und stinkenden Misthaufen* nennt. Dies ist keine mangelnde Selbstachtung, vielmehr wird Teresa immer empfindsamer für den krassen Widerspruch zwischen der überwältigenden Liebe Gottes, die sie erfährt, und der armseligen Weise, wie sie ihr entspricht.

dich mit aller Entschiedenheit und aus ganzem Herzen bitte und dich schon so manches Mal gebeten habe und es in Ordnung finde, das größte Gut, das man auf Erden besitzen mag, zu verlieren, damit du diese Gnaden jemandem schenkst, der mehr Nutzen von diesem Gut hat, zur Mehrung Deiner Herrlichkeit."[16]

5. Solche und noch weitere Dinge zu sagen, ist mir öfter vorgekommen. Nachher sah ich dann meine Dummheit und geringe Demut. Denn der Herr weiß sehr wohl, was recht ist, und auch, daß es in meiner Seele keine Kräfte gäbe, um sich zu retten, wenn sie Seine Majestät nicht durch so viele Gnaden in sie hineinlegte.

6. Auch beabsichtige ich, über die Liebreize und Auswirkungen zu sprechen,[17] die in der Seele zurückbleiben, und darüber, was sie von sich aus tun kann, oder ob sie überhaupt Anteil daran hat, um zu einer so großartigen Verfassung zu gelangen.

7. Es kommt vor, daß es zu dieser *Erhebung des Geistes*[18] oder *Verbindung* mit der himmlischen Liebe kommt, denn meinem Verstehen nach ist die *Gotteinung* etwas anderes als die *Erhebung* in dieser Gotteinung. Wer letzteres nicht erprobt hat, wird wohl meinen, daß das nicht so ist, aber meines Erachtens ist der Herr, während alles ein und dasselbe ist, hier nur auf unterschiedliche Weise am Werk, so auch beim Anwachsen der Loslösung von den Geschöpfen, und viel mehr noch beim

---

[16] Vgl. V 21,2 , wo sie davon spricht, wie gern sie auf diese Gnaden verzichten würde, damit sie *den Machthabern* bzw. *den Königen* zuteil würden.

[17] Von den Auswirkungen wird in V 20,7ff die Rede sein.

[18] *Levantamiento de espíritu*, siehe Anhang I. *Erhebung (levantamiento)*, *Verbindung (juntamiento)* mit Gott, *Geistesflug (vuelo de espíritu)*, *Verzückung (arrobamiento)*, *Aufhebung (suspensión)*, *Entrückung (arrebatamiento)* sind im geistlichen Vokabular Teresas alles Ausdrücke für einen ekstatischen Zustand; siehe auch V 20,1. Später wird sie noch genauer zwischen einzelnen Abstufungen der Ekstase zu unterscheiden versuchen; siehe R 5,7–10 und 6M 4. – Hier beginnt ein längerer Exkurs, so daß die eigentliche Beschreibung dieser *Erhebung* oder Ekstase erst in V 18,10 folgt.

Geistesflug. Ich habe deutlich gesehen, daß dies eine besondere Gnade ist, auch wenn es, wie ich sage, alles ein und dasselbe ist oder doch so aussieht. Ein kleines Feuer ist aber ebenso gut ein Feuer wie ein großes, und doch nimmt man sehr wohl den Unterschied zwischen beiden wahr: Bevor ein kleines Eisenstück in einem kleinen Feuer zur Weißglut erhitzt wird, vergeht viel Zeit, ist es aber ein großes Feuer, dann verliert sogar ein größeres Eisenstück sehr bald ganz und gar sein Wesen, wenigstens sieht es so aus.[19] So scheint es mir auch bei diesen zwei Arten von Gnadenerweisen des Herrn zu sein, und ich weiß, daß der das gut verstehen wird, der schon zu *Verzückungen* gelangt sein sollte. Wenn einer es nicht erprobt hat, wird es ihm unsinnig vorkommen, und das mag es auch sein. Denn wenn so eine wie ich sich über so etwas äußern und etwas von dem verständlich machen will, was man allem Anschein nach unmöglich auch nur anfanghaft in Worte fassen kann,[20] dann bedeutet es nicht viel, wenn sie Unsinn redet.

8. Doch darin vertraue ich auf den Herrn, daß er mir dabei hilft (denn Seine Majestät weiß ja, daß es, abgesehen vom Gehorsam, meine Absicht ist, die Seelen auf den Geschmack eines so hohen Gutes zu bringen). Ich werde nichts sagen, was ich nicht vielfach selber erfahren hätte.[21] Es ist nämlich so, daß es mir, als ich mit der Beschreibung dieses letzten Wassers begann, unmöglich vorkam, etwas darüber sagen zu können, mehr noch, als griechisch zu sprechen, denn so schwierig ist das. Dabei beließ ich es und ging zur Kommunion. Gepriesen sei der Herr, der den Unwissenden solche Hilfe schenkt! O wunderbare Tugend des Gehorsams, dir ist alles möglich! Gott erleuchtete meinen Verstand, teils mit Worten, teils indem er mir vor Augen führte, wie ich es zu sagen hätte, denn so wie er

---

[19] Der abschwächende Nachsatz wurde von Teresa selbst nachträglich zwischen den Zeilen ergänzt.

[20] Eine Anspielung auf die Unaussprechlichkeit mystischer Erfahrungen.

[21] Eines ihrer Kriterien bei der Beschreibung geistlicher Erfahrungen; siehe auch CE/CV pról 3. Ähnlich drückt sich auch Johannes vom Kreuz im Vorwort zum *Geistlichen Gesang* aus; siehe CA/CB pról 4.

es beim vorigen Gebet[22] getan hatte, möchte Seine Majestät allem Anschein nach selbst sagen, was ich weder zu sagen vermag noch weiß.

Was ich hier sage, ist die volle Wahrheit, und so ist das, was daran gut sein sollte, seine Unterweisung; das Schlechte kommt ganz klar von dem Ausbund an Bösem, der ich bin.[23] Daher behaupte ich: Wenn es Leute geben sollte, die zu denselben Gebetserfahrungen gelangt sind, mit denen der Herr dieses armselige Wesen begnadet hat, – es muß derer viele geben –, und diese den Wunsch hätten, mit mir darüber zu sprechen, weil sie meinen, auf Abwege geraten zu sein, dann würde der Herr seiner Dienerin helfen, daß sie mit seiner Wahrheit vorausgeht.

9. Wenn nun der Herr, da wir schon von diesem Wasser sprechen, das vom Himmel fällt, um mit seinem Überfluß diesen ganzen Garten mit Wasser zu tränken und zu durchfeuchten,[24] niemals mehr aufhörte, es zu schenken, wann immer es notwendig wäre, dann sieht man, was für eine Ruhe der Gärtner hätte. Und da es keinen Winter gäbe, sondern immer mildes Wetter herrschte, fehlte es niemals an Blumen und Früchten, und man sieht, welche Wonne er hätte. Doch solange wir am Leben sind, ist das unmöglich: Immer muß man Sorge tragen, das eine Wasser herbeizuschaffen, sobald das andere fehlt.[25] Das vom Himmel kommt oftmals gerade dann, wenn der Gärtner am wenigsten darauf bedacht ist. Es stimmt zwar, daß es anfangs nahezu immer nach längerem innerem Beten geschieht, daß der Herr kommt, um dieses Vögelchen von einer Stufe zur anderen mitzunehmen und es schließlich in das Nest zu legen,

---

[22] Beim dritten Wasser, siehe V 16,2. In beiden Fällen bestätigt die Autorin ausdrücklich die Verbindung zwischen einer „eucharistischen Erfahrung" und dem literarischen Ausdruck.

[23] Vgl. V 10,7.

[24] Dies ist vor dem Hintergrund des sehr trockenen Klimas auf der kastilischen Hochebene zu lesen!

[25] Sobald das mystische (von Gott geschenkte) Gebet fehlt, muß man zum inneren Beten zurückkehren, wie es beim „ersten Wasser" beschrieben wurde (V 11–13).

damit es dort ausruht.[26] Da er es eine ganze Weile hat herum-
fliegen sehen, während es sich mit Verstand und Wille aus allen
Kräften bemüht hat, Gott zu suchen und ihn zufrieden zu stellen, möchte er ihm schon in diesem Leben den Lohn dafür
geben. Und was für einen reichen Lohn! Ein einziger Augenblick genügt nämlich, um alle Prüfungen, die es in diesem Leben
geben könnte, zu vergelten.

10. Während so die Seele noch auf ihrer Suche nach Gott ist,
fühlt sie mit größter, zärtlicher Beseligung, wie sie fast ganz
ohnmächtig wird,[27] in einer Art Schwächeanfall, bei dem ihr
der Atem stockt und alle Körperkräfte allmählich schwinden,
so daß sie nicht einmal die Hände bewegen kann, es sei denn
mit viel Schmerz. Es fallen ihr die Augen zu, ohne sie schließen zu wollen, oder falls sie sie doch offen hält, sieht sie fast
nichts, noch gelingt es ihr, wenn sie liest, ein Wort auszusprechen, ja sie schafft es kaum, eines richtig zu erkennen. Sie
sieht zwar, daß dort ein Buchstabe steht, da aber der Verstand
nicht mithilft, kann sie ihn nicht lesen, auch wenn sie wollte.
Sie hört zwar, begreift aber nicht, was sie hört. So nützen ihr
die Sinne nichts, es sei denn, um sie nicht vollends in Ruhe zu
lassen; also schaden sie ihr eher. Sprechen ist vergeblich, denn
es gelingt ihr nicht, ein Wort zu bilden, und wenn es ihr ge-
länge, fehlt die Kraft, es auszusprechen.[28] Es geht nämlich alle
äußere Kraft verloren, während sie in denen der Seele zunimmt,

---

[26] Erneute Anspielung auf das Bild des Jungvogels (für die Seele), auf das sie
schon in V 13,2 zurückgegriffen hatte.

[27] Nach dem Exkurs folgt an dieser Stelle die Beschreibung der Ekstase oder
Erhebung des Geistes, von der sie in V 18,7 zu sprechen begann; vgl. auch
V 20,1.

[28] Wie bei ihren Mitteilungen über ihre spirituellen Gebetserfahrungen bemüht
sich Teresa, wo es um ihr körperliches Gebetsleben geht, um größte Wahrhaftigkeit. Ihr Ziel ist ja, anderen auch in dieser Hinsicht Orientierung zu bieten
und verstehen zu helfen, was in ihnen vorgeht. Die Einbeziehung des Leibes
in mystische Erfahrungen gehört als Element in Teresas Zeit; nicht umsonst
wird von ihr und anderen Schriftstellern immer wieder betont, daß außergewöhnliche körperliche Erfahrungen nicht *notwendig* für eine intensive Gottes-
begegnung seien. Auch die alltägliche Leibwahrnehmung von damals läßt sich
nicht ohne weiteres mit der heutigen in Deckung bringen. Daher muß die

um ihre Verherrlichung besser genießen zu können. Die äußere Beseligung, die man spürt, ist groß und ganz offensichtlich.

11. Dieses Gebet fügt keinen Schaden zu, so lang es auch sei. Mir hat es jedenfalls nie einen zugefügt, noch erinnere ich mich, daß der Herr mir jemals diese Gnade erwiesen hätte – so schlecht es mir auch gegangen sein mochte –, und ich mich dabei schlecht gefühlt hätte, vielmehr ging es mir dann viel besser. Was für einen Schaden könnte ein so großes Gut auch hervorrufen? Die Auswirkungen nach außen hin sind so offensichtlich, daß man gar nicht daran zweifeln kann, daß hier etwas Großes vor sich ging, denn es nahm die Kräfte mit einer so großen Beseligung weg, um sie dann größer zurückzulassen.[29]

12. Es stimmt zwar, daß dies anfangs so schnell vorübergeht – wenigstens war das bei mir der Fall –, daß es sich an diesen äußeren Kennzeichen und am Schwinden der Sinne nicht so klar zu erkennen gibt, sofern es schnell vorübergeht. Doch erkennt man sehr wohl am Überfluß der Gnaden, daß die Sonne, die es dort gab, sehr kräftig schien, weil sie die Seele derart zum Schmelzen brachte. Und man möge folgendes beachten, daß die Zeit, wie lang es auch immer sein mag, daß eine Seele in dieser Aufhebung[30] aller Vermögen weilt, meines Erachtens doch recht kurz ist: wenn es eine halbe Stunde anhalten sollte, ist das schon sehr viel, bei mir war es meines Erachtens nie so lang. Allerdings ist wahr, daß man schlecht merkt, wie lange man darin weilt, weil man es nicht spürt, doch meine ich, daß es nur sehr kurze Zeit in einem fort andauert, ohne daß das

---

Frage nach der Natur solcher Zustände offenbleiben. Der Versuch einer Antwort bleibt letztlich spekulativ, denn eine noch so genaue Beschreibung Teresas ist subjektiv und ersetzt nicht die äußere Beobachtung. Angebotene Deutungen wie die einer epileptischen Erkrankung können zutreffen, stehen aber immer unter diesem Vorbehalt. (B. S.)

[29] Ein weiterer Beleg für Teresas Sichtweise, daß nämlich das Heil der Seele auf den leiblichen Bereich überströmt; vgl. V 8,6. (B. S.)

[30] *Suspensión*, siehe Anhang I.

eine oder andere Vermögen wieder zu sich kommt. Das Empfindungsvermögen ist es, welches das Banner hochhält,[31] aber die anderen beiden Vermögen fangen bald wieder zu stören an. Da das Empfinden ruhig bleibt, bringt es sie wieder in die Aufhebung zurück, wo sie eine kurze Weile verbleiben, um dann wieder aufzuleben.

13. Auf diese Weise kann man mehrere Stunden im Gebet verbringen und sie gehen vorüber. Denn sobald die beiden Vermögen[32] diesen göttlichen Wein zu verkosten und sich daran zu berauschen beginnen, verlieren sie sich leicht wieder, um auf diese Weise viel mehr zu gewinnen, und sie tun sich mit dem Empfinden zusammen und genießen nun alle drei. Doch daß sie völlig verloren und ohne jede Vorstellung von irgend etwas sind – denn soweit ich es verstehe, geht auch die Vorstellungskraft völlig verloren –, das sage ich, ist von kurzer Dauer. Freilich kommen sie nicht wieder so gänzlich zu sich, daß sie nicht mehrere Stunden lang wie benommen sein können, weil Gott sie von Zeit zu Zeit wieder an sich zieht.

14. Kommen wir nun zu dem, was die Seele hier innerlich verspürt. Das möge aussprechen, wer kann, denn man kann es nicht einmal begreifen, geschweige denn aussprechen![33]

Als ich dies schreiben wollte, nachdem ich gerade kommuniziert und in eben dem Gebet geweilt hatte, das ich hier beschreibe, war ich am Überlegen, was die Seele in diesem Augenblick wohl macht. Da sagte mir der Herr folgende Worte: *Sie wird ganz und gar zunichte, Tochter, um so tiefer in Mich einzudringen. Nun ist es nicht mehr sie selbst, die lebt, sondern Ich*

---

31 *Mantener la tela (das Banner hochhalten)* – ein Ausdruck aus der Welt der Ritterturniere – sagte man vom Bannerträger. Hier soll ausgesagt sein, daß das Empfindungsvermögen die Hauptrolle spielt: Es bleibt als einziges völlig in Gott versunken, während das Erkenntnis- und Erinnerungsvermögen immer wieder aus der Versenkung auftauchen.
32 Erkenntnis- und Erinnerungsvermögen.
33 Erneute Anspielung auf die Unaussprechlichkeit der mystischen Erfahrung; vgl. V 18,1.

lebe in ihr (Gal 2,20). Da sie nicht begreifen kann, was sie da versteht, ist es ein Verstehen im Nichtverstehen.[34]

Wer dies erprobt haben sollte, wird es in etwa verstehen, denn deutlicher kann man es nicht ausdrücken, weil das, was dort vor sich geht, so dunkel ist. Ich kann auch nur sagen, daß es sich ihr so darstellt, daß sie mit Gott zusammen ist, und es bleibt eine solche Gewißheit zurück, daß man gar nicht anders kann, als das zu glauben. Hier versagen sämtliche Vermögen und werden derart aufgehoben, daß man – wie ich schon sagte[35] – in keiner Weise erkennt, daß sie am Werk sind. Wenn sie gerade über einen Abschnitt[36] nachsann, verliert sie ihn hier so aus dem Gedächtnis, als hätte sie nie daran gedacht. Wenn sie liest, kann sie sich nicht erinnern, was sie da las, oder dabei bleiben. Und genausowenig, wenn sie gerade Gebete aufsagt. So werden hier diesem lästigen Falter des Gedächtnisses die Flügel versengt:[37] Er kann nicht mehr herumschwirren. Das Empfinden wird fest damit beschäftigt bleiben, zu lieben, doch versteht es nicht, wie es liebt. Und wenn das Erkenntnisvermögen schon etwas erkennt, so versteht es doch nicht, wie es erkennt, zumindest kann es von dem, was es erkennt, nichts begreifen. Mir scheint nicht, daß es erkennt, denn – wie ich sage – versteht es sich selbst nicht. Auch ich verstehe das letztlich nicht!

15. Mir widerfuhr am Anfang eine solche Unwissenheit, daß ich nicht einmal wußte, daß Gott in allen Dingen gegenwärtig ist. Und da ich den Eindruck hatte, daß er doch gegenwärtig war, schien es mir unmöglich. Nicht zu glauben, daß er dort war, war mir nicht möglich, weil es mir nahezu eindeutig vorkam, erkannt zu haben, daß dort seine Gegenwart selbst weilte. Die

---

[34] Ähnlich drückt sich auch Johannes vom Kreuz aus; siehe LB 3,48; 1S 4,5; 3S 5,3.

[35] Siehe V 18,10–13.

[36] Gemeint ist ein Abschnitt aus den Evangelien oder eine Episode aus dem Leben Jesu.

[37] Siehe V 17,6, wo die Erinnerungs- und Vorstellungskraft mit einem herumschwirrenden Nachtfalter verglichen wurden.

Leute, die nicht studiert hatten, sagten zu mir, daß er nur durch Gnade dort gewesen sei. Das konnte ich aber nicht glauben, weil ich, wie ich schon sage, den Eindruck hatte, daß er wirklich dort gegenwärtig war; und so lief ich gedrückt herum. Ein großer Gelehrter aus dem Orden des glorreichen hl. Dominikus[38] hat mir dann diesen Zweifel genommen, denn er sagte mir, daß er wirklich gegenwärtig wäre und wie er sich uns mitteilte, was mich sehr tröstete.

Dazu ist zu anzumerken und festzustellen, daß dieses Wasser des Himmels, diese überaus große Gunstbezeigung des Herrn, der Seele immer riesige Gewinne einbringt, wie ich nun sagen werde.

---

[38] Nach Auskunft von P. Gracián und María de San José soll es sich um Vicente Barrón gehandelt haben, von dem in V 7,16f schon die Rede war. In dem Fall müßte dies allerdings spätestens 1544, also in den ersten Jahren, in denen Teresa das innere Beten übte, stattgefunden haben. Darum denken manche Kommentatoren, die diese Episode später ansetzen (zwischen 1555–1564), statt dessen an Domingo Báñez. – In 5M 1,10 berichtet sie über dieselbe Episode; dort (ebenso wie in R 54,1) benützt sie die klassische Formel der scholastischen Theologie: *„daß Gott durch seine Gegenwart und Kraft und Wesenheit (por presencia y potencia y esencia) in allen Dingen weilt."*

KAPITEL 19

*Sie fährt mit demselben Thema fort. – Sie beginnt die
Auswirkungen zu erläutern, die diese Gebetsstufe
in der Seele hat. – Sie drängt sehr darauf, nicht wieder
umzukehren, noch das innere Beten zu unterlassen, auch
wenn man nach dem Empfang dieser Gnade wieder
zu Fall kommen sollte. – Sie nennt die Schäden, die entstehen,
wenn man das nicht tut. – Das ist sehr beachtenswert und
sehr tröstlich für die Schwachen und Sünder.*[1]

1. Es bleibt in der Seele von diesem Gebet und dieser Gotteinung eine überaus große Zärtlichkeit zurück, so daß sie sich
am liebsten auflöste, nicht vor Schmerzen, sondern vor Freuden-
tränen. Sie erlebt sich überströmt davon, ohne es zu merken
oder auch nur zu wissen, wann oder wie sie sie geweint hat.
Es bereitet ihr großes Behagen, diese Gewalt des Feuers durch
Wasser gedämpft zu sehen, das das Feuer noch anfacht.[2]

Das kommt einem zwar spanisch[3] vor, aber so läuft es ab.
Mir ist es bei dieser Gebetsweise gelegentlich passiert, daß ich
so außer mir war, daß ich nicht wußte, ob es ein Traum war
oder ob ich die Herrlichkeit, die ich verspürt hatte, wirklich erlebte. Doch als ich mich von Wasser überströmt sah, das mühelos mit solcher Heftigkeit und Geschwindigkeit hervorbrach,
so daß es aussah, als würde es diese Wolke des Himmels ausschütten, sah ich ein, daß es kein Traum war. Das war an den
Anfängen, und es ging schnell vorbei.

---

[1] Mit diesem Kapitel verfolgt sie also zwei Anliegen: Einmal möchte sie die
Auswirkungen dieser Gebetsstufe im Menschen erklären (vgl. V 18,6), zum
zweiten dazu überreden, das innere Beten doch ja nicht aufzugeben (vgl. V 8,5).

[2] In CV 19,8–15 wird dieses Bild des Feuers und des Wassers noch weiter aus-
gefaltet; auch dort finden wir die paradoxe Aussage, daß das Feuer vom
Wasser keineswegs gelöscht, sondern noch stärker angefacht wird. Mystische
Erfahrungen lassen sich nur in Paradoxen beschreiben.

[3] Wörtlich: *algarabía*, d. h. das Arabisch der (bekehrten) Mauren, das den Kastiliern unverständlich war, von daher steht der Begriff auch für „unverständ-
liche Sprache"; vgl. V 14,8.

2. Es wird die Seele davon so beseelt,[4] daß es für sie ein großer Trost wäre, wenn man sie in diesem Augenblick für Gott in Stücke reißen würde. Von daher kommen die Gelöbnisse und heroischen Entschlüsse, die Konkretheit der Wünsche, der Anfang für die Zurückweisung der Welt,[5] die eindeutige und klare Einsicht in ihre Nichtigkeit, und all das schon viel weiterentwickelt und erhabener als bei den vorigen Gebetsweisen, dazu noch die um vieles gestärkte Demut. Da sieht sie deutlich, daß es für diese übermäßige und großartige Gnade von ihr her keine Anstrengung gab und sie auch nicht dazu beitrug, sie zu holen noch sie zu erhalten. Sie erlebt sich deutlich zutiefst unwürdig, denn in einem Raum, in den viel Sonnenlicht eindringt, bleibt kein Spinnengewebe verborgen: So sieht sie ihre Erbärmlichkeit.[6] Alle Ruhmsucht ist dahin, so daß sie meint, sie nie mehr haben zu können, denn nun sieht sie mit eigenen Augen, wie sie nur wenig oder nichts vermag,[7] wobei es da kaum eine Einwilligung gab, sondern sie im Gegenteil den Eindruck hat, daß man ihr, obwohl sie es nicht wollte, einfach die Pforte zu allen Sinnen verschlossen hat, damit sie sich besser am Herrn erfreuen könnte. Sie bleibt mit ihm allein, und was soll sie da machen, als ihn zu lieben? Sie sieht nichts, sie hört nichts, es sei denn mit Gewalt. Da gibt es kaum etwas, was sie sich zu verdanken hätte! Es tritt ihr alsbald ihr vergangenes Leben und das große Erbarmen Gottes vor Augen, in aller Wahr-

---

4 Versuch, Teresas Ausdruck der *ánima animosa* nachzuahmen.

5 Hier erneut für eine Lebenseinstellung, die mehr auf materielle Werte wie Besitz, Konsum, Macht, Ansehen usw. als auf spirituelle Werte setzt; vgl. V 2,2f; 3,5; 4,1.7; usw.

6 Johannes vom Kreuz benützt denselben Vergleich, um zu verdeutlichen, wieso der Mensch seine Fehler besser wahrnimmt, sobald er Gott näher kommt; siehe 2S 14,9. Teresa könnte das Bild der Sonne (das sich in einem anderen Zusammenhang auch in 1M 2,3 findet) bei Francisco de Osuna gefunden haben, der es in seinem *Tercer Abecedario* bringt; siehe *Tercer Abecedario* VI,4. Es war aber ein beliebtes Bild, das auch bei anderen geistlichen Schriftstellern vorkam, so etwa bei Johannes Tauler, *Sermo I in Epiphania; Sermo III de Ss. Sacramento*, 4; Hugo von Balma, *Theologia mystica* 2,1; Heinrich Herp, *Directorium mysticum*, cap. 50; Jean Gerson, *De mystica theologia practica. Industria* 12.

7 Man beachte, daß Teresa nicht einfach sagt, daß der Mensch *gar nichts* vermag.

heit, und ohne daß sich ihr Verstand auf die Jagd nach Gedanken machen müßte, denn hier wird ihr als fertiges Gericht vorgesetzt, was sie essen und verstehen soll.[8] Von sich sieht sie, daß sie die Hölle verdient, aber mit Verherrlichung bestraft wird. Sie zerreißt sich vor Lobpreisungen Gottes, und ich möchte mich jetzt auch zerreißen. Gepriesen seist du, mein Herr, daß du aus so dreckigem Schlamm wie mir so klares Wasser machst, daß es auf deinen Tisch kommen darf! Gelobt seist du, Wonne der Engel, daß du einen so gemeinen Wurm so erheben willst!

3. Es bleibt dieser Fortschritt eine ganze Weile in der Seele erhalten; nun, da sie klar erkennt, daß es nicht ihre Frucht ist, kann sie anfangen, davon auszuteilen, ohne daß es ihr daran fehlt.[9] Sie beginnt Anzeichen einer Seele aufzuweisen, die Schätze des Himmels aufbewahrt, und den Wunsch zu haben, davon an andere auszuteilen, und den Herrn anzuflehen, daß doch nicht sie allein reich sei. Sie beginnt, fast ohne es zu erkennen oder von sich aus etwas dazu zu tun, ihren Nächsten von Nutzen zu sein; sie erkennen das, denn der Duft der Blüten ist schon viel stärker, so daß er in ihnen die Sehnsucht weckt, sich ihnen zu nähern. Sie erkennen, daß sie Tugenden hat und sehen die Frucht, die begehrenswert ist. Darum möchten sie ihr beim Verzehr helfen.

Wenn nun dieses Erdreich durch Prüfungen und Angriffe und Gerede und Krankheiten – denn ohne das dürften nur wenige hierher kommen – gut umgegraben ist, und wenn es durch Loslösung von jedem Eigeninteresse aufgelockert ist, durchtränkt es das Wasser so sehr, daß es kaum mehr austrocknet. Aber wenn es Erdreich ist, das noch an der Erde haftet und so viele Dornen trägt, wie ich am Anfang, das von den Gelegenheiten zu sündigen noch nicht entfernt und nicht so

---

8 Vgl. V 13,11 mit der dortigen Anm. und V 17,4.
9 Hier knüpft die Autorin erneut bei der Allegorie des Gartens an (siehe V 11,6). Mit dem *Austeilen* der Früchte ist gemeint: aufgrund der eigenen geistlichen Erfahrung anderen auf ihrem geistlichen Weg voranhelfen; vgl. auch V 17,2, wo die Rede davon war, daß man diesen Ehrgeiz nicht zu früh haben sollte.

dankbar ist, wie es eine so große Gnade verdient, dann wird dieses Erdreich wieder austrocknen.

Und wenn der Gärtner unachtsam ist und der Herr es aus reiner Güte nicht wieder gern regnen läßt, dann betrachtet diesen Garten als verloren, denn so ist es mir ein paarmal ergangen. Wirklich, ich bin entsetzt, und wenn es mir nicht selbst widerfahren wäre, könnte ich es nicht glauben.

Ich schreibe es zum Trost für schwache Seelen, wie die meine, damit sie nie verzweifeln oder aufhören, auf Gottes Größe zu vertrauen. Auch wenn sie wieder zu Fall kommen sollten, nachdem sie schon auf einem so hohen Gipfel standen, wie es der Fall ist, wenn der Herr sie bis hierher gelangen läßt, sollen sie nicht verzagen, wenn sie sich nicht ganz verlieren wollen. Tränen erreichen alles: Wasser zieht Wasser an.[10]

4. Eines der Dinge, weshalb ich mich – obwohl ich die bin, die ich bin – dazu aufgerafft habe, dies im Gehorsam aufzuschreiben und Rechenschaft von meinem erbärmlichen Leben abzulegen und von den Gnaden, die mir der Herr erwiesen hat, wo ich ihm nicht gedient, sondern ihn beleidigt hatte, ist genau dies. Wirklich, hierin hätte ich gern große Autorität, damit man mir das glaube. Ich flehe den Herrn an, daß Seine Majestät sie mir gebe. Ich möchte sagen, daß keiner von denen, die mit dem inneren Beten begonnen haben, verzagen soll, indem er sagt: „Wenn ich dann wieder Schlechtes tue, ist es nur noch schlimmer, mit der Übung des inneren Betens fortzufahren." Das glaube ich nur, wenn er das innere Beten aufgibt und sich von seiner Schlechtigkeit nicht bessert; wenn er es aber nicht aufgibt, so glaube er, daß es ihn zum Hafen des Lichtes führt. In diesem Punkt hat mir der Böse einen heftigen Kampf geliefert, und ich machte soviel durch, weil es mir als geringe Demut vorkam, inneres Beten zu halten, wo ich doch so erbärmlich war, daß ich es, wie ich schon sagte, eineinhalb Jahre lang unterließ – zumindest aber ein Jahr lang, denn an das halbe

---

[10] Reuetränen bewirken, daß man das Wasser der göttlichen Gnade erhält, das den Garten wieder zum Blühen bringt.

Jahr erinnere ich mich nicht so gut.[11] Mehr hätte und hat es nicht gebraucht, um mich selbst in die Hölle zu stürzen, ohne noch böse Geister zu brauchen, die mich hineinstürzten. Gott steh mir bei, welch große Blindheit! Und wie gut setzt sich der Böse mit seiner Absicht durch, wenn er hier Hand anlegt! Der Verräter weiß, daß eine Seele, die beharrlich inneres Beten hält, für ihn verloren ist, und daß ihr durch Gottes Güte alle Anlässe, durch die er sie zu Fall bringt, helfen, um hernach bei dem, was sein Dienst ist, einen noch größeren Sprung zu machen: Irgendwie trifft ihn das schon!

5. O mein Jesus! Was bedeutet es, eine Seele zu sehen, die bis hierher gelangt und dann in eine Sünde gefallen ist, und der du in deinem Erbarmen wieder die Hand reichst und sie aufhebst! Wie gut erkennt sie die Vielfalt deiner Großtaten und Erbarmungen und ihr eigenes Elend! Hier ist es angebracht, sich wirklich zunichte zu machen und deine Großtaten zu erkennen; hier sollte sie es nicht wagen, die Augen aufzuschlagen (Lk 18,13); hier sollte sie sie nach oben erheben, um zu erkennen, was sie dir schuldig ist; hier wird sie zur Verehrerin der Himmelskönigin, um dich zu besänftigen; hier ruft sie die Heiligen an, die wieder zu Fall kamen, nachdem du sie schon gerufen hattest,[12] damit sie ihr beistehen; hierher gehört der Eindruck, daß alles, was du ihr schenkst, eine Nummer zu groß für sie ist, weil sie sieht, daß sie nicht einmal den Boden verdient, den sie betritt; von daher ergibt es sich für sie, zu den Sakramenten zu eilen, und daraus ergibt sich dann der lebendige Glaube, der hier in ihr zurückbleibt, wenn sie die Kraft sieht, die Gott in sie gelegt hat; und auch der Lobpreis

---

11 In V 7,11 spricht sie von *„mehr als einem Jahr"* und nennt das *„die größte Versuchung, die ich je hatte."* Dieser Punkt liegt Teresa offensichtlich besonders am Herzen; mit großem Nachdruck wiederholt sie immer wieder, daß es niemals einen Grund geben kann, um das innere Beten aufzugeben; siehe auch V 8,5; 15,3; 19,10–15.

12 Erneute Anspielung auf das Thema der „Heiligen, die bekehrte Sünder waren", das bei Teresa immer wiederkehrt; siehe V pról 1; 9,7; usw. Sie dürfte an Gestalten wie Petrus, Paulus, Maria Magdalena und Augustinus gedacht haben.

auf dich, weil du eine solche Medizin und Salbe für unsere
Wunden hinterlassen hast, die diese nicht nur oberflächlich ab-
heilen, sondern ganz und gar wegnehmen.[13] Darüber geraten
sie ins Staunen. Und wer, du Herr meiner Seele, müßte nicht
über so viel Erbarmen und einen solchen Zuwachs an Gnade
bei einem so häßlichen, verabscheuungswürdigen Verrat staunen?
Ich verstehe nicht, wie es mir mein Herz nicht zerreißt, wenn
ich das schreibe, da ich so erbärmlich bin.

6. Mit diesen armseligen, von dir gegebenen Tränchen, die ich
hier weine – so weit es von mir kommt, ist es nur Wasser aus
einem ganz schlechten Brunnen –, scheine ich dir das Entgelt
für so vielfachen Verrat zu geben, bei dem ich ständig nur
Bosheiten beging und mich bemühte, die Gnaden, die du mir
erwiesen hattest, wieder abzuweisen. Gib du, mein Herr, ihnen
Wert! Reinige du so schmutziges Wasser, und wäre es nur,
damit ich niemandem zur Versuchung gereiche, sich Urteile an-
zumaßen, wie ich es tat, als ich dachte, warum du, Herr, einige
ganz heiligmäßige Personen übergingst, die dir immer gedient
und sich abgemüht hatten, die im Orden großgeworden und
ganz dabei waren, nicht so wie ich, die ich es nur dem Namen
nach war, wo aber deutlich zu sehen war, daß du ihnen nicht
dieselben Gnaden gewährtest wie mir. Ich merkte sehr wohl,
mein höchstes Gut, daß du die Belohnung für sie aufbewahr-
test, um sie ihnen auf einmal zu geben, während ich in meiner
Schwäche dies brauche. Als Starke dienen sie dir auch ohne
das, und so behandelst du sie als tapfere und selbstlose Menschen.

---

[13] Vermutlich eine Anspielung auf die Lehre Luthers, nach der die Gnade die
von der Sünde geschlagenen Wunden „zudeckt", aber nicht „wegnimmt". – Das
Motiv von Christus oder im erweiterten Sinn von Gott als Arzt zieht sich in
vielfältigen Anwendungen durch die christliche Tradition (Christus-Medicus-
Motiv). Es umfaßt die göttliche Heilkraft für den Bereich der leiblichen Existenz
ebenso wie die Heilung der Seele durch die Vergebung der Sünden und die
Heilung der menschlichen Natur von der Erbsünde durch Inkarnation und
Auferstehung Christi. Teresa mag dieses von den Kirchenvätern, insbesondere
von Augustinus, gestaltete Motiv bei Augustinus gefunden oder durch ihre
hochgebildeten Gesprächspartner kennengelernt haben. (B. S.)

7. Dennoch weißt du, mein Herr, daß ich oft zu dir auf-geschrieen habe, um die Menschen, die über mich murrten, zu entschuldigen, weil ich glaubte, daß sie mehr als recht hatten. Das war, nachdem du, Herr, mich in deiner Güte schon an dich hieltest, damit ich dich nicht mehr so sehr beleidigte, und ich schon allem aus dem Weg ging, von dem ich glaubte, daß es dich verärgern könnte. Als ich das tat, begannst du, Herr, deiner Dienerin deine Schätze zu erschließen. Es sieht nicht anders aus, als hättest du nur darauf gewartet, bis in mir Bereitschaft und Eignung da waren, um sie aufzunehmen, nach der Schnel-ligkeit zu urteilen, mit der du sie mir nicht nur zu schenken begannst, sondern auch wolltest, daß man erkannte, daß du sie mir schenktest.

8. Sobald das bekannt wurde, begann man eine gute Meinung von der zu haben, die noch nicht alle richtig durchschaut hat-ten, da sie nämlich böse war, obwohl viel davon durchschim-merte. Da setzten mit einem Mal das Murren und die Angriffe ein, und, wie ich glaube, aus gutem Grund. Daher nahm ich es niemandem übel, im Gegenteil, ich flehte dich an, zu bedenken, wie recht sie hatten. Sie sagten, daß ich als Heilige dastehen wollte und Neuerungen erfand, wo ich doch damals bei weitem nicht so weit gekommen war, auch nur meine Ordensregel ganz zu halten, und auch nicht so weit wie die sehr guten und heiligmäßigen Schwestern in meinem Haus[14] (und ich glaube auch nicht, daß ich je so weit komme, wenn Gott in seiner Güte es nicht alles selbst macht), sondern es war im Gegenteil ich, die das Gute zerstörte und Bräuche einführte, die nichts waren. Zumindest tat ich, was ich nur konnte, um sie einzu-führen, und im Bösen vermochte ich viel. So beschuldigten sie mich ohne eigene Schuld. Ich sage nicht, daß es nur Schwestern waren, sondern auch andere Leute; sie entdeckten mir nur Wahrheiten, weil du das zuließest.

---

[14] Das Menschwerdungskloster zu Ávila.

9. Einmal, beim Chorgebet, als ich zuweilen diese Versuchung hatte, stieß ich auf den Vers, der lautet: *Iustus es, Domine, und auch deine Entscheide*[15] (Ps 119,137). Ich begann nachzusinnen, wie wahr das sei, denn darin hatte der Böse nie Macht über mich, daß er mich so sehr in Versuchung geführt hätte, um daran zu zweifeln, daß du, Herr, alle Güter in dir hast, ebensowenig wie in einem Punkt des Glaubens. Mir kam im Gegenteil vor, daß ich um so mehr daran festhielt, je weniger sie dem natürlichen Weg entsprachen, und das gereichte mir sehr zur Andacht: Daß du allmächtig bist, umfaßte für mich alle Großtaten, die du je getan hast, und daran habe ich – wie ich sage – niemals gezweifelt. Als ich darüber nachsann, wie du in aller Gerechtigkeit zuließest, daß viele große Dienerinnen von dir waren, – wie ich gesagt habe[16] –, die nicht die Geschenke und Gnaden erhielten, die du mir erwiesest, wo ich doch die war, die ich war, da hast du, Herr, mir geantwortet: *Diene du mir, und mische dich da nicht ein.* Das war das erste Wort, das ich dich zu mir sprechen hörte, und deshalb verblüffte es mich sehr.

Weil ich diese Art des Verstehens später zusammen mit einigen anderen Dingen noch erklären will,[17] sage ich hier nichts dazu, weil ich dann vom Thema abkomme, ja ich glaube, daß ich schon genug davon abgekommen bin; ich weiß kaum noch, was ich gesagt habe. Es geht wohl nicht anders, mein Sohn,[18] so daß Euer Gnaden diese Unterbrechungen ertragen müssen. Wenn ich nämlich sehe, was Gott alles von mir ertragen hat und mich dann in meiner jetzigen Verfassung sehe, dann braucht es nicht viel, daß ich den Faden von dem, was ich gerade sage, zu dem, was ich noch zu sagen habe, verliere.

---

[15] Nach der Vulgata-Fassung, die damals gebetet wurde: *Iustus es, Domine, et rectum iudicium tuum*; nach der deutschen Einheitsübersetzung: *Herr, du bist gerecht, und deine Entscheide sind richtig.* Es ist dies ein schönes Beispiel für die Tatsache, daß Teresa aufgrund der sprachlichen Verwandtschaft mit ihrer kastilischen Muttersprache zumindest Teile der lateinischen Liturgie verstehen konnte.

[16] Siehe V 19,6.

[17] In V 25–27.

[18] Erneut ist García de Toledo gemeint. Diese Anrede wurde von einem Korrektor (Báñez?) gestrichen, vielleicht weil er sie für zu vertraulich hielt.

Der Herr gebe, daß meine Dummheiten immer nur solche seien, und Seine Majestät lasse nicht mehr zu, daß ich die Möglichkeit habe, auch nur in einem Punkt gegen ihn zu handeln, lieber lasse er mich so wie ich bin vergehen.

10. Es genügt schon, um seine großen Erbarmungen zu sehen, daß er so viel Undankbarkeit nicht nur einmal, sondern vielmals verziehen hat. Beim hl. Petrus geschah das nur einmal, bei mir viele Male.[19] Nicht ohne Grund versuchte mich der Böse, daß ich doch keine so enge Freundschaft mit jemandem anstreben möge, dem ich eine so öffentliche Feindschaft erwies. Wie groß war doch meine Blindheit! Wo glaubte ich denn Abhilfe zu finden, mein Herr, wenn nicht bei dir? Was für ein Unsinn, das Licht zu fliehen, nur um immer wieder zu straucheln! Was für eine überhebliche Demut erfand da der Böse in mir: mich vom Halt an der Säule und dem Stab zu entfernen, der mich stützen soll, um nicht so tief zu fallen![20] Noch heute bekreuzige ich mich[21] und meine, daß ich nie mehr eine so große Gefahr durchgemacht habe wie diese Erfindung, die mir der Böse unter dem Vorwand von Demut eingab. Er setzte mir in den Kopf, wie etwas so Erbärmliches wie ich und noch dazu nach dem Erhalt so vieler Gnaden, mich ans innere Beten heranmachen könnte; daß es reichte, das an Gebeten zu verrichten, was ich mußte, wie alle;[22] wie ich, wo ich doch nicht einmal das richtig tat, noch mehr tun wolle; das sei wenig Ehrfurcht, sondern Geringschätzung der Gnadengeschenke Gottes.

Es war gut, das zu denken und einzusehen, es aber auch ins Werk umzusetzen, war das größte Übel. Gepriesen seist du, Herr, das du mich so sehr davon geheilt hast.

11. Als Anfang der Versuchung, die er dem Judas eingab, kommt mir das vor, nur daß sich der Verräter[23] nicht so offen

---

19 Vgl. V 7,11.

20 Vgl. V 8,2, wo dasselbe Bild benützt wird.

21 Vor Entsetzen.

22 Hier wird sehr schön der Unterschied deutlich zwischen *rezar* (Rezitieren des Offiziums) und *oración* (inneres Beten). Siehe auch V 7,1.

23 Hier ist der Böse gemeint.

herantraute, aber nach und nach wäre er schon so weit gekommen, mich dahin zu bringen, wohin er ihn gebracht hatte.[24] Das sollen um Gottes willen alle beachten, die inneres Beten halten. Sie sollen wissen, daß in der Zeit, die ich ohne es verbrachte, mein Leben viel verlorener war. Man schaue nur, was für ein wirksames Heilmittel mir der Böse gab und was für eine saubere Demut, eine große Unruhe in mir. Wie aber hätte ich meine Seele beruhigen sollen? Die Unglückliche hielt sich ja fern von ihrer Ruhe; sie hatte die Gnadengeschenke und Gunstbezeigungen vor Augen, zugleich sah sie, daß die Glücksmomente von hienieden widerlich sind. Wie ich das durchstehen konnte, das erstaunt mich. Es geschah aus Hoffnung, denn nie (so weit ich mich jetzt erinnere, denn das dürfte schon mehr als einundzwanzig Jahre her sein)[25] gab ich meine Entschlossenheit auf, wieder zum inneren Beten zurückzukehren, wollte aber warten, bis ich ganz von Sünden rein wäre. Auf was für einen Irrweg war ich mit dieser Hoffnung geraten! Bis zum Tag des Gerichts hätte mir der Böse mit dieser Münze bezahlt,[26] um mich dann von dort in die Hölle mitzunehmen.

12. Wenn ich nun schon so erbärmlich war, daß ich mir nicht zu helfen wußte, solange ich inneres Beten und Lesung[27] hielt – was doch bedeutete, Wahrheiten und den verderblichen Weg, den ich ging, anzuschauen –, und solange ich den Herrn ständig mit Tränen belästigte, was erwartete ich dann anderes als das oben Gesagte, sobald ich mich davon entfernt hatte, hineingestellt in den Zeitvertreib, mit vielen Gelegenheiten zur Sünde

---

[24] Eine Anspielung einmal auf den Verrat Jesu durch Judas (Mt 26,14–16 par.) und dann auch auf dessen tragisches Ende (Apg 1,18).

[25] Wenn wir davon ausgehen, daß sie dies im Jahr 1565 (also in der endgültigen Fassung der *Vida*) schrieb, dürfte sich diese Episode um 1543/1544 zugetragen haben. Siehe auch V 7–8, wo bereits ausführlich die Rede von dieser Erfahrung war, die ihr geistliches Leben und auch ihr späteres geistliches Lehramt zutiefst prägte.

[26] *Librar* im Sinne von: „eine Zahlungsanweisung geben, Geld anweisen"; einer der vielen Ausdrücke aus der Geschäfts- und Finanzwelt, mit denen Teresa ihre Werke spickt.

[27] Im Sinne von „geistliche Lesung" (*lectio divina*).

und nur wenig Hilfen – ich wage sogar zu behaupten, gar keine, außer um mir noch beim Fallen zu helfen?

Ich glaube, daß ein Bruder aus dem Orden des hl. Dominikus, ein großer Gelehrter,[28] vor Gott groß dasteht, weil er mich aus diesem Schlaf aufweckte. Dieser ließ mich, wie ich, glaube ich, schon gesagt habe,[29] alle vierzehn Tage kommunizieren; und vom Bösen möglichst wenig! Ich begann wieder zu mir zu kommen, obwohl ich nicht aufhörte, dem Herrn Beleidigungen zuzufügen. Da ich aber den Weg nicht verloren hatte, kam ich auf ihm voran, wenn auch nur Schritt für Schritt, mit Fallen und Aufstehen. Und wer nicht aufhört, zu gehen und voranzuschreiten, der kommt an, wenn auch spät. Ich glaube, den Weg zu verlieren, bedeutet nichts anderes, als vom inneren Beten abzulassen. Davor bewahre uns Gott, weil er ist, der er ist.

13. Daraus wird ersichtlich – und das möge man um Gottes willen sehr zur Kenntnis nehmen –, daß sich keine Seele, auch wenn sie so weit kommen sollte, daß Gott ihr im Gebet große Gnaden gewährt, selbst vertraut, denn sie kann zu Fall kommen, noch setze sie sich in irgendeiner Weise Gelegenheiten aus. Das möge man sehr beachten, denn das ist sehr wichtig. Denn selbst wenn die Gnade sicher von Gott ist, so besteht der Betrug, den der Böse hier später begehen kann, darin, daß der Verräter, soweit es ihm möglich ist, aus dieser Gnade Nutzen schlägt, und Menschen betrügt, die weder in den Tugenden gefestigt, noch dem alten Menschen abgestorben,[30] noch losgelöst sind. Hier sind sie nämlich noch nicht so erstarkt, wie ich später noch sagen will,[31] daß es reichte, um sich Gelegenheiten

---

[28] Nach Auskunft von P. Gracián handelt es sich um P. Vicente Barrón. Das paßt zu der Annahme, daß sich die hier beschriebene Episode um 1544 zugetragen haben dürfte. Siehe auch V 5,3 und V 7,16f; an beiden Stellen wird der betreffende Dominikaner ebenfalls als *sehr studiert* qualifiziert.

[29] Siehe V 7,17.

[30] *Mortificar*, siehe Anhang I. Damit sind nicht einzelne asketische Verzichtleistungen gemeint, sondern das Sterben des selbstbezogenen alten Menschen (im paulinischen Sinn), damit man zum selbstlos liebenden neuen Menschen werden kann; siehe Eph 4,22 und Kol 3,9.

[31] Siehe V 20,22–29 und V 21,11.

und Gefahren auszusetzen, auch wenn sie noch so starke
Wünsche und Entschlüsse verspüren ... Es ist dies eine ausgezeichnete Lehre, allerdings nicht von mir, sondern mir von
Gott beigebracht; darum möchte ich, daß so unwissende Leute
wie ich darum wüßten. Denn auch wenn sich eine Seele in diesem Stadium befindet, soll sie nicht auf sich vertrauen, um in
den Kampf zu ziehen, da sie genug damit zu tun hat, um sich
zu verteidigen. Hier braucht man Waffen, um sich gegen die
bösen Geister zu wehren, aber sie haben noch keine Kräfte, um
gegen sie zu kämpfen und sie unter die Füße zu bringen, wie es
diejenigen tun, die in dem Stadium sind, das ich nachher noch
beschreiben will.[32]

14. Folgendermaßen ist die Täuschung, in die einen der Böse
verwickelt: Sobald sich eine Seele Gott schon so nahe sieht und
den Unterschied sieht, der zwischen den Gütern des Himmels
und denen der Erde besteht, sowie die Liebe, die ihr der Herr
erweist, erwächst ihr aus dieser Liebe Vertrauen und Gewißheit, daß sie von dem, was sie genießt, nicht mehr abfallen
könne. Sie hat den Eindruck, deutlich den Lohn zu sehen, und
daß es nicht mehr möglich sei, etwas, was sogar in diesem
Leben so beseligend und süß ist, für etwas so Unzulängliches
und Schmutziges, wie es (irdisches) Vergnügen ist, dranzugeben.
Durch dieses Vertrauen läßt der Böse sie vergessen, daß sie sich
nur wenig zutrauen sollte. Sie setzt sich, wie ich sage, Gefahren
aus und beginnt in heiligem Eifer, ohne jedes Maß von der
Frucht auszuteilen,[33] im Glauben, daß sie für sich nichts mehr
zu fürchten hat. Das geschieht nicht aus Überheblichkeit, denn
die Seele erkennt gut, daß sie von sich aus nichts vermag, sondern aus übermäßig großem Gottvertrauen, da sie nicht beachtet, daß sie selbst noch nicht flügge ist.[34] Sie kann zwar

---

[32] Siehe V 20,22–29 und V 21,11.
[33] Und nicht nur in kleinen *Kostproben* (V 17,2). Mit anderen Worten: Sie beginnt
sich in unkluger Weise um das Heil anderer zu kümmern, bevor sie selbst
schon genügend gefestigt ist, und schadet damit letztlich sich und den anderen.
[34] Hier greift die Autorin das Bild des jungen Vogels, der *„noch nicht flügge ist"*,
wieder auf; siehe V 13,2; 18,9.

schon das Nest verlassen und Gott stößt sie sogar heraus, aber sie ist noch nicht imstande zu fliegen, weil ihre Tugenden noch nicht stark sind, und sie noch keine Erfahrung hat, um die Gefahren zu erkennen, noch um den Schaden weiß, den es bedeutet, sich auf sich zu verlassen.

15. Das war es, was mich ins Verderben stürzte. Und dafür und für alles andere besteht großer Bedarf an Lehrmeistern und Umgang mit spirituellen Menschen.[35] Ich glaube aber fest, daß Gott es nicht unterlassen wird, einer Seele, die er bis zu diesem Stadium geführt hat, zu helfen, und sie nicht verloren gehen läßt, wenn sie nicht ganz von Seiner Majestät abläßt. Doch wenn sie fallen sollte, möge sie, wie ich gesagt habe, um der Liebe des Herrn willen achtgeben, daß der Böse sie nicht dazu verführt, das innere Beten aufzugeben, wie er es, wie ich schon gesagt habe und noch oft wiederholen möchte, unter dem Vorwand falscher Demut mit mir tat.[36]

Sie möge sich auf die Güte Gottes verlassen, die größer ist als alle Übeltaten, die wir anstellen können. Er denkt nicht mehr an unsere Undankbarkeit, sofern wir aus der Kenntnis unserer selbst zu seiner Freundschaft zurückkehren wollen, noch an die Gnadengeschenke, die er uns erwiesen hat, um uns mit ihnen zu strafen; im Gegenteil, diese tragen noch dazu bei, daß er uns um so schneller verzeiht, wie Leuten, die schon zu seinem Hausstand gehörten und, wie man so sagt, von seinem Brot gegessen haben (Joh 13,18).

Sie sollen an seine Worte denken[37] und achtgeben, was er mit mir getan hat, denn eher wurde ich müde, ihn zu beleidigen, als daß Seine Majestät aufgehört hätte, mir zu verzeihen. Er wird nie müde zu geben, und seine Erbarmungen sind unerschöpflich; laßt uns also nicht müde werden, zu empfangen.

Er sei für immer gepriesen. Amen. Und alle Dinge mögen ihn loben.

---

[35] Ein Thema, das immer wiederkehrt; siehe V 4,7.9; 13,6.14.16.19; 14,7; 22,3; 40,8.
[36] Siehe V 7,11; 8,5; 15,3; 19,4.
[37] Anspielung auf Schriftstellen, in denen das Erbarmen Gottes hervorgehoben wird, etwa Ez 33,11; Mt 9,13; Lk 15.

KAPITEL 20

Hier spricht sie über den Unterschied zwischen Gotteinung
und Verzückung. – Sie erläutert, was eine Verzückung ist,
und sagt etwas über das Gut, das eine Seele besitzt,
wenn sie der Herr in seiner Güte so weit kommen läßt. –
Sie beschreibt die Auswirkungen, die eine Verzückung hat. –
Das ist sehr staunenswert.[1]

1. Gern verstünde ich es, mit Gottes Hilfe den Unterschied zu erläutern, der zwischen *Gotteinung* und *Verzückung* oder *Erhebung* oder dem sogenannten *Geistesflug* oder *Entrückung* besteht, denn das ist alles ein und dasselbe. Ich meine, daß diese verschiedenen Bezeichnungen alle dasselbe bedeuten, was man auch *Ekstase* nennt.[2] Diese hat der einfachen Gotteinung viel

---

[1] Dieser Schlußsatz wurde von einem der Korrektoren gestrichen; vgl. Anm. zur Überschrift zu V 18. – In diesem Kapitel geht es um ekstatische Erfahrungen, die innerhalb des „Gebets der Gotteinung" („viertes Wasser") geschenkt werden können; vgl. auch 6M 4–5; CV 19,8; R 5,7–11. Erneut bekommt die Darlegung einen autobiographischen Zug (siehe V 20,9.12): In der Zeit, in der dieses Kapitel entsteht, durchlebt die Autorin selbst gerade eine Phase häufiger Ekstasen. Um diese Zeit schrieb ein Gutachter über sie: „*Wenn sie Gott hingebungsvoll und mit aller Kraft zu sich sprechen hört, pflegt sie öfter in Verzückung zu geraten; und auch wenn sie sich dagegen zu wehren versucht, vermag sie es doch nicht. Alle, die sie sehen, erleben sie dann so, was größte Andacht auslöst*" (BMC 2, 132).

[2] Erneute Anspielung auf die gängige Terminologie bei den geistlichen Schriftstellern; vgl. auch Anhang I. – Gerade dieser Aspekt der Lehre Teresas fand bei Johannes vom Kreuz die höchste Anerkennung: „*Dies wäre eine geeignete Stelle, um die Unterschiede zwischen Entrückungen und Ekstasen und anderen Verzückungen und subtilen Geistesflügen zu behandeln, die den spirituellen Menschen zuzustoßen pflegen. Da ich aber nur die Absicht habe, eine kurze Erklärung der Strophen zu geben ..., muß dies jemandem überlassen werden, der es besser behandeln kann als ich, zumal auch die selige Teresa von Jesus, unsere Mutter, über diese geistlichen Dinge bewundernswert geschrieben hat, die, wie ich bei Gott hoffe, bald in Druck erscheinen werden*" (CA 12,6; integral übernommen in CB 13,7). Tatsächlich war Johannes vom Kreuz, der Teresa hier ohne Probleme als „*unsere Mutter*" anerkennt, maßgeblich am Entschluß zur Drucklegung ihrer Werke beteiligt, der am 1. September 1586 vom Generaldefinitorium der Unbeschuhten Karmeliten gefaßt wurde; siehe Jerónimo de San José, *Historia del Carmen Descalzo*, Bd. I, 5. Buch, Kap. 13, 878ff. Der hier zum Ausdruck gebrachte Wunsch geht diesem Entschluß um einige Jahre voraus.

voraus. Sie erzeugt viel stärkere Auswirkungen und etliche weitere Vorgänge, denn die Gotteinung scheint Anfang, Mitte und Ende[3] zu sein, und das ist sie zuinnerst auch; insofern diese anderen Endzustände[4] aber auf einer höheren Stufe stehen, wirkt sie sich innerlich und äußerlich zugleich aus. Das möge der Herr selbst erklären, wie er es mit dem anderen getan hat, denn wirklich wahr, wenn mir Seine Majestät nicht zu verstehen gegeben hätte, auf welche Art und Weise man etwas darüber sagen kann, hätte ich es nicht vermocht.[5]

2. Bedenken wir jetzt, daß dieses letzte Wasser, von dem wir gesprochen haben,[6] so reichlich fließt, daß wir glauben dürfen, daß diese Wolke der großen Majestät Gottes hier auf Erden bei uns sei, sofern diese Erde das zuläßt. Aber sobald wir ihm für diese große Wohltat danken und unseren Kräften entsprechend Werke beisteuern, ergreift der Herr die Seele, sagen wir es jetzt einmal so, wie die Wolken die Erddünste an sich ziehen, und hebt sie ganz über sich hinaus (ich habe das so gehört, daß die Wolken die Dünste an sich ziehen, oder auch die Sonne),[7] und dann steigt die Wolke zum Himmel auf und nimmt sie mit, und sie beginnt, ihr Eigenschaften des Königreichs zu zeigen, das sie der Seele bereitet hat. Ich weiß nicht, ob dieser Vergleich paßt, aber so geschieht es tatsächlich.

3. Bei diesen Verzückungen[8] kommt es einem vor, als beseele die Seele den Leib nicht mehr, und so hat man ganz stark das Gefühl, als mangle ihm die natürliche Körperwärme; er wird

---

[3] Dieser Erfahrung.

[4] Also die Verzückungen, Geistesflüge, usw.

[5] Vgl. V 16,2; 18,14.

[6] Siehe V 18,1.9; 19,1.

[7] Diese Zwischenbemerkung hatte Teresa am Rand ergänzt; Fray Luis de León ließ sie in seiner Ausgabe weg.

[8] *Arrobamiento*, siehe Anhang I. Unter Ekstase wird eine Erfahrung verstanden, die sich durch folgende Eigenschaften auszeichnet: 1. Sie ist nicht „machbar", sondern kann (muß aber keineswegs!) einem Menschen als Begleiterscheinung einer besonders intensiven Erfahrung der Gegenwart Gottes ohne sein eigenes Zutun zuteil werden. 2. Sie äußert sich so, daß sämtliche geistlichen und psychischen Energien des Menschen von dieser Gegenwartserfahrung in

immer kälter, wenn auch auf äußerst wohltuende und beseligende Weise. Hier gibt es kein Mittel, um sich zur Wehr zu setzen, während es bei der Gotteinung ein Mittel gibt, da wir noch auf unserer Erde weilen: Wenn auch mit Mühe und Gewalt, so kann man sich doch fast immer zur Wehr setzen. Hier aber gibt es meistens keinerlei Mittel, sondern oftmals kommt eine so plötzliche und gewaltige Aufwallung, ohne daß der Gedanke daran oder sonst eine Hilfe vorausgegangen wäre, daß ihr seht oder spürt, wie diese Wolke oder dieser mächtige Adler aufsteigt und euch auf seinen Schwingen davonträgt.

4. Damit meine ich, daß man es erkennt und ihr euch fortgetragen erlebt, ohne daß ihr wißt, wohin. Mag es auch mit Beseligung verbunden sein, so führt doch die Schwäche unserer Natur dazu, daß man sich anfangs fürchtet, und es bedarf – viel mehr noch als bei dem bereits Erwähnten[9] – einer entschlossenen und mutigen Seele,[10] um alles zu riskieren, komme, was mag, und sich den Händen Gottes zu überlassen und willig hinzugehen, wohin man uns trägt, denn man trägt euch fort, auch wenn es euch nicht paßt, und das mit solcher Wucht, daß

Beschlag genommen werden. 3. Dadurch werden die peripheren Aktivitäten der Psyche, wie die Sinneswahrnehmung, vorübergehend herabgesetzt oder sogar ganz außer Kraft gesetzt, was zur körperlichen Erstarrung, zur Gefühllosigkeit, Senkung der Körpertemperatur usw. führen kann. 4. Weil diese Erfahrung nicht machbar ist, kann der Mensch sich auch nicht erfolgreich dagegen wehren, sie überkommt ihn unwillkürlich und mit solcher Wucht, daß alle Abwehr nichts nützt. Sowohl nach Teresa (siehe 7M 3,12) als auch nach Johannes vom Kreuz (siehe CA 12,5 bzw. CB 13,6) sind ekstatische Phänomene – sofern sie bei einem Gottsucher überhaupt vorkommen – charakteristisch für die Übergangsphase, in der er auf dem Weg der Gotteinung zwar schon fortgeschritten, aber doch noch nicht zur tiefsten Einung gelangt ist, die in diesem Leben möglich ist. Sobald der Mensch die Gotteinung in der sog. geistlichen Vermählung voll in sein Leben integriert hat, hören diese mystischen Begleiterscheinungen auf. Sie sind kein Indiz für die besondere Heiligkeit eines Menschen, sondern allenfalls für die Intensität einer inneren Erfahrung, die man noch nicht in sein Leben integrieren kann.

[9] Anspielung auf die mystischen Gnaden, die in den vorigen Kapiteln erwähnt wurden.
[10] Erneute Anspielung auf das teresianische Grundthema der *großen und ganz entschlossenen Entschlossenheit* (CV 21,2), das auch in den vorausgehenden Kapiteln immer wieder angeklungen ist.

ich mich sehr oft zur Wehr setzen möchte und alle meine Kräfte aufbiete, besonders manchmal, wenn es öffentlich geschieht, und oft genug auch im verborgenen, weil ich fürchte, getäuscht zu werden. Manchmal vermochte ich etwas, aber mit enormem Kräfteverschleiß: Wie jemand, der mit einem starken Riesen ringt, so erschöpft war ich hinterher. Andere Male war es unmöglich, sondern es wurde mir die Seele fortgetragen und fast immer auch der Kopf hinterher, ohne daß ich ihn zurückhalten konnte, ja, gelegentlich der ganze Leib, den es sogar vom Boden erhob.[11]

5. Das war aber nur selten der Fall, denn als es einmal geschah, während wir miteinander im Chor waren und ich gerade kommunizierte, bereits niedergekniet, verursachte es mir größten Schmerz, weil es mir wie etwas ganz Außergewöhnliches vorkam, das nachher großes Aufsehen[12] erregen müßte. So befahl ich den Schwestern (es ist nämlich jetzt, da ich das Amt der Priorin[13] innehabe), sie sollten darüber schweigen. Andere Male aber hielt ich mich gleich am Boden fest, während sie herbeieilten, um mir den Leib festzuhalten, sobald ich zu merken begann, daß der Herr dasselbe zu tun im Begriff war (einmal geschah das sogar bei einer Predigt, in Anwesenheit vornehmer Damen, weil es das Patronatsfest[14] war); und trotzdem bemerkte man es noch. Ich flehte den Herrn oft an, mir

---

[11] Anspielung auf ihre gelegentlichen Levitationen, wenn die Wucht der Ekstase ihren Körper vom Boden abhob.

[12] Teresa benützt den Ausdruck *haber nota*, der negative Konnotationen hat. Da ekstatische Erfahrungen sie zwangsläufig in die Nähe der suspekten Alumbrados („Erleuchteten") rückten, hatte sie allen Grund, zu befürchten, ihretwegen in Verruf zu geraten, wie es dann auch tatsächlich geschah.

[13] Seit Anfang 1563 war sie Priorin, d.h. Oberin des 1562 von ihr gegründeten Klosters San José zu Ávila.

[14] Titelfest des Hauses, also das Fest des hl. Josef (19. März). – Die hier beschriebene mystische Gnade dürfte identisch sein mit der zweiten der im Informativprozeß von Ávila von Petronila Bautista beschriebenen: „*Ein anderes Mal, als der Dominikanerpater Domingo Báñez, ein bedeutender Ordensmann, Professor an der Universität von Salamanca und Beichtvater der hl. Mutter, den Schwestern dieses Klosters am Sprechgitter einen Vortrag hielt, geriet die hl. Mutter in Verzückung. Der besagte Pater verließ die Kapelle, hörte mit seinem Vortrag*

doch keine Gnadengaben mehr schenken zu wollen, die nach
außen hin sichtbar waren; ich war es nämlich müde, immer so
sehr aufzupassen, und daß Seine Majestät mir diese Gnade
doch erweisen könne, ohne daß man es mitbekäme. Es sieht so
aus, als habe es ihm in seiner Güte gefallen, mich zu erhören,
denn bislang habe ich es nicht mehr gehabt; freilich ist das
noch nicht lange her.[15]

6. Es ist so, daß ich den Eindruck hatte, als würden mich so
gewaltige Kräfte unter den Füßen emporheben, sobald ich mich
zur Wehr setzen wollte, daß ich nicht weiß, womit ich das vergleichen soll; es geschah dies nämlich mit viel mehr Wucht als
jene anderen geistlichen Vorgänge, und so war ich in Stücke
zerrissen. Denn es ist ein gewaltiges Ringen und nützt am Ende
doch kaum etwas, falls der Herr es will, denn gegen seine Gewalt kommt keine Gewalt an. Andere Male gefällt es ihm, sich
damit zufrieden zu geben, daß wir merken, daß er uns diese
Gnade gewähren will und es an Seiner Majestät nicht fehlt,
und wenn wir uns dann aus Demut dagegen wehren, läßt es
dieselben Auswirkungen zurück, wie wenn man ganz und gar
darin eingewilligt hätte.

7. Bei denen, denen er das erweist, sind die Auswirkungen
gewaltig: Zum einen zeigt sich die große Macht des Herrn und
daß wir, wenn Seine Majestät es nur will, außerstande sind,

---

*auf und verharrte in völligem Schweigen, bis sie wieder zu sich kam. So bekam
diese Zeugin es später erzählt, als sie in dieses Kloster eintrat ... Sie hatte viele
Verzückungen, an mehreren Orten; eine davon, die am Tag des glückseligen
hl. Josef stattfand, während sie am Chorgitter dieses Klosters der Messe beiwohnte, war so stark, daß sie sich – sobald sie spürte, daß es sie anscheinend in die
Höhe hob – am Chorgitter festhielt und eine Schwester bat, sie zu halten, damit
man es nicht merkte, zumal eine sehr geistliche Person anwesend war, die
mit Erlaubnis Seiner Heiligkeit dieses Kloster betreten durfte; und diese Person
befand sich damals neben der hl. Mutter"* (BMC 19, 582).

[15] Dies schrieb sie gegen Ende des Jahres 1565 (Zweite Fassung). Später sollten
allerdings die ekstatischen Erfahrungen zurückkehren; vgl. R 15 (Ekstase in
Salamanca 1571); R 35 (Ekstase nach dem Kommunionempfang aus den
Händen des Johannes vom Kreuz 1572); Ct 177,3 (Brief an Lorenzo de Cepeda
vom 17.1.1577, in dem sie sich erneut über öffentliche Ekstasen beklagt).

weder den Leib noch die Seele im mindesten zurückzuhalten, noch Herr darüber sind, sondern im Gegenteil wohl oder übel merken, daß es Höheres gibt und diese Gnadengaben von ihm geschenkt werden, und daß wir nichts, aber rein gar nichts vermögen; so prägt sich tiefe Demut ein. Ich gestehe sogar, daß es mich in großen Schrecken versetzte, anfangs sogar panikartig, als ich erlebte, daß sich ein Leib von der Erde erhob, denn auch wenn ihn der Geist mit sich fortträgt und das mit großer Zärtlichkeit geschieht, wenn man sich nicht widersetzt, verliert man doch nicht das Bewußtsein. Zumindest war ich so weit bei mir, daß ich erkennen konnte, daß ich fortgetragen wurde. Es wird die Majestät dessen sichtbar, der das zuwege bringt, so daß sich einem die Haare sträuben und große Furcht zurückbleibt, einen so gewaltigen Gott zu beleidigen.[16] Doch ist diese in äußerst große Liebe zu dem gehüllt, von dem wir sehen, daß er sie in hohem Maß zu einem so stinkenden Wurm hat, da es nämlich so aussieht, als begnüge er sich nicht damit, in aller Wahrheit die Seele an sich heranzuholen, sondern als wolle er auch noch den Leib, wo dieser doch so sterblich und aus so dreckiger Erde ist, wie er es durch so viele Beleidigungen geworden ist.

8. Sodann hinterläßt es eine wundersame Loslösung, die ich nicht beschreiben könnte, wie sie ist. Ich glaube, ich darf sagen, daß es irgendwie anders ist, – ich meine, stärker als bei jenen anderen Erfahrungen, die nur den Geist betreffen. Denn auch wenn man dem Geist nach von allen Dingen völlig losgelöst ist, sieht es hier so aus, als wolle der Herr, daß das auch der Leib verwirkliche, und es entsteht eine ganz neue Entfremdung den irdischen Dingen gegenüber, so daß das Leben zur Last wird.

9. Nachher entsteht ein Schmerz, den wir nicht hervorrufen können, noch kann man ihn beseitigen, wenn er einmal da ist. Nur zu gern würde ich diesen starken Schmerz verständlich

---

16 Vgl. auch V 38,19.

machen, aber ich glaube, daß ich das nicht vermag, doch werde ich etwas darüber sagen, sofern ich kann. Ich möchte dazu bemerken, daß diese Dinge[17] erst jetzt in allerletzter Zeit auftreten, nach all den Visionen und Offenbarungen,[18] über die ich noch schreiben will.[19] Und die Zeit, die ich für gewöhnlich mit innerem Beten verbrachte, als mir der Herr immer wieder solch starke Wohlgefühle und Wonnen schenkte, die ist jetzt – auch wenn jenes andere gelegentlich noch nicht aufhört – zumeist und in der Regel mit diesem Schmerz ausgefüllt, von dem ich jetzt sprechen will.

Er ist mal stärker, mal schwächer. Jetzt will ich davon sprechen, wenn er stärker ist, denn auch wenn ich später noch etwas zu den starken Aufwallungen[20] sagen werde, die mich erfaßten, sobald mir der Herr die Verzückungen schenken wollte, so haben sie meines Erachtens damit nicht mehr gemein als etwas sehr Körperhaftes mit etwas ganz Geistigem; und ich glaube, daß ich damit nicht sehr übertreibe. Denn jenen Schmerz[21] spürt zwar auch die Seele, aber, wie es scheint, doch zusammen mit dem Leib; beide scheinen daran Anteil zu haben, und er ist nicht von der extremen Verlassenheit begleitet, wie bei diesem.

An diesem sind wir – wie ich schon gesagt habe[22] – nicht beteiligt, sondern es überkommt einen oftmals ganz unverhofft eine Sehnsucht, von der ich nicht weiß, wie sie sich regt. Und aufgrund dieser Sehnsucht, die in einem Nu die ganze Seele durchdringt, wird sie so niedergeschlagen, daß sie ganz weit über sich und alles Geschaffene hinaussteigt; dabei versetzt Gott sie in eine solche Leere von allen Dingen, daß es ihr vor-

---

[17] Zuerst hatte die Autorin geschrieben: *„diese beiden Dinge"*, womit die größere *Loslösung* und der *starke Schmerz* gemeint wären; dann strich sie *beiden* und gab dem Satz damit einen breiteren Sinn: diese ekstatischen Erfahrungen mit den hier beschriebenen Auswirkungen.
[18] *Revelaciones,* siehe Anhang I.
[19] Siehe V 27–29; 32; 38–40.
[20] *Ímpetus,* siehe Anhang I. In V 29,8–14 wird sie ausführlich darauf eingehen.
[21] Bei den besagten Aufwallungen.
[22] Zu Beginn dieses Absatzes.

kommt, als gäbe es auf der ganzen Erde, auch wenn sie sich noch so sehr anstrengte, keines, das bei ihr bliebe, was sie auch gar nicht möchte, sondern sie möchte nur in dieser Einsamkeit sterben. Mag man sie auch ansprechen oder sie sich gern alle erdenkliche Gewalt antun, um zu sprechen, so nützt es ihr kaum etwas. Auch wenn sie sich noch so sehr abtun mag, ihr Geist findet aus dieser Einsamkeit nicht heraus.

Und obwohl es mir vorkommt, als sei Gott dann meilenweit weg, teilt er einem manchmal doch auf die wundersamste Weise, die man sich nur ausdenken kann, seine Großtaten mit. Daher kann man das nicht aussagen, noch glaube ich, daß es einer, der das nicht erfahren hat, glaubt oder versteht.[23] Es wird nämlich diese Mitteilung nicht gegeben, um zu trösten, sondern um zu zeigen, daß man guten Grund hat, um niedergeschlagen zu sein, weil man von dem Gut entfernt ist, das alle Güter in sich birgt.

10. Durch diese Mitteilung wächst die Sehnsucht und die extreme Einsamkeit, in der sie sich vorfindet, mit einem so feinen und durchdringenden Schmerz, daß die Seele, obwohl sie sich in dieser Verlassenheit befand, glaube ich, buchstäblich sagen kann (und womöglich befand sich der königliche Prophet[24] in ebendieser Einsamkeit, als er dies sagte, nur dürfte der Herr sie ihm als Heiligem noch extremer zu verspüren gegeben haben): *Vigilavi, et factus sum sicut passer solitarius in tecto* (Ps 101,8 Vg).[25] So kommt mir dieser Vers in den Sinn, weil es mir scheint, als erlebte ich das so in mir, und es mich tröstet, zu sehen, daß noch andere eine so extreme Einsamkeit empfunden haben, erst recht solche.

So kommt es der Seele vor, als weile sie nicht in sich, sondern auf dem Dach oder an der Decke ihrer selbst und alles

---

23 Vgl. V 18,14, wo ebenfalls auf die Unaussprechlichkeit mystischer Erfahrungen angespielt wird.

24 David, dem das Buch der Psalmen zugeschrieben wurde.

25 *Ich liege wach, und ich klage, wie ein einsamer Vogel auf dem Dach.* Teresa hatte nach dem Gehör geschrieben: *Vigilavi ed fatus sun sicud passer solitarius yn tecto.*

Geschaffenen, denn mir scheint, daß sie sogar über dem höchsten Gipfel der Seele weilt.

11. Andere Male hat es den Anschein, als sei die Seele in größter Not, so daß sie sich sagt und fragt: *Wo ist nun dein Gott!* (Ps 42,4). Dabei ist zu beachten, daß ich nicht gut wußte, wie diese Verse in der Muttersprache lauteten, aber nachdem ich sie verstanden hatte, tröstete es mich zu sehen, daß sie mir der Herr ins Gedächtnis gerufen hatte, ohne daß ich mir das verschafft hätte. Wieder andere Male erinnerte ich mich an das, was der hl. Paulus sagt, daß er *der Welt gekreuzigt sei* (Gal 6,14). Ich sage nicht, daß das so ist, denn das sehe ich ja. Aber ich habe den Eindruck, es gehe der Seele so, daß ihr weder vom Himmel Trost zukommt, noch sie dort ist, noch daß sie den von der Erde will, noch dort ist, sondern wie gekreuzigt zwischen Himmel und Erde ist und leidet, ohne daß ihr von irgendwoher Hilfe zukommt. Denn die ihr vom Himmel her zukommende (und die, wie ich gesagt habe,[26] eine so wunderbare Erkenntnis Gottes ist, weit erhaben über alles, was wir uns wünschen können) gereicht nur zu mehr Qual; sie steigert nämlich ihre Sehnsucht derart, daß der heftige Schmerz, so scheint mir, ihr ab und zu die Sinneswahrnehmung raubt, allerdings nur ganz kurz.

Es scheinen Todesnöte zu sein, doch bringt dieses Leiden ein so großes Glücksgefühl mit sich, daß ich nicht weiß, womit ich es vergleichen soll. Es ist ein hartes, aber köstliches Martyrium, denn von allem Irdischen, was der Seele in den Sinn kommen mag, und sei es etwas, was ihr eine besonders köstliche Gewohnheit ist, läßt sie nichts zu; es sieht sogar so aus, als stoße sie es gleich von sich.

Gut versteht sie, daß sie nichts möchte, außer ihrem Gott;[27] allerdings liebt sie nicht etwas Bestimmtes von ihm, sondern möchte ihn ganz und gar und weiß doch nicht, was sie da möchte. Ich sage ‚sie weiß nicht‘, weil die Vorstellungskraft ihr nichts vor Augen stellt, und, wie mir scheint, arbeiten die mei-

---

[26] Siehe V 20,9.
[27] Vgl. V 16,5.

ste Zeit auch ihre Seelenvermögen nicht, während es ihr so geht. So wie während der Gotteinung oder einer Verzückung das Genießen, hebt hier der Schmerz sie auf.

12. O Jesus! Wer könnte dies Euer Gnaden[28] richtig verständlich machen, und sei es nur, damit Ihr mir sagt, was das ist, denn es ist das, worin meine Seele gerade ständig wandelt!

Gewöhnlich ist sie, sobald sie sich unbeansprucht sieht, in diese brennenden Todessehnsüchte versetzt; sie fürchtet, wenn sie diese aufsteigen fühlt, nicht sterben zu dürfen; ist sie aber soweit gekommen und mitten drin, möchte sie am liebsten den Rest ihres Lebens in diesem Leid leben, auch wenn es so maßlos ist, daß es die Natur nur schwer aushält.[29] So setzen bisweilen fast alle Pulsschläge aus, wenigstens nach Aussage derjenigen unter den Schwestern, die dann manchmal herbeieilen und dies schon in etwa kennen; meine Handgelenke treten stark hervor und die Hände sind so starr, daß ich sie manchmal nicht falten kann. Daher fühle ich sogar am nächsten Tag noch Schmerzen an den Pulsen und am ganzen Körper, so daß es mir vorkommt, als hätte man mir die Knochen ausgerenkt.[30]

[28] Teresa setzt noch immer ihren inneren Dialog mit García de Toledo fort; vgl. auch V 20,15.19. Im übrigen zeigt diese Bemerkung, was für ein tiefes geistliches Leben sie dem Dominikaner zutraute; vgl. auch V 20,21, wo sie ihm Ekstasen bescheinigt.

[29] Die Spannung zwischen Leben und Sterben durchzieht das ganze Werk; siehe auch V 6,9; 16,4; 17,1; 21,6; 29,8.10.12; 30,20; 33,8; 34,10; 40,20 und die Gedichte „Ich lebe, ohn' in mir zu leben" (Vivo sin vivir en mí; P 1); „Liebendes Zwiegespräch" (Coloquio amoroso; P 4); „Seufzer einer verbannten Seele" (Ayes del destierro; P 7). In späteren Jahren nimmt allerdings Teresas Todessehnsucht ab, zugunsten der Verfügbarkeit für Gott und die Menschen im Hier und Jetzt; vgl. V 40,20 und vor allem 7M 3,6f. Es handelt sich also um eine Durchgangsphase in ihrem Leben.

[30] Wie während ihrer schweren Krankheit als junge Frau; vgl. V 6,1. – Solche körperlichen Phänomene im Rahmen ihrer Verzückungen werden von Teresa mehrfach beschrieben (vgl. R 5,14, Sevilla 1576). Immer wieder ist versucht worden, sie mit epileptischen Zuständen in Verbindung zu bringen. Da eine Diagnosestellung nach heutigen Kriterien nicht möglich ist, behalten solche Deutungen zwangsläufig den Charakter von gut oder weniger gut begründeten Spekulationen. Allerdings ergeben sich in Teresas Werk wiederholt starke Hinweise auf eine mögliche epileptische Erkrankung, die ja keine „Geisteskrankheit" im früher geglaubten Sinn darstellt. Der Epileptiker ist, außer im Rah-

13. Bestimmt glaube ich manchmal, es möchte dem Herrn gefallen, daß das damit endet, daß mein Leben zu Ende geht, denn mir scheint, daß dieser große Schmerz dafür ausreicht,[31] nur verdiene ich das nicht. Meine einzige brennende Sehnsucht ist dann zu sterben. An das Fegefeuer oder die großen Sünden, die ich begangen habe und für die ich die Hölle verdient hätte, denke ich dann nicht. Alles gerät mir bei dieser brennenden Sehnsucht, Gott zu sehen, in Vergessenheit, und jene Leere und Einsamkeit kommen der Seele besser vor als alle Gesellschaft der Welt.

Wenn ihr etwas Trost geben könnte, so ist es das Gespräch mit jemandem, der dieselbe Qual durchgemacht hat; aber zu erleben, daß ihr ist, als würde ihr doch niemand glauben, auch wenn sie sich darüber beklagt,

[14.] das quält sie ebenso.[32] Dieser Schmerz ist nämlich so verschärft, daß sie keine Einsamkeit möchte, wie bei anderen Schmerzen, und auch keine Gesellschaft, außer von jemandem, bei dem sie sich beklagen kann. Sie ist wie jemand, dem der Strick schon um den Hals liegt und der am Ersticken ist, so daß er sich nur noch bemüht, Erleichterung zu bekommen. So scheint mir, daß diese Sehnsucht nach Gesellschaft von unserer Schwäche her kommt. Da dieser Schmerz uns nämlich in Todesgefahr bringt (denn das tut er gewiß; ich habe, wie ich gesagt habe, einige Male aufgrund schwerer Krankheiten und

---

men seiner Anfälle, vollkommen Herr seiner selbst und seiner Wahrnehmung. Eine eventuelle Zuordnung der Diagnose Epilepsie würde nichts von Teresas Leben oder Lehre relativieren, aber möglicherweise eine Verstehenshilfe zu Passagen wie der vorliegenden liefern. Es gilt allerdings zu berücksichtigen, daß Teresas Zeit außergewöhnliche körperliche Gebetserfahrungen für durchaus möglich hält. Auch ihr Bruder Lorenzo muß ihr von seinen spezifisch körperlichen Gebetserfahrungen berichtet haben (vgl. Ct 177,6–9 aus Toledo vom 17.01.1577 an Lorenzo de Cepeda in Ávila). Aus einer solchen Vorprägung durch das Für-Wahr-Halten in ihrer historischen Umgebung mag ein völlig anderes Körpererleben resultieren, als es dem modernen Menschen geläufig ist. Vgl. auch V 18,10. (B.S.) – Siehe ferner Einführung, 61–65.

[31] Dasselbe wird sie erneut in 6M 11,11 behaupten.
[32] Zeichensetzung unklar. Luis de León beginnt in seiner Ausgabe mit *„das quält sie ebenso"* einen neuen Satz.

bei sonstigen Gelegenheiten in dieser Gefahr geschwebt, und ich glaube, sagen zu dürfen, daß diese so groß ist wie all jene), so läßt der Wunsch, den der Leib und die Seele haben, nicht getrennt zu werden, um Hilfe bitten, um Erleichterung zu bekommen und Abhilfe zu suchen, indem man sich ausspricht und beklagt und ablenkt, um so ganz gegen den Willen des Geistes oder des höheren Teils der Seele weiterzuleben, der aus diesem Schmerz nicht mehr herausgehen möchte.

15. Ich weiß nicht, ob ich mit dem, was ich sage, richtig liege oder es zu sagen vermag, aber nach meinem ganzen Dafürhalten geschieht es so. Schauen Euer Gnaden[33] also, was für eine Ruhe Ihr in diesem Leben haben könnt, denn jene, die ich hatte – das innere Beten und das Alleinsein, wo mich der Herr tröstete –, ist jetzt zu allermeist diese Qual, und die ist so köstlich und die Seele erlebt sie als so wertvoll, daß sie ihr bereits lieber sind als alle Wonnen, die sie sonst erhielt. Das kommt ihr sicherer vor, weil es der Weg des Kreuzes ist, und sie trägt, wie mir scheint, ein hochgradiges Wohlgefallen in sich, weil sie außer dem Schmerz mit dem Leib keinen Anteil daran hat, und die Seele es ist, die leidet und sich allein der Freude und Beglückung erfreut, die dieses Erleiden hervorruft.

Ich weiß nicht, wie das möglich ist, aber es ist wirklich so, so daß ich, wie mir scheint, diese Gnade, die mir der Herr gewährt (sehr wohl aus seiner Hand,[34] – und wie ich gesagt habe – keinesfalls von mir erworben, denn sie ist ganz, ganz übernatürlich), nicht für alle die eintauschen würde, die ich später noch nennen werde; ich meine nicht für sie zusammen, sondern für jede einzelne davon. Und man versäume es nicht, daran zu denken, daß sie erst nach all dem kommt, was in diesem Buch beschrieben ist, und das ist, worin mich der Herr gerade hält.[35]

---

[33] García de Toledo.

[34] Im Autograph heißt es eindeutig: *„que bien de su mano"*; Fray Luis de León und alle Herausgeber nach ihm lesen *„que viene de su mano (denn sie kommt aus seiner Hand)."*

[35] Also um 1565.

Ich meine, daß diese Anstürme erst nach den hier beschriebenen Gnaden, die mir der Herr erwiesen hat, kommen.[36]

16. Als ich an den Anfängen voller Furcht war (wie es mir bei fast jeder Gnade ergeht, die mir der Herr gewährt, bis Seine Majestät beim Vorangehen Sicherheit gibt), sagte er mir, ich solle mich nicht fürchten und diese Gnade höher schätzen als alle anderen, die er mir schon erwiesen hatte, denn durch diesen Schmerz würde die Seele geläutert; und zwar würde sie wie das Gold im Schmelzofen bearbeitet oder geläutert (Spr 27,21; Weish 3,6), um die Emaillierungen, was ja seine Gaben sind,[37] besser auftragen zu können –, und sie würde hier so geläutert, wie es sonst im Fegefeuer geschehen müßte.[38]

Ich begriff gut, daß das eine große Gnade war, doch war ich danach sehr viel sicherer, und auch mein Beichtvater sagt, daß es gut sei. Und obwohl ich Furcht empfand, weil ich so erbärmlich bin, hatte ich doch nie glauben können, daß es schlecht sei; im Gegenteil, das gewaltige Übermaß an Gutem war es, das mir Furcht einflößte, wenn ich daran dachte, wie wenig ich es verdient habe. Gepriesen sei der Herr, daß er so gut ist. Amen.

17. Es sieht so aus, als sei ich vom Thema abgewichen, denn ich hatte ja über diese Verzückungen zu sprechen begonnen, und was ich jetzt gesagt habe, ist noch höher als eine Verzückung; darum läßt es die besagten Auswirkungen zurück.[39]

---

[36] Diesen Satz ergänzte die Autorin am Seitenrand.

[37] Gemeint sind die Verfeinerungen, die Gottes Gaben an den Menschenseelen vollbringen.

[38] Auch Johannes vom Kreuz ist der Meinung, daß der intensive Läuterungsprozeß der Nacht des Geistes die Läuterung vorwegnimmt, die sonst im Jenseits (im sog. Fegefeuer) geschehen müßte; siehe 1S 8,5; 2N 6,6; 7,7; 10,5; 12,1; 20,5; LB 1,21.24.; 2,25; 3,22.

[39] In V 20,1 hatte sie über verschiedene ekstatische Erfahrungen (als mystische Begleiterscheinungen einer tieferen Gotteinung) zu sprechen begonnen, in V 20,6–7 ging es dann konkret um Levitationen. Nach dem Exkurs über die *wundersame Loslösung* (V 20,8–16) knüpft sie jetzt wieder bei der Verzückung an.

18. Kehren wir nun zur Verzückung zurück, zu dem, was bei ihnen das Normalste ist.

Ich meine, daß es mir oftmals so vorkam, als lasse sie meinen Leib so leicht zurück, daß sie mir seine ganze Schwere weggenommen hat, und mitunter war das so stark, daß ich fast nicht merkte, wie ich die Füße am Boden aufsetzte. Während er nämlich in der Verzückung weilt, ist der Leib wie tot, oftmals ohne aus sich etwas zu vermögen, und so wie sie ihn packt, verbleibt er: ob stehend oder sitzend, ob mit offenen oder geschlossenen Händen. Denn wenn man die Sinneswahrnehmung auch nur wenige Male verliert, so ist es mir doch ein paarmal passiert, sie ganz und gar zu verlieren, selten und nur kurz. Aber für gewöhnlich ist es so, daß sie gestört ist, und wenn man auch von sich aus bezüglich des Äußeren nichts zu tun vermag, so hört man doch nicht auf, gleichsam aus der Ferne etwas zu vernehmen und zu hören.

Damit sage ich nicht, daß man auf dem Höhepunkt der Verzückung noch etwas vernimmt oder hört (Höhepunkt nenne ich die Zeiten, in denen die Seelenvermögen verloren gehen, weil sie tief mit Gott geeint sind), denn dann sieht oder hört oder fühlt man meines Erachtens nichts. Wie ich aber schon beim vorigen Gebet der Gotteinung sagte,[40] dauert diese völlige Gleichgestaltung[41] der Seele mit Gott nur kurz. Solange sie aber andauert, spürt man kein Vermögen, noch weiß man, was da vor sich geht.

Es dürfte etwas sein, das man nicht versteht, solange wir auf dieser Erde leben, zumindest will Gott das nicht, da wir dazu wohl nicht fähig sind. Ich habe das an mir gesehen.[42]

19. Euer Gnaden wird sagen, wie denn die Verzückung manchmal, ja sogar viele Male, so viele Stunden anhält. Was bei mir vorkommt, ist, daß ich mich ihrer mit Unterbrechungen erfreue –

---

[40] Siehe V 18,12.

[41] *Transformamiento*, siehe Anhang I. Teresa verwendet hier nicht den „gelehrten" Begriff *transformación*, wie das Johannes vom Kreuz tun wird, sondern bildet zum Verb *transformar* ein eigenes, volkstümlicher klingendes Substantiv.

[42] Man beachte, daß sie hier ihre eigene Erfahrung zum Maßstab macht!

wie ich bei der vorigen Gebetsweise schon gesagt habe.[43] Oftmals versenkt sich die Seele, oder besser gesagt, es versenkt
sie der Herr in sich, und während er sie ein Weilchen so hält,
verbleibt er nur noch mit dem Empfindungsvermögen.[44] Es
scheint mir, als sei diese Unruhe der beiden anderen Vermögen
wie die des kleinen Zeigers an den Sonnenuhren, der auch nie
still steht, doch wenn die Sonne der Gerechtigkeit (Mal 4,2)
das will, läßt er sie feststehen.

Das dauert nur kurze Zeit, sage ich. Aber da der Ansturm,
wie auch die Erhebung des Geistes, gewaltig war, und das Empfinden, auch wenn jene beiden sich wieder regen, weiterhin in
Gott versenkt bleibt, bewirkt dieses als Herr des Ganzen jene
Auswirkung im Leib.[45] Denn da schon die beiden unruhigen
Seelenvermögen[46] es stören wollen, braucht es möglichst wenige Feinde, damit die Sinne es nicht auch noch stören. Daher
bewirkt es, daß diese aufgehoben werden, weil der Herr es so
will. Zumeist sind die Augen geschlossen, auch wenn wir sie
nicht schließen wollen, und sollten sie manchmal offen sein,
dann trifft oder beachtet man nicht, was man sieht, wie ich
schon sagte.[47]

20. Hier ist das, was die Seele aus sich heraus tun kann, viel
geringer,[48] damit es nicht so viel zu tun gibt, wenn die Vermögen wieder zusammenkommen. Deshalb möge nicht trost-
los sein, wem der Herr dies geben sollte, sobald er merkt, daß
sein Leib viele Stunden lang so gebunden ist, Erkenntnis- und
Erinnerungsvermögen aber gelegentlich abgelenkt sind. Es stimmt
zwar, daß es das Normale ist, meistens in Lobpreisungen Gottes
oder darin versunken zu sein, erfassen und verstehen zu wollen,

---

[43] Siehe V 18,12.
[44] Zuerst sind also alle Seelenvermögen mit Gott geeint, anschließend ist es nur
    noch das Empfindungsvermögen, während Erkenntnis- und Erinnerungsver-
    mögen wieder unruhig werden.
[45] Die Leichtigkeit und das vorübergehende Schwinden der Sinneswahrnehmung,
    von denen in V 20,18 die Rede war.
[46] Erkenntnis- und Erinnerungsvermögen.
[47] In V 18,10.
[48] ... als bei der vorigen Gebetsweise.

was ihnen widerfahren ist, doch sogar dafür sind sie nicht richtig wach, sondern wie jemand, der lange geschlafen und geträumt hat und noch nicht ganz aufgewacht ist.

21. Ich halte mich bei dieser Erklärung so lange auf, weil ich weiß, daß es heutzutage, und sogar an diesem Ort,[49] Menschen gibt, denen der Herr diese Gnaden gewährt, und wenn ihre Seelenführer das nicht durchgemacht haben, wird es ihnen vielleicht vorkommen, daß sie bei einer Verzückung wie tot sein müssen, besonders wenn es keine Studierten sind.[50] Es ist ein Jammer, was man von Beichtvätern zu erleiden hat, die dies nicht verstehen, wie ich später noch sagen werde.[51] Vielleicht weiß ich nicht, was ich da sage. Euer Gnaden werden es schon verstehen, wenn ich es in etwa treffe, denn Euch hat der Herr darin schon Erfahrung geschenkt, auch wenn Ihr es vielleicht noch nicht so genau angeschaut habt wie ich, da es noch nicht so lange her ist.[52]

So gibt es zeitweise keine Kraft im Leib, um sich bewegen zu können, selbst wenn ich mich noch so sehr bemühe; alle Kraft hat die Seele mit sich fortgetragen. Oftmals – wenn er richtig krank und von starken Schmerzen geschüttelt war – ist er nachher gesund und leistungsfähiger, denn es ist etwas Großes, was ihm dort geschenkt wird, und manchmal will der Herr – wie ich sage –, daß der Leib das genießt, denn hier gehorcht er schon dem, was die Seele will. Sobald sie wieder zu sich gekommen ist, kommt es vor, falls die Verzückung stark war, daß die Seelenvermögen ein oder zwei oder sogar drei Tage lang so weggetreten sind oder sie wie verdummt ist, so daß sie nicht bei sich zu sein scheint.

---

[49] Also in Ávila.

[50] Erneute Anspielung auf ihre schlechten Erfahrungen mit *Beichtvätern mit unzureichenden Studien* (V 5,3); siehe ferner auch V 13,16.18f; 17,8; und in der Folge auch V 25,14.

[51] Siehe V 23 und V 24.

[52] Man beachte die sehr geschickt verpackte Kritik Teresas an den Beichtvätern: Zuerst ihre Kritik, dann der Hinweis auf ihre „Unwissenheit", die ihr als Frau zuzukommen hat, dann die Unterwerfung unter den Zensor.

22. Hier ist es schmerzlich, ins Leben zurück zu müssen. Hier sind ihr Flügel gewachsen, um gut zu fliegen. Der unbrauchbare Flaum ist abgefallen.[53] Hier wird die Standarte für Christus ganz hochgezogen, denn es sieht nicht anders aus, als steige der Burgvogt dieser Festung auf den höchsten Turm oder als bringe man ihn hinauf, um dort die Fahne für Gott zu hissen. Er sieht auf die da unten hinab wie einer, der schon in Sicherheit ist. Die Gefahren fürchtet er nicht mehr, im Gegenteil, er sehnt sich danach, wie jemand, dem unbezweifelbar Siegesgewißheit gegeben ist. Man sieht hier sehr klar, für wie gering man all das von hier unten achten sollte und wie nichtig es ist. Wer oben steht, kriegt vieles heraus. Sie will nichts mehr wollen, nicht einmal freien Willen will sie haben,[54] und so bittet sie den Herrn darum. Sie übergibt ihm die Schlüssel zu ihrem Willen.

Hier ist der Gärtner zum Burgherrn geworden.[55] Er möchte nichts anderes mehr tun als den Willen des Herrn, und das auch nicht mehr über sich noch über irgend etwas sein, nicht einmal über eine Birne in diesem Garten, vielmehr soll Seine Majestät von dem Guten, falls es das darin gibt, nur austeilen. Von nun an will er nichts Eigenes mehr, sondern daß Gott alles zu seiner Verherrlichung und nach seinem Willen mache.

23. Und tatsächlich geschieht es bei all dem so, wenn die Verzückungen echt sind, daß die Seele mit den Auswirkungen und dem Fortschritt verbleibt, wie gesagt wurde. Und wenn diese nicht da sind, dann hätte ich große Zweifel, ob sie von Gott

---

[53] Hier greift die Autorin das Bild des jungen Vogels wieder auf; vgl. V 13,2; 18,9; 19,14. Der Leser beachte, wie sehr sich die innere Einstellung des Beters im Vergleich zu der in V 19,14 beschriebenen gewandelt hat. – In der Folge taucht dann auch das Bild des Statthalters oder Burgherrn wieder auf; siehe V 18,4.

[54] Theologische Bedenken veranlaßten Báñez dazu, dies wie folgt abzuändern: „...*sie hätte am liebsten keinen anderen Wunsch mehr, als nur den, den Willen unseres Herrn zu tun.*" Dahinter steht die damals hochaktuelle Kontroverse zwischen der katholischen und der reformatorischen Seite über den „freien Willen" und wohl auch die Sorge, eine solche Formulierung könnte als verkappter Quietismus verstanden werden und die Autorin somit in eine gefährliche Nähe zu gewissen Kreisen der Alumbrados rücken.

[55] Hier blendet Teresa beide Bilder, das des Gartens und das der Festung, ineinander.

sind, eher fürchtete ich, daß es die Rasereien sind, von denen der hl. Vinzenz spricht.[56] Folgendes verstehe ich und habe ich in der Erfahrung gesehen: Es verbleibt hier die Seele nach nur einer Stunde und auch weniger Herrin über alles und mit innerer Freiheit zurück, daß sie sich nicht wiedererkennt. Sie sieht gut, daß das nicht ihr Anteil ist, und weiß nicht, wie ihr soviel Gutes geschenkt wurde, doch erkennt sie deutlich den riesigen Gewinn, den jede dieser Entrückungen[57] mit sich bringt.

Das glaubt keiner, wenn er es nicht selbst durchgemacht hat. Und so glauben sie der armen Seele nicht, weil sie sie doch so erbärmlich erlebt haben und nun sogleich sehen, wie sie so kühne Dinge anstrebt. Denn bald kommt sie so weit, sich nicht mehr damit zu begnügen, dem Herrn mit wenig zu dienen, sondern mit allem, was sie kann. Sie meinen, daß sei Versuchung und Unsinn. Wenn sie verstünden, daß es nicht von ihr selbst, sondern vom Herrn kommt, dem sie bereits die Schlüssel zu ihrem Willen gegeben hat, wären sie nicht erstaunt.

24. Ich bin überzeugt, daß eine Seele, die zu diesem Stadium gelangt, nichts mehr aus sich heraus sagt oder tut,[58] sondern daß sich dieser souveräne König um alles kümmert, was sie zu tun hat. Lieber Gott, wie deutlich erkennt man hier die Bedeutung des folgenden Verses und wie gut versteht man, daß der-

---

56 In seinem *Tractatus de vita spirituali* hatte Vinzenz Ferrer mit einem Wortspiel (*raptus – rabies*) geschrieben: *„Et scias pro certo quod maior pars raptuum, immo rabierum, nuntiorum antichristi venit per istum modum"* (*„Und du darfst dir sicher sein, daß ein Großteil der Verzückungen, oder vielmehr Verrückungen, auf diese Art und Weise von den Boten des Antichrists kommen";* Kap. 14); und ferner: *„abhorreas earum visionem ... tamquam stultas dementias et eorum raptus sicut rabiamenta"* (*„Verabscheue ihre Vision wie dumme Irrsinnigkeiten und ihre Verzückung wie eine Verrücktheit";* Kap. 15); siehe ders., *Tractatus de vita spirituali,* 517 bzw. 519. Teresa konnte diese Stellen in der spanischen Ausgabe von Francisco Jiménez de Cisneros lesen, die 1515 in Toledo erschienen war. Auch Francisco de Osuna greift dieses Wortspiel (*arrobamientos – rabiamientos*) in seinem *Tercer Abecedario,* V, 2 auf, so daß Teresa es auch dort gefunden haben könnte.

57 *Rapto,* eine weitere Bezeichnung für die Ekstase, die bereits biblische Wurzeln hat; siehe die Entrückung des Paulus in 2Kor 12,2, auf die Teresa in V 38,1 noch anspielen wird.

58 Dieser Satz wurde im Autograph gestrichen, vielleicht erneut von Báñez.

jenige Recht hatte, und daß es alle haben, *um Flügel wie eine Taube zu bitten* (Ps 54,7). Man erkennt klar, daß es Fliegen ist, wozu sich der Geist hier anschickt, um sich über alles Geschaffene zu erheben, und über sich selbst zuerst. Es ist aber sanftes Fliegen, es ist beseligendes Fliegen, lautloses Fliegen.

25. Was für eine Souveränität besitzt eine Seele, die der Herr bis hierher geleitet, denn sie schaut sich alles an, ohne darin verstrickt zu sein! Wie beschämt ist sie über die Zeit, wo sie es war! Wie entsetzt über ihre Blindheit! Wie bedrückt wegen denen, die noch darin stecken, vor allem, wenn es Leute mit innerem Beten sind und die Gott schon verwöhnt! Sie würde am liebsten laut aufschreien, um ihnen zu verstehen zu geben, in welcher Täuschung sie stecken, und das tut sie sogar manchmal, doch dann hagelt es tausend Angriffe auf ihren Kopf herab. Man hält sie für wenig demütig, für eine, die die belehren möchte, von denen sie noch etwas lernen könnte, vor allem, wenn es eine Frau ist.[59] Hier findet Verurteilen statt – und mit Recht –, denn sie kennen die Wucht nicht, die sie antreibt, und derer sie sich mitunter nicht erwehren, noch es ertragen kann, daß sie diejenigen, die sie gern hat und aus dem Kerker dieses Lebens[60] befreit sehen möchte, nicht aus dieser Täuschung herausholt, denn nichts anderes ist das, worin sie vorher lebte, noch kommt ihr das anders vor.

26. Sie tut sich ab wegen der Zeit, in der sie auf die Punkte des Ehrenkodexes[61] etwas gab, und auf die Täuschung, in der sie

---

[59] Eine erneute Anspielung auf das verbreitete Mißtrauen gegen Frauen, denen viele Theologen eine authentische geistliche Erfahrung absprachen; vgl. U. Dobhan, *Gott – Mensch – Welt*, 45–48.

[60] Erneut wird das irdische Leben mit einer Kerkerhaft verglichen; vgl. V 16,8 mit den dort angeführten Parallelstellen.

[61] *Puntos de honra*, womit die extreme Empfindlichkeit der damaligen spanischen Gesellschaft für vermeintliche Beleidigungen und Verletzungen der einem geschuldeten Ehre gemeint war. Galt doch die Wahrung des äußeren Ansehens als oberstes Gebot; vgl. auch V 2,3.5f; 11,2; usw. In CV 36,4 bringt sie einige Beispiele, wie sich dieses Prestigedenken auch bei geistlichen Menschen und in Klöstern einschleichen kann. Siehe auch Anhang I.

befangen war, zu glauben, daß das ehrenhaft sei, was die Welt ehrenhaft nennt. Nun sieht sie, daß das eine einzige Lüge ist und wir alle in ihr befangen sind. Sie versteht, daß echtes Ansehen nicht verlogen, sondern echt ist, insofern man nur das, was etwas ist, für etwas hält, und das, was nichtig ist, als ein Nichts erachtet, denn alles, was ein Ende hat und Gott nicht zufriedenstellt, ist nichts, ja noch weniger als nichts.

27. Sie lacht über sich und die Zeit, in der sie etwas auf Geld und die Gier danach gab, auch wenn ich nicht glaube – und so ist es auch wirklich –, da eine Schuld zu bekennen zu haben; aber es war Schuld genug, etwas darauf zu geben. Wenn man damit das Gut erkaufen könnte, das ich jetzt in mir sehe, würde ich viel davon halten, aber man sieht ja, daß man dieses Gut erlangt, indem man das alles hinter sich läßt. Was kauft man denn mit diesem Geld, nach dem wir uns sehnen? Ist es etwas von Wert? Ist es etwas Dauerhaftes? Wozu wollen wir es überhaupt? Eine trügerische Ruhe verschafft man sich, die so teuer kommt. Oftmals handelt man sich damit die Hölle ein und erkauft sich ewiges Feuer und Pein ohne Ende.[62] Wenn doch alle übereinkämen, es für nutzlosen Dreck zu halten; wie harmonisch ginge es dann in der Welt zu, ganz ohne Intrigen![63] Wie würden alle in Freundschaft miteinander umgehen, wenn das Interesse an Prestigedenken und Geld fehlte! Ich bin überzeugt, damit käme alles in Ordnung.

28. Sie sieht die große Verblendung der Vergnügungen und wie sie sich mit ihnen nur Mühsal einhandelt, sogar schon in diesem Leben, und Ruhelosigkeit dazu. Welche Unruhe! Welch geringe Zufriedenheit! Welch vergebliches Abmühen!

---

62 Die populäre Vorstellung von der ewigen Verdammnis, die auf Schriftstellen wie Jes 66,24; Mt 5,22; 18,9 par.; usw. zurückgeht.

63 *Sin tráfagos*, was nach Cobarruvias *„ein von Kaufleuten benutzter Begriff"* ist, *„der soviel bedeutet wie Geschäftsverkehr, Handel"*; hier für „ohne Intrigen, ganz ruhig". Erneut wählt die Autorin also einen Ausdruck aus der Geschäftswelt.

Hier sieht der Mensch nicht nur die Spinnweben in seiner Seele und die groben Fehler, sondern jedes Stäubchen, das es da gibt, mag es noch so klein sein, weil die Sonne hier sehr hell leuchtet.[64] Und so erlebt sich eine Seele, so sehr sie sich auch um ihre Vervollkommnung bemühen mag, insgesamt als sehr schmutzig, wenn diese Sonne sie wirklich erfaßt. Es ist wie mit dem Wasser in einem Glas, das ganz klar ist, solange die Sonne nicht hineinscheint. Wenn sie aber hineinscheint, sieht man, daß es voller Staubteilchen ist. Dieser Vergleich trifft haargenau zu. Bevor die Seele in dieser Ekstase weilt, meint sie, darum besorgt zu sein, Gott nicht zu beleidigen, und ihren Kräften entsprechend zu tun, was sie kann. Sobald sie aber hier angekommen ist, wo diese Sonne der Gerechtigkeit (Mal 4,2) sie anleuchtet, was sie ihre Augen aufmachen läßt, sieht sie so viele Staubteilchen, daß sie sie am liebsten wieder zumachen würde, denn sie ist noch nicht genügend zu einer Tochter dieses mächtigen Adlers geworden, so daß sie unverwandt in die Sonne blicken könnte,[65] im Gegenteil, sie sieht sich voller Schmutz, sobald sie sie auch nur ein bißchen aufmacht. Dabei fällt ihr der Vers ein, der besagt: *Wer wird gerecht sein vor dir?* (Ps 143,2).

29. Wenn sie diese göttliche Sonne anschaut, wird sie vor Helligkeit geblendet. Sobald sie sich selbst anschaut, verklebt ihr der Schlamm die Augen: Nun ist es blind, das Täubchen.[66] Daher kommt es ganz häufig vor, daß es durch den Anblick so vieler Großtaten ganz geblendet, aufgesogen, entgeistert und aufgelöst ist.

Hier gewinnt man echte Demut, so daß es einem nichts ausmacht, ob man selbst oder andere Gutes von einem sagen. Es

---

[64] Ein vergleichbares Bild findet sich auch bei Johannes vom Kreuz; vgl. 2S 5,6f.

[65] Anspielung auf die verbreitete Fabel des Königsadlers, der angeblich seinen Jungen beibringt, unverwandt in die Sonne zu schauen; Teresa konnte diese u. a. bei Luis de Granada finden, in dessen *Introducción al símbolo de la fe*, I.1.17, in: ders., *Obras completas*, Bd. 5, 158.

[66] Diese beiden Gründe nennt auch Johannes vom Kreuz, um zu erklären, wieso gerade die Erfahrung der Nähe Gottes den Menschen in eine „dunkle Nacht" stürzt; siehe etwa 2N 5,3f und viele weitere Stellen.

teilt der Herr des Gartens die Früchte aus, und nicht sie selbst, darum bleibt nichts davon an ihren Händen kleben. Alles, was sie an Gutem hat, wird auf Gott zurückgeführt. Wenn sie etwas Gutes über sich sagt, ist das zu seiner Verherrlichung. Sie weiß, daß der Gärtner selbst dort nichts besitzt, und selbst wenn er möchte, kann er das nicht übersehen, denn er sieht es mit eigenen Augen, was ihn diese wohl oder übel für die weltlichen Dinge verschließen läßt, aber offenhält, um Wahrheiten zu verstehen.[67]

---

[67] Das ist die Haltung des Mystikers und des Kontemplativen schlechthin, er, dem sich *„die göttliche* WAHRHEIT *... darstellt"* (V 40,3), der *„die Augen offenhält, um Wahrheiten zu verstehen"* (V 20,29), *„Wahrheiten, die eingeprägt bleiben"* (V 38,4); *„glücklich die Seele, die der Herr dazu bringt, Wahrheiten zu erkennen"* (V 21,1), indem er ihr *„Licht über die Täuschungen dieser Welt gibt"* (V 21, tít.); *„Menschen, die Gott so weit gebracht hat, um zu erkennen, was Wahrheit ist"* (V 39,8). Die Wahrheit besteht darin, *„Gott zufrieden zu stellen"* (V 21,5; 20,26). Gott hat ihr *„dieses Licht gegeben"* (V 21,7), *„um zu erkennen, was das Ganze ist"* (V 31,19). Von daher der direkte Gegensatz zur *„Lüge"*, *„Blindheit"*, *„Täuschung"*, in der man lebt (V 21,4; 20,26); dem *„schlecht gereimten Schwank dieses Lebens"* (V 21,6). Es legt sich ihr das Verlangen auf, *„eine einzige dieser Wahrheiten verständlich zu machen"* (V 21,2); *„in Wahrheit vor der* WAHRHEIT *selbst [zu] wandel[n]"* (V 40,3), *„auf nichts etwas zu geben, das nicht dazu dient, uns näher zu Gott zu bringen"* (ebd.). Im *Weg der Vollkommenheit* wird sie sagen, *„daß die Geschenke hier auf Erden Lüge sind, wenn sie die Seele ein bißchen davon abbringen, in sich zu gehen"* (CV 29,3); vgl. R 1,22; Brief vom 21.12.1579 an Nicolás Doria (Ct 318,16). – Auf Edith Stein, die auf der Suche nach Wahrheit war, als sie im Sommer 1921 die *Vida* las, mag diese Betonung der Wahrheit wie eine Erleuchtung gewirkt haben. (Vgl. V 40,3 mit der entsprechenden Anm.)

KAPITEL 21

Sie erklärt diese letzte Gebetsstufe weiter und schließt sie ab.[1] –
Sie sagt, was eine Seele, die auf dieser Stufe steht, empfindet,
wenn sie wieder zum Leben in dieser Welt zurückkehrt,
und wieviel Licht ihr der Herr über die Täuschungen dieser
Welt gibt. – Es bietet gediegene Unterweisung.

1. Um nun mit meinen Ausführungen zum Abschluß zu kommen,[2] sage ich noch, daß hier die Einwilligung dieser Seele nicht erforderlich ist.[3] Sie hat sie ihm[4] schon gegeben, und weiß, daß sie sich bereitwillig in seine Hände gegeben hat und er sie nicht täuschen kann, weil er der Allwissende ist. Es ist nicht wie hienieden, wo das ganze Leben voller Täuschungen und Zweideutigkeiten ist: Wenn ihr glaubt, die Zuneigung von jemand gewonnen zu haben, nach allem, was er euch zeigt, kommt ihr dahinter, daß alles nur Lug und Trug ist. Es gibt bald niemanden mehr, der in diesem Gewühl noch leben mag, erst recht, wenn auch noch Eigeninteresse im Spiel ist.

Glücklich die Seele, die der Herr dazu bringt, Wahrheiten zu erkennen![5] Wie gut täte dieser Zustand den Königen! Wie sehr viel mehr brächte es ihnen, danach zu streben als nach Gewaltherrschaft![6] Wie ginge es dann rechtschaffen zu im Königreich! Wie viele Mißstände würden vermieden und wären schon vermieden worden! Hier fürchtet man aus Liebe zu Gott nicht,

---

1 Mit diesem Kapitel schließt, streng genommen, die kleine Abhandlung über das innere Beten in seinen verschiedenen Entwicklungsstufen, die in V 11 begonnen hatte. Der Exkurs schließt allerdings noch nicht, denn es folgt noch ein Übergangskapitel (V 22), in dem einige wichtige Grundlagen für ein authentisches Gebetsleben zur Sprache kommen; ab V 23 wird die Autorin dann ihre geistliche Autobiographie fortsetzen.
2 Sie knüpft wieder beim Thema der Auswirkungen der vierten Gebetsstufe an, von denen bereits einmal in V 19,1 und dann erneut in V 20,7 und V 20,23 die Rede war.
3 Vgl. V 19,2.
4 Gott.
5 Vgl. V 20,29; 21,5.
6 Das schreibt Teresa als Untertanin eines Königs, der – bei aller Frömmigkeit – nicht nur über große Teile Europas herrschte, sondern auch noch dabei war, seine Herrschaft auf Amerika auszudehnen!

Leben oder Ansehen zu verlieren. Was für ein großes Gut ist das für einen, der mehr als alle anderen verpflichtet ist, auf Gottes Ansehen zu schauen, denn es sind doch die Könige, denen diese folgen müssen! Auch nur für eine geringe Mehrung des Glaubens, und um diesen Häretikern wenigstens ein wenig Licht gespendet zu haben,[7] würde er mit Recht tausend Reiche drangeben. Und das ist ein anderer Gewinn: ein Reich, das nicht zu Ende geht. Verglichen mit auch nur einem Tropfen Wasser, den eine Seele von diesem Reich verkostet, kommt ihr hienieden alles widerlich vor. Und wenn sie erst ganz darin eingetaucht wäre, was wäre dann?

2. O mein Herr! Wenn du mir Gelegenheit gäbest, das hinauszuschreien,[8] würde man es mir nicht glauben, wie man es vielen antut, die es noch ganz anders auszudrücken vermögen als ich; aber zumindest empfände ich Genugtuung. Ich glaube, ich hielte mein Leben für gering, um eine einzige dieser Wahrheiten verständlich zu machen. Ich weiß zwar nicht, was ich dann täte, denn auf mich ist kein Verlaß. Aber obwohl ich so bin, wie ich bin, überkommen mich so heftige Antriebe, um den Machthabern das zu sagen, daß es mich zerreißt. Wenn ich dann nicht mehr kann, wende ich mich an dich, mein Herr, um dich für alles um Abhilfe zu bitten. Du weißt gut, daß ich mich liebend gern aller Gnaden, die du mir gewährt hast, beraubte, und sie den Königen gäbe,[9] wenn ich nur in einem Zustand bliebe, dich

---

7 Hier deutet sich schon die apostolische Einstellung Teresas an, die im *Weg der Vollkommenheit* noch viel deutlicher zum Ausdruck kommen wird; vgl. CV 1,2.

8 Vgl. V 16,3; 20,25 usw. und ferner auch R 1,3.4. – Teresa ringt immer wieder damit, daß es ihr als Frau verwehrt ist, sich aktiv für die Verbreitung des Reiches Gottes einzusetzen; siehe auch CV 1,2 und F 1,7f., wo sie beschreibt, wie sie nach und nach in der Entdeckung der apostolischen Dimension des kontemplativen Lebens ihre Form findet, innerhalb der ihr gesetzten Grenzen dennoch diese Sehnsucht zu verwirklichen.

9 Vgl. V 18,4. – Nach Aussage P. Silverios schickte Teresa im Jahre 1569, als sie auf ihrem Weg zur Gründung in Toledo in die Nähe des Hofes kam, Philipp II. über die Prinzessin Juana einige Ratschläge, die großen Eindruck auf den König machten. Dieser soll daraufhin den Wunsch zum Ausdruck gebracht haben, die Gründerin persönlich kennenzulernen. Ob sie sich tatsächlich trafen, konnte bis heute nicht einwandfrei geklärt werden, doch steht fest, daß der König Teresa sehr schätzte und sie mehrfach auch konkret unterstützte.

nicht zu beleidigen. Denn ich weiß, daß es dann unmöglich
wäre, Dinge durchgehen zu lassen, die man heute durchgehen
läßt, und ebenso unmöglich, daß sie nicht größte Wohltaten
davon hätten.

3. O mein Gott! Gib ihnen doch zu verstehen, wozu sie verpflichtet sind, denn du hast sie auf Erden derart auszeichnen
wollen, daß ich sogar sagen hörte, es würden Zeichen am Himmel erscheinen, wenn du einen von ihnen zu dir nimmst.[10]
Gewiß, wenn ich das bedenke, bin ich wirklich ganz gerührt,
daß du, mein König, wünschest, daß sie sogar daran erkennen
sollen, wie sehr sie dich in ihrem Leben nachahmen sollen, weil
bei ihrem Tod in irgendeiner Form ein Zeichen am Himmel
erscheint, wie damals, als du starbst (Mt 27,45).

4. Ich wage mich ganz schön weit hinaus. Zerreißen es Euer
Gnaden,[11] wenn es Euch untauglich erscheint, aber mögt Ihr
mir glauben, daß ich es ihnen noch viel deutlicher ins Gesicht
sagen würde, wenn ich das könnte oder denken dürfte, daß sie
mir glaubten, denn ich empfehle sie Gott sehr, und wollte, es
würde mir nützen. Für all das setze ich mein Leben aufs Spiel,
da ich ohnehin oft wünsche, es einzubüßen, und es bedeutet ja
nur, für den Einsatz eines geringen Preises viel zu gewinnen.
Denn es gibt niemand, der noch leben möchte, wenn er mit
seinen eigenen Augen die gewaltige Täuschung sieht, in der
wir stecken, und die Blindheit, die wir abkriegen.

5. Wenn eine Seele bis hierher gekommen ist, dann sind es nicht
nur fromme Wünsche, die sie für Gott hegt; Seine Majestät
gibt ihr auch Kräfte, um sie in die Tat umzusetzen. Es kommt
ihr nichts in den Sinn, in das sie sich nicht hineinstürzte, sofern

---

[10] Anspielung auf einen sehr alten Volksglauben. Schon über Caesars Tod schrieb
der römische Dichter Vergil, daß damals die Sonne *„ihr leuchtendes Haupt mit
dunkler Rostfarbe bedeckte"*; und wenige Jahre vor Teresas Geburt verbreitete
sich das Gerücht, beim Tod Philipps des Schönen (1506) sei ein gespenstischer
Sternenregen zu beobachten gewesen.
[11] García de Toledo, den sie immer wieder bittet, zu „freche" Seiten zu zerreißen
oder zu verbrennen, vgl. V 7,22; 10,7; 16,8; 36,29; epíl 2.

sie ihm damit zu dienen glaubt. Dabei tut sie nichts, denn – wie ich gerade sage[12] – sie sieht deutlich, daß alles nichts ist, wenn es Gott nicht zufriedenstellt. Die Schwierigkeit ist nur, daß sich denen, die zu so wenig nutze sind wie ich, nichts bietet. Möge es dir, mein höchstes Gut, gefallen, daß einmal eine Zeit kommt, in der ich dir von dem vielen, was ich dir schulde, wenigstens ein Scherflein[13] abbezahlen kann. Ordne du, mein Herr, an, wenn es dir gefällt, wie diese deine Dienerin dir wenigstens in etwas diene. Andere waren auch nur Frauen, aber die haben aus Liebe zu dir heroische Taten vollbracht.[14] Ich tauge zu nichts weiterem, als Worte zu machen; darum willst du, mein Gott, mich nicht zu Werken gebrauchen. Alles, worin ich dir dienen darf, läuft auf Worte und Wünsche hinaus, und nicht einmal dazu habe ich die Freiheit, weil ich womöglich in allem versagen würde. Stärke du meine Seele und bereite sie vorher dafür zu, du höchstes aller Güter, mein Jesus, und bestimme dann erst die Wege, wie ich etwas für dich tun kann, denn soviel zu empfangen und nichts dafür zu bezahlen, das auszuhalten, schafft keiner. Koste es, was es wolle, mein Herr, doch laß mich nicht mit so leeren Händen vor dich kommen, da doch der Lohn nach den Werken gewährt werden soll.[15]

---

[12] Vgl. 21,1 und ferner V 20,22.26. Die Behauptung, daß sie *nichts tut*, ist hier in dem Sinn zu verstehen, daß es ihr keinerlei Anstrengung kostet. In V 21,11 wird sie den passiven Moment stärker hervorheben: *„Und ich habe nicht den Eindruck, … daß ich von mir aus irgend etwas tue, sondern ich erkenne deutlich, daß der Herr hier am Werk ist."*

[13] *Cornado* (bzw. *coronado*): kleine Kupfermünze, die von den Tagen Sanchos IV. von Kastilien bis zu den Katholischen Königen (13.-15. Jahrhundert) geprägt wurde und so hieß wegen der aufgeprägten Krone (*corona*). Im 15. und 16. Jahrhundert war sie im kirchlichen Bereich und in dem von jüdischen Händlern beherrschten Kaufhandel noch im Umlauf. Wegen ihres geringen Wertes stand der Begriff bald für etwas, was sehr wenig wert sei. Johannes vom Kreuz gebrauchte die Verkleinerungsform *cornadillo* (siehe D 26).

[14] Vgl. V 1,4.

[15] Hier scheint Teresa noch nicht ganz frei von einem gewissen frommen Leistungsdenken zu sein (Lohn nach Leistung), doch wird im folgenden (wie auch schon im vorigen) klar, daß sie letztlich nichts von ihrer eigenen Leistung, sondern alles von Gott erwartet. Trotz des scheinbaren Gegensatzes ist sie damit nicht weit von den „leeren Händen" ihrer geistlichen Töchter Therese von Lisieux entfernt.

Hier hast du mein Leben, hier hast du mein Ansehen, hier hast du meinen Willen; alles habe ich dir gegeben, ich bin dein, verfüge du über mich nach deinem Willen.[16] Sehr gut sehe ich, mein Herr, das Wenige, das ich vermag; aber bei dir angekommen, oben auf diesem Aussichtsturm, wo man Wahrheiten erkennt, werde ich alles fertig bringen, wenn nur du dich nicht von mir entfernst. Denn wenn du dich entfernst, so kurz das auch sei, gehe ich dorthin, wo ich schon war, nämlich in die Hölle.

6. O, was bedeutet es für eine Seele, die sich hier vorfindet, wenn sie wieder mit allen Umgang haben, den schlecht gereimten Schwank dieses Leben betrachten und anschauen und die Zeit mit der Erfüllung der Bedürfnisse des Leibes, mit Schlafen und Essen, vertun muß! Alles ist ihr zuwider, und sie weiß nicht, wie sie dem entfliehen soll, sie erlebt sich angekettet und gefangen. Dann spürt sie noch viel besser, in welcher Gefangenschaft uns unsere Leiber halten,[17] und die Misere dieses Lebens. Sie erkennt, wie recht der hl. Paulus hatte, Gott anzuflehen, ihn daraus zu befreien (Röm 7,24). Mit ihm schreit sie es hinaus. Sie bittet Gott, davon frei zu sein, wie ich an anderer Stelle schon gesagt habe;[18] doch geschieht das hier oftmals mit solchem Ungestüm, daß es so aussieht, als wolle die Seele aus dem Leib heraustreten, um diese Freiheit zu suchen, da man sie schon nicht herausholt. Sie lebt wie eine, die in die Fremde verkauft wurde, und was ihr am meisten zusetzt, ist, daß sie nicht viele findet, die sich mit ihr beklagen und um das bitten, sondern es das allernormalste ist, den Wunsch nach Leben zu haben. Wenn wir an nichts hingen und unser

---

[16] Vgl. Gedicht *Dein bin ich, für dich geboren (Vuestra soy, para Vos nací)* (P 2).

[17] Vgl. V 11,15 mit der dortigen Anm. zur Interpretation der Stellen, in denen die platonische Lehre von der Gefangenschaft der Seele im Leib anklingt. Weitere Stellen, in denen zumindest der sprachliche Ausdruck neuplatonische Einflüsse aufweist, sind V 16,8; 20,25; E 17,3; das Gedicht *Ich lebe, ohn' in mir zu leben (Vivo sin vivir en mí)* (P 1).

[18] Ebd. – Auch auf das *Hinausschreien* kommt sie wiederholt zu sprechen; vgl. V 16,3; 20,25; R 1,3.4; usw.

Glück nicht in Irdischem suchten, wie sehr würde dann der Schmerz, immerzu ohne ihn zu leben, zusammen mit der Sehnsucht nach dem Genuß des wahren Lebens unsere Angst vor dem Tod mildern!

7. Ich denke mir manchmal, wenn schon so eine wie ich, mit einer so lauen Liebe und der wahren Ruhe so ungewiß, weil sie meine Werke nicht verdient haben, es oftmals so schmerzlich empfindet, nur weil mir der Herr dieses Licht gegeben hat, mich in dieser Verbannung zu erleben, was mögen dann wohl die Heiligen empfunden haben? Was müssen der hl. Paulus und die hl. Maria Magdalena und andere Heilige wie sie, in denen dieses Feuer der Gottesliebe so stark angewachsen war, wohl durchgemacht haben? Es muß ein ständiges Martyrium gewesen sein.

Mir scheint, wer mir ein wenig Linderung verschafft und durch dessen Gesellschaft ich zur Ruhe komme, das sind die Menschen, bei denen ich dieselben Wünsche finde; ich meine, auf Verwirklichung drängende Wünsche. Ich sage, auf Verwirklichung drängend, weil es auch manchmal Leute gibt, die ihrer Meinung nach losgelöst sind und das auch öffentlich behaupten, und das muß wohl auch so sein, weil ihr Stand, aber auch die vielen Jahre das verlangen, seitdem sich manche auf den Weg der Vollkommenheit begeben haben, während diese Seele schon von weitem nur zu gut erkennt, wer es nur den Worten nach ist oder wer diese Worte schon durch Werke bekräftigt hat. Sie hat nämlich verstanden, wie wenig Nutzen die einen bringen und wie viel die anderen, und das ist etwas, was ein Erfahrener ganz deutlich sieht.

8. Nun, nachdem das über diese Auswirkungen der Verzückungen gesagt ist, die von Gottes Geist kommen ...;[19] wahr ist, daß es da ein Mehr oder ein Weniger gibt. Ich sage ,ein Weniger',

---

[19] Der Gedankensprung entstand nicht durch Beschädigung des Manuskripts, sondern die Autorin hat den angefangenen Satz offensichtlich selbst mit zwei kräftigen Federstrichen abgebrochen und dann neu angesetzt.

denn an den Anfängen sind sie noch nicht durch Werke erprobt, auch wenn es diese Auswirkungen gibt, und so kann
man noch nicht erkennen, daß man sie hat. Auch wächst die
Vollkommenheit nur langsam und es ergibt sich nur allmählich, daß keine Erinnerung an das Spinnengewebe[20] mehr da
ist, was eine gewisse Zeit kostet. Je mehr in der Seele Liebe und
Demut wachsen, um so stärker duften diese Tugendblüten, für
einen selbst und für die anderen.

Es ist wahr, daß bei einer einzigen dieser Entrückungen der
Herr in der Seele derart wirken kann, daß ihr nur wenig Arbeit
zu tun bleibt, um Vollkommenheit zu erwerben; denn was
der Herr ihr hier schenkt, wird keiner glauben können, der es
nicht selbst erfährt, da es meines Erachtens keine Anstrengung
unsererseits gibt, die so weit reicht. Ich sage damit nicht, daß
man mit der Hilfe des Herrn über die Stadien,[21] die diejenigen
beschreiben, die über das innere Beten geschrieben haben –
über die Anfänge und die mittleren Stadien –, unter großen
Anstrengungen nicht auch zur Vollkommenheit und zur Loslösung kommen kann, wenn man sich jahrelang so behilft,
nicht aber in so kurzer Zeit, wie es der Herr hier ohne jede
Anstrengung unsererseits wirkt und die Seele entschlossen von
der Erde wegholt und ihr Herrschaft über das verleiht, was es
auf ihr gibt, obwohl in dieser Seele keine größeren Verdienste
vorhanden waren als in meiner, was ich nicht genug betonen
kann, denn ich hatte nahezu gar keines.

---

[20] Erinnerung an die eigenen Fehler (Siehe V 19,2; 20,28).

[21] Anspielung auf die drei „Stadien" des geistlichen Weges, wie sie, angefangen
von den griechischen Kirchenvätern (Origenes), bei vielen geistlichen Schriftstellern beschrieben wurden: das Stadium der Anfänger (hier *die Anfänge* genannt), das der Fortgeschrittenen (hier *die mittleren Stadien* genannt) und das
der Vollkommenen, wobei *Vollkommenheit* für die tiefste Gotteinung steht,
die in diesem Leben möglich ist; vgl. V 11,5, wo sie von den *ersten*, den *mittleren* und den *letzten* sprach. – Daß Gott sich nicht an ein festes Schema zu
halten braucht, sagt auch Johannes vom Kreuz: *„Das heißt nicht, daß diese
Reihenfolge vom ersten bis zum letzten notwendigerweise immer so genau ein-
gehalten wird wie es hier steht, denn manchmal macht Gott das eine ohne das
andere, oder das weniger Innerliche durch das Innerlichere, und auch alles auf
einmal, je nach dem, wie Gott sieht, daß es dem Menschen entspricht, oder wie
er ihm Gnadengaben erweisen möchte"* (2S 17,4).

9. Der Grund, warum Seine Majestät dies tut, ist, weil er es möchte; und so wie er es möchte, so tut er es auch.[22] Sogar wenn es in der Seele keinerlei Vorbereitung darauf gibt, bereitet er sie selbst vor, um das Gut empfangen zu können, das ihr Seine Majestät gibt.[23] So gibt er sie[24] nicht in jedem Fall, weil man sie sich durch eifrige Pflege dieses Gartens verdient hat – auch wenn es ganz gewiß ist, daß er es nicht versäumt, den zu verwöhnen, der dies richtig macht und um Loslassen bemüht ist –, sondern weil er ab und zu den Wunsch hat, seine Größe gerade am erbärmlichsten Erdreich zu erweisen, wie ich schon gesagt habe;[25] und er stimmt sie auf jede Wohltat ein, so daß es so aussieht, als wäre sie gewissermaßen außerstande, zu ihrem gewohnten Leben der Beleidigungen Gottes zurückzukehren. Ihr Denken ist schon so daran gewöhnt, zu verstehen, was wirklich Wahrheit ist, daß ihr alles andere wie Kinderei vorkommt. Sie muß manchmal bei sich lachen, wenn sie gewichtige Menschen des Gebets und in den Orden viel Aufhebens um ein paar Punkte des Ehrenkodexes machen sieht, die diese Seele schon unter den Füßen hat.[26] Sie führen an, das verlange die Klugheit und das Ansehen ihres Standes, um so mehr Gutes tun zu können. Dabei weiß sie nur zu gut, daß man in einem Tag, an dem man jenes Standesdenken aus Liebe zu Gott hintansetzte, mehr Gutes tun würde, als mit ihm in zehn Jahren.

10. So lebt sie ein mühseliges Leben, immerzu unter dem Kreuz, kommt aber im Wachstum gut voran. Sobald es für diejenigen, die mit ihr zu tun haben, sichtbar wird, befinden sie sich schon auf dem Gipfel. Innerhalb kurzer Zeit werden sie noch sehr viel besser, weil Gott sie immer mehr begünstigt. Die

---

[22] Mit anderen Worten: Mystische Gebetserfahrungen sind ein freies Geschenk Gottes, das er schenkt, wem er will, ohne auf die Tugenden oder Verdienste des betreffenden Menschen zu schauen; vgl. Röm 9,15f. Ähnlich drückt sich auch Johannes vom Kreuz aus: *„Diese Gnadengaben schenkt Gott, wann und wie und wo er will"* (3S 42,3). Vgl. auch V 22,16; 34,11; 39,9f.

[23] Vgl. CV 16, wo sie dieses Thema ausführlich behandelt wird.

[24] Gemeint sind die zu Beginn von Absatz V 21,8 erwähnten *Auswirkungen*.

[25] Vgl. V 10,4; 18,4; 19,6–10.

[26] Vgl. V 20,26 mit der dortigen Anm.

Seele ist schon sein. Es ist bereits er, der für sie sorgt, und so gibt er ihr Licht. Denn es sieht so aus, als würde er sie fortwährend mit seinem besonderen Beistand[27] behüten, damit sie ihn nicht beleidige, und sie begünstigen und aufwecken, damit sie ihm diene.

Als meine Seele so weit kam, daß Gott ihr diese große Gnade gewährt hat, hörten meine Schlechtigkeiten auf, und der Herr gab mir Kraft, aus ihnen herauszukommen. Es machte mir nichts mehr aus, mich in Gelegenheiten und bei Leuten aufzuhalten, die mich zu zerstreuen pflegten, so als wären sie nicht da; im Gegenteil, es half mir jetzt das, was mir früher zu schaden pflegte. Alles war mir nun Mittel, um Gott besser kennen und lieben zu lernen und zu sehen, was ich ihm schuldete, und zu bedauern, was ich für eine gewesen war.

11. Ich verstand sehr wohl, daß das nicht von mir kam, und ich es nicht durch eigenes Bemühen gewonnen hatte, denn dazu war nicht einmal Zeit gewesen. Seine Majestät hatte mir rein aus Güte Kraft dazu gegeben.

Bis jetzt ist diese Kraft stetig gewachsen, seit mir der Herr diese Gnade der Verzückungen zu gewähren begann, und in seiner Güte hat er mich an seiner Hand gehalten, um nicht zurückzufallen. Und ich habe nicht den Eindruck, wie es auch wirklich der Fall ist, daß ich von mir aus irgend etwas tue, sondern ich erkenne deutlich, daß der Herr hier am Werk ist.[28]

Darum glaube ich, daß Seelen, denen der Herr diese Gnade erweist – sofern sie in Demut und Furcht ihren Weg gehen und immer verstehen, daß der Herr dies selbst macht und wir kaum etwas tun –, sich unter alle möglichen Leute mischen können. Mögen diese noch so ausgegossen und lasterhaft sein, es wird ihnen nichts ausmachen, noch sie zu irgend etwas anstiften. Im Gegenteil, es wird ihr, wie ich gesagt habe,[29] vielmehr hel-

---

[27] Im nächsten Absatz wird dies erläutert.
[28] Vgl. V 16,4; 19,2; 20.7.9.
[29] Vgl. V 21,10 (Schluß) – wie an vielen weiteren Stellen schwankt die Autorin auch hier zwischen dem Singular und dem Plural.

fen und ein Weg für sie sein, um noch viel größeren Nutzen daraus zu ziehen. Es sind schon starke Seelen, die der Herr auswählt, um anderen von Nutzen zu sein, auch wenn diese Kraft nicht aus ihnen kommt. Schritt für Schritt teilt der Herr einer Seele, die er bis hierher gebracht hat, ganz große Geheimnisse mit.

12. Hier in dieser Ekstase gibt es die echten Offenbarungen und die großen Gnadenerweise und Visionen, und das alles ist von Nutzen, um die Seele demütig und stark zu machen, und daß sie die Dinge dieses Lebens für gering hält und deutlicher die Größe des Lohnes erkennt, den der Herr denen bereitet hat, die ihm dienen.

Gebe Seine Majestät, daß die außerordentliche Langmut, die er mit dieser armen Sünderin gehabt hat, ein wenig dazu beitrage, daß diejenigen, die dies lesen, gestärkt und ermutigt werden, für Gott alles vollständig hinter sich zu lassen. Seine Majestät vergilt nämlich so reichlich, daß man sogar in diesem Leben klar den Lohn und Gewinn sieht, der denen zuteil wird, die ihm dienen. Was wird dann erst im anderen sein?

KAPITEL 22

Hier legt sie dar, welch sicherer Weg es für die Kontemplativen
ist, den Geist nicht zu erhabenen Dingen zu erheben,
wenn ihn nicht der Herr dazu erhebt, und wie das
Hilfsmittel, um zur höchsten Kontemplation zu gelangen,
die Menschheit Christi sein muß. – Sie berichtet über eine
Täuschung, in der sie eine Zeitlang befangen war. –
Es ist dies ein sehr nützliches Kapitel.[1]

1. Eines möchte ich noch sagen, was meines Erachtens wichtig ist. Wenn Euer Gnaden[2] es für gut befinden, wird es Euch als Hinweis dienen, denn es könnte sein, daß Ihr ihn braucht. In einigen Büchern, die über das innere Beten[3] geschrieben wurden, ist nämlich die Rede davon, daß die Seele, auch wenn sie aus eigener Kraft nicht zu dieser Verfassung gelangen kann,

---

[1] Es handelt sich um ein Übergangskapitel zwischen der Abhandlung über das Gebet und der Fortsetzung des autobiographischen Berichts. Die Autorin verknüpft hier zwei wichtige Themen miteinander, die sie als Grundlagen für ein authentisches Gebetsleben betrachtet: 1. Mystische Erfahrungen sind ein freies Geschenk Gottes, man darf sie nicht erzwingen wollen; 2. auch auf den höchsten Stufen des mystischen Gebetslebens darf die Beziehung zur *Menschheit Christi (humanidad de Cristo)*, d.h. zum Menschen Jesus von Nazareth, wie uns die Evangelien schildern, nicht aufgegeben werden, sondern sie spielt nach wie vor eine zentrale Rolle. Ersteres war bereits in V 12 zur Sprache gekommen (siehe Kapitelüberschrift), auf letzteres gab es bereits Anspielungen in V 4,7; 9,6; 12,2. – In bezug auf die Rolle der Menschheit Christi in der Kontemplation, auf die sie in 6M 7 noch tiefer eingehen wird, vertritt Teresa mit großer Entschiedenheit ihren eigenen Standpunkt, der ihr so wichtig ist, daß sie sich nicht scheut, gegen namhafte geistliche Schriftsteller und Lehrmeister zu polemisieren. – Siehe Einführung, 50–53.

[2] Sie setzt den Dialog mit dem Adressaten García de Toledo fort; siehe ferner V 22,7.13.15.18.

[3] Die Autorin spielt vor allem auf folgende Werke an: Francisco de Osuna, *Tercer Abecedario (Drittes ABC)*; Bernardino de Laredo, *Subida del Monte Sión (Aufstieg auf den Berg Zion)*; und ganz unmittelbar Bernabé de Palma, *Via Spiritus (Weg des Geistes)*; ferner vielleicht auch Erasmus von Rotterdam, *Enchiridion oder Handbuch des christlichen Soldaten*, in dem eine Kapitelüberschrift lautet: *„Daß man alle sichtbaren Dinge für unwichtig halten muß, daß das die Dinge sind, die Paulus als Fleisch bezeichnet, und wie wir uns immer wieder zu den unsichtbaren Dingen erheben müssen.“* Vgl. auch T. Álvarez, *Jesucristo en la experiencia de Santa Teresa.*

weil es ein rein übernatürliches Werk ist, das der Herr in ihr wirkt, sich dennoch weiterhelfen kann, indem sie den Geist über alles Geschaffene erhebt und ihn in Demut hinauf- schwingt, nachdem sie viele Jahre lang den Weg der Läuterung gegangen und nach und nach auf dem der Erleuchtung voran- geschritten ist.[4]

Ich weiß nicht so recht, warum sie von ‚Erleuchtung' spre- chen; ich verstehe das vom Weg derer, die allmählich voran- schreiten.

Und sie raten dringend dazu, jede gegenständliche Vorstel- lung von sich zu weisen und zur Kontemplation der Gottheit zu gelangen; sie behaupten nämlich, daß jene bei denen, die schon so weit gekommen sind, die vollkommenere Kontempla- tion stört oder behindert, selbst wenn es sich um die Mensch- heit Christi handelt.

Sie führen zu diesem Zweck an, was der Herr den Aposteln über die Herabkunft des Geistes sagte – ich meine, als er in den Himmel auffuhr.[5] Ich glaube aber, wenn sie den Glauben ge- habt hätten, wie sie ihn nach der Ankunft des Geistes hatten, daß er nämlich Gott und Mensch sei, dann wäre das kein Hindernis für sie gewesen, denn der Muttergottes wurde das nicht gesagt, obwohl er sie mehr liebte als alle anderen.[6]

Sie glauben nämlich, daß alles nur irgendwie Gegenständ- liche dieses Werk, weil es ganz geistig ist,[7] störe oder behindere; und daß ihr Bemühen darauf hinauslaufen müsse, sich als ein-

---

4 *Vida purgativa, vida iluminativa*, siehe Anhang I. Hier greift die Autorin auf die zweite klassische Einteilung des geistlichen Weges in drei Phasen zurück, die auf Pseudo-Dionysius Areopagita zurückgeht: Läuterung, Erleuchtung, Gotteinung. Wie Johannes vom Kreuz auch bevorzugt sie jedoch die Eintei- lung in das Stadium der Anfänger, Fortgeschrittenen und Vollkommenen, wie es im folgenden auch deutlich wird; vgl. ferner V 21,8.

5 *„Es ist gut für euch, daß ich fortgehe. Denn wenn ich nicht fortgehe, wird der Beistand nicht zu euch kommen"* (Joh 16,7). Vgl. 6M 7,5.

6 Diese letzte Bemerkung, angefangen von *„ich glaube aber"* hatte die Autorin am Seitenrand ergänzt; der erste Herausgeber Fray Luis nahm sie in den Text- körper auf.

7 Ein wörtliches Zitat aus Bernabé de Palma, *Via spiritus* III, Kap. 4: *„dieses Werk ist ganz vom Geist"* bzw. *„dieses Werk ist ganz geistig."*

gegrenzt zu betrachten,[8] während Gott überall ist, und sich in
ihn versenkt zu erleben.

Das scheint mir schon richtig zu sein, wenigstens ab und zu;
aber sich ganz und gar von Christus abzuwenden, und daß dieser
göttliche Leib mit unseren Erbärmlichkeiten oder auch mit allem
Geschaffenen gleichgestellt wird, das kann ich nicht ertragen.
Gebe Seine Majestät, daß ich mich da verständlich machen kann.

2. Ich widerspreche dem ja nicht,[9] denn es sind Studierte und
Spirituelle,[10] und sie wissen schon, was sie sagen; und Gott
führt die Seelen auf vielen Wegen und Stegen. Wie er meine geführt hat, das möchte ich jetzt sagen – in anderes mische ich
mich nicht ein –, und welcher Gefahr ich mich ausgesetzt sah,
weil ich mich an das halten wollte, was ich da las. Ich glaube
gern, daß einer, der soweit kam, die Gotteinung zu erleben,
aber nicht darüber hinaus – ich meine zu Verzückungen und
Visionen und weiteren Gnaden, die Gott den Seelen erweist –,

---

8 *En cuadrada manera*: Ein Bild, um die Einengung oder Begrenztheit zu bezeichnen, die die Kontemplation des unauslotbaren Geheimnisses Gottes im Menschen hervorruft, der ja immer nur eine Wahrheit oder nur einen Aspekt von
ihm betrachten kann. Auch dieser Ausdruck stammt aus *Via spiritus* III, in der
die Kapitelüberschrift von Kap. 4 lautet: *„Wie wir uns in diesem dritten
Stadium in bezug auf das Denken zu verhalten haben und wie wir den Verstand
einpferchen (stillegen) sollen"*. Auch bei Laredo hatte Teresa lesen können, wie
man *„den Verstand über einem Abgrund von Gnaden stillhalten"* soll; siehe
ders., *Aufstieg auf den Berg Zion* III, Kap. 13. Vergleichbare Ratschläge, bewußt
das diskursive Denken einzustellen und *„alles Gegenständliche beiseite zu
schieben"*, finden sich auch immer wieder bei heutigen Meditationslehrern,
zumal bei solchen, die sich an fernöstlichen Meditationstechniken orientieren
(Stichwort: Gegenständliche und ungegenständliche Meditation). Wie Johannes vom Kreuz auch ist Teresa der Meinung, daß Gott selbst den Augenblick
bestimmt, wo das diskursive Betrachten der von ihm geschenkten Kontemplation zu weichen hat; außerdem bleibt bei ihnen auch in der tiefsten Kontemplation die Du-Beziehung zu Christus bestehen.

9 Man beachte erneut, wie diplomatisch Teresa ihre Kritik anbringt: Zuerst versichert sie ihren „studierten" Gegnern, ihnen als nicht-studierte Frau durchaus
nicht zu widersprechen, dann bringt sie ihre eigene Erfahrung ins Spiel, die die
genannte These eindeutig widerlegt, um schließlich zu verstehen zu geben, daß
so etwas wohl nur behaupten kann, wer noch nicht so viel Erfahrung hat wie sie.

10 Die beiden Gruppen von Theologen, die sich damals oft geradezu feindlich
gegenüberstanden: *letrados* und *espirituales*. Teresas Ideal und Wunsch war es,
daß beide zusammengingen.

das Genannte für das Bessere halten wird, wie auch ich es tat. Wenn ich aber dabei geblieben wäre, wäre ich, glaube ich, niemals so weit gekommen, wie ich jetzt bin, denn meines Erachtens ist das ein Irrtum. Mag sein, daß ich es bin, die sich irrt. Ich will aber sagen, wie es mir ergangen ist.

3. Da ich keinen Lehrmeister hatte und in diesen Büchern las, wodurch ich nach und nach etwas zu verstehen glaubte (später begriff ich aber, daß ich von Büchern nur wenig lernen konnte, wenn es mir der Herr nicht zeigte, denn ich verstand rein gar nichts, bis Seine Majestät es mir durch Erfahrung zu verstehen gab, noch wußte ich, was ich tat) und dabei die Anfänge übernatürlichen Betens zu erfahren begann, ich meine das Gebet der Ruhe, bemühte ich mich, alles Gegenständliche beiseite zu schieben, ohne es allerdings zu wagen, meine Seele allmählich höher zu erheben; da ich nämlich immer so erbärmlich war, sah ich schon ein, daß das Vermessenheit gewesen wäre. Doch es war mir, als fühlte ich Gottes Gegenwart, wie es ja auch der Fall ist, und so versuchte ich, in Sammlung bei ihm zu bleiben. Es ist ein köstliches Beten, wenn Gott da mithilft, und tiefe Beseligung. Und da man diesen Gewinn und dieses Wohlgefallen vor sich hat, gab es niemanden mehr, der mich zur Menschheit[11] zurückgebracht hätte, sondern ich hatte tatsächlich den Eindruck, daß sie mir ein Hindernis war.

Herr meiner Seele und mein höchstes Gut, Jesus Christus, Gekreuzigter! Ich denke auch nicht ein einziges Mal an diese Meinung, die ich da hatte, ohne daß mir das weh tut; ich glaube, einen schlimmen Verrat begangen zu haben, wenn auch aus Unwissenheit.

4. Ich war mein ganzes Leben lang eine große Verehrerin Christi gewesen.[12] Dies war nämlich nur zuletzt der Fall (ich meine

---

[11] Zur Betrachtung der Menschheit Christi, das heißt, ihr Gebet wieder auf die Beziehung zum Gottmenschen Jesus Christus zu gründen.

[12] Das ist nicht nur eine Behauptung, sondern in ihrem *Leben* eindrucksvoll belegt: Die Art ihres Betens (4,8; 9,4; 10,1); *„Ich konnte an Christus nur als Menschen denken"* (9,6). Nach ihrem Abtriften vom Beten *„kehrte ich immer*

zuletzt, bevor der Herr mir jene Gnaden der Verzückungen und Visionen erwies), und in so extremer Form vertrat ich diese Meinung nicht lang.[13] Und so kehrte ich immer wieder zu meiner Gewohnheit zurück, mich an diesem Herrn zu freuen, besonders wenn ich kommunizierte. Ich wollte immer ein Gemälde oder Bildnis von ihm vor Augen haben, da ich es schon nicht so eingeprägt in meiner Seele haben konnte, wie ich wollte. Ist es möglich, mein Herr, daß ich auch nur eine Stunde lang den Gedanken haben konnte, daß du mir für ein größeres Gut hinderlich wärest? Woher sind mir denn alle Wohltaten gekommen, wenn nicht von dir?

Ich mag nicht denken, daß ich dabei Schuld hatte, denn es tut mir sehr leid, und es war sicher Unwissenheit. Und so wolltest du ihr in deiner Güte abhelfen, mein Herr, da du mir jemanden gabst, der mich aus diesem Irrtum herausholte,[14] und später, indem ich dich so oft sehen durfte, wie ich nachher noch sagen werde,[15] damit ich besser verstünde, wie groß der

---

wieder zu meiner Gewohnheit zurück, mich an diesem Herrn zu freuen" (22,4); „ich begann von neuem, Liebe zur heiligsten Menschheit zu empfinden" (24,2). Bei ihren mystischen Erfahrungen: Er „ging immer an meiner Seite" (27,2); Jesus „der Sohn der Jungfrau" (27,4); „Christus selbst" (28,7); „der lebendige Christus" (28,8); der Mensch Christus als „Freund" (22,10); „in Schwachheiten und Leiden" (ebd.); „ich kann mit ihm umgehen wie mit einem Freund" (37,5); mit ihm „kann man alles ertragen" (22,6); „er wurde mit Beleidigungen und falschen Zeugenaussagen beladen" (31,22); „er lebte ständig in Prüfungen" (22,11); „auf diesem Weg, den Christus ging, müssen auch die gehen, die ihm nachfolgen" (11,5); „Diener der Liebe zu sein" ist „nichts anderes, glaube ich, als daß wir uns entschließen, auf diesem Weg des inneren Betens dem nachzufolgen, der uns so sehr geliebt hat" (11,1). Deshalb bedrängt sie bereits die Anfänger, „sich mit dem Leben Christi zu beschäftigen" (11,9); sie nennt den „glückselig, der ihn wirklich liebt und ihn immer neben sich hat" (22,7). Er ist das „höchste aller Güter" (21,5); der „Mittler" zum Vater (22,11), „das Hilfsmittel, um zur höchsten Kontemplation zu gelangen" (22, tit); „durch die Hände dieser heiligsten Menschheit... kommen uns alle Wohltaten zu" (22,6.7); das Aufgeben der Menschheit Christi ist der Grund, „weshalb viele Seelen nicht besser vorankommen" (22,5); er ist „der Beweis der Liebe", die der Vater zu uns hat (22,14); er ist ein wahrer und einzigartiger „Herr" im Gegensatz zu den Herren dieser Welt (37,6).

[13] Sie hatte zuerst geschrieben diesen Irrtum, strich das dann aber durch und wählte den neutraleren Ausdruck Meinung, wohl weil auch einige ihrer Zensoren die hier kritisierte These vertraten.

[14] Es handelt sich um den jungen Jesuiten Diego de Cetina; siehe V 23,16f; 24,1f.

[15] Die Christusvisionen in V 27,2 und V 28,2.

Irrtum war, und es den vielen sagte, denen ich es gesagt habe, und damit ich es jetzt hier aufschreibe.

5. Ich bin überzeugt, daß der Grund, weshalb viele Seelen nicht besser vorankommen und zu einer sehr großen Freiheit des Geistes gelangen, sobald sie so weit kommen, das Gebet der Gotteinung zu erfahren, genau dieser ist.

Ich meine, daß es zwei Gründe gibt, auf die ich meine Behauptung stützen kann. Vielleicht sage ich damit nichts, aber das, was ich sage, habe ich an mir selbst erfahren, als es meiner Seele sehr schlecht ging, bis der Herr ihr Licht gab. Alle ihre inneren Freuden wurden ihr nämlich nur in Schüben zuteil, und sobald sie aus ihnen herauskam, fand sie sich ohne den Gefährten wieder, den sie später in Prüfungen und Versuchungen hatte.

Der erste Grund[16] ist, daß da ein geringer, versteckter und verborgener Mangel an Demut mitspielt, was man nicht merkt. Wer ist, nachdem er sich sein ganzes Leben lang mit allen nur erdenklichen Bußübungen und Gebeten und Angriffen abgeplagt hat, so überheblich und erbärmlich wie ich, daß er sich nicht sehr reich und bestens vergolten vorkommt, wenn ihm der Herr erlaubt, mit dem hl. Johannes unter dem Kreuz zu stehen (Joh 19,26)? Ich weiß nicht, in wessen Kopf es hineingeht, sich damit nicht zu begnügen, außer in meinen, wodurch ich in jeder Hinsicht auch noch das verlor, was ich hätte gewinnen können.

6. Wenn also unsere Natur oder Kränklichkeit es nicht immer verträgt, an die Passion zu denken, weil das schmerzlich ist, wer verbietet uns denn, bei ihm als dem Auferstandenen zu sein, wo wir ihn im Sakrament doch so nahe haben?[17] Hier ist er bereits verherrlicht, und wir brauchen ihn nicht erschöpft und zerfleischt anzuschauen, blutüberströmt, ermüdet von den Wegen, verfolgt von denen, denen er soviel Gutes tat, und nicht einmal geglaubt von den Aposteln. Gewiß, nicht immer erträgt es jeder, an die vielen Nöte zu denken, die er durchmachte. Hier aber ist

---

[16] Der zweite Grund folgt erst in V 22,9f.
[17] Der Eucharistie.

er ohne Not, voll Herrlichkeit, die einen stärkend, andere ermutigend, bevor er in den Himmel auffuhr, unser Gefährte im Allerheiligsten Sakrament, in dessen Macht es anscheinend nicht lag, sich auch nur einen Augenblick von uns zu entfernen. Und in meiner soll es gelegen haben, mich von dir zu entfernen, mein Herr, um dir besser zu dienen! Als ich dich beleidigte, kannte ich dich ja nicht, aber daß ich, als ich dich schon kannte, geglaubt haben soll, auf diesem Weg mehr zu gewinnen! Was für einen schlechten Weg hatte ich da eingeschlagen, Herr! Ich glaube, ich wäre ganz vom Weg abgekommen, wenn du mich nicht wieder auf ihn zurückgeführt hättest, denn als ich dich neben mir sah, sah ich alle Wohltaten. Es ist noch keine Mühsal über mich gekommen, die zu ertragen mir nicht leicht fiel, sobald ich dich nur anschaute, wie du vor deinen Richtern standest. Wenn ein so guter Freund dabei ist, zusammen mit einem so guten Anführer, der sich als erster ins Leiden stürzte, kann man alles ertragen: Er hilft und gibt Kraft, er versagt nie, er ist ein echter Freund. Und ich sehe ganz klar und habe es danach auch erlebt, daß Gott möchte – um ihm zu gefallen und damit er uns große Wohltaten erweise –, daß das durch die Hände der heiligsten Menschheit geschieht, an der sich Seine Majestät, wie sie sagte, erfreut (Mt 3,17). Das habe ich ganz, ganz oft durch Erfahrung gesehen. Und der Herr hat es mir gesagt. Ich habe deutlich gesehen, daß wir durch diese Tür eintreten müssen (vgl. Joh 10,9),[18] wenn wir wollen, daß uns Seine erhabene Majestät große Geheimnisse offenbart.

7. So mögen sich Euer Gnaden, gnädiger Herr,[19] also keinen anderen Weg wünschen, selbst wenn Ihr auf dem Gipfel der

---

[18] Mit nahezu denselben Worten drückt sich Johannes Ruusbroec in *Dat Rycke der Ghelieven (Vom Reich der [Gott-]Liebenden)* aus: *„(Dieses Licht ist Christus.) Und er ist, sowohl seiner menschlichen als auch seiner göttlichen Natur nach, die Tür, durch die man gehen muß"*; siehe ders., *Dat Rycke der Ghelieven*, 188. – Eine ähnlich zentrale Stellung nimmt Christus bei Johannes vom Kreuz ein; vgl. 2S 22.

[19] An dieser Stelle tituliert Teresa P. García de Toledo mit dem Titel, der ihm offiziell als Sohn des Grafen von Oropesa zustand. Dasselbe tut sie, wenn sie ihn in ihrer Korrespondenz erwähnt; vgl. den Brief vom 6.7.1568 an Don Álvaro de Mendoza (Ct 12,3). In V 16,6 hatte sie ihn „Vater" und „Sohn" genannt.

Kontemplation wäret; auf diesem geht Ihr sicher. Dieser unser Herr ist es, durch den uns alle Wohltaten zukommen (vgl. Hebr 2,10; 2 Petr 1,4). Er wird Euch unterweisen. Wenn Ihr sein Leben anschaut, ist er das beste Beispiel. Was wollen wir denn mehr von einem so guten Freund an der Seite, der uns in den Mühen und Bedrängnissen nicht im Stich läßt, wie es die von der Welt tun? Glückselig, wer ihn wirklich liebt und ihn immer neben sich hat. Schauen wir uns nur den glorreichen hl. Paulus an: Es sieht so aus, als hätte er Jesus immer im Mund geführt, als einer, der ihn fest im Herzen trug. Ich habe mir aufmerksam einige Heilige angeschaut, große Kontemplative, nachdem ich das verstanden hatte, und sie gingen keinen anderen Weg. Der hl. Franziskus beweist es mit seinen Wundmalen; der hl. Antonius von Padua mit dem Jesuskind; der hl. Bernhard erfreute sich an der Menschheit Christi, ebenso die hl. Caterina von Siena ... und viele andere, die Euer Gnaden[20] besser kennen als ich.

8. Gewiß, das mit der Abwendung vom Gegenständlichen muß wohl in Ordnung sein, da es so geistliche Leute sagen, aber meines Erachtens darf das nur geschehen, wenn die Seele schon sehr weit fortgeschritten ist, denn bis dahin ist es klar, daß man den Schöpfer durch die Geschöpfe suchen muß (Weish 13,5). Es verhält sich entsprechend der Gnade, die der Herr der jeweiligen Seele erweist; da mische ich mich nicht ein. Was ich verständlich machen möchte, ist nur, daß in diese Überlegung die allerheiligste Menschheit Christi nicht einbezogen werden darf. Und diesen Punkt sollte man recht verstehen, denn da möchte ich mich gut erklären können.[21]

9. Wenn Gott alle Seelenvermögen aufheben will, wie wir es bei den vorhin genannten Gebetsweisen gesehen haben,[22] dann ist klar, daß diese Gegenwart entschwindet, auch wenn wir es nicht wollen. Dann entschwinde sie in Gottes Namen! Glück-

---

[20] Gracián hatte in seinem Exemplar notiert: *„Hier spricht sie P. García de Toledo an".*
[21] Vgl. 6M 7.
[22] Also in der Ekstase, siehe V 19–21.

licher Verlust, der dazu da ist, um mehr zu genießen, was man scheinbar verliert, denn dann ist die Seele nur noch damit beschäftigt, den zu lieben, um dessen Kenntnis sich der Verstand abgeplagt hat, und liebt das, was sie nicht erfaßt hat, und genießt von dem, was sie nie so tief hätte genießen können, wenn sie sich nicht immer mehr verlieren würde, um, wie ich sage, mehr zu gewinnen.

Daß wir es uns aber absichtlich und mit Bedacht abgewöhnten, uns mit all unseren Kräften zu bemühen, diese heiligste Menschheit beständig vor Augen zu haben – und gebe der Herr, es wäre wirklich beständig –, davon sage ich, daß es mir nicht gut scheint, und daß es bedeutet, daß die Seele, wie man so sagt, in der Luft hinge, denn es sieht so aus, als habe sie keinen Halt, auch wenn es ihr noch so sehr vorkommt, von Gott erfüllt zu sein. Solange wir leben und Menschen sind, ist es etwas Großartiges, ihn als Menschen bei uns zu haben, denn das ist der zweite Nachteil, den es da gibt, und den ich nenne. Der erste besteht, wie ich ansatzweise schon sagte, in einem winzigen Mangel an Demut, daß sich die Seele nämlich aufschwingen will, bevor sie der Herr erhebt, und sich nicht damit abfindet, etwas so Wertvolles zu meditieren, und Maria sein will, bevor sie sich mit Marta angestrengt hat (Lk 10,42).[23] Wenn der Herr will, daß das der Fall sei, und sei es vom ersten Tag an, gibt es nichts zu befürchten. Bleiben wir aber von uns aus bescheiden, wie ich, glaube ich, schon einmal gesagt habe. Dieser winzige Mangel an Demut, auch wenn er nach nichts aussieht, richtet doch großen Schaden an, wenn man in der Kontemplation vorankommen will.

10. Um nun zum zweiten Punkt zurückzukehren: Wir sind keine Engel, sondern haben einen Leib. Uns zu Engeln aufschwingen zu wollen, während wir noch hier auf Erden leben – und dazu noch so sehr der Erde verhaftet, wie ich es war –, ist

---

[23] Maria und Martha stehen hier erneut für das beschauliche bzw. tätige Leben; hier ist konkret gemeint: zur Kontemplation übergehen wollen, bevor man sich um die Betrachtung des Lebens Jesu und ein christliches Leben im Alltag bemüht hat.

Unsinn, vielmehr braucht das Denken im Normalfall etwas, was ihm Halt gibt. Daß die Seele manchmal außer sich geraten oder vielmals so sehr von Gott erfüllt sein mag, daß sie nichts Geschaffenes braucht, um sich zu sammeln, ist nicht so normal, als daß ihr bei Geschäften und Angriffen und Leiden, wenn soviel innere Ruhe nicht möglich ist, und in Zeiten der Trockenheit, Christus nicht doch ein sehr guter Freund wäre. Wir sehen ihn ja als Menschen und erleben ihn in Schwachheiten und Leiden, er leistet uns Gesellschaft, und wenn das einmal zur Gewohnheit geworden ist, ist es ganz leicht, ihn an unserer Seite zu finden, auch wenn Momente kommen, in denen man weder das eine noch das andere vermag.

Dafür ist das gut, was ich schon einmal gesagt habe:[24] uns nichts aus dem Bemühen um geistliche Tröstungen zu machen. Komme, was mag; das Kreuz zu umfassen, ist etwas Großes. Dieser Herr war von allen Tröstungen verlassen, in seinen Prüfungen alleingelassen. Lassen wir ihn nicht im Stich, denn um höher zu steigen, wird er uns besser an die Hand gehen als unser Bemühen, doch wird er sich entfernen, sobald er sieht, daß das angebracht ist und der Herr die Seele aus sich herausholen will, wie ich gesagt habe.[25]

11. Es beglückt Gott sehr, eine Seele zu sehen, die in Demut seinen Sohn zum Mittler nimmt und ihn so sehr liebt, daß sie sich – wie ich schon gesagt habe[26] – sogar für unwürdig hält, wenn Seine Majestät sie zu ganz tiefer Kontemplation erheben will, und mit dem hl. Petrus spricht: *Geh weg von mir, denn ich bin ein sündiger Mensch* (Lk 5,8).

Das habe ich selbst erprobt. Auf diese Weise hat Gott meine Seele geführt. Andere werden – wie ich schon gesagt habe[27] – eine andere Abkürzung nehmen. Was ich verstanden habe, ist, daß das ganze Fundament für das Gebet auf Demut gründet, und daß Gott eine Seele um so höher hinaufführt, je mehr sie sich

---

[24] In V 11,13; 12,3.
[25] Gemeint ist: in der Ekstase; siehe V 22,9.
[26] Siehe V 22,9.
[27] Siehe V 22,2.8.

beim Beten erniedrigt (Lk 14,11). Ich erinnere mich nicht, daß er mir jemals eine besonders herausragende Gnade gewährt hätte, von denen ich nachher noch sprechen will, wenn nicht dann, als ich mich am Boden zerstört fühlte, weil ich mich so erbärmlich erlebte. Und um mir zu Selbsterkenntnis zu verhelfen, sorgte sich Seine Majestät sogar noch darum, mir Dinge zu verstehen zu geben, die ich mir nicht einmal hätte vorstellen können. Ich bin überzeugt, daß eine Seele sehr bald wieder zu Fall kommen wird, weil die Sache kein Fundament hat, wenn sie von sich aus etwas tut, um sich bei diesem Gebet der Gotteinung zu helfen, auch wenn sie voreilig meint, es würde ihr nützen. Und ich fürchte, daß sie nie zur wahren Armut des Geistes kommen wird, die darin besteht, auch im Gebet weder Tröstung noch Wohlgefallen zu suchen – denn die irdischen hat man ohnehin schon hinter sich gelassen –, sondern aus Liebe zu dem, der ständig in Prüfungen lebte, in diesen Tröstung zu suchen, und in ihnen und den Trockenheiten gelassen zu bleiben. Selbst wenn man etwas Schmerz verspüren sollte, so reicht das doch nicht an die Unruhe und den Schmerz heran, wie bei manchen Leuten, die meinen, daß alles verloren sei, wenn sie nicht ständig mit ihrem Verstand am Werk sind und Andacht verspüren, wie wenn man durch eigene Anstrengung ein so großes Gut verdienen könnte.

Ich sage ja nicht, daß man sich nicht darum bemühen und nicht aufmerksam vor Gott verweilen soll, nur daß sie sich nicht umbringen sollen, wenn sie nicht einmal einen guten Gedanken fassen können, wie ich an anderer Stelle schon sagte.[28] Unnütze Knechte sind wir (Lk 17,10), was glauben wir denn fertig zu bringen?

12. Eher will der Herr, daß wir das anerkennen und uns zu Eselchen machen lassen, um das Wasserrad zu drehen, von dem oben die Rede war,[29] denn auch wenn ihnen die Augen

---

[28] Vgl. V 11,11.
[29] Anspielung auf das Bewässerungsgleichnis; vgl. V 11,7 und vor allem V 14. Der Esel, der mit verbundenen Augen das Schöpfrad dreht, ohne zu wissen, was er tut, steht hier bildhaft für die Haltung der Demut, während der Gärtner für das diskursive Denken steht.

verbunden sind und sie nicht verstehen, was sie tun, holen sie mehr Wasser herauf als der Gärtner mit all seinem Fleiß. Auf diesem Weg muß man in innerer Freiheit wandeln, ausgeliefert den Händen Gottes. Wenn uns Seine Majestät befördern will, um seine Kammerdiener und Geheimschreiber zu sein, gehen wir bereitwillig; wenn nicht, dienen wir ihm in niedrigen Ämtern und setzen uns nicht auf den besten Platz (Lk 14,10), wie ich schon manchmal gesagt habe. Gott sorgt besser für uns als wir selbst und weiß, wozu der einzelne tauglich ist. Was bringt es einem, der Gott schon seinen ganzen Willen hingegeben hat, über sich selbst zu regieren?

Meines Erachtens ist das hier noch viel unerträglicher als auf der ersten Gebetsstufe, und schadet auch viel mehr. Es sind übernatürliche Güter. Wenn einer eine schlechte Stimme hat, wird sie auch nicht besser, so sehr er sich auch anstrengt, um zu singen; und wenn Gott ihm eine gute geben will, braucht er nicht zuerst herumzuschreien. Bitten wir also immer wieder mit ergebener Seele, doch voll Vertrauen auf die Größe Gottes, daß er uns Gnaden erweise. Da man ihr die Erlaubnis gibt, zu Christi Füßen zu sitzen (Lk 10,39), bemühe sie sich, von dort nicht wegzugehen, wie auch immer es ihr ergehe; sie ahme Magdalena nach, denn sobald sie stark genug ist, wird Gott sie in die Wüste führen.[30]

13. So mögen sich Euer Gnaden also an das halten, bis Ihr jemand findet, der mehr Erfahrung hat als ich und es besser weiß. Handelt es sich um Leute, die gerade erst anfangen, an Gott Geschmack zu finden, so glaubt ihnen nicht, denn sie meinen, es würde ihnen nützen und sie würden mehr genießen, wenn sie sich selbst helfen.[31] O, wenn Gott nur will,

---

[30] Anspielung auf die Legende, nach der die hl. Maria von Magdala nach Christi Auferstehung lange Jahre in der Wüste verbrachte, wie Teresa in der *Heiligenlegende (Flos Sanctorum)* hatte lesen können.

[31] Hier im technischen Sinn: wenn sie sich aus eigener Kraft zu mystischen Erfahrungen aufzuschwingen versuchen. Im folgenden belächelt Teresa dies: Gott braucht wahrlich unsere armselige Hilfe nicht, um uns in Ekstase zu versetzen.

wie augenfällig kommt er dann ohne diese Krücken zu Erfolg! Denn so viel wir auch machen: er entrückt den Geist, so wie ein Riese einen Strohhalm ergreifen würde, und da hilft kein Widerstand. Was für eine Art zu glauben ist das, daß er, wenn er will, zuwartete, bis die Kröte aus eigener Kraft fliegt![32] Noch schwieriger und beschwerlicher aber kommt es mir vor, daß sich unser Geist erhebt, wenn nicht Gott ihn erhebt; denn er ist mit Erde und tausenderlei Hindernissen belastet, und es nützt ihm nicht viel, fliegen zu wollen. Auch wenn er das von seiner Natur her eher vermag als die Kröte, so steckt er doch so im Schlamm, daß er es aus eigener Schuld verloren hat.

14. Schließen möchte ich mit folgendem: Immer wenn wir an Christus denken, sollen wir an die Liebe denken, mit der er uns so viele Gnaden erwiesen hat, und welch große Liebe uns Gott erzeigt hat, als er uns einen solchen Beweis von Liebe schenkte, die er zu uns hat, denn Liebe bringt Liebe hervor.[33] Und auch wenn es noch ganz am Anfang ist und wir noch sehr erbärmlich sind, bemühen wir uns doch, immer darauf zu schauen und wach zu werden um zu lieben. Denn wenn der Herr uns erst einmal die Gnade schenkt, daß sich diese Liebe in unser Herz einprägt, dann muß uns alles leicht fallen, und

---

[32] Vgl. V 13,3; das Bild der fliegenden Kröte, mit dem Teresa ihre Gegner lächerlich macht, ist deren eigenen Schriften entnommen. In Bernabé de Palmas *Via Spiritus*, III, Kap. 4 heißt es: *„Um sie richtig zu verstehen, sind die göttlichen Dinge weiter weg von uns, als der Flug eines Adlers vom ungeschickten Gang einer Kröte entfernt ist."*

[33] Ähnlich drückt sich Johannes vom Kreuz in seinem Brief an María de la Encarnación vom 6.7.1591 (Ep 26) aus. Gemeint ist: Gottes Liebe zum Menschen bringt in diesem Liebe hervor. Es kommt also darauf an, daß der Mensch die Liebe Gottes zu sich erkennt und sich ihr existentiell öffnet. Das geschieht im Gebet: *„Dieses ließ mich begreifen, was es heißt, ihn zu lieben"* (V 6,3). In den mystischen Gebetsformen erhält diese Liebe ihre volle Kraft: *„Es kommt ihr vor ..., daß von neuem lebendige und ganz glühende Liebe zu Gott einsetzt"* (V 28,9; siehe auch V 29,4; 33,4; 39,24). Diese empfangene Liebe bewirkt die Liebe des Glaubenden: *„Sie hält die unsere so gebunden, daß sie ihr nicht mehr die Freiheit läßt, in diesem Augenblick noch etwas anderes als dich zu lieben"* (V 14,2); *„alles war mir nun Mittel, um Gott besser kennen und lieben zu lernen"* (V 21,10). Diese Liebe *„macht alles leicht"* (V 35,13; siehe auch V 22,14), bewährt sich also in der Tat (Nächstenliebe).

wir werden in sehr kurzer Zeit und ganz mühelos viel erreichen. Seine Majestät schenke sie uns – er weiß ja, wie sehr wir
sie brauchen –, um der Liebe willen, die er zu uns hatte, und
um seines glorreichen Sohnes willen, an dem er sie uns sehr
auf dessen Kosten zeigte. Amen.

15. Eines möchte ich Euer Gnaden noch gern fragen:[34] Wenn
der Herr damit beginnt, einer Seele so hohe Gnaden zu erweisen, wie es ihre Versetzung in vollkommene Kontemplation ist,
dann sollte sie eigentlich doch auch bald ganz vollkommen
sein. (Eigentlich schon, sicher, denn wer eine so große Gnade
empfängt, sollte doch nach keinen irdischen Tröstungen mehr
verlangen.) Nun also, warum sieht es dann so aus, als ob dies
erst in der Verzückung – wenn sich die Seele schon mehr daran
gewöhnt hat, Gnaden zu empfangen –, um so erhabenere Auswirkungen mit sich bringt, und sie um so losgelöster wird, je
mehr sie empfängt, wo der Herr sie doch in dem Augenblick,
in dem er zu ihr kommt, geheiligt zurücklassen kann, wie sie
ja derselbe Herr später, im Lauf der Zeit, mit vollkommenen
Tugenden zurückläßt?

Das möchte ich gern wissen, weil ich es nicht weiß. Ich
weiß aber genau, daß das, was der Herr anfangs an Kraft
zurückläßt, wo es nur einen Augen-Blick[35] dauert und man es
fast nicht bemerkt, sich von dem unterscheidet, was es später
ist, wenn diese Gnade schon länger währt, abgesehen von den
Auswirkungen, die es hinterläßt. Und öfter will mir vorkommen, als läge es daran, daß die Seele nicht sofort ganz dafür
bereitet ist, solange sie der Herr nicht allmählich aufpäppelt

---

[34] Wegen der vielen Einschübe ist die Frage im Original nicht leicht zu verstehen.
Teresa meint folgendes: Warum heiligen und vervollkommnen so hohe Gnaden den Menschen nicht sofort, warum geschieht das erst nach und nach? Mit
derselben Frage hatte sie sich auch schon in V 11,1 auseinandergesetzt; dort
war sie zu dem Schluß gekommen, daß es wohl an uns Menschen liegen muß.
Dieselbe Schlußfolgerung zieht sie auch hier. – Im übrigen beachte man, daß
die Autorin zwar Unwissenheit vorschützt und ihren gelehrten Adressaten um
Auskunft bittet, dann aber durchaus selbst eine Antwort vorschlägt.

[35] Wörtlich: *nicht länger als ein Schließen und Öffnen der Augen (no más que
cerrar y abrir los ojos)*; vgl. V 14,5, wo sie sich ähnlich ausdrückt.

und dazu bringt, sich zu entschließen, und ihr Manneskraft gibt, damit sie alles samt und sonders mit Füßen tritt. So wie er es mit Magdalena in einem Nu tat,[36] so tut er es auch mit anderen Leuten, je nachdem wie sie es selbst machen, um Seine Majestät machen zu lassen.[37] Wir bringen es nicht fertig zu glauben, daß Gott schon in diesem Leben hundert zu eins gibt (Lk 18,29f; Mk 10,29f).

16. Auch dachte ich an folgenden Vergleich: Selbst wenn das, was denen gegeben wird, die schon weiter fortgeschritten sind, letztlich alles ein und dasselbe ist wie am Anfang, so ist es doch wie eine Speise, von der viele Personen essen: Denen, die nur ganz wenig davon essen, bleibt der köstliche Geschmack nur für kurze Zeit; denen, die mehr davon essen, hilft sie, ihr Leben zu fristen; denen aber, die viel davon essen, gibt sie Leben und Kraft. Nun kann man von dieser Speise des Lebens so oft und so reichlich essen, daß man außer ihr nichts mehr essen mag, was einem gut schmeckt. Man sieht dann nämlich den Nutzen, den es einem bringt, und hält sich mit seinem Geschmack schon so sehr an diese Süßigkeit, daß man lieber nicht mehr leben wollte als anderes essen zu müssen, was doch nur dazu taugte, den guten Geschmack wegzunehmen, den die gute Speise hinterließ.[38]

Auch bei einer guten Gesellschaft bringt der Austausch an einem Tag nicht so viel Nutzen wie an vielen, und es können

---

[36] Teresa ist der Ansicht, daß Maria von Magdala (die sie mit der Sünderin aus Lk 7,36–50 identifiziert; vgl. V 9,2) nach ihrer Bekehrung sofort zu einer sehr vollkommenen Liebe fand; dieselbe rasche Heiligung schreibt sie auch Paulus zu, siehe CV 40,3.

[37] Hier wird sehr deutlich, worin die Aktivität des Gottsuchers bestehen soll: Es geht nicht um asketische Höchstleistungen, sondern darum, Gott *„machen zu lassen"* – und zwar aus dem Vertrauen heraus, daß Gott *„schon in diesem Leben hundert zu eins gibt."* Wie sie im folgenden noch deutlich machen wird, beinhaltet Gott *machen zu lassen* freilich auch: Alle Hindernisse aus dem Weg zu räumen, indem man sich entschließt, *„sich von allem zu lösen",* was weniger ist als Gott. – Nichts anderes sagt auch Johannes vom Kreuz immer wieder; siehe vor allem seine Werke *Aufstieg auf den Berg Karmel* und *Dunkle Nacht.*

[38] Vgl. V 13,11; 17,4; 19,2.

viele sein, die wir mit ihr verbringen, um mit Gottes Hilfe so zu werden wie sie. Schließlich geschieht alles so, wie es Seine Majestät will und wem er es schenken will.[39] Es liegt aber für einen, der diese Gnade schon zu erhalten beginnt, viel daran, sich zu entschließen, sich von allem zu lösen und diese Gnade so hoch zu schätzen, wie es recht ist.

17. Auch scheint mir, daß Seine Majestät immer wieder einmal prüft, wer ihn gern hat, einmal diesen, dann jenen, indem er mit erhabener Beseligung offenbart, wer er ist, um den Glauben an das, was er uns geben will, zu stärken – falls dieser tot ist –, indem er sagt: „Schau, dies ist nur ein Tropfen aus dem riesigen Meer meiner Wohltaten", um bei denen, die er liebt, nur ja nichts zu versäumen, und je nach dem, wie er sieht, daß man ihn aufnimmt, so gibt er und so gibt er sich selbst. Er hat die gern, die ihn gern haben, und was für ein guter Liebhaber! Was für ein guter Freund!

Herr meiner Seele! Wer hat denn Worte, um verständlich zu machen, was du denen schenkst, die auf dich vertrauen, und was diejenigen verlieren, die bis zu dieser Verfassung gelangen und dann in Selbstverfangenheit verbleiben! Möge doch das nicht dein Wollen sein, Herr! Du tust doch sogar mehr als das, da du in eine so schlechte Herberge einkehrst, wie es meine ist. Sei auf immer und ewig gepriesen!

18. Von neuem bitte ich Euer Gnaden,[40] daß Ihr diese Dinge, die ich hier über das Gebet geschrieben habe, nur mit geistlichen Personen besprecht, die es wirklich sind. Wenn sie nämlich nur über einen Weg Bescheid wissen oder in der Mitte stehengeblieben sind, können sie nichts Zutreffendes sagen. Auch gibt es manche, die Gott sofort auf einen sehr hohen Weg

---

[39] Vgl. V 21,9 und ferner V 34,11; 39,9.

[40] Erneut ist García de Toledo gemeint. Im folgenden wird einerseits deutlich, daß Teresa schlechte Erfahrungen mit sogenannten geistlichen Personen gemacht hat und nicht allen Lehrmeistern genügend Sachkenntnis zutraut, andererseits aber auch, wie überzeugt sie von ihrer Sache ist: Wer ihr in diesem Punkt widerspricht, dem fehlt vermutlich die entsprechende Erfahrung.

führt, und die dann meinen, daß auch die anderen auf diese Weise dort vorankommen könnten und den Verstand beruhigen dürfen, ohne gegenständliche Vorstellungen als Hilfsmittel zu benützen, doch werden sie dabei strohtrocken bleiben; und wiederum manche, die ein bißchen innere Ruhe erlebt haben, dann aber gleich glauben, daß sie das eine tun können, da sie das andere schon haben; statt Fortschritte zu machen, werden sie zurückgehen, wie ich schon gesagt habe.[41] Daher ist bei allem Erfahrung und Unterscheidungsgabe nötig.[42] Der Herr schenke sie uns in seiner Güte.

---

[41] Vgl. V 22,5.
[42] Vgl. V 11,16; 13,1.16.

KAPITEL 23

Sie nimmt den Bericht über ihr Leben wieder auf,
wie sie nach größerer Vollkommenheit zu streben begann,
und auf welchen Wegen. – Für Personen, die sich mit der
Führung von Seelen, die inneres Beten halten, befassen,
ist es hilfreich, zu wissen, wie sie sich an den Anfängen
verhalten sollen, und welchen Nutzen es ihr brachte,
daß man sie zu leiten verstand.[1]

1. Ich möchte nun dahin zurückkehren, wo ich von meiner Lebensbeschreibung abließ[2] – denn ich habe mich, glaube ich, länger aufgehalten, als ich es hätte tun sollen –, damit man das, was noch kommen wird, besser versteht. Es ist ein anderes, neues Buch ab hier, ich meine ein anderes, neues Leben. Das bis hierher war meines; das, was ich gelebt habe, seitdem ich diese Gebetserfahrungen zu erläutern begann, ist, wie mir scheint, das, was Gott in mir lebte (vgl. Gal 2,20). Denn mir ist klar, daß es sonst unmöglich gewesen wäre, in so kurzer Zeit aus so schlechten Gewohnheiten und Taten herauszukommen. Der Herr sei gepriesen, daß er mich von mir selbst befreit hat.[3]

---

[1] Nach dem längeren Exkurs über die verschiedenen Stufen des inneren Betens nimmt die Autorin hier den Faden ihrer geistlichen Autobiographie wieder auf, die sie in V 10 unterbrochen hatte. Hier wird nun auch der Sinn des Exkurses erklärt: *„Damit man das, was noch kommen wird, besser versteht."* Von nun an bewegt sich nämlich der autobiographische Bericht auf einer völlig neuen Ebene: War vorher die Rede von äußeren Gegebenheiten, die ihre geistliche Entwicklung beeinflußten, ohne sie jedoch von Grund auf zu verwandeln, so geht es jetzt um innere, mystische Gotteserfahrungen, die ihr Leben von innen heraus völlig umgestalten. Teresa hat diesen mystischen Einbruch Gottes in ihr Leben als tiefgreifende Zäsur, als etwas völlig Neues erlebt *(„ein anderes, neues Leben")*, weshalb an dieser Stelle auch ihre Autobiographie eine deutliche Zäsur aufweist *(„ein anderes, neues Buch")*. Um dies zu verdeutlichen, kehrt sie noch einmal zu ihren ersten mystischen Erlebnissen um 1554/1555 zurück, als sie etwa 40 Jahre alt war.

[2] In V 10, wo die Rede von den ersten mystischen Erfahrungen war.

[3] Das *„neue Leben"* besteht also nicht primär im Erleben außergewöhnlicher Gebetsgnaden (erst recht nicht: außersinnlicher Erfahrungen), sondern darin, daß sie von der in V 22,17 beklagten *„Selbstverfangenheit"* befreit wurde und selbstlos lieben lernte. Es wird auch nicht, entgegen dem Rigorismus aller Zeiten, durch eigene Anstrengungen erreicht, sondern dadurch, daß „Gott im Menschen lebt", d. h. daß der Mensch Gott in sich Raum gewährt, und das heißt, inneres Beten hält.

2. Als ich also begann, die Gelegenheiten zur Sünde wegzuschaffen und mich mehr dem inneren Beten hinzugeben, begann
der Herr, mir Gnadengeschenke zu machen, wie einer, der, so
wie es aussieht, wünschte, daß ich sie empfangen wollte. Seine
Majestät begann, mir ganz regelmäßig das Gebet der Ruhe zu
schenken, öfter auch das der Gotteinung, das länger anhielt.[4]

Da in diesen Zeiten bei einigen Frauen schlimme Wahnbilder
und Täuschungen aufgetreten waren,[5] die der Böse ihnen vorgegaukelt hatte, begann ich, mich zu fürchten, weil die innere
Freude und Zärtlichkeit, die ich empfand, groß waren, dazu oftmals, ohne es verhindern zu können; dazu verspürte ich in mir
eine ganz starke Gewißheit, daß es von Gott kam, vor allem,
wenn ich im Gebet weilte, und bemerkte, daß ich viel besser
und mit mehr innerer Stärke daraus hervorging. Sobald ich
aber nur ein wenig abgelenkt wurde, kam wieder Angst in mir
hoch, und dazu noch der Gedanke, ob nicht der Böse meinen
Verstand aufheben wollte, indem er mich glauben machte, daß
das gut sei, um mir das innere Beten wegzunehmen, und damit
ich nicht an die Leidensgeschichte denken oder meinen Verstand gebrauchen könnte, was mir, da ich es nicht verstand, als
größter Verlust vorkam.

3. Da mir Seine Majestät aber Licht spenden wollte, um ihn
nicht mehr zu beleidigen und um zu erkennen, wieviel ich ihm
verdankte, nahm diese Angst so zu, daß sie mich eifrig nach
geistlichen Personen suchen ließ, um mich mit ihnen zu besprechen. Von einigen hatte ich schon gehört, denn es waren

---

4 Siehe V 14–15 („zweites Wasser") bzw. V 18–21 („viertes Wasser").
5 In den Kreisen der sog. „Alumbrados" („Erleuchteten") und „Espirituales"
  („Spirituellen") waren in den Jahrzehnten, bevor dies geschrieben wurden,
  mehrfach falsche Mystikerinnen und betrügerische Visionärinnen entlarvt
  worden, was nicht wenig zum Mißtrauen der Inquisition gegen die spirituellen
  Bewegungen beigetragen hatte. Ein Fall, der besonders viel Aufsehen erregt
  und sogar Mitglieder des spanischen Hofes kompromittiert hatte, war die Ent-
  larvung der Äbtissin der Klarissen von Córdoba, Magdalena de la Cruz, deren
  Inquisitionsprozeß 1544–46 dem ersten Biographen Teresas, Francisco de Ribera, zufolge ganz Spanien erschütterte; siehe ders., *Vida* I,11. In diesem Zusammenhang wird Teresa in V 33,5 von „schweren Zeiten" sprechen.

die Patres der Gesellschaft Jesu hierher gekommen,[6] die mir – ohne auch nur einen zu kennen – sehr sympathisch waren, allein deshalb, weil ich um ihre Lebens- und Gebetsweise wußte. Aber ich fühlte mich nicht würdig, mit ihnen zu sprechen, und auch nicht stark genug, ihnen zu gehorchen, was mir noch mehr Angst machte; denn mit ihnen umzugehen und doch die zu sein, die ich war, kam mich sehr schwer an.

4. Damit brachte ich einige Zeit zu, bis ich mich schließlich nach viel innerem Kampf und vielen Ängsten entschloß, mich mit einer geistlichen Person[7] zu besprechen, um sie zu fragen, was das für ein Beten sei, das ich da hatte, damit sie mir Licht gäbe, falls ich mich im Irrtum befand, und alles zu tun, was ich nur konnte, um Gott nicht zu beleidigen. Denn, wie ich gesagt habe,[8] machte mich der Mangel an innerer Stärke, den ich bei mir wahrnahm, so ängstlich.

Was für eine gewaltige Täuschung, mein Gott, daß ich mich mit dem Wunsch, gut zu sein, vom Guten entfernte! Daran muß dem Bösen am Anfang des Strebens nach Tugend wohl viel liegen, denn ich konnte mich einfach nicht dazu durchringen. Er weiß schon, daß die ganze Abhilfe für eine Seele im Umgang mit Freunden Gottes besteht, doch es führte kein Weg dahin, daß ich mich dazu entschlossen hätte. Ich wartete darauf, mich zuerst zu bessern, wie damals, als ich das innere Beten aufgab,[9] aber ich hätte das möglicherweise nie geschafft, weil ich einigen winzigen schlechten Gewohnheiten schon so

---

6 Die Jesuiten gründeten 1544 in Ávila ein Kolleg, das Colegio San Gil. In diesem Jahr fanden die Begebenheiten statt, von denen im folgenden die Rede sein wird. Neben Dominikanern wie García de Toledo, Vicente Barrón und Domingo Báñez sollten ab da viele Beichtväter Teresas dem Jesuitenorden angehören, u. a. Baltasar Álvarez, Diego de Cetina, Pablo Hernández, Juan de Prádanos, Jerónimo Ripalda, der ihr 1573 auftragen sollte, den Bericht über ihre Klostergründungen fortzusetzen, usw.

7 Diese Person läßt sich nur schwer identifizieren; vielleicht ist sie identisch mit dem „heiligmäßigen Edelmann" (Francisco de Salcedo), von dem in V 23,6 die Rede ist.

8 Siehe V 23,3.

9 Siehe V 7,1, was sie in V 19,10ff. heftig bedauern sollte.

sehr verfallen war, daß ich von ihnen nie gänzlich einsah, daß
sie schlecht waren, so daß Hilfe von anderen nötig war, und
daß man mir zur Hand ging, um mir aufzuhelfen. Gepriesen
sei der Herr, denn schließlich war seine Hand die erste.

5. Als ich sah, daß sich meine Angst immer mehr verschlimmerte, weil mein Gebet tiefer wurde, schien mir, daß dahinter
entweder ein großes Gut oder etwas ganz Schlimmes steckte.
Ich verstand nämlich sehr wohl, daß das, was da in mir war,
etwas Übernatürliches war, denn manchmal konnte ich mich
nicht dagegen wehren. Es in mir zu haben, wann ich es wollte,
war ausgeschlossen. So dachte ich bei mir, daß es keine Abhilfe gäbe, wenn ich mich nicht bemühte, ein reines Gewissen
zu haben und mich von jeder Gelegenheit fernzuhalten, und
sei sie auch nur zu läßlichen Sünden, denn wenn es von Gottes
Geist käme, wäre der Gewinn offensichtlich; wenn es aber der
Böse wäre, könnte er mir wenig Schaden zufügen, solange ich
mich bemühte, dem Herrn zu gefallen und ihn nicht zu beleidigen, vielmehr würde er dann verlieren. Als ich mich aber,
fest dazu entschlossen und den Herrn beständig um seine Hilfe
bittend, ein paar Tage um das Besagte bemühte, merkte ich,
daß meine Seele nicht die Kraft hatte, um da allein in so großer
Vollkommenheit herauszukommen, weil ich an einigen Dingen
hing, die zwar von sich aus nicht sehr schlimm, aber doch ausreichend waren, um alles zu verderben.

6. Da erzählte man mir von einem gelehrten Kirchenmann,
den es an diesem Ort gab,[10] dessen Güte und gutes Leben der
Herr die Leute immer mehr erkennen ließ. Über einen heiligmäßigen Edelmann, der an diesem Ort lebt, bemühte ich mich
um ihn.[11] Er ist verheiratet, aber von einem so vorbildlichen

---

[10] Mit „*diesem Ort*" ist Ávila gemeint. Wie Gracián in seinem Exemplar notierte,
handelt es sich um den Magister Gaspar Daza († 1592), einen Weltpriester aus
Ávila, der sich von diesem Zeitpunkt an Teresas annimmt und ihr später auch
maßgeblich bei der Gründung von San José hilft; siehe V 32–36.

[11] Francisco de Salcedo, ein typischer „Spiritueller" jener Zeit, der – obwohl
Laie und verheiratet – zwanzig Jahre lang als Zuhörer an den theologischen

und tugendhaften Leben, mit soviel Gebet und Nächstenliebe, daß er in allem nur Güte und Vollkommenheit ausstrahlt. Und das sehr zu Recht, denn durch seine Vermittlung ist vielen Seelen viel Gutes zuteil geworden, weil er so viele Talente hat, daß er – auch wenn seine Lebensform dabei nicht behilflich ist[12] – nicht anders kann, als mit ihnen zu arbeiten (vgl. Mt 25,14–30). Voller Verständnis und Wohlwollen zu allen, in seinem Umgang nicht aufdringlich, sondern sanft und angenehm, zugleich aber so geradlinig und heilig, daß er alle, die mit ihm zu tun haben, froh macht. Alles lenkt er zum größeren Wohl der Seelen, denen er sich widmet, und offensichtlich hat er kein anderes Bemühen, als für alle zu tun, was ihm nur möglich erscheint, und alle zufriedenzustellen.

7. Nun also, dieser gebenedeite und heilige Mann mit seinem Eifer wurde meines Erachtens zum Ausgangspunkt dafür, daß meine Seele gerettet würde. Seine Demut erstaunt mich, denn da es, nach allem, was ich glaube, kaum weniger als vierzig Jahre her sind, seitdem er inneres Beten hält – ich weiß nicht, ob es zwei oder drei Jahre weniger sind –, führt er offenbar in allem ein Leben der Vollkommenheit, sofern es sein Lebensstand erlaubt. Denn er hat eine Frau, eine so große Dienerin Gottes und so voll Nächstenliebe, daß er ihretwegen nicht verlorengeht, denn schließlich hat Gott sie als Frau für ihn ausgewählt, weil er wußte, daß er sein großer Diener sein würde. Verwandte von ihr waren mit Angehörigen von mir verheira-

---

Vorlesungen der Dominikaner in Ávila (Santo Tomás) teilnahm. Nach dem Tod seiner Frau im Jahr 1570 ließ er sich zum Priester weihen. Er starb 1580 und wurde in der von ihm selbst gestifteten Paulus-Kapelle in der ersten Klostergründung Teresas, dem Kloster San José zu Ávila, beigesetzt.

12 Hier wie auch schon in der obigen Andeutung, daß zwischen dem Verheiratet-Sein und der vorbildlichen Lebensführung ein Gegensatz bestünde („aber"!), zeigt sich Teresa erneut als Kind ihrer Zeit, für die der Priester- und Ordensstand die vollkommenere, dem Evangelium gemäßere Lebensformen waren, ein Vorurteil, das sich teilweise bis heute gehalten hat; vgl. auch V 13,5, aber auch 3M 1,8, wo sie jeglichem Standesdenken der Ordensleute eine klare Absage erteilt.

tet.[13] Und auch mit einem anderen großen Diener Gottes, der mit einer Kusine von mir verheiratet war, hatte ich viel Verbindung.[14]

8. Auf diesem Weg nun bemühte ich mich darum, daß dieser Kirchenmann, der, wie ich eben sage, ein so großer Diener Gottes war, käme, um mit mir zu sprechen; er war nämlich eng mit jenem befreundet. Bei ihm dachte ich zu beichten und ihn dann als Lehrmeister zu nehmen.[15] Als er ihn nun herbrachte, um mit mir zu sprechen, und ich ihm, ganz beschämt, mich vor einem so heiligen Mann zu sehen, über meine Seele und mein Beten berichtete, denn meine Beichte wollte er nicht hören, sagte er mir, daß er sehr beschäftigt sei, was auch so war. Er begann, mich mit heiliger Entschlossenheit wie eine Starke zu führen, was ich dem inneren Beten nach, das er mich halten sah, eigentlich auch hätte sein müssen, damit ich keinesfalls mehr Gott beleidige.[16]

Als ich aber seine Entschlossenheit sah, die geradewegs auf Kleinigkeiten abzielte, aus denen ich bei meiner Kraft nicht sofort mit solcher Vollkommenheit herauskommen konnte, wie ich eben sage,[17] war ich ganz niedergeschlagen. Und da ich merkte,

---

[13] Salcedos Frau, Doña Mencía del Águila, war eine Kusine von Teresas Tante Doña Catalina del Águila, der Frau ihres Onkels Pedro Sánchez de Cepeda, der ihr die ersten geistlichen Bücher zu lesen gegeben hatte; siehe V 3,4; 4,7. – An dieser Stelle zeigt sich Teresa nicht ganz frei von dem damals weitverbreiteten Vorurteil, daß Umgang mit Frauen, und sei es die eigene Ehepartnerin, eine potentielle Gefährdung für das geistliche Leben eines Mannes darstellt (weshalb eine zölibatäre Lebensform „vollkommener" sei). Obwohl Teresa ein Leben lang unter dem negativen Frauenbild ihrer Zeit zu leiden hatte und sich nach und nach zu einem beachtlichen Selbstbewußtsein als Frau durchrang, war auch sie von dieser negativen Sicht beeinflußt. (Oder mußte sie sich als davon beeinflußt zeigen?)

[14] Don Alonso Álvarez Dávila, der „der heilige Alonso" genannt wurde. Eine seiner Töchter sollte später in das Kloster San José eintreten, wo sie den Ordensnamen María de San Jerónimo annahm.

[15] Gaspar Daza.

[16] Hier, wie an vielen anderen Stellen, wird der Unterschied zwischen Teresas Pädagogik und der damals üblichen deutlich: Sie besteht vor allem darauf, inneres Beten zu halten – *„mag einer auch noch so viel Schlechtes tun"* (V 8,5) –, während Magister Daza in erster Linie auf dem Vermeiden von Sünden besteht. Er erweist sich somit als typischer Vertreter des „Rigorismus".

[17] Siehe V 23,5.

daß er die Angelegenheiten meiner Seele als etwas ansah, mit dem ich auf einmal fertigzuwerden hatte, sah ich ein, daß viel mehr Behutsamkeit vonnöten war.

9. Schließlich begriff ich, daß ich mit den Hilfsmitteln, die er mir gab, keine Abhilfe finden würde, denn die waren für eine vollkommenere Seele gedacht; und wenn ich auch in den Gnadengeschenken Gottes schon fortgeschritten war, stand ich bei den Tugenden und der Einübung ins Absterben[18] noch ganz an den Anfängen. Und wirklich wahr, wenn ich nie mit jemand anderem hätte sprechen können als nur mit ihm, dann wäre meine Seele, glaube ich, nie weitergewachsen. Denn die Niedergeschlagenheit, die sich bei mir einstellte, wenn ich sah, daß ich nicht tat – und meines Erachtens gar nicht tun konnte –, was er mir sagte, war groß genug, um die Hoffnung zu verlieren und alles aufzugeben.

Manchmal wundere ich mich, wieso es Gott nicht gefallen hat, daß er meine Seele verstand oder sie übernehmen wollte, wo er doch ein Mensch ist, der eine besondere Gnadengabe hat, die ersten Schritte des Menschen auf Gott hin auszurichten. Nun sehe ich, daß alles zu meinem größeren Wohl geschah, damit ich so heilige Leute wie die von der Gesellschaft Jesu kennenlernte und mich mit ihnen bespräche.

10. Für dieses Mal kam ich mit jenem heiligen Edelmann[19] überein, daß er mich ab und zu besuchen sollte. Daran erkannte man schon seine große Demut, da er mit einem so erbärmlichen Menschen wie mir sprechen wollte. Er kam immer wieder zu Besuch und machte mir Mut und sagte mir, daß ich

---

[18] *Mortificación*, siehe Anhang I. Es geht hier nicht um asketische Praktiken als solche, sondern um die Überwindung des tief verwurzelten Egoismus des „alten Menschen" (nach Eph 4,22 und Kol 3,9) in der Nachfolge Christi, des Gekreuzigten, indem man allem „abstirbt", was einen in unfruchtbarer Weise an sich selbst bindet, um so zum „neuen", innerlich freien und selbstlos liebenden Menschen zu werden.

[19] Francisco de Salcedo; siehe V 23,6. Im folgenden scheint Teresa seinen anfänglich positiven Einfluß auf sie sehr zu loben, doch hatte sie nach einer Weile auch sehr unter seiner Ängstlichkeit zu leiden; siehe V 23,11f.

nicht glauben solle, daß ich mich von einem auf den anderen Tag von allem lösen könnte, denn das würde nach und nach Gott bewirken; er selbst habe einige Jahre lang mit einigen ganz alltäglichen Dingen zu tun gehabt, mit denen er einfach nicht hätte fertig werden können. O Demut, was für große Dinge bewirkst du doch, wo es dich gibt, und sogar an denen, die in die Nähe eines Menschen kommen, der sie hat! Dieser Heilige (meines Erachtens darf man ihn mit Fug und Recht so bezeichnen) nannte mir, um mir weiterzuhelfen, in seiner Demut Schwächen, von denen er glaubte, daß es welche waren; in Anbetracht seines Lebensstandes war es wohl weder ein Fehler noch eine Unvollkommenheit, aber in Anbetracht des meinen war es ein Riesenfehler, solche zu haben.

Ich erzähle dies nicht ohne Absicht, denn es sieht zwar so aus, als würde ich mich über Geringfügigkeiten verbreiten, wo diese doch so wichtig sind, um mit der Hilfe für eine Seele zu beginnen und sie zum Fliegen zu bringen (denn sie hat, wie man so sagt, noch keine Flügel), daß es keiner glauben wird, der das nicht selbst durchgemacht hat. Und da ich zu Gott hoffe, daß Euer Gnaden[20] noch vielen Menschen von Nutzen sein werden, sage ich es hier, denn meine ganze Rettung bestand darin, daß er es verstand, mich zu heilen und so viel Demut und Nächstenliebe hatte, daß er bei mir blieb, und es ihm nichts ausmachte mitanzusehen, daß ich mich nicht auf einmal besserte. Er ging mit Klugheit vor, indem er mir Schritt für Schritt Methoden beibrachte, um den Bösen zu besiegen. Ich gewann immer größere Zuneigung zu ihm, so daß es für mich nichts Erholsameres gab als der Tag, an dem ich ihn sah, obwohl das nur selten war. Wenn er sich verspätete, war ich sogleich ganz betrübt, weil ich glaubte, daß er mich nicht besuchte, weil ich so erbärmlich war.

11. Als er allmählich meine großen Unvollkommenheiten erkannte, und da mögen auch Sünden dabei gewesen sein (auch

---

[20] García de Toledo.

wenn es mir besser ging, seit ich mit ihm umging), und ich ihm von den Gnaden erzählte, die Gott mir erwies, damit er mir Licht spendete, sagte er mir, daß das nicht zusammenpasse, denn solche Wonnen kämen nur bei Personen vor, die viel weiter fortgeschritten und im Absterben schon viel mehr eingeübt seien; und daß er von einer großen Angst nicht loskomme, da er meine, daß in manchen Dingen ein böser Geist[21] am Werk sei; er legte sich freilich noch nicht fest, doch solle ich alles gut bedenken, was ich von meinem Beten erkennen würde, und es ihm dann sagen. Aber da bestand die Schwierigkeit, daß ich zu dem, was mein Beten war, weder viel noch wenig sagen konnte, denn die Gnade, verstehen zu können, was es ist, und es auch sagen zu können, hat Gott mir erst vor kurzem geschenkt.[22]

12. Als er mir das sagte, war ich vor lauter Angst ganz niedergeschlagen und in Tränen aufgelöst. Denn ich wollte Gott wirklich gefallen und konnte mich nicht zur Überzeugung durchringen, daß der Böse im Spiel wäre, fürchtete aber, daß Gott mich wegen meiner großen Sünden so blind machte, daß ich es nicht erkannte.

Als ich Bücher durchschaute, um zu sehen, ob ich damit mein Beten, das ich hatte, beschreiben könnte, fand ich in einem mit dem Titel *Aufstieg auf den Berg*[23] dort, wo es um die Einung der Seele mit Gott geht, alle Anzeichen, die ich bei jenem Nichtsdenken aufwies, denn das war es, was ich meistens sagte: daß ich an nichts denken konnte, wenn ich dieses Gebet hatte. Und so unterstrich ich die Stellen, die zutrafen, und gab ihm das Buch, damit er und der andere Kirchenmann, der heiligmäßige Diener Gottes, den ich erwähnt habe,[24] es anschau-

---

[21] Ein Euphemismus für „der Böse".
[22] Vgl. V 17,5 mit der diesbezüglichen Anm.
[23] Es handelt sich um das Buch des Franziskaner-Laienbruders und einstigen Arztes des portugiesischen Königs João II. Bernardino de Laredo, *Subida del Monte Sión (Aufstieg auf den Berg Zion)*.
[24] Gaspar Daza.

ten und mir sagten, was ich zu tun hätte; und daß ich, wenn es
ihnen recht erschien, das innere Beten ganz aufgeben würde,
denn wozu sollte ich mich solchen Gefahren aussetzen; denn
wenn ich schon in den nahezu zwanzig Jahren, seit ich es übte,
keinen Gewinn davon gehabt hätte, sondern nur Täuschungen
durch den Bösen, dann sei es besser, keines zu halten; freilich
kam mir auch das hart an, weil ich ja schon ausprobiert hatte,
wie es meiner Seele ohne inneres Beten ging.

Daher sah ich überall nur Schwierigkeiten, wie einer, der
in einem Fluß schwimmt und fast am Ertrinken ist, während
er überall, wo er aus dem Wasser steigen könnte, eine noch
größere Gefahr befürchtet.

Es ist dies eine ganz große Not, und solche habe ich viele
durchgemacht, wie ich später noch sagen werde;[25] denn auch
wenn es unwichtig erscheinen mag, ist es vielleicht doch nützlich, um zu erkennen, wie der Geist zu prüfen ist.

13. Die Not, die man da durchmacht, das ist gewiß, die ist
groß, und man braucht dabei Fingerspitzengefühl, besonders
bei Frauen,[26] denn unsere Schwachheit ist groß, und es könnte
viel Unheil stiften, wenn man ihnen klar sagte, daß der Böse
am Werk ist. Man sollte es vielmehr sehr genau anschauen und
sie von den Gefahren, die es da geben kann, entfernen und
ihnen raten, viel auf Geheimhaltung zu achten und diese selbst
auch zu beobachten, da sie angemessen ist.

In diesem Fall spreche ich als eine, der es viel Mühe kostet,
daß manche Leute, mit denen ich über mein Beten gesprochen
habe, diese nicht beobachten, sondern mir statt Gutes ziemlich
viel Schaden angetan haben, während ich den einen oder anderen befragte, weil so Dinge verbreitet worden sind, die besser

---

[25] Vgl. V 28,14ff und die letzten Kapitel der *Vida*.

[26] „Nebenbei" versucht Teresa immer wieder, ihren männlichen Gesprächspart-
nern ein Gespür für die Psychologie einer Frau zu vermitteln. So schreibt sie
1576 etwa an P. Ambrosio Mariano: *„Ich habe lachen müssen, daß Euer Ehrwürden sagen, daß Sie sie schon durchschauen werden, wenn Sie sie sehen. So
leicht sind wir Frauen nicht zu durchschauen!"* (Ct 135,7); vgl. ferner Ct 53,4;
Ct 92,2 usw.

geheimgehalten würden – denn die sind einfach nicht für alle bestimmt –, und dann sah es noch so aus, als würde ich sie verbreiten.[27] Ich glaube, daß der Herr das ohne ihre Schuld zugelassen hat, damit ich litt. Ich sage nicht, daß sie weitererzählten, was ich in der Beichte mit ihnen besprach; da es aber Personen waren, denen ich aufgrund meiner Ängste Rechenschaft ablegte, um von ihnen erleuchtet zu werden, schien mir, daß sie hätten schweigen müssen. Dennoch habe ich es nie gewagt, solchen Personen etwas zu verschweigen.

Ich sage also, daß man mit viel Klugheit darauf hinweisen und sie dabei ermutigen und eine Zeitlang zuwarten soll, da der Herr ihnen schon helfen wird, wie er es mit mir tat. Denn wenn nicht, dann hätte mir das riesigen Schaden zugefügt, wo ich doch so ängstlich und zaghaft war. Bei dem schweren Herzleiden, das ich hatte, wundert es mich, daß es mir nicht sehr schadete.[28]

14. Nachdem ich ihm also das Buch gegeben und so gut ich konnte einen zusammenfassenden Bericht über mein Leben

---

[27] Die hier beklagte Indiskretion muß vor dem Hintergrund der allgegenwärtigen Inquisition besonders schwer gewogen haben. Im übrigen zeigt sich hier wieder Teresas diplomatisches Geschick: Ohne irgendwelche Priester direkt schuldig zu sprechen – was ihr als Frau nach damaligem Verständnis auch nicht zustand –, gelingt es ihr doch, klar zu sagen, was sie von einer solchen Indiskretion hält.

[28] Von ihrem *„Herzleiden"* war auch schon in V 4,5 und V 7,11 die Rede gewesen; in V 25,14 wird sie erneut darauf eingehen, dort ebenfalls im Zusammenhang mit ihrer Ängstlichkeit. – Welcher Natur diese Beschwerden waren, ist nicht mehr festzustellen. Als Deutungen werden in der Literatur angeboten: 1. ein Folgeschaden der angenommenen Brucelloseinfektion im Alter von 23 Jahren (vgl. diesbezügl. Anm. zu V 6,1); 2. eine koronare Herzerkrankung (die jedoch im Anbetracht von Teresas jugendlichem Alter bei Erstauftreten, ihres aktiven Lebensstils und ihrer – im Verhältnis dazu – langen Lebensspanne extrem unwahrscheinlich erscheint); 3. Herzrhythmusstörungen, wie sie ohne Krankheitswert bei jüngeren Menschen gelegentlich auftreten; 4. im Anbetracht ihrer enormen emotionalen Schwingungsfähigkeit eine allgemeine Bereitschaft ihres Körpers, auf Erlebnisse, die sie tief bewegten, auch auf der körperlichen Ebene zu reagieren; 5. eine neurotische Erkrankung, in deren Rahmen Teresa sich in krankhafter Weise auf ihre Empfindungen im Bereich des Herzens konzentriert habe. Vgl. auch die diesbezügliche Anm. zu V 29,14. (B. S.)

und meine Sünden gemacht hatte[29] (keine Beichte, weil er ein Laie war,[30] doch gab ich gut zu verstehen, wie erbärmlich ich war), schauten die beiden Diener Gottes mit großer Liebe und Anteilnahme, was für mich angemessen wäre.

Als dann die Antwort kam, die ich mit großer Angst erwartete, und nachdem ich viele Leute gebeten hatte, mich Gott zu empfehlen, und selbst in jenen Tagen viel betete, kam er tief betrübt zu mir und sagte mir, daß es nach allem, was sie beide dafürhielten, vom Bösen stamme; was ich zu tun hätte, wäre, mit einem Pater aus der Gesellschaft Jesu zu sprechen, denn wenn ich einen herbeiriefe und sagte, daß ich ihn brauche, würde er kommen; und daß ich ihm in einer Generalbeichte Rechenschaft über mein ganzes Leben und meinen Zustand ablegen solle, und zwar in allem mit großer Offenheit; daß ihm Gott durch die Kraft des Sakraments der Beichte mehr Licht geben würde; daß diese Patres in geistlichen Dingen sehr erfahren seien,[31] und ich in nichts von dem abweichen solle, was er mir sage, denn ich würde in großer Gefahr schweben, wenn es niemanden gäbe, der mich lenkte.

15. Das bereitete mir soviel Angst und Schmerz, daß ich nicht wußte, was ich mit mir anfangen sollte. Nur noch weinen konnte ich. Als ich ganz niedergeschlagen in einem Oratorium weilte, nicht wissend, was aus mir noch werden sollte, las ich in einem Buch – das, wie mir scheint, der Herr mir in die Hände legte –, daß der hl. Paulus gesagt hätte, *daß Gott sehr treu sei und niemals zulassen würde, daß die, die ihn liebten,*

---

[29] Gemeint ist das in V 23,12 erwähnte Buch von Bernardino de Laredo; der hier erwähnte autobiographische Bericht dürfte, falls er überhaupt schriftlich gefaßt wurde, der erste in einer langen Reihe von ähnlichen Gewissensberichten gewesen sein; vgl. auch V 23,15. Er ist nicht erhalten.

[30] Diese Versicherung ist wohl vor dem Hintergrund der Laienbeichte in manchen spirituellen Kreisen zu sehen; Teresa mußte sich ständig gegen einen möglichen Häresieverdacht schützen.

[31] Obwohl die Jesuiten noch eine junge Ordensgemeinschaft und überhaupt erst seit wenigen Jahren in Ávila waren, begann sich schon damals ihr Ruf als Experten der geistlichen Führung zu verbreiten.

vom Bösen getäuscht würden (vgl. 1Kor 10,13).[32] Das tröstete mich sehr.

Ich begann, meine Generalbeichte vorzubereiten und all meine Bosheiten und Vorzüge niederzuschreiben, einen Bericht über mein Leben so offen, wie ich es erkannte und vermochte, ohne irgend etwas auszulassen.[33]

Ich erinnere mich, daß es mich äußerst niedergeschlagen und zutiefst bedrängt machte, als ich nach der Niederschrift so viele Bosheiten und fast nichts Gutes sah. Auch bedrückte es mich, daß man im Haus meinen Umgang mit so heiligmäßigen Leuten wie denen von der Gesellschaft Jesu wohl sähe, denn ich fürchtete meine Erbärmlichkeit und glaubte, dann noch mehr verpflichtet zu sein, nicht so zu sein und meinen Zeitvertreib aufzugeben, und daß es nur noch schlimmer würde, wenn ich das nicht täte. So bemühte ich mich bei der Sakristanin und Pförtnerin darum, daß sie niemandem etwas sagen sollten. Das nützte mir aber wenig, denn als ich gerufen wurde, war zufällig jemand an der Pforte, der es im ganzen Kloster herumerzählte.[34] Was für Hindernisse und wie viele Ängste legt doch der Böse einem Menschen in den Weg, der Gott näherkommen möchte!

16. Als ich nun mit diesem Diener Gottes[35] – das war er nämlich wirklich, und sehr klug – meinen ganzen Seelenzustand

---

[32] Das Buch, in dem sie diese Stelle fand – die Hl. Schrift selbst war ihr als „nicht-studierter" Frau ja nicht zugänglich –, dürfte das *Tercer Abecedario* des Francisco de Osuna gewesen sein; siehe R. Llamas, *Una cita teresiana en Vida 23,15.* – Dieselbe Stelle wird sie 1575 in einer ähnlichen inneren Bedrängnis trösten, wie sie im *Gewissensbericht* R 58 bezeugt.

[33] Auch dieser zweite Bericht, der um 1555 entstanden sein muß, ist verlorengegangen. Manche Experten gehen auch davon aus, daß dies der erste schriftliche Bericht gewesen sei.

[34] Ein deutlicher Hinweis auf die damalige Situation im Kloster der Menschwerdung.

[35] Es handelte sich um den jungen, aus Huete (Cuenca) gebürtigen Jesuiten Diego de Cetina (1531–1572), der 1554 die Priesterweihe empfangen und zum Zeitpunkt dieses Gesprächs mit Teresa sein Theologiestudium noch nicht abgeschlossen hatte. Er war tatsächlich erst 23/24 Jahre alt, als dieses für Teresas weitere Entwicklung so entscheidende Gespräch stattfand.

besprach, erklärte er mir als einer, der mit dieser Sprache sehr vertraut war,[36] alles und machte mir viel Mut. Er sagte, daß es deutlich erkennbar von Gottes Geist ist, es aber notwendig sei, wieder zum inneren Beten zurückzukehren, denn es hätte noch kein gutes Fundament, noch hätte ich damit begonnen, das Einüben ins Absterben zu begreifen (was wirklich so war, denn ich glaube, daß ich nicht einmal den Begriff verstand); daß ich unter keinen Umständen vom inneren Beten ablassen, sondern mir viel Mühe geben solle, da Gott mir so besondere Gnaden gewährte, denn was wüßte ich, ob der Herr durch meine Vermittlung vielen Menschen Gutes tun wolle, und noch manches mehr (wobei es so aussieht, als hätte er vorhergesagt, was der Herr später mit mir getan hat); und daß ich große Schuld auf mich laden würde, wenn ich den Gnaden nicht entspräche, die mir der Herr gewährte.

In allem schien mir der Heilige Geist durch ihn zu sprechen, um meine Seele zu heilen, entsprechend dem, wie es sich ihr einprägte.

17. Mich machte das sehr betroffen. Er führte mich auf solchen Wegen, daß es aussah, als würde ich ein anderer Mensch. Welch große Sache ist es doch, eine Seele zu verstehen! Er sagte mir, jeden Tag über einen Abschnitt der Leidensgeschichte inneres Beten zu halten, und daß ich daraus Nutzen ziehen und nur an die Menschheit[37] denken solle, und daß ich mich gegen diese Sammlungszustände und Wohlgefühle, so gut ich konnte, zur Wehr setzen solle, in der Art, daß ich ihnen keinen Raum gewährte, bis er mir etwas anderes sagen würde.

18. Er ließ mich getröstet und gestärkt zurück, und der Herr half mir und auch ihm, meine Verfassung zu verstehen, und wie er mich zu lenken hatte. Ich war fest entschlossen, in kei-

---

[36] D.h. der sich in geistlichen Dingen auskannte; vgl. V 11,6; 12,5; 14,8; 27,7.

[37] Die Menschheit Christi, also die Beziehung zum Menschen Jesus von Nazareth, wie er in den Evangelien gezeigt wird, zur Mitte ihres Gebetes zu machen; vgl. die diesbezügliche Auseinandersetzung in V 22.

nem Punkt von dem abzuweichen, was er mir auftrüge, und so habe ich es bis heute gehalten. Gepriesen sei der Herr, daß er mir die Gnade gewährt hat, meinen Beichtvätern zu gehorchen, wenn auch unvollkommen. Fast immer kamen sie von diesen gebenedeiten Männern der Gesellschaft Jesu, auch wenn ich ihnen, wie ich eben sage, nur unvollkommen gefolgt bin.

Es begann sich für meine Seele eine merkliche Besserung zu ergeben, wie ich nun sagen will.

KAPITEL 24

Sie fährt mit dem Begonnenen fort und sagt, wie ihre Seele
allmählich Fortschritte machte, nachdem sie angefangen
hatte zu gehorchen, und wie wenig es ihr nützte, den
Gnadengaben Gottes zu widerstehen, und wie Seine Majestät
sie ihr nach und nach vollendeter schenkte.

1. Nach dieser Beichte war meine Seele so fügsam, daß ich glaubte, es gäbe nichts, wozu ich nicht bereit gewesen wäre. Und so begann ich, in vielen Dingen eine Änderung zu erleben, obwohl der Beichtvater[1] mich nicht dazu drängte, im Gegenteil, er schien wenig darauf zu geben. Das motivierte mich noch mehr, denn er führte es über den Weg der Liebe zu Gott aus und wie einer, der Freiheit ließ und nicht drängte, außer ich legte es mir selbst aus Liebe auf.[2]

So brachte ich etwa zwei Monate zu, indem ich alles in meiner Macht Stehende tat, um den Wonnen und Gnadengeschenken Gottes zu widerstehen. Im Hinblick auf das Äußere sah man die Änderung, denn der Herr begann, mir Mut zu verleihen, um einige Dinge auszuhalten, von denen einige Leute, die mich kannten, und sogar einige in meinem eigenen Haus[3] sagten, daß sie ihnen extrem schwer vorkamen. Und verglichen mit dem, was ich vorher tat, hatten sie Recht, da es extrem war; aber verglichen mit dem, wozu mich Ordenskleid und Profeß verpflichteten, blieb ich zurück.

2. Ich gewann aus diesem Widerstand gegen die Wohlgefühle und Wonnen Gottes die Unterweisung durch Seine Majestät. Denn vorher schien es mir nötig zu sein, mich ganz in einer

---

1 Diego de Cetina SJ.

2 Dies im Gegensatz zu den vorher genannten Spirituellen wie Francisco de Salcedo und Gaspar Daza, die sie unter Druck setzten und ihr Angst machten. Aufgrund solcher Erfahrungen werden innere Freiheit und Förderung der Liebe zu Gott zu entscheidenden Merkmalen der teresianischen Pädagogik; vgl. etwa CV 5,2; 7,4; 16,10; 40; 41,4.6; Cs 7.40; F 5,17; 6,3; usw.

3 Im Menschwerdungskloster zu Ávila.

Ecke zu verkriechen, damit er mir Wonnen im Gebet schenkte, und ich wagte es kaum, mich zu regen. Nachher merkte ich, welch geringe Rolle das spielte, denn je mehr ich mich abzulenken versuchte, desto mehr übergoß mich der Herr mit jener Zärtlichkeit und Herrlichkeit, so daß mir vorkam, als wäre ich ganz davon umgeben und könnte nach keiner Seite hin auskommen, was auch so war. Ich setzte so große Mühe ein, daß es mir wehtat. Der Herr setzte in diesen zwei Monaten noch größere ein, um mir Gnaden zu gewähren und sich viel deutlicher hervorzutun als gewöhnlich, damit ich besser verstünde, daß nicht mehr ich es in der Hand hatte.

Ich begann, von neuem Liebe zur heiligsten Menschheit zu empfinden.[4] Es begann das innere Beten sich zu festigen als Gebäude, das nun schon ein Fundament hatte;[5] auch neigte ich mich langsam mehr der Buße zu, die ich vernachlässigt hatte, da meine Krankheiten so groß waren. Es sagte mir dieser heilige Mann, der meine Beichte hörte, daß mir einige Dinge nicht schaden könnten, denn vielleicht ließ Gott es mir so schlecht gehen, weil Seine Majestät mir Buße auferlegen wollte, wenn ich schon keine tat. Er trug mir auf, einige, meinem Geschmack nicht entsprechende Mortifikationen[6] zu machen. Ich tat aber alles, weil ich glaubte, daß der Herr es mir auftrug, und er gab ihm die Gnade, es mir so aufzutragen, daß ich ihm gehorchte. Meine Seele spürte so langsam schon jede Beleidigung, die sie Gott zufügte, mochte sie noch so klein sein, so daß ich mich nicht sammeln konnte, wenn ich etwas Überflüssiges bei mir trug, bis ich es ablegte. Ich hielt viel Gebet, daß

---

4 Vgl. V 23,17 und vor allem V 22,4 mit der dortigen Anm.

5 Vgl. V 23,16.

6 Bewußte asketische Übungen, die mithelfen sollten, allem abzusterben, was einen innerlich unfrei macht. In den Klöstern waren bis zum Zweiten Vatikanum viele derartige Übungen üblich, die sich allerdings manchmal verselbständigten und somit nicht immer wirklich dem Zweck der größeren inneren Freiheit dienten. Teresa wird zu dieser Art Übungen immer ein gespaltenes Verhältnis haben; viel wichtiger schien es ihr, sich in der inneren Freiheit zu üben, indem man z.B. darauf verzichtet, immer den eigenen Willen durchzusetzen; vgl. die Kapitel über das Loslassen und die Selbstzurücknahme im *Weg der Vollkommenheit* (CV 8–15) oder etwa den Brief an Lorenzo de Cepeda vom 10.2.1577 (Ct 182,4).

mich der Herr an die Hand nehmen möge, denn da ich mit seinen Dienern verkehrte, solle er mir doch zugestehen, nicht mehr zurückzufallen; mir kam nämlich vor, daß das ein großes Vergehen wäre und sie meinetwegen an Glaubwürdigkeit verlieren müßten.

3. Um diese Zeit kam Pater Francisco[7] an diesen Ort, der Herzog von Gandía und vor einigen Jahre in die Gesellschaft Jesu eingetreten war, nachdem er zuvor alles aufgegeben hatte. Mein Beichtvater[8] sorgte dafür, und auch der Edelmann, von dem ich gesprochen habe,[9] kam deswegen zu mir, daß ich mit ihm spräche und ihm über mein Beten Rechenschaft gäbe, da er wußte, daß dieser, durch Gunstbezeigungen und Wonnen Gottes sehr verwöhnt, stetig voranschritt, denn als einen, der viel für ihn aufgegeben hatte, belohnte er ihn schon in diesem Leben.

Nachdem dieser mich also angehört hatte, sagte er mir, daß es Gottes Geist war, und daß er der Meinung sei, daß es nicht gut sei, sich ihm weiter zu widersetzen, es bisher allerdings richtig gewesen wäre; daß ich aber das innere Beten immer mit einem Abschnitt aus der Leidensgeschichte beginnen und keinen Widerstand leisten solle, wenn der Herr meinen Geist dann erheben sollte, sondern es Seiner Majestät überlassen solle, ihn mitzureißen, ohne das jedoch selbst hervorzurufen. Als einer,

---

[7] Bei dieser ersten Person in ihrer Autobiographie, die Teresa namentlich nennt (was sie später nur noch mit Pedro de Alcántara und Juan de Ávila tun wird), handelt es sich um den später kanonisierten Jesuiten Francisco de Borja (den hl. Franz Borgias). Nach seiner Ernennung zum Kommissar der spanischen Provinzen durch Ignatius im Januar 1554 hielt er im Juni jenes Jahres auf Einladung des Domkapitels von Ávila in der dortigen Kathedrale an einem der Tage der Fronleichnamsoktav eine Festpredigt. Bei dieser Gelegenheit begegnete ihm Teresa zum ersten Mal. Einem späteren *Gewissensbericht* zufolge sprach sie zweimal mit ihm; die zweite Begegnung dürfte im Jahr 1557 stattgefunden haben, als Juan de Prádanos SJ ihr Beichtvater war; vgl. R 4b,3. Im Seligsprechungsprozeß bezeugte die Herzogin von Gandía, Doña Juana de Velasco: „*(Die Zeugin) erinnert sich insbesondere, … daß sie P. Francisco de Borja, der Ordensgeneral der Gesellschaft Jesu war, den Geist, die Lebensführung und Heiligkeit der Mutter Teresa von Jesus loben hörte*" (BMC 20, 262).

[8] Diego de Cetina SJ.

[9] Francisco de Salcedo; siehe V 23,6.

der gut vorankam, gab er Heilmittel und Beratung, denn dabei macht die Erfahrung viel aus. Er sagte, daß es ein Irrtum sei, noch länger Widerstand zu leisten.

Ich war sehr getröstet, und auch der Edelmann freute sich sehr, als dieser gesagt hatte, daß es Gott ist, und immer half er mir und gab mir Ratschläge, soweit er es vermochte, und das war viel.

4. Um diese Zeit versetzten sie meinen Beichtvater von diesem Ort weg an einen anderen,[10] was mir sehr, sehr leid tat, weil ich glaubte, nun müsse ich wieder so erbärmlich werden, und es schien mir nicht möglich, wieder einen wie ihn zu finden. Meine Seele blieb wie in einer Wüste zurück, ganz untröstlich und verängstigt. Ich wußte nicht, was ich mit mir anfangen sollte. Da sorgte eine Verwandte von mir[11] dafür, mich zu sich nach Hause zu holen, und ich sorgte gleich dafür, mich um einen anderen Beichtvater aus der Gesellschaft Jesu zu bemühen. Es gefiel dem Herrn, daß ich mit einer verwitweten Dame von hohem Stand und innerem Beten[12] Freundschaft zu schließen begann, die viel bei ihnen verkehrte. Sie veranlaßte, daß ich bei ihrem Beichtvater[13] beichtete, während ich viele Tage in ihrem Haus war. Sie

---

10 P. Diego de Cetina mußte nach Salamanca zurückkehren, um dort seine Studien fortzusetzen.

11 Vermutlich Doña Mencía del Águila, die Frau des „heiligmäßigen Edelmannes", Francisco de Salcedo; siehe Efrén de la Madre de Dios – Otger Steggink, *Tiempo y vida*, 158.

12 Doña Guiomar de Ulloa, die Witwe des Francisco de Ávila. Teresa hatte sie im Menschwerdungskloster kennengelernt, wo eine Schwester von ihr, Doña Aldonza de Ulloa, ihre Mitschwester war. Die beiden verband bald eine *„engere Freundschaft, als man sie mit einer leiblichen Schwester haben könnte"*, wie Teresa ihrem Bruder Lorenzo in einem Brief vom 23.12.1561 schrieb (Ct 2,3). Von Doña Guiomar wird ab diesem Kapitel immer wieder die Rede sein. Sie war eine schillernde Persönlichkeit, die zu Extremen neigte und daher auch nicht unwidersprochen war; siehe Efrén de la Madre de Dios – Otger Steggink, *Tiempo y vida*, 161f. Im Jahre 1578 trat sie in das mit ihrer Hilfe von Teresa gegründete Kloster San José zu Ávila ein, mußte den Orden aber aus gesundheitlichen Gründen wieder verlassen.

13 Es handelt sich um den ebenfalls noch sehr jungen Jesuiten Juan de Prádanos, der 1528 in Calahorra geboren und 1554 zum Priester geweiht worden war. Er sollte bald danach Rektor des Colegio de San Gil in Ávila werden (1555); er starb am 4.11.1597 in Valladolid.

wohnte gleich nebenan. Ich war glücklich, viel bei ihnen zu ver-
kehren, denn allein schon vom Gewahrwerden der Heiligkeit
ihres Lebens war der Nutzen groß, den meine Seele verspürte.

5. Dieser Pater begann, mich mehr auf Vollkommenheit auszurichten. Er sagte mir, daß ich nichts unterlassen sollte, um Gott
in allem zu Gefallen zu sein; und das auch mit viel Geschick
und Milde, denn meine Seele war noch keineswegs stark, sondern noch ganz zart, besonders beim Aufgeben einiger Freundschaften, die ich hatte. Auch wenn ich Gott dadurch nicht
beleidigte, war die Zuneigung doch sehr stark, und es kam mir
undankbar vor, sie aufzugeben, und so sagte ich ihm, weshalb
ich denn undankbar sein sollte, wenn ich doch Gott nicht
beleidigte. Er bat mich, es einige Tage lang Gott zu empfehlen
und den Hymnus *Veni Creator*[14] zu beten, damit er mir Licht
spende, was besser sei. Als ich eines Tages lange im Gebet
verweilt und den Herrn angefleht hatte, mir zu helfen, ihm in
allem zu gefallen, fing ich mit dem Hymnus an, und noch
während ich ihn betete, überkam mich eine so plötzliche Verzückung, daß sie mich fast aus mir herausriß, etwas, an dem
ich nicht zweifeln konnte, da es ganz offensichtlich war. Es war
das erste Mal, daß mir der Herr diese Gnade der Verzückungen
gewährte.[15] Ich verstand folgende Worte: *Ich möchte nicht, daß
du noch länger Unterhaltung mit Menschen pflegst, sondern mit
Engeln.* Mich versetzte das in großes Erstaunen, denn die Regung meiner Seele war heftig, und es wurden mir diese Worte
ganz tief in den Geist hineingesprochen, und so verursachte es
mir Angst, wenn auch andererseits sehr großen Trost, der mir
verblieb, sobald mich die Angst verließ, die – wie ich glaube –
von der Neuartigkeit herkam.

---

[14] Dieser Hymnus der Pfingstliturgie konnte und kann auch heute noch das
ganze Jahr über gebetet werden, als Bitte um den Hl. Geist. Im Jahr 1556
wurde Pfingsten am 24. Mai gefeiert, im Jahr 1557 am 6. Juni.
[15] Diese erste Verzückung fand 1556 oder spätestens 1557 statt. Zuvor hatte sie
sich *„zwei Jahre"* (V 25,15; 27,1f) bzw. *„fast zwei Jahre"* (V 25,1) lang dagegen
gesträubt. Man vergleiche auch mit dem erstmaligen Auftreten anderer mystischer Erfahrungen wie des *„ersten Wortes"* (V 19,9) oder der ersten Vision (V 7,6).

6. Das hat sich wirklich erfüllt, denn seitdem war ich nie wieder fähig, eine feste Freundschaft zu schließen oder Trost oder besondere Zuneigung zu empfinden, außer zu Personen, von denen ich erkenne, daß sie sie zu Gott empfinden und ihm zu dienen bemüht sind, und ich habe es seitdem auch gar nicht mehr in der Hand, noch macht es mir etwas aus, ob es sich um Verwandte oder Freunde handelte.[16] Wenn ich das nicht erkenne oder es nicht jemand ist, der über inneres Beten spricht, ist es mir ein schweres Kreuz, mit jemandem zu sprechen. Das ist, nach allem, was ich dafürhalte, so, ohne jede Fehleinschätzung.

7. Von diesem Tag an war ich so mutig, um alles für Gott aufzugeben, wie wenn er in jenem Augenblick seine Dienerin zu einer ganz anderen hatte machen wollen – denn nichts Geringeres war es meines Erachtens. So war es nicht mehr nötig, es mir aufzutragen, während der Beichtvater, da er mich so stark daran hängen sah, es nicht gewagt hatte, mir in aller Entschiedenheit zu sagen, das zu tun. Er muß wohl zugewartet haben, bis der Herr ans Werk ging, wie er es dann tat. Und auch ich hatte nicht geglaubt, da herauszukommen, denn ich hatte mich ja selbst schon darum bemüht, aber der Schmerz, den mir das bereitete, war so groß, daß ich davon abließ, weil mir das ja nicht unangemessen vorkam. Hier nun schenkte mir der Herr innere Freiheit und Kraft, um es in die Tat umzusetzen. Das sagte ich so zu meinem Beichtvater und gab alles auf, entsprechend dem, was er mir auftrug. Es brachte allen, mit denen ich Umgang hatte, großen Nutzen, diese Entschlossenheit bei mir zu erleben.

---

[16] Teresa pflegte ihr ganzes Leben lang viele innige Freundschaften, sie hatte dafür geradezu ein besonderes Charisma; an dieser Stelle möge der Hinweis auf Jerónimo Gracián oder ihre Mitschwester María de San José (Salazar) genügen. Sie behauptet hier nur, daß sie sich von diesem Zeitpunkt an nur noch zu Menschen hingezogen fühlte, die genauso ernsthaft Gott suchten wie sie selbst, und auf oberflächliche Unterhaltung mit „weltlich gesinnten" Freunden verzichtete; vgl. auch V 37,4 und V 40,19.

8. Gott sei für immer gepriesen, der mir in einem Nu die innere Freiheit schenkte, die ich bei all den Anstrengungen, die ich seit vielen Jahren unternommen hatte, aus mir heraus nicht erreichen konnte, wo ich mir doch ziemlich oft so viel Gewalt antat, daß es mich ziemlich viel Gesundheit kostete. Da es von einem bewirkt wurde, der mächtig und wirklich Herr über alles ist, verursachte es mir keinen Schmerz.

KAPITEL 25

Sie spricht darin über die Art und Weise, wie diese
Ansprachen[1], die Gott der Seele gewährt, ohne daß man etwas
hört, vernommen werden, und auch über einige Täuschungen,
die es dabei geben kann, und woran man erkennt, wann das
der Fall ist. – Das ist sehr hilfreich für einen Menschen, der
sich auf dieser Gebetsstufe befinden sollte, denn es wird hier
sehr gut erklärt, und es enthält eine gediegene Unterweisung.

1. Ich meine, es wäre gut, zu erklären, wie dieses Sprechen von
Gott zur Seele vor sich geht, und was sie dabei wahrnimmt,
damit Euer Gnaden es verstehen.[2] Denn seit jenem Mal, von dem
ich gesprochen habe, als mir der Herr jene Gnade gewährte,[3]
kommt das bis heute ganz regelmäßig vor, wie man aus dem,
was ich nun zu sagen habe, ersehen kann.

Es sind deutlich ausgeformte Worte,[4] die man mit den leiblichen Ohren allerdings nicht hört, doch viel deutlicher versteht,
als wenn man sie hörte. Und sie zu überhören, ist vergebliche

---

1 *Hablas*, siehe Anhang I.
2 Der Dialog mit García de Toledo wird fortgesetzt. Gegen Ende des Kapitels
wird sie ihn auf die ganze Gruppe der Prüfer ausweiten. – An dieser Stelle folgt
ein neuer, diesmal kürzerer theoretischer (wenn auch mit vielen Beispielen aus
ihrem Leben illustrierter) Exkurs, in dem erklärt wird, was es mit mystischen
Ansprachen (Auditionen) auf sich hat, und wie man erkennt, ob es sich um
eine echte Ansprache Gottes oder um Selbsttäuschung bzw. Täuschung durch
den Bösen handelt. Den Anlaß bildet die in V 24,5 erwähnte innere Ansprache, die ihr emotionales Dilemma löste und sie zu einer größeren inneren
Freiheit befähigte. In 6M 3 wird sie erneut ausführlich auf dieses Thema eingehen. Das mystische Phänomen der Audition hat auch Johannes vom Kreuz
beschäftigt, der nicht, wie Teresa, den volkstümlichen Begriff *habla*, sondern
den gelehrten *locución* verwendet; siehe vor allem 2S 28–31. Johannes ist diesem Phänomenen gegenüber deutlich zurückhaltender als Teresa, nicht nur
wegen der großen Gefahr der Selbsttäuschung, sondern vor allem auch, weil
zuviel Aufmerksamkeit für solche Begleiterscheinungen der Kontemplation
den Menschen von der Glaubenshaltung ablenkt, die allein zur Gotteinung
führt.
3 Siehe V 24,5.
4 An dieser Stelle zeigt sich erneut, daß Teresa mit der damals üblichen mystischen Terminologie vertraut ist; unter einer *ausgeformten Ansprache* verstand
man eine verbalisierte mystische (von Gott geschenkte) Einsicht, im Gegen-

Mühe, so sehr man sich dagegen sträubte. Wenn wir hier auf Erden nicht hören wollen, können wir uns die Ohren zuhalten oder uns etwas anderem widmen, so daß man es nicht mitbekommt, auch wenn man es hört; doch gegen dieses Sprechen Gottes zur Seele gibt es kein Gegenmittel, und auch wenn es mir schwer fällt, bringt man mich dazu, daß ich zuhöre und daß mein Verstand so ungeteilt dabei ist, um das zu verstehen, von dem Gott möchte, daß wir es verstehen, daß alles Wollen oder Nichtwollen nichts ausrichtet. Er, der alles vermag, will nämlich, daß wir verstehen, daß zu geschehen hat, was er will, und erweist sich als wahrer Herr über uns. Das habe ich oft erfahren, denn wegen meiner großen Angst hielt mein Widerstand fast zwei Jahre lang an,[5] und auch heute noch versuche ich das manchmal, aber es nützt mir nicht viel.

2. Ich möchte jetzt die Täuschungen erläutern, die hier vorkommen können (auch wenn ich glaube, daß das bei jemandem, der viel Erfahrung hat, nur selten oder gar nicht vorkommen wird; allerdings muß man dann schon viel Erfahrung haben), und den Unterschied, der besteht, wenn es vom guten oder vom bösen Geist kommt, oder wie es auch eine vom Verstand selbst gebildete Vorstellung[6] sein kann – was ja vorkommen könnte – oder ein Sprechen des Geistes zu sich selbst. Ich

---

satz zu der in intellektuellen Visionen gewährten nicht verbalisierten reingeistigen Einsicht; vgl. V 27,6. Johannes vom Kreuz verwendet eine vergleichbare Terminologie, wenn er zwischen aufeinanderfolgenden, *ausgeformten* und wesenhaften Ansprachen unterscheidet; siehe 2S 28 und vor allem 2S 30.

5 Trotz der beruhigenden Worte des hl. Francisco de Borja (V 24,3) löst dieses Phänomen also weiterhin große Angst bei ihr aus; vgl. auch V 25,15 und V 27,1. – Die beiden Jahre des Widerstands sind um 1558–60 anzusetzen; wie aus V 25,15–17 hervorgeht, durchlebte sie damals eine innere Krise; vgl. auch V 27,2.

6 Erneut bedient sich die Autorin eines scholastischen Begriffs (*aprensión* = *aprensión*, lat. *apprehensio*), den sie wohl von ihren gelehrten Beichtvätern gelernt hat. Unter *apprehensio* verstand die scholastische Philosophie den ersten Keim eines vom Intellekt gebildeten Gedankens; Teresa versteht darunter ein inneres Wort, das man sich durch Autosuggestion unbewußt selbst einredet (Selbsttäuschung), im Gegensatz zu den von Gott stammenden Ansprachen oder den vom Bösen eingeflüsterten Täuschungen. In diesem Kapitel geht es ihr darum, wie man eines vom anderen unterscheidet.

weiß zwar nicht, ob das sein kann, aber erst heute hatte ich den Eindruck, daß es so sei.

Wenn es von Gott kommt, so habe ich da mit vielen Dingen, die mir vor zwei oder drei Jahren gesagt wurden, große Erfahrung gemacht, und alle gingen in Erfüllung – bis heute hat sich keines als Lüge erwiesen –, und noch weitere Dinge, an denen man deutlich sieht, daß es Gottes Geist ist, wie später noch gesagt werden soll.

3. Meines Erachtens könnte es einer Person, die gerade dabei ist, Gott mit großer Innigkeit und Besorgnis ein Anliegen zu empfehlen, so vorkommen, als würde sie verstehen, ob etwas stattfinden wird oder nicht, was ja leicht möglich ist. Freilich wird jemand, der schon auf jene andere Weise etwas vernommen hat, deutlich sehen, um was es sich handelt, denn der Unterschied ist da groß. Wenn es etwas ist, was der Verstand fabriziert, und mag es noch so subtil sein, dann erkennt er, daß er es sich irgendwie selbst zurechtlegt und sagt, und daß es nichts anderes ist, als wenn sich einer eine Rede zurechtlegt oder dem zuhört, was ein anderer einem sagt. Der Verstand wird schon merken, daß er dann nicht zuhört, weil er ja arbeitet. Und die Worte, die er fabriziert, sind wie etwas Dumpfes, Zusammengereimtes, und nicht so deutlich wie jene anderen. Hier haben wir es in unserer Hand, uns abzulenken, wie auch zu schweigen, wenn wir am Sprechen sind; bei jenem anderen geht das nicht.

Und noch ein weiteres Merkmal, deutlicher als alle: Es ruft keine Wirkung hervor. Denn jenes andere, das der Herr spricht, sind Worte und Taten; und selbst wenn es keine Worte der Hingabe, sondern der Zurechtweisung sind, machen sie eine Seele schon beim ersten Wort bereit, und dieses macht sie fähig und gefügig, gibt ihr Licht und verwöhnt und beruhigt sie. Weilte sie gerade in Trockenheit oder Verwirrung oder innerer Unruhe, so wird das wie mit einer Handbewegung weggefegt, ja besser noch, denn es sieht so aus, als möchte der Herr, daß man verstehe, daß er mächtig ist und seine Worte zugleich Taten sind.

4. Mir scheint, es ist derselbe Unterschied, wie wenn wir selbst sprächen oder hörten, nicht mehr und nicht weniger. Denn bei dem, was ich spreche, lege ich mir, wie ich gesagt habe,[7] mit dem Verstand eins nach dem anderen zurecht, was ich sage. Wenn man aber zu mir spricht, tue ich nicht mehr, als ohne jede eigene Anstrengung zuzuhören.

Das eine äußert sich wie etwas, von dem wir nicht genau festlegen können, ob es da ist, wie bei einem, der im Halbschlaf ist; das andere ist eine so deutliche Stimme, daß von dem, was gesagt wird, keine Silbe verlorengeht. Und es kommt vor, daß sich das dann ereignet, wenn der Verstand und die Seele so durcheinander und zerstreut sind, daß sie es nicht fertigbrächten, einen vernünftigen Satz zusammenzusetzen; dem gegenüber findet sie dann auf einmal lange fertige Reden vor, die man ihr sagt, und die sie nicht einmal fertigbrächte, wenn sie ganz gesammelt wäre, und gleich beim ersten Wort wird sie ganz verwandelt, wie ich eben sage.[8] Wie könnte man besonders dann, wenn die Seele in Verzückung weilt, so daß ihre Vermögen ganz aufgehoben sind, Dinge verstehen, die dem Gedächtnis vorher nicht einmal eingefallen wären? Woher kommen sie dann, wo es fast nicht arbeitet und die Vorstellungskraft wie weggetreten ist?

5. Da ist nun zu beachten, daß das Sehen von Visionen oder das Hören von solchen Worte nach meinem Dafürhalten niemals in die Zeit fällt, in der die Seele in der Verzückung unmittelbar mit Gott geeint ist, denn in diesem Augenblick geht – wie ich, glaube ich, schon beim zweiten Wasser erklärt habe[9] – der Gebrauch aller Seelenvermögen gänzlich verloren, und nach meinem Dafürhalten kann man dann weder etwas sehen noch verstehen noch hören: Die Seele ist ganz und gar in der Gewalt eines anderen, und in dieser Zeit, die sehr kurz ist, läßt ihr der

---

[7] Siehe V 25,2f.
[8] Im vorigen Absatz.
[9] In Wirklichkeit hat sie dies beim vierten Wasser erklärt; siehe V 18,1f und V 20,3ff.

Herr meiner Meinung nach zu nichts anderem mehr Freiheit. Sobald diese kurze Zeit vorbei ist und die Seele weiterhin in der Verzückung weilt, ereignet sich das, wovon ich hier spreche;[10] denn dann bleiben die Seelenvermögen in einem Zustand, in dem sie zwar nicht verlorengegangen sind, aber doch fast nicht arbeiten. Sie sind wie versunken und unfähig, Sätze zusammenzusetzen. Es gibt da so viele Gründe, an denen man den Unterschied erkennt, daß man sich einmal täuschen mag, aber nicht mehrmals.

6. Ich meine auch, daß eine Seele, wenn sie Übung hat und auf der Hut ist, das sehr deutlich merken wird. Denn abgesehen von manch anderen Dingen, an denen man das sieht, was ich schon gesagt habe,[11] zeitigt es keinerlei Wirkung, noch läßt die Seele das zu (jenes andere sehr wohl, so schwer es uns fällt),[12] und man schenkt ihm auch keinen Glauben, sondern erkennt vielmehr, daß es nur ein Gefasel des Verstandes ist, fast so, wie wenn man eine Person nicht weiter beachtet, weil ihr wißt, daß sie wahnsinnig ist.

Jenes andere aber[13] ist, wie wenn wir es von einer sehr heiligmäßigen oder gelehrten und autorisierten Person hörten, von der wir wissen, daß sie uns nicht anlügen wird. Dieser Vergleich ist sogar noch unzulänglich, denn ohne daß wir bedenken, wer diese Worte zu uns sagt, führen sie manchmal doch eine solche Majestät mit sich, daß sie einen erzittern lassen, wenn es ein Tadel ist, und vor Liebe vergehen lassen, wenn es Liebesworte sind. Und dabei sind das Dinge, die, wie ich schon

---

10 Die Autorin will sagen, daß auf dem Höhepunkt der Verzückung (Ekstase) alle Seelenvermögen aufgehoben sind und folglich weder Visionen noch Auditionen stattfinden; deren Ort ist beim allmählichen Abklingen der Verzückung, wenn die Seelenkräfte nicht länger ganz gebunden, aber auch noch nicht zu ihrer normalen Tätigkeit zurückgekehrt sind; vgl. V 24,5. Man vergleiche mit dem, was sie in V 18,12f über die wechselnde Intensität von ekstatischen Erfahrungen gesagt hat.
11 Nämlich den Unterschied zwischen mystischen Ansprachen Gottes und der pseudomystischen Autosuggestion, von der in den vorigen Absätzen die Rede war.
12 Vgl. V 25,1.
13 Die Ansprachen Gottes.

sagte,[14] vom Gedächtnis weit weg waren, und es kommen von jetzt auf nachher so gewaltige Aussagen zustande, daß es viel Zeit bräuchte, wenn man sie zusammenstellen müßte, und man kann dann meines Erachtens keinesfalls ignorieren, daß es nicht etwas von uns Zusammengereimtes ist.

So gibt es also keinen Grund, mich damit länger aufzuhalten, denn es wäre meines Erachtens schon ein Wunder, wenn sich eine geübte Person darin noch täuschen könnte, es sei denn, sie will sich bewußt selbst täuschen.

7. Es ist mir oftmals passiert, daß ich angesichts manchen Bedenkens nicht glaube, was man mir sagte, und mich frage, ob ich es mir nicht vorgegaukelt habe (allerdings erst, nachdem es geschehen war, denn im Augenblick selbst ist das unmöglich), aber dann erlebe, daß es lange danach in Erfüllung geht, denn der Herr bewirkt, daß es im Gedächtnis haften bleibt, so daß man es nicht vergessen kann. Was aber vom Verstand gebildet wird, ist wie eine erste Regung des Denkens, die vorbeigeht und vergessen wird. Jenes andere aber ist wie eine Tat, die man zwar im Lauf der Zeit in etwa vergessen mag, aber doch nicht so völlig, daß man die Erinnerung daran, daß es doch einmal gesagt wurde, verlieren würde, es sei denn, es ist schon lange her oder es sind Worte des Wohlwollens oder der Belehrung, doch Worte der Weissagung kann man meines Erachtens nicht vergessen, ich zumindest nicht, obwohl ich ein schlechtes Gedächtnis habe.

8. Ich sage noch einmal, daß es meiner Meinung nach [unmöglich ist, sich zu täuschen],[15] es sei denn eine Seele wäre so gewissenlos, daß sie es erfinden wollte (was sehr böse wäre) und behauptete, daß sie es vernimmt, während es nicht so ist; aber abzusehen von der klaren Einsicht, daß sie es sich zusammenbastelt und einredet, sobald sie den Geist Gottes verstanden hat, da scheint mir kein Weg hinzuführen. Hat sie das nicht, dann

---

[14] Siehe V 25,4.
[15] Der Satz ist im Original unvollständig; die Autorin knüpft hier wieder beim Schluß von V 25,6 an.

könnte sie schon ihr ganzes Leben lang in dieser Täuschung verbleiben und glauben, sie würde es vernehmen, auch wenn ich nicht wüßte, wie. Entweder diese Seele will es vernehmen oder nicht: Wenn sie sich von dem, was sie da vernimmt, allmählich losmacht und – aufgrund von tausend Ängsten und weiteren Gründen, die es für den Wunsch gibt, bei ihrem Beten ohne diese Dinge in Ruhe zu sein – keineswegs etwas vernehmen möchte, warum gibt sie dann dem Verstand soviel Raum, damit er Gedankengänge zusammenbastelt? Dazu ist ja Zeit erforderlich. Hier[16] werden wir aber ohne jeden Zeitverlust belehrt, und man vernimmt Dinge, für deren Zusammenstellung offensichtlich ein ganzer Monat erforderlich gewesen wäre, und noch dazu sind selbst der Verstand und die Seele erstaunt über so manches, was man da vernimmt.

9. Das ist wirklich so, und wer Erfahrung hat, wird sehen, daß alles, was ich gesagt habe, wörtlich zutrifft. Ich preise Gott, daß ich es so habe ausdrücken können. Und ich schließe damit, daß wir es, wenn es von unserem Verstand her kommt, meines Erachtens vernehmen könnten, wann immer wir wollten, und daß es uns jedesmal, wenn wir inneres Beten halten, vorkommen könnte, es zu vernehmen. Bei jenem anderen ist das nicht so, sondern ich werde tagelang dastehen, ohne daß es möglich ist, etwas zu vernehmen, auch wenn ich möchte, und wenn ich es andere Male nicht möchte, muß ich es, wie ich gesagt habe,[17] vernehmen.

Ich glaube auch, daß es einem, der die anderen mit der Behauptung täuschen will, etwas von Gott zu vernehmen, wo es doch von ihm kommt, nicht viel kostet zu behaupten, daß er es mit den leiblichen Ohren hört. Und es ist tatsächlich wahr, daß ich nie gedacht hatte, daß es noch eine andere Art zu hören oder zu vernehmen gäbe, bis ich es an mir erlebte. Daher bereitet mir das, wie gesagt, viel Not.[18]

---

16 Teresa
16 In den echten mystischen Ansprachen Gottes.
17 Siehe V 25,1.6.
18 Vgl. V 23,2.5.12f.

10. Wenn die Ansprachen vom Bösen kommen, hinterlassen sie nicht nur keine guten Wirkungen, sondern sie hinterlassen sogar böse. Das ist mir nicht öfter als zwei- oder dreimal passiert, und ich wurde sofort vom Herrn unterrichtet, daß es vom Bösen kam. Abgesehen von der starken Trockenheit, die zurückbleibt, ist da eine Unruhe in der Seele, genau wie viele andere Male, bei denen der Herr zugelassen hat, daß ich schwere Versuchungen und vielfache seelische Prüfungen durchmachte. Auch wenn mich das oft quält, wie ich später noch sagen werde,[19] ist es eine Unruhe, von der man nicht verstehen kann, woher sie kommt, sondern man hat bei ihr den Eindruck, als würde sich die Seele sträuben und durcheinander geraten und niedergeschlagen sein, ohne zu wissen, wovon, denn das, was er sagt, ist nichts Böses, sondern Gutes. Ich denke mir, ob nicht ein Geist den anderen spürt. Das Wohlgefühl und die Beseligung, die er schenkt, sind meines Erachtens von ganz anderer Art. Er könnte mit diesen Wohlgefühlen nur jemanden täuschen, der keine anderen von Gott erfährt oder je erfahren hat.[20]

11. Ich meine Wohlgefühle, die wirklich solche sind, eine zarte Erholung, stark, eindringlich, beseligend, ruhig, denn ein paar erbärmliche Rührseligkeiten der Seele aus Tränen oder sonstigen kleinlichen Gefühlen, deren Blütenwinzlinge schon beim ersten Lüftlein von Verfolgung verlorengehen, nenne ich nicht

---

[19] Siehe vor allem V 31 und ferner V 32,1; 36,7–11; 38,23f; 39,4.

[20] Insgesamt gibt Teresa hier Kriterien an, die helfen sollen, echte Gotteserfahrungen von anderweitigen Erlebnissen zu unterscheiden. Sie selbst ist, häufig genug ohne geistliche Begleitung, welche ihr und ihren Möglichkeiten angemessen gewesen wäre, im Rahmen ihrer Gebetserfahrungen auch in Extrembereiche psychischen Erlebens vorgedrungen. Die Erfahrungen und Stimmungen, die ihr dabei begegnet sind, deutet sie im Rahmen des geistigen Horizonts ihres Jahrhunderts. Passagen wie die vorliegende geben einen Eindruck von ihrer Introspektionsfähigkeit und Ehrlichkeit, aber auch von einer Weltwahrnehmung, welche das irdische Leben vom Wirken himmlischer wie höllischer Mächte durchdrungen sieht. Im Vergleich zu ihren Zeitgenossen bewahrt sie demgegenüber eine positive Grundhaltung, die mehr auf Gottvertrauen setzt denn auf Teufelsfurcht. Dennoch ist es natürlich, daß sie als Kind ihrer Zeit auch solche Einflüsse berücksichtigt. [B. S.]

Gefühle der Hingabe, auch wenn es gute Grundlagen und heilsame Gefühle sind, nicht aber, um diese Wirkungen des guten oder bösen Geistes zu unterscheiden. Darum ist es gut, immer sehr auf der Hut zu sein, denn bei Menschen, die im inneren Beten noch nicht weiter fortgeschritten sind als bis hierher, könnte dies leicht zur Täuschung führen, falls sie Visionen oder Offenbarungen hätten ...[21]

Ich hatte von diesen letztgenannten Erfahrungen nie eine, bis mir Gott aus reiner Güte das Gebet der Gotteinung gewährt hatte, abgesehen vom ersten Mal, von dem ich berichtet habe,[22] als ich vor vielen Jahren Christus sah; hätte es Seiner Majestät doch gefallen, daß ich verstanden hätte, daß es eine echte Vision war, wie ich es später verstand, denn das wäre für mich keine geringe Wohltat gewesen. Es bleibt keinerlei wohltuende Empfindung in der Seele zurück, sondern eine Art Entsetzen und starker Widerwille.[23]

12. Ich halte es für ganz sicher, daß der Böse eine Seele, die sich in nichts auf sich verläßt und im Glauben fest steht, nicht täuschen kann – und Gott das auch nicht zulassen wird –, denn sie weiß von sich, daß sie für einen Glaubensartikel tausend Tode sterben würde. Und aufgrund dieser Liebe zum Glauben, die Gott alsbald einflößt, was ein lebendiger, starker Glaube ist, versucht sie immer, sich an das zu halten, was die Kirche lehrt, indem sie diesen und jenen fragt, wie eine, die in diesen Glaubenswahrheiten schon eine starke Grundlage hat, so daß selbst alle nur vorstellbaren Offenbarungen – ja, nicht einmal, wenn sie den Himmel offen sähe (Apg 7,55) –, sie auch nicht in einem Punkt von dem wegbrächten, was die Kirche lehrt.[24]

---

21 Unvollendet gebliebener Satz.

22 Anspielung auf die im Sprechzimmer des Menschwerdungsklosters erlebte Vision des Antlitzes Christi, von der sie in V 7,6f berichtet hatte.

23 Hier ist erneut gemeint: ... wenn es vom Bösen kommt.

24 Teresa schreibt wörtlich lo que tiene la Iglesia (dem, was die Kirche hält), ein typischer Ausdruck, der bei ihr immer wiederkehrt; vgl. V 30,12 und ferner M pról 3; F pról 6; CE/CV protestación (feierliche Beteuerung zu Beginn des Werkes). Die starke Betonung der Treue zur Kirche und der Orthodoxie im Glauben ist auch als Selbstschutz vor dem Hintergrund der allgegenwärtigen

Wenn sie wirklich einmal erleben sollte, daß sie in ihren Gedanken darin schwankend wird oder sich bei den Worten aufhält, „da Gott mir dies sagt, kann es doch auch wahr sein, wie das, was er zu den Heiligen gesagt hat" (ich sage ja nicht, daß sie das glaubt, sondern nur, daß der Böse sie durch eine erste Regung in Versuchung zu führen beginnt; denn sie sieht schon, daß es äußerst böswillig wäre, sich dabei aufzuhalten; doch glaube ich, daß es in diesem Fall häufig nicht einmal zu ersten Regungen kommen wird, wenn die Seele so stark darin steht, wie es Gott einen Menschen sein läßt, dem er solche Dinge gewährt, so daß sie glaubt, die bösen Geister wegen einer einzigen, winzigen Wahrheit, die die Kirche lehrt, in Stücke reißen zu können);

[13.] ich meine also, daß sie diese nicht für unbedenklich halten sollte, wenn sie in sich diese große Glaubenskraft nicht bemerken sollte, und die Rührung oder Vision nicht auch noch dazu verhelfen.[25]

Denn auch wenn man den Schaden nicht sofort bemerkt, könnte er doch nach und nach groß werden. Nach allem, was ich sehe und aus Erfahrung weiß, ist nämlich nur glaubwürdig, daß es von Gott stammt, wenn es mit der Heiligen Schrift übereinstimmt, doch sobald es auch nur ein bißchen davon abweicht, dann hätte ich, glaube ich, eine unvergleichlich größere Gewißheit, daß es vom Bösen stammt, als ich sie jetzt habe, daß es von Gott stammt, wie groß ich diese auch haben mag. Dann braucht man nämlich nicht mehr nach Anzeichen zu suchen oder wessen Geist es ist, weil dies ein ganz klares Zeichen ist, um zu glauben, daß es vom Bösen stammt. Wenn mir dann die ganze Welt versicherte, daß es von Gott stammt, würde ich es nicht glauben.

Inquisition zu verstehen. Doch ist hier „Kirche" fast mit Inquisition gleichzusetzen, jedenfalls nicht mit dem römischen Lehramt, das für sie räumlich und ideell sehr weit weg ist, wie besonders aus den unmittelbar folgenden Sätzen hervorgeht.

[25] Nach der langen Parenthese knüpft die Autorin hier wieder beim Satzanfang *„Wenn sie wirklich einmal erleben sollte …"* an.

Es ist eine Tatsache, daß es so aussieht, als würden sich alle Güter verbergen und aus der Seele fliehen, wenn es vom Bösen ist, denn entsprechend lustlos und unstet und ohne jegliche Wirkung verbleibt sie. Denn auch wenn es scheint, daß er gute Wünsche eingibt, so sind diese doch nicht stark. Die Demut, die er zurückläßt, ist unecht, unstet, unempfindsam. Ich meine, daß das verstehen wird, der Erfahrung vom guten Geist hat.

14. Trotzdem kann der Böse viele Betrügereien hervorbringen, und so ist da niemals etwas so sicher als sich zu fürchten und immer auf der Hut zu sein und einen Lehrmeister zu haben, der studiert ist und dem man nichts verschweigt. Damit kann kein Schaden aufkommen, auch wenn mir durch die übertriebenen Befürchtungen, die manche Leute haben, reichlich Schaden zugekommen ist.[26]

Insbesondere ist es mir einmal passiert, daß sich viele, denen ich großes Vertrauen schenkte – und es war richtig, es ihnen zu schenken – zusammengetan hatten, denn obwohl ich mich nur mit einem besprach, mit den anderen aber nur redete, sofern dieser mir das auftrug, besprachen sie doch häufig miteinander, wie mir zu helfen sei, da sie mich sehr gern hatten und befürchteten, ich könnte getäuscht werden.[27] Auch ich selbst hatte große Angst, solange ich nicht im Gebet weilte, denn sobald ich darin verweilte und der Herr mir manche Gnade erwies, wurde ich sogleich sicher. Ich glaube, sie waren zu fünft oder zu sechst, alles große Diener Gottes.[28] Und mein Beicht-

---

[26] Erneute Anspielung auf die Not, die ihr von überängstlichen Beichtvätern und Beratern bereitet wurde, die hinter ihren Erfahrungen Täuschungsversuche des Bösen witterten; vgl. V 23,14f.

[27] Neue Anspielung auf die schon in V 23,13 beklagte, angesichts der schwierigen Situation zwar verständliche, aber für die Autorin sehr folgenreiche Indiskretion ihrer Berater.

[28] Um welche Personen es sich genau handelte, ist ungewiß; in Frage kämen Gaspar Daza, Gonzalo de Aranda, Baltasar Álvarez (oder dessen Vorgänger, Juan de Prádanos), Francisco de Salcedo und eventuell Alonso Álvarez Dávila. Außerdem nennen Efrén de la Madre de Dios und Otger Steggink noch den Jesuiten Hernandálvarez, einen Schwager von Francisco de Salcedo, der 1557 Rektor in Ávila gewesen sein soll; siehe dies., *Tiempo y vida*, 166.

vater[29] sagte mir, daß sie alle zur Überzeugung gelangt seien, daß es vom Bösen stamme, daß ich nicht so oft kommunizieren, sondern versuchen solle, mich abzulenken, damit ich nicht allein sei.

Ich war, wie ich gesagt habe,[30] äußerst verängstigt. Dazu trug auch noch mein Herzleiden bei, so daß ich mich oftmals nicht einmal tagsüber allein in einem Raum aufzuhalten wagte.[31] Als ich sah, daß so viele das behaupteten und ich es dennoch nicht glauben konnte, bereitete mir das gewaltige Skrupel, weil es nach wenig Demut aussah. Sie führten ja alle ein unvergleichlich besseres Leben als ich[32] und waren studiert; wieso hätte ich ihnen da nicht glauben sollen? Ich tat mir alle nur mögliche Gewalt an, um es zu glauben, dachte dabei an mein erbärmliches Leben, und daß sie demgemäß doch wohl die Wahrheit sagten.

15. So verließ ich in diesem niedergeschlagen Zustand die Kirche[33] und ging in eine Kapelle, nachdem man mir viele Tage lang die Kommunion genommen und auch das Alleinsein weggenommen hatte, was doch mein ganzer Trost war, und ich niemanden hatte, mit dem ich mich hätte austauschen können, denn alle waren gegen mich: Bei einigen hatte ich den Eindruck, daß sie mich auslachten, wenn ich darüber sprach, so als würde ich es mir nur einbilden; andere rieten meinem Beichtvater, vor mir auf der Hut zu sein; wieder andere sagten, es stamme eindeutig vom Bösen. Nur mein Beichtvater[34] tröstete

---

[29] Nach übereinstimmendem Zeugnis sowohl von Francisco de Ribera (*Vida*, I, Kap. 11) als auch von L. de la Puente (*Vida del P. Baltasar Álvarez*, Kap. 11) sei der junge Jesuit P. Baltasar Álvarez gemeint, der 1558 mit 25 Jahren zum Priester geweiht wurde; de la Puente zufolge hätte dieser ihr *„zwanzig Tage lang die Kommunion vorenthalten, um zu sehen, wie sie das aufnehmen würde"*; siehe ders., *Vida del P. Baltasar Álvarez*, 136. – Es könnte sich aber auch auf Juan de Prádanos beziehen.

[30] Siehe V 23,13.

[31] Vgl. diesbezügliche Anm. zu V 23,13.

[32] Im Original ist ein Halbsatz durchgestrichen, der vom ersten Herausgeber Luis de León nicht wiederhergestellt wurde; vermutlich hatte die Autorin ursprünglich geschrieben: *„... sie waren ja alle viel heiliger als ich und führten ..."*

[33] Die Kirche der Jesuiten in Ávila.

[34] Vermutlich P. Baltasar Álvarez. – Auf diese schwere Zeit, insbesondere auf den Kommunionentzug, spielt sie auch in F 6,20 an.

mich immer wieder, obwohl er sich ihrer Meinung anschloß, um mich zu prüfen – wie ich später erfuhr –, und sagte mir, daß mir der Böse nichts anhaben könne, selbst wenn es von ihm stammen sollte, sofern ich nur Gott nicht beleidige, und daß es vergehen würde und ich Gott inständig darum bitten solle. Er selbst und alle, deren Beichte er hörte, und noch viele anderen würden das tun, und auch ich widmete dem mein ganzes Beten, ebenso alle, von denen ich erkannte, daß es Diener Gottes waren, daß mich Seine Majestät doch einen anderen Weg führe. Das ging, ich weiß nicht, etwa zwei Jahre lang so, daß der Herr fortwährend darum gebeten wurde.

16. Mir gereichte nichts zum Trost, sobald ich an die Möglichkeit dachte, daß der Böse so oft zu mir gesprochen haben sollte. Denn seitdem ich mir nicht mehr bestimmte Zeiten des Alleinseins fürs innere Beten nahm, ließ der Herr mich bei Unterhaltungen in Sammlung geraten und, ohne es verhindern zu können, sagte er mir, was er wollte; und mochte es mich auch schwer ankommen, ich mußte ihm zuhören.

17. Als ich dort[35] nun allein war, ohne einen Menschen, bei dem ich mein Herz hätte ausschütten können, vermochte ich weder Gebete zu sprechen[36] noch zu lesen, sondern war wie jemand, der vor lauter Qual und Angst, ob mich denn der Böse so täuschen könnte, erschüttert und völlig verworren und zermürbt war, ohne zu wissen, was ich mit mir anfangen sollte. In einer solchen Niedergeschlagenheit habe ich mich schon

---

[35] In der Kapelle, die sie am Anfang von V 25,15 erwähnt hat.

[36] Erneut geht es um den Gegensatz zwischen dem *inneren Beten* (oración), das spontan im Herzen Teresas aufbricht, sogar wenn ihr seine bewußte Pflege verwehrt wird, – und das dann zu der tiefen Sammlung führt, in der sie Visionen und Auditionen erlebt – und dem bloßen *Rezitieren von mündlichen Gebeten* (rezar), auf das viele damalige Theologen Frauen generell festlegen wollten, damit sie nur ja nicht für pseudomystische Anwandlungen anfällig würden. Im *Weg der Vollkommenheit* wird Teresa die Kontroverse zwischen den beiden Gebetsformen auf geradezu geniale Weise lösen: Mündliches Gebet, das nicht zugleich inneres Beten ist (die persönliche Beziehung des Beters zu Gott in den Vordergrund stellt), verdient überhaupt nicht die Bezeichnung „Gebet"; siehe CE 37,1–3.

manchmal oder sogar schon oft erlebt, aber, ich glaube, niemals so extrem. So verbrachte ich vier oder fünf Stunden, denn Trost gab es für mich weder vom Himmel noch von der Erde her, sondern der Herr ließ mich leiden, in Angst vor tausend Gefahren.[37] Du, mein Herr, wie bist du doch der wahre Freund, und wie bist du mächtig! Wenn du willst, vermagst du es auch (vgl. Lk 5,12), und du hörst niemals auf, Liebe zu haben, sofern man nur dich liebt![38] Alles möge dich preisen, dich, Herr der Welt! Wer könnte das laut genug herausschreien, um zu verkünden, wie treu du zu deinen Freunden stehst! Alles versagt, du aber, Herr von allem, versagst nie. Gering ist das, was du den leiden läßt, der dich liebt. Du mein Herr, wie zärtlich, sanft und köstlich verstehst du es, mit ihnen umzugehen! Wenn man sich doch nie damit aufhalten würde, einen anderen zu lieben als nur dich! Es sieht so aus, mein Herr, als würdest du den, der dich liebt, mit Strenge erproben, damit man im Übermaß der Prüfung das noch größere Übermaß deiner Liebe erkenne. O mein Gott, wer hätte Verstand, Studium und unverbrauchte Worte, um deine Werke so herauszustellen, wie meine Seele sie erkennt! Das fehlt mir alles, mein Herr, aber wenn du mich nicht im Stich läßt, werde ich dir gegenüber nicht fehlen. Mögen sich doch alle Studierten gegen mich erheben; mögen alle Geschöpfe mich angreifen, mögen doch alle bösen Geister mich quälen; nur fehle du mir nicht, Herr, denn ich habe schon erfahren, mit welchem Gewinn du jemanden herausholst, der nur auf dich vertraut.

18. Als ich mich also in dieser großen Bedrängnis befand (ich hatte bis dahin noch keine einzige Vision erhalten), genügten

---

[37] Damit sind nicht nur Gefahren vonseiten des Bösen gemeint, sondern die viel konkreteren und existentielleren vonseiten der Inquisition.

[38] Angesichts des damaligen und auch noch heutigen Moralismus eine ermutigende Aussage: Der Mensch muß nicht erst Bedingungen erfüllen, damit Gott ihn liebt, sondern Gottes Liebe besteht immer, und es bedarf nur der Gegenliebe vonseiten des Menschen, und sei dieser ein Sünder. Und *lieben* ist *inneres Beten* (vgl. V 8,5; F 5,2). Siehe auch den folgenden Abschnitt, wo sie sich gegen alles Moralisieren Mut macht, indem sie auf ihre wahren Absichten hinweist.

allein schon folgende Worte, um sie mir zu nehmen und mich völlig zu beruhigen: *Hab' keine Angst, Tochter, ich bin es und ich werde dich nicht im Stich lassen; fürchte dich nicht* (vgl. Lk 24,36; Joh 14,18).[39] Ich glaube, entsprechend meinem Zustand hätte es sonst viele Stunden gebraucht, um mich zu überreden, mich zu beruhigen, und kein Mensch hätte dazu genügt.

Und siehe da, allein durch diese Worte war ich beruhigt, voller Kraft und Mut, Gewißheit, und so voll Ruhe und Licht, daß ich meine Seele in einem Nu ganz verändert erlebte, und ich glaube, daß ich jetzt mit der ganzen Welt gestritten hätte, daß es von Gott kam. Wie gut ist doch Gott! Wie gut ist der Herr, und wie mächtig! Er gibt nicht nur Ratschläge, sondern die Abhilfe. Seine Worte sind Taten (Phil 4,13).[40] O mein Gott! Und wie stärkt er den Glauben, wie wächst da die Liebe!

19. Gewiß, so ist es, denn öfter erinnerte ich mich daran, daß der Herr den Winden befahl, still zu sein, als der Sturm im See aufkam (Mk 4,39), und so sagte ich: Wer ist der, daß ihm alle meine Vermögen so gehorchen, und daß er in einem Nu Licht in so große Dunkelheit bringt, und ein Herz, das versteinert schien, erweicht, und Wasser heilsamer Tränen schenkt, wo allem Anschein nach auf lange Zeit nur Dürre zu erwarten war? Wer gibt einem diese Wünsche ein? Wer verleiht soviel Mut? Denn es passierte mir doch tatsächlich, zu denken: Was fürchte ich noch? Was ist das doch? Ich habe doch schließlich den Wunsch, diesem Herrn zu dienen. Ich beabsichtige doch nichts anderes als ihm zu gefallen. Ich möchte weder Glück noch Ruhe, noch irgendein anderes Gut, sondern nur seinen Willen tun (denn ich war mir, glaube ich, ganz sicher, das behaupten zu können). Wenn also dieser Herr mächtig ist, wie ich sehe, daß er es ist, und auch weiß, daß er es ist, und die bösen Geister seine Sklaven sind (daran kann kein Zweifel bestehen, denn es ist eine Glaubenswahrheit), und wenn ich eine Diene-

---

[39] Die mystischen Ansprachen Teresas lehnen sich immer ganz eng an die Hl. Schrift an, sie bestehen zumeist aus einer Kombination von mehreren frei paraphrasierten Schriftstellen; siehe z. B. auch V 26,2.

[40] Vgl. V 25,3.

rin dieses Herrn und Königs bin, was können sie mir dann
Böses antun? Wieso sollte ich nicht die Kraft haben, mich mit
der ganzen Hölle anzulegen?

Ich nahm ein Kreuz in die Hand, und es war mir, als flößte
mir Gott wirklich Mut ein, denn ich erlebte mich in kurzer
Zeit verändert, so daß ich mich nicht mehr gefürchtet hätte,
mit ihnen handgemein zu werden; denn es kam mir leicht vor,
sie mit diesem Kreuz allesamt zu besiegen. Daher sagte ich:
„Kommt jetzt nur alle her! Da ich eine Dienerin des Herrn bin,
möchte ich mal sehen, was ihr mir anhaben könnt!"

20. Es besteht kein Zweifel, daß sie, wie mir schien, Angst vor
mir hatten, weil ich ruhig und ihnen allen gegenüber so furcht-
los blieb, daß alle meine Ängste, die ich bis dahin hatte, verschwunden sind, bis auf den heutigen Tag.[41] Denn auch wenn
ich sie gelegentlich noch zu sehen bekam, wie ich später noch
sagen werde,[42] habe ich fast keine Angst mehr vor ihnen gehabt,
vielmehr hatte ich den Eindruck, daß sie sie vor mir hatten.

Es verblieb mir ihnen gegenüber eine souveräne Haltung, die
mir sicher vom Herrn aller geschenkt wurde, denn ich mache
mir aus ihnen nicht mehr als aus Fliegen. Sie kommen mir so
feige vor, daß sie ganz kraftlos werden, sobald sie sehen, daß
man von ihnen nicht viel hält. Diese Feinde verstehen es nicht,
tatsächlich anzugreifen, außer sie sehen, daß jemand sich ihnen
ergibt, oder wenn der Herr zum größeren Wohl seiner Diener
zuläßt, daß sie diese auf die Probe stellen und quälen.

Wollte doch Seine Majestät, daß wir den fürchteten, den wir
fürchten sollten, und verstünden, daß uns durch eine läßliche
Sünde größerer Schaden zukommen kann als von der ganzen
Hölle zusammen, denn so ist es.

21. Wie halten uns doch diese bösen Geister in Schrecken
gefangen, weil wir uns selber durch andere Festlegungen auf

---

[41] Abgesehen von der religiösen Erfahrung, die hier beschrieben wird, gehorcht
der hier von Teresa bemerkte seelische Umschwung dem psychologischen
Gesetz, daß sich eine Angst auflöst, sobald man sich ihr stellt.

[42] Siehe V 31, 32, 38 und V 39.

Ehrenposten und Besitztümer und Vergnügungen[43] in Schrecken versetzen! Dann allerdings, wenn sie sich mit uns selbst verbünden, die wir unsere eigenen Gegner sind, indem wir lieben und mögen, was wir zurückweisen sollten, werden sie uns viel Schaden zufügen. Wir lassen dann zu, daß sie mit unseren Waffen gegen uns kämpfen, indem wir ihnen die Waffen in die Hand geben, mit denen wir uns verteidigen sollten. Das ist das große Unglück! Wenn wir aber um Gottes willen alles zurückweisen und uns am Kreuz festhalten und darauf aus sind, ihm wirklich zu dienen, dann flieht der Böse vor solchen Wahrheiten wie vor der Pest! Es ist ein Freund von Lügen, ja die Lüge selbst (vgl. Joh 8,44); er schließt keinen Pakt mit einem, der in der Wahrheit wandelt (ebd.).[44]

Sobald er sieht, daß der Verstand verdunkelt ist, hilft er sachte nach, die Augen ganz zu verderben. Denn wenn er merkt, daß einer schon so blind ist, um seine Erholung in nichtigen Dingen zu suchen, in so nichtigen, daß einem die weltlichen Angelegenheiten wie Kindereien vorkommen, dann sieht er schon, daß einer ein Kind ist; ihn behandelt er wie ein Kind und wagt es, mit ihm zu kämpfen, einmal und auch öfter.[45]

22. Gebe der Herr, daß ich keine von denen bin, sondern daß mir Seine Majestät die Gunst erweist, unter Erholung das zu verstehen, was Erholung ist, und unter Ansehen das, was Ansehen ist, und unter Vergnügen das, was Vergnügen ist, und nicht alles verkehrt herum. Ein Stinkefinger für alle bösen Geister![46]

---

[43] Diese drei Kategorien nennt die Autorin immer wieder; vgl. V 20,26–28.

[44] Vgl. ihre berühmte Definition von der Demut als *„Wandel in der Wahrheit"* (6M 10,7) und ferner V 26,1.

[45] Vgl. CV 23,4f.

[46] Wörtlich: *¡una higa! (eine Feige)*, womit eine schon aus römischer Zeit stammende obszöne Geste gemeint war, die Verachtung für das Gegenüber ausdrücken sollte (indem man mit geballter Faust den Daumen zwischen Zeigefinger und Mittelfinger hervorstreckt); vgl. V 29,5f bzw. F 8,3 und 6M 9,13, wo sich mit dieser Geste eine sehr schmerzhafte Episode für sie verbindet. Geste und Ausdruck waren auch in anderen romanischen Ländern bekannt (in Frankreich: *faire la figue*; in Italien: *fare la fica*). Daneben existierte ein Amulett in dieser Form, dem magische Kraft gegen den bösen Blick und sonstige Formen der Verhexung zugeschrieben und das aus diesem Grund in der Gegend von Ávila und Salamanca den Kindern umgehängt wurde. Die deutsche Entsprechung ist der Stinkefinger.

Denn dann werden sie vor mir Angst haben. Ich verstehe diese Ängste nicht: „Der Böse! Der Böse!", wo wir doch sagen können: „Gott! Gott!" und jenen erzittern lassen.[47] Ja wirklich, denn wir wissen doch schon, daß er sich nicht einmal regen kann, wenn es ihm der Herr nicht erlaubt. Was ist das denn? Kein Zweifel, daß ich inzwischen mehr Angst vor denen habe, die soviel Angst vor dem Bösen haben, als vor ihm selbst, denn der kann mir nichts anhaben, während diese viel Unruhe stiften, erst recht, wenn es Beichtväter sind;[48] ich habe deswegen einige Jahre lang soviel Not durchgemacht, daß ich heute staune, wie ich das nur habe ertragen können. Gepriesen sei der Herr, der mir wirklich sehr geholfen hat!

---

[47] Ironische Anspielung auf ihre überängstlichen „studierten" Berater (vgl. V 25,14). Einer von ihnen, P. Ibáñez, stellt ihr später folgendes Zeugnis aus: „Gott hat ihr einen so starken, wackeren Mut gegeben, daß es einen erstaunt. Zuerst war sie ängstlich, jetzt setzt sie sich aber über alle bösen Geister hinweg. Von allen typisch weiblichen Zimperlichkeiten und Kindereien ist sie weit entfernt; Skrupel kennt sie keine. Sie ist äußerst geradlinig." (Gutachten von P. Pedro Ibáñez, das dieser kurz vor der Endredaktion des Lebens schrieb; siehe BMC 2, 132, Nr. 28.)

[48] Eine scharfe Kritik an die Adresse mancher ihrer Beichtväter und zugleich eine deutliche Absage an alle Angstmacherei in der geistlichen Begleitung; aufgrund ihrer eigenen leidvollen Erfahrungen hält Teresa nichts vom Schüren der Angst vor diabolischen Mächten, wie es damals und auch zu späteren Zeiten noch verbreitet war, sondern möchte statt dessen Mut machen, auf Gott zu vertrauen, der den Menschen nicht in die Irre gehen läßt, wenn dieser ihn suchen will.

KAPITEL 26

Sie fährt mit demselben Thema fort. – Schrittweise erläutert und erwähnt sie Dinge, die ihr widerfahren sind und die sie die Angst verlieren und zur Überzeugung haben gelangen lassen, daß es ein guter Geist war, der mit ihr sprach.

1. Ich halte es für eine der großen Gnadengaben, die mir der Herr erwiesen hat, daß er mir diesen Mut gegen die bösen Geister verliehen hat, denn wenn eine Seele eingeschüchtert und wegen irgend etwas anderem als einer Beleidigung Gottes verängstigt ist, so ist das ein riesiger Nachteil. Wir haben doch einen allmächtigen König und einen so großen Herrn, der alles vermag und sich alle unterwirft, so daß es nichts zu fürchten gibt, wenn wir nur – wie ich schon sagte[1] – in Wahrheit und mit reinem Gewissen[2] vor Seiner Majestät unseren Weg gehen. Dazu hätte ich allerdings, wie ich gesagt habe,[3] gerne alle nur möglichen Ängste, daß wir den auch nicht einen Augenblick lang beleidigen, der uns in demselben Augenblick zu vernichten vermag. Denn wenn Seine Majestät zufrieden ist, gibt es niemanden, der gegen uns ist und nicht beschämt davonlaufen müßte.

Nun könnte man sagen, daß das zwar so sei, aber wo gibt es denn diese so aufrechte Seele, die ihn in allem zufrieden stellt? Und deshalb soll sie sich fürchten. Meine gewiß nicht, denn sie ist ganz armselig und unnütz und voll von tausend Erbärmlichkeiten. Gott verfährt aber nicht mit uns wie die Leute, sondern hat Verständnis für unsere Schwächen,[4] spürt doch die Seele in sich sehr gut, so als ahnte sie es genau, ob sie ihn wirklich liebt; denn bei denen, die zu dieser Verfassung gelangen, bleibt

---

[1] Vgl. V 25,21.
[2] Eine erneute Anspielung auf die gesamte Grundlage der Spiritualität Teresas, die Demut (vgl. CV 4,4). Ein *reines Gewissen* meint vor allem, sich selbst nichts vorzumachen, sondern sich möglichst realistisch zu sehen und zu akzeptieren. Also auch hier ist nicht an eine fromme Übung und dergleichen gedacht.
[3] Siehe V 25,20.
[4] Eines der charakteristischen Merkmale des teresianischen Gottesbildes; vgl. auch V 37,5 und V 4,10.

376

die Liebe nicht mehr verborgen wie an den Anfängen, sondern ist, wie ich noch sagen werde oder auch schon gesagt habe,[5] von so starken Antrieben und der Sehnsucht, Gott zu schauen, begleitet, daß alles nur ermüdend, nervend und quälend ist. Sofern es nicht mit Gott oder für Gott ist, gibt es kein Verweilen, das nicht langweilt, weil man sich von seiner richtigen Erholung weit weg fühlt, und es ist also ganz klar, daß so etwas, wie ich sage, nicht im verborgenen geschieht.

2. Andere Male geschah es, daß ich mich wegen eines Unternehmens, von dem ich später noch erzählen werde,[6] großen Bedrängnissen und Schwätzereien von Seiten nahezu des ganzen Ortes, an dem ich lebe, und auch meines Ordens ausgesetzt sah, und aus vielen Anlässen, die sich ergaben, um mich zu beunruhigen, niedergeschlagen war, und der Herr zu mir sprach: *Wovor fürchtest du dich? Weißt du denn nicht, daß ich allmächtig bin? Ich werde erfüllen, was ich dir versprochen habe*[7] (wie es sich bald danach tatsächlich erfüllte). Dann war da in mir gleich eine Kraft, daß ich mich, glaube ich, von neuem aufgemacht hätte, um noch mehr zu unternehmen, auch wenn mir das noch mehr Schwierigkeiten bereitet und mich aufs neue dem Leiden ausgesetzt hätte, nur um ihm zu dienen.

Und das geschah so oft, daß ich es nicht aufzählen könnte. Bei vielen Gelegenheiten, sobald ich Unvollkommenheiten begehe, machte oder macht er mir auch Vorhaltungen, die genügen, um eine Seele zunichte werden zu lassen; sie bringen es zumindest mit sich, daß man sich bessert, denn – wie ich gesagt habe[8] – Seine Majestät gibt Rat und Heilung.[9] Andere Male ruft er mir meine vergangenen Sünden ins Gedächtnis, vor allem dann, wenn

---

5 Vgl. V 20,9–14.22 und V 21, 6 und ferner V 29,8–14 und V 30,19.
6 Anspielung auf den Wirbel um die Gründung des Klosters San José; siehe V 32–36. Mit dem Ort ist Ávila gemeint, mit dem Orden der Karmelorden; der Leser beachte, wie sehr die Autorin auf Anonymität bedacht ist, nicht einmal ihr Wohnort, ihr Orden oder ihr Heimatkloster werden je namentlich genannt!
7 Auch diese innere Ansprache ist eine freie Paraphrase mehrerer Schriftstellen; vgl. etwa Joh 6,20.
8 Siehe V 25,3.18.
9 Vgl. V 4,1; 19,5.

mir der Herr eine besondere Gnade gewähren will, so daß die Seele den Eindruck hat, schon vor dem wirklichen Gericht zu stehen, denn es wird ihr mit klarer Erkenntnis die Wahrheit vor Augen gestellt, so daß sie nicht weiß, wohin sie sich verkriechen soll. Wieder andere Male weist er mich auf so manche Gefahren für mich oder andere Personen hin, oder auf künftige Dinge, oft drei oder vier Jahre vorher, die alle eingetroffen sind. Einige werde ich vielleicht noch benennen.

So gibt es also so viele Dinge, um zu erkennen, daß es von Gott stammt, daß man es nicht ignorieren kann, meines Erachtens.

3. Das Sicherste ist immer (und so mache ich es auch, denn ohne das hätte ich keine Ruhe, noch wäre es gut, daß wir Frauen sie hätten, da wir ja keine Studierte sind) – und so kann es hier zu keinem Schaden, sondern nur zu vielen Vorteilen kommen, wie mir der Herr oft gesagt hat, –, daß ich es nicht unterlasse, meinen ganzen Seelenzustand und die Gnaden, die mir der Herr gewährt, mit meinem Beichtvater zu besprechen, und daß das ein studierter sein, und ich ihm gehorchen soll. Das hat er mir oft gesagt.[10]

Ich hatte einen Beichtvater,[11] der mir viele Mortifikationen[12] auferlegte und mich manchmal in Bedrängnis[13] und große Not

---

10 Ein typisches Beispiel, wie Teresa mit den Vorurteilen fertig wurde, die ihr als Frau entgegenschlugen, und mit der Autorität ihrer inneren Ansprachen ihren Standpunkt verteidigte, hier daß die Beichtväter studiert sein sollen.

11 P. Baltasar Álvarez SJ; vgl. V 28,14.

12 Asketische Praktiken, die der Einübung in die schon in V 23,9 erwähnte innere Haltung des „Absterbens (seiner selbst)", also der Überwindung des Egoismus des „alten Menschen" (im paulinischen Sinn), dienen sollten; siehe auch Anhang I. In der Praxis verselbständigten sich diese Übungen jedoch leicht, nahmen oft leibfeindliche, mitunter auch geschmacklose Formen an und leisteten häufig eher einem frommen Leistungsdenken Vorschub als wirklich zur inneren Freiheit zu führen. So gehörte zu den Mortifikationen, die P. Álvarez Teresa auferlegte, neben Kommunionentzug unter anderem auch der Auftrag, eine öffentliche Generalbeichte abzulegen (siehe BMC 19, 554). Teresa selbst wird immer mehr Gewicht auf die innere Haltung, etwa auf die Selbstzurücknahme zugunsten anderer oder den Verzicht auf jedes Prestigedenken, als auf äußere asketische Praktiken legen; siehe etwa CV 11–13.

13 Zuerst hatte sie geschrieben: „in große Bedrängnis", strich dann aber „große".

brachte, weil er mich sehr beunruhigte, und doch war er es, der
mir nach meinem Dafürhalten am meisten nutzte. Auch wenn
ich ihn sehr liebte, hatte ich doch manchmal die Versuchung,
von ihm wegzugehen, denn ich glaubte, die Nöte, die er mir
verursachte, würden mich beim Beten stören. Jedesmal, wenn
ich dazu entschlossen war, vernahm ich sogleich, daß ich es
nicht tun sollte, und dazu einen Tadel, der mich mehr zunichte
machte als alles, was der Beichtvater tat. Bisweilen war ich
geradezu erschöpft: auf der einen Seite meine Unsicherheit, auf
der anderen sein Tadel. Und doch war das alles nötig, weil
mein Wille so wenig gefügig war.

Er sagte mir einmal, daß es kein Gehorchen wäre, wenn ich
nicht entschlossen wäre, zu leiden; ich solle meine Augen auf
das richten, was er erlitten hätte, und alles würde mir leicht-
fallen.[14]

4. Einmal gab mir ein Beichtvater, der in der ersten Zeit meine
Beichte gehört hatte, den Rat, nun, da doch schon erwiesen sei,
daß es vom guten Geist komme, zu schweigen und mit niemandem mehr darüber zu sprechen, weil es besser sei, über diese
Dinge zu schweigen. Das schien mir nicht schlecht zu sein,
denn jedesmal, wenn ich sie dem Beichtvater sagte, bedrückte
und beschämte es mich so sehr, daß mich das mitunter viel mehr
bedrückte als schwere Sünden zu beichten; vor allem, wenn es
große Gnaden waren, glaubte ich, daß sie mir nicht glauben,
sondern mich auslachen würden. Das bedrückte mich so sehr,
daß es mir wie Ehrfurchtslosigkeit vor den Wundertaten Gottes
vorkam, so daß ich deshalb lieber schweigen wollte. Daraufhin
vernahm ich, daß das ein ganz schlechter Ratschlag von jenem
Beichtvater gewesen sei, und daß ich dem, der meine Beichte
hörte, auf keinen Fall etwas verschweigen sollte, weil darin eine
große Sicherheit liege, während ich gelegentlich getäuscht werden könnte, wenn ich das Gegenteil täte.

---

[14] Dieser Hinweis, der so oder ähnlich auch öfter in den *Gewissensberichten* auf-
taucht, wird für sie immer mehr zu einem Grundanliegen ihrer christologi-
schen Unterweisung; vgl. V 35,14; 39,12; R 8,1; 11; 15,6; 36,1; 1M 2,11; 7M 4,8;
CV 2,1.

5. Immer wenn der Herr mir im Gebet etwas auftrug, sagte mir der Herr selbst wieder, falls mir der Beichtvater etwas anderes sagte, daß ich diesem gehorchen sollte; nachher bewirkte Seine Majestät bei ihm einen Wandel, so daß er es mir von neuem auftrug.[15]

Als viele in der Volkssprache geschriebene Bücher weggenommen wurden, damit sie nicht mehr gelesen würden, litt ich sehr darunter,[16] denn es verschaffte mir Erholung, manche von ihnen zu lesen, aber das konnte ich nun nicht mehr, weil man sie nur noch auf Latein zuließ. Da sagte der Herr zu mir: *Sei nicht betrübt, denn ich werde dir ein lebendiges Buch geben.* Ich konnte nicht verstehen, warum mir das gesagt worden war, denn damals hatte ich noch keine Visionen.[17] Nachher aber, nur ganz wenige Tage später, verstand ich es sehr wohl, denn da fand ich in dem, was ich vor mir sah, soviel zum Nachdenken und zur Sammlung, und der Herr erwies mir soviel Liebe, um mich auf vielfältigste Weise zu unterweisen, daß ich nur mehr ganz wenig oder gar keinen Bedarf an Büchern hatte. Seine Majestät war das wahre Buch, in dem ich die Wahrheiten sah. Gepriesen sei dieses Buch, das alles, was man lesen und tun soll, so tief eingeprägt hält, daß man es nicht mehr vergessen kann! Wer

---

[15] Dies ist für sie ein ganz wichtiges Kriterium für die Unterscheidung der Geister; vgl. R 4,11: *„Nie tat sie* (= Teresa selbst) *etwas, weil sie es so im Gebet vernommen hatte; im Gegenteil, wenn ihr ihre Beichtväter das Gegenteil davon sagten, tat sie es gleich.“* Dazu auch F 17,4.

[16] Anspielung auf den *„Index verbotener Bücher“*, den der Großinquisitor Fernando de Valdés am 17. August 1559 in Valladolid bekanntgab und der verheerende Folgen für den geistlichen Aufbruch in Spanien hatte. Unter das Bücherverbot fielen nicht nur häretische Werke aus dem Ausland, sondern auch viele Werke einheimischer „Spiritueller“ wie Juan de Ávila, Francisco de Borja, Bernabé de Palma, Bartolomé de Carranza und Luis de Granada, darunter so mancher, der später kanonisiert wurde ... Luis de Granada schrieb diesbezüglich in einem Brief an Carranza: *„All das wird ein Gutteil Not auslösen, weil der Erzbischof* (= Valdés) *so arg gegen alles ist, was er als Kontemplation für Zimmermannsfrauen bezeichnet“*; siehe ders., *Obras Completas*, Bd. 14, 144. Im *Weg der Vollkommenheit* gibt es einige ironische Anspielungen auf diesen *Index*; siehe CE 35,4; 36,4.

[17] Dies ist ein wichtiger Hinweis für die Chronologie ihrer innerer Erfahrungen: Der Beginn der Visionen fällt also innerhalb der Periode der „mystischen Gotteinung“ bzw. der „Verzückungen“, die zeitlich in etwa mit dem Erscheinen des Indexes (August 1559) zusammenfiel.

erblickt den mit Wunden überdeckten und von Verfolgungen gepeinigten Herrn, ohne diese zu umfassen, zu lieben und sich nach ihnen zu sehnen? Wer erblickt etwas von der Herrlichkeit, die er denen schenkt, die ihm dienen, ohne zu erkennen, daß alles, was man zu tun oder zu erleiden vermag, nichts ist, weil uns ein solcher Lohn erwartet? Wer erblickt die Qualen, die die Verdammten durchmachen, ohne daß ihm im Vergleich damit die irdischen Qualen zu Freuden werden, und ohne zu erkennen, wieviel er dem Herrn schuldig ist, weil er ihn so oft aus diesem Ort befreit hat?

6. Da von einigen Dingen mit Gottes Hilfe noch ausführlicher die Rede sein wird, möchte ich nun mit meinem Lebenslauf fortfahren.[18] Gebe der Herr, daß ich mich bei dem, was ich gesagt habe, verständlich machen konnte. Ich glaube bestimmt, daß es der verstehen wird, der Erfahrung hat, und einsehen wird, daß es mir gelungen ist, etwas zu sagen; hat einer keine, dann wundert es mich nicht, wenn ihm das Ganze unsinnig vorkommt. Es reicht schon, daß ich es gesagt habe, damit er entschuldigt ist; und auch ich werde keinem, der das sagen sollte, Schuld zusprechen.

Der Herr lasse mir die Erfüllung seines Willens gelingen. Amen.

---

[18] Hier endet der Exkurs über die Kriterien für die Unterscheidung zwischen mystischen Ansprachen Gottes und Selbsttäuschung bzw. Täuschung durch den Bösen.

KAPITEL 27

In ihm spricht sie über eine weitere Weise, auf die der
Herr die Seele unterweist und ihr, ohne mit ihr zu sprechen,
auf wunderbare Weise seinen Willen zu erkennen gibt. –
Zugleich versucht sie, eine nicht-imaginative Vision[1]
und große Gnade zu erklären, die ihr der Herr gewährte. –
Dieses Kapitel ist sehr zu beachten.[2]

1. Um nun aber zum Bericht über mein Leben zurückzukehren: Ich befand mich also in jener schmerzlichen Bedrängnis, aber auch getragen von inständigen Gebeten, wie ich gesagt habe,[3] daß mich der Herr einen anderen Weg führe, der sicherer sei, denn der jetzige, sagte man, sei so verdächtig. Die Wahrheit ist allerdings, daß ich zwar Gott darum anflehe, es

---

[1] Wie Johannes vom Kreuz (siehe u.a. 2S 16; 23) übernimmt auch Teresa die bereits auf Augustinus zurückgehende Einteilung der Visionen in drei Arten: 1. leibliche, also mit den leiblichen Augen wahrgenommene Erscheinungen, die von beiden Autoren als am wenigsten zuverlässig betrachtet werden; solche Visionen hat Teresa nach eigener Aussage nie erlebt (siehe V 28,4); 2. imaginative, also innerlich, mit den sog. „Augen der Seele", wahrgenommene bildhafte Vorstellungen; 3. geistige oder intellektuelle Visionen, wie die hier beschriebene, womit eine intuitive Erkenntnis oder Gewahrwerdung ohne jede bildhafte Vorstellung gemeint ist (vgl. auch V 30,4); diese Art „Visionen" betrachten beide Autoren übereinstimmend als die wertvollsten und am wenigsten für Täuschung anfälligen. In ihrem *Leben* verwendet Teresa für letztere nie den scholastischen Terminus „intellektuelle Vision" (kannte sie ihn noch nicht?), auf den sie später in einigen *Gewissenberichten* und in der *Inneren Burg* sehr wohl zurückgreifen wird; siehe R 4,15; 6,3; 24,1; 25,1 usw.; 6M 3,12; 4,5; 4,9; und vor allem 6M 8. – Anders als Johannes vom Kreuz, der grundsätzlich riet, sich auf außergewöhnliche innere Erlebnisse nicht einzulassen und statt dessen auf den reinen Glauben zu setzen, hat sich Teresa – aufgrund ihrer persönlichen Gefährdung als visionär veranlagter Frau im damaligen Umfeld – immer wieder mit der Frage nach Kriterien für die Unterscheidung „echter" von „falscher" visionärer und auditiver Erlebnisse auseinandergesetzt; siehe etwa auch 5M 1,8ff; 6M 3,4ff; 5,10.

[2] Die Autorin greift wieder den Faden ihres autobiographischen Berichtes auf, den sie am Schluß von V 24 unterbrochen hatte. Zugleich kündigt sie schon in der Überschrift eine neue, ganz entscheidende mystische Erfahrung an, die einen prägenden Einfluß auf ihr weiteres Leben haben wird: die Erfahrung der beständigen Gegenwart Christi; vgl. auch 6M 8. – *„Eine weitere Weise":* Die erste Weise waren die inneren Ansprachen, von denen in V 25–26 die Rede war.

[3] Siehe V 25,15.

aber nicht in der Hand hatte, mochte ich das noch so sehr wollen, mir wirklich einen anderen Weg zu wünschen, obwohl ich immer wieder darum bat, – außer ab und zu einmal, wenn ich ganz erschöpft war von den Dingen, die sie mir sagten, und den Ängsten, die sie mir einredeten –, weil ich nämlich sah, wie viel besser es meiner Seele ging. Ich sah, daß ich in jeder Hinsicht eine andere war. Ich konnte gar nicht,[4] sondern begab mich in Gottes Hände, damit er in allem seinen Willen an mir erfüllte, weil er doch wußte, was gut für mich war.

Ich sah, daß er ihn auf diesem Weg zum Himmel hin lenkte, während ich vorher zur Hölle hin unterwegs war. Das zu wünschen oder glauben zu sollen, daß es vom Bösen sei, dazu konnte ich mich nicht zwingen, auch wenn ich tat, was ich nur konnte, um es zu glauben und zu wünschen, aber ich hatte es nicht in der Hand.

Ich opferte, was ich auch tat, in diesem Anliegen auf, sofern es ein gutes Werk war.[5] Ich wandte mich an Lieblingsheilige, damit sie mich vom Bösen befreiten. Ich hielt Novenen.[6] Ich empfahl mich dem heiligen Hilarion,[7] dem heiligen Erzengel Michael,[8] den ich deshalb von neuem zu verehren begann, und

---

4 D.h., ich konnte es mir nicht wirklich wünschen; vgl. V 29,5.

5 Bis in jüngster Zeit gebräuchliche Praxis unter katholischen Christen, der die Vorstellung zugrunde liegt, daß man mit guten Werken das Wohlwollen Gottes erlangt und sie ihm folglich bewußt „aufopfern" (weihen) kann, um in einem bestimmten Anliegen erhört zu werden. – Im folgenden erhält der Leser einen guten Einblick in die damalige und zum Teil auch heutige Volksfrömmigkeit: Zur Unterstützung des Gebets in einem bestimmten Anliegen opferte man gute Taten auf, hielt Novenen, bat Lieblingsheilige um ihre Fürsprache.

6 Eine neuntägige Andacht in einem bestimmten Anliegen des Beters (bzw. zur Vorbereitung auf ein liturgisches Fest).

7 Ein orientalischer Mönch aus dem 4. Jahrhundert, der zuerst in einem Heer gedient und dann der karmelitanischen Legende zufolge als Einsiedler auf dem Berg Karmel gelebt hätte; daher verehrte Teresa ihn als einen ihrer „Vorfahren im Orden". So erstaunt es nicht, daß sein Name auf der Liste ihrer Lieblingsheiligen steht und sie ihm außerdem ein Festgedicht widmete, das mit folgenden Worten angeht: *Heute hat ein Krieger / die Welt und ihr Gefolge besiegt* (P 22). In dem von ihr verwendeten Brevier (1568) wurde sein Fest am 22. Oktober begangen, im karmelitanischen Missale am 21. Oktober.

8 Als dem Besieger Luzifers und des *„Teufels, samt seinem Anhang"*, wie bis in die Zeit des letzten Konzils in einem eigenen Gebet am Ende jeder Messe gebetet wurde.

bestürmte viele weitere Heilige, damit der Herr die Wahrheit offenbaren möge, ich meine, damit sie dies von Seiner Majestät erlangten.

2. Nach zwei Jahren, die ich und noch weitere Personen mit all diesem Beten dafür verbrachten, daß der Herr mich einen anderen Weg führen oder die Wahrheit bekanntmachen möge – denn die inneren Ansprachen, von denen ich gesagt hatte,[9] daß der Herr sie mir gewährte, waren ständig da –, passierte mir folgendes: Als ich am Fest des glorreichen hl. Petrus[10] im Gebet verweilte, sah ich, oder besser gesagt, spürte ich neben mir, denn ich sah weder etwas mit den Augen des Leibes noch mit denen der Seele, sondern es war mir, als wäre Christus neben mir, und ich sah, daß er es war, der immer wieder mit mir sprach, wie mir vorkam. Da ich völlig ahnungslos war, daß es eine derartige Vision geben konnte, überfiel mich anfangs eine große Furcht und ich tat nichts anderes als nur weinen; sobald er allerdings auch nur ein einziges Wort zu mir sagte, um mich zu beruhigen, wurde ich wieder so ruhig wie vorher, von Wonne erfüllt und ohne jede Furcht. Mir schien, als ginge Jesus Christus immer an meiner Seite; da es keine imaginative Vision[11] war, sah ich nicht, in welcher Gestalt; doch spürte ich sehr deutlich, daß er immer an meiner rechten Seite und Zeuge von allem war, was ich tat; und kein einziges Mal, sobald ich mich auch nur ein wenig sammelte oder nicht sehr abgelenkt war, konnte ich ignorieren, daß er neben mir war.

3. Sofort ging ich, ganz entkräftet, zu meinem Beichtvater,[12] um es ihm zu sagen. Er fragte mich, was ich denn in welcher Gestalt sah. Ich sagte ihm, daß ich ihn nicht sähe. Da sagte er

---

[9] Siehe V 24,5; 25 *passim*; V 26,2.5 und ferner Anhang I.

[10] Vgl. V 29,5, wo sie berichtet, daß diese Vision am Fest des hl. Petrus und Paulus (29. Juni) stattgefunden habe. Da sie nach V 26,5 noch keine Visionen erlebt hatte, als sie vom *Index* des Valdés erfuhr, der im August 1559 veröffentlicht wurde, ist vermutlich der 29. Juni 1560 gemeint.

[11] Siehe oben Anm. 1 und Anhang I.

[12] P. Baltasar Álvarez.

zu mir, wie ich denn wisse, daß es Christus sei. Ich sagte ihm,
daß ich nicht wisse, wie, aber nicht umhin käme zu erkennen,
daß er bei mir sei, und daß ich das deutlich sähe und spürte;
auch sei die Sammlung der Seele im Gebet der Ruhe viel tiefer
und sehr beständig, und die Auswirkungen seien ganz anders
als ich sie sonst erlebte, und das sei eine ganz eindeutige Tatsache.

Ich brachte einen Vergleich nach dem anderen, um mich
verständlich zu machen, aber es gibt für diese Art von Vision
nach meinem Dafürhalten schlicht und einfach keinen wirklich passenden. Weil sie zu den höchsten gehört (wie mir später
ein heiligmäßiger und an Geist großer Mann, der Fray Pedro de
Alcántara[13] heißt, sagte, den ich später noch erwähnen werde,[14]
und mir auch manche anderen großen Gelehrten gesagt haben,
und daß es die ist, wo sich der Böse von allen am wenigsten
einmischen kann), darum gibt es hienieden keine Ausdrücke,
mit denen wir, die wir wenig wissen, sie beschreiben könnten,
doch die Studierten werden das schon besser verständlich
machen können. Denn wenn ich sage, daß ich ihn weder mit
den Augen des Leibes noch mit denen der Seele sehe, weil es
keine imaginative Vision ist, wie erkenne und gelange ich dann

---

[13] Dieser war einer der großen spanischen Spirituellen des 16. Jahrhunderts. Geboren in Alcántara im Jahr 1499 trat er 1515 mit 16 Jahren in den Franziskanerorden ein, wo er bald durch ein intensives Gebetsleben gepaart mit äußerster
Bußstrenge auffiel. Im Jahr 1540 gründete er in El Pedroso ein Reformkloster
und wurde zum Anführer einer Reformbewegung in seinem Orden, die allerdings die typischen Merkmale der meisten damaligen Reformbewegungen
aufwies: neben der kontemplativen Ausrichtung eine Überbetonung rigoroser
Bußübungen und eine betont anti-intellektuelle Einstellung. Teresa lernte ihn
durch Vermittlung ihrer Freundin Doña Guiomar de Ulloa kennen. Er unter-
stützte sie maßgeblich bei der Gründung des Klosters San José zu Ávila (siehe
V 32–36), starb allerdings bereits wenige Monate später, am 18.10.1562 (siehe
V 27,16). Er hinterließ nur wenige geistliche Schriften, übte aber durch sein
Leben und seine äußerliche Erscheinung großen Einfluß aus. Siehe A. Barrado
Manzano, *San Pedro de Alcántara (1499–1562)*. – Obwohl Teresa nur wenige
Ansichten von ihm teilt, hat sie ihn doch offensichtlich sehr geschätzt; sie erwähnt ihn und seine Werke immer wieder in ihren Schriften, außer mehrfach
im *Leben* auch in F 6,18; 28,41; 4M 3,4; 6M 6,11; R 4a/b,4; Cp 3,8; Cs 8; Ct
2,12; 172,19.
[14] Siehe V 27,16–20 und V 30,2–7.

mit noch größerer Klarheit, als wenn ich ihn sähe, zur Überzeugung, daß er neben mir ist? Denn zu meinen, daß es wie bei
jemandem sei, der im Dunkeln ist, so daß er jemand anderen,
der bei ihm ist, nicht sieht, oder wie bei einem Blinden, paßt
nicht. Ein bißchen Ähnlichkeit hat es damit schon, aber nicht
so viel, denn dieser nimmt mit seinen Sinnen wahr oder hört
ihn sprechen oder sich bewegen, oder berührt ihn. Hier gibt es
aber nichts von all dem, und man erlebt auch keine Dunkelheit, sondern es wird der Seele durch eine Erkenntnis vor Augen
geführt, die klarer ist als die Sonne. Ich sage nicht, daß man
Sonne oder Helligkeit sieht, wohl aber ein Licht, das, ohne daß
man ein Licht sieht, das Erkenntnisvermögen erleuchtet, damit
die Seele eine so große Wohltat genießt. Es bringt große Wohltaten mit sich.[15]

4. Es ist nicht wie eine Gegenwart Gottes, die man oft spürt,
vor allem diejenigen, die das Gebet der Gotteinung oder der
Ruhe[16] erfahren, so daß es aussieht, als würden wir, sobald
wir mit dem inneren Beten anfangen wollen, den antreffen, mit
dem wir sprechen, und es den Anschein hat, als verstünden wir,
daß er uns hört wegen der Auswirkungen und geistlichen Gefühle, die wir innig liebend und glaubend zärtlich verspüren,
und wegen weiterer Entschlüsse. Diese große Gnade kommt
von Gott, und wem er sie geschenkt hat, der soll sie sehr schätzen, weil es eine ganz tiefe Gebetsweise ist; es ist aber keine
Vision, denn da erkennt man aufgrund der Auswirkungen,
die er, wie ich eben sage, in der Seele hervorruft, daß Gott da
ist, weil Seine Majestät sich auf diese Weise zu verspüren geben will. Hier[17] aber sieht man deutlich, daß Jesus Christus,
der Sohn der Jungfrau, da ist. In jenem anderen Gebet werden
uns einige Eindrücke von der Gottheit vermittelt, hier sieht
man, zusätzlich zu diesen, auch noch, daß die Allerheiligste

---

[15] Siehe zu dieser Thematik auch 6M 8,2.3.5.

[16] Im technischen Sinn, siehe V 18–21 („vierte Gebetsstufe") bzw. V 14–15 („zweite
Gebetsstufe").

[17] In der „nicht-imaginativen" (d.h. intellektuellen) Vision, die in V 27,2 beschrieben wird.

Menschheit uns begleitet und uns sogar Gnaden gewähren will.[18]

5. Der Beichtvater fragte mich also: Wer hat denn gesagt, daß es Jesus Christus sei? – Er sagt es mir öfter, antwortete ich, aber noch bevor er es mir sagte, prägte es sich meinem Erkenntnisvermögen ein, daß er es sei; außerdem sagte er es mir vorher auch immer wieder, während ich ihn nicht sah. Wenn ein Mensch, den ich nie gesehen, sondern nur vom Hörensagen kennengelernt habe, zu mir käme, um mit mir, die ich blind oder im Stockfinstern bin, zu sprechen, und er mir sagte, wer er sei, dann würde ich das wohl glauben, aber ich könnte nicht mit solcher Bestimmtheit behaupten, daß es wirklich dieser Mensch ist, als wenn ich ihn gesehen hätte. Hier sehr wohl, denn ohne daß man sieht, wird es einem mit so klarer Erkenntnis eingeprägt, daß man es, glaube ich, niemals bezweifeln kann. Der Herr will nämlich, daß es dem Erkenntnisvermögen so eingemeißelt wird, daß man nicht stärker daran zweifeln kann, als an etwas, das man sieht, ja noch nicht einmal in diesem Ausmaß. Denn bei diesem bleibt uns doch manchmal ein Verdacht, ob wir es uns nicht eingebildet haben; hier mag zwar plötzlich ein solcher Verdacht aufkommen, aber es bleibt andererseits eine so große Gewißheit, daß der Zweifel keine Kraft hat.

6. So ist es auch noch bei einer anderen Art und Weise, in der Gott die Seele unterrichtet und auf die schon erwähnte Weise mit ihr spricht.[19] Es ist dies eine so himmlische Sprache, daß man

---

[18] Erneut betont Teresa die zentrale Rolle des Gottmenschen Jesus Christus, auch und gerade in der tiefsten Kontemplation; vgl. ihre diesbezüglichen Ausführungen in V 22.

[19] Anspielung auf die inneren Ansprachen, von denen in V 25 die Rede war. An dieser Stelle geht die Autorin noch einen Schritt weiter und unterscheidet neben den dort beschriebenen mystischen Ansprachen mit *„deutlich ausgeformten Worten, die man allerdings nicht mit den leiblichen Ohren hört",* aber *„noch viel deutlicher versteht, als wenn man sie hörte"* (V 25,1), auch solche, die *„ohne Bild oder Wortgestalt"* ins Innerste der Seele hineingelegt werden und daher mit der hier beschriebenen intellektuellen Vision vergleichbar sind; man vergleiche das mit den ausgeformten bzw. wesenhaften inneren Ansprachen bei Johannes vom Kreuz; siehe 2S 28 und vor allem 2S 30.

das hier auf Erden nur schwer verständlich machen kann, auch wenn wir es noch so gern ausdrücken möchten, wenn es einem der Herr nicht durch Erfahrung beibringt. Es legt der Herr das, von dem er möchte, daß es die Seele versteht, in das tiefste Innere der Seele hinein und führt es ihr hier nicht in Bild oder Wortgestalt vor Augen, sondern nach Art der besagten Vision.[20] Man beachte sehr diese Weise, durch die Gott es bewirkt, daß die Seele das, was er will, aber auch große Wahrheiten und Geheimnisse versteht, denn häufig erkenne ich es gerade auf diese Weise, wenn der Herr mir eine Vision erklärt, die Seine Majestät mir vor Augen führen will. Und ich meine, daß es hier ist, wo sich der Böse aus diesen Gründen[21] am wenigsten einmischen kann. Wenn diese nicht richtig sind, muß ich mich wohl täuschen.

7. Es ist diese Art Vision oder Sprache[22] so vergeistigt, daß es nach meinem Dafürhalten in den Seelenvermögen oder Sinnen keinerlei Lärm gibt, aus dem der Böse etwas schließen könnte. Das ist nur manchmal und dann nur kurz der Fall, denn andere Male habe ich sehr wohl den Eindruck, daß die Seelenvermögen nicht aufgehoben und auch die Sinne nicht ausgeschaltet, sondern ganz bei sich sind. Dies geschieht nämlich in der Kontemplation nicht immer, sondern nur ganz selten, aber dann, wenn es geschieht, meine ich, daß wir nichts bewirken und auch nichts tun. Alles scheint der Herr zu wirken.

Es ist, wie wenn die Speise schon im Magen liegt, ohne daß sie gegessen wurde, ja, ohne daß wir wüßten, wie sie hineingelegt wurde, doch versteht man gut, daß sie da ist, auch wenn man nicht versteht, was das für eine Speise ist, noch wer sie hineinlegte.[23] Hier versteht man das sehr wohl, doch weiß ich

---

[20] Die in V 27,2 erwähnte Vision.

[21] Derselben Ansicht ist auch Johannes vom Kreuz, im großen und ganzen aus denselben Gründen; vgl. 2S 26,5; 31,2.

[22] Die beiden Formen der Selbstmitteilung Gottes: durch intellektuelle Vision bzw. durch eine mystische Ansprache ohne ausgeformte Worte (bzw. in der Terminologie des Johannes vom Kreuz: durch eine wesenhafte Ansprache).

[23] Teresa bringt immer wieder gern Vergleiche aus dem Bereich der Nahrungsaufnahme; vgl. V 13,11.15; 17,4; 19,2; 22,16; 32,8; und ferner CV 13,7; 18,1; 30,3; 7M 1,4; 4,11 usw.

nicht, wie sie hineingelegt wurde, denn weder hat man es gesehen, noch erkennt man es, noch hat sich je Sehnsucht danach
geregt, ja es war mir nicht einmal zur Kenntnis gelangt, daß es
das geben konnte.

8. Bei der inneren Ansprache, von der wir vorher gesprochen
haben,[24] bringt Gott das Erkenntnisvermögen dazu, acht zu
geben, damit es versteht, was da gesagt wird, auch wenn es ihm
schwerfällt, denn es sieht da so aus, als hätte die Seele andere
Ohren, mit denen sie hört, und als bringe man sie dazu, zuzuhören und sich nicht ablenken zu lassen; genau wie einer,
der ein gutes Gehör hat, etwas hören wird, auch wenn er das
nicht will, sofern man ihm nicht erlaubt, sich die Ohren zu
verstopfen, und ihn nicht alle zugleich anschreien; doch tut
dieser noch etwas, denn er ist aufmerksam, um zu verstehen,
was man ihm sagt. Hier aber tut man nichts, denn es wird
einem sogar noch das Wenige abgenommen, was man in der
Vergangenheit tat, nämlich das reine Zuhören. Man findet alles
schon fertig zubereitet und gegessen vor;[25] es gibt nichts weiteres zu tun, als zu genießen, wie wenn jemand schon die gesamte Wissenschaft in sich bewältigt vorfände, ohne sie gelernt
oder sich auch nur abgemüht zu haben, um lesen zu können,
und ohne irgend etwas studiert zu haben, und auch ohne zu
wissen, wie oder woher, weil er sich nie die Mühe gemacht
hatte, auch nur das Abc zu lernen.

9. Dieser letzte Vergleich erklärt, glaube ich, etwas von dieser himmlischen Gabe, denn die Seele erlebt im Nu, daß sie
wissend ist und daß ihr das Geheimnis der Allerheiligsten
Dreifaltigkeit und weiterer ganz erhabener Dinge so deutlich
erklärt wird, daß es keinen Theologen gibt, mit dem sie nicht
über die Wahrheit dieser Großtaten zu disputieren wagte.[26] Sie

---

[24] Siehe V 25 *passim.*
[25] Vgl. V 19,2.
[26] Von ihrem tiefen Verständnis für das Geheimnis der Dreifaltigkeit zeugen u. a.
die *Gewissensberichte* R 16, 24 und 47. – Aufgrund ihrer inneren Erfahrungen
entwickelt Teresa also den Theologen gegenüber ein neues Selbstbewußtsein;

ist so voll des Staunens darüber, daß eine von diesen Gnaden
genügt, um eine Seele völlig umzuwandeln und zu bewirken,
daß sie nichts mehr liebt, außer dem einen, von dem sie sieht,
daß er sie, ohne jede Anstrengung ihrerseits, so großer Güter
fähig macht, und daß er ihr Geheimnisse mitteilt und in so
großer Freundschaft und Liebe mit ihr umgeht, daß man es
unmöglich beschreiben kann. Denn er gewährt ihr manche
Gnadengaben, die sie verdächtig machen, weil sie Anlaß zu
Verwunderung geben und einer geschenkt werden, die sie so
wenig verdient hat, daß man es nicht glauben könnte, wenn
man nicht einen sehr lebendigen Glauben hat. Deshalb denke
ich – solange man mir nichts anderes aufträgt –, nur wenige
von denen zu erwähnen, die mir der Herr gewährt hat, es sei
denn einige Visionen, die zu irgendeinem Zweck nützlich sein
können, oder auch damit sich einer, dem der Herr dies schenken sollte, nicht entsetzt, wie ich das tat, weil es ihm unmöglich
vorkommt, oder um zu erläutern, auf welche Art und Weise
der Herr mich geführt hat, denn das ist es, was man mir zu
schreiben aufträgt.[27]

---

hier wird deutlich, daß sie sich keineswegs immer als die Unterlegene empfindet, die mangels Studiums keine Ahnung hätte, auch wenn sie sich aus takti-
schen Gründen immer wieder unwissend geben muß. Von derselben inneren
Unabhängigkeit gegenüber der Meinung der Theologen zeugt auch der erste
*Gewissensbericht: „Wenn ich im Gebet weile und an den Tagen, an denen ich
ruhig und in Gedanken bei Gott bin, könnte man mich nicht dazu bringen, zu
glauben, daß es vom Bösen stammt, weil ich das nicht kann, nicht einmal, wenn
sich alle Studierten und Heiligen der Welt zusammentäten und mir alle nur
erdenklichen Qualen antäten und ich es glauben wollte"*; siehe R 1,26. – Ihre
tiefe Gotteserkenntnis und zugleich ihre innere Sicherheit den Theologen
gegenüber wird auch von einem von ihnen, dem Dominikaner Pedro Ibáñez,
in einem Gutachten bezeugt: *„Diese Erfahrungen bewirken in ihr ein klares
Verständnis und ein bewundernswertes Licht in bezug auf die göttlichen Dinge"*
(Gutachten, BMC 2, 132); *„Wenn ihr auch alle Mitglieder der Gesellschaft [Jesu]
und alle Diener Gottes, die es auf Erden gibt, sagen oder sagen würden, daß es
vom Bösen stammt, hat sie zwar Angst und zittert vor den Visionen, aber sobald
sie sich im Gebet und in der Sammlung befindet, kann sie es nicht anders glauben, als daß es Gott sei, der mit ihr umgeht und spricht"* (ebd.).

[27] An dieser Stelle legt sie die äußeren und inneren Gründe offen, die sie bei der
Niederschrift ihres *Lebens* bewegen: Abgesehen vom offiziellen Auftrag, ihre
geistlichen Erfahrungen niederzuschreiben, sind das vor allem die Hoffnung, anderen, die Ähnliches erfahren, Mut machen zu können, und der Gedanke, daß
sich manches, was sie hier beschreibt, für andere als hilfreich erweisen könnte.

10. Um nun aber auf diese Art des Verstehens zurückzukommen, so scheint mir, daß der Herr unbedingt möchte, daß die Seele einige Kenntnis von dem erhält, was im Himmel vor sich geht. Und ich glaube, so wie man sich dort versteht, ohne zu sprechen (wobei ich nie sicher gewußt habe, daß es so ist, bis der Herr in seiner Güte wollte, daß ich es erkenne, und es mir in einer Verzückung zeigte), so ist es auch hier, daß sich Gott und die Seele schon allein deswegen verstehen, weil Seine Majestät will, daß sie es versteht, ohne daß sich die Liebe, die diese beiden Freunde zueinander haben, durch einen sonstigen Kunstgriff kundtun muß. So wie hier auf Erden, wenn sich zwei Menschen sehr gern haben und gut verstehen, es so aussieht, daß sie sich auch ohne Zeichen verstehen, nur indem sie sich anblicken. So muß es hier sein, denn ohne daß wir sehen wie, blicken sich diese beiden Liebenden fest in die Augen, wie der Bräutigam des *Hohenliedes* zur Braut sagt;[28] wie ich glaube, gehört zu haben, steht das dort.

11. O wunderbare Güte Gottes, die du dich so erblicken läßt von Augen, die vorher einen so schlechten Blick dafür hatten, wie die meiner Seele! Mögen sie sich durch diesen Blick daran gewöhnen, Herr, nie mehr unzulängliche Dinge anzuschauen, und mögen sie sich mit nichts mehr zufrieden geben außer mit dir! Wie undankbar sind doch die Sterblichen! Wie weit muß es noch kommen? Ich weiß ja aus Erfahrung, wie wahr das ist, was ich sage; und das, was man ins Wort bringen kann, ist noch das Wenigste von dem, was du mit einer Seele machst, die du zu diesen Höhen führst. O ihr Seelen, die ihr begonnen habt, inneres Beten zu halten, und ihr, die ihr echten Glauben habt, was für Güter könnt ihr denn in diesem Leben noch suchen –

---

28 Vgl. Hld 4,9: *Verzaubert hast du mich, meine Schwester Braut; ja verzaubert mit einem Blick deiner Augen.* – In den *Gedanken über die Liebe Gottes* (= *Meditationen zum Hohenlied*) wird sie Hld 6,2 und 2,16 zitieren: „ … *daß ich meinen Geliebten anblicke und mein Geliebter mich; und daß ich nach seinen Angelegenheiten sehe und er nach den meinen*" (Cp 4,8). Wieder einmal schützt Teresa Unkenntnis vor, zumal sie aus dem *Hohenlied* zitiert, einem damals als gefährlich eingeschätzten Buch der Hl. Schrift.

abgesehen von dem, was man für die Ewigkeit gewinnt –, die auch nur wie die geringste dieser Wohltaten wären?

12. Schaut, es ist so sicher, daß Gott sich denen schenkt, die alles für ihn aufgeben. Er sieht nicht auf die Person (Mt 22,16; Röm 2,11);[29] er liebt alle. Es hat keiner eine Ausrede, so erbärmlich er auch sei, da er das sogar mit mir tut, indem er mich in diese Verfassung versetzt. Beachtet, daß das, was ich sage, nicht einmal eine Andeutung ist von dem, was man sagen kann; nur das Notwendigste wird hier gesagt, um diese Art von Vision und Gnadengabe, die Gott der Seele gewährt, verständlich zu machen; aber das, was man empfindet, wenn der Herr einem seine Geheimnisse und Großtaten zu verstehen gibt, kann ich gar nicht ausdrücken, auch nicht die Beseligung, die alles, was man hier auf Erden verstehen kann, derart übersteigt, daß es einen aus gutem Grund die Freuden des Lebens geringachten läßt, weil die allesamt nur Unrat sind. Es ekelt mich an, sie hier miteinander zu vergleichen, auch wenn man die irdischen ohne Ende, von denen aber, die der Herr schenkt, nur einen Wassertropfen genösse aus dem großen, mächtigen Fluß, der für uns bereit gehalten wird.[30]

13. Es ist eine Schande, und ich empfinde es für mich tatsächlich so, und wenn ich im Himmel Scham empfinden könnte, würde ich mich dort zu Recht mehr schämen als sonst wer! Warum müssen wir denn so viele Wohltaten und Freuden und Herrlichkeit ohne Ende haben wollen, alle auf Kosten des guten Jesus? Wollen wir denn nicht wenigstens mit den Töchtern Jerusalems weinen (Lk 23,27), wenn wir ihm schon nicht mit Simon von Zyrene das Kreuz tragen helfen (Mt 27,32)? Wie könnten wir zusammen mit Vergnügungen und Zeitvertreib ge-

---

29 Vgl. CV 16,12.
30 Sehr kompakter Satz, der bedeutet: Sogar wenn man die irdischen Güter auf immer genießen könnte und von den himmlischen nur einen Tropfen zu genießen bekäme, wäre es dennoch völlig unangebracht, sie auch nur miteinander zu vergleichen. Der erste Herausgeber Fray Luis und nach ihm nahezu alle Ausgaben hatten hier eine verwirrende Zeichensetzung.

nießen, was er uns mit einem so hohen Blutzoll verdient hat? – Das ist unmöglich. Und mit eitlen Prestige-Ansprüchen glauben wir die Geringschätzung aufzuwiegen, die er für uns erlitt, damit wir auf immer herrschen? – Da führt kein Weg hin, das geht in die Irre, das ist ein Irrweg. So kommen wir dort nie an. Schreien Euer Gnaden[31] es doch laut hinaus, um diese Wahrheiten zu verkünden, denn diese Freiheit hat Gott mir genommen.[32] Ich möchte sie mir immer wieder laut zurufen, und doch habe ich so lange gebraucht, um mich zu hören und Gott zu vernehmen, wie man aus der Niederschrift ersehen wird, so daß es mir zur großen Beschämung gereicht, darüber zu sprechen; deshalb schweige ich lieber. Ich will nur sagen, was mir manchmal in den Sinn kommt. Möge es dem Herrn gefallen, mich zum Ziel zu führen, wo ich dieses Gut genießen kann.

14. Was für eine zusätzliche Herrlichkeit[33] und welches Glück wird es für die Seligen, die dies schon genießen, geben, wenn sie sehen, daß sie – wenn auch spät – nichts unterlassen haben, was ihnen, den jeweiligen Kräften und der Lebensform entsprechend, für Gott in jeder Hinsicht zu tun möglich war – und um so mehr, wer mehr tat! Wie reich wird derjenige sein, der alle Reichtümer für Christus gelassen hat (vgl. Mt 19,29)! Wie geehrt derjenige, der um seinetwillen keine Ehre wollte, sondern Gefallen daran fand, sich ganz am Boden zu erleben (vgl. Mt 27,28ff)! Wie weise derjenige, der sich freute, daß man ihn für verrückt hielt, weil man das auch der Weisheit selbst nachsagte (vgl. 2 Kor 11,16)! Und wie wenige gibt es heute, wegen unserer Sünden! Es sieht schon so aus, als seien diejenigen aus-

---

31 Erneut ist García de Toledo gemeint.

32 Eine der Stellen, an denen deutlich wird, daß Teresa unter den Einschränkungen litt, die ihr als Frau in der Kirche auferlegt waren; vgl. auch 6M 6,3 sowie V 21,2 und V 30,21, und daß sie am liebsten Aufgaben erfüllt hätte, die damals Priestern vorbehalten waren. Siehe dazu auch F 1,7.

33 *Gloria accidental*: Auch hier greift die Autorin auf einen scholastischen Begriff zurück; neben der wesenhaften Herrlichkeit der Schau Gottes wird der scholastischen Theologie zufolge denen, die sich Gott in diesem Leben ganz und gar hingegeben haben, noch ein zusätzliches, „besonderes" Maß an Herrlichkeit zuteil.

gestorben, die die Leute für verrückt hielten, weil sie sie heroische Taten von wahren Liebhabern Christi vollbringen sahen. O Welt, Welt, wie gewinnst du ständig Ansehen, weil es nur wenige gibt, die dich kennen!

15. Vielleicht glauben wir noch, daß Gott besser damit gedient ist, wenn man uns für weise und klug hält! – Ja, das muß es wohl sein, entsprechend dem, wie man auf Klugheit bedacht ist. Dann kommt es uns gleich als wenig erbaulich vor, wenn nicht jeder in seinem Stand mit viel Bedeutungs- und Geltungsbewußtsein daherkommt. Sogar als Ordensbruder, Kirchenmann oder Schwester kommt es uns vor, daß das Tragen eines alten und geflickten Kleides eine Neuerung ist und den Schwachen Ärgernis gibt, oder auch sehr gesammelt zu leben und inneres Beten zu halten; entsprechend dem, wie die Welt ist, und wie sehr die starken Antriebe, die die Heiligen nach Vollkommenheit hatten, in Vergessenheit geraten sind, glaube ich, daß dies bei den unheilvollen Dingen, die in diesen Zeiten geschehen, mehr Schaden anrichtet, als es jemandem Ärgernis gäbe, wenn die Ordensleute auch durch ihre Werke zu verstehen gäben, was sie mit Worten sagen, für wie gering man nämlich die Welt[34] halten sollte. Aus solchen Ärgernissen zieht der Herr nämlich großen Nutzen. Und wenn die einen Anstoß nehmen, regt sich bei anderen das Gewissen. Wenn es wenigstens ein Bild von dem gäbe, was Christus und seine Apostel durchmachten, denn das ist heute nötiger denn je.

16. Und welch gutes Bild davon hat uns der Herr jetzt in diesem gebenedeiten Fray Pedro de Alcántara weggenommen![35] Die Welt ist ja nicht mehr in der Lage, soviel Vollkommenheit zu ertragen. Man sagt, man hätte jetzt eine schwächere Gesundheit und die Zeiten seien nicht mehr wie früher. Dieser Heilige war aber ein Mann unserer Zeit, sein Geist aber war so stark wie in

---

[34] Also die Gesinnung, die auf Macht, Besitz und Prestige setzt.
[35] Pedro de Alcántara war am 18.10.1562 in Arenas de San Pedro (Ávila) gestorben.

früheren Zeiten, und so hatte er die Welt unter den Füßen. Denn auch wenn man nicht barfuß geht und keine so strenge Buße tut wie er, gibt es – wie ich an anderer Stelle schon gesagt habe[36] – doch viele Möglichkeiten, um die Welt immer wieder mit Füßen zu treten, und der Herr zeigt sie einem auf, wenn er den Mut dazu wahrnimmt. Und was für einen großen Mut gab der Herr diesem Heiligen, von dem ich hier spreche, um siebenundvierzig Jahre lang solch strenge Buße zu tun, wie alle wissen! Ich will etwas davon erzählen, denn ich weiß, daß das alles wahr ist.[37]

17. Er hat mir und noch einer anderen Person,[38] vor der er kaum etwas verbarg, gesagt (bei mir war der Grund die Liebe, die er zu mir empfand, weil der Herr wollte, daß ich ihn an meiner Seite hätte, damit er in einer Zeit großer Not für mich einträte und mir Mut machte, wie ich schon gesagt habe und noch sagen

---

[36] Siehe V 16,4.8 und V 21 *passim*; vgl. auch CV 1,5.

[37] In der nun folgenden Beschreibung mischt sich die aufrichtige Bewunderung mit einer leisen Ironie hinsichtlich seiner asketischen Übertreibungen. Obwohl Teresa sich den Berichten des Seligsprechungsprozesses zufolge ebenfalls strengeren Bußübungen hingegeben haben soll, als man ihren eigenen, für die damalige Zeit auffallend gemäßigten Äußerungen entnehmen kann (wobei offen bleiben muß, inwieweit sich die Zeugen unbewußt vom damals verbreiteten Heiligkeitsideal beeinflussen ließen), hatte für sie doch die Übung des inneren Betens als Vertiefung der Du-Beziehung zu Gott einen viel zentraleren Stellenwert in ihrem geistlichen Leben. Askese war für sie niemals ein Selbstzweck, sondern als Form der Nachfolge Christi in diese Du-Beziehung eingebunden. Andererseits konnte sie, wenn sie sich auf Pedro de Alcántara beruft, für ihr Gründungsvorhaben auch auf dessen Ansehen beim Volk bauen, was ihr besonders bei der Gründung in absoluter Armut von Nutzen war.

[38] María Díaz (Maridíaz) de Vivar, die in Ávila im Ruf großer Heiligkeit stand; Pedro de Alcántara war ihr geistlicher Lehrmeister. Sie wurde 1495 in dem kleinen Dorf Vita in der Nähe von Ávila als Tochter von Alonso Díaz und Catalina Hernández geboren, zog aber nach dem Tod ihrer Eltern im Jahr 1535 nach Ávila, wo sie auf Anraten von Juan de Prádanos im Haus von Doña Guiomar de Ulloa ein zurückgezogenes Leben führte. Dort dürfte Teresa sie kennengelernt haben. Sie starb 1572. In ihrer Korrespondenz spricht Teresa mit großer Hochachtung über sie, wobei sie allerdings auch die eine oder andere merkwürdige Anekdote über sie bringt, so etwa im Brief an Leonor de la Misericordia vom Mai 1582 (Ct 449,3). Von Pedro de Alcántara soll die Aussage stammen, daß die Stadt Ávila zur damaligen Zeit innerhalb ihrer Mauern drei heilige Frauen zugleich beherbergt hätte, nämlich Teresa, María Díaz und Catalina Dávila.

werde)[39] – ich glaube, er sagte, es wären vierzig Jahre gewesen, daß er täglich jeweils nur eineinhalb Stunde schlief; und das sei die Bußübung gewesen, die ihn am Anfang die meiste Mühe kostete, nämlich den Schlaf zu überwinden; und dazu sei er immer auf den Knien gelegen oder aufrecht gestanden. Das bißchen, was er schlief, geschah im Sitzen, den Kopf an ein Brettchen gelehnt, das er an die Wand befestigt hatte. Liegend konnte er nicht schlafen, auch wenn er gewollt hätte, denn seine Zelle ist – wie jeder weiß – nicht mehr als viereinhalb Fuß lang.

In all diesen Jahren hat er seine Kapuze niemals übergezogen, mochte die Sonne noch so heiß oder der Regen noch so stark sein, auch trug er nichts an den Füßen und auch kein weiteres Kleidungsstück außer einer Kutte aus grobem Wollstoff, ohne sonst etwas auf dem nackten Leib, und auch die noch so eng wie es nur gehen konnte, und darüber einen kurzen Umhang aus demselben Stoff. Er sagte mir, daß er den bei großer Kälte ablegte und in seiner Zelle Tür und Fensterchen offenließ, um auf diese Weise, wenn er den Umhang dann wieder umlegte und die Tür zumachte, den Leib zu verwöhnen, damit er besser geschützt zur Ruhe käme. Nur alle drei Tage zu essen, war ganz normal; und da ich so erstaunt war, sagte er mir, daß das gut möglich war, sobald man sich daran gewöhnt hätte. Ein Gefährte von ihm sagte mir, daß es vorkam, daß er acht Tage lang nichts aß. Das muß wohl der Fall gewesen sein, wenn er im inneren Gebet weilte, denn er hatte tiefe Verzückungen und Anstürme der Gottesliebe, von denen ich selbst einmal Zeugin war.[40]

18. Seine Armut war extrem, ebenso die Mortifikation[41] schon seit seiner Jugend, wo es vorgekommen sei, wie er mir sagte, daß er drei Jahre lang in einer Niederlassung seines Ordens

---

[39] Siehe V 27,3 bzw. V 30,2–7.

[40] Als Teresa ihm 1561 im Sprechzimmer des Menschwerdungsklosters zu Ávila etwas zu essen brachte, soll sie ihn in Ekstase vorgefunden haben, wie Francisco Marchese in seiner 1670 in Lyon erschienenen Biographie des Pedro de Alcántara berichtet (Liber 7, cap. 5).

[41] Siehe die diesbezügliche Anm. zu V 26,3.

weilte und keinen Bruder erkannte, außer am Reden, da er die Augen nie aufschlug; und so kannte er sich auch nicht aus, um an die Orte zu kommen, zu denen er der Notwendigkeit gehorchend gehen mußte, und lief deshalb den Brüdern hinterher. Das machte er auch auf den Wegen. Frauen schaute er niemals an, und das viele Jahre lang. Er sagte mir, daß es ihm inzwischen nichts mehr ausmachte, ob er etwas sah oder nicht sah. Er war jedoch schon sehr alt, als ich ihn kennenlernte,[42] und so extrem abgemagert, daß es aussah, als sei er aus Baumwurzeln zusammengeflochten.[43]

Bei all dieser Heiligkeit war er dennoch sehr liebenswürdig,[44] wenn auch wortkarg, außer man stellte ihm Fragen. Da aber war er sehr wohltuend, denn er hatte einen sehr hellen Verstand. Noch viel mehr wollte ich dazu sagen, aber ich fürchte, daß Euer Gnaden[45] sagen werden, wieso ich mich da einmische, und auch dies habe ich schon in dieser Furcht geschrieben. Darum lasse ich es dabei bewenden, daß sein Ende genauso war wie sein Leben, nämlich indem er seinen Brüdern predigte und sie ermahnte. Als er merkte, daß es mit ihm zu Ende ging, sprach er den Psalm *Laetatus sum in his quae dicta sunt mihi,*[46] und auf den Knien liegend starb er.

---

[42] Als Teresa ihn im Sommer 1558 kennenlernte, war der 1499 geborene Franziskaner noch keine 60 Jahre alt, doch legt die Beschreibung nahe, daß er älter ausgesehen haben dürfte; außerdem galten bei der damaligen niedrigen Lebenserwartung auch bereits 60-jährige als alt. Er starb mit 63 Jahren.

[43] Nach M. Bataillón stammt dieses Bild aus den Ritterromanen, von denen Teresa als junges Mädchen begeistert war, konkret aus dem Roman *Las Sergas de Esplandián.* Dort wird der Ausdruck in bezug auf eine 120-jährige Greisin verwendet, deren Gesicht ganz runzlig gewesen und deren Hände *wie Baumwurzeln* ausgesehen hätten. Es liegt nahe, daß der Anblick Pedros de Alcántara Teresa an dieses Bild erinnert hat.

[44] Eine vielsagende Bemerkung: Wenn Heiligkeit mit Rigorismus verwechselt wird, wie es damals, besonders in Reformbewegungen, nahezu die Regel war, bleibt die Liebenswürdigkeit häufig auf der Strecke. Teresa selbst setzt eindeutig einen anderen Schwerpunkt, so etwa, wenn sie von ihren Mitschwestern schreibt: „*Je heiliger sie sind, um so umgänglicher sollten sie im Verkehr mit ihren Mitschwestern sein*" (CV 41,7).

[45] García de Toledo.

[46] *Ich freute mich, als man mir sagte / zum Haus des Herrn wollen wir pilgern* (Ps 122,1). Die des Lateins unkundige Autorin hatte nach dem Gehör geschrieben: „*letatum sun yn is que dita sun miqui*".

19. In der Folgezeit gefiel es dem Herrn, daß ich an ihm noch mehr hatte als während seines Lebens, da er mir in vielen Punkten Rat gab. Ich habe ihn häufig in großer Herrlichkeit gesehen. Als er mir das erste Mal erschien,[47] sagte er mir, was für eine glückselige Buße das sei, die ihm einen solchen Lohn verdient hätte, und noch viele weitere Dinge.[48] Ein Jahr vor seinem Tod erschien er mir bei Abwesenheit,[49] und da wurde ich gewahr, daß er bald sterben würde, worauf ich ihn hinwies. Als er starb, war er einige Meilen von hier weg; da erschien er mir und sagte, daß er sich nun zur Ruhe begebe. Ich glaubte es ihm nicht, sagte es aber einigen Leuten, und acht Tage später kam die Nachricht, daß er gestorben sei, oder besser gesagt, für immer zu leben begonnen hatte.

20. So endete also dieses strenge Leben in so großer Herrlichkeit! Ich habe den Eindruck, daß er mich jetzt viel besser tröstet als damals zu seinen Lebzeiten. Der Herr hat mir einmal gesagt, daß man ihn in seinem Namen um nichts bitten würde, was er nicht erhörte (vgl. Joh 14,13). Und bei vielen Bitten, die ich seiner Fürsprache beim Herrn anempfohlen habe, habe ich erlebt, daß sie erhört wurden. Er sei für immer gepriesen. Amen.[50]

---

[47] *Apareció*, siehe Anhang I (Stichwort Erscheinen).

[48] Vgl. V 36,20.

[49] Die hier angedeutete Vision Teresas bzw. Bilokation Pedros de Alcántara (als solche wird sie ausdrücklich in seiner Heiligsprechungsbulle erwähnt) dürfte im Herbst 1562 stattgefunden haben, als die Autorin wegen immer neuer Schwierigkeiten im Zusammenhang mit der Gründung des Klosters San José in großer Not war; vgl. V 36,20f.

[50] Bei der Beschreibung dieses franziskanischen Reformators finden sich alle Kennzeichen der damaligen Reformbewegung in Kastilien wieder: extreme Armut und Fasten, Mortifikationsübungen, Schlafentzug, kleine Konvente auf dem Land, kaum Studien. Teresa wird sich davon deutlich absetzen, so daß man bei ihrem Werk besser von einer Gründung als von einer Reform spricht. Auch auf Johannes vom Kreuz passen diese Reformideen nicht. Dennoch ist unverkennbar, daß Teresa Pedro de Alcántara sehr positiv darstellt, denn zum Zeitpunkt der Niederschrift dieses Textes kamen ihr seine Autorität und Popularität sehr zu Hilfe, denn schließlich hatte sie wegen ihrer Gründung in Ávila größte Probleme. (Siehe dazu U. Dobhan, *Die Christin Teresa*).

21. Doch was für einen Wortschwall habe ich gemacht, um Euer Gnaden[51] zu ermuntern, in diesem Leben alles für nichts zu halten, wie wenn Ihr das nicht wüßtet oder nicht schon entschlossen wärt, alles aufzugeben, und es nicht schon in die Tat umgesetzt hättet! Ich erlebe aber soviel Verderben in der Welt, daß es mir Erleichterung verschafft, auch wenn meine Darstellung nichts anderes bringt als mich beim Aufschreiben abzuplagen, denn alles, was ich sage, spricht gegen mich. Der Herr verzeihe mir, womit ich ihn in diesem Fall beleidigt habe, und Euer Gnaden, da ich Euch unbeabsichtigt ermüde. Es sieht so aus, als wollte ich, daß Ihr Buße tut für die Sünden, die ich hier begangen habe.

---

[51] Wie schon öfter in den vorigen Kapiteln, spricht sie ihren Adressaten García de Toledo am Ende des Kapitels wieder direkt an.

KAPITEL 28

In ihm spricht sie über die großen Gnadengeschenke,
die ihr der Herr gemacht hat, und wie er ihr zum ersten Mal
erschien. – Sie erklärt, was eine imaginative Vision[1] ist. –
Sie spricht über die starken Wirkungen und Zeichen,
die sie hinterläßt, wenn sie von Gott kommt. – Es ist ein
sehr nützliches Kapitel und sehr zu beachten.[2]

1. Somit kehre ich zu unserem Ausgangspunkt zurück. Ich brachte einige, allerdings nur wenige Tage mit dieser sehr anhaltenden Vision zu,[3] doch brachte sie mir so großen Nutzen, daß ich nicht aus dem Beten fiel, und auch bei allem, was ich tat, bemühte ich mich, es so zu erledigen, daß ich ihm, von dem ich deutlich sah, daß er als Zeuge dabei war, nicht mißfiel. Und auch wenn ich wegen dem vielen, was man mir sagte, manchmal verängstigt war, dauerte die Angst doch nicht lange, weil der Herr mir Sicherheit gab.

Als ich eines Tages im inneren Beten weilte, wollte der Herr mir nur seine Hände zeigen, von so gewaltiger Schönheit, daß ich es nicht ausdrücken könnte. Das machte mir große Angst, denn an den Anfängen jeder übernatürlichen Gnade, die mir der Herr erweist, macht mir alles Neue große Angst. Wenige Tage danach sah ich auch jenes göttliche Antlitz, was mich offensichtlich ganz und gar in Beschlag nahm. Ich konnte nicht verstehen, warum sich der Herr nur so nach und nach zeigte, denn später sollte er mir die Gnade erweisen, daß ich ihn ganz zu sehen bekam, bis ich später verstand, daß mich Seine Majestät Schritt für Schritt so führte, der Schwäche meiner Natur entsprechend. Er sei für immer gepriesen, denn soviel Herrlichkeit

---

1 *Visión imaginaria,* siehe Anhang I.
2 Die Beschreibung der mystischen Erfahrungen wird fortgesetzt; diesmal geht es um die erste „Erscheinung", wobei der Begriff *erscheinen* oder *zich zeigen* im Sinne einer imaginativen Vision verstanden wird, wie das ab dieser Stelle immer wieder der Fall sein wird; vgl. V 31,2; 33,12f; 34,19; 36,20; usw.
3 Es handelt sich um die in V 27,2–5 beschriebene Gegenwart Christi an ihrer Seite.

auf einmal hätte ein so unzulängliches, erbärmliches Geschöpf wie ich nicht ertragen können. Und als einer, der das wußte, bereitete mich der mitfühlende Herr nach und nach vor.

2. Nun werden Euer Gnaden[4] meinen, daß es doch nicht viel Kraft brauchte, um Hände und Antlitz von solcher Schönheit zu sehen – aber die verherrlichten Leiber[5] sind das so sehr, daß die Herrlichkeit, die sie an sich haben, beim Anblick von etwas so übernatürlich Schönem kopflos macht. Und so machte mir das solche Angst, daß ich ganz verstört und aufgewühlt wurde, auch wenn ich nachher von innerer Gewißheit und Sicherheit und solchen Wirkungen erfüllt war, daß sich die Angst rasch verlor.

3. Als ich einmal am Fest des heiligen Paulus[6] in der Messe war, zeigte sich mir die ganze heiligste Menschheit, so wie er als Auferstandener gemalt wird,[7] in so großer Schönheit und Majestät, wie ich es Euer Gnaden[8] im einzelnen aufgeschrieben habe, als Ihr mir das eindringlich befohlen habt. Das hat mir ziemlich viel Schmerz bereitet, denn man kann das nicht sagen, ohne nicht zunichte zu werden, doch so gut ich konnte, habe ich es schon gesagt, und darum besteht kein Grund, hier noch einmal darauf zurückzukommen. Ich sage nur, daß es schon größte Herrlichkeit wäre, die große Schönheit der verherrlichten Leiber, insbesondere die Menschheit unseres Herrn Jesus Christus, zu sehen, falls es im Himmel nichts anderes gäbe, um die Augen zu erfreuen. Das ist es sogar schon hier,

---

[4] García de Toledo.

[5] Der Auferstehungsleib, dessen sich der Mensch im Jenseits erfreut; vgl. 1 Kor 15,35–44.

[6] Vermutlich ist das Fest Pauli Bekehrung am 25. Januar 1561 gemeint. Es könnte sich aber auch auf das Fest des hl. Petrus und Paulus (29. Juni) beziehen; siehe V 29,5.

[7] Vgl. V 29,4, wo sie sagen wird, daß sie Christus fast immer als Auferstandenen sah.

[8] Erneut ist García de Toledo gemeint; die Autorin spielt hier auf einen Gewissensbericht an, der nicht erhalten ist. Die Tatsache, daß dieser es ihr *„eindringlich befahl"* zeigt einmal mehr, wie groß sein Interesse an den Aufzeichnungen Teresas war.

wo sich Seine Majestät so zeigt, wie es unsere Armseligkeit ertragen kann; was wird erst dort sein, wo man sich dieser Wohltat voll und ganz erfreut?

4. Diese Vision habe ich nie mit den Augen des Leibes geschaut, auch wenn es eine imaginative ist, ebensowenig wie eine andere, sondern nur mit den Augen der Seele.[9]

Diejenigen, die es besser wissen als ich, sagen, daß die vorige vollkommener sei als diese, und diese wiederum viel vollkommener als die, die man mit den leiblichen Augen sieht.[10] Von letzterer sagen sie, daß es die unzulänglichste sei, wo der Böse die meisten Wahnbilder hervorrufen kann, auch wenn ich das damals nicht verstehen konnte, sondern mir wünschte, daß es so sei, wenn mir schon diese Gnade zuteil würde, daß ich es mit den leiblichen Augen sähe, damit der Beichtvater mir nicht sagte, ich würde es mir nur einbilden. Und sogar nachdem mir eine zuteil geworden war, geschah es noch – das war sofort danach –, daß auch ich das dachte, daß ich es mir eingebildet hätte. Und es machte mir zu schaffen, daß ich es dem Beichtvater erzählt hatte, weil ich glaubte, ihn getäuscht zu haben. Das war ein weiterer Grund zum Weinen, und so ging ich zu ihm und sagte es ihm. Er fragte mich, ob ich es wirklich so geglaubt hätte oder ob ich ihn hätte täuschen wollen. Ich sagte ihm die Wahrheit, denn nach meinem Dafürhalten log ich nicht, hatte das auch nie vor, noch würde ich um nichts in der Welt das eine für etwas anderes sagen. Das wußte er sehr wohl, und so versuchte er, mich zu beruhigen, während es mir leid tat, ihm mit solchen Dingen zu kommen, so daß ich nicht weiß, wie mich der Böse dazu brachte, daß ich es hätte erfinden können, nur um mich selbst damit zu quälen.

---

9 Eine wichtige Bemerkung: Bei Teresas Visionen handelt es sich immer um ein innerseelisches Geschehen, sie weist ausdrücklich die Vorstellung zurück, als wäre Christus oder ein Heiliger leibhaftig (mit den leiblichen Augen wahrnehmbar) vor ihr gestanden.

10 Vgl. V 27,2 mit der dortigen Anmerkung. Dieselbe Bewertung der einzelnen Gattungen findet sich auch bei Johannes vom Kreuz (den Teresa zum Zeitpunkt der Niederschrift allerdings noch nicht kannte), u.a. in 2S 16 und 2 S 23.

Aber der Herr beeilte sich so sehr, mir diese Gnade zu erweisen und diese Wahrheit zu erklären, daß mich der Zweifel, ob es eine Einbildung war, sehr bald verließ, und hinterher sehe ich nun ganz deutlich meine Dummheit; denn wenn ich viele Jahre damit verbracht hätte, mir vorzustellen, wie ich mir etwas so Schönes ausdenken sollte, hätte ich das weder gekonnt noch vermocht, denn es geht über alles hinaus, was man sich hier auf Erden vorstellen kann, schon allein die Weiße und der Glanz.

5. Es ist kein Glanz, der blendet, sondern eine wohltuende Weiße und ein von sich aus leuchtender[11] Glanz, der beim Anblicken riesige Wonne verschafft und dabei nicht ermüdet, genauso wenig wie die Helligkeit, die man wahrnimmt, um diese göttliche Schönheit zu sehen. Es ist ein so ganz anderes Licht als es die von hier sind, so daß einem im Vergleich zur Helligkeit und zum Licht, die einem vor Augen geführt werden, die Helligkeit der Sonne, die wir sehen, so lichtlos vorkommt, daß man nachher gar nicht die Augen öffnen möchte. Es ist dasselbe wie klares Wasser zu sehen, das über Kristall fließt, während sich die Sonne darin spiegelt, verglichen mit ganz trübem Abwasser, das bei wolkenverhangenem Himmel über die Erde läuft. Nicht, daß einem Sonnenlicht vor Augen geführt würde, und auch das Licht ist nicht wie das der Sonne; es hat letzten Endes den Anschein, als sei dieses natürliches Licht und das andere etwas Künstliches. Es ist Licht, das keine Nacht kennt, sondern, da es immer Licht ist, von nichts getrübt werden kann. Es ist letztlich von der Art, daß jemand mit einem noch so klaren Verstand sich sein Lebtag lang nicht vorstellen könnte, wie es ist. Und Gott führt es einem so plötzlich vor Augen, daß man nicht einmal Zeit hätte, die Augen zu öffnen, wenn es denn nötig wäre, sie zu öffnen. Es macht aber nichts aus, ob sie offen oder geschlossen sind, sofern es des Herrn Wille ist, denn selbst wenn wir nicht wollten, man sieht dennoch. Da gibt es keine Ablenkung, die ausreichte, noch Kraft

---

[11] Für „*infuso*", was eigentlich „*eingegossen*" heißt.

zu widerstehen, noch richten dabei Anstrengung oder Sorgfalt etwas aus. Das habe ich deutlich erfahren, wie ich noch sagen will.[12]

6. Das, was ich nun darlegen möchte, ist die Art und Weise, wie der Herr sich durch solche Visionen zeigt. Damit sage ich nicht, daß ich erklären will, wie es geschehen kann, daß dieses starke Licht dem inneren Sinn[13] und dem Verstand ein so klares Bild einprägt, daß es aussieht, als sei es wirklich da; denn das ist Sache der Studierten.[14] Der Herr hat mir das Wie nicht zu verstehen geben wollen, und ich bin so unwissend und begriffsstutzig, daß ich dieses Wie immer noch nicht ganz verstehe, auch wenn man es mir noch so sehr hat erklären wollen. Das ist gewiß wahr, denn auch wenn Euer Gnaden[15] meinen, ich hätte einen wachen Verstand, so habe ich ihn doch nicht; denn ich habe schon in vielen Punkten die Erfahrung gemacht, daß er nicht mehr versteht als das, was man ihm vorkaut, wie man so sagt.[16] Manchmal war derjenige, der meine Beichte hörte, ganz erstaunt über meine Unwissenheit; aber ich habe mir nie ganz klar gemacht, und es auch nie gewollt, wie Gott dies tut oder wie das sein konnte, noch habe ich danach gefragt, auch wenn ich – wie ich gesagt habe[17] – schon seit vielen Jahren mit gut Studierten verkehrte. Ob etwas Sünde war oder nicht, das schon; im übrigen benötigte ich für mich nichts anderes

---

12 Siehe V 29,7.

13 Parallel zu den fünf leiblichen Sinnen (Gesicht, Gehör, Geruch, Geschmack und Tastsinn) nahm die scholastische Anthropologie auch die jeweils entsprechenden inneren, geistigen Sinne an; in diesem Fall ist die geistige Sehkraft gemeint.

14 Das heißt, die Autorin verzichtet auf theologische (oder auch psychologische) Erklärungen, die sie den Fachleuten überläßt.

15 García de Toledo.

16 Teresas beachtliche Fähigkeit zur Analyse und Introspektion, von der ihr ganzes Schrifttum zeugt, beweist, daß sie im Gegenteil hochintelligent war. Es muß offen bleiben, inwieweit ihre Bescheidenheit echt ist oder zumindest auch taktische Gründe hat. In der Beteuerung, sie brauche das alles nicht zu wissen, es genüge ihr, daß es Gottes Werk sei, mag sehr wohl eine versteckte Kritik an die Adresse der Theologen mitschwingen, die alles genauestens erforschen wollen.

17 Siehe V 10,9; 13,18.

als nur zu denken, daß Gott das alles tat, um zu sehen, daß ich keinen Grund hatte, um erstaunt zu sein, sondern nur, um ihn zu loben. Die schwierigen Dinge gereichen mir vielmehr zur Andacht, und je schwieriger, desto mehr.

7. Ich will also sagen, was ich aus eigener Erfahrung gesehen habe. Wie der Herr es macht, das werden Euer Gnaden besser sagen, indem Ihr alles erhellt, was dunkel sein sollte und ich nicht zu sagen vermag.[18]

In mancherlei Hinsicht kam mir sehr wohl vor, daß das, was ich sah, nur ein Bild sei, aber in vielerlei anderer wieder nicht, sondern daß es Christus selbst war, entsprechend der Deutlichkeit, mit der es ihm gefiel, sich mir zu zeigen. Manchmal war es so undeutlich, daß es mir wie ein Bild vorkam, zwar nicht wie die Zeichnungen von hier, so gelungen sie auch seien, denn ich habe schon ziemlich viel gute gesehen.[19] Es ist Unsinn, zu glauben, daß das eine mit dem anderen auch nur irgendwie eine Ähnlichkeit hat, nicht mehr und nicht weniger als eine lebendige Person mit ihrem Porträt: Auch wenn dieses noch so gut gelungen ist, kann es doch nie so naturgetreu sein, daß man nicht sähe, daß es letztlich etwas Totes ist. Lassen wir das aber jetzt so stehen, denn es trifft hier gut zu, ja sogar wörtlich.

8. Ich spreche jetzt nicht im Vergleich, denn die sind nie so ganz passend, sondern sage die Wahrheit, daß es derselbe Unterschied ist, wie zwischen Lebendigem und Gemaltem, nicht mehr und nicht weniger. Denn wenn es schon ein Bild ist, so ist es ein lebendiges Bild, kein toter Mensch, sondern der leben-

---

[18] Man beachte die Gegenüberstellung von Erfahrungswissen und theoretischem Wissen: Sie will sagen, was sie aus Erfahrung weiß; die theoretische Erklärung interessiert sie nicht, das ist Sache der Theologen. Man vergleiche mit der Gegenüberstellung von „mystischer Theologie" (= Erfahrungskenntnis von Gott) und „Schultheologie" bei Johannes vom Kreuz in dessen Vorwort zum *Geistlichen Gesang* (C pról 3).

[19] Teresas Interesse für schöne Gemälde ist vielfach bezeugt; über ihre Vorliebe für Christusdarstellungen spricht sie u. a. in CV 34,11. Sie selbst konnte wunderschön sticken.

dige Christus; und er gibt zu verstehen, daß er Mensch und Gott ist, nicht wie er im Grab lag, sondern wie er nach seiner Auferstehung aus ihm herausging. Bisweilen kommt er mit so großer Majestät, daß es niemanden gibt, der bezweifeln könnte, daß es der Herr selbst ist, vor allem nach der Kommunion,[20] wo wir ja wissen, daß er da ist, weil es uns der Glaube sagt. Er tritt derart als Herr dieser Herberge auf, daß es der Seele so vorkommt, als würde sie sich, ganz aufgelöst, in Christus aufgezehrt erleben. O mein Jesus, wer könnte zu verstehen geben, mit welcher Majestät du dich zeigst! Und wie sehr als Herr der ganzen Welt und der Himmel und noch tausend weiterer Welten, und Welten und Himmel ohne Zahl, die du noch erschaffen könntest; der Majestät nach, mit der du dich zeigst, versteht die Seele, daß es nichts für dich ist, Herr von all dem zu sein!

9. Hier sieht man deutlich, mein Jesus, die geringe Macht aller bösen Geister verglichen mit der deinen, und wie einer, der dir zu Gefallen ist, die ganze Hölle mit Füßen treten kann. Hier sieht er den Grund, warum die bösen Geister Angst haben mußten, als du in die Vorhölle abstiegst,[21] und sich nach tausend noch tieferen Höllen gesehnt haben müssen, um vor einer so großen Majestät zu fliehen. Und ich erkenne, daß du der Seele zu verstehen geben willst, wie groß diese ist, und auch die Macht, die deine allerheiligste Menschheit im Verein mit der Gottheit hat. Hier bekommt man eine gute Vorstellung davon, was der Tag des Gerichtes sein wird, wenn man die

---

[20] Teresas mystische Erlebnisse sind fast immer in einem liturgischen Kontext eingebettet, häufig in Verbindung mit der Kommunion; vgl. V 16,2; 18,14; 20,5; 32,11; 33,12; 34,19; 38,23; 39,27; 40,5.16; F 9,5; 28,15.36; 29,6; 31,49; 7M 2,1; R 15,6; 16,1; 17,1; 26,1; 35,1; 44,1; 47,1; 49,1; 55; 57,1.

[21] Anspielung auf die liturgischen Texte des Karsamstag, in denen die Rede vom Abstieg des Auferstandenen in „die Hölle" ist , d.h. in den Limbus (Vorhölle), den Ort, wo der traditionellen Theologie nach die ungetauften, namentlich auch die vorchristlichen Gerechten auf ihre Erlösung warteten. Mit dieser Bildsprache sollte ausgedrückt werden, daß die durch Christi Tod und Auferstehung erwirkte Erlösung letztlich alle Menschen meint, nicht nur die getauften Christen.

Majestät dieses Königs sieht, und seine Strenge gegen die Bösen erlebt (Mt 24,30; 25, 31). Hier kommt es zu echter Demut, die diese Vision in der Seele zurückläßt, wenn sie ihre Erbärmlichkeit sieht, die sie nicht ignorieren kann. Hier kommen Scham und echte Reue auf wegen der Sünden, und auch wenn sie sieht, daß er ihr Liebe erweist, weiß sie doch nicht, wohin sie sich verkriechen soll, und ist von daher ganz aufgelöst.[22]

Ich behaupte, daß diese Vision, wenn der Herr der Seele ein großes Stück von seiner Größe und Majestät zeigen will, eine so gewaltige Kraft hat, daß ich es für unmöglich halte – sofern der Herr ihr nicht auf ganz übernatürliche Weise helfen wollte, indem sie in Verzückung und Ekstase versetzt bleibt (denn im Genießen geht das Schauen dieser göttlichen Gegenwart verloren) – dann wäre es, wie ich eben sage, unmöglich, daß irgend jemand sie aushielte.

Ist es wahr, daß man sie nachher vergißt? – Es bleibt einem diese Majestät und Schönheit so tief eingeprägt, daß es nicht möglich ist, es zu vergessen, es sei denn, der Herr möchte die Seele an Trockenheit und starker Einsamkeit leiden lassen, von der ich später noch sprechen will,[23] denn dann sieht es so aus, als würde sie sogar auf Gott vergessen. Die Seele ist nun schon eine andere, beständig gottrunken. Es kommt ihr vor, so scheint mir, daß von neuem lebendige und ganz glühende Liebe zu Gott einsetzt; denn auch wenn die vorige Vision, von der ich sprach,[24] bei der Gott auf bildlose Weise dargestellt wird, höher ist, so ist es doch etwas Großes, wenn diese göttliche Gegenwart gegenwärtig gesetzt und der Vorstellungskraft eingeprägt wird, damit die Erinnerung daran unserer schwachen Natur

---

[22] Was den Menschen hier klein macht, ist der gewaltige Unterschied, den er zwischen Gottes unbedingter Liebe und seinem eigenen, nach wie vor mit selbstbezogenen Motiven und „Sünden" (der Liebe Gottes widersprechenden Taten und Einstellungen) durchzogenem Verhalten wahrnimmt.

[23] Siehe V 30,12.15.18.

[24] Die in V 27,2 erwähnte intellektuelle Vision. Teresa steht also auf dem Standpunkt, daß intellektuelle Visionen zwar höher zu bewerten, imaginative aber unmittelbar hilfreicher für den Menschen sind; außerdem verbinden sich in ihrer Erfahrung bildhafte Elemente mit bildlosen, „Schau" mit „intuitiver Erkenntnis".

entsprechend andauert und das Denken fest beschäftigt bleibt. Zudem kommen beide Arten von Visionen fast immer in Verbindung miteinander; und daß sie so kommen, ist so, weil man mit den Augen der Seele die Vorzüglichkeit und Schönheit und Herrlichkeit der allerheiligsten Menschheit sieht, und uns auf jene andere Weise, von der die Rede war, zu verstehen gegeben wird, wie Gott ist, wie mächtig, und daß er alles vermag und alles anordnet und alles lenkt, und daß seine Liebe alles erfüllt.

10. Es sollte diese Vision sehr hoch und meines Erachtens als ungefährlich eingeschätzt werden, denn an ihren Wirkungen erkennt man, daß der Böse hier keinerlei Kraft hat. Ich glaube, daß er mir drei oder viermal auf diese Weise den Herrn selbst in einem Trugbild vor Augen stellen wollte: Er nimmt zwar seine Fleischesgestalt an, aber er kann sie nicht mit der Herrlichkeit nachmachen, so als käme sie von Gott. Er schafft Bilder her, um die echte Vision, die die Seele gesehen hat, wegzuschaffen; aber dem widersteht sie von sich aus, gerät durcheinander und empfindet soviel Unlust und Unruhe, daß sie die frommen Gefühle und das Wohlgefühl, das sie vorher empfand, verliert und nicht im inneren Beten verbleibt.

An den Anfängen war das – wie ich eben gesagt habe – drei oder viermal der Fall. Es ist aber so ganz anders, daß ich glaube, daß es sogar jemand, der nur das Gebet der Ruhe erfahren hätte, anhand der Wirkungen verstehen wird, die bei den inneren Ansprachen erwähnt wurden.[25] Es ist dies ganz offensichtlich, und sofern eine Seele sich nicht täuschen lassen will, glaube ich nicht, daß er sie täuschen wird, wenn sie in Demut und Schlichtheit ihren Weg geht.[26] Wer schon eine echte Vision Gottes erlebt haben sollte, würde das gleichsam sofort spüren;

---

[25] Siehe V 27,7ff.

[26] Immer wieder hebt Teresa die Demut – verstanden als „*in der eigenen Wahrheit stehen*" (vgl. 6M 10,7) – als die entscheidende Grundhaltung hervor, die den Menschen vor jeder Selbsttäuschung und Täuschung durch böse Mächte schützt. – Nach damaligem Verständnis gab es vier Möglichkeiten: visionäre Erlebnisse waren entweder göttlichen Ursprungs, wurden einem vom Bösen vorgegaukelt, beruhten auf Einbildung oder auf Melancholie – eine Bezeichnung für psychische Erkrankungen jedweder Art, welche man heute unter

denn auch wenn es mit Wonne und Wohlgefühl anfängt, weist es die Seele von sich, da meiner Meinung nach sogar das Wohlgefühl anders sein muß, denn es weist nicht das Gepräge reiner, keuscher Liebe auf. Sehr bald gibt er zu erkennen, wer er ist. So kann der Böse, wenn Erfahrung da ist, meines Erachtens keinen Schaden anrichten.

11. Daß dies Einbildung wäre, ist ganz und gar ein Ding der Unmöglichkeit. Es führt kein Weg dahin, denn allein schon die Schönheit und Weiße einer Hand geht vollständig über unsere Vorstellung hinaus. Und dann ohne eine Erinnerung daran oder je daran gedacht zu haben, in einem Augenblick Dinge vor uns zu sehen, die man sich nicht einmal mit viel Zeitaufwand mit der Vorstellung hätte zusammenreimen können,[27] weil es – wie ich schon gesagt habe[28] – weit über das hinausgeht, was wir hier auf Erden erfassen können...; das also ist unmöglich. Und sogar wenn wir diesbezüglich etwas fertigbrächten, dann sieht man es doch deutlich an dem anderen Punkt, den ich jetzt erwähnen will: Wenn es nämlich vom eigenen Verstand vorgestellt würde,[29] – abgesehen davon, daß es nicht die gewaltigen Wirkungen zeitigen würde, die diese hat, ja überhaupt keine (denn es wäre, wie wenn es jemand schaffen wollte, einzuschlafen, aber dennoch wach bleibt, weil der Schlaf noch nicht über ihn gekommen ist: Als einer, der Schlafbedürfnis oder im Kopf Schwachheit verspürt, wünscht er sich ihn, und versetzt sich in Schläfrigkeit, und macht seine Anstrengungen, und manchmal scheint er etwas auszurichten, aber wenn es kein

---

unterschiedlichen Begriffen faßt. Fragen wie die, ob im Zustand tiefer Versenkung Bilder aus dem (individuellen oder auch kollektiven) Unbewußten auftauchen können, liegen selbstverständlich außerhalb des Verständnishorizontes eines Menschen des 16. Jahrhunderts. Siehe dazu u. a. J. Álvarez, *Éxtasis sin fe.*

[27] Teresa grenzt hier eine Vision göttlichen Ursprungs gegen mühsam ausgedachte eigene Wunschbilder ab. Halluzinationen oder Bilder aus dem Unbewußten sind an dieser Stelle nicht Thema ihrer Erörterung (siehe vorangehende Anmerkung). Aus heutiger Sicht erscheint das Kriterium der positiven Wirkungen, vor allem ihre innere Verwandlung, überzeugender.

[28] Siehe V 28,4.

[29] Dieser Satz bleibt unvollendet. Nach der Parenthese mit dem ausführlichen Vergleich setzt die Autorin wieder neu an: *„so wäre es auch hier".*

richtiger Schlaf ist, wird er ihn nicht erquicken und seinem Kopf keine Kraft geben, sondern er findet sich manchmal noch erschöpfter vor) – so wäre es zum Teil auch hier,[30] daß nämlich die Seele erschöpft zurückbliebe und nicht erquickt und stark, sondern im Gegenteil müde und verstimmt. Hier aber[31] kann man gar nicht genug hervorheben, welcher Reichtum zurückbleibt: Sogar dem Leib gibt sie Gesundheit, und er geht gestärkt daraus hervor.[32]

12. Diesen Grund gab ich unter anderem an, wenn man mir sagte – was oft der Fall war –, daß es vom Bösen käme oder ich es mir einbilden würde, und brachte Vergleiche, wie ich nur konnte und sie mir der Herr einfallen ließ. Aber das nützte alles wenig. Da es nämlich an diesem Ort[33] ein paar ganz heiligmäßige Personen gab (und ich verglichen mit ihnen verdorben war), und Gott diese nicht auf diesem Weg führte, machte sich in ihnen gleich die Angst breit, daß dies anscheinend meine Sünden bewirkten, denn es machte derart vom einen zum anderen die Runde,[34] daß es bekannt wurde, ohne daß ich es jemand anderem als meinem Beichtvater gesagt hätte oder wem er mir auftrug.

13. Ich sagte ihnen einmal, wenn diejenigen, die mir das sagten, mir von einer Person, mit der ich gerade gesprochen hatte und die ich gut kenne, sagen würden, daß es nicht diese Person sei, sondern ich es mir nur eingebildet hätte, dann würde ich das, wie sie es wissen, ohne jeden Zweifel eher glauben, als das, was ich selbst gesehen hatte. Aber wenn mir diese Person einige Schmuckstücke zurückließe und ich sie als Beweise von großer Liebe in den Händen hielte, wo ich vorher keine hatte, und mich also reich sähe, wo ich doch arm war, dann könnte ich

---

[30] Bei der eingebildeten Vision.
[31] Bei der echten Vision.
[32] Vgl. V 8,6; 18,11.
[33] Ávila; vielleicht denkt sie an Leute wie María Díaz und Catalina Dávila.
[34] Vgl. V 23,13, wo sie bereits die mangelnde Diskretion ihrer Berater beklagt hatte.

es nicht glauben, auch wenn ich es wollte. Und diese Schmuck-stücke könnte ich ja vorzeigen, weil alle, die mich kannten, deutlich sähen, daß meine Seele eine andere geworden war, und das sagte auch mein Beichtvater. Es bestand nämlich in allen Punkten ein sehr großer Unterschied, durchaus nicht geheuchelt, sondern so, daß alle es eindeutig merken konnten. Weil ich vorher so erbärmlich war, sagte ich, könne ich nicht glauben, daß der Böse, falls er es hervorrufe, um mich zu täu-schen und in die Hölle zu bringen, ein so widersprüchliches Mittel anwenden würde, wie es das war, daß er mir meine Fehl-haltungen austrieb und Tugenden und Starkmut einflößte. Denn ich sah deutlich, daß ich durch diese Dinge[35] auf einmal eine andere war.

14. Mein Beichtvater – der ein ganz heiligmäßiger Pater aus der Gesellschaft Jesu war[36] –, gab, wie ich eben sage, dieselbe Ant-wort, nach dem, was ich erfuhr. Er war sehr diskret und von großer Demut, und genau diese Demut bescherte mir ziemlich große Prüfungen, denn obwohl er durchaus ein Mann des Gebets und studiert war, verließ er sich nicht auf sich, da ihn der Herr nicht auf diesem Weg führte.[37] Er hat wegen mir viel-fache und ziemlich große Prüfungen durchgemacht. So erfuhr ich, daß man ihm gesagt hatte, vor mir auf der Hut zu sein, damit ihn der Böse nicht täusche, wenn er mir etwas von dem

---

[35] Durch diese Visionen.

[36] P. Baltasar Álvarez, *„einer der besten Freunde, die ich habe"*, wie Teresa gegen Ende ihres Lebens, am 8. April 1580, in einem Brief an Isabel de Osorio (Ct 336,4) schrieb, wurde 1533 in Cervera (La Rioja) geboren. Er war nacheinan-der Rektor der Jesuitenkollegien von Medina del Campo, Salamanca und Vil-lagarcía de Campos, mehrfach Provinzial und schließlich Visitator. Als er 1558 oder 1559 Teresas Seelenführer wurde, war er erst 25 oder 26 Jahre alt und gerade erst zum Priester geweiht worden, was eine Erklärung für seine Un-sicherheit und die dadurch bedingte Not Teresas sein dürfte; siehe etwa auch V 28,15.

[37] Mit anderen Worten, er hatte keine Erfahrung mit mystischen Erlebnissen. Nach einer Prozeßaussage von Ana de los Ángeles *„legte er ihr (Teresa) strenge Proben auf … und sehr schwere Prüfungen, unter anderem ließ er sie mit ent-blößtem Gesicht im Colegio de San Gil in dieser Stadt (Ávila) eine General-beichte ablegen"* (BMC 19, 554). Er war es auch, der ihr 20 Tage lang die Kom-munion versagte; siehe V 25,14 mit der diesbezüglichen Anm.

glaube, was ich ihm sagte.[38] Man führte ihm Fälle von anderen
Personen an.[39] All das setzte mir zu. Ich fürchtete schon, daß
es keinen mehr geben würde, bei dem ich noch beichten könnte, weil sich alle von mir abwendeten. Ich konnte nur noch
weinen.

15. Es war Gottes Fügung, daß er mich auch weiterhin anhören
wollte, denn er war ein großer Diener Gottes, der sich für ihn
zu allem hergab. Und so sagte er mir, ich solle Gott nicht beleidigen und nicht von dem abweichen, was er mir sagte; dann
bräuchte ich keine Angst zu haben, daß er mich im Stich ließe.
Immer wieder ermutigte und beruhigte er mich. Er befahl mir
immer, ihm nichts zu verschweigen. So machte ich es dann
auch. Er sagte mir, wenn ich das täte, könnte es mir nicht schaden, auch wenn es vom Bösen käme, sondern der Herr würde
das Böse, das dieser meiner Seele zufügen wollte, zum Guten
wenden.[40] Er versuchte, sie in allem, wie er nur konnte, zu weiterer Vollkommenheit zu führen. Da ich solche Angst hatte, gehorchte ich ihm in allem, wenn auch nur unvollkommen, denn
in den drei oder mehr Jahren,[41] als er meine Beichte hörte,
hatte er bei diesen Prüfungen wegen mir ziemlich viel durchzumachen; denn bei den schlimmen Angriffen, denen ich ausgesetzt war, und bei vielen Dingen, in denen der Herr zuließ,
daß man über mich falsche Urteile abgab, vielfach ohne meine

---

[38] Dasselbe hat sie auch schon in V 25,15 erwähnt.
[39] Diese Ereignisse beziehen sich auf die Jahre 1559–1560. Mit den Beispielen
falscher Mystikerinnen, die man ihr nannte, dürften die Frauen gemeint sein,
die 1559 in den Autodafés von Valladolid und Sevilla verurteilt worden waren,
was im ganzen Land großes Aufsehen erregt hatte. In Valladolid handelte es
sich um mehrere Ordensschwestern des dortigen Bethlehem-Klosters, denen
man vorwarf, sich der lutherischen Lehre angeschlossen zu haben. Nun stand
ausgerechnet um diese Zeit (1559–1562) auch die Konformität der Visionen
Teresas mit der Glaubenslehre und der Hl. Schrift auf dem Prüfstand, daher
ihr dringender Wunsch, nur ja ihren Weg prüfen zu lassen; nicht umsonst verfaßte P. Ibáñez um diese Zeit ein Gutachten über „ihren Geist".
[40] Vgl. V 25,15.
[41] Einer Aussage Teresas in einem ihrer *Gewissenberichte* zufolge beichtete sie
sechs Jahre lang bei ihm; siehe R 4,3. Hier spielt sie wohl auf die drei ersten
Jahre (1558–1561) an, die für sie besonders schwierig waren.

Schuld, gingen sie mit allem zu ihm, und so wurde er wegen mir angeschuldigt, obwohl ihn keine Schuld traf.

16. Es wäre unmöglich gewesen, wenn er nicht so viel Heiligkeit gehabt hätte – und den Herrn, der ihm Mut machte –, das alles ertragen zu können, denn er mußte denen Rede und Antwort stehen, die glaubten, daß ich verloren ging, und sie glaubten ihm nicht. Andererseits mußte er mich beruhigen und von der Angst, die ich hatte, heilen, obwohl er mir noch größere einflößte. Und auf der anderen Seite mußte er mir Sicherheit geben, denn bei jeder neuen Vision ließ Gott zu, daß ich nachher große Ängste empfand, weil es etwas Neues war. All das kam daher, weil ich eine so große Sünderin bin und schon immer war. Er tröstete mich mit großer Güte, und wenn er sich selbst getraut hätte, hätte ich nicht soviel gelitten,[42] denn Gott gab ihm in allem die Wahrheit zu verstehen, weil das Sakrament selbst ihm Licht spendete, wie ich glaube.[43]

17. Die Diener Gottes, die sich nicht zufrieden gaben, sprachen häufig mit mir.[44] Da ich unbedacht einige Dinge sagte, die sie ganz anders auffaßten (einen von ihnen mochte ich sehr gern, weil meine Seele ihm unendlich viel verdankte und er sehr heiligmäßig war; es tat mir unendlich leid, zu sehen, daß er mich nicht verstand, und dabei wünschte er sich sehnlichst, daß ich vorankäme und der Herr mir Licht spendete), kam ihnen das, was ich – wie ich eben sage – ohne achtzugeben sagte, als wenig Demut vor. Sobald sie nur einen Fehler an mir wahrnahmen – und sie sahen viele –, wurde gleich alles verurteilt. Sie stellten mir immer wieder Fragen, auf die ich arglos und

---

[42] Hier sagt Teresa klar, daß er ihr trotz aller Entschuldigungen, die sie vorher für ihn anführt, letztlich viel Leid verursacht hat.

[43] Dem Biographen des P. Álvarez zufolge, hätte dieser während der Eucharistiefeier Erleuchtungen über die Personen erhalten, die seiner Leitung unterstanden. Es könnte sich aber auch auf das Sakrament der Beichte beziehen; vgl. V 23,14.

[44] Es handelt sich um die *„fünf oder sechs"* Berater, von denen in V 25,14 die Rede war. Am meisten setzte ihr Francisco de Salcedo zu, wie sie anschließend in verhüllter Sprache zu erkennen gibt.

unbedacht antwortete. Gleich glaubten sie, ich wolle sie belehren und würde mich für gescheit halten. Und das landete alles bei meinem Beichtvater, denn sie hatten, ganz gewiß, mein Wohl im Auge. Er hatte nur Tadel für mich!

18. Das ging ziemlich lange so zu, bedrängt von allen Seiten, aber dank der Gnadengaben, die mir der Herr gewährte, stand ich alles durch.

Ich sage das, damit man versteht, was für eine große Not es ist, niemanden zu haben, der Erfahrung von diesem geistlichen Weg hat; denn wenn der Herr mich nicht so umsorgt hätte, weiß ich nicht, was aus mir geworden wäre. Es gab genug Dinge, um mir den Verstand zu rauben, und manchmal erlebte ich mich in einem solchen Zustand, daß ich nicht wußte, was tun, außer die Augen zum Herrn zu erheben. Denn Widerspruch von guten Menschen gegen ein so erbärmliches, schwaches Weiblein wie mich, und obendrein ängstlich, hört sich zwar wie nichts an, aber obwohl ich in meinem Leben schlimmste Prüfungen durchgemacht habe, ist das eine der schwersten.[45]

Gebe der Herr, daß ich Seiner Majestät damit in etwa gedient habe; denn daß diejenigen, die mich verurteilten und beschuldigten, seine Diener waren, dessen bin ich mir ganz sicher, und auch, daß alles zu meinem größeren Wohl geschah.

---

[45] Vgl. V 30,6; 36,22.

KAPITEL 29

*Sie fährt mit dem Begonnenen fort und erwähnt
einige große Gnadengaben, die der Herr ihr gewährt,
und einiges, was ihr Seine Majestät zu ihrer Beruhigung gesagt
hat, und damit sie denen, die ihr widersprochen haben,
Rede und Antwort stehen könnte.[1]*

1. Ich bin weit von meinem Thema abgekommen, denn ich
war gerade dabei, die Gründe aufzuzählen, an denen man sehen
kann, daß es nicht auf Einbildung beruht.[2] Wie könnten wir uns
nämlich durch eigenes Bemühen die Menschheit Christi vorstellen, indem wir uns mit unserer Vorstellungskraft nach und
nach seine große Schönheit ausmalen? Dazu wäre nicht wenig
Zeit vonnöten, wenn es ihm auch nur in etwa ähnlich sehen
sollte.[3] Die Seele kann sich diese mit ihrer Vorstellungskraft
zwar gut vorstellen und sie auch eine Zeitlang anschauen, auch
seine Züge und seine Weiße,[4] und dieses Bild allmählich ver-

---

[1] Dieses Kapitel setzt die Thematik der beiden vorangehenden fort: Neben der
Beschreibung der weiteren Entfaltung ihres mystischen Gebetslebens setzt sich
die Autorin – vor dem Hintergrund der Angriffe, denen sie selbst jahrelang
ausgesetzt war und ihrer ständigen Gefährung durch die Inquisition – weiterhin mit Kriterien zur Unterscheidung „echter" und „falscher" mystischer Erlebnisse auseinander. Bei den in der Überschrift angekündigten *„großen Gnadengaben"* handelt es sich vor allem um folgende beiden: 1. die *„starken Sehnsuchts-
aufwallungen"*, von denen um die Jahre 1560–1563 auch in R 1,3f und R 3,5–7
und später in R 15 (1571) und R 5,13–19 (1576) sowie in 6M 2 und 6M 11
(1577) die Rede ist; 2. die *„Liebeswunden"*, ein Thema, das auch bei anderen
Mystikern, namentlich bei Johannes vom Kreuz zu finden ist, vor allem im
Geistlichen Gesang und in der *Lebendigen Liebesflamme* (siehe etwa CB 1; 7; 8;
9; und vor allem LB 2).

[2] Die Autorin greift die schon in V 27,2.7 begonnene Diskussion bezüglich der
Verläßlichkeit mystischer Erlebnisse wieder auf. Dort ging es zunächst um
Kriterien für den göttlichen Ursprung intellektueller Visionen und innerer
Ansprachen, in V 28,11 wurde dann begründet, warum die von ihr in V 28
beschriebene imaginative Christusvision nicht auf Einbildung beruhen könne;
dieser Gedankengang wird jetzt fortgesetzt.

[3] Vgl. die diesbezügliche Anm. zu V 28,11.

[4] Typische Vorstellung einer Zeit, der nicht die sonnengebräunte Haut, sondern
die möglichst „weiße" als besonders edel und schön galt, wobei kaum im
Bewußtsein gewesen sein dürfte, daß Jesus von Nazareth als Semit wohl eher
dunkelhäutig war.

vollständigen und sich ins Gedächtnis einprägen. Wer könnte ihr das nehmen, da sie es mit dem Verstand[5] hervorbringen konnte?

Bei dem, wovon wir hier sprechen,[6] gibt es dazu keine Möglichkeit, sondern wir müssen das Bild dann anschauen, wo der Herr es uns vor Augen führen will, und so wie er das will und was er will. Da gibt es nichts wegzunehmen oder hinzuzufügen, noch eine Möglichkeit dazu, so sehr wir uns auch anstrengen, auch nicht, um es zu sehen, wann wir wollen, oder zu unterlassen, daß wir es sehen. Sobald man ein bestimmtes Detail anschauen will, ist Christus gleich verschwunden.[7]

2. Zweieinhalb Jahre hat Gott mir ganz oft diese Gnade gewährt. Und nun dürften es schon mehr als drei Jahre sein, daß er sie mir mit solcher Beständigkeit in dieser Form genommen und durch etwas anderes, noch Erhabeneres ersetzt hat – wie ich vielleicht später noch sagen werde.[8] Und obwohl ich sah, daß er zu mir sprach, und ich diese große Schönheit betrachtete und die Zärtlichkeit, mit der er diese Worte mit seinem wunderschönen, göttlichen Mund spricht, manchmal allerdings auch mit Strenge, und ich mir zutiefst wünschte, die Farbe seiner Augen oder seine Körpergröße zu erkennen, um das sagen zu können, habe ich es doch nie verdient, das zu sehen; und es reicht auch nicht aus, das zu versuchen, im Gegenteil, dann entschwindet mir die Vision ganz und gar. Manchmal sehe ich zwar, daß er mich voll Erbarmen anschaut, aber es hat dieser

---

5 Erneut wirft die Autorin Verstand und Vorstellungskraft in einen Topf.

6 Bei den imaginativen Visionen.

7 Das heißt, hört die Vision auf. Selbst hier wird deutlich, daß es ihr nicht um interessante Details oder um die Befriedigung der Neugier geht, sondern um die Person.

8 Anspielung auf die Aufwallungen, von denen in V 29,8–14 die Rede sein wird; vgl. ferner 6M 11. – Aus diesen Angaben ergibt sich folgende Chronologie: intellektuelle Visionen hatte sie etwa ab 1560, jedenfalls nicht vorher (siehe V 26,5); die imaginativen Visionen begannen etwas später, vermutlich ab Mitte 1560 (siehe V 28,1.3), und kamen etwa zweieinhalb Jahre lang häufig vor, also bis etwa 1562 (siehe V 29,2); in den darauffolgenden drei Jahren, also etwa bis in die zweite Jahreshälfte des Jahres 1565 hinein, folgten die Aufwallungen, von denen ab V 29,8 die Rede ist. Zu diesem Zeitpunkt schreibt Teresa diese Zeilen.

Blick eine solche Gewalt, daß die Seele ihn nicht ertragen kann; sie bleibt in so tiefer Verzückung zurück, daß sie, um das Ganze mehr zu genießen, diesen wunderschönen Anblick verliert.[9] Wollen oder Nicht-Wollen spielen hier also keine Rolle. Man merkt deutlich, daß der Herr nichts anderes möchte als nur Demut und Zerknirschung, und daß wir annehmen, was uns gegeben wird, und ihn loben, der es uns gibt.

3. Das ist bei allen Visionen ohne jede Ausnahme so, daß man selbst nichts dazu tun kann und unser eigenes Bemühen weder etwas dazu tut noch wegtut, damit wir weniger oder mehr sehen. Es möchte der Herr, daß wir ganz klar sehen, daß dies nicht unser, sondern das Werk Seiner Majestät ist, damit wir um so weniger Stolz empfinden können, im Gegenteil, es bewirkt, daß wir sehr demütig und zurückhaltend werden, weil wir merken, daß der Herr, der uns die Möglichkeit nimmt, zu sehen, was wir wollen, uns auch diese Gnadengaben und sogar seinen Gnadenbeistand nehmen kann, so daß wir ganz und gar verloren wären; und damit wir unseren Weg immer in Furcht gehen, solange wir in dieser Verbannung leben.[10]

4. Fast immer stellte sich mir der Herr als Auferstandener vor Augen,[11] und desgleichen auch in der Hostie; bis auf einige Male, als er mir seine Wunden zeigte, um mich zu stärken, wenn ich in Bedrängnis war. Manchmal zeigte er sich mir auch am Kreuz oder im Garten,[12] oder auch mit der Dornenkrone, aber nur selten; und auch manchmal, wie er das Kreuz trug, –

---

9 Vgl. V 22,9; 25,5.

10 Erneute Anspielung auf die neuplatonische, von der mittelalterlichen *contemptus mundi*-Literatur verbreitete Vorstellung des irdischen Lebens als Gefangenschaft oder Exil; siehe V 16,8; 20,25; 21,6; E 17,3.

11 Vgl. V 28,3. Es ist dies eine wichtige Bemerkung, die zeigt, daß Teresas Spiritualität – trotz ihrer ständigen Krankheiten und der großen Nöte, auf die sie immer wieder anspielt – mehr vom Ostergeschehen als von Leidensmystik geprägt war. Sogar in Notsituationen, in denen ihr der leidende Herr innerlich näher war, sah sie ihn nicht blutüberströmt, sondern mit verklärtem Leib. Ihre Visionen führen ihr den nachösterlichen Christus vor Augen, so wie die Evangelien auch.

12 Gemeint ist der Garten Getsemani; siehe Mt 26,36–46 par.

wie ich eben sage – wegen meiner oder anderer Leute Nöte, aber immer mit verklärtem Leib.

Ich habe ziemlich viele Verunglimpfungen und Nöte durchgemacht, wenn ich das sagte, ebenso ziemlich viele Ängste und Angriffe. Es schien ihnen so sicher, daß ich es mit dem Bösen zu tun hatte, daß mich manche Leute sogar beschwören wollten.[13] Das machte mir allerdings wenig aus; mehr setzte es mir zu, wenn ich sah, daß die Beichtväter Angst hatten, meine Beichte zu hören, und wenn ich erfuhr, daß man ihnen etwas gesagt hatte. Trotzdem konnte ich es nie bedauern, diese himmlischen Visionen geschaut zu haben, und nicht für alle Güter und Freuden der Welt hätte ich auch nur eine einzige eingetauscht. Ich habe das immer für einen großen Gnadenerweis des Herrn gehalten, es kommt mir wie ein riesiger Schatz vor, und das hat mir auch der Herr selbst oft und oft bestätigt. Ich sah mich in der Liebe zu ihm sehr wachsen; zu ihm ging ich, um mich über all diese Nöte zu beklagen; immer ging ich getröstet und mit neuen Kräften aus dem inneren Beten hervor. Ihnen[14] zu widersprechen, wagte ich nicht, weil ich sah, daß dann alles noch schlimmer wurde, da sie das für mangelnde Demut hielten. Mit meinem Beichtvater[15] sprach ich darüber; er tröstete mich immer sehr, wenn er mich niedergeschlagen erlebte.

5. Da die Visionen noch zunahmen, begann auch einer von denen, die mir vorher geholfen hatten[16] (ich beichtete manchmal bei ihm, wenn der Kirchenrektor[17] nicht konnte), zu sagen, daß es eindeutig vom Bösen stamme. Da es keine Möglichkeit

---

13 Sie einem rituellen Exorzismus unterziehen.
14 Den Beichtvätern und Prüfern, von denen schon in V 23 und V 25, immer unter Wahrung der Anonymität, die Rede war. Zu den besonders ängstlichen gehörten Magister Gaspar Daza und Francisco de Salcedo.
15 P. Baltasar Álvarez; vgl. V 28,14–16.
16 Nach Gracián handelt es sich um Gonzalo de Aranda, einen Priester aus Ávila, der Beichtvater im Menschwerdungskloster war und Teresa später bei der Gründung des Klosters San José sowie bei dessen Rechtsstreit mit der Stadt half. Zu diesem Zeitpunkt gehört er zu den „fünf oder sechs" Prüfern (V 25,14), die Teresa sehr zusetzten.
17 Baltasar Álvarez, der Rektor der Jesuitenkirche war; siehe auch V 33,8.

gab, mich zu wehren, trugen sie mir auf, mich immer zu bekreuzigen, sobald ich eine Vision sähe, und ihr „den Stinkefinger zu
zeigen",[18] denn er wäre sicher, daß es der Böse sei, und nach dieser Geste würde er nicht mehr kommen; und daß ich keine
Angst haben solle, denn Gott würde mich schon beschützen
und dies von mir nehmen. Mir verursachte das großen Schmerz,
denn da ich nicht anders konnte, als zu glauben, daß es von
Gott kam, war mir das furchtbar. Auch konnte ich mir – wie ich
schon gesagt habe[19] – nicht wünschen, daß es mir genommen
würde. Aber schließlich tat ich, was sie mir auftrugen. Ich flehte
Gott inständig an, daß er mich davor bewahre, getäuscht zu werden. Das tat ich immer wieder, unter vielen Tränen, und bat
auch den heiligen Petrus und den heiligen Paulus, denn da seine
erste Erscheinung an ihrem Festtag stattgefunden hatte,[20] sagte
mir der Herr, daß sie mich davor beschützen würden, getäuscht
zu werden. So sah ich sie oft ganz deutlich an meiner linken
Seite, wenn auch nicht in einer imaginativen Vision.[21] Diese
glorreichen Heiligen waren meine besonderen Schutzherren.

6. Es tat mit furchtbar weh, „den Stinkefinger zu zeigen", sobald ich diese Vision des Herrn sah; denn wann immer ich ihn
vor mir sah, hätte ich nie glauben können, daß es vom Bösen
stammte, nicht einmal wenn man mich in Stücke gerissen
hätte, und so war es für mich eine enorme Bußübung. Um mich
nicht ständig bekreuzigen zu müssen, nahm ich ein Kreuz in
die Hand.[22] Das tat ich fast immer, „den Stinkefinger zeigte"

---

18 Eine obszöne Geste; vgl. V 25,22 mit der dortigen Anm. bzw. F 8,3 und 6M
    9,13.
19 Siehe V 27,1 und V 29,4.
20 Anspielung auf die in V 27,2 erwähnte intellektuelle Vision „am Fest des hl.
    Petrus" (womit vermutlich das Fest beider Heiliger am 29. Juni gemeint ist),
    oder auch auf die in V 28,3 erwähnte erste „Erscheinung" (imaginative Vision)
    „am Fest des hl. Paulus". Man beachte die typisch teresianische Wortwahl
    „erscheinen".
21 Also in einer intellektuellen Vision von derselben Art, wie sie in V 27,2 be-
    schrieben wurde.
22 Teresa wurde zu drei verschiedenen Gesten angehalten: dem angeblich Bösen
    den Stinkefinger zu zeigen als Geste der Verachtung; sich zu bekreuzigen, um
    ihn zu vertreiben; und schließlich ihm das Kreuz entgegenzuhalten als Geste

ich nicht so andauernd, weil es mir sehr zusetzte. Ich dachte an die Beleidigungen, die ihm die Juden zugefügt hatten,[23] und bat ihn, daß er mir verzeihe, denn ich tat es ja nur im Gehorsam zu dem, der seinen Platz einnahm, und daß er nicht mir die Schuld dafür gebe, denn es waren ja dies die Diener, die er in seiner Kirche eingesetzt hatte. Er sagte mir, daß ich mir nichts daraus machen solle, und daß ich gut daran täte, zu gehorchen, aber daß er schon dafür sorgen würde, daß man die Wahrheit erkannte. Als man mir das innere Beten verweigerte, hatte ich den Eindruck, daß er verärgert war. Er sagte mir, daß ich ihnen sagen sollte, daß das schon Tyrannei sei.[24] Er gab mir Gründe an, damit ich verstünde, daß es nicht vom Bösen stammte. Den einen oder anderen werde ich später noch nennen.[25]

7. Als ich einmal das Kreuz, das ich an meinem Rosenkranz trug, in die Hand nahm, nahm er es mit der seinen,[26] und als er es mir wieder gab, bestand es aus vier großen Edelsteinen,

---

des Exorzismus. – Um die Zeit, als sie dieses Kapitel der *Vida* verfaßte, war schon ein Gutachten des renommierten geistlichen Meisters Juan de Ávila in ihrem Besitz, in dem dieser ausdrücklich schrieb: *„Wenn diese Visionen kommen, ohne daß man sie herbeiwünscht, muß man sie zwar möglichst fliehen, aber nicht, indem man ihnen den Stinkefinger zeigt..; denn es hat mich wirklich entsetzt, daß das in diesem Fall geschah, und mir sehr wehgetan"* (Brief vom 12. September 1568; BMC 2,209). – Wie schmerzhaft diese Phase für Teresa gewesen sein muß, kann man auch an der Tatsache ermessen, daß sie noch 1573 in ihren *Klostergründungen* (F 8,3) und 1577 in der *Inneren Burg* (6M 9,12f) erneut darauf anspielt.

[23] Anspielung auf die Verhöhnung des Gekreuzigten in Mt 27,40–42. Als Kind ihrer Zeit betrachtete Teresa „die Juden" als verantwortlich für den Leidensweg und die Hinrichtung Jesu; eine differenziertere Sicht der damaligen Ereignisse hat sich aufgrund besserer Geschichtsforschung erst in den letzten Jahrzehnten durchgesetzt.

[24] Teresa zufolge ist es also Christus selbst, der sie gegen ihre Peiniger in Schutz nimmt. Man beachte, daß es ihr auf diese Weise gelingt, ihren Beichtvätern, die jede Kritik als „mangelnde Demut" von sich wiesen, unverblümt die Wahrheit zu sagen, ohne deswegen angegriffen werden zu können.

[25] Siehe V 29,8 und ferner V 30,8ff und V 34,16.

[26] Auf die Geschichte dieses Kreuzes gehen Francisco de Ribera in seiner *Vida* (I, Kap. 11) und Jerónimo de San José in seiner *Historia del Carmen Descalzo* (II, Kap. 20) ausführlich ein. Der Leser beachte, daß es sich nicht um eine äußerlich wahrnehmbare Veränderung des Kreuzes, sondern um ein inneres Erlebnis Teresas handelt.

unvergleichlich viel kostbarer als Diamanten, denn für etwas, was man auf übernatürliche Weise sieht, gibt es kaum einen passenden Vergleich. Ein Diamant erscheint neben den Edelsteinen, die man dann sieht, als etwas Gefälschtes und Unvollkommenes. Es waren darauf wunderschön die fünf Wunden abgebildet. Er sagte mir, daß ich es von jetzt an immer so sehen würde, und so geschah es mir wirklich, denn ich sah nicht das Holz, aus dem es gemacht war, sondern diese Edelsteine. Aber außer mir sah das niemand.

Als man mir aufzutragen begann, diese Proben auszuführen und Widerstand zu leisten, nahmen die Gnadenerweise noch viel mehr zu. Auch wenn ich mich ablenken wollte, kam ich nie mehr aus dem Beten heraus. Sogar noch im Schlaf hatte ich den Eindruck, darin zu verweilen. Denn hier gab es nun das Wachsen in der Liebe, aber auch den Leiden, die ich dem Herrn sagte, und daß ich es nicht mehr ertragen könne; und ich es nicht in der Hand hätte, auch wenn ich wollte und noch so sehr versuchte aufzuhören, an ihn zu denken. Dennoch gehorchte ich, so gut ich vermochte, aber ich vermochte da nur wenig oder gar nichts, und der Herr nahm es mir nie. Aber obwohl er mir sagte, daß ich es tun solle, beruhigte er mich andererseits und brachte mir bei, was ich ihnen zu sagen hätte, und so macht er es bis heute, und gab mir so reichlich Gründe an, daß es mir volle Sicherheit verschaffte.

8. Kurz danach begann Seine Majestät, wie er es mir versprochen hatte,[27] noch deutlicher anzuzeigen, daß er es war, wobei in mir eine so starke Gottesliebe wuchs, daß ich nicht wußte, wer sie mir wohl eingab, denn sie war ganz übernatürlich, und ich sie mir doch auch nicht verschaffte. Ich sah mich geradezu sterben vor Sehnsucht, Gott zu sehen, und wußte nicht, wo ich dieses Leben suchen sollte, es sei denn durch den Tod.[28] Es

---

[27] Siehe V 29,6.

[28] Zeugnisse dieser Todessehnsucht, die auch bei anderen Mystikern bezeugt ist, gibt es vor allem im *Leben* (Siehe V 16,4; 17,1; 20,12f; 21,6; 29,8.10.12; 30,20; 33,8; 34,10; 40,20) und in einigen Gedichten: *„Ich lebe, ohn' in mir zu leben"* (*Vivo sin vivir en mí;* P 1); *„Liebendes Zwiegespräch"* (*Coloquio amoroso;* P 4);

überkamen mich heftige Aufwallungen dieser Liebe, so daß ich nicht wußte, was ich mit mir anfangen sollte, auch wenn sie nicht so unerträglich waren, wie die, die ich schon einmal erwähnt habe,[29] und auch nicht von so hohem Wert; denn nichts genügte mir, nichts paßte in mich, sondern ich hatte wirklich den Eindruck, daß man mir die Seele herausreiße. O erhabener Kunstgriff des Herrn! Welch zartfühlenden Trick hast du deiner armseligen Sklavin gegenüber angewandt! Du hast dich vor mir verborgen und mich mit deiner Liebe bedrängt, in einem so köstlichen Sterben, daß die Seele nie aus ihm herausgehen möchte.[30]

9. Wer diese gewaltigen Aufwallungen nicht erlebt hat, kann sie unmöglich verstehen, denn es handelt sich nicht um eine Beklemmung der Brust, noch um ein paar fromme Anwandlungen, die öfter einmal vorkommen, und den Eindruck erwecken, als wollten sie den Geist ersticken, so daß sie nicht mehr in ihn hineinpassen. Das ist ein unzulänglicheres Beten, und man sollte diese Gefühlsausbrüche unterbinden, indem man sie mit Sanftheit im Innern zu sammeln und die Seele zum Schweigen zu bringen versucht. Es ist damit nämlich wie mit Kindern, die einen Weinkrampf haben, wo es aussieht, als würden sie ersticken, aber wenn man ihnen zu trinken gibt, hört dieser Gefühlsüberschwang auf. So soll die Vernunft es auch hier unterbrechen, indem sie die Zügel anzieht, denn es könnte sein, daß unsere Natur noch dazu beiträgt; man kehre zur Betrachtung zurück, mit dem Bedenken, daß dies nicht alles vollkommen ist, sondern zum Großteil sinnenhafter Natur sein

---

„Seufzer einer verbannten Seele" (*Ayes del destierro*; P 7). Es handelt sich um eine vorübergehende Phase im Leben der Autorin (etwa 1562–1565); in einer späteren Lebensphase lernte sie, *„ihn in diesem Leben zu suchen"*, und es trat die Todessehnsucht zurück, zugunsten des Wunsches, Gott im Hier und Jetzt zu dienen; vgl. 7M 3,6f (1577 geschrieben).

[29] Vgl. V 20,8ff; siehe ferner auch R 5,13ff.

[30] Hier nennt sie also auch die paradoxe Erfahrung dieser immensen, aber unerfüllten Todessehnsucht, um bei Gott zu sein, einen „Tod"; vgl. den Schluß des Refrains des Gedichtes *„Ich lebe, ohn' in mir zu leben"* (*Vivo sin vivir en mí*; P 1): *„denn ich sterbe, weil ich nicht sterbe"*.

könnte,[31] und bringe dieses Kind mit einer herzlichen Liebkosung zum Schweigen, die es dazu bringt, auf sanfte Weise zu
lieben und nicht, wie man so sagt, mit Faustschlägen.[32] Man
möge diese Liebe im Innern sammeln, nicht wie bei einem
Topf, der zu stark kocht, weil man unüberlegt Holz aufgelegt
hat, so daß alles überkocht. Man mildere den Anlaß, den sie
hatten, um derart Feuer zu fangen, und versuche, die Flamme
mit sanften Tränen zu löschen, und nicht mit so schmerzlichen,
wie es die von diesen Gefühlsausbrüchen sind, die viel Schaden anrichten. An den Anfängen habe ich das manchmal erlebt, aber sie machten mich im Kopf so verwirrt und meinen
Geist so erschöpft, daß ich noch am nächsten Tag und noch
länger nicht imstande war, zum inneren Beten zurückzukehren. So tut an den Anfängen große Klugheit Not, damit alles
in Sanftheit vor sich gehe und der Geist es lerne, innerlich zu
arbeiten. Das Zeigen nach außen bemühe man sich sehr zu
vermeiden.[33]

10. Jene anderen Aufwallungen sind ganz anders. Da legen nicht
wir Holz ins Feuer, sondern es sieht so aus, als würden wir,
sobald das Feuer schon brennt, plötzlich hineingeworfen, um
zu verbrennen. Die Seele bewirkt nicht selbst, daß die durch
die Abwesenheit des Herrn hervorgerufene Wunde schmerzt,[34]
sondern es wird ihr manchmal ein Pfeil ins Innerste der Eingeweide und des Herzens geschossen, so daß die Seele nicht
weiß, wie ihr ist oder was sie möchte. Sie erkennt sehr wohl,

---

[31] Also keineswegs eine tiefe geistliche Erfahrung, sondern ganz natürliche Gefühlsduselei, von der Teresa nicht viel hält.

[32] Ein gutes Beispiel für die teresianische Pädagogik der „Sanftheit" und Gewalt-
losigkeit: Die Seele, die sich auf unreife Gefühlsduselei einläßt, ist für sie wie
ein aufgewühltes Kind, das man nicht gewaltsam zum Schweigen bringen,
sondern mit Liebkosungen und gutem Zureden beruhigen sollte.

[33] Es geht also darum, äußere Gefühlsausbrüche zu vermeiden, und statt dessen
den inneren, geistigen Verkehr mit Gott zu erlernen.

[34] Die durch die Abwesenheit Gottes hervorgerufene Liebeswunde im Herzen des
Menschen ist ein Topos, der bei vielen Mystikern zu finden ist; siehe bei Johannes vom Kreuz etwa CB 1; 7; 8; 9; und vor allem LB 2. Zum Bild der Ver-
wundung oder Herzdurchbohrung (Transverberation) mit einem Pfeil, siehe
Anm. zu V 29,13. Vgl. auch R 5,17ff.

daß sie Gott gern hat, und daß der Pfeil offenbar mit Gift[35] ein-
gerieben war, damit sie sich aus Liebe zu diesem Herrn gering-
achtet, und daß sie liebend gern ihr Leben für ihn drangäbe.

Es läßt sich gar nicht genug sagen oder ausdrücken, auf welche Weise Gott die Seele verwundet, und welch außerordentlich großen Schmerz es verursacht, denn es macht sie völlig
selbstvergessen. Aber es ist dies ein so köstlicher Schmerz, daß
es in diesem Leben keine Freude gibt, die mehr Befriedigung
schenkt.[36] Die Seele würde – wie ich schon gesagt habe[37] – am
liebsten immerfort an dieser Krankheit sterben.

11. Diese Verbindung von Schmerz und Herrlichkeit brachte
mich durcheinander, denn ich konnte nicht verstehen, wie so
etwas möglich war. Was hat es doch mit einer verwundeten
Seele auf sich! Ich sage das, damit man versteht, daß man sie
aus diesem einmaligen Grund eine verwundete nennen kann;
sie sieht deutlich, daß nicht sie sich dorthin bewegt hat, von
wo ihr eine solche Liebe herkam, sondern daß anscheinend
aus der übergroßen Liebe, die der Herrn zu ihr hat, plötzlich
dieser Funke auf sie übergesprungen ist, der sie ganz in Flammen setzt. Wie oft fällt mir, wenn ich in diesem Zustand weile,
der Vers Davids ein: *Quemadmodum desiderat cervus ad fontes
aquarum*,[38] denn mir ist, als erlebte ich genau das an mir!

12. Wenn das nicht ganz stark auftritt, hat es den Anschein, als
würde es durch ein paar Bußübungen ein wenig gemildert, zumindest sucht die Seele – weil sie nicht weiß, was sie tun soll –

---

[35] Mit dem Saft eines Giftkrauts rieb man die Pfeilspitzen ein, um sie todes-
sicherer zu machen; dieselbe Metapher verwendet die Autorin auch in einem
Gedicht (P 3).

[36] Die paradoxe Verbindung von Schmerz und Beseligung findet sich bei Teresa
an vielen Stellen, siehe auch V 20,15; 29,10; und ferner etwa 5M 1,4; 6M 2,2.4;
6,1.10; Ct 177,5. – Auch Johannes vom Kreuz besingt dieses Paradox in geradezu ekstatischer Sprache, siehe vor allem den Kommentar zum Vers der
Lebendigen Liebesflamme "O Wunde wonnetrunken", LB 2,6ff.

[37] Siehe V 29,8.

[38] *Wie der Hirsch lechzt nach frischem Wasser* (Ps 42,1). Die Autorin hatte nach
dem Gehör geschrieben: *"quemadmodun desiderad cervus a fontes aguarun"*.

nach Abhilfe, doch man verspürt diese nicht stärker, und selbst Blutvergießen verursacht keinen größeren Schmerz, als das bei einer Leiche der Fall wäre.[39] Sie sucht nach Mitteln und Wegen, um aus Liebe zu Gott etwas zu tun, was ihr weh tut, aber der erste Schmerz[40] ist so stark, daß ich nicht weiß, welche körperliche Qual ihn ihr nehmen könnte. Weil es keine Abhilfe[41] gibt, sind diese Heilmittel für eine so erhabene Krankheit allzu unzureichend. Es wird ein wenig gemildert, und die Seele kommt irgendwie durch, wenn sie Gott bittet, ihr für ihre Krankheit Abhilfe zu gewähren, doch sieht sie keine andere als den Tod, denn nur dadurch glaubt sie, zum vollen Genuß ihres Gutes zu kommen. Andere Male ist der Schmerz so stark, daß sie weder dies noch sonst etwas machen kann, da es den ganzen Körper erfaßt. Sie kann weder Füße noch Hände bewegen, vielmehr sinkt sie, wenn sie aufrecht steht, wie eine leblose

---

[39] Körperliche Bußübungen gehörten zum selbstverständlichen Repertoire religiöser Verhaltensweisen in Teresas Lebensumfeld; auch ihre *Konstitutionen* sehen sie vor. In welchem Ausmaß sie selbst sie geübt hat, ist nicht eindeutig zu belegen. Teresa neigt dazu, das Ausmaß ihrer körperlichen Bußübungen als gering darzustellen, Aussagen ihrer Mitschwestern und ihres Arztes in Burgos weisen in eine andere Richtung. Wie aus dieser Stelle ersichtlich, hat die körperliche Bußübung für sie den Sinn, dem Schmerz der Sehnsucht nach Gott etwas entgegenzusetzen. Andernorts begründet sie, es gehe darum, aus Liebe zu Gott etwas zu leiden. Bei aller zeitlosen Gültigkeit vieler ihrer Aussagen und Ansichten findet sich hier ein stark zeitbedingtes Element ihrer Religiosität, das den heutigen Leser befremden mag. Es gilt allerdings hervorzuheben, daß Teresa der Beherrschung der Eigenliebe stets den Vorzug gegenüber äußerlichen Bußpraktiken gibt, daß sie sich deutlich und bewußt von den erheblich rigoristischeren Tendenzen absetzt, die ihr in ihrem Umfeld begegnen, und daß sie immer auch für ein Wahr- und Ernstnehmen leiblicher Bedürfnisse eintritt. Auch ist zu beachten, daß solche Praktiken auf dem Erfahrungshintergrund einer Zeit entstanden sind, in der Menschen sich weit mehr als heute undurchschaubaren, elementaren Naturgewalten ausgeliefert fühlten – man denke an die Geißlerzüge des Mittelalters als kollektive Buße zur Abwendung des „schwarzen Todes". Das Körperkonzept, das durch die Erfahrung einer solchen beständigen Bedrohung durch Krankheiten, Seuchen und frühen Tod beeinflußt wird, mag zwangsläufig andere Ausprägungen aufweisen als unser heutiges, in dem sich erheblich nüchterneres Welterleben spiegelt. (Vgl. B. Souvignier, *Die Würde des Leibes*, 235–292.) (B. S.)

[40] Der durch den Funken der Gottesliebe verursachte Schmerz.

[41] Die einzig wirkliche Abhilfe wäre nach V 29,8 der Tod, der es ihr erlauben würde, immer bei Gott zu sein, weshalb sie im folgenden darum bittet.

Masse[42] zusammen, ohne auch nur atmen zu können. Sie stößt nur ein paar Seufzer aus, nicht sehr stark, weil sie nicht mehr vermag, doch in ihrem Empfinden sind sie stark.[43]

13. Es gefiel dem Herrn, daß ich dabei einige Male folgende Vision sah:[44] Ich sah einen Engel neben mir, an meiner linken Seite, und zwar in leiblicher Gestalt,[45] was ich sonst kaum einmal sehe. Auch wenn Engel mir öfter dargestellt werden, geschieht das doch, ohne daß ich sie sehe, sondern wie bei der vorigen Vision, von der ich zuerst gesprochen habe.[46] In dieser Vision nun wollte der Herr, daß ich ihn wie folgt sah: Er war nicht groß,

---

[42] Wörtlich: *„wie etwas, was transportiert wird".*

[43] Teresas mystisches Erleben umfaßt in ganzheitlicher Weise auch die Ebene des Leiblichen, ohne daß im Nachhinein exakt zu sagen wäre, welche Erfahrung sie gemacht hat. In der Erfahrung von Schmerz und Wonne, die in der folgenden Vision stärker hervorheben wird, findet sich *auch* eine Beschreibung des mystischen Erlebens in Paradoxen, um das eigentlich Unsagbare in Worte zu fassen. Blankers weist darauf hin, daß der Versuch der nachträglichen Analyse solcher Erfahrungen bei Teresa der Ganzheitlichkeit ihres Erlebens im Grunde nicht gerecht wird (H. Blankers, *Dilemma's in lichamelijkheid. Interpretatie van het mystieke genieten bij Teresa van Avila*). (B. S.)

[44] Die im folgenden beschriebene Erfahrung der Transverberation (Herzverwundung) ist seit Augustinus in der Geschichte der Mystik bezeugt; im Mittelalter war sie geradezu ein Topos, der bei Mystikerinnen wie Beatrix von Nazareth, Mechtild von Hackeborn und Gertrud von Helfta zu finden ist. Johannes vom Kreuz beschreibt sie ausführlich in LB 2,9, wobei davon auszugehen ist, daß er sich auf die hier beschriebene, später von Bernini in seiner Marmorgruppe in der Kirche Santa Maria della Vittoria in Rom verewigte Erfahrung Teresas bezieht. Allerdings wird sie bei ihm als geistige (intellektuelle) Vision beschrieben, während Teresa von einer imaginativen Vision spricht. – Das Bild der Durchbohrung des Herzens mit einem glühenden Pfeil steht für eine tiefe innere Erfahrung, die sich als paradoxe Erfahrung von Schmerz und Wonne bis in die Leiblichkeit hinein auswirkt, hat jedoch nichts mit der materiellen Läsion zu tun, die man nach dem Tod Teresas an ihrem konservierten Herzen wahrzunehmen glaubte; vgl. Anm. zu V 29,14. Im übrigen spricht Teresa nicht von einer einmaligen Erfahrung, sondern sagt ausdrücklich, daß sie diese Vision *„einige Male"* hatte. Vgl. auch 6M 2,4 und R 5,17. Im Teresianischen Karmel wird mit einem eigenen liturgischen Gedenktag an diese Erfahrung Teresas erinnert (26. August).

[45] Das bedeutet nicht, daß es sich um eine leibliche Vision handelte; solche hat sie ja nach eigenem Bekunden nie erlebt; siehe V 28,4. Vielmehr ist hier gemeint: in einer imaginativen Vision, bei der ihr das im folgenden beschriebene innere Bild eines Engels vor Augen stand.

[46] Anspielung auf die in V 27,2 erwähnte intellektuelle Vision.

eher klein, sehr schön, mit einem so leuchtenden Antlitz, daß er allem Anschein nach zu den ganz erhabenen Engeln gehörte, die so aussehen, als stünden sie ganz in Flammen. Es müssen wohl die sein, die man Cherubim[47] nennt; ihre Namen sagen sie mir nämlich nicht; ich sehe aber sehr wohl, daß es im Himmel zwischen den einen und den anderen Engeln, und diesen und wieder anderen einen so großen Unterschied gibt, daß ich es nicht sagen könnte. Ich sah in seinen Händen einen langen goldenen Pfeil, und an der Spitze dieses Eisens schien ein wenig Feuer zu züngeln. Mir war, als stieße er es mir einige Male ins Herz, und als würde es mir bis in die Eingeweide vordringen. Als er es herauszog, war mir, als würde er sie mit herausreißen und mich ganz und gar brennend vor starker Gottesliebe zurücklassen. Der Schmerz war so stark, daß er mich diese Klagen ausstoßen ließ,[48] aber zugleich ist die Zärtlichkeit, die dieser ungemein große Schmerz bei mir auslöst, so überwältigend, daß noch nicht einmal der Wunsch hochkommt, er möge vergehen, noch daß sich die Seele mit weniger als Gott begnügt. Es ist dies kein leiblicher, sondern ein geistiger Schmerz, auch wenn der Leib durchaus Anteil daran hat, und sogar ziemlich viel. Es ist eine so zärtliche Liebkosung, die sich hier zwischen der Seele und Gott ereignet, daß ich ihn in seiner Güte bitte, es den verkosten zu lassen, der denkt, ich würde lügen.

14. An den Tagen, an denen dies andauerte, war ich wie benommen. Am liebsten hätte ich nichts sehen und reden, sondern mich nur meinem Schmerz hingeben wollen, der für mich größere Herrlichkeit bedeutete als alle zusammen, die es in der geschaffenen Welt gibt.[49]

---

[47] P. Báñez korrigierte: *„Es hört sich eher nach einem der Seraphim an“*; auch Johannes vom Kreuz spricht in LB 2,9 von einem Seraph. Schon die Kirchenväter hatten anhand der Schrifttexte eine detaillierte Hierarchie der Engel ausgearbeitet, auf die sich hier Teresa bezieht, ohne sich jedoch – wie ihr der vorsichtigen Formulierung zufolge wohl bewußt ist – genügend damit auszukennen.

[48] Vermutlich eine Anspielung auf die Seufzer, von denen in V 29,12 die Rede war.

[49] Teresa betont unmißverständlich, daß es sich um keinen leiblichen, sondern um einen geistigen Schmerz handelt, der auf paradoxe Weise zugleich ein tiefes Wohlgefühl darstellt (vgl. die diesbezügliche Anmerkung zu V 29,12). In der

Das erlebte ich einige Male,[50] sobald der Herr wollte, daß mich diese Verzückungen überkamen; sie waren so gewaltig, daß ich mich gegen sie nicht wehren konnte, nicht einmal wenn ich unter Leuten weilte, so daß sie zu meinem großen Leidwesen allmählich bekannt wurden. Seit ich sie erfahre, verspüre ich diesen Schmerz nicht mehr so stark, wohl aber den, von dem ich früher an anderer Stelle – ich erinnere mich nicht mehr, in welchem Kapitel[51] – gesprochen habe, und der in mehrfacher Hinsicht ganz anders und wertvoller ist. Im Gegenteil, sobald dieser Schmerz, von dem ich jetzt spreche, einsetzt, sieht es aus, als würde der Herr die Seele entrücken und in Ekstase versetzen, und so ist es nicht mehr möglich, Schmerz zu empfinden oder zu leiden, weil dann gleich das Genießen einsetzt.

Er sei für immer gepriesen, daß er einer so viele Gnaden erweist, die so großen Wohltaten so schlecht entspricht!

Tradition ist diese visionäre Erfahrung Teresas als real-leibliches Geschehen gedeutet worden, bis hin zu dem Punkt, eine fragliche Läsion des konservierten Herzens als Pfeilwunde anzusprechen. Teresas Herz wird im Karmel von Alba de Tormes in einem kristallenen Reliquiar aufbewahrt und ist verschiedentlich von Medizinern in Augenschein genommen worden. Deren Diagnosen reichten von der Beschreibung eines infarktgeschädigten Herzens über Narbenbildung in der Folge einer Brucelloseinfektion mit Herzbeteiligung bis hin zu zufälliger Beschädigung bei der Entnahme des Organs aus dem Brustkorb durch den Bischof von Salamanca einige Jahre nach Teresas Tod. Es wurde auch die Vermutung geäußert, daß es sich bei den beschriebenen Auffälligkeiten um eine besonders deutlich ausgeprägte anatomische Struktur handele, die sich, weniger stark ausgeprägt, an jedem normalen menschlichen Herzen findet. Vgl. V 23,13 mit Anm. (A. Senza Varela, *La enfermedad de Santa Teresa de Jesús*; C. Fernández-Ruiz, *Medicina y médicos en la vida y obra de Santa Teresa de Jesús*.) (B. S.)

50 Erneute Bestätigung, daß ihr diese Erfahrung nicht nur einmal, sondern öfter zuteil wurde.

51 In V 20,9ff.

KAPITEL 30

Sie macht mit dem Bericht über ihr Leben wieder weiter
und wie ihr der Herr in ihren Nöten sehr weiterhalf,
indem er den heiligmäßigen Fray Pedro de Alcántara aus dem
Orden des glorreichen heiligen Franziskus an den Ort
brachte, an dem sie lebte. – Sie spricht über große Versuchungen
und innere Nöte, die sie einige Male durchgemacht hat.[1]

1. Da ich sah, daß ich wenig bis gar nichts tun konnte, um diese starken Aufwallungen nicht zu haben, bekam ich auch Angst, sie zu erleben; denn wie Schmerz und Glück zusammengehen konnten, das konnte ich nicht verstehen. Leiblicher Schmerz und geistiges Glücksgefühl, daß das gut möglich ist, das wußte ich schon, aber so extremer geistiger Schmerz mit einem so überaus starken Wohlgefühl, das machte mich durcheinander.

Zwar gab ich das Bemühen, mich dagegen zu wehren, noch nicht auf, aber ich vermochte so wenig, daß ich manchmal müde wurde. Da verteidigte ich mich mit dem Kreuz und wollte mich so gegen den schützen, der uns alle am Kreuz verteidigt hat.[2] Ich sah, daß mich keiner verstand, denn das erkannte ich ganz deutlich, doch wagte ich das keinem zu sagen, außer meinem Beichtvater,[3] weil das bedeutet hätte, klar und deutlich zu sagen, daß ich keine Demut hatte.

2. Es gefiel dem Herrn, meiner Not zu einem großen Teil – damals sogar ganz – abzuhelfen, indem er den gebenedeiten Fray Pedro de Alcántara an diesen Ort[4] führte, den ich schon

---

1 Dieses Kapitel bildet mit dem folgenden eine Art Diptychon: In V 30 geht es um innere Versuchungen und Nöte, in V 31 um äußere Versuchungen und Wahnbilder des Bösen. Dabei verliert sie sich in eine Vielzahl von Einzelheiten, vermutlich auf das Drängen von P. García de Toledo hin; vgl. V 30,22.
2 Man beachte das Wortspiel.
3 P. Baltasar Álvarez.
4 Ávila. – Der Leser beachte, daß sie zwar Fray Pedro de Alcántara, der zum Zeitpunkt der Niederschrift bereits verstorben (und daher nicht mehr gefährdet)

erwähnt und über dessen Buße ich schon etwas gesagt habe;[5] man hat mir unter anderem versichert, daß er zwanzig Jahre lang ununterbrochen einen metallenen Bußgürtel getragen hatte. Er ist Verfasser einiger kleiner Schriften über das innere Beten in der Muttersprache,[6] die heutzutage sehr verbreitet sind, denn weil er es selbst eingehend geübt hatte, hat er es zum großen Nutzen für alle beschrieben, die es halten.[7] Er beobachtete die erste Regel des hochseligen heiligen Franziskus in aller Strenge, und noch manch anderes, von dem einiges an jener Stelle gesagt wurde.

3. Da nun die Witwe und Dienerin Gottes, von der ich schon gesprochen habe, meine Freundin,[8] erfuhr, daß dieser große Mann hier war, und um meine Not wußte, weil sie Zeugin meiner Bedrängnisse war und mich immer wieder sehr tröstete – denn sie hatte einen so starken Glauben, daß sie nichts anderes glauben konnte, als daß das, was die allermeisten dem Bösen zuschrieben, vom Geist Gottes kam, – und da sie ein sehr vernünftiger Mensch und sehr verschwiegen ist und der Herr ihr im Gebet ziemlich viel Gnade erwies, wollte ihr Seine Majestät in einer Angelegenheit Licht spenden, wo sich die Studierten

---

war und außerdem – wie vorher schon Francisco de Borja (siehe V 24,3) – mit seiner Autorität für ihre Glaubwürdigkeit, d.h. für den göttlichen Ursprung ihrer Erfahrungen bürgte, namentlich erwähnt, aber sonst strikte Anonymität wahrt, sogar hinsichtlich ihres Wohnortes.

[5] Siehe V 27,16ff.

[6] *En romance.*

[7] Anspielung auf den *Tratado de meditación y oración (Abhandlung über das innere Gebet und die Meditation),* der 1556/57 in Lissabon erschienen war. Außerdem schrieb er einige weitere kleine Abhandlungen, die ebenfalls in Lissabon erschienen, u.a. *Breve introducción para los que comienzan a servir a Dios (Kurze Einführung für alle, die anfangen, Gott zu dienen); Tres cosas que debe hacer el que desea salvarse (Drei Dinge, die man machen muß, wenn man gerettet werden will); Oración devotísima (Innigstes Gebet); Petición especial de amor de Dios (Besondere Bitte um Gottesliebe).* In ihren *Konstitutionen* (Cs 8) wird Teresa später ihren Mitschwestern „die Bücher ... des Fray Pedro de Alcántara" empfehlen.

[8] Doña Guiomar de Ulloa, von der in V 24,4 schon die Rede war.

nicht auskannten.[9] Es erlaubten mir meine Beichtväter, mich bei ihr über so manches auszusprechen, weil sie es aus vielerlei Gründen verstand. Ich teilte ihr also mehrmals mit, welche Gnaden mir der Herr gewährte, mit sehr nützlichen Ratschlägen für ihre Seele.

Als sie das nun erfuhr,[10] erwirkte sie mir, ohne mir etwas zu sagen, die Erlaubnis meines Provinzials,[11] so daß ich acht Tage lang in ihrem Haus sein konnte, um besser mit ihm sprechen zu können. Dort und in einer oder der anderen Kirche sprach ich dieses erste Mal, als er hier war, öfter mit ihm, habe mich aber auch später zu verschiedenen Zeitpunkten noch viel mit ihm ausgetauscht.[12] Als ich ihm zusammenfassend und so deutlich wie nur möglich über mein Leben und meine Vorgehensweise beim inneren Beten berichtete – denn das habe ich immer an mir gehabt, daß ich denen, mit denen ich über meine Seele sprach, in aller Offenheit und Wahrhaftigkeit berichtete –, wollte ich, daß sogar die ersten Regungen bekannt würden, und argumentierte in Punkten, die sehr fragwürdig und verdächtig waren, sogar gegen mich, so daß ich ohne jede Zweideutigkeit oder Verschleierung mit ihm über meine Seele sprach.

4. Nahezu gleich an den Anfängen sah ich schon, daß er mich aus Erfahrung verstand, was genau das war, was ich brauchte. Damals konnte ich mich nämlich noch nicht so gut verstehen wie jetzt, um es dann ausdrücken zu können; erst danach hat Gott es mir geschenkt, die Gnaden, die mir Seine Majestät

---

[9] Hier reibt die Autorin ihren gelehrten Adressaten unter die Nase, daß eine „nicht-studierte" Frau manchmal eben doch mehr weiß als sie. In der konkreten Situation eine unglaublich mutige und gewagte Aussage!

[10] Nämlich, daß Fray Pedro nach Ávila gekommen war.

[11] P. Ángel de Salazar, der als Provinzial der Karmeliten der Höhere Obere der Schwestern des Menschwerdungsklosters war.

[12] Die ersten Gespräche fanden Mitte August 1560 im Haus der Doña Guiomar bzw. in der Kathedrale von Ávila und in der Kapelle von Mosén Rubí in der Pfarrkirche Santo Tomé statt. Später trafen sie sich in Toledo (April 1562) und erneut in Ávila (Juni/Juli 1562); vgl. V 36,1f.

erweist, verstehen und ausdrücken zu können;[13] darum war es nötig, daß jemand, der mich ganz verstehen und mir erklären würde, was das war, es selbst durchgemacht hatte. Er spendete mir sehr viel Licht, denn zumindest bei den Visionen, die nicht imaginativ sind,[14] konnte ich nicht verstehen, wie es so etwas geben könnte; und auch bei denen, die ich mit den Augen der Seele erblickte, verstand ich nicht, wie es sie geben konnte. Wie ich gesagt habe,[15] glaubte ich nämlich, daß man nur auf die, die man mit den leiblichen Augen sieht, etwas geben sollte, und solche hatte ich nicht.

5. Dieser heilige Mann gab mir in allem Licht und erklärte mir alles. Er sagte, daß ich mir keine Sorgen machen, sondern Gott loben sollte, und daß ich dessen, daß es vom Geist Gottes komme, so sicher sein dürfte, daß es, abgesehen vom Glauben, nichts geben könne, was der Wahrheit mehr entspricht, und nichts, was ich so fest glauben könnte. Er erfuhr durch mich große Genugtuung und ließ mir jede Hilfe und sein ganzes Wohlwollen zukommen, und auch nachher nahm er sich meiner immer an und weihte mich in seine Dinge und Geschäfte ein. Und da er sah, daß ich mit meinen Wünschen auf das aus war, was er schon verwirklicht hatte – denn solche gab mir der Herr ganz entschlossene ein –, und bei mir soviel Mut erlebte, freute es ihn, mit mir zu sprechen. Für einen, den der Herr zu dieser Verfassung geführt hat, gibt es nämlich kein Vergnügen und keinen Trost, die an das herankommen, was es bedeutet, jemanden zu treffen, dem der Herr allem Anschein nach schon die ersten Anfänge davon geschenkt hat. Viel mehr dürfte ich damals, wie mir scheint, noch nicht gehabt haben, und gebe der Herr, daß ich es jetzt habe.

6. Er hatte ganz großes Mitleid mit mir und sagte mir, daß das, was ich durchgemacht hatte, nämlich der Widerspruch der

---

[13] Siehe V 12,6 und V 17,5.
[14] Also den intellektuellen Visionen, wie sie sie in V 27,2 beschrieb.
[15] Siehe V 28,4.

Guten, eine der schlimmsten Prüfungen hier auf Erden sei, und
mir immer noch genug davon verbliebe, weil ich ständig in
Nöten war, und es in dieser Stadt niemanden gäbe, der mich
verstand. Er wollte aber mit meinem Beichtvater[16] reden und
auch mit einem von denen, die mir am meisten zusetzten, nämlich diesem verheirateten Edelmann, den ich erwähnt habe,[17]
denn er führte den ganzen Feldzug gegen mich an, da er am
meisten um mich besorgt war. Er ist eine ängstliche, heiligmäßige Seele, und da er mich vor kurzem noch so erbärmlich
erlebt hatte, kam er nicht zur Ruhe.[18]

So tat es also der heilige Mann; er sprach mit beiden und
nannte ihnen Gründe und Gegengründe, damit sie sich be-
ruhigten und mich nicht länger beunruhigten. Beim Beichtvater brauchte es nur wenig, beim Edelmann aber so viel, daß
es noch nicht ganz ausreichte, aber es trug doch dazu bei, daß
er mich nicht mehr so arg einschüchterte.

7. Wir einigten uns darauf, daß ich ihm alles schreiben sollte,
was sich von jetzt an mit mir ereignen würde, und daß wir
uns inständig Gott anempfehlen würden; es war seine Demut
so groß, daß er auf die Gebete dieser Armseligen sogar etwas
gab, was mich sehr beschämte. Er hinterließ in mir großen
Trost und tiefes Glück, und daß ich beruhigt inneres Beten halten und nicht daran zweifeln solle, daß es von Gott käme, und
daß ich von allem, worüber ich noch im Zweifel wäre, und zu
meiner größeren Sicherheit, dem Beichtvater Mitteilung machen
solle, und damit würde ich in Sicherheit leben.

---

16 P. Baltasar Álvarez. – Diese Tatsache wird in allen drei Biographien erwähnt,
d.h. in F. de Riberas Leben der hl. Teresa (I, Kap. 11), F. Marcheses Biographie
des hl. Pedro de Alcántara (II, Kap. 12) und L. de la Puentes Leben des Baltasar
Álvarez (Kap. 11).

17 Francisco de Salcedo; siehe V 23,6–11.

18 Der Leser beachte in diesem und dem nächsten Absatz den ironischen Unter-
ton. – Vor dem Hintergrund dessen, was sie selbst von überängstlichen Beratern
ausgestanden hat, wird Teresa immer betonen, wie wichtig im geistlichen
Leben der Mut (*ánimo*) sei; siehe neben vielen anderen Stellen etwa V 11,4;
27,16; 31,17; CV 19,14; 21,9; 6M 11,11.

Doch konnte ich diese Sicherheit immer noch nicht ganz erreichen, wie etwa zu glauben, daß es vom Bösen kam, sobald man mir sagte, daß er es sei, weil mich der Herr auf dem Weg der Furcht führte. So brachte es niemand fertig, daß ich soviel Angst oder Sicherheit hatte, daß ich ihnen mehr Glauben schenken konnte, als dem, was der Herr mir in die Seele eingab. Und so schenkte ich ihm[19] nicht so viel Glauben, auch wenn er mich getröstet und beruhigt hatte, um ganz frei zu sein von Angst, vor allem dann, wenn mich der Herr den seelischen Nöten überließ, von denen ich jetzt sprechen will. Dennoch war ich aber – wie ich eben sage – sehr getröstet.

Ich konnte Gott und meinem glorreichen Vater, dem heiligen Josef,[20] nicht genug danken, denn ich glaubte, daß dieser ihn mir hergebracht hatte, da er Generalkommissar der Kustodie[21] zum heiligen Josef war, den ich oft um Fürbitte anging, ebenso auch unsere Liebe Frau.

8. Es ist schon vorgekommen – und sogar jetzt kommt es noch vor, wenn auch nicht mehr so oft –, daß ich so außerordentlich große seelische Nöte, und dazu aufgrund so schlimmer Beschwerden körperliche Qualen und Schmerzen durchlitt, daß ich mir nicht zu helfen wußte.

Andere Male hatte ich noch schwerere körperliche Beschwerden, stand sie aber mit großer Freude durch, weil keine seelischen dabei waren; doch wenn alles zusammenkam, war die Not so groß, daß sie mich sehr arg bedrängte. Alle Gnadengaben, die mir der Herr gewährt hatte, waren dann vergessen.[22]

19 Pedro de Alcántara.
20 Vgl. V 6,6.
21 Eine Semiprovinz der Franziskaner, die unter dem Patronat des heiligen Josef stand.
22 Von solchen Krisen in ihrem Glauben oder Vertrauen auf Gott spricht Teresa öfter: *„Ich konnte keine Kenntnis mehr haben von dem, was ich Gott verdanke, und keine Erinnerung an die Gnadengaben"* (V 37,7); *„es sieht so aus, als würde sie sogar auf Gott vergessen"* (V 28,9); die früheren Gnaden kommen ihr wie *„Illusionen"* vor (V 39,20), wie *„etwas, was man geträumt hat"* (V 30,8); *„es fehlt aber jede Erinnerung an das, was sie selbst erfahren hat"* (V 30,12); der Verstand *„stumpft ab"* (V 30,8); der Böse läßt die Seele *„in alles hineingeraten, was er nur will, und läßt sie dort angekettet sein"* (V 30,11); *„der Glaube ist ... geschwächt*

Nur noch eine Erinnerung daran blieb, wie an etwas, was man geträumt hatte, gerade genug, um Schmerz zu verursachen. Der Verstand stumpft dann nämlich so ab, daß er mich in tausend Zweifeln und bösen Ahnungen herumtappen ließ,[23] so daß es mir vorkam, daß ich nur nicht im Stande war, es zu erkennen, und daß ich es mir vielleicht nur eingebildet hatte, wo es doch schon reichte, daß ich getäuscht würde, ohne auch noch die Guten zu täuschen. Ich kam mir dann so schlecht vor, daß ich glaubte, alle Bosheiten und Ketzereien, die aufgekommen sind, wären nur wegen meiner Sünden entstanden.[24]

9. Es ist dies eine falsche Demut, die der Böse erfand, um mich zu beunruhigen und zu versuchen, ob er meine Seele wohl in

---

und eingeschlafen" (V 30,12); „daß man fast meint, man kenne Gott nur wie etwas, von dem man von weitem einmal gehört hat. Ihre Liebe ist so lau" (V 30,12); „es waren in meinem Inneren damals alle Tugenden und sogar der Glaube aufgehoben" (V 36,7). „Meines Erachtens ist dies ein bißchen ein Abbild von der Hölle" (V 30,12); „als seien Leib und Seele in jeder Hinsicht untauglich und lästig" (V 30,15); „es sieht so aus, als würde jeder Teil der Seele seinen eigenen Weg gehen" (V 30,16).

Abhilfen? „Zum Beten [Chorgebet] gehen ist nur eine weitere Plage" (V 30,12); „sich nun mit Lesen darüber hinweghelfen zu wollen, ist, wie wenn man es nicht könnte" (V 30,12); „Ein Gespräch mit jemandem zu führen, ist noch schlimmer" (V 30,13).

Ergebnis: „Es kommt mir nicht anders vor, wie wenn die Seele dann genau wie das Gold aus dem Schmelztiegel käme, veredelt und geläutert, um den Herrn in sich zu erblicken" (V 30,14).

23 Hier findet sich ein erneuter Hinweis auf Teresas enorme emotionale Schwingungsbreite. Ihrer außergewöhnlichen Initiative, Entschlossenheit und Tatkraft auf der einen Seite steht auf der anderen auch die Möglichkeit tiefer Niedergeschlagenheit gegenüber, häufig als Reaktion auf gewaltige seelische Anstrengungen wie der Gründung ihres ersten Klosters, San José in Ávila, gegen enorme Widerstände von seiten ihrer Ordensgemeinschaft und der lokalen Autoritäten (V 36,6.7). Vgl. V 25,10. (B. S.)

24 Erneute Anspielung auf das angeheizte religiöse Klima, in dem die Gläubigen ständig mit neuen Schreckensmeldungen über die „Bosheiten" der „häretischen" Reformatoren in Frankreich und Deutschland verunsichert wurden. Allerdings hatten diese Schreckensmeldungen auch das Ziel, die Leute für die politischen Ziele des Königs in Form von finanzieller Unterstützung und persönlichem Einsatz zu motivieren. – Hinter dieser Besorgnis Teresas steht ferner die Glaubensüberzeugung, daß sich wegen der Verbundenheit aller Christen im einen Leib Christi, der Kirche, alles, was der einzelne an Gutem oder Bösem tut bzw. unterläßt, auf die ganze Kirche auswirkt.

Verzweiflung stürzen könne.[25] Ich habe inzwischen soviel Erfahrung, wann sie vom Bösen kommt, daß er mich damit nicht mehr so oft quält wie früher, weil er sieht, daß ich ihn durchschaue. Man merkt es deutlich an der inneren Unruhe und Verunsicherung, mit der sie anfängt, am Durcheinander, das in der Seele herrscht, solange sie anhält, an der Dunkelheit und Niedergeschlagenheit, die sie ihr einflößt, an der Trockenheit und unzureichenden Disponiertheit für das innere Beten oder irgend etwas Gutes. Es hat den Anschein, als würde sie die Seele ersticken und den Leib fesseln, damit sie von nichts Nutzen habe.[26] Doch die echte Demut geht nicht mit Verwirrung einher oder beunruhigt die Seele nicht, noch hüllt sie diese in Dunkelheit oder Trockenheit, sondern tut ihr gut und verläuft genau umgekehrt: mit innerer Ruhe, Sanftheit und Licht, auch wenn die Seele erkennt, wie erbärmlich sie ist, und es weh tut, zu sehen, was wir sind, und wir arg übertriebene Vorstellungen von unserer Schlechtigkeit haben, genauso arg wie bei den besagten, und wir das auch wirklich so empfinden. Es tut zwar weh, macht andererseits aber auch stark, zu sehen, welch große Gnade Gott der Seele erweist, daß sie diesen Schmerz empfindet, und wie gut er eingesetzt ist. Wohl schmerzt es sie, insofern sie Gott beleidigt hat, andererseits aber weitet ihr seine Barmherzigkeit das Herz. Sie erhält Licht, um sich über sich zu schämen, und lobt Seine Majestät, weil er sie so lang ertragen hat.

Bei jener anderen Demut, die der Böse einflüstert, gibt es kein Licht für irgend etwas Gutes; alles sieht danach aus, als wolle Gott mit Feuer und Schwert dreinschlagen. Es wird ihr seine Gerechtigkeit vor Augen gestellt, und auch wenn sie den

---

25 So wichtig Teresa die echte Demut ist, so sehr warnt sie immer wieder vor der „falschen Demut", d.h. vor als „Demut" getarntem mangelndem Gott- und Selbstvertrauen, das nicht, wie die echte Demut, zu einer realistischen Selbsteinschätzung und zugleich zum Vertrauen auf die Barmherzigkeit Gottes, sondern zu Mutlosigkeit und Resignation, schlimmstenfalls sogar zur Verzweiflung führt; vgl. V 25,13, wo ähnliche Kriterien aufgezählt werden, und ferner V 7,1.11; 13,4; 19,4.10f.15; 31,12ff.
26 Vgl. V 25,10.

Glauben an seine Barmherzigkeit noch hat, weil der Böse doch nicht so viel fertigbringt, daß sie den ganz verliert, so ist er doch der Art, daß er mich nicht tröstet, sondern der Seele noch mehr Qual zufügt, wenn sie so viel Erbarmen erblickt, weil ich dann glaube, ich wäre zu um so mehr verpflichtet gewesen.[27]

10. Es ist dies eine der schmerzlichsten, subtilsten und hinterhältigsten Erfindungen des Bösen, die ich von ihm kenne; daher möchte ich Euer Gnaden[28] warnen, damit Ihr – wenn er Euch hier versuchen sollte – ein wenig Licht habt und es erkennt, falls er Euch den Verstand läßt, um es zu erkennen.[29] Denkt nicht, daß es da um Studium oder Wissen geht, denn obwohl mir das gänzlich fehlt, verstehe ich, nachdem ich da herausgekommen bin, sehr wohl, daß es Unsinn ist. Was ich dabei erkannt habe, ist, daß es der Herr will und zuläßt und ihm die Erlaubnis gibt, wie er sie ihm auch gab, um Ijob zu versuchen,[30] wenn es bei mir – aufgrund meiner Erbärmlichkeit – auch nicht mit jener Strenge geschieht.

11. Mir ist das schon zugestoßen, und ich erinnere mich, daß es am Tag vor der Vigil von Fronleichnam[31] war, einem Fest, das mir viel bedeutet, wenn auch nicht so viel, wie es sein sollte. Dieses Mal dauerte es nur bis zum Tag selbst,[32] andere Male dauert es auch schon acht oder vierzehn Tage, oder sogar drei Wochen, und wer weiß, sogar noch länger, vor allem in

---

[27] Der Leser beachte, daß Teresa es als eine Versuchung des Bösen betrachtet, sich vom Gedanken an Gottes Gerechtigkeit so sehr beeindrucken zu lassen, daß darüber das Vertrauen auf seine Barmherzigkeit verblaßt, und zu meinen, zu um so mehr verpflichtet zu sein, was typisch ist für die Rigorismus-Mentalität.

[28] García de Toledo.

[29] Erneut wagt es Teresa, aufgrund ihrer eigenen Erfahrung einem Theologen Ratschläge zu erteilen, wobei sie erneut klar zwischen Bücherweisheit und Erfahrungswissen unterscheidet.

[30] Siehe Ijob 2,6.

[31] Liturgisches Hochfest, das am Donnerstag nach dem ersten Sonntag nach Pfingsten begangen wird und das Geheimnis der Eucharistie zum zentralen Inhalt hat. Am Tag vor der Vigil ist dann der Dienstag.

[32] Die Bedeutung dieses Satzes ist unklar, vermutlich ist gemeint: bis zum Tag des (Hoch)festes.

den Karwochen, wo ich sonst meine Wonne am inneren Beten hatte. Es passiert mir, daß er meinen Verstand bisweilen unter so leichten Vorwänden einfängt, daß ich andere Male darüber lachen würde; dabei läßt er ihn in alles hineingeraten, was er nur will, und läßt die Seele dort angekettet sein, ohne daß sie noch Herrin über sich ist oder irgend etwas anderes denken kann als die Ungereimtheiten, die er ihr vorgaukelt, und die doch nahezu bedeutungslos sind und weder Hand noch Fuß haben. Damit fesselt er die Seele nur, um ihr derart die Luft zu nehmen, daß sie ganz außer sich ist. Und das so arg, daß mir schon der Eindruck gekommen ist, als sei meine Seele nur noch ein Spielball in den Händen der bösen Geister und außerstande, um sich aus ihrer Gewalt zu befreien.

Es ist nicht zum Sagen, was man in diesem Fall durchmacht. Die Seele sucht nach Abhilfe, aber Gott läßt zu, daß sie keine findet. Nur die Vernunft mit dem freien Willen bleiben einem erhalten, aber keineswegs klar. Ich meine, es dürfte in etwa wie mit verbundenen Augen sein, wie bei einem Menschen, der oft an einem bestimmten Ort war, so daß er sogar nachts im Dunkeln weiß, an welcher Stelle des vertrauten Weges er stolpern könnte, weil er ihn tagsüber gesehen hat, und sich vor dieser Gefahr hütet. So ist es auch hier, um Gott nicht zu beleidigen, denn es sieht so aus, als gehe man aus Gewohnheit, abgesehen davon, daß der Herr die Seele festhält, denn das ist es, worauf es hier ankommt.

12. Der Glaube ist dann nicht weg, aber doch so geschwächt und eingeschlafen, wie übrigens alle anderen Tugenden auch, daß man zwar sehr wohl glaubt, was die Kirche lehrt, aber nur mit dem Mund; von der anderen Seite her aber wird er scheinbar so bedrängt und abgestumpft, daß man fast meint, man kenne Gott nur wie etwas, von dem man von weitem einmal gehört hat.

Ihre Liebe ist so lau, daß es sich, wenn sie von Gott reden hört, nur anhört wie etwas, von dem sie glaubt, daß er der ist, der er ist, weil es nun einmal die Kirche lehrt; es fehlt aber jede Erinnerung an das, was sie selbst erfahren hat.

Zum Beten[33] gehen ist nur eine weitere Plage, ebenso wie Verweilen in der Einsamkeit; denn die Qual, die sie in ihrem Innern verspürt, ohne zu wissen woher, ist unerträglich.

Meines Erachtens ist dies ein bißchen ein Abbild von der Hölle. Das ist auch wirklich so, wie mir der Herr in einer Vision zu verstehen gegeben hat, weil die Seele nämlich in sich verbrennt, ohne zu wissen, von wem oder von wo Feuer an sie gelegt wird, und auch nicht, wie sie ihm entfliehen oder womit sie es löschen soll.

Sich nun mit Lesen darüber hinweghelfen zu wollen, ist, wie wenn man es nicht könnte. Mir passierte es einmal, daß ich ein Heiligenleben lesen wollte, um zu sehen, ob ich ergriffen würde, und mich mit dem zu trösten, was er erlitten hatte, und daß ich vier oder fünfmal ebenso viele Zeilen las – aber obwohl es in der Muttersprache[34] war, verstand ich hinterher noch weniger davon als am Anfang, und so ließ ich davon ab. Das ist mir oftmals passiert, nur erinnere ich mich an dieses eine Mal noch genauer.

13. Ein Gespräch mit jemandem zu führen, ist noch schlimmer. Denn der Böse gibt einem dann eine so verärgerte, zornige Stimmung ein, daß mir vorkommt, ich könnte alle auffressen, ohne dagegen ankommen zu können; es sieht schon nach etwas aus, wenn ich mich nur zurückhalte – oder besser, der Herr macht es, wenn er einen, dem es so geht, an seiner Hand hält, damit er nichts gegen seine Nächsten sagt oder unternimmt, was diesen schadet und womit er Gott beleidigt.

Und dann zum Beichtvater zu gehen, also, da ist es mir sicherlich oftmals so ergangen, wie ich jetzt sagen will. Obwohl sie so heiligmäßig sind wie die, zu denen ich damals ging und immer noch gehe, so sagten sie mir doch Worte und wiesen mich mit solcher Schärfe zurecht, daß sie nachher selbst erstaunt waren, als ich sie darauf ansprach, und mir sagten,

---

[33] *Rezar*, womit mündliche Gebete, vermutlich das gemeinsame Stundengebet gemeint ist.

[34] *En romance* schreibt Teresa.

daß es nicht in ihrer Hand lag. Denn auch wenn sie sich fest vornahmen, es bei weiteren Gelegenheiten nicht wieder zu tun (es verursachte ihnen nämlich hinterher Schmerz und sogar Gewissensbisse) und sich entschlossen, mir in Güte zuzureden, waren sie dazu nicht fähig, sobald ich vergleichbare körperliche und seelische Nöte hatte. Sie sagten zwar keine bösen Worte – ich meine, mit denen sie Gott beleidigt hätten –, aber doch die verletzendsten, die man von einem Beichtvater nur ertragen kann. Sie hatten wohl die Absicht, mich im Einüben ins Absterben zu fördern; aber obwohl ich mich andere Male darüber freute und bereit war, es zu ertragen, war mir in diesem Fall alles eine Qual.

Es kam mir dann auch der Gedanke, daß ich sie täusche, und ich ging zu ihnen und warnte sie in aller Aufrichtigkeit, vor mir auf der Hut zu sein, da es sein könnte, daß ich sie täusche. Ich sah gut, daß ich so etwas nicht absichtlich tun noch ihnen Lügen erzählen würde, doch war für mich alles mit Angst besetzt. Einer, der die Versuchung erkannte,[35] sagte mir einmal, daß ich mich nicht grämen sollte, denn selbst wenn ich ihn täuschen wollte, hätte er doch Verstand genug, um sich nicht täuschen zu lassen. Das tröstete mich sehr.

14. Manchmal – fast immer, zumindest die meiste Zeit[36] – kam ich nach der Kommunion zur Ruhe. Zuweilen fühlte ich mich, wenn ich mich nur dem Sakrament nahte, seelisch und körperlich gleich so wohl, daß ich mich nur wundere. Es sieht dann nicht anders aus, als würden sich im Nu alle Finsternisse der Seele auflösen, und sobald die Sonne aufgegangen ist, erkannte sie die Dummheiten, in denen sie befangen war.

Andere Male fühlte ich mich durch ein einziges Wort, das mir der Herr sagte, etwa, indem er nur sagte: *Plage dich doch nicht; habe keine Angst* – wie ich an anderer Stelle schon gesagt habe[37]–, ganz gesund; oder wenn ich nur eine Vision sah,

---

[35] Gracián zufolge ist Baltasar Álvarez gemeint.
[36] Man beachte Teresas Bemühen, möglichst wahrhaftig zu sein. Ähnlich in V 6,3.
[37] Siehe V 25,18 und V 26,2.

war es, als sei nichts gewesen. Dann hatte ich meine Wonne an Gott und beklagte mich bei ihm, wie er nur zulasse könne, daß ich solche Qualen erlitt. Das wurde aber reich vergolten, denn fast immer kamen nachher Gnadengeschenke in reicher Fülle.

Es kommt mir nicht anders vor, wie wenn die Seele dann genau wie das Gold aus dem Schmelztiegel käme, veredelt und geläutert, um den Herrn in sich zu erblicken. Daher kommen einem nachher diese Nöte klein vor, wo sie doch unerträglich erschienen, und man wünscht sich, wieder zu leiden, wenn dem Herrn damit besser gedient sein sollte. Und auch wenn es zu noch mehr Bedrängnissen und Angriffen käme, wird das doch alles zum größeren Gewinn, sofern man sie ohne Beleidigung des Herrn durchsteht und sich im Gegenteil freut, es für ihn zu erleiden – auch wenn ich sie nicht so ertrage, wie man sie ertragen sollte, sondern nur sehr unvollkommen.

15. Andere Male kamen und kommen noch Nöte von anderer Art über mich, so daß es mir vorkommt, als wäre mir jegliche Möglichkeit genommen, einen guten Gedanken zu fassen oder mir auch nur zu wünschen, etwas Gutes zu tun, und als seien Leib und Seele[38] in jeder Hinsicht untauglich und lästig. Jene anderen Versuchungen und Beunruhigungen aber gehen damit nicht einher, wohl aber eine Unlust, ohne daß ich verstehe, weshalb, wobei nichts die Seele zufriedenstellt. Ich versuchte, mich sogar zu zwingen, äußere gute Werke zu tun, um mich zu beschäftigen, doch weiß ich genau, wie wenig eine Seele vermag, wenn sich die Gnade verbirgt.[39] Das tat mir nicht sehr weh, denn meine Unzulänglichkeit zu verspüren, brachte mir eine gewisse Befriedigung.

---

[38] Ein weiterer Beweis für Teresas ganzheitliche Sicht des Menschen entgegen der häufig vorgetragenen Meinung, sie – und die Mystiker im allgemeinen – seien einem neuplatonischen Dualismus verfallen.

[39] Ein treffender Ausdruck für diese Erfahrung des Menschen, denn er besagt, daß Gott wohl da ist, denn er ist immer da, aber auf Grund der menschlichen Begrenztheit nicht immer verspürbar für den Menschen.

16. Wiederum andere Male geht es mir so, daß ich noch nicht einmal einen klar ausgeformten, bei mir verbleibenden Gedanken an Gott oder an etwas Gutes fassen, noch inneres Beten halten kann, nicht einmal, wenn ich allein bin, aber immerhin spüre, daß ich ihn kenne. Soweit ich es verstehe, sind es der Verstand und die Vorstellungskraft,[40] die mir da schaden, denn der Wille, so kommt mir vor, ist gut und zu allem Guten bereit. Der Verstand aber ist so daneben, daß er einem nicht anders denn als tobsüchtiger Narr vorkommt, den niemand bändigen kann; ich bin nicht einmal so sehr Herrin über ihn, daß ich ihn auch nur ein *Credo*[41] lang ruhig halten könnte. Zuweilen lache ich darüber und anerkenne mein Elend, und schaue ihm zu und lasse ihn gewähren, um zu sehen, was er wohl macht. Und wie durch ein Wunder – das sei zur Ehre Gottes gesagt – schweift er nie zu etwas Bösem ab, sondern zu gleichgültigen Dingen: ob hier oder dort oder sonstwo etwas zu tun sei. Ich erkenne dann noch besser, was für eine überaus große Gnade mir der Herr erweist, wenn er diesen Narren in vollkommener Kontemplation gefesselt hält. Ich merke dann, was wohl wäre, wenn die Leute, die mich für gut halten, mich in diesem Delirium gefangen sähen. Die Seele tut mir sehr leid, da ich sie in so schlechter Gesellschaft sehe. Ich möchte sie in Freiheit sehen, und sage deshalb zum Herrn: „Wann, mein Gott, werde ich meine Seele endlich zu deinem Lob gesammelt erleben, damit alle Vermögen dich genießen?[42] Laß doch nicht mehr zu, Herr, daß sie so zerrissen ist, denn es sieht so aus, als würde jeder Teil von ihr seinen eigenen Weg gehen!"

Das kommt oft vor. Manchmal verstehe ich gut, daß die mangelnde körperliche Gesundheit viel dazu beiträgt. Ich denke

---

[40] Die Autorin unterscheidet nicht immer genau zwischen Denken, Verstand und Vorstellungskraft; vgl. die Kapitelüberschrift von 4M 1, wo es (1577, also mehr als zehn Jahre nach der Niederschrift des *Lebens!*) heißt: „… *und sie sagt, wie sehr es sie freute, zu verstehen, daß das Denken etwas anderes ist als der Verstand*".

[41] Erneut als Zeitmaß: nicht einmal eine so kurze Zeit, wie man zum Beten eines *Credos* (= Glaubensbekenntnisses) bräuchte; vgl. V 12,5 und V 15,7.

[42] Vgl. V 17,5, wo sie nahezu wörtlich dasselbe sagt.

dann oft an den Schaden, den uns die erste Sünde[43] zugefügt hat, denn daher kommt es meines Erachtens, daß wir unfähig sind, ein so großes Gut in einem fort zu genießen. Und es muß wohl auch an meinen Sünden liegen, denn wenn ich nicht so viele begangen hätte, wäre ich ungeteilter dem Guten zugewandt.

17. Noch eine weitere große Not habe ich durchgemacht: Da ich glaubte, daß ich alle Bücher über das innere Beten, die ich las, verstehen würde, und der Herr mir das alles schon zu erfahren gegeben hätte, so daß ich sie nicht mehr bräuchte, las ich sie auch nicht mehr, sondern nur noch Heiligenleben, denn da ich hinter dem, was sie im Dienst Gottes geleistet haben, so sehr zurückbleibe, glaube ich, daß mir das hilft und Mut macht. Nur schien es mir sehr geringe Demut zu sein, zu glauben, ich sei schon so weit gekommen, dieses Gebet zu halten. Da ich aber nicht anders konnte, verursachte mir das großen Schmerz, bis einige Studierte und der gebenedeite Fray Pedro de Alcántara mir sagten, daß ich mir nichts daraus machen sollte. Ich sehe sehr gut, daß ich, was den Dienst für Gott betrifft, noch nicht einmal am Anfang stehe, – auch wenn Seine Majestät, was die Gewährung von Gnadengaben anbelangt, zu mir ist wie zu vielen Guten –, und daß ich die Unvollkommenheit in Person bin, abgesehen von meinen guten Wünschen und meiner Liebe,[44] denn in diesem Punkt sehe ich gut, daß mir der Herr die Gunst erwiesen hat, ihm in etwa dienen zu können. Ich glaube sehr wohl, daß ich ihn liebe, aber meine Werke lassen mich untröstlich, ebenso wie die vielen Unvollkommenheiten, die ich an mir wahrnehme.

---

[43] D.h. die sog. „Erbsünde" oder „Sünde Adams" (vgl. Gen 3). Von letzterer spricht Teresa in CE 4,2 und R 5,18; den theologischen Fachausdruck „Erbsünde" verwendet sie nirgends. Es geht hier um die Gebrochenheit der menschlichen Existenz, die uns daran hindert, beständig bei Gott sein zu können; vgl. auch V 40,18. Daraus folgt, daß nicht alles, was uns nicht gelingt, auch auf moralischem Gebiet, schon gleich Sünde ist. Für Teresa ist das ein wichtiger Gedanke in ihrem Menschenbild, der sie zu mehr Demut (Wahrhaftigkeit) treibt. Siehe dazu auch V 37,5.

[44] Vgl. V 15,14 und R 1,8 bzw. R 3,9.

18. Andere Male überfällt mich eine Beschränktheit in meiner Seele – so nenne ich es –, daß mir ist, als tue ich weder Gutes noch Böses, sondern laufe nur dem großen Haufen nach, wie man so sagt, ohne Freud und Leid, gleichgültig gegenüber Leben und Tod, Gefallen und Mißmut; es ist, als empfände man nichts. Es scheint mir dann, als sei meine Seele wie ein Eselchen, das gerade weidet, und sich dahinfristet, weil es zu fressen bekommt, und frißt, fast ohne es zu merken. Die Seele kann allerdings nicht in diesem Zustand sein, ohne so manch große Gnadengabe von Gott zu verkosten, da es sie nicht bedrückt, ein so armseliges Leben zu führen, und sie es mit Gleichmut erträgt; doch Regungen oder Auswirkungen, an denen es die Seele erkennen würde, sind keine zu verspüren.

19. Es kommt mir dies jetzt wie ein Segeln bei sehr ruhigem Wind vor, wo man gut weiterkommt, ohne zu merken, wie, während bei jenen anderen Arten die Wirkungen so gewaltig sind, daß die Seele gleichsam sofort ihre Besserung spürt. Da sprudeln nämlich gleich Wünsche hervor, und eine Seele kann sich einfach nie zufrieden geben. Das haben die starken Liebesantriebe, von denen ich gesprochen habe,[45] so an sich, da, wo Gott sie verleiht. Es ist wie bei Springquellen, die ich schon habe aufsprudeln sehen, die immer in Bewegung sind und den Sand nach oben werfen.

Dies scheint mir ein naturgetreues Beispiel oder Gleichnis für die Seelen zu sein, die bis hierher gelangen: Immerzu ist die Liebe in Wallung und denkt nach, was zu tun wäre. Sie hält nicht an sich, wie sich jenes Wasser anscheinend nicht in der Erde hält, sondern diese es hinausstößt. So findet sich die Seele ganz oft vor, denn sie kommt nicht zur Ruhe, noch hält sie mit der Liebe, die in ihr ist, an sich; sie hat sie schon ganz in sich aufgesogen. Sie möchte, daß auch die anderen davon trinken, da ihr dadurch kein Mangel entsteht, damit sie ihr helfen, Gott zu loben. Ach, wie oft fällt mir dann das lebendige Wasser ein, von dem der Herr zur Samariterin sprach (Joh 4)! Deswegen bin

---

[45] Siehe V 29,8–14 und V 26,1.

ich von diesem Evangelium ganz begeistert. Das ist wirklich so, denn noch ohne dieses Gut so zu erkennen, wie heute, war ich das schon seit frühester Kindheit und bat den Herrn oft, mir dieses Wasser zu geben. Da, wo ich lebte, hatte ich immer eine Darstellung davon, als der Herr zum Brunnen kam, bei mir, mit folgender Aufschrift: *Domine, da mihi aquam* (Joh 4,15).[46]

20. Es ist auch so ähnlich wie bei einem riesigen Feuer, das, um nicht zu verlöschen, ständig etwas braucht, das verbrennt. So ist es mit den Seelen, von denen ich spreche. Auch wenn es ihnen noch so viel kostet, möchten sie Holz beibringen, damit dieses Feuer nicht ausgeht. Ich bin von der Art, daß ich mich zufrieden gäbe, auch wenn ich nur Strohhälmchen hineinwerfen könnte, und so ergeht es mir einige, ja sogar viele Male; manchmal lache ich darüber, andere Male bedrückt es mich sehr. Der innere Antrieb treibt mich dazu, wenigstens zu etwas zu dienen – denn zu mehr bin ich nicht fähig –, indem ich Bilder mit Zweigen und Blumen schmücke, putze, ein Oratorium in Ordnung bringe oder andere Kleinigkeiten erledige, daß ich mich darüber schämte. Wenn ich schon ein bißchen Buße tat oder tue,[47] so doch insgesamt wenig und von der Art, daß ich schon sah, daß es ohne Bedeutung war, sofern der Herr nicht meinen guten Willen annahm, und daß ich mich selbst auslachte.

Daher bedeutet es für Seelen, denen Gott in seiner Güte dieses Feuer ausgiebig zu verspüren gibt, keine geringe Not, wenn ihnen Körperkräfte fehlen, um etwas für ihn zu tun. Es ist dies

---

[46] *Herr, gib mir dieses Wasser!* In ihrem fehlerhaften Latein hatte die Autorin aus dem Gedächtnis geschrieben: *Domine da miqui aguan*. Dieses Bild hat sie aus ihrem Elternhaus ins Kloster der Menschwerdung gebracht, wo es heute noch aufbewahrt wird.

[47] Zu Bußübungen hatte Teresa zeitlebens ein gespaltenes Verhältnis: Auch wenn sie sie nicht überbewertete und den asketischen Übertreibungen vieler Zeitgenossen durchaus kritisch gegenüberstand (vgl. V 27,17f), war sie andererseits als Kind ihrer Zeit doch der Vorstellung verhaftet, daß man seine Liebe zu Gott durch asketische Übungen „beweisen" könne; vgl. auch V 30,21, wo Bußübungen und apostolische Tätigkeit als gleichwertige Möglichkeiten, Gott zu „dienen", nebeneinander gestellt werden.

ein recht großer Schmerz. Da der Seele Kräfte fehlen, um Holz in dieses Feuer zu werfen, und sie lieber stirbt, als es verlöschen zu lassen, glaube ich, daß sie sich in sich verzehrt und zu Asche wird und sich in Tränen auflöst und verbrennt. Und das ist eine arge Qual, wenn auch eine köstliche.[48]

21. Die Seele, die bis hierher gelangt ist, und der der Herr Körperkräfte gibt, um Buße zu tun, oder Studium, Begabung und Freiheit gegeben hat, um zu predigen und Beichte zu hören und Seelen zu Gott zu führen,[49] soll ihn sehr, sehr loben. Sie weiß und erkennt gar nicht, welches Gut sie da hat, wenn sie es nicht verkostet hat, wie es ist, im Dienst des Herrn nichts tun zu können, aber ständig viel zu empfangen. Er sei für alles gepriesen, und es mögen ihm die Engel die Ehre geben. Amen.

22. Ich weiß nicht, ob ich recht tue, so viele Einzelheiten aufzuschreiben. Da Euer Gnaden[50] mir aber erneut den Auftrag geschickt haben, mir nichts daraus zu machen, wenn ich weitschweifig werde, und nichts auszulassen, beschreibe ich in aller Deutlichkeit und Wahrhaftigkeit alles, woran ich mich erinnere. Doch ich kann gar nicht anders, als vieles auszulassen, denn sonst müßte ich noch viel mehr Zeit aufwenden, wo ich doch, wie ich gesagt habe,[51] so wenig habe, womöglich auch noch ohne Nutzen daraus zu schlagen.

---

[48] Erneuter Hinweis auf die paradoxe Verbindung von Schmerz und Genuß; vgl. V 29,10 mit der dortigen Anm. und ferner V 20,15; 5M 1,4; 6M 2,2.4; 6,1.9; Ct 177,5.

[49] Erneuter versteckter Hinweis auf die Tatsache, daß Teresa darunter leidet, daß ihr solche Tätigkeiten als Frau verwehrt sind; vgl. V 27,13 und ferner 6M 6,3. – Zu der Tatsache, daß hier Bußübungen und apostolische Tätigkeit mehr oder weniger gleichwertig nebeneinander gestellt werden, siehe Anm. zu V 30,10.

[50] García de Toledo. Wie schon öfter, nimmt sie am Ende des Kapitels den Dialog mit ihm wieder auf.

[51] Siehe V 10,7 und V 14,8.

KAPITEL 31

Sie spricht über einige äußere Versuchungen
und Trugbilder, mit denen der Böse ihr zusetzte,
und über Qualen, die er ihr antat. –
Ferner spricht sie von einigen recht nützlichen Dingen,
um Menschen zu beraten, die den Weg
der Vollkommenheit gehen.[1]

1. Ich möchte jetzt – nachdem ich schon über einige innere, verborgene Versuchungen und Beunruhigungen gesprochen habe, die mir der Böse zufügte – noch von weiteren sprechen, die er mir mehr oder weniger öffentlich antat, bei denen man nicht ignorieren konnte, daß er am Werk war.

2. Ich war einmal in einem Oratorium, und da erschien er mir auf meiner linken Seite, in scheußlicher Gestalt. Ich schaute vor allem auf seinen Mund, da er mit mir sprach, und der war entsetzlich. Es sah aus, als stiege aus seinem Leib eine riesige Flamme hervor, die ganz hell war, ohne jeden Schatten. Auf entsetzliche Weise sagte er mir, daß ich mich zwar sehr wohl aus seinen Händen befreit hätte, daß er mich aber schon wieder in sie zurückbrächte. Ich hatte große Angst und bekreuzigte mich, so gut ich nur konnte; da verschwand er, kam aber bald wieder. Das passierte mir zweimal. Ich wußte nicht, was

---

[1] Ergänzend zu den inneren Versuchungen und Nöten, von denen im vorigen Kapitel die Rede war, geht es hier um äußere Versuchungen und Trugbilder, die Teresa diabolischem Einfluß zuschreibt, sowie erneut um die Versuchung zu falscher Demut, diesmal wegen des Aufhebens, das andere von ihr machten. – Der Leser beachte ferner, daß die Autorin an dieser Stelle (wie auch schon in V 15,13) den Ausdruck „Weg der Vollkommenheit" (*camino de perfección*) verwendet, der nicht ihre Erfindung ist, sondern einer verbreiteten geistlichen Literaturgattung ihrer Zeit entstammt. Unter diesem Titel, der bewußt bei dieser literarisch-geistlichen Tradition anzuknüpfen versucht, jedoch nicht von Teresa selbst stammt, sollte später ihr zweites, kurz nach der zweiten Fassung des Lebens entstandenes „*kleines Buch*" (Ct 182,5; 190,4; 305,1) Berühmtheit erlangen.

tun. Doch hatte ich Weihwasser[2] bei mir, und das sprengte ich in seine Richtung; daraufhin kam er nie mehr zurück.

3. Ein anderes Mal quälte er mich ununterbrochen fünf Stunden lang mit so gräßlichen Schmerzen und einer solchen inneren und äußeren Unruhe, daß ich glaubte, ich könnte das nicht mehr aushalten. Die Schwestern, die bei mir waren, waren ganz entsetzt und wußten nicht, was tun, und auch ich wußte mir nicht zu helfen. Wenn die Schmerzen und das körperliche Unwohlsein geradezu unerträglich sind, habe ich mir angewöhnt, so gut wie möglich innerliche Akte zu erwecken, in denen ich den Herrn bitte, daß mir Seine Majestät Geduld gebe und ich dann bis zum Ende der Welt so verbleibe, wenn ihm damit gedient sei.

Da ich das Leiden diesmal mit solcher Schärfe erlebte, half ich mir mit diesen Akten und Entschlüssen, um es ertragen zu können. Da wollte der Herrn, daß ich begriff, daß es vom Bösen stammte, denn ich sah neben mir ein ganz scheußliches schwarzes Kerlchen,[3] das wie verzweifelt die Zähne fletschte, weil es da verlor, wo es gewinnen wollte. Als ich es sah, mußte ich lachen und hatte keine Angst mehr. Doch es waren einige Schwestern bei mir, die sich nicht zu helfen vermochten noch wußten, wie sie dieser großen Qual abhelfen könnten, denn so gewaltig waren die Zuckungen, die er mich an Leib, Kopf und Armen von mir geben ließ, ohne daß ich mich dagegen wehren konnte. Das Schlimmste aber war die innerliche Unruhe, da ich durch nichts zur Ruhe kommen konnte. Ich traute mich auch nicht, um Weihwasser zu bitten, um ihnen keine Angst zu machen, und auch damit sie nicht verstünden, was los war.

---

[2] In einer eigenen Zeremonie von einem Priester gesegnetes Wasser, das als Sakramentale der katholischen Kirche zeichenhaft für den Schutz Gottes steht. In der Volksfrömmigkeit wurde ihm jedoch häufig eine quasi magische Kraft gegen den Einfluß des Bösen sowie gegen verschiedenste Gefahren zugeschrieben; siehe unten V 31,4 zur Bedeutung des Weihwassers für Teresa, die darin ganz Kind ihrer Zeit ist.

[3] Das lichtlose Schwarz gilt seit dem Altertum u.a. als Symbolfarbe des Bösen, daher stellte sich das Mittelalter den Bösen (neben anderen Symbolgestalten) als schwarze Gestalt vor; „der Schwarze" ist eine volkstümliche Bezeichnung für den Satan.

4. Oftmals habe ich nämlich die Erfahrung gemacht, daß es nichts gibt, was sie eher in die Flucht treibt, um nie mehr wiederzukommen.[4] Vor dem Kreuz fliehen sie zwar auch, kommen aber wieder zurück. Die Kraft des Weihwassers muß gewaltig sein. Mir gereicht es zu einem besonderen und ganz spürbaren Trost, den meine Seele fühlt, sobald ich es nehme. Es ist gewiß, daß ich im Normalfall eine Erholung verspüre, die ich nicht verständlich machen könnte, gleichsam eine innere Beseligung, die meine Seele in allem stärkt. Das ist keine Einbildung, und auch nicht etwas, was mir nur einmal passiert wäre, sondern ganz oft, und was ich mit großer Aufmerksamkeit beobachtet habe. Sagen wir, wie wenn einer bei großer Hitze und halb verdurstet wäre und dann einen Krug kühlen Wassers trinken würde, so daß ihm vorkommt, die Erfrischung überall zu verspüren. Ich bedenke dann, wie großartig doch alles ist, was von der Kirche angeordnet ist,[5] und es freut mich sehr, zu sehen, daß jene Worte[6] eine solche Kraft haben und diese dem Wasser verleihen, so daß der Unterschied mit dem ungeweihten so groß ist.

---

[4] Viele Anekdoten aus dem Leben Teresas erzählen von ihrem ausgeprägten Glauben an die Wirksamkeit des Weihwassers, insbesondere gegen den Bösen. Eine ihrer Gefährtinnen, Ana de Jesús (Lobera), berichtet im Seligsprechungsprozeß: *„Sie wollte nicht, daß wir uns jemals ohne Weihwasser auf den Weg machten. Und weil es ihr so zusetzte, wenn wir es einmal vergaßen, trugen wir kleine Fläschchen mit Weihwasser am Gürtel; sie wollte, daß wir ihr immer eins in den Gürtel steckten, und sagte zu uns: ‚Ihr wißt nicht, wie erleichtert man sich fühlt, wenn man Weihwasser dabei hat; es ist eine große Wohltat, sich so leicht der Teilhabe am Blut Christi erfreuen zu dürfen'. Und so oft wir unterwegs das Göttliche Offizium [Stundengebet] zu rezitieren begannen, hieß sie uns, Weihwasser zu nehmen"* (BMC 18, 465).

[5] Ohne an der Aufrichtigkeit dieses Bekenntnisses zu zweifeln, sei doch auch darauf hingewiesen, daß bei den Inquisitionsprozessen die Rechtgläubigkeit des Angeklagten vor allem an seiner Einstellung zu den Sakramenten, Sakramentalien, Zeremonien und anderen äußerlichen Zeichen der Frömmigkeit festgestellt wurde. Für Teresa bietet das Weihwasser eine gute Gelegenheit, um ihre oft genug angezweifelte Rechtgläubigkeit unter Beweis zu stellen. Ähnlich in Bezug auf die Zeremonien in V 33,5.

[6] Die Formel, mit der das Wasser vom Priester gesegnet wird.

5. Da also die Qual nicht aufhörte, sagte ich, wenn sie nicht darüber lachten, würde ich um Weihwasser bitten. Sie brachten es mir und besprengten mich damit, aber das nützte nichts. Dann sprengte ich es dorthin, wo er[7] stand, und im Nu war er weg, und es verließ mich mein ganzes Übel, wie wenn man es mit einer Handbewegung von mir genommen hätte, außer, daß ich so erschöpft war, wie wenn man mich ordentlich durchgeprügelt hätte. Es war ein großer Nutzen für mich zu merken, daß er so viel Böses tut, sofern es ihm der Herr erlaubt, und das sogar, wenn ihm Seele und Leib eines Menschen nicht gehören. Was wird er dann erst tun, wenn er sie als Eigentum besitzt? Das gab mir von neuem das Verlangen ein, mich von einer so verderblichen Gesellschaft zu befreien.

6. Ein anderes Mal passierte mir vor kurzem dasselbe, wiewohl es nicht so lang dauerte und ich allein war. Ich bat um Weihwasser, und die Schwestern, die hereinkamen, nachdem sie[8] verschwunden waren (es waren zwei ganz glaubwürdige Schwestern, die um nichts in der Welt eine Lüge gesagt hätten), rochen einen ganz üblen Gestank, wie von Schwefel.[9] Ich selbst roch es nicht. Er blieb so lang hängen, daß man ihn gut wahrnehmen konnte.

Ein anderes Mal war ich im Chor und es überkam mich ein starker Antrieb zur Sammlung. Ich ging von dort weg, damit man es nicht bemerkte; freilich hörten alle in der Nähe des Ortes, wo ich war, laute Schläge ertönen. Ich aber hörte neben mir sprechen, wie wenn über etwas verhandelt würde, obwohl ich nicht hörte, worüber; grobe Worte jedenfalls. Ich weilte aber so tief im Gebet, daß ich nichts verstand und auch keine Angst hatte. Das war fast jedesmal so, wenn mir der Herr die Gnade gewährte, daß so manche Seele durch mein Zureden Fortschritte machte.

---

[7] Der Böse.

[8] Die bösen Geister.

[9] Auch dies entspricht der volkstümlichen Vorstellung, daß der Satan einen Schwefelgeruch verbreitet.

Und das, was ich nun sagen will, ist mir sicher passiert, denn es gibt dafür viele Zeugen, insbesondere meinen derzeitigen Beichtvater,[10] der es schriftlich in einem Brief zur Kenntnis nahm; ohne daß ich ihm sagte, von wem der Brief stammte, wußte er doch sehr wohl, von wem.

7. Es kam jemand zu mir, der seit zweieinhalb Jahren in Todsünde lebte, in einer der abscheulichsten, die mir je zu Ohren gekommen sind, und in dieser ganzen Zeit hat er sie weder gebeichtet noch sich gebessert, und doch las er Messe. Und obwohl er andere Sünden beichtete, sagte er von dieser, wie er etwas so Häßliches denn beichten könne. Er wünschte sich sehr, da herauszukommen, wußte sich aber nicht zu helfen. Mir tat das sehr leid, und zu sehen, daß Gott derart beleidigt wurde, bedrückte mich sehr. Ich versprach ihm, Gott inständig zu bitten, ihm weiterzuhelfen, und auch andere Leute, die besser waren als ich, dazu zu bringen, das zu tun. Ich schrieb ihm über jemanden, von dem er mir gesagt hatte, daß ich dieser Person die Briefe an ihn übergeben könnte.[11] Und es ist Tatsache, daß er auf den ersten Brief hin beichtete. Denn es gefiel Gott (wegen der vielen sehr heiligmäßigen Personen, die ihn darum gebeten hatten, weil ich es ihnen anempfohlen hatte), solches Erbarmen mit dieser Seele zu haben; und auch ich, wiewohl erbärmlich, tat mit großer Sorgfalt, was ich nur konnte.

Er schrieb mir, daß sich schon eine solche Besserung ergeben habe, daß er schon seit mehreren Tagen nicht in diese Sünde gefallen sei, doch bereite ihm die Versuchung dazu eine so große Qual, daß er, nach dem, was er zu leiden hätte, in der Hölle zu sein glaubte; ich solle ihn doch Gott anempfehlen. Ich bat meine Schwestern erneut ums Gebet, und es muß mir der Herr diese Gnade wohl um ihrer Gebete willen gewährt haben, denn sie nahmen es sich sehr zu Herzen. Es war jemand,

---

[10] Vermutlich der Dominikaner P. Domingo Báñez, der 1565, als sie das schrieb, ihr Beichtvater war.

[11] Mit anderen Worten: Sie schrieb ihm über eine Mittelsperson.

bei dem niemand auch nur vermuten konnte, wer es war. Ich flehte Seine Majestät an, diese Qualen und Versuchungen zu lindern; jene bösen Geister sollten ruhig zu mir kommen, um mich zu quälen, vorausgesetzt, ich würde den Herrn in nichts beleidigen. So machte ich einen Monat lang die größten Qualen durch.[12] Damals passierten die beiden Dinge, die ich erwähnt habe.[13]

8. Es gefiel dem Herrn, daß sie von ihm abließen. Das schrieb man mir, weil ich ihm gesagt hatte, was ich in diesem Monat durchmachte. Seine Seele kam zu Kraft und er wurde ganz frei davon, so daß er dem Herrn und mir nicht genug danken konnte, wie wenn ich etwas getan hätte, wo ihm doch allein schon sein Vertrauen, daß der Herr mir Gnaden gewährte, weiterhalf. Er sagte, daß er meine Briefe immer dann lesen würde, wenn er sich sehr bedrängt fühlte, und daß die Versuchung ihn dann verlasse. Er war ganz erstaunt über das, was ich erlitten hatte und wie er frei geworden war. Und auch ich war erstaunt, hätte es aber noch viele Jahre weiter ertragen, um jene Seele frei zu sehen. Der Herr sei für alles gepriesen, denn viel vermag das Gebet derer, die dem Herrn dienen, wie es, glaube ich, die Schwestern in diesem Haus[14] tun; nur mußten die bösen Geister über mich wohl mehr erzürnt sein, weil ich es in die Wege geleitet hatte; und wegen meiner Sünden ließ es der Herr zu.

9. Um diese Zeit glaubte ich eines Nachts auch, daß sie mich erdrosselten; und als man dann viel Weihwasser versprengte, sah ich eine große Menge von ihnen davonlaufen, wie jemand, der sich einen Abgrund hinunterstürzt. Es geschieht so oft, daß mich diese Verfluchten quälen, und die Angst, die ich vor ihnen

---

12 Der Gedanke des stellvertretenden Leidens aus Liebe zum Nächsten findet sich in mehreren mittelalterlichen Heiligenviten; Teresa greift hier also ein Thema auf, das ihr wohl aus Predigten oder aus ihrer Lektüre bekannt war.

13 Also die beiden Vorfälle, über die sie in V 31,6 berichtet hat.

14 Das Kloster San José in Ávila.

habe, ist so gering, weil ich sehe, daß sie sich noch nicht einmal regen können, wenn der Herr es ihnen nicht erlaubt, so daß ich Euer Gnaden[15] und auch mich ermüden würde, wenn ich alles erzählte.

10. Das Gesagte möge mithelfen, damit sich der wahre Diener Gottes wenig aus diesen Schreckensbildern macht, die diese ihm vormachen, um ihn in Angst zu versetzen. Sie sollen wissen, daß sie jedesmal, wenn wir uns wenig aus ihnen machen, mit weniger Kraft zurückbleiben, die Seele aber viel mehr als Herrin.[16] Es bleibt immer ein großer Gewinn zurück, von dem ich nicht spreche, um es nicht noch länger zu machen.

Nur noch folgendes möchte ich erwähnen, was mir in einer Allerseelennacht[17] passierte: Als ich in einem Oratorium weilte und nach Beendigung einer Nokturn[18] zu ihrem Abschluß gerade ein paar ganz fromme Gebete rezitierte – so wie wir sie in unserer Gebetsordnung[19] haben –, setzte er sich auf mein Buch, damit ich nicht zu Ende betete. Ich bekreuzigte mich, und er verschwand. Sobald ich wieder anfing, kam er wieder. Ich glaube, es geschah dreimal, daß ich so anfing und nicht zu Ende kam, solange ich kein Weihwasser versprengte. Da sah ich, daß in diesem Augenblick einige Seelen aus dem Fegfeuer herauskamen, denen nur noch wenig dazu gefehlt haben durfte, und ich dachte mir, ob er das verhindern wollte.

Nur wenige Male habe ich ihn als Leibhaftigen gesehen, oftmals aber ohne Gestalt, wie bei der Vision, bei der man ohne

---

[15] García de Toledo.

[16] Auch dies ist ein einfaches psychologisches Gesetz: Je mehr man sich von seinen Ängsten beeindrucken läßt, um so mehr Macht gewinnen sie über einen, je besser es einem gelingt, sie zu relativieren, um so schwächer werden sie und um so souveräner kann man mit ihnen umgehen.

[17] Die Nacht vom 1. auf den 2. November, an dem das Gedächtnis aller Verstorbenen begangen und besonders um die Erlösung der „armen Seelen" (der Verstorbenen) aus dem Fegfeuer – ein Bild für die Läuterung im Jenseits als Vorbereitung auf die endgültige Gotteinung – gebetet wird.

[18] Ein Teil der Matutin, d.h. des nächtlichen Stundengebets, das aus drei sog. „Nokturnen" bestand.

[19] Anspielung auf das karmelitanische Brevier, das in mancherlei Hinsicht vom römischen abwich.

bildhafte Gestalt deutlich einsieht, daß er dort ist, wie ich schon gesagt habe.[20]

11. Auch dies möchte ich noch erwähnen, weil es mich sehr bestürzte: Als ich einmal am Dreifaltigkeitsfest im Chor eines bestimmten Klosters weilte und in Verzückung geriet, sah ich einen gewaltigen Kampf von bösen Geistern gegen Engel. Ich konnte nicht erkennen, was diese Vision zu bedeuten hätte. Keine vierzehn Tage später war es leicht zu verstehen aufgrund eines Streites, der sich zwischen Menschen des inneren Betens und vielen anderen, die das nicht waren, entspann; dabei entstand dem Haus, wo dies stattfand, großer Schaden. Es war dies ein Streit, der lange andauerte und mit ziemlich viel Unruhe.

Andere Male sah ich rings um mich eine große Menge von ihnen, und mir war, als wäre da eine große Helligkeit, die mich ganz einhüllte, und die es ihnen unmöglich machte, sich mir zu nähern. Ich begriff, daß Gott mich beschützte, damit sie nicht an mich herankämen, so daß sie mich dazu gebracht hätten, ihn zu beleidigen. Aufgrund dessen, was ich schon manchmal an mir erlebt habe, erkannte ich, daß es eine echte Vision war.

Es ist nämlich so, daß ich sehr wohl schon begriffen habe, wie wenig sie vermögen, wenn ich nicht gegen Gott bin, so daß ich mich kaum noch vor ihnen fürchte. Denn ihre Kräfte sind nichts wert, wenn sie nicht ihnen ergebene und feige Seelen antreffen, denn da zeigen sie ihre Macht.[21]

Manchmal hatte ich bei den schon erwähnten Versuchungen[22] den Eindruck, als kämen alle Nichtigkeiten und Schwächen

---

20 Erneute Anspielung auf die in V 27,2 erwähnte intellektuelle Vision; in diesen Fällen hat sie also nichts gesehen, sondern nur die innere Gewißheit verspürt, daß der Böse gegenwärtig sei. Demgegenüber bedeutet *„in sichtbarer Gestalt":* in einer imaginativen Vision.

21 Vgl. auch V 25,20–22. Teresa ist gegenüber der in ihrem Umfeld verbreiteten Angst vor diabolischen Mächten zu einer beachtlichen Souveränität herangereift. – Einer der Zensoren vermerkte an dieser Stelle am Rand: *„In seinen* Moralia *sagt der hl. Gregor vom Bösen, daß er eine Ameise und ein Löwe zugleich sei; das paßt hier gut"* (siehe *Moralia,* V, 20 – PL 75,700f). Aus V 5,8 geht hervor, daß Teresa dieses Buch in ihrer Jugend gelesen hatte.

22 Siehe V 30,9ff und V 31,1ff.

vergangener Zeiten in mir wieder hoch, so daß ich mich Gott sehr anempfehlen mußte. Gleich war die Qual da, zu meinen, daß dann wohl alles vom Bösen stammen müsse, wenn mir solche Gedanken kommen, bis mich mein Beichtvater beruhigte. Denn ich glaubte, wer so viele Gnaden vom Herrn erhielt, dürfte noch nicht einmal die erste Regung eines schlechten Gedankens haben.

12. Wieder andere Male quälte es mich sehr, und auch jetzt quält es mich noch, wenn ich sehe, daß man viel Aufhebens um mich macht, besonders wichtige Personen, und daß sie viel Gutes von mir sagten. Darunter litt und leide ich sehr. Ich schaue mir dann das Leben Christi und der Heiligen an, und dabei kommt mir vor, als würde ich den verkehrten Weg gehen, denn sie gingen immer nur durch Geringschätzung und Beleidigungen. Das macht mich verängstigt und bewirkt, daß ich nicht wage, den Kopf zu heben und mich blicken zu lassen, was ich nicht mache, wenn ich Angriffen ausgesetzt bin. Dann ist die Seele ganz souverän, auch wenn es der Leib abbekommt, und ich andererseits doch bedrückt bin, so daß ich nicht weiß, wie das sein kann. Es geschieht aber wirklich so, denn dann sieht es so aus, als weile die Seele in ihrem Reich und habe alles unter ihren Füßen.

Diese Versuchung überfiel mich manchmal und dauerte dann tagelang, und es sah einerseits nach Tugend und Demut aus, während ich aber heute klar sehe, daß es eine Versuchung war. Ein Dominikaner, ein sehr gelehrter Mann, hat mir das richtig erklärt.[23] Sobald ich daran dachte, daß diese Gnaden, die mir der Herr erwies, öffentlich bekannt werden sollten, war meine Qual so extrem, daß es meine Seele zutiefst beunruhigte. Das ging sogar so weit, daß ich mich, wenn ich das bedachte, glaube ich, lieber entschlossen hätte, mich lebendig begraben

---

[23] Wer gemeint ist, läßt sich nicht mehr mit absoluter Gewißheit klären. Wegen des Hinweises auf seine „Gelehrtheit" könnte es sich auf den Konzilstheologen Domingo Báñez beziehen; vielleicht ist aber auch Pedro Ibáñez gemeint, der sich nachweislich 1560 in Ávila befand.

zu lassen als so etwas. Und so war ich, wenn diese starken Sammlungszustände oder Verzückungen einsetzten, gegen die ich mich nicht einmal in der Öffentlichkeit wehren konnte, hinterher so beschämt, daß ich mich nirgends blicken lassen wollte, wo mich jemand gesehen hätte.

13. Als ich eines Tages deshalb ganz erledigt war, sagte der Herr zu mir, *was ich denn befürchte? Es gebe da doch nur zwei Möglichkeiten, entweder, daß sie über mich lästerten oder daß sie ihn lobten;*[24] damit gab er zu verstehen, daß diejenigen, die es glaubten, ihn loben, und diejenigen, die es nicht glaubten, mich schuldlos verurteilen würden, und daß beides mir zum Gewinn gereiche; ich sollte mich deshalb also nicht abtun. Das beruhigte mich sehr und tröstet mich, wenn ich wieder daran denke.

Die Versuchung wurde schließlich so stark, daß ich von diesem Ort[25] weggehen und samt Mitgift in ein anderes, viel abgeschlosseneres Kloster als das, in dem ich damals weilte, gehen wollte, über das ich viel Übertriebenes gehört hatte. Es war auch von meinem Orden,[26] und ganz weit weg, denn das ist es, was mich getröstet hätte, irgendwo zu sein, wo man mich nicht kannte. Mein Beichtvater ließ mich aber nie fort.

14. Diese Ängste nahmen mir viel von meiner inneren Freiheit, denn später gelangte ich zur Erkenntnis, daß das keine

---

[24] Vgl. 6M 4,16, wo sie dies – diesmal anonym – wiederholt.

[25] Ávila.

[26] Es handelte sich also auch um ein Karmelitinnenkloster. Vermutlich ist das Menschwerdungskloster zu Valencia gemeint, das im Gegensatz zum gleichnamigen Kloster in Ávila als „sehr abgeschlossen" galt. Es war 1502 vom Prior des Karmelitenklosters von Valencia, Magister Mercader, (als Stifter galt Don Pedro Ramón Dalmáu) als Kloster für „sanctimoniales" gegründet worden, d. h. die Schwestern legten von Anfang an feierliche (statt einfache ewige) Gelübde ab und lebten in strenger Klausur, die sie nicht verlassen durften und zu der Außenstehende keinen Zutritt hatten; siehe Efrén de la Madre de Dios – Otger Steggink, *Tiempo y vida*, 88 bzw. 174, Anm. 68. Ältere Kommentatoren haben sogar an ein ausländisches Kloster, etwa in Flandern oder der Bretagne, bzw. an das 1477 von der seligen Franziska von Amboise (Françoise d'Amboise) in Nantes gegründete Kloster gedacht; doch ist dies sehr unwahrscheinlich.

echte Demut war, weil sie so beunruhigte.[27] Und der Herr lehrte mich folgende Wahrheit: Ich solle fest überzeugt und versichert sein, daß von mir nichts Gutes komme, sondern nur von Gott, denn so wie es mich nicht bedrückte, wenn ich hörte, daß andere gelobt würden, sondern mich freute und es mich sehr tröstete, wenn ich sah, daß sich darin Gott zeigte, so sollte es mich auch nicht bedrücken, wenn er seine Werke an mir zeigte.

15. Ich fiel auch noch in eine andere Übertreibung, daß ich nämlich Gott bat – und dafür sprach ich sogar ein besonderes Gebet –, Seine Majestät möge doch jeden, der etwas Gutes an mir fände, über meine Sünden aufklären, damit dieser sähe, wie sehr er mir ohne jeglichen Verdienst meinerseits Gnaden gewährte, denn das wünsche ich mir immer sehr. Mein Beichtvater sagte mir, daß ich das nicht tun sollte. Bis vor kurzem gab ich aber auf Umwegen oder wie ich es eben nur vermochte, meine Sünden zu erkennen, sobald ich sah, daß jemand viel Gutes von mir dachte; damit kam ich anscheinend zur Ruhe. Auch diesbezüglich hat man mir große Skrupel eingeredet.

16. Dies entsprang aber meines Erachtens nicht der Demut, sondern aus einer Versuchung kamen viele weitere. Ich glaubte, alle in Täuschung zu halten, doch selbst wenn es stimmt, daß sie in einer Täuschung leben, wenn sie glauben, daß es in mir etwas Gutes gibt, so war es doch nie mein Wunsch, sie zu täuschen, noch hatte ich so etwas jemals beabsichtigt, sondern zu irgendeinem Zweck läßt der Herr es zu. Daher sprach ich nicht einmal mit den Beichtvätern über dergleichen, außer ich sah, daß es notwendig war, da es mir große Skrupel bereitet hätte.

All diese kleinlichen Befürchtungen und Schmerzen und dieser Anschein von Demut war, das erkenne ich heute, etwas ziemlich Unvollkommenes, und kam daher, weil der alte Mensch

---

[27] Vgl. auch V 25,13; 30,9; und ferner V 7,1.11; 13,4; 19,4.10f.15.

in mir noch nicht gestorben war. Denn eine den Händen Gottes überlassene Seele macht sich nichts mehr daraus, ob man gut oder schlecht von ihr redet, wenn sie nur mit tiefer Erkenntnis erkennt – so wie der Herr ihr die Gnade erweisen möge, es zu erkennen –, daß sie nichts aus sich selbst hat. Sie verlasse sich auf den, der es ihr gibt, denn der weiß schon, weshalb er es aufdeckt, und bereite sich auf Angriffe vor, die ihr in heutigen Zeiten gewiß sind, sofern der Herr möchte, daß man bei jemand erkennt, daß er ihr derartige Gnaden erweist. Es gibt nämlich für eine solche Seele tausend Aufpasser, doch für tausend andersgeartete Seelen keinen einzigen.[28]

17. Wirklich, da gibt es nicht wenig Grund, um Angst zu haben, und das muß auch meine Angst gewesen sein, also nicht Demut, sondern Kleinmut. Denn eine Seele, bei der Gott zuläßt, daß sie vor den Augen der Welt einen solchen Weg geht, darf sich wirklich darauf gefaßt machen, zur Märtyrerin dieser Welt zu werden, denn wenn sie von sich aus der Welt nicht absterben will, dann wird die Welt selbst sie umbringen. Ich sehe in ihr, da bin ich mir sicher, nichts, was mir als etwas Gutes vorkommt, außer daß sie guten Menschen keine Fehler gönnt, die sie kraft ihres Geredes nicht vervollkommnen würde. Ich meine, daß es mehr Mut braucht, wenn einer nicht schon vollkommen ist, um den Weg der Vollkommenheit zu gehen, als um schlagartig zum Märtyrer zu werden. Die Vollkommenheit erreicht man nämlich nicht in kurzer Zeit, es sei denn, der Herr will jemandem diese Gnade als ein ganz besonderes Privileg erweisen.[29] Aber die Welt möchte ihn schon voll-

---

28 Teresa spricht von *„tausend Augen".* Erneute Anspielung auf das Klima des Mißtrauens, das damals alle spirituell Suchenden und vor allem die mystisch Begnadeten umgab, erst recht, wenn es sich um Frauen handelte. In V 33,5 wird sie von *„schweren Zeiten"* sprechen.

29 Die grundsätzliche Voraussetzung für den Weg der Vollkommenheit ist *„Mut"* und *„Ausdauer",* denn man *„erreicht sie nicht in kurzer Zeit".* Damit sagt Teresa, daß die mystische Gnade eine *„schnelle Form"* ist. Mit ihren Worten hört sich das so an: *„Es wirkt"* Gott mit einer einzigen mystischen Gnade so viel, *„daß der Seele nur wenig Arbeit zu tun bleibt, um Vollkommenheit zu erwerben"* (V 21,8). Das steht in deutlichem Gegensatz zur sog. „erworbenen

kommen sehen, sobald sie ihn beginnen sieht, und bemerkt bei ihm schon auf tausend Meilen einen Fehler, der womöglich bei ihm eine Tugend ist; und der ihn verurteilt, tut dasselbe aus einer Fehlhaltung heraus und beurteilt danach den anderen. Er darf nicht einmal essen oder schlafen oder, wie man so sagt, verschnaufen; und je mehr sie von einem halten, um so mehr müssen sie vergessen, daß sie noch in diesem Leib weilen, mögen sie eine noch so vollkommene Seele haben.[30] Sie leben ja noch auf Erden, deren Erbärmlichkeiten ausgesetzt, auch wenn sie die Erde noch so sehr unter den Füßen haben. Daher bedarf es, wie ich gerade sage, großen Mutes, denn die arme Seele hat ja noch nicht einmal angefangen zu laufen, und dann wollen sie schon, daß sie fliegt. Sie hat ihre Leidenschaften noch nicht besiegt, und sie möchten, daß sie in großen Anfech-

---

Vollkommenheit": *„Es erlebt sich eine Seele, so sehr sie sich auch um ihre Vervollkommnung bemühen mag, insgesamt als sehr schmutzig, wenn diese Sonne sie wirklich erfaßt",* d. h. erleuchtet (V 20,28; vgl. V 38,16; 39,14); wenn die mystischen Gnaden fehlen, zeigt sich deutlich die Unvollkommenheit unserer Vollkommenheit (vgl. V 11,2). Auch auf diese Weise macht Teresa deutlich, daß es nicht die Bußübungen und dergleichen sind, die uns „vollkommen" machen.

In diesem Zusammenhang versäumt sie es auch nicht, den geistlichen Begleitern eine Lektion zu erteilen, so daß wegen ihrer *„übertriebenen Vorsicht ... die Anfänger nicht schneller zu hoher Vollkommenheit gelangen"* (V 13,6), und weil *„die Hilfsmittel",* die sie empfehlen, nicht angemessen sind (V 23,9), denn *„ich konnte bei meiner Kraft nicht sofort mit solcher Vollkommenheit aus den Kleinigkeiten herauskommen"* (V 23,8). So *„berät sie Menschen, die den Weg der Vollkommenheit gehen"* (V 31, tít.). Sie nimmt sich von neuem vor, mit Hilfe der mystischen Gnaden vollkommen zu sein (V 35,10) und faßt ihre Absicht zur Reform so zusammen: *„Ich wünschte, meine Profeß und Berufung mit größter Vollkommenheit zu leben"* (V 36,5), in der Überzeugung, daß *„ein Anfänger, der sich mit Gottes Hilfe bemüht, den Gipfel der Vollkommenheit zu erreichen, glaube ich, nie allein in den Himmel kommt"* (V 11,4).

[30] Ähnlich in V 22,10. Erneuter Hinweis auf das damals verbreitete Vollkommenheitsideal, das „Vollkommenheit" oder „Heiligkeit" mit Rigorismus und asketischen Höchstleistungen verwechselte, was oftmals auch mit offener oder versteckter Leibfeindlichkeit verbunden war. Demgegenüber verstehen sowohl Teresa als auch Johannes vom Kreuz unter Vollkommenheit die wachsende Gotteinung eines Menschen, der sich ganz auf die Du-Beziehung zu Gott – also, auf das innere Beten – einläßt. An dieser Stelle läßt sich gut Teresas nüchterne, pragmatische Haltung den körperlichen Bedürfnissen gegenüber ablesen, ein erneuter Hinweis, daß sie trotz mancher neuplatonischer Ausdrücke in der Praxis keineswegs dem neuplatonischen Dualismus verfallen war.

tungen so unangefochten seien, wie sie lesen, daß es die Heiligen waren, nachdem sie schon in der Gnade gefestigt waren.[31]

Es ist nicht zu glauben,[32] was sich da alles tut, und es kann einem im Herzen wehtun; denn hier kehren viele Seelen wieder um, weil sie sich nicht zu helfen wissen, die Armen. Und so, glaube ich, hätte es auch meine gemacht, wenn der Herr in seinem großen Erbarmen nicht alles selbst getan hätte. Und solange er mir in seiner Güte nicht alles bereitstellte, werden Euer Gnaden[33] schon sehen, daß es bei mir nur Fallen und Aufstehen war.

18. Ich wollte, ich könnte es richtig ausdrücken, denn ich glaube, daß sich hier viele Seelen etwas vormachen, da sie fliegen möchten, bevor Gott ihnen Flügel gibt. Ich glaube, daß ich diesen Vergleich schon an anderer Stelle gebracht habe,[34] aber hier paßt er gut. Dazu will ich etwas sagen, denn ich sehe, daß manche Seelen aus diesem Grund ganz niedergeschlagen sind. Da sie mit großen Wünschen, Eifer und Entschlossenheit beginnen, in der Tugend voranzuschreiten, und einige auch äußerlich alles für ihn aufgeben, und dann an anderen Personen, die schon mehr herangereift sind, großartige Tugendleistungen wahrnehmen, die ihnen der Herr schenkt – denn die können wir uns nicht einfach herzaubern –, und in allen Büchern, die vom inneren Beten und der Kontemplation handeln, Dinge aufgezählt finden, die wir zu tun haben, um zu dieser Würde aufzusteigen, die sie aber nicht sofort fertig bringen, werden sie ganz untröstlich. Etwa dies: sich nichts daraus zu machen,

---

[31] Theologischer Ausdruck, mit dem die Ausnahmesituation einiger weniger besonders Begnadeten beschrieben wird, die Gott schon so nahe sind, daß sie vor Sünden gefeit sind.

[32] Wörtlich: *es gereicht zum Lob Gottes*, hier als Ausdruck ungläubigen Staunens; vgl. V 17,5.

[33] García de Toledo.

[34] Siehe V 22,13. In der ganzen *Vida* greift Teresa immer wieder gern auf das Bild des Vogels zurück, siehe etwa das Bild des Jungvogels, der noch nicht flügge ist (V 13,2; 20,22), des Falters, der sich die Flügel verbrennt (V 18,14), des Vögelchens, das der Herr ins Nest legt (V 18,9), des Phönix (V 39,23), der Taube und des Taubenschlags (V 14,3; 20,24; 38,10.12).

wenn sie schlecht über uns reden, sondern uns im Gegenteil mehr darüber zu freuen, als wenn sie von uns gut redeten; geringe Wertschätzung unseres Ansehens; Loslösung von den Verwandten, so daß sie keinen Umgang mit ihnen pflegen möchten, sondern ihn sogar lästig finden, sofern sie kein inneres Beten halten; und noch viele weitere derartige Dinge, die nach meinem Dafürhalten Gott schenken muß, denn das sind, glaube ich, schon übernatürliche Güter oder doch gegen unsere natürliche Neigung.[35]

Sie sollen sich doch nicht abplagen, sondern auf den Herrn hoffen, denn das, was sie jetzt nur dem Wunsch nach haben, das wird Seine Majestät schon so richten, daß sie so weit kommen, es auch im Werk zu haben, durch inneres Beten und das Vollbringen dessen, was ihrerseits in ihnen steckt.[36] Denn diese unsere schwache Natur hat es sehr nötig, viel Vertrauen zu haben, sich nicht entmutigen zu lassen, und zu bedenken, daß wir am Ende schon den Sieg davon tragen, wenn wir uns nur abmühen.

19. Weil ich viel Erfahrung damit gemacht habe, will ich als Hinweis für Euer Gnaden etwas sagen. Glaubt nicht, daß die Tugend schon gewonnen sei, auch wenn Euch vorkommt, es sei so, wenn Ihr sie nicht in der Versuchung zum Gegenteil erprobt.[37] Und immer sollten wir mißtrauisch bleiben und nicht unachtsam werden, solange wir am Leben sind; denn vieles

---

[35] Die hier aufgezählten Forderungen sind typische Topoi der mittelalterlichen *contemptus-mundi*-Literatur. Man beachte Teresas klaren Standpunkt: Die innere Freiheit, um die es in all diesen Beispielen letztlich geht, ist bei allem notwendigen Bemühen nicht das Ergebnis angestrengter Tugendübungen, sondern ein Geschenk Gottes, das einem Menschen in dem Maße zuteil wird, wie er sich bemüht, sich der Liebe Gottes zu öffnen; siehe auch den ausdrücklichen Hinweis auf das innere Beten am Schluß dieses Absatzes.

[36] „*Vollbringen, was in uns steckt*" ist ein Grundsatz der Spiritualität Teresas, der sehr gut ihren Realismus zeigt. Siehe dazu CE 31,2; 65,5; CV 8,1; 17,7; 37,3 und besonders 7 M 4,15.

[37] Anspielung auf eine Maxime der scholastischen Moral, ferner klingt auch das alte Axiom „*contraria contrariis curantur*" („Es wird etwas mit seinem Gegenteil behandelt") an.

hängt sich sofort an uns fest, solange uns – wie ich gerade sage – die Gnade nicht ganz gegeben ist, um zu erkennen, was das Ganze ist; in diesem Leben aber gibt es das Ganze nie ohne vielfältige Gefahren.

Ich hatte bis vor wenigen Jahren den Eindruck, daß ich nicht nur nicht an meinen Verwandten hing, sondern daß sie mir sogar auf die Nerven gingen.[38] Und es war auch so, denn ich konnte die Unterhaltung mit ihnen nicht mehr ertragen. Da ergab sich für mich ein ziemlich wichtiges Geschäft, und ich mußte mich bei einer meiner Schwestern[39] aufhalten, die ich vorher ganz besonders gern gehabt hatte. Und obwohl ich mich in der Unterhaltung mit ihr, auch wenn sie besser ist als ich, nicht so leicht tat (denn da sie einen anderen Lebensstand hat – sie ist nämlich verheiratet –, konnte die Unterhaltung nicht immer über das gehen, was ich am liebsten hätte, darum suchte ich so gut ich konnte allein zu sein), merkte ich doch, daß sie mir wegen ihrer Leiden mehr leid tat als sonst ein Nächster und manche Sorge bereitete. Kurz, ich begriff, daß ich nicht so frei war, wie ich gedacht hatte, und es immer noch nötig hatte, die Gelegenheit zu fliehen, damit die Tugend, von der mir der Herr schon zugeteilt hatte, auch weiterwuchs. So habe ich es mit seiner Hilfe seitdem auch versucht.

20. Sehr hoch muß man eine Tugend einschätzen, wenn der Herr damit beginnt, davon auszuteilen, und in keiner Weise

---

38 Die Autorin greift eine der in V 31,18 erwähnten Forderungen der *contemptus-mundi*-Literatur auf, die innere Distanz gegenüber den Verwandten. Sie selbst wird ihr ganzes Leben lang zwischen dieser überkommenen asketischen Forderung, der sie grundsätzlich zuzustimmen scheint, und ihrer herzlichen Zuneigung zu ihren Verwandten hin und herschwanken. Einerseits gibt es ausdrückliche Warnungen vor zuviel Anhänglichkeit an die Verwandten, etwa in CV 4,7 und CV 9, andererseits zeugt ihr Briefwechsel von der Tatsache, daß sie sich zeitlebens für ihre Geschwister und deren Kinder verantwortlich fühlte und regen Anteil an deren familiären Sorgen nahm, auch wenn sie sich gelegentlich über diese Bürde beklagt.

39 Es handelt sich um ihre jüngste Schwester Juana de Ahumada, die mit Juan de Ovalle verheiratet war. Das Ehepaar half ihr 1562 bei der Gründung des Klosters San José, weshalb sie sich damals eine Zeitlang bei ihnen aufhielt; siehe V 33,11; 36,3.

dürfen wir uns der Gefahr aussetzen, sie zu verlieren. So ist das mit Prestigedenken und vielem anderen. Glauben Euer Gnaden,[40] daß nicht alle, die wir meinen, von allem losgelöst zu sein, es wirklich sind, und daß es nötig ist, hier nie unachtsam zu sein. Wer auch immer in sich noch irgendwelches Prestigedenken bemerkt, glaube mir und lasse diese Bindung hinter sich, wenn er vorankommen will, denn es ist eine Kette, die keine Feile durchdringt, es sei denn Gott selbst, durch inneres Beten und indem wir unsererseits fest dazutun.[41] Meines Erachtens ist es eine Fessel für diesen Weg, und ich staune, wieviel Schaden es anrichtet.

Ich habe so manche, ihren Werken nach heiligmäßige Menschen vor Augen, die Großartiges vollbringen, so daß die Leute nur staunen. Mein Gott! Wieso weilt diese Seele überhaupt noch auf Erden? Warum schwebt sie nicht schon auf dem Gipfel der Vollkommenheit? Was ist denn das? Wer hält denn jemanden auf, der soviel für Gott tut?[42] – Ach was, sie hält doch noch am Ehrenkodex fest …![43] Und das Schlimmste, was ihr widerfährt, ist, daß sie gar nicht erkennen will, daß sie daran festhält, und zwar manchmal deswegen, weil ihr der Böse zu verstehen gibt, daß sie die Pflicht hat, daran festzuhalten.

21. Man glaube mir doch, man glaube um der Liebe des Herrn willen dieser winzigen Ameise, von der der Herr will, daß sie redet, denn wenn man diese Raupe nicht wegschafft, mag sie zwar nicht den ganzen Baum verderben (denn ein paar andere Tugenden werden schon überleben, freilich ganz wurmstichig),

---

[40] Erneut spricht sie ihren Hauptadressaten, García de Toledo, an.

[41] Wie schon in V 31,18 bemüht sich Teresa, möglichst genau zwischen der Rolle Gottes und der des Menschen zu differenzieren: Es ist zwar ein Geschenk Gottes, aber das setzt auf unserer Seite voraus, daß wir uns ihm im inneren Beten öffnen und das Unsrige tun, um mit der Gnade Gottes mitzuarbeiten.

[42] Diesen letzten Satz hatte die Autorin am oberen Seitenrand des Manuskripts ergänzt.

[43] Siehe auch V 20,26 mit der dortigen Anm. Für konkrete Beispiele, siehe etwa CV 12 und CV 36,3.

doch ist es kein schöner Baum, und er wächst auch nicht weiter, noch läßt er die anderen neben sich wachsen. Denn die Frucht des guten Beispiels, die er hervorbringt, ist ganz und gar nicht gesund; sie wird nur kurz herhalten.

Oft sage ich es:[44] So unbedeutend der Punkt des Ehrenkodexes auch sei, es ist da wie bei Orgelmusik: Wenn man auch nur eine Note oder Taktangabe verfehlt, klingt die ganze Melodie schräg. Es ist etwas, was der Seele auf jedem Gebiet schadet, aber auf diesem Weg des inneren Betens ist es eine Pest.[45]

22. Du gibst dir ständig Mühe, dich in der Gotteinung mit Gott zu verbinden, wir möchten Christi Ratschläge befolgen, der mit Beleidigungen und falschen Zeugenaussagen beladen wurde – und zugleich wollen wir unser Prestige und Ansehen unbeschadet retten? Es ist dann nicht möglich, so weit zu kommen, denn das geht nicht zusammen. Der Herr bringt die Seele dorthin, wenn wir uns anstrengen und uns bemühen, in vielen Gelegenheiten unser Recht zu verlieren.

Nun werden manche sagen: „Ich habe gar keine, noch bietet sich mir eine." – Ich glaube, wenn jemand diese Entschlossenheit hätte, würde es der Herr nicht wollen, daß er ein so großes Gut verliert. Seine Majestät wird so viele Gelegenheiten schaffen, in denen er diese Tugend gewinnen soll, daß er so viele gar nicht wollte. Also an die Arbeit!

23. Ich will einmal aufzählen, was für nichtige und geringfügige Dinge ich anfangs tat, oder doch einige davon: die erwähnten Strohhälmchen,[46] die ich ins Feuer warf, denn zu mehr tauge ich nicht. Alles nimmt der Herr an. Er sei für immer gepriesen.

---

[44] Vermutlich eine Anspielung auf ihre Gespräche mit den Adressaten dieses Werkes.
[45] Also „tödlich" (bildhaft gesprochen). Vgl. auch V 25,21; CV 4,7f, wo Teresa denselben Ausdruck verwendet.
[46] Siehe V 30,20.

Unter anderen Fehlern hatte ich auch diesen: Ich kannte mich vor lauter Unachtsamkeit und der Beschäftigung mit anderen Nichtigkeiten in der Gebetsordnung[47] und mit dem, was ich im Chor zu tun und zu lassen hatte, erst wenig aus, sah aber doch andere Novizinnen, die es mir hätten beibringen können. Es kam aber vor, daß ich sie nicht fragte, damit sie nicht dahinter kämen, wie wenig ich wußte. Gleich schiebt man das gute Beispiel vor.[48] Das kommt häufig vor. Nachdem Gott mir schon ein wenig die Augen geöffnet hatte, fragte ich, sobald ich nur ein bißchen unsicher war, die Allerjüngsten, auch wenn ich es wußte. Dabei büßte ich weder Prestige noch Ansehen ein; im Gegenteil, es gefiel dem Herrn, mir, wie mir scheint, danach ein besseres Gedächtnis zu geben.

Ich konnte nicht gut singen. Es bedrückte mich so, wenn ich das, was sie mir auftrugen, nicht einüben konnte (nicht um vor dem Antlitz des Herrn keinen Fehler zu machen, was noch eine Tugend gewesen wäre, sondern wegen der vielen Schwestern, die mich hörten), daß ich vor lauter Ehrgeiz so verwirrt war, daß ich noch viel weniger herausbrachte, als ich konnte. Später nahm ich es auf mich, zu sagen, daß ich es nicht konnte, wenn ich es nicht sehr gut konnte. Das tat mir am Anfang sehr weh, später tat ich es gern. Und so kommt es, daß ich es viel besser herausbrachte, sobald ich mir allmählich nichts mehr daraus machte, wenn man merkte, daß ich es nicht konnte, und daß ich, sobald mich der verderbliche Ehrgeiz[49] verließ, tun konnte, was ich als Ehre erachtete, denn jeder verlegt sie in das, was er gern hat.

24. Durch solch nichtige Dinge, die gar nichts sind – und was bin ich erst für ein Nichts, da mir das zusetzte – gewöhnt man

---

[47] D.h. sie war noch nicht mit den (damals sehr komplizierten) Rubriken des Breviers (Stundenbuch) und den Zeremonien des gemeinsamen Chorgebets vertraut.

[48] D.h. sie machte sich vor, ihre Mitnovizinnen nur deswegen nicht zu fragen, um ihnen kein schlechtes Beispiel zu geben, während sie in Wirklichkeit zu stolz war.

[49] *Negra honra*, wörtlich „schwarzer Ehrgeiz".

sich nach und nach daran, Tugendakte zu setzen.[50] Und Winzigkeiten wie diesen verhilft Seine Majestät zu Größerem, denn da sie für Gott getan werden, gibt ihnen Seine Majestät Gewicht. Und so passierte es mir in Hinblick auf die Demut, daß ich alle Chormäntel[51] zusammenlegte, als sie alle den Betchor verließen, da ich sah, daß sie Fortschritte machten, nur ich nicht, – denn ich habe nie zu etwas getaugt; ich glaubte, diesen Engeln, die Gott dort priesen, einen Dienst zu erweisen. Bis sie – ich weiß nicht, wie – dahinter kamen, worüber ich nicht wenig beschämt war. Meine Tugend ging nämlich nicht so weit, daß ich wollte, daß sie um diese Dinge wüßten, aber wohl nicht, weil ich demütig war, sondern damit sie mich nicht auslachten, weil es so unbedeutend war.

25. O mein Gott, was für eine Schande, so viele Schlechtigkeiten zu sehen, und dann über ein paar Sandkörnchen zu berichten, die ich noch nicht einmal deshalb von der Erde aufhob, um dir zu dienen, vielmehr war das alles noch mit tausend Erbärmlichkeiten vermischt! Es sprudelte unter diesen Sandkörnern noch nicht das Wasser deiner Gnade, um sie in die Höhe zu treiben.[52]

Du mein Schöpfer, wer könnte bei so vielen Untaten etwas zu berichten haben, das von Bedeutung wäre, wenn ich doch über die großen Gnadenerweise berichte, die ich von dir empfangen habe! Es ist so, mein Herr, daß ich nicht verstehe, wie mein Herz das ertragen kann, noch wie einer, der dies lesen sollte, sich nicht veranlaßt fühlte, mich zu verabscheuen, wenn er so außerordentlich große Gnaden so wenig beantwortet sieht, und ich mich am Ende nicht einmal schäme, diese Dienste auch noch als meine auszugeben. – Doch, ich schäme mich schon, mein Herr, aber von meiner Seite aus nichts anderes zu

---

50 Implizite Anspielung auf die scholastische Lehre von Akt und Habitus: Durch wiederholte Einzelakte gewöhnt man sich daran und erwirbt die Tugend als Habitus.
51 Weißer Umhang, der auch heute noch im Karmel zu liturgischen und sonstigen feierlichen Anlässen über dem Ordensgewand getragen wird.
52 Sie greift das Bild wieder auf, das sie schon in V 30,19 benutzt hatte.

haben, um davon zu berichten, läßt mich so armselige Anfänge erwähnen, damit einer, der mit Großem begonnen hat, Hoffnung schöpft, denn wenn der Herr allem Anschein nach sogar jene in Betracht gezogen hat, wird er dieses um so mehr beachten. Möge es Seiner Majestät gefallen, mir die Gnade zu gewähren, daß ich nicht immer am Anfang stehe. Amen.

KAPITEL 32

In ihm spricht sie davon, wie der Herr sie im Geist an den
Ort in der Hölle versetzen wollte, den sie wegen ihrer
Sünden verdient hatte. – Sie erzählt einen Bruchteil von dem,
was ihr da gezeigt wurde, im Vergleich zu dem, was da war. –
Sie beginnt zu beschreiben, auf welche Weise das Kloster zum
heiligen Josef, wo sie jetzt lebt, gegründet wurde.[1]

1. Lange Zeit nachdem mir der Herr schon viele der Gnaden,
die ich berichtet habe,[2] und noch weitere, sehr große erwiesen
hatte, fand ich mich, als ich eines Tages beim inneren Beten
war, plötzlich ganz so, als sei ich, ohne zu wissen wie, in die
Hölle versetzt, wie mir vorkam.[3] Ich begriff, daß der Herr mich
den Ort sehen lassen wollte, den mir die bösen Geister dort
schon bereitet hatten und den ich wegen meiner Sünden verdient hatte. Das dauerte nur ganz kurze Zeit, aber auch wenn
ich noch viele Jahre zu leben hätte, scheint es mir unmöglich,
es zu vergessen.

---

1 Hier beginnt eine neue Sektion des Buches: In V 32–36 wird über die Gründung des ersten „reformierten" („Unbeschuhten") Karmel, des Klosters San José
zu Ávila, berichtet. In V 36,29 wird die Autorin sich ausdrücklich ausbitten,
daß dieser Teil auf jeden Fall erhalten und den Schwestern dieses Klosters zur
Verfügung gestellt werden möge, auch wenn die Prüfer sich entschließen sollten, den Rest des Buches zu vernichten. – Schon im vorliegenden Kapitel wird
deutlich, wie eng diese Gründungsgeschichte mit der geistlichen Entwicklung
der Autorin verknüpft ist: die „Höllenvision", über die hier berichtet wird, ist
einer der unmittelbaren Auslöser für die Gründung, siehe V 32,9f.

2 In V 23–31.

3 Die Kernaussage dieser Vision, deren bildhafte Ausgestaltung ganz den mittelalterlichen Vorstellungen entspricht (man vergleiche etwa mit den Gemälden
eines Hieronymus Bosch), ist die tiefe Einsicht Teresas in die Barmherzigkeit
Gottes (V 32,3.5): Sie begreift auf einer ganz tiefen, existentiellen Ebene, in
welche Verlorenheit sich ein Mensch stürzt, wenn er sich bewußt von der Liebe
Gottes trennt, und dementsprechend auch, welch großes Geschenk es ist, daß
Gott in seiner Barmherzigkeit sie davor behütet hat. Ferner hebt sie hervor,
wie sehr ihr diese Vision geholfen habe, ihre Nöte zu relativieren (V 32,4f). –
Man vergleiche die Darstellung Teresas mit der Höllenbetrachtung in den igna-
tianischen Exerzitien, wo ganz knapp, auf die fünf Sinne verteilt, vergleichbare
Eindrücke geschildert werden; siehe die fünfte Übung der ersten Woche; Igna-

Der Eingang kam mir wie eine ganz lange, schmale Gasse nach Art eines ganz niedrigen, dunklen, engen Backofens vor. Der Boden schien mir aus ganz schmutzigem, schlammigem Wasser von pestartigem Gestank zu bestehen, und mit unzähligem häßlichem Ungeziefer darin. Am Ende befand sich ein in eine Wand eingelassener Hohlraum, wie ein Wandschrank, in den ich mich in großer Enge hineingepreßt sah.

Das war aber alles noch eine Wonne für die Augen im Vergleich zu dem, was ich dort verspürte. Was ich gesagt habe, ist noch schlecht ausgedrückt.

2. Das andere aber kann man, glaube ich, nicht einmal ansatzweise so ausdrücken, wie es ist, und auch nicht verstehen. Ich verspürte ein Feuer in meiner Seele, das so beschreiben zu können, wie es ist, mein Verstand nicht fertig bringt. Und obwohl ich in diesem Leben äußerst heftige Schmerzen durchgemacht habe, ja, den Ärzten zufolge sogar die schlimmsten, die man hier auf Erden durchmachen kann (denn es verkrampften sich alle meine Nerven, als ich gelähmt war,[4] ohne die vielen weiteren verschiedenartigsten Schmerzen, die ich durchlitten habe, darunter, wie ich gesagt habe,[5] sogar einige, die vom Bösen verursacht waren), waren da die körperlichen Schmerzen so unerträglich, daß das alles nichts ist verglichen mit dem, was ich da verspürte, und dazu noch zu sehen, daß sie ohne Ende sein und niemals aufhören sollten.

Das ist aber noch gar nichts im Vergleich zum Todeskampf

---

tius von Loyola, *Geistliche Übungen und erläuternde Texte.* Übersetzt und erläutert von P. Knauer, 44 (Nr. 66–70). Der schlimmste Eindruck ist für Teresa die unerträgliche Enge und Bedrückung, also die Unfreiheit, die der Mensch erfährt; siehe U. Dobhan, *Gott – Mensch – Welt,* 291ff. Vgl. ferner 6M 9,7, wo Teresa mit ihrer starken Betonung der personalen Gottesbeziehung die Abkehr vom geliebten Herrn als das eigentlich Schreckliche an der Hölle hervorhebt. Siehe zu diesem ganzen Thema H. Vorgrimler, *Geschichte der Hölle,* vor allem 229–232. Teresa *„erahnte … personalere Dimensionen der Hölle: im definitiven Verlust der Liebe des göttlichen Freundes. Die Erfahrung einer solchen Hölle ließ sie gegenüber den möglicherweise Verdammten weder Neugier noch Genugtuung, sondern nur tiefes Mitleid empfinden"* (232).

[4] Anspielung auf die schwere Erkrankung, von der sie in V 5 berichtet hatte.
[5] Siehe V 30–31.

der Seele: eine Beklemmung, Bedrückung und so spürbare Bedrängnis, mit einem so verzweifelten und deprimierenden Überdruß, das ich nicht weiß, wie ich dafür Worte finden soll. Denn zu sagen, es würde einem ständig die Seele herausgerissen, ist noch wenig, weil es sich dann anhört, als würde uns ein anderer das Leben nehmen, während es hier die Seele selbst ist, die sich zerreißt.

Ich weiß tatsächlich nicht, wie ich dieses innere Feuer und diese Verzweiflung ins Wort bringen soll, zusätzlich zu den äußerst heftigen Qualen und Schmerzen. Ich sah zwar nicht, wer sie mir zufügte, aber ich fühlte, wie ich, nach dem, wie mir vorkam, verbrannt und zerrissen wurde. Doch sage ich, daß dieses Feuer und diese innere Verzweiflung das Schlimmste sind.

3. Und weil man an einem so pestilenzialischen Ort weilt, ohne einen Hoffnungsschimmer von Trost, gibt es nichts, um sich hinzusetzen oder hinzulegen, noch gibt es Platz dazu, auch wenn man mich in diese Art Wandloch hineingesteckt hatte. Diese Mauern, deren Anblick schon schrecklich ist, sind von sich aus schon einengend, und alles ist zum Ersticken. Es gibt kein Licht, sondern ringsherum nur tiefste Finsternis. Ich verstehe nicht, wie das sein kann, denn obwohl es kein Licht gibt, sieht man doch alles, um dem Auge weh zu tun.

Damals wollte der Herr nicht, daß ich von der ganzen Hölle noch mehr zu sehen bekam. Später habe ich noch eine weitere Vision von schrecklichen Dingen gehabt, die die Strafe für einige Fehlhaltungen sind. Vom Anblick her kamen diese mir noch viel schrecklicher vor, aber da ich keinen Schmerz verspürte, machten sie mir nicht soviel Angst. Doch in jener Vision wollte der Herr, daß ich diese Qualen und Bedrückung im Geist wirklich verspürte, wie wenn der Leib sie gerade erlitte.

Ich weiß nicht, wie das zuging, verstand aber sehr wohl, daß es eine große Gnade war, und daß der Herr wollte, daß ich mit eigenen Augen sähe, aus welchem Ort mich seine Barmherzig-

---

6 Das ist also der Kerngedanke, der in dieser Vision bildhaft ausgeschmückt wird; siehe auch den Schluß von V 32,4 und V 32,5.

keit befreit hatte.[6] Denn es ist noch gar nichts, davon nur reden
zu hören,[7] auch nicht das, was ich mir bei anderen Gelegenheiten über verschiedene Qualen ausgedacht hatte (allerdings nur
selten, weil meine Seele das vor lauter Angst nicht gut vertrug),
noch daß die bösen Geister einen in die Zange nehmen, und
auch nicht weitere Qualen verschiedenster Art, von denen ich
gelesen habe; all das ist gar nichts verglichen mit diesem
Schmerz, denn der ist ganz anders, sagen wir, wie eine Zeichnung verglichen mit der Wirklichkeit; und hier zu verbrennen
ist kaum der Rede wert im Vergleich zu dem Feuer dort.

4. Ich war so entsetzt und bin es auch jetzt noch, während ich
es aufschreibe, obwohl es schon fast sechs Jahre her ist,[8] und es
kommt mir dabei vor, als würde in diesem Moment vor lauter
Angst die natürliche Körperwärme ausfallen. Und so kann ich
mich an kein einziges Mal erinnern, daß ich nicht meine,
wenn ich Leiden oder Schmerzen habe, daß alles, was einem
hier auf Erden zu schaffen machen kann, nicht der Rede wert
sei; daher kommt mir ein Stück weit vor, daß wir uns ohne
Grund beklagen. Und so sage ich von neuem, daß dies eine der
größten Gnaden war, die mir der Herr gewährt hat, weil sie mir
sehr geholfen hat, um die Angst vor den Bedrängnissen und
Widersprüchen dieses Lebens zu verlieren, aber auch um Kraft
zu bekommen, um sie auf mich zu nehmen und dem Herrn zu
danken, daß er mich, so wie mir jetzt scheint, von so schrecklichen, ewigen Qualen befreit hat.

5. Seitdem kommt mir, wie ich gerade sage, alles leicht vor im
Vergleich mit einem einzigen Augenblick, an dem ich ertragen

---

[7] Anspielung auf die damals und auch später noch verbreiteten Höllenpredigten;
siehe dazu etwa A. Martínez Arancón, *Geografía de la eternidad.* Im folgenden
spielt sie auch auf die Betrachtung der Höllenqualen an, wie sie von den
Betrachtungsbüchern empfohlen wurde.
[8] Teresa schreibt dies Ende 1565, demnach müßte die Vision in der ersten Hälfte
des Jahres 1560 stattgefunden haben. Efrén de la Madre de Dios – O. Steggink,
Tiempo y vida de Santa Teresa, 181, Anm. 38 datieren sie jedoch auf Ende
August 1560.

müßte, was ich in einem Augenblick dort erlitt. Ich bin bestürzt, daß ich die Höllenqualen nicht fürchtete und nicht für das hielt, was sie sind, wo ich doch oft und oft Bücher gelesen hatte, in denen sie in etwa dargestellt werden. Wo war ich da nur? Wie konnte mir etwas Erholung verschaffen, was mich auf den Weg gebracht hätte, um an einen so schlimmen Ort zu gehen? Sei für immer gepriesen, mein Gott! Wie deutlich hat sich gezeigt, daß du mich viel lieber hattest als ich mich selbst! Wie oft, Herr, hast du mich aus einem so dunklen Kerker befreit, und wie kehrte ich immer wieder gegen deinen Willen dahin zurück!

6. Von daher erwarb ich mir auch das unsägliche Leid, das mir die vielen Seelen verursachen, die verdammt werden (insbesondere diese Lutheraner,[9] denn sie waren durch die Taufe schon Mitglieder der Kirche)[10] sowie die gewaltigen Antriebe, um Seelen von Nutzen zu sein, denn ich glaube sicher, daß ich liebend gern tausend Tode auf mich nehmen würde, um eine

---

[9] Dieser Begriff steht für sie ganz allgemein für „protestantisch", ein Zeichen, daß sie über die Unterschiede zwischen den einzelnen reformatorischen Richtungen einseitig informiert war; vgl. CE/CV 1,2; CV 35,3; F 3,10; 18,5; M epíl,4. Als Spanierin im betont gegenreformatorischen Klima unter Philipp II. konnte sie nicht anders als die Reformatoren und ihre Anhänger als Häretiker zu betrachten, denen ewige Verdammnis gewiß war, denn außerhalb der Kirche gibt es ja kein Heil. Ihr Bekenntnis auf dem Sterbebett „Ich sterbe als Tochter der Kirche" – trotz ständiger Verdächtigungen, auch eine Häretikerin zu sein! – läßt sich vor diesem Hintergrund interpretieren, wobei freilich zugleich zu bedenken ist, daß es sich auch bei dieser Beteuerung um eine typische Forderung der ars moriendi handelt, deren Elemente bis in alle Einzelheiten beim Sterben Teresas zu beobachten sind. Charakteristisch für Teresa ist jedenfalls, daß sie nicht in die allgemeinen Verurteilungen der „Häretiker" einstimmt, sondern Mitleid mit den „Irregeleiteten" empfindet und alles tun möchte, um sie zu retten; vgl. auch V 21,1.

[10] Da sie es nicht mehr sind, kommen sie nach damaligem Verständnis in die Hölle, denn extra Ecclesiam nulla salus (außerhalb der Kirche gibt es kein Heil).

[11] Wie schon in V 21,1 beschreibt Teresa hier, wie und vor welchem Hintergrund in ihr die apostolische Gesinnung erwachte – „Von daher erwarb ich mir auch das unsäglich große Leid" –, die sie zunächst zur Gründung des Klosters San José führen sollte. Man beachte, daß die Höllenvision keineswegs nur im Zusammenhang mit dem eigenen Heil interpretiert wird, sondern im Gegenteil zum Motor für ihren solidarischen Einsatz für die „häretischen Protestanten" wird.

einzige aus so extremen Qualen zu befreien.[11] Ich denke mir, daß uns doch offensichtlich schon unsere Natur zum Mitleiden anregen würde, wenn wir jemanden, den wir gern haben, hier eine Not oder ein Leid, insbesondere wenn sie groß sind, durchmachen sähen, und wenn es groß ist, dann bedrängt es uns. Und nun eine Seele ohne Ende in der allerschlimmsten Not zu sehen, wer könnte das ertragen? Es gibt kein Herz, das so etwas ohne großen Schmerz aushält. Wenn uns das also schon hier zu so großem Mitleid bewegt, obwohl wir wissen, daß es schließlich mit dem Leben aufhört und ein Ende hat, so weiß ich nicht, wie wir bei jenem anderen, das kein Ende hat, ruhig bleiben können, wo wir doch sehen, wie viele Seelen der Böse tagtäglich mit sich reißt.

7. Das erweckt in mir auch den Wunsch, daß wir uns in einer Angelegenheit, die so wichtig ist, mit nichts weniger begnügten als daß wir alles tun, was wir unsererseits vermögen. Unterlassen wir nichts, und gebe der Herr, daß es ihm gefalle, uns dazu seine Gnade zu geben.

Wenn ich bedenke, daß ich bei meiner großen Schlechtigkeit immerhin noch ein wenig darauf bedacht war, Gott zu dienen, und manche Dinge nicht tat, die, wie ich sehe, in der Welt gang und gäbe sind, so als täte man nichts; und daß ich schließlich schlimme Krankheiten durchgemacht hatte, und das in großer Geduld, die mir der Herr gab; und daß ich nicht dazu neigte, zu lästern oder über jemand schlecht zu reden; und daß ich, glaube ich, auch niemandem etwas Böses wünschen konnte, noch eigennützig war und mich auch nicht erinnern kann, jemals so neidisch gewesen zu sein, daß es eine schwere Beleidigung des Herrn gewesen wäre, und so noch ein paar Dinge mehr, – denn obwohl ich erbärmlich war, lebte ich doch normalerweise in der Furcht des Herrn[12] –, dann aber sehe, wo mich die bösen Geister schon untergebracht hatten, wobei noch

---

[12] Die Anerkennung der guten Seiten gehört auch zur teresianischen Demut, natürlich nicht um sich darauf etwas einzubilden, sondern um Gottes Wirken anzuerkennen.

wahr ist, daß ich gemessen an meiner Schuld glaube, sogar eine noch größere Strafe verdient zu haben ...[13] Trotz allem aber meine ich, daß es eine schreckliche Qual war, und daß es gefährlich ist, mit uns zufrieden zu sein, und wir nicht ruhig und zufrieden dahinleben dürfen, wenn sich die Seele mit jedem Schritt in eine Todsünde stürzt, sondern daß wir uns um der Liebe Gottes willen aus den Gelegenheiten zur Sünde heraushalten sollen, da der Herr uns schon helfen wird, wie er mir geholfen hat. Gebe Seine Majestät, daß er mich nicht aus seiner Hand lasse, so daß ich erneut stürze, denn ich habe schon gesehen, wohin ich dann geraten würde. Das lasse der Herr nicht zu, weil Seine Majestät doch der ist, der er ist! Amen.

8. Während ich so nach Mitteln und Wegen Ausschau hielt, wie ich für soviel Böses Buße tun und wenigstens etwas verdienen könnte, um ein solches Gut zu gewinnen[14] – nachdem ich dies und noch andere großartige Dinge und Geheimnisse von der Herrlichkeit, die den Guten, und der Qual, die den Bösen zuteil wird, gesehen hatte, die mir der Herr, weil er ist, der er ist, zeigen wollte –, kam in mir der Wunsch hoch, den Menschen zu entfliehen und mich endlich ganz und gar aus der Welt zurückzuziehen.[15] Mein Geist kam nicht zur Ruhe, aber es war keine beunruhigende Ruhelosigkeit, sondern eine köstliche. Es zeigte sich deutlich, daß sie von Gott kam und daß Seine Majestät der Seele schon Wärme verliehen hatte, um andere, schwerere Speisen zu verdauen als die, welche sie zu sich nahm.[16]

9. Ich dachte darüber nach, was ich für Gott tun könnte. Dabei

---

13 Unvollendeter Satz.

14 Obwohl für sie letztlich alles Gnade ist, zeigt sich Teresa an Stellen wie dieser durchaus auch geprägt von dem damals und auch später noch verbreiteten „Lohn – Leistungsgedanken"; vgl. auch V 4,2 mit der dortigen Anm.

15 „Welt" (mundo) erneut im Sinne einer Mentalität, die auf Werte wie Macht, Besitz, Prestige usw. setzt.

16 Erneut benutzt die Autorin ein Bild aus dem Bereich der Nahrungsaufnahme, wobei sie von der damaligen Vorstellung ausgeht, daß die Nahrung durch die Körperwärme verdaut wird. Vgl. auch V 13,11.15; 17,4; 19,2; 22,16; CV 13,7; 18,1; 30,3; 7M 1,4; 4,11 usw.

dachte ich mir, daß das erste wohl wäre, der Berufung zum
Ordensleben, die mir Seine Majestät verliehen hatte, nachzukommen, indem ich meine Regel mit der mir größtmöglichen
Vollkommenheit beobachtete.[17] Auch wenn es in dem Haus, in
dem ich lebte, viele Dienerinnen Gottes gab und ihm dort
eifrig gedient wurde,[18] gingen die Schwestern, weil sie große
Not litten, doch oft hinaus an Orte, wo wir uns in aller Ehrbar-
keit und ordensgemäß durchaus aufhalten konnten. Auch war
es nicht nach der ursprünglichen Strenge der Regel gegründet
worden, sondern man hielt diese so ein, wie im ganzen Orden,
nämlich nach der Milderungsbulle.[19] Auch gab es noch weitere

---

[17] Hier deutet sich bereits an, wie die oben beschriebene geistliche Erfahrung
nach und nach den Gedanken an die Gründung eines Reformklosters weckt.
Teresas Ordensregel ist die Karmelregel; diese wurde den Einsiedlern auf dem
Berg Karmel (bei Haifa, Israel) zwischen 1206 und 1214 vom damaligen Patriarchen von Jerusalem, Albert von Avogadro, gegeben und später mehrfach
modifiziert, um den veränderten Lebensbedingungen der Karmeliten gerecht
zu werden (siehe auch Anm. 19). Die *„größtmögliche Vollkommenheit"* ist vermutlich eine Anspielung auf das private „Vollkommenheitsgelübde", das sie
um diese Zeit – Zeugenaussagen zufolge als Konsequenz aus der Höllenvision –
ablegte und auf das sie in einem vergleichbaren Kontext auch in CV 1,2; R 1,9
und V 36,5.12.27 anspielt. – Der Wunsch, die Ordensregel möglichst vollkommen bzw. wieder mit der ursprünglichen Vollkommenheit zu beobachten,
lag allen damaligen Ordensreformen zugrunde, wobei Vollkommenheit allerdings meistens als Rigorismus und asketische Strenge verstanden wurde.
[18] Teresa stellt dem Menschwerdungskloster hiermit – bei allen Problemen, die
sie im folgenden andeutet – grundsätzlich ein gutes Zeugnis aus, wie dies
auch der Visitationsbericht des Ordensgenerals Giovanni Battista Rossi (Juan
Bautista Rubeo) aus dem Jahr 1567 im großen und ganzen tun wird; siehe
O. Steggink, *Erfahrung und Realismus bei Teresa von Ávila und Johannes vom
Kreuz*, 55ff. Problematisch waren vor allem die große Anzahl Schwestern (zu
der Zeit als Teresa dort lebte, etwa 180, von denen ein Teil sicher weniger
aus Berufung als vielmehr aus Gründen der Versorgung eingetreten waren)
und die dadurch bedingte wirtschaftliche Not, die es immer wieder notwendig
machte, daß sich Schwestern zeitweise bei Verwandten oder Wohltätern auf-
hielten. Ferner erschwerte die Größe dieses Mammutklosters und die Tatsache,
daß sich viele adlige Schwestern Bedienstete hielten, die Wahrung einer Atmosphäre der Sammlung. Siehe auch U. Dobhan, *Gott – Mensch – Welt*, 137ff.
[19] Es handelt sich um die Bulle *„Romani Pontificis"*, mit der Papst Eugen IV. 1432
auf Bitten der Karmeliten, die inzwischen nicht länger als Einsiedler auf dem
Berg Karmel lebten, sondern in Westeuropa seelsorglich tätig waren, einige der
strengen Regelvorschriften gelockert hatte, um den neuen Lebensumständen
der Brüder Rechnung zu tragen. So wurde u. a. der Fleischgenuß an drei Wochen-

Nachteile, so daß mir vorkam, es da sehr bequem zu haben, weil das Haus groß und angenehm war. Aber für mich war der Nachteil dieses Ausgehens schon groß, auch wenn ich diejenige war, die davon am meisten Gebrauch machte, weil einige Personen, denen meine Oberen nicht absagen konnten, mich gern in ihrer Gesellschaft hatten, so daß sie, dazu gedrängt, es mir auftrugen.[20] Und so konnte ich, wie es sich nach und nach ergab, nur noch selten im Kloster weilen, denn auch der Böse muß seinen Teil dazu beigetragen haben, damit ich nicht zu Hause wäre; doch trotzdem geschah immer noch viel Gutes, da ich an manche Schwestern weitergab,[21] was mir diejenigen beibrachten, mit denen ich sprach.

10. Da ergab es sich eines Tages, als ich gerade mit einer Person beisammen war, daß diese zu mir und den anderen sagte,[22]

---

tagen erlaubt und die Vorschrift, die den Aufenthalt in der Zelle zur Pflicht machte, gelockert. – Wenn Teresa von der „ursprünglichen Regel" spricht, meint sie nicht die erste Textfassung des hl. Albert von Jerusalem (= Albert von Avogadro), die sie nie kennengelernt hat, sondern die von Papst Innozenz IV. im Jahre 1247 approbierte, die bereits einige, durch die inzwischen erfolgte Übersiedlung nach Europa bedingte Anpassungen enthielt.

20 In V 4,5 und V 7,3 hatte Teresa schon darauf hingewiesen, daß im Menschwerdungskloster – das, wie die meisten Karmelitinnenklöster Spaniens, ursprünglich als Beatinnenhaus (in etwa vergleichbar mit einem Beginenhof) gegründet worden war – keine strenge Klausur beobachtet wurde. Andererseits beweist das, was Teresa schon in V 2,8 und auch anderswo von sich gesagt hatte: „daß ich überall, wo ich hinkam, Sympathie hervorrief, und so war ich sehr beliebt".

21 Um diese Zeit schrieb P. Ibáñez in seinem „Gutachten": „Aufgrund dieser Dinge macht ihre Seele solche Fortschritte, und sie trägt durch ihr Beispiel soviel zur Erbauung bei, daß in ihrem Haus (dem Menschwerdungskloster) mehr als vierzig Schwestern in großer Sammlung leben"; BMC 2, 131.

22 Es handelt sich um eine kleine Gruppe von Karmelitinnen und sonstigen Freundinnen Teresas, die fast alle mit ihr verwandt waren. Den schicksalhaften Ausspruch tat María de Ocampo, die Tochter eines Cousins von Teresa, die zur Erziehung im Menschwerdungskloster weilte und zusammen mit Teresas Nichte Beatriz de Cepeda in Teresas Zelle lebte. Nach der Gründung von San José trat sie dort ein und nahm den Ordensnamen Maria Bautista an. Bei diesem Gespräch waren ferner zugegen: Teresas Nichten Beatriz, Leonor und María de Cepeda und Isabel de San Pablo, ihre Cousinen Inés und Ana de Tapia, ihre Freundin Juana Suárez bzw. Juárez, von der in V 3–5 wiederholt die Rede war, usw. Eine der großen Schülerinnen Teresas, María de San José, wird

ob es denn nicht möglich wäre, ein Kloster gründen zu können, wenn wir schon nicht so wären, daß wir Schwestern nach Art der Unbeschuhten[23] sein könnten. Da ich mich selbst mit solchen Wünschen trug, begann ich mit meiner Gefährtin, dieser verwitweten Dame, die ich schon erwähnt habe,[24] darüber zu sprechen, da sie denselben Wunsch hatte. Sie begann Pläne zu machen, wie man es durch einen festen Betrag finanziell absichern könnte,[25] wobei ich aber heute sehe, daß sie zu nicht viel geführt hätten, aber das Verlangen, das uns vorschwebte, ließ uns das gut erscheinen.

Da ich mich aber andererseits in dem Haus, in dem ich lebte, äußerst wohl fühlte, weil es sehr nach meinem Ge-

---

später berichten: *„Als die Heilige eines Tages mit ihr (María de Ocampo) und einigen anderen Schwestern des Menschwerdungsklosters zusammen war, begannen sie über das Leben der Heiligen in der Wüste zu sprechen. Da sagten einige von ihnen, wenn sie schon nicht in die Wüste gehen könnten, könnte es doch ein Klösterchen mit nur wenigen Schwestern geben, wo sie dann alle hingehen und Buße tun könnten. Da sagte Mutter Teresa von Jesus zu ihnen, sie würden ja davon sprechen, eine Reform durchzuführen und wieder die ursprüngliche Regel zu beobachten. Sie wollte Gott bitten, sie zu erleuchten, wie es am besten geschähe. Da sagte María Bautista zur Mutter: ,Mutter, gründen Sie doch so ein Kloster, wie wir es gerade besprechen, dann helfe ich Euer Ehrwürden mit meinem Erbe.' Sie waren noch bei diesem Gespräch, als Doña Guiomar de Ulloa erschien. Mutter Teresa von Jesus erzählte ihr, wovon sie und ihre jungen Verwandten gerade gesprochen hätten; da sagte Doña Guiomar de Ulloa: ,Mutter, bei einem so heiligen Werk will auch ich mithelfen, sofern ich kann'",* in: Andrés de la Encarnación, *Memorias Historiales* R 141.

23 Mit den „Unbeschuhten Schwestern" sind die sog. „Königlichen Unbeschuhten" von Madrid gemeint, ein Reformkloster der Franziskanerinnen, das auf Initiative des Pedro de Alcántara von der Schwester Philipps II., der Prinzessin Doña Juana, in Ávila gegründet worden war und dann nach Valladolid und später nach Madrid verlegt wurde. – „Unbeschuht" (*descalzo*) war damals bereits ein *terminus technicus* für „reformiert". Auch wenn der Begriff ursprünglich auf die Tatsache zurückgeht, daß die ersten Reformer, bes. bei den Franziskanern, aus asketischen Gründen Wert darauf legten, barfuß zu laufen oder nur sehr einfache Sandalen zu tragen, stand er doch bald für eine Reihe von Merkmalen, die charakteristisch für nahezu alle Reformbewegungen waren, etwa asketische Strenge bis hin zum Rigorismus, Betonung des kontemplativen Lebens und des inneren Betens, Anti-Intellektualismus usw. Neben Unbeschuhten Franziskanern gab es bald Unbeschuhte Augustiner, Mercedarier, Trinitarier, Hieronymiten usw. Siehe dazu U. Dobhan, *Die Christin Teresa*.

24 Doña Guiomar de Ulloa; siehe V 24,4; 30,3.

25 *Dar renta*: damit meint Teresa eine festgesetzte Geldsumme, die einen minimalen Lebensunterhalt sicherstellt.

schmack war und die Zelle, die ich bewohnte, mir sehr zusagte,[26] zögerte ich noch. Dennoch kamen wir überein, es Gott sehr zu empfehlen.

11. Eines Tages nach der Kommunion trug mir Seine Majestät eindringlich auf,[27] mich mit aller Kraft dafür einzusetzen, wobei er mir große Versprechungen machte, daß das Kloster errichtet und ihm darin sehr gedient würde, und daß es nach dem heiligen Josef benannt werden solle, und daß an der einen Pforte er über uns wachen würde und Unsere Liebe Frau an der anderen, und daß Christus unter uns weilen würde, und daß es ein Stern wäre, der großen Glanz ausstrahlte, und daß ich nicht denken solle, daß ihm in den Orden wenig gedient würde, auch wenn sie gemildert seien; denn was wäre es um die Welt, wenn nicht der Ordensleute wegen?[28] Und daß ich

---

[26] Während die einfachen Schwestern des Menschwerdungsklosters in einem gemeinsamen Schlafsaal untergebracht waren, verfügten die wohlhabenden über Einzelzellen, die im Grunde kleine Wohnungen waren. Sie bestanden zumeist aus einem Vorraum, einer kleinen Küche und einem großen Wohnschlafzimmer mit einem Alkoven. Von Teresas Zelle, die sich im Erdgeschoß des Ostflügels, unterhalb des Krankensaales, befand, ist heute nur noch der kleine Vorraum erhalten; wir wissen aber, daß der größere Raum in zwei Ebenen unterteilt war, die mit einer schmalen Holzstiege verbunden waren: Unten befand sich ihr privates Oratorium, darüber ein schönes, sehr ruhiges Zimmer, in dem sie schlief und in das sie sich auch zum inneren Beten zurückzog; siehe Efrén de la Madre de Dios – Otger Steggink, *Tiempo y vida*, 93f.

[27] Hier und an vielen anderen Stellen wird deutlich, daß Gott beim gesamten Gründungswerk der Haupthandelnde ist: Er trägt es auf (V 33,2; 36,6f), *„eindringlich"* (V 32,11), und *„wirkt"* (V 36,25.29) und macht viel (V 36,6.29; 32,18; 33,1); ermutigt und stärkt sie (V 32,14) und benutzt sie *„als Werkzeug"* (V 36,6). Ihre Antwort ist, ihre Berufung *„in größerer Vollkommenheit und Abgeschlossenheit"* zu leben (V 36,5; 32,8). Das schließt für sie mit ein, *„ihren Orden zu fördern"*, und daß die Regel *„in ihrer ganzen Vollkommenheit erfüllt würde"* (V 36,12). Deshalb richten sie sich nach der ungemilderten Regel und *„anderen Dingen ... die uns notwendig erschienen"* (V 36,27). Sie tut nichts *„ohne das Gutachten studierter Männer"* (V 36,5). Die Schwierigkeiten und Widrigkeiten dagegen kommen vom Bösen, dem ewigen Widersacher Gottes (V 36,19.22; vgl. V 35,8).

[28] Teresa bemüht also sogar die Autorität Christi, um die Konkurrenz zwischen „reformierten" und „nicht-reformierten" Ordensgemeinschaften zu entschärfen. Ihre Reform soll nicht als Vorwurf an die Adresse nicht-reformierter Ordensleute mißverstanden werden. – Auch Johannes vom Kreuz wird eine ähnlich

meinem Beichtvater[29] sagen solle, was er mir auftrage, und daß er ihn bitten würde, nicht dagegen zu sein und mich nicht daran zu hindern.

12. Es war diese Vision von so starken Wirkungen, und die Ansprache, die mir der Herr gewährte, von der Art, daß ich nicht zweifeln konnte, daß es von ihm kam. Ich fühlte tiefste Betrübnis, weil mir einerseits die großen Unruhen und Nöte vor Augen kamen, die es mich kosten würde, und auch weil ich mich in jenem Haus äußerst glücklich fühlte. Denn auch wenn ich vorher schon darüber gesprochen hatte, so war das doch nicht mit solcher Entschlossenheit und Sicherheit, daß es etwas würde. Hier fühlte ich mich nun unter Druck gesetzt, und da ich sah, daß nun etwas beginnen würde, was viel Unruhe mit sich brächte, war ich voller Zweifel, was ich tun sollte. Aber der Herr sprach zu mir immer wieder davon und führte so viele Gründe und Gegengründe ins Feld, daß ich schon einsah, daß sie eindeutig waren und es sein Wille war. So wagte ich nichts anderes mehr als es meinem Beichtvater zu sagen; ich teilte ihm also schriftlich mit, was alles passierte.[30]

13. Er wagte nicht, mir entschieden zu sagen, es zu unterlassen, sah aber, daß nach menschlicher Vernunft kein Weg dorthin führte, weil meine Gefährtin, die diejenige war, die es zu machen hätte, nur ganz wenige oder fast keine Mittel dazu hatte. Er sagte mir, daß ich es mit meinem Oberen[31] besprechen sollte; und was der täte, sollte ich tun.

---

hohe Meinung von Ordensleuten nachgesagt; wenn negativ über Ordensleute geredet wurde, hätte er dagegen gehalten, sie wären immerhin *„die besten Leute, die unser Herr in seiner Kirche hat"* (Zeugenaussage von Lucas de San José, BMC 14, 282).

[29] P. Baltasar Álvarez.

[30] Dieser schriftliche Bericht ist nicht erhalten.

[31] Der zuständige Obere war in diesem Fall der Provinzial der Karmeliten der kastilischen Provinz, damals P. Ángel de Salazar. Zum Zeitpunkt, als Teresa dies schrieb, weilte dieser beim Generalkapitel des Ordens (Rom 1564).

Ich sprach mit meinem Oberen nicht über diese Visionen,[32] aber diese Dame, die das Kloster errichten wollte, sprach mit ihm darüber. Und der Provinzial ging sehr bereitwillig darauf ein, denn er ist ein Freund jeglicher Ordensdisziplin, und gewährte ihr alle Unterstützung, die nötig ist, und sagte ihr, daß er das Haus unter seine Jurisdiktion nehmen würde. Sie sprachen über das Einkommen, das es haben sollte. Wir wollten aus vielen Gründen, daß es nie mehr als dreizehn Schwestern sein sollten.[33]

Bevor wir mit den Verhandlungen darüber begannen, schrieben wir dem heiligmäßigen Fray Pedro de Alcántara,[34] was sich da alles tat; er riet uns, von der Ausführung nicht abzulassen, und teilte uns in allem seine Meinung mit.

14. Es hatte noch nicht richtig begonnen, im Ort bekannt zu werden, als die große Verfolgung über uns hereinbrach, die sich nicht nur eben kurz beschreiben läßt: Geschwätz, Gelächter und Gerede, daß es Unsinn sei: über mich, daß es mir in meinem Kloster doch gut gehe; über meine Gefährtin[35] kam eine solche Verfolgung, daß es sie ganz fertigmachte. Ich wußte nicht, was tun. Zum Teil schienen sie mir recht zu haben.

---

[32] Ein für Teresa typisches Verhalten, da sie lieber wollte, daß die Oberen entsprechend ihrer natürlichen Erkenntnis entschieden und nicht beeindruckt durch Visionen und dergleichen. Siehe unten V 32,16, und auch F 17,4.

[33] V 36,19: „gerade einmal zwölf Frauen und die Priorin, denn mehr sollen es nicht sein", was nahelegt, daß die Zahl symbolisch für Christus (der nach der Karmelregel durch den Prior bzw. die Priorin repräsentiert wird) und das Apostelkollegium stehen sollte. Auch in V 36,29; CV 2,9f; 4,7; F 1,1; Ct 21,5 und Ct 413,2 ist die Rede von dreizehn Schwestern, während an anderer Stelle lediglich auf die begrenzte Zahl angespielt wird (etwa Mo 27f; Ct 92,3; Ct 226,14; Ct 374,3). Dennoch spricht sie in einem Brief an ihren Bruder Lorenzo vom 23.12.1561 (Ct 2,2) von „nur fünfzehn Schwestern, ohne daß sich diese Zahl jemals vergrößern darf." Später sollte sie die Höchstzahl auf 21 Schwestern erhöhen, nicht zuletzt wohl auch wegen des großen Zulaufs zu ihren Klöstern, und weil eine zu kleine Gruppe nur schwer überlebensfähig ist.

[34] Siehe V 27,3 und ferner V 27,16; 30,2.17. – Außerdem gibt es Belege, daß sie sich in demselben Anliegen an den Jesuiten Francisco de Borja und den Dominikaner Luis Beltrán wandte, die beide im Ruf der Heiligkeit standen und später auch kanonisiert wurden; siehe Efrén de la Madre de Dios – Otger Steggink, Tiempo y vida, 185.

[35] Doña Guiomar de Ulloa.

Als ich mich derart niedergeschlagen Gott empfahl, begann Seine Majestät mich zu trösten und aufzumuntern. Er sagte mir, daß ich nun sähe, was die Heiligen, die die Orden gegründet haben, durchgemacht hätten, und daß ich noch viel mehr Angriffe durchmachen müßte als ich mir ausmalen könnte, daß wir uns aber nichts daraus machen sollten.[36] Er sagte mir auch manches, was ich meiner Gefährtin sagen sollte. Was mich am meisten erstaunte, war, daß wir bald über das Vergangene hinweggetröstet waren und den Mut hatten, allen zu widerstehen. Tatsächlich gab es unter denen, die sich dem Beten hingaben, und letztlich im ganzen Ort kaum jemanden, der damals nicht gegen uns gewesen wäre und es nicht für größten Unsinn gehalten hätte.

15. Die Schwätzereien und der Aufruhr in meinem eigenen Kloster waren so groß, daß es dem Provinzial schwer ankam, sich gegen alle zu stellen, und er deshalb seine Meinung änderte und es nun nicht mehr unter seine Jurisdiktion nehmen wollte. Er sagte, daß das Einkommen nicht gesichert und zu gering sei, und es so viel Widerstand gäbe.[37] Und mit all dem hatte er offensichtlich recht. Schließlich gab er es auf und wollte es nicht zulassen.

Uns, die wir meinten, die ersten Schläge schon eingesteckt zu haben, machte das sehr zu schaffen, mir ganz besonders, als ich sah, daß der Provinzial dagegen war, denn wenn er es gewollt hätte, wäre ich in aller Augen entschuldigt gewesen. Meiner

---

36 Die Verfolgung und der Widerspruch sind also ein Zeichen für die Richtigkeit ihrer Gründung: *„Es gab kaum jemanden, der damals nicht gegen uns gewesen wäre"* (V 32,14), auch ihr Kloster (V 32,15), wo sie *„sehr schlecht angesehen"* war (V 33,2); sie muß Rechenschaft ablegen (V 33,2; 36,12.14); sie wollen sie ins Gefängnis werfen (V 33,2); *„es gibt einen großen Wirbel"* (V 36,11), viel Widerspruch (V 36,25), auch von ihrem Beichtvater (V 33,3), und die Versuchung, *„ob ich falsch gehandelt hätte"* (V 36,7–9); Widerspruch auf der ganzen Linie (V 33,16); Mühen (V 36,4); *„in der ganzen Stadt herrschte ein großer Wirbel"* (V 36,14f), der ein halbes Jahr dauerte (V 36,18).

37 Man vergleiche damit, was sie in R 3,1, geschrieben im ersten Halbjahr 1563, sagt, daß *„alle (Männer) dürre Rosmarinzweige sind, die keine Sicherheit bieten, wenn man sich auf sie stützt, denn sobald es eine Belastung durch Widersprüche und Gerede gibt, brechen sie ab".*

Gefährtin wollte man keine Absolution erteilen,[38] wenn sie nicht davon abließe, denn man sagte, sie sei verpflichtet, den Skandal zu beseitigen.[39]

16. Also ging sie zu einem großen Gelehrten und Diener Gottes aus dem Dominikanerorden,[40] um es ihm zu sagen und ihm über alles Rechenschaft zu geben. Das war noch bevor es der Provinzial aufgegeben hatte, denn im ganzen Ort hatten wir niemanden, der uns seine Meinung sagen wollte. Und so sagte man auch, daß das nur in unseren Köpfen herumspukte. Es gab nun diese Dame jenem heiligmäßigen Mann über alles einen Bericht und auch Rechenschaft über das Einkommen, das sie von ihrem Vermögen[41] erhielt, mit dem sehnlichen Wunsch, daß er uns helfe, denn er war der am meisten Studierte, den es damals in dem Ort gab, und nur wenige in seinem Orden waren es noch mehr. Ich sagte ihm alles, was wir zu tun gedachten, und auch einige Gründe. Von einer Offenbarung sagte ich ihm nichts, sondern nur die natürlichen Gründe, die mich bewogen, denn ich wollte, daß er uns nur ihnen entsprechend seine Meinung sagte.

Er sagte uns, daß wir ihm für seine Antwort acht Tage Zeit geben sollten, und ob wir entschlossen wären, zu tun, was er uns sagte. Ich sagte ja, aber obwohl ich das sagte und auch glaube, daß ich es getan hätte (ich sah damals nämlich keinen Weg, um es weiter zu verfolgen),[42] verließ mich doch niemals eine Gewißheit, daß man es tun müsse. Meine Gefährtin hatte

---

38 D. h. man wollte sie in der Beichte nicht von ihren Sünden freisprechen, solange sie nicht bereit wäre, das Gründungsvorhaben aufzugeben.

39 Dies wird im Seligsprechungsprozeß auch von Teresas Nichte Teresita (Teresa de Jesús) bezeugt; siehe BMC 2,333.

40 Nach Auskunft Graciáns ist P. Pedro Ibáñez gemeint, einer der Adressaten der *Vida*, auf den die Autorin auch schon früher angespielt hat. Von ihm wird auch in V 33,5f und V 38,12f.32 noch die Rede sein.

41 Wörtlich Majorat (*mayorazgo*), also das Familiengut, das sie als Älteste geerbt hatte, wobei Teresa freilich in V 32,13 angedeutet hat, daß ihr Einkommen recht bescheiden gewesen sei.

42 Dieser Zwischensatz wurde im Manuskript gestrichen. Er fehlt in der Ausgabe des Fray Luis und konnte erst kürzlich vollständig wiederhergestellt werden.

mehr Glauben; was immer man ihr auch sagte, sie kam niemals zum Entschluß, es aufzugeben.

17. Ich aber, obwohl es mir ohnehin schon unmöglich schien,
wie ich eben sage, daß es nicht errichtet würde, glaube, daß die
Offenbarung echt ist, weil sie nicht gegen das spricht, was in der
Heiligen Schrift steht, oder gegen die Gesetze der Kirche, die zu
halten wir verpflichtet sind. Denn wenn auch ich wirklich den
Eindruck hatte, daß sie von Gott kam, scheint mir, daß ich sofort Abstand davon genommen oder ein anderes Mittel gesucht
hätte, wenn dieser Gelehrte mir gesagt hätte, daß wir es nicht
tun könnten, ohne Gott zu beleidigen, und gegen das Gewissen
handelten. Aber mir gab der Herr nichts anderes ein als das.

Später sagte mir dieser Diener Gottes, daß er es mit aller Entschiedenheit auf sich genommen hatte, sehr darauf zu drängen,
daß wir von der Ausführung Abstand nähmen, denn es war
ihm das Geschrei der Leute schon zu Ohren gekommen, und es
kam ihm genauso als Unsinn vor wie allen anderen auch. Auch
hätte ihm ein Edelmann,[43] sobald er erfahren hatte, daß wir
zu ihm gegangen waren, eine Warnung geschickt, daß er doch
achtgäbe, war er tue, und uns ja nicht unterstützte. Als er dann
aber anfing, sich seine Antwort an uns zu überlegen und über
die Angelegenheit nachzudenken, über unsere Absicht und die
Art, wie wir das klösterliche Leben gestalten wollten, habe er
sich darauf festgelegt, daß Gott sehr damit gedient sei und daß
man die Ausführung nicht unterlassen sollte.

Und so antwortete er uns, daß wir uns beeilen sollten, um es
zum Abschluß zu bringen, und sagte uns, auf welche Weise
und nach welchem Plan vorzugehen sei. Und wenn auch das
Vermögen gering sei, so sollten wir auch ein wenig auf Gott
vertrauen. Wer etwas dagegen sagte, solle nur zu ihm kommen,
denn er würde dann schon Rede und Antwort stehen. Und so
half er uns immer wieder, wie ich nachher noch sagen will.[44]

---

[43] Wer gemeint ist, läßt sich nicht mehr klären; allem Anschein nach handelt es
  sich jedoch nicht um Francisco de Salcedo.
[44] Siehe V 35,4 und V 36,23.

18. Dadurch waren wir sehr getröstet, aber auch dadurch, daß sich einige heiligmäßige Personen, die die ganze Zeit gegen uns waren, schon versöhnlicher gaben, und einige unterstützten uns sogar.

Darunter war auch der heiligmäßige Edelmann, den ich schon erwähnt habe.[45] Da er es wirklich ist und er meinte, daß es zu großer Vollkommenheit führte, weil unser ganzes Fundament im inneren Beten bestand, gab er – obwohl ihm die Durchführung sehr schwierig, ja unmöglich vorkam – als seine Meinung bekannt, daß es doch von Gott kommen könnte; dazu muß ihn wohl der Herr selbst angeregt haben.

Und so verfuhr er auch mit dem Magister, also dem Kirchenmann und Diener Gottes, den ich früher erwähnt hatte,[46] der für den ganzen Ort ein Vorbild ist als einer, den sich Gott dort hingestellt hat zum Heil und Fortschritt für viele Seelen; auch dieser kam mir bei diesem Geschäft nun zu Hilfe.

Als wir nun, immer mit der Unterstützung vieler Gebete, an diesem Punkt angelangt waren und das Haus schon gekauft hatten, in guter Lage, wenn auch klein …,[47] aber daraus machte ich mir nichts, denn der Herr hatte gesagt, daß ich einziehen solle, wie ich nur eben könnte,[48] denn später würde ich dann schon sehen, was Seine Majestät tun würde. Und wie gut habe ich das gesehen! Und so glaubte ich, auch wenn ich sah, daß das Einkommen gering war, doch fest daran, daß der Herr es schon auf andere Weise fügen und uns helfen würde.

---

45 Francisco de Salcedo; siehe V 23,6–8; 25,14; 30,6.
46 Gaspar Daza; siehe V 23,6; 25,14.
47 Hier bricht der angefangene Satz ab, weil die Autorin einige Gedanken einschiebt; zu Beginn des nächsten Kapitels wird sie den angefangenen Gedanken noch einmal neu aufgreifen.
48 Siehe V 33,12, wo dies noch einmal wiederholt wird.

KAPITEL 33

Sie macht mit demselben Thema, der dem
glorreichen heiligen Josef geweihten Gründung, weiter. –
Sie spricht davon, wie ihr befohlen wurde, sich nicht
mehr damit zu befassen, und über die Zeit, in der sie
davon abließ, und von einigen Nöten, die sie durchmachte,
und wie der Herr sie dabei tröstete.

1. Als die Verhandlungen nun an diesem Punkt waren und
so kurz vor ihrem Abschluß, daß man am nächsten Tag die
Unterschriften zu leisten hatte, änderte unser Pater Provinzial
seine Meinung.[1] Ich glaube, er wurde durch göttliche Fügung
dazu bewogen, wie es später schien. Denn da so viel gebetet
wurde, wollte der Herr das Werk noch vollkommener machen
und es so fügen, daß es auf andere Weise zustande käme. Als
er es nicht unter seine Jurisdiktion stellen wollte, ordnete mir
mein Beichtvater sofort an, mich nicht mehr damit zu befassen, obwohl der Herr weiß, welch große Nöte und Bedrängnisse es mich gekostet hatte, es so weit zu bringen. Als man es
nun aufgab und es dabei blieb, bestätigte sich noch mehr, daß
es alles nur Blödsinn von Frauen war, und es nahm das Gerede
über mich noch zu, obwohl es mir doch bisher mein Provinzial
aufgetragen hatte.

2. Ich war nun in meinem ganzen Kloster[2] sehr schlecht
angesehen, weil ich ein abgeschlosseneres Kloster errichten
wollte. Sie sagten, daß ich Schande über sie brächte, daß man
Gott doch auch dort dienen könne, denn es gebe dort noch
andere, bessere als mich; daß ich keine Liebe zu diesem Haus
hätte, denn es wäre besser gewesen, ihm Einkommen zu besorgen als für etwas anderes. Einige sagten, daß sie mich ins

---

[1] P. Ángel de Salazar, Provinzial der kastilischen Provinz der Karmeliten; siehe
V 32,15, wo bereits die Rede von diesem plötzlichen Meinungsumschwung
war.

[2] Das Menschwerdungskloster zu Ávila.

Gefängnis[3] werfen würden; andere, ganz wenige nur, traten ein wenig für mich ein. Ich sah sehr wohl, daß sie in vielen Punkten Recht hatten und gab ihnen ein paarmal Rechenschaft, auch wenn ich nicht wußte, was ich tun sollte, weil ich das Wichtigste, daß es mir nämlich der Herr aufgetragen hatte, nicht sagen konnte, und so schwieg ich auch über anderes. Der Herr gewährte mir die ganz große Gnade, daß mir das alles keine innere Unruhe bereitete, sondern ich es mit solcher Leichtigkeit und Zufriedenheit aufgab, als hätte es mich nichts gekostet. Das konnte keiner glauben, selbst Menschen des Gebets nicht, die mit mir sprachen, vielmehr glaubten sie, ich sei arg bestürzt und beschämt, und sogar mein Beichtvater glaubte es mir nie ganz. Und da mir schien, alles getan zu haben, was ich konnte, glaubte ich im Hinblick auf das, was mir der Herr aufgetragen hatte, zu mehr nicht verpflichtet zu sein und blieb folglich in diesem Haus,[4] wo ich mich ganz zufrieden und wohl fühlte. Auch wenn ich nie aufhören konnte, zu glauben, daß es gemacht werden müsse, sah ich doch keine Möglichkeit mehr und wußte auch nicht, wie oder wann, aber ich hielt es dennoch für ganz gewiß.

3. Was mir sehr zusetzte, war, daß mein Beichtvater[5] mir einmal schrieb, daß ich nun aus dem, was vorgefallen war, ersähe, daß alles nur Träumerei gewesen sei – wie wenn ich etwas gegen seinen Willen unternommen hätte (auch muß der Herr wohl gewollt haben, daß es mir von einer Seite her, wo es mich am meisten schmerzen müßte, nicht an einer Prüfung fehlen würde) –, und das bei dieser Unmenge von Angriffen, wo ich doch geglaubt hatte, daß mir von ihm her Trost zuteil werden müßte, und daß ich mich von jetzt an bessern und nicht mehr

---

3 Gemeint ist das sog. Klostergefängnis, eine abgelegene Zelle, in der „widerspenstige" Schwestern eine Zeitlang von der Gemeinschaft isoliert werden konnten, eine Strafmaßnahme, die damals bei ernsthaften Vergehen wie etwa offener Rebellion gegen die Oberen in allen Orden gebräuchlich war. Diese Zelle ist heute noch im Menschwerdungskloster zu sehen.
4 Dem Menschwerdungskloster.
5 P. Baltasar Álvarez.

den Wunsch haben solle, mich mit etwas hervorzutun, und daß ich nicht mehr darüber sprechen solle, denn ich sähe ja, was für ein Skandal daraus geworden sei, und noch manches andere, alles um weh zu tun. Das tat es mir auch mehr als alles andere zusammen, weil ich glaubte, daß dann, wenn ich Anlaß gegeben hätte oder Schuld daran wäre, daß Gott beleidigt würde, und wenn diese Visionen eine Illusion wären, daß dann mein ganzes Beten, das ich hielt, eine Täuschung, und ich wirklich getäuscht und verloren wäre.

Das brachte mich in so extreme Bedrängnis, daß ich ganz verwirrt und am Boden zerstört war. Aber der Herr, der mir nie gefehlt hat, der mich in all diesen Nöten, von denen ich erzählt habe, oftmals getröstet und gestärkt hat – es besteht kein Grund, hier davon zu reden –, sagte damals zu mir, *ich solle mich nicht abtun, denn ich hätte Gott sehr gedient und ihn nicht beleidigt bei diesem Geschäft; ich solle nur tun, was mir der Beichtvater auftrug, für den Augenblick nämlich zu schweigen, bis die Zeit käme, um darauf zurückzukommen.* Daraufhin war ich so getröstet und zufrieden, daß mir die ganzen Angriffe, die über mich hereinbrachen, wie nichts vorkamen.

4. Hier nun brachte mir der Herr bei, welch überaus großes Gut es ist, Nöte und Angriffe für ihn durchzumachen,[6] denn das Wachstum in der Gottesliebe und in vielen weiteren Dingen, das ich in meiner Seele wahrnahm, war so groß, daß es mich in Erstaunen versetzte; und das macht, daß ich nicht anders kann als mir Prüfungen zu wünschen. Dabei dachten die anderen Leute, daß ich sehr beschämt sei, was ich auch gewesen wäre, wenn mir der Herr mit seiner großen Gnade nicht so außerordentlich stark geholfen hätte.

Damals setzten bei mir stärkere Aufwallungen von Gottesliebe ein, von denen ich schon gesprochen habe,[7] und größere

---

6 Eine Anspielung auf die Seligpreisung in Mt 5,10. Die Betonung liegt auf *„für ihn";* Teresa verherrlicht nicht das Leiden an sich, sondern mißt ihm lediglich als Nachfolge Christi einen hohen Stellenwert bei.
7 Siehe V 29,8ff.

Verzückungen, auch wenn ich darüber schwieg und niemandem von diesem vielfachen Gewinn erzählte. Der heiligmäßige Dominikaner[8] hörte nicht auf, es für genauso sicher zu halten wie ich, daß es zustande kommen würde; und da ich mich nicht damit befassen wollte, um nicht gegen den Gehorsam gegenüber meinem Beichtvater zu verstoßen, verhandelte er mit meiner Gefährtin darüber; sie schrieben nach Rom und machten Pläne.

5. Auch der Böse trat hier auf den Plan und sorgte dafür, daß sich von Mund zu Mund herumsprach, ich hätte wegen dieses Geschäftes so manche Offenbarung erlebt, und man kam in großer Angst zu mir, um mir zu sagen, daß wir schwere Zeiten hätten und es sehr wohl sein könnte, daß man mir etwas anhänge und damit zu den Inquisitoren liefe.[9] Das belustigte mich und brachte mich zum Lachen, denn in dieser Hinsicht hatte ich nie etwas befürchtet, weil ich sehr gut von mir wußte, daß ich in einer Glaubenssache – falls mich jemand gegen die geringste Zeremonie der Kirche verstoßen sähe – oder wegen irgend einer Wahrheit der Heiligen Schrift[10] bereit wäre, tausend Tode zu sterben.[11] Ich sagte, daß sie deswegen keine Angst zu haben bräuchten, denn es wäre um meine Seele ziemlich

---

[8] Pedro Ibáñez; siehe V 32,16.

[9] Erneute Anspielung auf die Inquisition und das von ihr geförderte Klima des Mißtrauens und der Denunziation. Es waren wirklich *„schwere Zeiten"*: Nur wenige Jahre zuvor (1559) hatte der Inquisitionsprozeß gegen den Erzbischof von Toledo, Bartolomé Carranza, begonnen. In demselben Jahr fand außerdem in Valladolid das Autodafé gegen Cazalla statt (siehe Anm. zu V 13,21), und es wurde dort der *Index verbotener Bücher* von Valdés veröffentlicht.

[10] Die Hl. Schrift ist für sie oberste Norm, an der sie ihr Leben messen möchte: *„Wenn wir zu den Wahrheiten der Heiligen Schrift gelangt sind, tun wir, was wir sollen"* (V 13,16); *„wenn es mit der Heiligen Schrift übereinstimmt, doch sobald es auch nur ein bißchen davon abweicht ..."* (V 25,13); *„weil sie nicht gegen das spricht, was in der Heiligen Schrift steht"* (V 32,17); *„im übernatürlichen Bereich ist darauf zu achten, daß man auf die Übereinstimmung mit der Hl. Schrift schaue"* (V 34,11). Sie spricht von der Wahrheit Gottes in der Schrift (V 40,1–2). Deshalb bittet sie die Studierten, daß sie ihr *„die Wahrheit des guten Geistes"* sagen, den sie in der Hl. Schrift, mit der sie umgeht, finden (V 13,18). Siehe zum Ganzen auch R 19.

[11] Siehe dazu die Anm. zu V 31,4.

schlecht bestellt, wenn es in ihr etwas von der Art gäbe, das mich die Inquisition fürchten ließe. Und wenn ich glaubte, daß es da etwas gäbe, würde ich sie schon selbst aufsuchen; wenn mir aber etwas angehängt würde, würde der Herr mich schon befreien, und mir blieb der Gewinn davon.[12]

Ich besprach dies mit meinem Dominikanerpater, der – wie ich gerade sage[13] – so studiert war, daß ich mich mit dem, was er mir sagte, wirklich sicher fühlen konnte, und legte ihm in aller mir möglichen Deutlichkeit alle Visionen und meine Gebetsweise und die großen Gnadenerweise, die mir der Herr gewährte, dar, und bat ihn, es sich sehr genau anzuschauen und mir zu sagen, ob es darin etwas gebe, was gegen die Heilige Schrift sei, und was er von all dem halte. Er beruhigte mich sehr, und meines Erachtens brachte es ihm Nutzen;[14] denn auch wenn er schon sehr gut war, gab er sich von dem Zeitpunkt an doch viel mehr dem inneren Beten hin und zog sich in ein Kloster seines Ordens zurück, das sehr einsam liegt,[15] um sich besser darin üben zu können. Dort weilte er mehr als zwei Jahre lang, bis ihn der Gehorsam von dort abberief – was er sehr bedauerte –, weil sie ihn brauchten, da er eine solche Persönlichkeit war.

6. Ich bedauerte es in gewisser Hinsicht sehr, als er wegging – obwohl ich ihn damit nicht belästigte –, denn er fehlte mir sehr. Aber ich erkannte, was er dabei gewann. Weil ich bei seinem Abschied ziemlich viel Leid empfand, sagte mir der Herr, daß ich mich trösten und ihm nicht nachtrauern solle, da er

---

[12] Angesichts der realen Gefahr zeugt diese Aussage Teresas von einer erstaunlichen Souveränität, vielleicht auch von kluger Taktik, da sie immer mit der Möglichkeit rechnen mußte, daß ihr Buch von der Inquisition geprüft würde, wie es 1574 tatsächlich geschehen sollte.

[13] Siehe V 32,16.

[14] Ein erneutes Beispiel für die Tatsache, daß viele ihrer Beichtväter und Prüfer zu ihren Schülern wurden. – Um diese Zeit schrieb P. Ibáñez sein berühmtes *Gutachten* über Teresa, in dem er in 33 Punkten ihren Weg bestätigte; siehe BMC 2,130ff.

[15] Das Dominikanerkloster zu Trianos (León), wo er am 2.2.1565 starb (siehe V 38,13).

wohlbehütet gehe. Er kam von dort zurück als einer, dessen Seele soviel Fortschritt gemacht hatte und der zu seinem geistlichen Nutzen so gut vorangekommen war, daß er mir, als er kam, sagte, daß er es um nichts hätte versäumen wollen, dorthin zu gehen. Und auch ich konnte dasselbe sagen, denn wenn er mich vorher nur aufgrund seines Studiums beruhigt und getröstet hat, so tat er es jetzt auch mit seiner geistlichen Erfahrung, von der er in übernatürlichen Dingen viel hatte.[16] Und Gott brachte ihn zur rechten Zeit hierher, als Seine Majestät sah, daß er nötig war, um bei seinem Werk für dieses Kloster mitzuhelfen, von dem Seine Majestät wollte, daß es zustande käme.

7. Ich hielt mich also fünf oder sechs Monate lang still, ohne mich in dieses Geschäft einzumischen oder darüber zu sprechen, und der Herr trug mir das auch nie auf. Ich begriff zwar nicht, was der Grund dafür war, aber man konnte mir den Gedanken nicht nehmen, daß es zustande kommen müsse.

Als nach Verlauf dieser Zeit der Rektor der Gesellschaft Jesu von hier weggegangen war, brachte Seine Majestät einen anderen an diesen Ort,[17] einen sehr geistlichen Menschen mit großem Mut, Intelligenz und guten Studien, just zu dem Zeitpunkt, als ich in arger Not war. Da nämlich mein Beichtvater einen Oberen hatte und diese Patres es mit der Tugend extrem

---

16 „Übernatürlich" (*sobrenatural*) steht hier für „mystisch"; siehe Anhang I. – In V 38,12f.32 berichtet die Autorin über mystische Erfahrungen, die sie selbst in Zusammenhang mit ihm hatte.

17 Der scheidende Rektor des Jesuitenkollegs war P. Dionisio Vázquez, der sich einen Namen gemacht hatte, weil er Philipp II., die Inquisition und den Hl. Stuhl bei ihren Intrigen unterstützt hatte, um die spanischen Häuser der Jesuiten der Jurisdiktion des römischen Ordensgenerals zu entziehen. Der neue Rektor, den Teresa als einen „*sehr geistlichen*" Menschen qualifiziert, war P. Gaspar de Salazar. Dieser kam am 9.4.1561 nach Ávila, war aber nur bis Anfang 1562 dort, als ihn der Visitator P. Jerónimo Nadal wegen mancher Unstimmigkeiten zwischen dem Jesuitenkolleg und dem Bischof von Ávila, Álvaro de Mendoza, von dort wieder abzog. Teresa schätzte ihn sehr und erwähnt ihn lobend in mehreren Briefen. Er war anschließend Rektor im Jesuitenkolleg von Madrid und einigen weiteren Kollegien und starb 1593 in Alcalá de Henares.

genau halten, sich nicht zu rühren, außer es entspricht dem Willen ihres Vorgesetzten,[18] wagte er es aus triftigen Gründen, die er hatte, nicht, in manchen Dingen entschlossen aufzutreten, auch wenn er meine geistliche Verfassung sehr wohl verstand und den Wunsch hatte, daß ich große Fortschritte machen möchte. Mein Geist erlebte aber schon so mächtige Antriebe, daß es mich arg bedrückte, angebunden zu sein, aber dennoch wich ich nicht von dem ab, was er mir auftrug.

8. Als ich eines Tages so ganz am Boden zerstört war, da mir schien, daß mir der Beichtvater nicht glaubte, sagte der Herr, ich solle mich nicht abtun, denn bald würde dieser Schmerz ein Ende haben. Ich war hocherfreut, weil ich dachte, es bedeutete, daß ich bald sterben dürfte, und war ganz glücklich, sobald ich daran dachte.[19] Später sah ich klar, daß die Ankunft dieses Rektors gemeint war, von dem ich hier spreche, denn danach gab es für diesen Schmerz nie mehr einen Grund, weil der Rektor, der jetzt kam, dem Kirchenrektor,[20] der mein Beichtvater war, nicht dazwischen ging, sondern ihm sagte, daß er mich trösten und nicht auf einem so einengenden Weg führen solle, sondern den Geist des Herrn wirken lasse, denn bei diesen starken geistlichen Antrieben sah es manchmal so aus, als bliebe der Seele keine Luft mehr zum Atmen.

9. Dieser Rektor suchte mich auf, während der Beichtvater mir auftrug, in aller Freiheit und Offenheit mit ihm zu sprechen. Ich empfand für gewöhnlich großen inneren Widerstand, darüber zu sprechen. Und es ist so, daß ich beim Betreten des Beichtstuhls

---

[18] Das war der Rektor des Jesuitenkollegs San Gil, P. Dionisio Vázquez.

[19] Vgl. V 20,12f mit der dortigen Anm. zu dieser Todessehnsucht; und ferner V 6,9; 16,4; 17,1; 21,6; 29,8.10.12; 30,20; 34,10; 40,20. Zu Teresas Weg von der Angst vor dem Tod über die Sehnsucht nach dem Tod bis zur Ergebung in den Willen Gottes siehe T. Álvarez, *Teresa von Ávila – Zeuge christlicher Hoffnung.*

[20] Der Rektor war der Obere der Kommunität, während der Kirchenrektor für die Kirche und Seelsorge zuständig war, was leicht zu Kompetenzstreitigkeiten führen konnte, wie Teresa es hier auch andeutet. Der neue Rektor war Gaspar de Salazar, während P. Gracián in seinem Exemplar vermerkt, daß der Kirchenrektor und Beichtvater Teresas Baltasar Álvarez war.

etwas Unsagbares[21] in meinem Inneren verspürte, das ich weder vorher noch nachher bei jemandem verspürt habe, soweit ich mich erinnere, und auch nicht ausdrücken könnte, wie das war, noch nicht einmal mit Vergleichen schaffte ich es. Es war nämlich eine geistliche Freude, und meine Seele erkannte, daß diese Seele sie verstehen würde und im Einklang mit ihr war, auch wenn ich – wie ich gerade sage – nicht weiß, wie. Denn wenn ich schon mit ihm gesprochen oder man mir Großartiges über ihn berichtet hätte, wäre es nichts besonderes gewesen, mich zu freuen, wenn ich da nun erkannte, daß er mich verstehen würde; aber so hatten wir nie ein Wort miteinander gewechselt, noch war er jemand, von dem ich vorher schon gehört hatte.

Nachher habe ich gut festgestellt, daß sich mein Geist nicht geirrt hat, denn mit ihm zu sprechen, ist für mich und meine Seele in jeder Hinsicht von großem Nutzen gewesen. Der Austausch mit ihm ist nämlich sehr nützlich für Menschen, die der Herr allem Anschein nach schon weit vorangebracht hat, weil er sie voraneilen und nicht bloß schrittweise weitergehen läßt; seine Methode aber besteht darin, sie von allem zu lösen und dem alten Menschen nach absterben zu lassen, denn dafür hat ihm der Herr große Begabung gegeben, wie auch für viele weitere Dinge.

10. Sobald ich mich in seine Seelenführung begab, erkannte ich bald seinen Stil und merkte, daß er eine lautere und heiligmäßige Seele war, ausgestattet vom Herrn mit einer besonderen Gabe zur Unterscheidung der Geister.[22] Ich fühlte mich sehr getröstet. Bald nachdem ich von ihm geleitet wurde, begann der Herr mich erneut zu drängen, ich solle die Verhandlungen über die Angelegenheit des Klosters wieder aufnehmen und meinem Beichtvater[23] und diesem Rektor[24] viele Gründe und

---

21 Teresa sagt „un no sé qué – ein Ich-weiß-nicht-was", ähnlich wie Johannes vom Kreuz in CA (CB) 7; CA 26,6 bzw. CB 17,7; 2N 7,6; P 12. Vgl. auch V 39,15.

22 Es geht hier um die „Unterscheidung der Geister", die eine so große Rolle in der ignatianischen Spiritualität spielt.

23 P. Baltasar Álvarez.

24 P. Gaspar de Salazar.

Argumente sagen, damit sie mich nicht daran hinderten. Einige davon flößten ihnen Angst ein, denn dieser Pater Rektor hatte nie daran gezweifelt, daß es vom Geist Gottes kam, weil er mit viel Genauigkeit und Sorgfalt alle Auswirkungen studierte. Nach vielem Hin und Her wagten sie es nicht mehr, mich daran zu hindern.[25]

11. So gab mir mein Beichtvater erneut die Erlaubnis, mich so gut ich konnte dafür einzusetzen. Ich sah sehr wohl, wieviel Not er mir dadurch auflud, da ich ganz allein war und nur äußerst geringe Mittel hatte. Wir kamen überein, ganz im geheimen zu verhandeln; und so sorgte ich dafür, daß eine Schwester von mir, die außerhalb des Ortes lebte,[26] das Haus kaufte und herrichtete, wie wenn es für sie wäre, mit Geldern, die uns der Herr auf manchen Wegen gab, um es zu kaufen – es wäre zu weitläufig, zu erzählen, wie der Herr sie nach und nach beschaffte. Ich achtete nämlich sehr darauf, nichts zu tun, was gegen den Gehorsam verstoßen hätte, aber ich wußte, wenn ich es meinen Oberen sagte, wäre alles verloren, genau wie das letzte Mal[27] oder sogar noch schlimmer.[28]

---

[25] In seinem *Leben* der hl. Teresa berichtet Francisco de Ribera folgendes über die näheren Umstände dieser Entscheidung: *„Der Beichtvater (P. Baltasar) erkannte den Willen Gottes auf folgendem Weg: Eines Tages sagte Unser Herr zu Mutter Teresa von Jesus: ‚Sag deinem Beichtvater, daß er morgen seine Betrachtung über folgenden Vers halten soll:* Quam magnifica sunt opera tua, Domine; nimis profundae factae sunt cogitationes tuae. *Das sind Worte aus dem 91. [92.] Psalm, und sie bedeuten:* Wie groß sind deine Werke, Herr, wie tief deine Gedanken. *Sie schrieb ihm sofort einen Zettel mit dem, was der Herr gesagt hatte. Er machte es so, und ... erkannte dadurch, als er diesen Vers meditierte, so klar, was der Herr wollte, und daß er seine Wunder durch eine Frau offenbaren wollte, daß er ihr gleich sagte, jetzt gebe es keinen Zweifel mehr. Sie solle die Verhandlungen über die Klostergründung tatsächlich wieder aufnehmen. Ich weiß dies von einem sehr glaubwürdigen Pater der Gesellschaft Jesu, dem P. Baltasar noch am selben Nachmittag den Zettel zeigte, den ihm die Mutter geschickt hatte"*; siehe *Vida de Santa Teresa,* I, Kap. 14.

[26] Juana de Ahumada, die mit Juan de Ovalle verheiratet war und in Alba de Tormes lebte.

[27] Anspielung auf den plötzlichen Meinungsumschwung des Provinzials P. Ángel de Salazar; siehe V 32,15.

[28] Teresa erweist sich hier erneut als kluge Taktikerin: Einerseits vermeidet sich zwar offene Regelverstöße, andererseits betreibt sie aber auf Umwegen und

Bei der Beschaffung der Gelder, der Haussuche, dem Vertragsabschluß und der Einrichtung des Hauses machte ich so viele Nöte durch, einige davon sehr allein, auch wenn meine Gefährtin[29] tat, was sie konnte; doch sie vermochte nur wenig, so wenig, daß es nahezu gar nichts war, außer daß es in ihrem Namen und mit ihrer Unterstützung geschah, alle weitere Mühe hatte aber ich, und zwar auf so vielfältige Art, daß ich mich heute wundere, wie ich das habe ertragen können. Manchmal sagte ich ganz niedergeschlagen: „Mein Herr, wieso trägst du mir Sachen auf, die undurchführbar zu sein scheinen? Denn ich mag zwar eine Frau sein, aber wenn ich wenigstens Freiheit hätte ...![30] Aber in vielfacher Weise angebunden, ohne Geld und ohne zu wissen, wo ich es herbekomme, nicht einmal für ein Breve[31] noch für sonst etwas; was kann ich da schon tun, Herr?"

12. Als ich mich eines Tages in einer solchen Not befand, daß ich nicht wußte, was ich tun oder womit ich einige Handwerker bezahlen sollte, erschien mir der heilige Josef, mein wahrer Vater und Herr,[32] und gab mir zu verstehen, daß mir das Geld nicht fehlen würde, ich solle sie nur einstellen. Und so machte ich es auch, ohne einen einzigen Pfennig[33] in der Tasche. Und der Herr beschaffte es mir auf Wegen, die alle, die davon hörten, in Staunen versetzten.[34]

---

hinter dem Rücken ihrer Vorgesetzten etwas, was diese ihr nie erlaubt hätten, womit sie sehr wohl gegen den Geist des Ordensgehorsams verstößt. Siehe dazu T. Egido, *Der Gehorsam der hl. Teresa.*

29 Doña Guiomar de Ulloa; siehe V 32,10.

30 Vgl. V 21,2; 27,13; 30,21; 6M 6,3; F 1,7, wo Teresa ebenfalls mit ihrer Unfreiheit als Frau in der damaligen Kirche und Gesellschaft hadert.

31 Zur Klostergründung war ein Päpstliches Breve (offizielles Schreiben) mit der Genehmigung des Hl. Stuhls erforderlich.

32 Siehe V 6 und V 30,7.

33 Wörtlich: *ohne eine einzige Blanca.* Eine *blanca* war eine alte winzige Kupfermünze, die zu Lebzeiten Teresas bereits als Prototyp einer wertlosen Münze galt.

34 Sie bekam unerwartet finanzielle Hilfe aus Quito von ihrem jüngeren Bruder Lorenzo de Cepeda, der ihr von Antonio Morán und einigen weiteren Gefährten aus Westindien größere Geldsummen überbringen ließ; siehe ihren Brief an Lorenzo vom 23.12.1561 (Ct 2,6). Lorenzo, der als *Converso* in Spanien kaum eine Zukunft hatte, hatte sich wie alle Brüder Teresas in die Neue Welt

Das Haus kam mir sehr klein vor, denn es war so klein, daß es nicht danach aussah, als könnte man ein Kloster daraus machen. Daher wollte ich ein anderes, ebenfalls arg winziges, das daneben lag, dazukaufen, um daraus die Kirche zu machen (hatte aber keine Mittel und keine Möglichkeit, es zu kaufen, und wußte nicht, was ich tun sollte). Eines Tages aber sagte der Herr nach der Kommunion zu mir: *Ich habe dir doch schon gesagt, daß du einziehen sollst, so gut du kannst.*[35] Und nach Art eines Ausrufs sagte er mir noch: *Diese Habsucht des Menschengeschlechts! Auch noch an Erde, meinst du, wird es dir mangeln! Wie oft habe ich unter freiem Himmel geschlafen, weil ich keinen Ort hatte, wo ich mich hinlegen konnte!*[36]

Ich war ganz bestürzt und sah ein, daß er Recht hatte. Ich ging also zum Häuschen, teilte es ein und fand ein annehmbares, wenn auch recht kleines Kloster vor. Und ich sah nicht mehr zu, noch mehr Platz zu kaufen, sondern ließ es so herrichten, daß man darin leben konnte, alles roh belassen, ohne Verputz, gerade so, daß es für die Gesundheit nicht schädlich war. Und so sollte man es immer halten.

13. Als ich am Tag der heiligen Klara[37] gerade zur Kommunion gehen wollte, erschien mir diese in großer Schönheit. Sie sagte mir, ich solle Mut fassen und mit dem Begonnenen weitermachen, denn sie würde mir helfen. Ich faßte große Verehrung zu ihr, und es hat sich dies so ausbezahlt, daß ein Schwesternkloster ihres Ordens, das sich in der Nähe von diesem hier befindet, zu unserem Lebensunterhalt beiträgt.[38] Noch mehr aber

---

aufgemacht, wo er zu Reichtum und hohem Ansehen kam. Im Jahr 1540 nach Amerika gekommen, hatte er sich nach der Schlacht von Iñaquitos in Quito niedergelassen, wo er Doña Juana Fuentes y Espinosa heiratete und hohe Ämter bekleidete. Im Jahr 1575 sollte er als Witwer mit drei Kindern in die alte Heimat zurückkehren; er starb 1580 in La Serna (Ávila).

[35] Sie V 32,18.

[36] Anspielung auf Lk 9,58: *Die Füchse haben ihre Höhlen und die Vögel ihre Nester; der Menschensohn aber hat keinen Ort, wo er sein Haupt hinlegen kann.*

[37] Also am 12. August 1561.

[38] In der Nähe von San José, wo sich die Autorin befand, als sie diese Zeilen schrieb, war ein Klarissenkloster, das nach seinem ersten Standort „Las Gordillas" genannt wurde.

bedeutet es, daß sie nach und nach meine Sehnsucht auf eine so große Vollkommenheit hinlenkte, daß wir hier auch dieselbe Armut praktizieren, die diese gottselige Heilige in ihrem Haus hatte, und von Almosen leben. Es hat mich nicht wenig Mühe gekostet, daß es mit aller Festigkeit und Autorität des Heiligen Vaters geschehen ist, daß es nicht geändert werden und das Haus nie festes Einkommen haben darf.[39] Und der Herr tut sogar noch mehr, was womöglich auf die Bitten dieser gebenedeiten Heiligen zurückgehen dürfte, denn ohne herumzubetteln versieht uns Seine Majestät sehr ausreichend mit allem Notwendigen. Er sei für alles gepriesen. Amen.

14. Als ich in diesen Tagen an Mariä Himmelfahrt[40] in einem Kloster des glorreichen heiligen Dominikus weilte,[41] dachte ich gerade über die vielen Sünden nach, die ich in der Vergangenheit in diesem Haus gebeichtet hatte, und über so manches aus meinem erbärmlichen Leben. Da überkam mich eine so gewaltige Verzückung, daß sie mich fast das Bewußtsein verlieren[42] ließ. Ich setzte mich nieder, und ich glaube sogar, daß ich weder die Erhebung der Hostie mitbekam noch die Messe hören konnte, worüber ich nachher Skrupel empfand. In diesem Zustand schien es mir, als sähe ich mich mit einem strahlend weißen Gewand bekleidet, sah aber am Anfang nicht, wer mich damit bekleidete. Danach sah ich Unsere Liebe Frau[43] an meiner rechten und meinen Vater, den heiligen Josef, an meiner linken Seite, die mir dieses Gewand anlegten. Es wurde mir zu

---

[39] Zur Gründung ohne festes Einkommen waren tatsächlich drei päpstliche Dokumente nötig gewesen: 1. ein *Breve* vom 7.2.1562 an Doña Aldonza de Guzmán und Doña Guiomar de Ulloa, das jedoch keinerlei Konzessionen hinsichtlich der ersehnten absoluten Armut enthielt; 2. ein *Reskript* der Päpstlichen Pönitentiarie vom 5.12.1562, das dem Kloster erlaubte, ohne festes Einkommen zu leben; 3. eine *Bulle* vom 17.7.1565, die dieser Sondergenehmigung endgültigen Charakter verlieh.

[40] Also am 15. August 1561, dem Fest der Aufnahme Marias in den Himmel.

[41] Nämlich in der Christuskapelle des Dominikanerklosters Santo Tomás zu Ávila.

[42] Wörtlich: *außer mich geraten.*

[43] Maria, die Mutter Jesu.

verstehen gegeben, daß ich nun von meinen Sünden rein sei. Bald nachdem ich damit bekleidet war, noch ganz voller Beseligung und Herrlichkeit, schien mir, als faßte mich Unsere Liebe Frau an den Händen. Sie sagte, *sie sei sehr glücklich darüber, daß ich dem glorreichen heiligen Josef diene; ich solle nur glauben, daß das, was ich mit dem Kloster vorhabe, verwirklicht würde, und daß in ihm dem Herrn und ihnen beiden sehr gedient würde; ich bräuchte nicht zu fürchten, daß es darin jemals einen Zusammenbruch gäbe,*[44] *auch wenn mir die Obedienz, unter die ich mich stellte,*[45] *nicht zusagte, denn sie würden uns beschützen, und auch ihr Sohn hätte versprochen, in unserer Mitte zu leben;*[46] *als Zeichen, daß dies wahr sei, gebe sie mir diesen Schmuck.*

Mir schien, als sei mir eine wunderschöne Goldkette um den Hals gelegt worden, mit einem sehr wertvollen Kreuz daran.[47] Dieses Gold und diese Edelsteine sind so ganz anders als die hiesigen, daß man sie mit nichts vergleichen kann. Ihre Schönheit ist nämlich ganz anders als das, was wir uns hier vorstellen können, so daß man mit dem Verstand nicht erkennen kann, aus welchem Stoff das Gewand bestand, noch sich die Weiße vorstellen kann, die der Herr hier zeigen will; dem gegenüber kommt einem alles Hiesige sozusagen nur wie eine Zeichnung mit Rußstrichen vor.

15. Sehr groß war die Schönheit, die ich bei Unserer Lieben Frau wahrnahm, auch wenn ich keine bestimmten Züge ihres Antlitzes ausmachte, sondern nur dessen Gesamtform; sie war in äußerst strahlendes Weiß gekleidet, aber nicht so, daß es blendete, sondern sanft leuchtete. Den glorreichen heiligen Josef sah ich nicht so deutlich, auch wenn ich gut sah, daß er da

---

[44] Ein erneutes Beispiel für Teresas Vorliebe für Bilder und Ausdrücke aus der Geschäfts- und Finanzwelt; vgl. V 4,2 mit Anm. und ferner V 11,1; 19,11; 20,27; 39,15.

[45] *Obediencia*, hier im Sinne von Jurisdiktion, unter die das Kloster gestellt würde.

[46] Anspielung auf die in V 32,11 erwähnte Vision.

[47] Teresas Vorliebe für schöne Sachen prägt auch ihre visionären Erfahrungen; vgl. auch V 29,7.

war, wie bei den Visionen, von denen ich schon gesprochen habe, die man nicht sieht.[48] Unsere Liebe Frau kam mir sehr jung vor.

Als sie eine Weile bei mir verweilt hatten – ich voller Seligkeit und Glück, mehr als ich es meines Erachtens je gewesen war, und so, daß ich mich nie mehr davon hätte trennen wollen –, schien mir, als sähe ich sie inmitten einer großen Schar von Engeln in den Himmel aufsteigen. Ich fühlte mich sehr einsam, wenn auch so getröstet und in Hochstimmung[49] und im Gebet gesammelt und voller Zärtlichkeit, daß ich eine Zeitlang mich weder rühren noch sprechen konnte, sondern fast außer mir war. Ich verblieb mit einem gewaltigen Antrieb, mich für Gott zu zerreißen, und so starken Auswirkungen, daß ich nie daran zweifeln konnte, so sehr ich das auch versuchte, daß es von Gott kam. Diese Vision erfüllte mich mit großem Trost und tiefem Frieden.

16. Mit dem, was die Königin der Engel[50] über die Obedienz gesagt hatte, ist es so, daß es mir schwer fiel, es nicht dem Orden zu unterstellen, aber der Herr hatte mir gesagt, daß es nicht gut wäre, es ihnen zu unterstellen.[51] Er gab mir auch die Gründe an, weshalb es keineswegs gut wäre, das zu tun; ich sollte mich jedoch auf einem bestimmten Weg, den er mir ebenfalls angab, nach Rom wenden, denn er würde um Nachricht von dort sorgen. So geschah es auch, daß man so, wie der Herr mir gesagt hatte, darum eingab – denn durch Verhandlungen wären wir nie an ein Ende gekommen – und es sehr gut ausging. Und für das, was sich später ereignet hat, war es sehr

---

[48] Anspielung auf die in V 27,2 erwähnten nicht-imaginativen oder intellektuellen Visionen.

[49] *Elevada*, wörtlich „gehoben(er Stimmung)" bzw. „high".

[50] Einer der traditionellen Ehrentitel Marias.

[51] Als der Provinzial der Karmeliten, P. Ángel de Salazar, sich weigerte, das neue Kloster unter seine Jurisdiktion zu stellen, wurde es dem Bischof von Ávila unterstellt. Als das Kloster sich jedoch 1577 in einer sehr kritischen Lage befand, sollte Teresa selbst dafür sorgen, daß es nunmehr dem Orden unterstellt wurde; siehe F epíl.

gut, daß wir uns unter die Obedienz des Bischofs stellten.[52] Den kannte ich aber damals noch nicht, noch wußte ich, was er für ein Oberer ist, aber es gefiel dem Herrn, daß er so gut war und das Haus sehr unterstützte, was bei dem starken Widerstand, den es dann gegeben hat – wie ich später noch sagen werde[53] – auch nötig war, und auch, um es in den Zustand zu versetzen, in dem es jetzt ist. Gepriesen sei er, der alles so gefügt hat. Amen.

---

[52] Der Bischof von Ávila, Don Álvaro de Mendoza, der bald ein großer Freund Teresas wurde, sollte sie immer bedingungslos unterstützen.
[53] Siehe V 36,15ff.

KAPITEL 34

Sie sagt, wie es gut paßte, daß sie zu diesem Zeitpunkt
von diesem Ort wegging. – Sie nennt den Grund und erzählt,
wie ihr Oberer ihr auftrug, zu einer sehr vornehmen Dame,
die sehr niedergedrückt war, zu gehen, um sie zu trösten. –
Sie beginnt zu erzählen, was ihr dort widerfuhr, und welch
große Gnade ihr der Herr gewährte, als sie zur Mittelsperson
wurde, damit Seine Majestät eine sehr vornehme Persönlichkeit
aufweckte, so daß dieser Mann ihm in aller Wahrheit diente
und sie nachher bei ihm Hilfe und Unterstützung fand. –
Es ist sehr beachtenswert.

1. So viel Sorgfalt ich auch an den Tag legte, damit nichts bekannt würde, war es nicht möglich, diese ganze Angelegenheit
so im geheimen zu vollbringen, daß nicht doch einige Personen
ziemlich viel davon mitbekamen. Manche glaubten daran, andere nicht. Ich befürchtete besonders, daß mir der Provinzial
bei seiner Ankunft befehlen würde, mich nicht mehr damit zu
befassen, wenn sie ihm etwas darüber sagten, denn damit wäre
gleich alles zu Ende.

Der Herr fügte es folgendermaßen: Es ergab sich, daß an ei-
nem großen Ort,[1] mehr als zwanzig Meilen von hier, eine
Dame wegen des Todes ihres Mannes sehr niedergedrückt war.
Es stand so schlimm um sie, daß man um ihre Gesundheit

---

[1] Toledo. Man beachte, daß die Autorin erneut um völlige Anonymität bemüht ist.

[2] Es handelt sich um Doña Luisa de la Cerda, eine Tochter des Herzogs von
Medinaceli, Don Juan de la Cerda, und somit aus einer der vornehmsten
Familien des spanischen Hochadels. Ihr Ehemann, Arias Pardo de Saavedra,
ein Neffe des Erzbischofs von Toledo, Pardo de Tavera, war am 13. Januar 1561
verstorben; er war Marschall Kastiliens und Herr über mehrere Kleinstädte wie
Malagón, Paracuellos usw. gewesen. Die Freundschaft, die sich zwischen Doña
Luisa und Teresa entwickelte, zeigt, daß Teresa trotz ihrer gelegentlich geäußer-
ten Vorbehalte gegen den Hochadel sehr wohl Beziehungen zu manchen Adeli-
gen hatte und diese auch für ihre spätere Gründungstätigkeit nützte. Durch
Vermittlung von Doña Luisa sollte die *Vida* in die Hände des „Apostels von
Andalusien", Juan de Ávila, gelangen; siehe die Briefe an sie vom 18.5.1568
(Ct 7,3) und 27.5.1568 (Ct 8,9). Die Freundschaft zwischen beiden hatte aber
auch Grenzen, wie sich z.B. 1569 bei der Gründung in Toledo zeigte (F 15).

fürchtete.[2] Nun erhielt sie Kunde von dieser armen Sünderin, weil der Herr es so gefügt hatte, daß man bei ihr gut von mir redete, damit sich daraus ein paar andere gute Dinge ergäben. Diese Dame kannte den Provinzial sehr gut,[3] und da sie eine vornehme Persönlichkeit war und wußte, daß ich in einem Kloster weilte, aus dem man herausgehen durfte, gab ihr der Herr, da sie glaubte, daß sie bei mir Trost fände, ein so großes Verlangen ein, mich zu treffen, daß es wohl nicht mehr in ihrer Hand lag; so bemühte sie sich sogleich mit allen ihr nur möglichen Mitteln darum, mich dorthin zu holen, indem sie sich an den Provinzial wandte, der ziemlich weit weg war. Er schickte mir einen Befehl mit formalem Gehorsamsgebot, mich mit einer weiteren Gefährtin sofort dorthin aufzumachen. Das erfuhr ich am Heiligen Abend.[4]

2. Es brachte mir einige Unruhe und großen Schmerz, als ich merkte, daß sie mich in der Meinung, es gäbe etwas Gutes in mir, holen wollte, denn da ich mich als so erbärmlich erlebte, konnte ich das nicht ertragen. Als ich mich Gott sehr anempfahl, geriet ich während der ganzen Matutin[5] oder eines Teils von ihr in tiefe Verzückung. Es sagte mir der Herr, es nicht zu unterlassen, sondern zu gehen, und nicht auf die Meinungen anderer zu hören, denn nur wenige würden mich mit Augenmaß beraten; und auch wenn es mir Mühen bereitete, wäre Gott damit sehr gedient; und daß es für dieses Geschäft mit dem Kloster gut sei, wenn ich bis zum Eintreffen des Breve abwesend sei,[6] denn der Böse hätte einen schweren Anschlag

---

[3] Der Provinzobere der Karmeliten Kastiliens, P. Ángel de Salazar.

[4] Also am 24. Dezember 1561. – Die ganze Geschichte vermittelt ein gutes Bild, nicht nur vom Einfluß der gesellschaftlichen Oberschicht, sondern auch von der Art und Weise, wie damals über Ordensleute verfügt werden konnte. Sie macht anschaulich, weshalb Teresa sich später für eine strengere Klausur entschied, weil nur diese ihr unter den herrschenden gesellschaftlichen Bedingungen die Freiheit gewähren konnte, ungestört das Leben zu führen, das sie leben wollte. Die Klausur also als Schutz vor dem Hineinregieren durch Männer! Siehe dazu auch CV 5,6.

[5] Nächtliches Chorgebet.

[6] Das Gründungsbreve wurde am 7.2.1562 in Rom ausgestellt.

geplant, sobald der Provinzial käme; daß ich mich aber vor nichts fürchten solle, da er mir dort schon helfe.

Ich fühlte mich sehr gestärkt und getröstet. Ich sagte es dem Rektor.[7] Er sagte mir, daß ich es keinesfalls unterlassen und gehen sollte, während andere mir sagten, daß das nicht anginge, da es eine Erfindung des Bösen sei, damit mir dort etwas Schlimmes zustieße, und ich solle mich doch noch einmal an den Provinzial wenden.

3. Ich gehorchte dem Rektor, und aufgrund dessen, was ich im Gebet vernommen hatte, ging ich ohne Angst weg, wenn auch nur in äußerster Verlegenheit, weil ich sah, mit welcher Begründung sie mich dorthin holten und wie sehr sie sich dabei täuschten. Das brachte mich dazu, den Herrn noch mehr zu bestürmen, mich nicht hinzulassen. Es war mir ein großer Trost, daß es an dem Ort, wo ich hinging, eine Niederlassung der Gesellschaft Jesu gab;[8] und da ich dem unterworfen war, was sie mir auftrügen, wie ich es auch hier war, glaubte ich, einigermaßen in Sicherheit zu sein.

Es gefiel dem Herrn, daß sich diese Dame so getröstet fühlte, daß sie sich bald sichtlich besser zu fühlen begann und von Tag zu Tag mehr getröstet fühlte. Das galt für viel, denn der Schmerz hatte ihr – wie ich schon gesagt habe[9] – arg zugesetzt; das muß der Herr wohl aufgrund der vielen Gebete bewirkt haben, die gute Menschen, die ich kannte, für mich verrichteten, damit es für mich gut ausginge. Sie war sehr gottesfürchtig und so gut, daß ihre tiefe Christlichkeit ergänzte, was mir fehlte. Sie faßte große Zuneigung zu mir, und auch ich empfand große für sie, als ich sah, wie gut sie war, und doch war mir dort nahezu alles ein Kreuz, denn die Bequemlichkeiten berei-

---

7 Der Rektor des Jesuitenkollegs San Gil, Gaspar de Salazar.
8 Dank der Intervention des Francisco de Borja (siehe V 24,3) beim Erzbischof von Toledo, Bartolomé Carranza, gab es dort seit 1558 eine Niederlassung der Jesuiten. Teresa sollte sowohl den Oberen, P. Pedro Doménech, als auch den Kirchenrektor, P. Gil González Dávila, kennenlernen und regen geistlichen Austausch mit ihnen pflegen. P. Doménech war ihr Beichtvater.
9 Siehe V 34,1.

teten mir große Qual, und daß man soviel Aufhebens um mich machte, versetzte mich in große Angst. Meine Seele war so eingeschüchtert, daß ich es nicht wagte, unbekümmert zu sein; aber auch der Herr unterließ es nicht, sich zu kümmern. Denn als ich dort war, gewährte er mir die allergrößten Gnaden, und diese verliehen mir eine solche innere Freiheit und ließen mich alles, was ich erlebte, für so unbedeutend halten – und je größer es war, für um so mehr –, daß ich mit diesen so vornehmen Damen, denen zu dienen eine große Ehre für mich hätte sein können, immer mehr mit der Freiheit umging, wie wenn ich ihresgleichen wäre.[10]

4. Ich nahm einen sehr großen Gewinn daraus mit und sagte ihr das auch. Ich sah, daß sie auch nur eine Frau und denselben Leidenschaften und Schwächen unterworfen war wie ich, und für wie gering man das Herrsein[11] zu halten hat, wie man mehr Sorgen und Nöte hat, je höher es ist, und dazu noch die Sorge, die ihrem Stand entsprechende Aufmachung zu wahren, was sie nicht wirklich leben läßt: Ohne feste Zeit und Ordnung zu essen, weil sich alles nach ihrem Stand zu richten hat, und nicht nach ihrer körperlichen Verfassung. Und oftmals müssen sie Speisen essen, die eher ihrem Stand als ihrem Geschmack entsprechen.

Und so schreckte ich vor dem Wunsch, eine Herrin zu sein, völlig zurück – Gott bewahre mich vor einer Lebensweise, die mir nicht bekommt! –, obwohl ich glaube, daß es nur wenige gibt, die demütiger sind als sie, wo sie doch eine der vornehmsten des ganzen Königreichs ist, und dazu sehr gutherzig. Sie tat und tut mir immer noch leid, weil ich sah, wie sie oft gar nicht ihrer Neigung folgen kann, nur um ihrem Stand zu entsprechen. Denn es ist wenig, wie wenig man sich auf die Bediensteten verlassen kann, auch wenn sie gute hatte. Man darf mit dem einen nicht mehr sprechen als mit dem anderen, sonst macht sich der, den man bevorzugt, unbeliebt.

---

[10] Hier sagt Teresa deutlich, daß sie keine adelige Dame war, aber trotzdem hat man sie bis in unsere Zeit aus einer hochadeligen Familie hervorgehen lassen.
[11] *Señorío.*

Das ist eine Knechtschaft, eine der Lügen der Welt, solche Menschen Herrschaften zu nennen, die nach meinem Dafürhalten nichts sind als Sklaven von tausenderlei Dingen.

5. Es gefiel dem Herrn, daß während meines Aufenthalts in diesem Haus die Personen, die dort lebten, im Dienst Seiner Majestät besser wurden, auch wenn ich nicht frei von Nöten und manchen Eifersüchteleien war, die einige Leute mir gegenüber wegen der großen Zuneigung hatten, die mir diese Dame entgegenbrachte. Sie müssen womöglich geglaubt haben, daß ich irgendwelches Eigeninteresse hatte. Es muß es der Herr wohl zugelassen haben, daß mir solche und noch weitere Dinge von anderer Art so manche Not bereiteten, damit ich mich nicht von der Bequemlichkeit durchdringen ließ, die mir andererseits zuteil wurde; und es gefiel ihm, mich zum Nutzen meiner Seele aus dem Ganzen herauszuholen.

6. Während ich dort war, kam zufällig ein Ordensmann dorthin, eine sehr vornehme Persönlichkeit, mit der ich viele Jahre zuvor ein paarmal gesprochen hatte.[12] Und als ich in einem Kloster seines Ordens in der Nähe des Hauses, wo ich mich aufhielt, in der Messe war, überkam mich der Wunsch, zu erfahren, in welchem Zustand sich seine Seele befand,[13] denn ich

---

[12] Nach Auskunft Gracíans ist der Hauptadressat der *Vida*, der Dominikaner P. García de Toledo, gemeint, auch wenn ihn die ersten Biographen Teresas, Francisco de Ribera und Diego Yepes, P. Vicente Barrón nennen. García de Toledo war tatsächlich aus einem vornehmen Geschlecht; er war ein Enkel der Grafen von Condesa und ein Cousin des künftigen Vizekönigs von Perú, Francisco de Toledo. Er war bereits 1535 in Mexiko gewesen, wo er unter dem damaligen Vizekönig, Antonio de Mendoza, gekämpft hatte. Im März 1569 sollte er erneut nach Westindien gehen, diesmal als theologischer Berater des neuen Vizekönigs, Francisco de Toledo. Als solcher ist er der Autor des *„Gutachtens von Yucay"* vom 16.3.1571, das die theologische Rechtfertigung für die Ausbeutung der Indios lieferte. (Siehe dazu G. Gutiérrez, *Gott oder das Gold. Der befreiende Weg des Bartolomé de Las Casas*, 65–84.131–163). Ob Teresa davon jemals erfahren hat? Siehe dazu Ct 24,13 vom 17.1.1570 an Lorenzo de Cepeda: *„Wir sind schlimmer als Bestien"*. Im Jahr 1581 kehrte er noch einmal nach Spanien zurück; siehe den Brief Teresas an María de San José vom 8.11.1581 (Ct 412,7).

[13] Auch in diesem Fall ist Teresa also nicht mehr diejenige, die Beratung und Belehrung sucht, sondern es ist eine partnerschaftliche Beziehung entstanden.

wünschte mir sehr, daß er ein eifriger Diener Gottes wäre; daher stand ich auf, um mit ihm zu sprechen. Doch da ich schon im Gebet versunken war, kam mir das dann als Zeitverlust vor, denn was sollte ich mich da einmischen, und so setzte ich mich wieder hin. Ich glaube, das geschah bis zu dreimal, aber schließlich siegte der gute Engel über den bösen, und ich ging hin, um ihn zu rufen. Und er kam zu einem Beichtstuhl, um mit mir zu sprechen.

Wir begannen, uns über unser Leben auszufragen, denn wir hatten uns viele Jahre lang nicht gesehen.[14] So begann ich damit, zu sagen, daß mein Leben voll von vielen seelischen Nöten gewesen sei. Er drängte mich sehr, ihm zu sagen, was das denn für Nöte gewesen seien. Ich sagte, daß diese nicht bekannt werden dürften und ich nicht darüber sprechen sollte. Da sagte er, daß der Dominikanerpater, den ich erwähnt habe[15] – und der ein sehr guter Freund von ihm war – davon wüßte und es ihm ohnehin bald sagen würde, und ich mir also nichts daraus machen solle.

7. Tatsächlich war es so, daß es weder in seiner Hand lag, mich deswegen nicht zu belästigen, noch glaube ich in meiner, es ihm nicht zu sagen. Denn bei allem Gram und aller Scham, die ich sonst immer empfand, wenn ich über diese Dinge sprach, verspürte ich bei ihm und bei dem Rektor, den ich erwähnt habe,[16] keinen Schmerz, sondern im Gegenteil großen Trost. Ich sagte es ihm unter dem Siegel der Beichte.

Er kam mir unterrichteter vor denn je, auch wenn ich ihn immer schon für sehr gescheit gehalten hatte. Ich wurde der großen Talente und Vorzüge gewahr, die er hatte, um viel Gutes zu tun, wenn er sich Gott nur ganz hingäbe. Denn das habe ich schon seit einigen Jahren an mir, daß ich keinen Menschen, der mir sehr zusagt, sehen kann, ohne gleich mit so brennender Sehnsucht den Wunsch zu haben, ihn als einen zu sehen,

---

[14] P. García de Toledo war 1555 Prior des Dominikanerklosters Santo Tomás in Ávila gewesen; sie hatten sich also etwa sechs Jahre lang nicht gesehen.
[15] P. Pedro Ibáñez; siehe V 33,5.
[16] P. Gaspar de Salazar, der Rektor des Jesuitenkollegs San Gil; siehe V 33,8f.

der sich Gott ganz hingibt, daß ich mir manchmal nicht mehr zu helfen weiß. Und obwohl ich möchte, daß alle ihm dienten, ist es doch bei Menschen, die mir zusagen, mit sehr großem Ungestüm, und so bestürme ich den Herrn ihretwegen sehr. Mit dem Pater, von dem ich hier spreche, geschah das so.

8. Er bat mich, ihn Gott sehr zu empfehlen, aber es war gar nicht nötig, mir das zu sagen, denn ich war schon so weit, daß ich gar nicht anders gekonnt hätte. Ich gehe also dahin, wo ich normalerweise inneres Beten hielt, und beginne ganz gesammelt, wie so oft, schlicht und einfach mit dem Herrn zu sprechen, ohne zu wissen, was ich sage. Es spricht dann die Liebe, und die Seele ist so selbstvergessen, daß ich nicht auf den Unterschied achte, der zwischen ihr und Gott besteht. Denn die Liebe, die ihrer Erkenntnis nach Seine Majestät zu ihr hat, läßt sie auf sich vergessen, und es scheint ihr, als sei sie in ihm, und rede wie sein ungeteiltes Eigentum lauter Dummheiten. Ich erinnere mich, daß ich ihm folgendes sagte, nachdem ich ihn unter reichlich Tränen gebeten hatte, es möge sich diese Seele doch wirklich und wahrhaftig seinem Dienst hingeben. Auch wenn ich ihn für einen guten Menschen hielt, stellte er mich doch nicht ganz zufrieden, denn ich wollte, daß er ganz gut würde; und so sagte ich ihm: „Herr, du darfst mir diese Gnade nicht verweigern; schau, wie gut er ist, dieser Mensch, um unser Freund zu sein!"[17]

9. O große Güte und Menschenfreundlichkeit Gottes! Wie achtet er nicht auf die Worte, sondern auf die Sehnsucht und die Absicht, mit der man sie spricht! Wie erträgt er es, daß so eine wie ich so verwegen zu Seiner Majestät spricht! Er sei für immer und ewig gepriesen!

---

[17] Ein typisches Beispiel für den Inhalt der Gebete Teresas: Sie sollen die Anliegen der beiden Freunde berücksichtigen, die Teresas, wie in diesem Fall, und die Gottes. Und da *„Gott will, daß alle Menschen gerettet werden und zur Erkenntnis der Wahrheit gelangen"* (1 Tim 2,4), wird ein solches Beten universal und ist in seinem tiefsten Kern apostolisch. Damit erhält das traditionelle Verständnis von *contemplatio* als *vacare Deo* (frei sein für Gott) einen neuen Akzent: Es ist Apostolat!

10. Ich erinnere mich, daß während der Stunden des inneren Betens in jener Nacht eine große Niedergeschlagenheit über mich kam beim Gedanken, ob ich wohl in Feindschaft mit Gott lebte. Und da ich nicht wissen konnte, ob ich in der Gnade weilte oder nicht[18] (nicht, daß ich das wissen wollte, aber ich wünschte zu sterben, um mich nicht in einem Leben zu sehen, in dem ich nicht sicher war, ob ich innerlich tot war; denn es konnte für mich keinen schlimmeren Tod geben als der Gedanke, daß ich Gott beleidigt hatte), bedrängte mich dieser Schmerz. Ich flehte ihn an, das doch nicht zuzulassen, ganz aufgelöst und von Tränen überströmt. Da erkannte ich, daß ich mich sehr wohl trösten und sicher sein durfte,[19] daß ich in der Gnade weilte; denn derartige Gottesliebe und der Erweis von solchen Gnadengaben und Gefühlen, die Seine Majestät meiner Seele gewährte, konnten unmöglich einer Seele zukommen, die in Todsünde weilte.

Ich war voll des Vertrauens, daß der Herr machen würde, was ich ihn für diese Person erbat. Er sagte mir ein paar Worte, die ich ihm sagen sollte. Das bedrückte mich sehr, denn ich wußte nicht, wie ich sie sagen sollte, denn einem Dritten etwas auszurichten ist das, was mir – wie ich schon gesagt habe[20] – immer am meisten zusetzt, vor allem bei jemandem, von dem ich nicht wußte, wie er es aufnehmen oder ob er mich auslachen würde. Es brachte mich in arge Bedrängnis. Schließlich war ich so überzeugt, daß ich, glaube ich, Gott versprach, nicht zu unterlassen, sie ihm zu sagen. Weil ich mich aber so schämte, schrieb ich sie auf und gab sie ihm.

---

[18] Vor dem Hintergrund einer von Höllenangst und ständigen Moralisierungen vergifteten religiösen Atmosphäre ringt Teresa hier also – ohne sich dessen bewußt zu sein – mit derselben Frage, die auch den Reformator Luther bewegte. Während er die erlösende Antwort in der Heiligen Schrift fand (zu der Teresa als Frau der Zugang verwehrt war), findet die Karmelitin sie in einer inneren Erfahrung, die sie aber immer durch die Hl. Schrift absichern möchte.

[19] An dieser Stelle hatte der erste Herausgeber Fray Luis de León aus theologischen Bedenken die „Sicherheit" abgemildert und statt dessen „*vertrauen*" geschrieben; in Wirklichkeit ist Teresa aber völlig in Einklang mit den diesbezüglichen Aussagen des Konzils von Trient (siehe Denzinger 802 und 805). Vgl. auch V 17,3f.

[20] Vgl. V 32,12; 33,2.

11. Deutlich zeigte es sich an der Auswirkung, die sie hatten, daß sie von Gott kamen.[21] Er entschloß sich allen Ernstes, sich dem inneren Beten hinzugeben, auch wenn er es noch nicht sofort tat. Da der Herr ihn für sich haben wollte, ließ er ihn durch mich als Mittelsperson einige Wahrheiten sagen, die, ohne daß ich das verstand, derart zutreffend waren, daß er sich wunderte; der Herr muß ihn wohl bereit gemacht haben, zu glauben, daß es von Seiner Majestät kam. Auch wenn ich erbärmlich bin, war es doch sehr viel, was ich den Herrn anflehte, daß er ihn sich ganz und gar zuwenden und so weit bringen möge, daß er die Vergnügungen und Dinge des Lebens zurückweise. Und so hat er es – er sei für immer gepriesen! – in der Tat getan, denn jedesmal, wenn er mit mir spricht, bin ich wie verblüfft. Und wenn ich es nicht gesehen hätte, hielte ich es für unglaubwürdig, daß er ihm in so kurzer Zeit so große Gnaden erwiesen hat und ihn derart mit sich[22] beschäftigt sein läßt, daß es so aussieht, als würde er für nichts mehr auf der Welt leben.

Seine Majestät halte ihn an seiner Hand, denn wenn er so weitermacht (ich hoffe zu Gott, daß er das wirklich tun wird, weil er ein gutes Fundament in der Selbsterkenntnis hat),[23] wird er einer seiner herausragendsten Diener und vielen Seelen von Nutzen sein. In geistlichen Dingen hat er nämlich inner-

---

21 In dem Pedro Ibáñez zugeschriebenen „*Gutachten über den Geist der Mutter Teresa*" wird ausführlich über diese Episode berichtet: „*Diese Heilige sprach zu mir über einen Menschen, der sich nicht entschließen konnte, sehr vertraulich mit Gott umzugehen, wobei ich glaubte, daß er schon damit begonnen hatte, weil er und ich uns darauf geeinigt hatten. Da es schon eine beschlossene Sache war, wollte ich nicht an den Ort zurückkehren, wo sich diese Person befand. Sie sagte aber zu mir, ihr Meister (Christus nämlich) würde sagen, daß ich zurückkehren und ihm eine ganz knappe Botschaft überbringen sollte, die aber ganz und gar von Gott und von ihr käme, denn bis dahin hatte Doña Teresa sich noch bei Gott entschuldigen wollen … Ich komme also hin und übergebe ihm meine Botschaft. Da beginnt er zu weinen, weil sie in sein Innerstes gedrungen war, und dabei ist er ein starkes Mannsbild, das die Welt regieren könnte, kein bißchen weibisch oder weichlich, um zu weinen, sondern ein richtiges Mannsbild*" (BMC 2, 149f.).

22 Also mit Gott.

23 Vgl. V 13,14f; 15,6ff; und ferner CV 39,5; 1M 2,8; 6M 10,7 und viele weitere Stellen im Gesamtwerk.

halb kurzer Zeit viel Erfahrung gewonnen, da das Gaben sind, die Gott schenkt, wann er will und wie er will,[24] wobei es weder auf die Zeit noch auf die Dienste ankommt. Ich sage ja nicht, daß das nicht viel ausmachen würde, sondern daß Gott einem Menschen oftmals in zwanzig Jahren nicht die Kontemplation schenkt, die er einem anderen in einem gibt. Seine Majestät weiß den Grund.

Der Irrtum ist aber, daß uns scheint, als müßten wir mit den Jahren verstehen, was man ohne Erfahrung in keiner Weise erfassen kann. Und so gehen viele in die Irre – wie ich schon gesagt habe[25] –, wenn sie Geisteserfahrung haben wollen, ohne sie zu haben.[26] Ich sage ja nicht, daß einer, der keine geistliche Erfahrung, aber ein Studierter ist, jemanden, der sie hat, nicht führen möge, aber es ist im äußeren und inneren Bereich darauf zu achten, daß es mit Hilfe des Verstandes dem natürlichen Weg entspricht, und im übernatürlichen, daß man auf die Übereinstimmung mit der Heiligen Schrift schaue. Darüber hinaus bringe er sich nicht um, noch meine er, das zu verstehen, was er nicht versteht, noch lösche er die Geister aus (vgl. 1 Thess 5,19); denn was das anbelangt, lenkt sie jetzt ein größerer Herr, so daß sie nicht ohne Vorgesetzten sind.

12. Er soll sich nicht wundern, noch mögen ihm diese Dinge unmöglich erscheinen – beim Herrn ist alles möglich –, sondern er bemühe sich, im Glauben zu erstarken und demütig zu werden, weil der Herr in dieser Wissenschaft womöglich ein altes Weiblein weiser macht als ihn, so studiert er auch sein mag,[27] und mit dieser Demut wird er den Seelen und sich mehr nützen als wenn er sich als Kontemplativen ausgibt,

---

[24] Daß die Kontemplation bzw. mystische Gebetserfahrungen ein freies Geschenk Gottes sind, das er gibt wem er will und wann er will, wurde auch schon in V 21,9 und V 22,16 hervorgehoben; vgl. ferner V 39,9; 5M 1,12; 6M 4,12; 8,5.

[25] Siehe V 13,14.

[26] Ein Echo der Worte Pedros de Alcántara in seinem Brief an Teresa vom 14.4. 1562 (BMC 2, 125f.). Zum Stellenwert der geistlichen Erfahrung, siehe ferner V 11,16; 12,5; 13,16; 22,18.

[27] Vgl. V 30,3 und V 40,8.

ohne es zu sein. Ich sage es wieder, daß er wenig gewinnen und dem, den er leitet, noch weniger Gewinn bringen wird, wenn er keine Erfahrung und wenn er nicht sehr viel Demut hat, um zu verstehen, daß er es nicht versteht, es aber deswegen nicht unmöglich ist. Er habe keine Angst, wenn er nur Demut hat, daß der Herr zuläßt, daß sich der eine oder andere täuscht.

13. Wiewohl der Herr sie diesem Pater, von dem ich hier spreche,[28] in vielen Dingen gegeben hat, hat er sich bemüht, alles zu studieren, was er in diesem Fall nur studieren konnte – er ist nämlich sehr studiert –, und erkundigt sich über das, was er nicht durch Erfahrung versteht, bei jemandem, der sie hat; und damit hat ihm der Herr geholfen, indem er ihm viel Glauben gab, und so hat er sich und manchen Seelen viel Nutzen gebracht; eine davon ist meine. Denn da der Herr um die Nöte wußte, die ich noch zu erleben hätte, fügte es Seine Majestät offensichtlich so, daß mir – wenn er schon einige, die mich führten, zu sich nehmen mußte[29] – noch andere verblieben, die mir in vielen Nöten geholfen und viel Gutes erwiesen haben. Es hat ihn der Herr nahezu völlig verwandelt, derart, daß er sich sozusagen kaum selber wiedererkennt, und er hat ihm körperliche Kräfte für Bußübungen gegeben (die er zuvor nicht hatte, denn er war krank), und Mut zu allem, was gut ist, und noch manches andere dazu, daß es aussieht, als handle es sich um einen ganz besonderen Ruf des Herrn. Er sei für immer gepriesen.

14. Ich glaube, daß ihm alles Gute von den Gnaden, die ihm der Herr im Gebet erwiesen hat, herkommt, und das sind keine künstlich gemachten, denn es hat dem Herrn gefallen, daß er in manchen Punkten schon erprobt worden ist; er geht aus ihnen hervor wie einer, der schon begriffen hat, wie sich die Echtheit des Verdienstes zeigt, den man beim Ertragen von Angriffen gewinnt. Ich hoffe auf die Größe des Herrn, daß

---

[28] Garciá de Toledo.
[29] Vermutlich eine Anspielung auf den Tod Pedros de Alcántara am 18. Oktober 1562 und Pedros Ibáñez am 2. Februar 1565.

durch ihn einigen aus seinem Orden und diesem selbst[30] viel
Gutes zukomme. Das beginnt sich auch schon zu zeigen. Ich
habe großartige Visionen geschaut, und der Herr hat mir
einiges über ihn und über den erwähnten Rektor der Gesellschaft Jesu[31] gesagt, ganz wunderbare Dinge, wie auch über
zwei weitere Patres aus dem Orden des heiligen Dominikus,
insbesondere über einen,[32] bei dem der Herr durch seinen Fortschritt auch schon einige Dinge wirklich gezeigt hat, die ich
zuvor über ihn vernommen hatte. Aber bei dem, von dem ich
im Augenblick spreche,[33] sind es viele.

15. Eines möchte ich hier jetzt erwähnen. Ich war einmal in
einem Sprechzimmer mit ihm zusammen, und da erkannten
meine Seele und mein Geist, daß in seinem Geist eine solche
Liebe brannte, daß es mich fast wegtreten ließ, weil ich die
Großtaten Gottes erwog, der eine Seele in so kurzer Zeit zu
einem so erhabenen Stadium erhoben hatte. Es beschämte mich
sehr, als ich sah, mit welcher Demut er mir bei dem zuhörte,
was ich ihm über einige Dinge des Gebets sagte,[34] wo ich doch
nur wenig Demut hatte, um mit einem solchen Menschen so
umzugehen. Es muß mir der Herr das wohl nachgesehen
haben, weil ich so sehr den Wunsch hatte, ihn weit fortgeschritten zu sehen. Es brachte mir soviel Nutzen, bei ihm zu
sein, daß es mir scheint, als ließe er meine Seele in neuem
Feuer entbrannt zurück, um den Wunsch zu haben, dem Herrn
von Grund auf zu dienen.

O mein Jesus, was macht doch eine in Liebe zu dir ent-
brannte Seele! Wie hoch müßten wir sie schätzen und den
Herrn anflehen, sie in diesem Leben zu lassen! Wer dieselbe
Liebe hat, sollte möglichst hinter solchen Seelen hergehen.

---

[30] Das heißt, dem Dominikanerorden.
[31] Gaspar de Salazar; siehe V 33,8f.
[32] Nach P. Silverio sind die Patres Pedro Ibáñez und Domingo Báñez gemeint, vor
allem ersterer.
[33] García de Toledo.
[34] Ein weiteres Indiz für die Tatsache, daß viele Beichtväter Teresas zu ihren
Schülern wurden.

16. Etwas Großartiges ist es, wenn ein Kranker einen anderen findet, der von demselben Übel befallen ist. Es ist sehr tröstlich zu sehen, daß er nicht allein ist. Sie helfen sich sehr, zu leiden und sogar Verdienste zu sammeln.[35] So stärken sich auch jene Leute ganz wunderbar gegenseitig den Rücken, die entschlossen sind, tausend Leben für Gott aufs Spiel zu setzen, und sehnen sich nach einer Gelegenheit, um es zu verlieren. Sie sind wie Soldaten, die sich wünschen, daß es Krieg gibt, um Beute zu machen und dadurch reich zu werden.[36] Sie haben erkannt, daß sie das nur so werden können. Es ist dies ihre Aufgabe, nämlich Mühen zu erdulden. O, eine große Sache ist es, wo der Herr dieses Licht schenkt, um zu verstehen, wieviel man gewinnt, wenn man für ihn leidet! Das versteht man nicht richtig, bis man nicht alles losläßt, denn wer auf etwas steht, liefert dadurch den Beweis, daß er es für etwas erachtet. Wenn er es nun für etwas erachtet, wird es ihm notgedrungen schwerfallen, es loszulassen; und schon ist alles unvollkommen und verloren. Hier paßt richtig, daß verloren ist, wer Verlorenem hinterherläuft.[37] Doch gibt es einen größeren Verlust, eine größere Blindheit, ein größeres Unglück als etwas für wertvoll zu halten, was nichtig ist?

17. Um nun aber auf das zurückzukommen, wovon ich sprach:[38] Als ich mit größter Freude diese Seele betrachtete, von der ich, wie der Herr allem Anschein nach wollte, klar erkennen sollte, welche Schätze er in sie hineingelegt hatte, und sah, welche Gnade er mir erwiesen hatte, daß das durch meine Vermittlung geschehen war – wo ich mich doch dessen für unwürdig fand –, hielt ich die Gnaden, die der Herr ihm erwiesen hatte, für wert-

---

[35] Typisches Verhalten für eine Zeit, in der die medizinischen Möglichkeiten, um Krankheiten zu heilen und Schmerzen zu lindern, sehr begrenzt waren: Man versuchte, damit fertig zu werden, indem man sie in der Nachfolge Christi ertrug und sich vorhielt, daß sich durch geduldiges Erleiden Verdienste für das ewige Leben sammeln ließen.

[36] Vgl. auch CV 38,1, wo sie dasselbe Bild benutzt.

[37] Redensart der damaligen kultivierten Sprache, die ungefähr dasselbe bedeutet wie: „Sag mir, mit wem du umgehst, und ich sage dir, wer du bist".

[38] In V 34,15.

voller und schrieb sie mir mehr gut als wenn er sie mir geschenkt hätte. Und ich lobte den Herrn sehr, weil ich sah, daß
Seine Majestät nach und nach meine Wünsche erfüllte und
mein Gebet erhört hatte, das darin bestand, daß der Herr solche
Menschen erwecken möchte.

Da es meiner Seele nun so erging, daß sie soviel Freude in
sich nicht ertragen konnte, geriet sie außer sich und verlor
sich, um mehr zu gewinnen.[39] Sie verlor ihre Überlegungen,
und als ich jene göttliche Sprache vernahm, in der offenbar
der Heilige Geist sprach, überkam mich eine so gewaltige Verzückung, daß sie mir fast das Bewußtsein wegnahm, auch
wenn sie nur kurz anhielt. Ich sah Christus in größter Majestät
und Herrlichkeit, wie er sehr zufrieden aussah über das, was
dort vor sich ging. Und das sagte er mir auch, und er wollte,
daß ich klar sähe, daß er bei solchen Gesprächen immer dabei
war, und man ihm dient, wenn man soviel Freude daran hat,
über ihn zu sprechen.

Ein anderes Mal, als er von diesem Ort[40] weit weg war, sah
ich, wie er in großer Herrlichkeit zu den Engeln erhoben
wurde; durch diese Vision begriff ich, daß seine Seele große
Fortschritte machte. Und so war es, denn man hatte etwas
Ehrenrühriges gegen ihn ausgesagt, und das war jemand, dem
er viel Gutes erwiesen und Ehre und Seele gerettet hatte. Und
er hatte das mit großer Freude durchgestanden und weitere
große Werke im Dienst Gottes vollbracht und weitere Angriffe
ausgestanden.

18. Es scheint mir jetzt nicht passend, noch mehr Dinge anzuführen. Wenn Euer Gnaden[41] es nachher für richtig halten,
könnte man sie zur Ehre des Herrn ergänzen, da Ihr ja darum

---

[39] Mit anderen Worten: Sie geriet in Ekstase. „*Verlieren*" und „*gewinnen*" sind
hier in mystischem Sinn zu verstehen: Sich verlieren, um sich in Gott auf tie-
ferer Ebene wiederzufinden; ähnlich heißt es im Gedicht *Vivo sin vivir en mí*
(*Ich lebe, ohn' in mir zu leben*): „*Schau, wie stark die Liebe ist; / Leben, nimm es
mir nicht übel, / schau, anderes bleibt mir nicht übrig, / als dich zu verlieren,
um dich zu gewinnen*" (P 1).
[40] Ávila.
[41] García de Toledo.

wißt. Was ich an Voraussagen über dieses Haus[42] gesagt habe, und weiteres, was ich noch über es und über andere Dinge erwähnen werde, hat sich alles erfüllt. Einige davon hat mir der Herr schon drei Jahre bevor sie bekannt wurden gesagt, andere noch früher, wieder andere nicht so lang. Und immer erzählte ich sie meinem Beichtvater und dieser verwitweten Freundin, mit der zu sprechen mir erlaubt worden war, wie ich schon gesagt habe.[43] Und ich wußte, daß sie sie auch anderen weitersagte; diese wissen, daß ich nicht lüge, noch möge mir Gott je die Gelegenheit geben, jemals über irgend etwas, erst recht über so Schwerwiegendes, etwas anderes als die volle Wahrheit zu sagen.

19. Als ein Schwager[44] von mir plötzlich verstorben war und ich sehr bedrückt war, weil er nicht die Gelegenheit gehabt hatte zu beichten, wurde mir im Gebet gesagt, daß auch meine Schwester so sterben würde; ich solle zu ihr gehen und dafür sorgen, daß sie darauf vorbereitet sei.[45] Ich sagte es meinem Beichtvater, und als er mich nicht gehen ließ, vernahm ich es noch ein paarmal. Als er dies sah, sagte er, ich solle hingehen, denn man würde damit nichts verlieren.

Sie lebte in einem Dorf,[46] und als ich hinging, spendete ich ihr soviel Licht über alles, wie ich nur konnte, ohne ihr etwas davon zu sagen,[47] und sorgte dafür, daß sie häufig beichtete und in jeder Hinsicht auf ihre Seele achtgäbe. Sie war sehr liebenswürdig und machte es so. Vier oder fünf Jahre nachdem sie diese Gewohnheit angenommen hatte und sehr gewissenhaft geworden war, starb sie, ohne daß jemand sie besuchte

---

[42] Das Kloster San José.

[43] Doña Guiomar de Ulloa; siehe V 30,3.

[44] Martín de Guzmán y Barrientos, der Mann ihrer ältesten Schwester María de Cepeda; siehe V 3,3.

[45] Zum „guten Tod" im Sinne der *ars moriendi* gehörte die Beichte vor dem Sterben, daher wurde es als ein großes Unglück angesehen, wenn jemand plötzlich starb, ohne sich bewußt in der Beichte mit Gott versöhnen zu können.

[46] Castellanos de la Cañada, wo Teresa auch schon krankheitshalber geweilt hatte; siehe V 3,3 und V 4,6.

[47] Das heißt, ohne ihre innere Offenbarung zu erwähnen.

oder sie hätte beichten können.[48] Zum Glück war es nicht viel mehr als acht Tage her, seit sie noch gebeichtet hatte, da sie es so gewohnt war.

Mir brachte es große Freude, als ich von ihrem Tod erfuhr. Sie weilte nur ganz kurz im Fegfeuer.[49] Es waren, glaube ich, noch keine acht Tage vergangen, als mir nach der Kommunion der Herr erschien und wollte, daß ich zusah, wie er sie in die ewige Herrlichkeit mitnahm. In all diesen Jahren, seitdem man mir das gesagt hatte, bis zu ihrem Sterben, hatte ich nicht vergessen, was mir zu verstehen gegeben worden war, und auch meine Gefährtin[50] nicht, denn sobald sie starb, kam sie zu mir, baß erstaunt, als sie sah, daß es in Erfüllung gegangen war.

Gott sei für immer gepriesen, der soviel Sorge für die Seelen trägt, damit sie nicht verloren gehen.

---

[48] Sie starb plötzlich im Juni 1562.

[49] Als Kind ihrer Zeit stellt sich Teresa die letzte Läuterung des Menschen, die ihn für die endgültige Begegnung mit Gott im Jenseits bereiten soll, als ein raum-zeitliches Geschehen vor: die Seele des Verstorbenen weilt je nachdem, wieviel bei ihr noch geläutert werden muß, eine kürzere oder längere Zeit am Läuterungsort, dem Fegfeuer (*purgatorium*).

[50] Doña Guiomar de Ulloa; siehe V 34,18.

KAPITEL 35

Sie macht mit demselben Thema, der Gründung dieses Hauses
unseres glorreichen Vaters, des heiligen Josef, weiter. –
Sie berichtet, auf welche Weise der Herr es fügte, daß in ihm
die heilige Armut beobachtet würde, und weshalb sie
von ihrem Aufenthalt bei jener Dame zurückkehrte, und noch
einige weitere Dinge, die ihr zustießen.

1. Während ich bei jener Dame, die ich erwähnt habe,[1] war, bei der ich mich mehr als ein halbes Jahr lang aufhielt, fügte es der Herr, daß eine Beatin unseres Ordens[2] auf mehr als siebzig Meilen Entfernung von diesem Ort von mir hörte. Sie richtete es ein, hierher zu kommen, und machte dabei einen Umweg von ein paar Meilen, um mit mir zu sprechen. Es hatte sie der Herr in demselben Jahr und Monat wie mich bewogen, ein weiteres Kloster unseres Ordens zu gründen; und da er ihr diesen Wunsch eingab, verkaufte sie alles, was sie besaß, und ging zu Fuß und zwar barfuß nach Rom, um die Urkunde[3] zu holen.

---

[1] Doña Luisa de la Cerda, in deren Haus sie von Anfang Januar bis Ende Juni oder Anfang Juli 1561 weilte; siehe V 34,1–2.

[2] Man beachte, daß Teresa auch hier wieder völlige Anonymität wahrt! – „Beatin" (*beata*) nannte man eine Frau, die, ohne in ein Kloster einzutreten, das Gewand eines bestimmten Ordens trug und als Laienmitglied in lockerer Form nach der Ordensregel lebte, etwa nach Art einer Terziarin. In diesem Fall handelt es sich um die Karmelbeatin María de Jesús (Yepes), die 1522 in Granada geboren war und, nachdem sie in jungen Jahren verwitwet war, in das Karmelitinnenkloster ihrer Heimatstadt eintrat. Da sie in sich den Wunsch verspürte, ein Reformkloster zu gründen, verließ sie das Noviziat vor der Profeß und ging barfuß nach Rom, wo sie eine offizielle Genehmigung für die Gründung eines „Unbeschuhten Karmel" (Reformkarmel) in Granada erlangte. Zu dieser Gründung kam es jedoch nicht, weil man sie in Granada für eine Schwärmerin hielt. Daraufhin gründete sie 1563 in Alcalá de Henares das Karmelitinnenkloster „La Imagen", dem sie eine extrem asketische Lebensform gab; siehe auch V 36,28. Im Jahre 1568 besuchte Teresa dieses Kloster auf dem Weg zu ihrer eigenen dritten Klostergründung (Malagón) und milderte resolut den dortigen Rigorismus.

[3] Gemeint ist das Gründungsbreve (offizielle Genehmigung zur Klostergründung).

2. Sie ist eine Frau von großem Buß- und Gebetsgeist. Der Herr hat ihr viele Gnaden erwiesen, und Unsere Liebe Frau war ihr erschienen und hatte ihr aufgetragen, das zu tun. Sie hatte mir im Dienst des Herrn so vieles voraus, daß ich mich schämte, in ihrer Gegenwart zu weilen. Sie zeigte mir die Urkunden,[4] die sie aus Rom mitgebracht hatte, und in den vierzehn Tagen, in denen sie bei mir war, beratschlagten wir miteinander, wie wir diese Klöster gestalten wollten.[5] Bis ich mit ihr gesprochen hatte, war mir nicht zur Kenntnis gelangt, daß unsere Regel – bevor sie gemildert wurde – geboten hatte, kein Privateigentum zu besitzen;[6] und ich war auch nicht dafür gewesen, das Kloster ohne festes Einkommen zu gründen, denn meine Absicht war es, daß wir keine Sorge um das Lebensnotwendige haben sollten; dabei achtete ich nicht darauf, wie viele Sorgen es mit sich bringt, Eigentum zu besitzen.

Diese gebenedeite Frau hatte sehr gut verstanden, obwohl sie nicht lesen konnte, was ich trotz fleißigen Lesens der Konstitutionen[7] nicht wußte, denn es hat sie der Herr unterwiesen.

---

[4] Wie Teresa später auch, hatte sie ein von der Päpstlichen Pönitentiarie ausgestelltes Breve erhalten, das bis heute im Karmel La Imagen bewahrt wird.

[5] Beide Gründerinnen blieben in Verbindung miteinander, und der Karmel La Imagen übernahm später die Konstitutionen Teresas.

[6] Die Karmelregel war den lateinischen Eremiten auf dem Berg Karmel zwischen 1206 und 1214 vom damaligen Patriarchen von Jerusalem, Albert von Avogadro, gegeben und 1247 von Papst Innozenz IV. in abgemilderter Form bestätigt worden. Wenn Teresa von Milderung spricht, denkt sie jedoch an die spätere Milderung durch Papst Eugen IV. im Jahre 1432; die albertinische Regelfassung hat sie nie kennengelernt. – In der *Ursprünglichen Regel* Alberts hieß es: *„Keiner der Brüder soll sagen, daß etwas sein Eigentum sei, sondern alles sei euch gemeinsam, und einem jeden soll von dem, was der Herr euch gegeben haben wird, durch die Hand des Priors… zugeteilt werden."* (Karmelregel IX, in: Waaijman, K., *Der mystische Raum des Karmel. Eine Erklärung der Karmelregel*, 27). Das Gebot der „absoluten Armut" im Sinne von Verzicht auf jegliches Privateigentum wurde 1229 durch die Bulle Gregors IX. *„Ex officii"* noch einmal nachdrücklich eingeschärft. Teresa deutete dieses Eigentumsverbot nun ihrerseits als Verzicht auf ein festes Einkommen.

[7] Eine Art Ausführungsbestimmungen, die – im Gegensatz zur Ordensregel, die zeitlos gültige Grundbestimmungen enthält – in Abständen immer wieder den konkreten Erfordernissen der jeweiligen Zeit angepaßt werden. Teresa meint hier die Konstitutionen, nach denen man zu ihrer Zeit im Menschwerdungskloster zu Ávila lebte; 1567 sollte sie für ihre Reformklöster eigene Konstitutionen erstellen.

Sobald sie mir das sagte, hielt ich es für gut, auch wenn ich fürchtete, daß man es mir nicht erlauben, sondern sagen würde, daß ich Dummheiten machte und nicht etwas machen sollte, wodurch andere meinetwegen zu leiden hätten. Wenn ich allein gewesen wäre, hätte ich nicht lange gezögert, denn nur zu denken, die Räte Christi unseres Herrn zu befolgen, wäre mir eine große Wonne gewesen, da mir Seine Majestät schon starke Sehnsucht nach der Armut eingegeben hatte.[8]

So zweifelte ich also nicht daran, daß es das Beste wäre; denn es gab Tage, an denen ich mir wünschte, daß es mir in meiner Lebensform möglich wäre, um der Liebe Gottes willen betteln zu gehen und kein Haus und sonst nichts zu haben. Ich fürchtete aber, daß die anderen in diesem Leben unglücklich würden, wenn ihnen der Herr nicht solche Wünsche eingab, und auch, daß es Anlaß zu so mancher Zerstreuung gäbe, denn ich sah, daß man in manchen armen Klöstern nicht sehr zurückgezogen lebte. Dabei bedachte ich nicht, daß der Mangel daran die Ursache für ihre Armut, und nicht die Armut die Ursache für die Zerstreuung war.[9] Diese macht nämlich nicht reicher, noch fehlt jemals Gott denen, die ihm dienen. Kurz, ich hatte schwachen Glauben, was bei dieser Dienerin Gottes nicht der Fall war.

3. Da ich zu allem so viele Gutachten einholte, fand ich fast niemanden mit dieser Meinung: weder meinen Beichtvater[10] noch die Studierten, mit denen ich sprach. Sie legten mir so viele Gründe vor, daß ich nicht wußte, was tun, denn da ich nun schon wußte, wie die Regel war, und auch sah, daß es voll-

---

[8] Um diese Zeit (zwischen 1560 und 1562) berichtete sie in ihren *Gewissenbe-richten* von sich: *„Sehnsucht nach der Armut... Ich glaube, auch wenn ich große Reichtümer besäße, würde ich für mich selbst weder ein festes Einkom-men noch Gelder haben wollen..."* (R 1,9); *„Was Armut betrifft, ... hätte ich am liebsten nicht einmal das Notwendige... Ich glaube, ich habe viel mehr Mitge-fühl mit den Armen; wenn ich nur nach meinem Willen gehen würde, gäbe ich ihnen die Kleider, die ich am Leib trage"* (R 2,3f).

[9] Erneut greift sie Gedanken auf, die ihr Pedro de Alcántara in seinem Brief vom 14. April 1562 nahegelegt hatte.

[10] Baltasar Álvarez.

kommener war, konnte ich mich nicht dazu bringen, ein festes Einkommen zu haben. Und auch wenn sie mich manchmal schon überredet hatten, konnte ich es doch nicht ertragen, reich zu sein, sobald ich mich dem inneren Beten zuwandte und Christus so arm und nackt am Kreuz hängen sah. Ich flehte ihn unter Tränen an, es so zu fügen, daß ich so arm sein könnte wie er.

4. Ich fand so viele Nachteile daran, Einkommen zu besitzen, und sah, daß es die Ursache für soviel Unruhe und sogar Zerstreuung war, daß ich mit den Studierten unablässig Dispute hatte. Dann schrieb ich es dem Dominikaner, der uns unterstütze.[11] Er schickte mir zwei Blätter mit lauter Gegenargumenten und theologischen Gründen, es nicht zu tun; und so sagte er mir das auch, denn er hatte es gründlich studiert. Ich antwortete ihm, daß ich mich nicht der Theologie bedienen wolle, um am Ende meine Berufung und das Armutsgelübde, das ich abgelegt hatte, und die Räte Christi nicht in aller Vollkommenheit zu befolgen; und daß er mir in diesem Fall mit seinen Studien keinen Gefallen erwiese.

Wenn ich jemanden fand, der mich unterstützte, freute mich das sehr. Die Dame, bei der ich war,[12] unterstützte mich sehr. Manche sagten mir am Anfang vorschnell, daß sie es gut fänden, nachher aber, sobald sie es genauer angeschaut hatten, entdeckten sie so viele Nachteile, daß sie immer wieder sehr darauf drängten, es nicht zu tun. Ich sagte ihnen, wenn sie ihre Meinung so schnell änderten, dann würde ich mich lieber an die erste halten.

5. Um diese Zeit gefiel es dem Herrn, daß der heiligmäßige Fray Pedro de Alcántara[13] auf meine Bitten hin in das Haus dieser Dame kam, denn sie hatte ihn noch nicht getroffen. Da

---

[11] P. Pedro Ibáñez, der zu diesem Zeitpunkt in der Abgeschiedenheit von Trianos lebte; siehe V 32,16f.

[12] Doña Luisa de la Cerda.

[13] Siehe u. a. V 27,3.

dieser ein großer Liebhaber der Armut war und sie seit so vielen Jahren gelebt hatte, wußte er sehr wohl, welchen Reichtum sie bedeutete, und so half er mir sehr und trug mir auf, das weitere Bemühen darum keinesfalls zu unterlassen. Mit diesem zustimmenden Gutachten eines Menschen, der besser darüber urteilen konnte, weil er es aus langer Erfahrung wußte, entschloß ich mich, keine weiteren mehr einzuholen.[14]

6. Als ich eines Tages dieses Anliegen Gott sehr anempfahl, sagte mir der Herr, ich solle keinesfalls unterlassen, ein Kloster in Armut zu gründen, denn das wäre der Wille seines Vaters und sein eigener, und er würde mir schon helfen. Das geschah in einer heftigen Verzückung, mit so starken Wirkungen, daß ich keinesfalls daran zweifeln konnte, daß es von Gott kam.

Ein anderes Mal sagte er mir, daß gerade das feste Einkommen Unruhe mit sich brächte, und noch manches andere zugunsten der Armut; dabei versicherte er mich, daß es jemandem, der ihm diente, nicht am Lebensnotwendigen mangeln würde, und diesen Mangel hatte ich, wie ich eben sage, für mich nie befürchtet.

Außerdem wandelte der Herr das Herz des Präsentatus,[15] ich meine jenen Dominikaner, der mir, wie gesagt, geschrieben hatte, es nicht ohne festes Einkommen zu gründen.[16] Ich war nun schon ganz glücklich, dies vernommen und solche Gutachten zu haben; ich glaubte, alle Schätze der Welt zu besitzen, da ich mich entschloß, aus Liebe zu Gott zu leben.

7. Um diese Zeit entband mich mein Provinzial[17] von dem mir unter Gehorsamspflicht auferlegten Auftrag, mich dort[18] auf-

---

[14] Abgesehen von mündlichen Ratschlägen schrieb Pedro de Alcántara ihr auch seinen berühmten „Armutsbrief" (14.4.1562), in dem er entgegen der Meinung der Theologen die radikale evangelische Armut verteidigte; siehe BMC 2,125f.
[15] Akademischer Titel, der bei den Dominikanern dem Lizentiat der Theologie entsprach; an dieser Stelle ist P. Pedro Ibáñez gemeint.
[16] Siehe V 35,4.
[17] Ángel de Salazar.
[18] Bei Doña Luisa de la Cerda in Toledo.

zuhalten, und überließ es meiner Entscheidung, ob ich zurückkommen wollte, sobald ich konnte, oder auch noch eine Zeitlang dort bleiben wollte. Während dieser Zeit sollten in meinem Kloster Wahlen stattfinden,[19] und man benachrichtigte
mich, daß viele mir gern das Oberinnenamt übertragen wollten, an das auch nur zu denken für mich eine so große Qual
war, daß ich mich zwar mit Leichtigkeit entschlossen hätte, für
Gott jegliches Martyrium zu erleiden, aber mich in keiner
Weise dazu bringen konnte. Denn abgesehen von der gewaltigen Arbeitslast wegen der sehr vielen Schwestern[20] und manchen anderen Gründen, weshalb ich mich nie damit angefreundet hatte, und auch mit keinem anderen Amt, sondern sie
immer abgelehnt hatte, schien es mir aus Gewissensgründen
sehr gefährlich. Und so pries ich Gott, daß ich gerade nicht
dort war. Ich schrieb meinen Freundinnen, mir nicht ihre
Stimme zu geben.

8. Während ich ganz glücklich war, daß ich mich nicht in jenem Trubel befand, sagte mir der Herr, daß ich es keinesfalls
unterlassen sollte hinzugehen. Wenn ich mich schon nach einem Kreuz sehnte, dann läge dort ein gutes für mich bereit, das
ich nicht abweisen solle; ich solle mutig hingehen, denn er
würde mir schon helfen, und ich solle gleich hingehen. Ich war
wie am Boden zerstört und tat nichts als weinen, weil ich
glaubte, daß das Kreuz darin bestünde, Oberin zu sein, und ich
mich, wie ich eben sage, nicht überzeugen konnte, daß das
meiner Seele irgendwie gut täte, noch sah ich Wege dorthin.

Ich erzählte es meinem Beichtvater.[21] Er trug mir auf, dafür
zu sorgen, bald hinzugehen, denn das sei eindeutig vollkommener; da es sehr heiß sei, würde es aber reichen, bis zur Wahl
dort zu sein; und ich solle noch ein paar Tage bleiben, damit

---

[19] Also im Menschwerdungskloster zu Ávila, wo die Wahl einer neuen Priorin
anstand.

[20] In F 2,1 spricht sie von „mehr als 150". Siehe zur Anzahl der Schwestern im
Menschwerdungskloster U. Dobhan, *Gott – Mensch – Welt*, 138, Anm. 21.

[21] In diesem Fall ist der Obere der Jesuiten von Toledo, P. Pedro Doménech, gemeint.

mir die Reise nicht schadete.[22] Aber da es der Herr anders gefügt hatte, mußte es so geschehen. Denn die Unruhe, die ich in mir hatte, und die Unfähigkeit zu beten waren so groß, und mir schien auch, ich würde versäumen zu tun, was mir der Herr aufgetragen hatte, und ich würde nur nicht gehen, um mich nicht der Mühsal auszusetzen, weil es mir dort gefiel und ich meine Bequemlichkeit hatte; es wären Gott gegenüber alles nur Worte gewesen; denn wenn ich schon irgendwo sein konnte, wo es vollkommener war, sollte ich das dann unterlassen? Wenn ich schon sterben müßte, dann würde ich halt sterben... Dazu ein seelischer Druck, der Entzug jeglichen Geschmacks am inneren Beten durch den Herrn...;[23] kurzum, ich war so beisammen, weil es mir schon eine so große Qual war, daß ich jene Dame[24] bat, so gut zu sein, mich gehen zu lassen, und dazu sagte nun auch mein Beichtvater – als er mich so sah –, daß ich gehen sollte, denn Gott bewegte ihn genauso wie mich.

9. Es tat ihr so leid, da ich sie verlassen sollte, daß das eine weitere Qual war, denn es hatte sie viel gekostet, den Provinzial durch vielfältiges Drängen so weit zu bringen.[25] Ich schätzte es sehr hoch ein, daß sie darauf eingehen wollte, wo es ihr doch so leid tat. Da sie aber sehr gottesfürchtig war, und ich ihr sagte, daß sie Gott damit einen großen Dienst erwiese, und noch vieles andere mehr, und ihr Hoffnung machte, daß es ja möglich wäre, sie wieder zu besuchen, ließ sie es schließlich mit viel Kummer gut sein.

10. Ich empfand keinen mehr, daß ich gehen sollte, denn so bald ich verstand, daß etwas vollkommener und Gott damit gedient sei, ließ mich die Freude, ihm eine Freude zu machen, über den Schmerz, diese Dame zu verlassen, hinweggehen, die

---

22 Teresa reiste Ende Juni oder Anfang Juli aus Toledo ab.
23 Pünktchen von Teresa.
24 Doña Luisa de la Cerda.
25 Siehe V 34,1.

ich deswegen so bedrückt erlebte, und ebenso andere Leute, denen ich viel verdankte, insbesondere meinen Beichtvater, der zur Gesellschaft Jesu gehörte, und mit dem ich mich sehr gut verstand.[26] Je mehr Trost ich mich um des Herrn willen verlieren sah, um so mehr beglückte es mich, ihn zu verlieren. Ich konnte nicht verstehen, wie das sein konnte, denn ich erlebte deutlich diese beiden Gegensätze: mich freuen und mich getröstet fühlen und froh sein über das, was mich seelisch bedrückte. Denn dort ging es mir gut und ich hatte meine Ruhe und Gelegenheit, viele Stunden im inneren Gebet zu verbringen; nun sah ich, daß ich zurückkam, um mich in ein Feuer zu stürzen, denn der Herr hatte mir schon gesagt,[27] daß ich käme, um ein großes Kreuz durchzumachen, auch wenn ich mir nie vorstellte, daß es so groß wäre, wie ich es nachher erlebte. Dennoch kam ich freudig zurück, war aber enttäuscht, daß ich mich nicht sofort in den Kampf stürzen konnte, wenn der Herr schon wollte, daß ich einen hätte. So schickte Seine Majestät die Kraft und flößte sie meiner Schwachheit ein (vgl. 2 Kor 12,9).

11. Ich konnte, wie ich eben sage, nicht verstehen, wie das sein konnte. Da dachte ich an folgenden Vergleich: Wenn ich einen Juwel oder sonst etwas, was mich ganz glücklich macht, besitze, und zufällig erfahre, daß jemand, den ich lieber habe als mich selbst und den ich lieber glücklich mache, als daß ich meine Ruhe habe, diesen gerne hätte, dann macht es mich ganz glücklich, auf das Glück zu verzichten, das mir das, was ich da besaß, verlieh, um diesen Menschen glücklich zu machen. Und da das Glück, ihn zu beglücken, mein eigenes Glück übersteigt, nimmt es mir den Schmerz, den mir das Fehlen des Juwels oder dessen, was ich liebe, bereitet, und auch den Schmerz über den Verlust des Glücks, das er verursachte. Es war derart, daß ich jetzt, selbst wenn ich Schmerz darüber empfinden wollte, daß ich nun Menschen verließ, denen es so leid tat, von mir ge-

---

[26] Pedro Doménech.
[27] Siehe V 35,8.

trennt zu werden, doch keinen darüber empfinden konnte, auch wenn ich es gewollt hätte; und dabei bin ich von meiner Art her so dankbar veranlagt, daß es zu einer anderen Zeit genügt hätte, um mich arg niederzudrücken.[28]

12. Dabei war es für das, was das Geschäft mit diesem gebene-deiten Haus[29] angeht, so wichtig, keinen Tag länger zu zögern, da ich nicht weiß, wie man es zum Abschluß hätte bringen können, wenn ich damals länger geblieben wäre. O Größe Gottes! Oft staune ich, wenn ich es bedenke und sehe, wie mir Seine Majestät in ganz besonderer Weise helfen wollte, damit dieses Winkelchen Gottes zustände käme, was es, glaube ich, wirklich ist, und eine Wohnung, an der sich Seine Majestät freut, wie er mir eines Tages sagte, als ich im inneren Gebet weilte, daß *dieses Haus ein Paradies sei, an dem er sich freue.* Und so sieht es aus, als hätte Seine Majestät die Seelen ausge-wählt, die er hierher gebracht hat und in deren Gesellschaft ich mit großer, großer Beschämung lebe. Denn ich hätte sie mir nicht als solche erträumen können für dieses Vorhaben in der-artiger Beengung, Armut und innerem Gebet.[30] Und sie leben es mit soviel Freude und Beglückung, daß jede von ihnen sich für unwürdig hält, es verdient zu haben, an einen solchen Ort zu kommen, besonders einige, die der Herr aus viel weltlicher Nichtigkeit und Pomp herausgerufen hat, wo sie nach den Ge-setzen der Welt hätten glücklich sein können. Der Herr hat sie

---

[28] Eine interessante Bemerkung Teresas über sich selbst; vgl. auch V 2,8; 3,3f; 24,5; Ct 79,13; 264,1.

[29] Das Kloster San José, wo sie diese Zeilen schreibt.

[30] In dieser dichten Formel faßt sie das Ideal zusammen, das ihr vorschwebt und das sie in einem Brief an ihren Bruder Lorenzo vom 23.12.1561 mit folgenden Worten umschreibt: *„sehr strenge Klausur ..., gegründet auf innerem Beten und Einübung ins Absterben"*; siehe Ct 2,2 (wobei sie sich in diesem Brief enger an die Vorstellungen der sonstigen Reformbewegungen anlehnt, als sie es später tun wird, gleichsam als wollte sie sagen, daß sie nichts Besonderes macht. So ist dieser Brief, der immer wieder zur Beschreibung des teresianischen Ideals zitiert wird, in diesem psychologischen Kontext zu lesen: Dezember 1561, sie plant etwas Neues, mit dem sie sicher auf Widerstand stößt, versichert aber zugleich, daß es nichts Besonderes ist).

hier aber doppelt glücklich gemacht, so daß sie klar erkennen, daß der Herr ihnen hundert zu eins für das gegeben hat, was sie verlassen haben (Mt 19,29), und so können sie Seiner Majestät nicht genug danken. Andere hat er vom Guten zum Besseren gewandelt. Den Jüngeren gibt er Kraft und Erkenntnis, damit sie sich nichts anderes wünschen können und erkennen, daß Loslösung von allen Dingen des Lebens bedeutet, in größerer innerer Ruhe zu leben, sogar schon hier. Den Älteren und nicht so Gesunden gibt er und hat er bislang Kräfte gegeben, um dieselbe Härte und Bußstrenge ertragen zu können, wie alle.

13. O mein Herr, wie deutlich zeigt sich, daß du mächtig bist! Für das, was du willst, braucht man nicht nach Begründungen zu suchen; denn du machst die Dinge über alle menschliche Vernunft hinaus in einer Weise möglich, daß du klar zu verstehen gibst, daß nicht mehr nötig ist, als dich nur wirklich zu lieben und wirklich alles für dich zu lassen (Mk 10,28), damit du, mein Herr, alles leicht machst. Gut paßt es hier zu sagen, daß du bei deinem Gebot Mühsal nur vorgibst (Ps 93,20 Vg), denn ich sehe keine, Herr, und weiß auch nicht, wie der Weg, der zu dir führt, schmal sein soll (Mt 7,14). Eine königliche Straße, sehe ich, daß es ist, kein schmaler Pfad. Eine Straße, auf der einer, der sich wirklich darauf begibt, sicherer geht.[31] Weit weg sind da die Gebirgspässe und Felsen, wo man abstürzt, denn sie sind weit von den Gelegenheiten zur Sünde entfernt. Einen Pfad, und zwar einen schlechten Pfad und engen Weg nenne ich es, wenn auf der einen Seite ein ganz tiefe Kluft gähnt, in die man stürzen kann, und auf der anderen Seite ein Abgrund: Bei der kleinsten Unachtsamkeit stürzt man ab und wird zerfetzt.

14. Wer dich, mein höchstes Gut, wirklich liebt, geht sicher auf einer breiten königlichen Straße. Weit weg ist da der Abgrund.

---

[31] Im schlecht ausgebauten und unsicheren Verkehrsnetz ihrer Zeit waren nur die königlichen Straßen einigermaßen gut passierbar und sicher.

Kaum ist er ein bißchen gestolpert, reichst du, Herr, ihm die Hand. Ein oder auch viele Stürze genügen nicht, um verloren zu gehen, wenn er zu dir und nicht zu den weltlichen Dinge Liebe faßt. Er wandelt durch das Tal der Demut. Ich kann nicht verstehen, was man fürchtet, den Weg der Vollkommenheit einzuschlagen.[32]

Der Herr möge uns als der, der er ist, erkennen lassen, wie trügerisch die Sicherheit inmitten so offensichtlicher Gefahren ist, wenn man nur dem großen Haufen nachläuft, und wie die wahre Sicherheit darin besteht, sich zu bemühen, auf dem Weg Gottes weit voranzukommen. Die Augen auf ihn! Und keine Angst, daß diese Sonne der Gerechtigkeit (Mal 4,2) untergeht[33] oder uns bei Nacht weitergehen läßt, wo wir uns verirren, es sei denn, wir verlassen ihn zuerst.

15. Sie fürchten sich nicht, unter Löwen zu wandeln, von denen jeder so aussieht, als wolle er einem ein Stück aus dem Leib reißen, womit die Ehrenplätze, Vergnügungen und ähnliche Glücksgüter gemeint sind, wie sie die Welt nennt; und hier sieht es so aus, als würde sie der Böse sogar vor Spitzmäuschen das Fürchten lehren. Tausendmal wundere ich mich und zehntausendmal möchte ich bis zum Überdruß weinen und allen zuschreien, um ihnen von meiner großen Blindheit und Schlechtigkeit zu erzählen, für den Fall, daß es sie ein wenig weiterbringt, damit sie die Augen aufreißen. Es öffne sie ihnen in seiner Güte er, der es vermag (vgl. Lk 5,12; Joh 11,37), und er lasse nicht zu, daß die meinen wieder blind werden. Amen.

---

[32] An dieser Stelle zeigt sich deutlich, daß Teresa unter „Weg der Vollkommenheit" keine asketischen Leistungen, sondern die bewußte Pflege der Liebesbeziehung zu Gott versteht.

[33] Vgl. V 20,19.

Sie fährt mit dem begonnenen Thema fort und beschreibt,
wie man zum Abschluß kam, und dieses Kloster
zum glorreichen heiligen Josef gegründet wurde,
aber auch die starken Widerstände und Angriffe, die es gab,
nachdem die Schwestern das Ordenskleid erhalten hatten,
und die großen Nöte und Versuchungen,
die sie durchstand, und wie sie der Herr zu seiner Ehre
und seinem Lob siegreich aus allem herausholte.

1. Nach der Abreise aus jener Stadt[1] machte ich mich sehr zufrieden auf den Weg, mit dem Entschluß, alles, was der Herr wollte, mit ganzer Bereitschaft durchzumachen.

In derselben Nacht, in der ich in diese Gefilde kam, kommt auch unsere Urkunde für das Kloster, und zwar das Breve aus Rom,[2] so daß ich verwundert war, und alle, die um die Eile wußten, mit der mich der Herr zur Rückkehr gedrängt hatte, wunderten sich, als sie erfuhren, welch große Notwendigkeit dafür bestand, und zu welchem Zeitpunkt mich der Herr geholt hatte. Ich traf hier nämlich den Bischof[3] an, und den heiligen Fray Pedro de Alcántara[4] und einen anderen Herrn, einen großen Diener Gottes, in dessen Haus der heilige Mann Herberge nahm,[5]

---

1 Sie reiste Ende Juni oder Anfang Juli 1562 aus Toledo ab.
2 Das Päpstliche Breve war am 7.2.1562 von der Hl. Pönitentiarie ausgestellt worden; für den Text dieses Breves wie auch des ihm vorangegangenen Gesuchs, siehe *La Reforma Teresiana*, 139–146.
3 Don Álvaro de Mendoza, seit Dezember 1560 Bischof von Ávila, wurde bald zu einem großen Freund und Mitarbeiter Teresas. Im Jahre 1577 wurde er Bischof von Palencia. Er starb am 19.4.1586 in Valladolid, wurde aber als Zeichen seiner tiefen Verbundenheit mit Teresa und ihrer Ordensreform in der Kirche des Klosters San José zu Ávila beigesetzt.
4 Siehe V 27,3 und hinsichtlich seiner Rolle bei der Gründung des Klosters San José vor allem auch V 32,13 und V 35,5.
5 Gracían dachte an dieser Stelle an Francisco de Salcedo, aber in Wirklichkeit ist Juan Blázquez (Velázquez) Dávila, Herr von Loriana und Vater des Grafen von Uceda, gemeint, der Pedro de Alcántara immer in seinem Haus zu Ávila aufnahm.

denn er war ein Mensch, bei dem alle Diener Gottes Unterstützung und Aufnahme fanden.

2. Beide zusammen erreichten beim Bischof, daß er das Kloster zuließ,[6] was nicht wenig war, da es arm war, aber er war ein so großer Freund von Menschen, bei denen er eine solche Entschlossenheit für den Dienst des Herrn erblickte, daß er sich gleich dafür begeisterte, es zu fördern. Und da jener heilige Alte[7] es guthieß und bald an die einen, bald an die anderen herantrat, uns zu helfen, war er es, der alles tat. Wenn er nicht zu diesem Zeitpunkt gekommen wäre – wie ich schon gesagt habe –, dann kann ich mir nicht denken, wie es hätte zustande kommen können. Denn dieser heilige Mann war nur kurz hier, ich glaube, es waren nicht einmal acht Tage, und dazu sehr krank, und sehr bald danach nahm ihn der Herr zu sich.[8] Es sieht so aus, als hätte ihn Seine Majestät erhalten, bis er dieses Geschäft abschloß, denn seit langem – ich weiß nicht, ob nicht schon seit mehr als zwei Jahren – ging es ihm sehr schlecht.

3. Alles geschah unter strenger Geheimhaltung, denn wenn es nicht so gewesen wäre, hätte man gar nichts tun können, da die Leute dagegen waren, wie sich später herausstellte. Nun fügte es der Herr, daß ein Schwager von mir[9] krank wurde, seine Frau aber nicht hier, doch er in solcher Not war, daß man mir die Erlaubnis gab, bei ihm zu bleiben. Durch diesen Umstand erfuhr man nichts davon, auch wenn nicht ausblieb, daß einige Leute etwas ahnten, ohne es aber zu glauben. Es war zum Staunen, daß er nicht länger krank war als für dieses Geschäft notwendig, und sobald es nötig war, daß er seine Gesundheit er-

---

6 Das heißt, unter seine Jurisdiktion nahm.

7 Pedro de Alcántara, der damals etwa 62 Jahre alt war.

8 Er starb am 18. Oktober 1562 in Arenas de San Pedro.

9 Juan de Ovalle, der Mann ihrer jüngsten Schwester Juana de Ahumada. Das Ehepaar lebte in Alba de Tormes, aber er war nach Ávila gekommen, um die beiden Häuser für die bevorstehende Klostergründung zu erwerben (siehe V 33,11), war dann nach Toledo gereist, um Teresa auf ihrem Heimweg zu begleiten, und bei seiner Rückkehr in Ávila krank geworden. Da seine Frau in Alba de Tormes geblieben war, mußte Teresa ihn pflegen.

langte, damit ich frei würde und er das Haus räumte, schenkte sie ihm der Herr, so daß er sich darüber wunderte.

4. Ich stand viel Mühe durch, die einen und die anderen so weit zu bringen, daß es genehmigt wurde, und dazu noch mit dem Kranken und mit Handwerkern, damit das Haus schnell fertig würde und die Gestalt eines Klosters bekäme, denn an der Fertigstellung fehlte noch viel. Außerdem war meine Gefährtin[10] nicht da, denn es schien uns besser, daß sie nicht da wäre, um es mehr zu verheimlichen; zudem merkte ich, daß aus vielen Gründen alles an der Schnelligkeit gelegen war; einer war, daß ich jeden Moment fürchtete, man würde mir befehlen zurückzugehen. Es gab da so viele Mühen, die ich durchmachte, daß mir der Gedanke kam, ob dies wohl das Kreuz sei, auch wenn es mir noch gering erschien, um das große Kreuz zu sein, das ich, wie ich vom Herrn vernommen hatte, durchzumachen hätte.[11]

5. Nachdem nun alles geregelt war, gefiel es dem Herrn, daß am Tag des hl. Bartholomäus[12] einige das Ordenskleid erhielten,[13] und das Allerheiligste Sakrament eingesetzt wurde,[14] und somit war unser Kloster zum glorreichsten Vater, dem hei-

---

[10] Doña Guiomar de Ulloa, auf deren Namen das Gründungsbreve ausgestellt worden war.

[11] Siehe V 35,8.

[12] Das heißt, am 24. August 1562.

[13] Wörtlich: *den Habit nahmen*. Mit dem Empfang des Ordenskleides begann offiziell das Noviziat (Einführung in das Ordensleben). Die ersten Novizinnen waren Antonia de Henao, die den Ordensnamen Antonia del Espíritu Santo annahm; María de la Paz, mit Ordensnamen María de la Cruz; Úrsula de Revilla, mit Ordensnamen Úrsula de los Santos; und María de Ávila, mit Ordensnamen María de San José, eine Schwester Juliáns de Ávila, der Teresa später auf vielen Gründungsreisen begleiten sollte. Als Vertreter des Bischofs überreichte ihnen Magister Gaspar Daza das Ordenskleid.

[14] Durch die Einsetzung des Allerheiligsten Sakraments (= Übertragung einer konsekrierten Hostie, die dann als Zeichen der Gegenwart Christi in der Klosterkirche bleibt) wurde das Kloster offiziell konstituiert. Teresa sollte bei ihren späteren Klostergründungen immer Wert darauf legen, daß möglichst bald das Allerheiligste eingesetzt und damit vollendete Tatsachen geschaffen wurden, erst recht, wenn sie Widerspruch fürchtete.

ligen Josef, im Jahre fünfzehnhundertzweiundsechzig mit aller
Autorität und Vollmacht gegründet.[15] Ich war anwesend, um
ihnen das Ordenskleid zu geben, und noch zwei weitere
Schwestern unseres Hauses, denen es gelungen war, sich außerhalb aufzuhalten.[16] Da das Kloster in dem Haus errichtet
wurde, in dem mein Schwager weilte (wie ich schon sagte,[17]
hatte er es gekauft, um das Geschäft besser verheimlichen zu
können), hielt ich mich mit Erlaubnis darin auf; auch tat ich
nichts ohne das Gutachten studierter Männer, um auch nicht
in einem einzigen Punkt gegen den Gehorsam zu verstoßen.[18]
Und da sie einsahen, daß es aus vielen Gründen für den
ganzen Orden von großem Vorteil wäre, sagten sie mir, daß ich
es machen könne, auch wenn es heimlich geschah und ich
mich hütete, damit es meine Oberen nicht erführen. Denn
wenn sie mir gesagt hätten, daß auch nur die geringste Unvollkommenheit dabei wäre, so hätte ich, glaube ich, tausend Klöster aufgegeben, um wieviel mehr eines. Das ist sicher. Denn
auch wenn ich mich danach sehnte, mich von allem mehr
zurückzuziehen und meine Profeß und Berufung in größerer
Vollkommenheit und Abgeschlossenheit zu leben, so ersehnte
ich es doch in der Weise, daß ich in aller Ruhe und allem Frieden davon abgelassen hätte – wie ich es ja schon das andere
Mal tat[19] –, wenn ich erkannt hätte, daß dem Herrn damit ein
größerer Dienst erwiesen würde.

6. Nun war mir, als wäre ich im Himmel, als ich sah, daß
das Allerheiligste Sakrament eingesetzt und vier arme Waise
versorgt waren (sie wurden nämlich ohne Mitgift aufgenom-

---

15 Man beachte, daß diese Stelle, die sich wie ein feierlicher Eintrag in einer
   Chronik liest, die einzige in der *Vida* ist, wo die Autorin das genaue Datum erwähnt.
16 Das heißt, zwei Schwestern des Menschwerdungsklosters, nämlich Doña Inés
   und Doña Ana de Tapia, die als Unbeschuhte Karmelitinnen die Namen Inés
   de Jesús und Ana de la Encarnación annahmen.
17 Siehe V 36,3 und V 33,11.
18 Vgl. V 33,11 mit der diesbezüglichen Anm.
19 Vgl. V 33,1f.

men),[20] dazu große Dienerinnen Gottes – denn man war von Anfang an darum bestrebt, daß Frauen eintraten, die durch ihr Beispiel zum Fundament würden, damit man darauf das Ziel, das wir hatten, nämlich große Vollkommenheit und inneres Beten, verwirklichen könnte –, und daß ferner ein Werk vollbracht war, von dem ich erkannt hatte, daß es zum Dienst des Herrn und zur Ehre des Kleides[21] seiner glorreichen Mutter gereichen würde, denn das war mein Verlangen.

Es war mir auch ein großer Trost, das, was mir der Herr so eindringlich befohlen hatte, getan und an diesem Ort eine weitere Kirche errichtet zu haben, eine für meinen Vater, den glorreichen heiligen Josef, die es noch nicht gab. Nicht, daß ich den Eindruck hatte, selbst dabei etwas getan zu haben, was ich nie geglaubt habe noch jetzt glaube. Immer verstand ich, daß

---

[20] Mit gewohntem Realismus würdigt Teresa auch den in der damaligen Gesellschaft wichtigen Aspekt der „Versorgung" der betreffenden Frauen, denen mangels Mitgift kaum der Weg in eine Ehe offenstand, wobei der dritte Weg einer selbständigen Existenz als alleinstehender Frau wirtschaftlich und gesellschaftlich erst recht undenkbar war. Doch setzt sie sehr wohl einen neuen Akzent: Um zu gewährleisten, daß bei der Aufnahme nur auf Eignung für die Lebensform, nicht auf wirtschaftliche Vorteile geachtet würde, war die Aufnahme im neuen Kloster nicht, wie damals üblich, an die Verpflichtung gebunden, eine Mitgift mitzubringen. Das nimmt nicht weg, daß Antonia del Espíritu Santo 17.000 Maravedís und Ursula de los Santos 300 Dukaten mitbrachte. Um 1520 konnte man für einen Dukaten 185 Liter Wein oder 225 kg Brot kaufen, um 1600 nur noch 13 Liter bzw. 55 kg. Um einen Dukaten zu verdienen, mußte ein Maurer 1586 fast drei Tage arbeiten. Er verdiente am Tag vier Reales, elf Reales waren ein Dukaten. (U. Dobhan, *Gott – Mensch – Welt*, 268, Anm. 182.)

[21] Da sich die Karmeliten von Anfang an als „Brüder Unserer Lieben Frau vom Berge Karmel" verstanden, denn ihr hatten sie ihre erste Kapelle geweiht, sahen sie Maria u. a. auch als ihre Schwester. Der Ordenshabit galt als Zeichen dieser Verbundenheit mit Maria. Um auch Laien an den geistlichen Gütern des Ordens Anteil zu geben (vgl. Anm. zu V 38,31), bildeten sich schon bald nach der Übersiedlung der Karmeliten nach Europa um die Mitte des 13. Jahrhunderts um die entstehenden Klöster des Ordens herum Bruderschaften. Manchmal trugen sie sogar eine Art Ordenshabit als Zeichen ihrer Verbundenheit. Ende des 16. / Anfang des 17. Jahrhunderts kam der Brauch auf, ihnen eine reduzierte Form des Habits, das kleine Skapulier, aufzulegen; das Skapulier (ein Teil des Ordensgewandes) war nämlich nach der damaligen Überzeugung, die bis in unsere heutige Zeit hereingeht, dem seligen Ordensgeneral Simon Stock 1251 von der Muttergottes überreicht worden. Siehe dazu U. Dobhan, *Marienverehrung im Karmel*.

es der Herr tat, während das, was meinerseits geschah, mit so vielen Unvollkommenheiten behaftet war, daß ich es eher als etwas ansehe, was man mir vorzuwerfen als zu verdanken hätte. Doch war es mir eine große Wonne, als ich sah, daß mich Seine Majestät – wo ich doch so erbärmlich bin – als Werkzeug für ein so großes Werk benutzt hat.

So war ich so glücklich, daß ich wie außer mir, ganz tief im Gebet war.

7. Als alles zu Ende war, vielleicht etwa drei oder vier Stunden danach, lieferte mir der Böse einen geistlichen Kampf, wie ich nun berichten will. Er hielt mir vor, ob ich mit dem, was ich getan hatte, nicht falsch gehandelt hätte, ob es nicht gegen den Gehorsam verstoße, da ich es ohne Auftrag des Provinzials in die Wege geleitet hatte (denn ich glaubte sehr wohl, daß es bei ihm ein gewisses Mißfallen erregen müßte, weil ich es dem Ordinarius[22] unterstellt hatte, ohne ihm das vorher zu sagen, auch wenn ich andererseits wieder glaubte, es würde ihm nichts ausmachen, weil er es ja selbst nicht hatte zulassen wollen und ich die Jurisdiktion ja nicht wechselte); und ob diejenigen, die nun dort waren, in dieser großen Enge wohl glücklich sein würden; ob es ihnen an Essen mangeln würde; ob es eine Verrücktheit gewesen sei, daß ich mich auf so etwas eingelassen hatte, wo ich doch ein Kloster hätte.

Alles, was mir der Herr aufgetragen hatte, und die vielen Gutachten und Gebete, die es seit mehr als zwei Jahren nahezu unaufhörlich gab, all das war aus meinem Gedächtnis so ausgelöscht, als wäre es nie da gewesen. Nur daß ich es geglaubt hatte, daran erinnerte ich mich, dagegen waren in meinem Inneren damals alle Tugenden und sogar der Glaube aufgehoben, ohne daß ich noch die Kraft hatte, daß irgendeine am Werk wäre noch mich gegen so viele Angriffe verteidigte.

8. Auch machte mir der Böse vor, wie ich mich denn in ein so enges Haus einschließen wolle, noch dazu mit so vielen Krank-

---

[22] Also dem Ortsbischof, in diesem Fall dem Bischof von Ávila.

heiten, und wie ich soviel Buße würde aushalten können; und daß ich ein so großes, angenehmes Haus verließ, wo ich mich immer so glücklich gefühlt hätte, und so viele Freundinnen; und daß mir womöglich die von hier nicht zusagten, und daß ich mich zu viel verpflichtet hätte, und daß ich daran vielleicht verzweifeln würde; und daß es womöglich genau das sei, was der Böse gewollt hätte, mir nämlich meinen Frieden und meine innere Ruhe zu rauben, und daß ich so kein inneres Beten halten könnte, in dieser Unruhe, und meine Seele verlorengehe.

Gedanken von solcher Machart machte er mir mit geballter Macht vor, so daß es nicht in meiner Hand lag, an anderes zu denken; und dazu eine Niedergeschlagenheit und Dunkelheit und Verfinsterung in der Seele, die ich nicht beschreiben kann. Als ich mich so erlebte, machte ich eine Besuchung des Allerheiligsten Sakraments, auch wenn ich mich ihm noch nicht einmal empfehlen konnte. Mir scheint, daß meine Bedrängnis so groß war wie bei einem Menschen, der im Todeskampf liegt. Mit jemandem darüber zu sprechen, konnte ich nicht wagen, denn ich hatte noch keinen festen Beichtvater.[23]

9. Gott steh' mir bei! Wie erbärmlich ist doch dieses Leben! Es gibt kein bleibendes Glück und nichts, was sich nicht ändert. Es war noch vor ganz kurzem erst, daß ich nicht glaubte, mein Glück mit jemandem auf Erden vertauschen zu wollen, und nun quälte mich genau dieser Anlaß zum Glück so arg, daß ich nicht wußte, wie mir geschah. Wenn wir doch die Ereig-

---

[23] In Toledo war der Jesuit P. Doménech ihr Beichtvater gewesen; seit ihrer eben erst erfolgten Rückkehr nach Ávila hatte sie dort noch keinen. – Teresa schildert in aller Offenheit ihren psychischen Erschöpfungszustand nach Erreichung ihres Ziels gegen immense Widerstände. Sie erholt sich jedoch nach eigenem Bekunden schnell. Viele ihrer Eigenschaften verweisen auf eine ungewöhnlich leistungsfähige Persönlichkeit: ihr Realitätssinn, ihr Durchsetzungsvermögen, ihr Einfühlungsvermögen und ihre Menschenkenntnis belegen beispielhaft ihre großen psychischen Möglichkeiten. Auch die Tatsache, daß sie in der Lage war, viele ursprüngliche Kritiker für sich einzunehmen, weist in diese Richtung. Teresa kennt düster gefärbte Stimmungslagen, richtet sich aber nur selten auf Dauer darin ein. Vgl. die diesbezüglichen Anm. zu V 25,10 und V 30,8. (B. S.)

nisse unseres Lebens aufmerksam betrachteten! Jeder würde durch eigene Erfahrung merken, für wie gering man das Glück oder Unglück darüber halten sollte.

Ich glaube sicher, daß es einer der schweren Abschnitte war, die ich in meinem Leben durchgemacht habe. Offenbar erahnte mein Geist, wieviel ich durchzumachen hätte, auch wenn es sich dann nicht so hoch aufgeschaukelt hat, wie wenn dies noch länger gedauert hätte. Aber der Herr ließ seine arme Dienerin nicht viel leiden; denn in allen Bedrängnissen hat er es nie versäumt, mir beizustehen, und so war es auch hier, denn er spendete mir ein wenig Licht, damit ich sähe, daß es vom Bösen stammte und die Wahrheit erkennen könnte, und daß alles nur geschah, weil dieser mich mit Lügen in Schrecken versetzen wollte. Und so begann ich, mich wieder an meine festen Entschlüsse zu erinnern, dem Herrn zu dienen, und an meine Wünsche, für ihn zu leiden, und dachte mir, daß ich nicht darauf aus sein dürfte, mir Ruhe zu verschaffen, wenn ich sie verwirklichen wollte, und daß ja gerade das der Verdienst wäre, wenn ich Nöte durchmachte; und wenn ich unglücklich wäre, dann würde mir das als Fegfeuer dienen, da ich es ja auf mich nähme, um Gott zu dienen.[24] Was also fürchtete ich noch, denn wenn ich mich schon nach Prüfungen sehnte, wären diese gut dazu; denn im ärgsten Widerspruch läge ja der Gewinn; warum sollte mir dann der Mut fehlen, jemandem zu dienen, dem ich soviel verdankte?

Indem ich mir mit diesen und weiteren Überlegungen große Gewalt antat, versprach ich vor dem Allerheiligsten Sakrament, alles zu tun, was ich vermochte, um die Erlaubnis zu erhalten, in dieses Haus zu kommen[25] und Klausur zu versprechen, sofern ich es mit gutem Gewissen tun könnte.

---

[24] Der scholastischen Theologie zufolge können Prüfungen, die man in diesem Leben bewußt und aus Liebe zu Gott auf sich nimmt, einen Teil des Läuterungsprozesses vorwegnehmen, der sonst nach dem Tod fällig wäre, eine Auffassung, die auch von Johannes vom Kreuz vertreten wird; vgl. etwa 1S 8,5; 2N 6,6; 7,7; 10,5; 12,1; 20,5; LB 1,21.24.; 2,25; 3,22.

[25] In den Karmel San José, wo sie sich befindet, als sie diese Zeilen schreibt.

10. Sobald ich das tat, floh in einem Augenblick der Böse und ließ mich ruhig und zufrieden zurück, und so verblieb ich und bin es seitdem immer gewesen; und alles, was an Abgeschlossenheit und Buße und weiterem mehr in diesem Haus beobachtet wird, wird für mich äußerst angenehm und unbedeutend. Mein Glücksgefühl ist so außerordentlich groß, daß ich mir gelegentlich denke, was ich mir denn auf Erden aussuchen könnte, was noch köstlicher wäre. Ich weiß nicht, ob das dazu beiträgt, daß ich eine viel bessere Gesundheit habe als sonst, oder ob mir der Herr diesen Trost geben will, es leisten zu können, wenn auch mit Mühe, weil es notwendig und vernünftig ist, daß ich es leiste wie alle. Aber daß ich es vermag, darüber staunen alle, die um meine Krankheiten wissen. Er sei gepriesen, denn er ist der Geber von allem, und durch seine Kraft vermag man es (vgl. Phil 4,13).

11. Wegen dieses Kampfes war ich arg erschöpft und lachte über den Bösen, denn ich sah klar, daß er es war. Ich glaube, der Herr ließ es zu, weil ich niemals erfahren hatte, was Unzufriedenheit, im Kloster zu sein, war, nicht einmal einen Augenblick lang in den ganzen achtundzwanzig und mehr Jahren, seit ich im Orden bin,[26] und damit ich die große Gnade verstünde, die er mir damit erwiesen, und von welcher Qual er mich befreit hatte; und auch, damit ich nicht entsetzt wäre, wenn ich eine erleben sollte, die es war, sondern Mitleid mit ihr empfände und sie zu trösten vermöchte.

Als dies nun vorbei war, wollte ich mich nach dem Mittagessen gerade ein wenig hinlegen (denn in der ganzen Nacht hatte ich kaum geruht, noch während manch anderer Nächte eine Unterbrechung meiner Not und Sorge gehabt und war die ganzen Tage recht müde gewesen), als es aus den genannten Gründen,[27] an denen anscheinend etwas dran war, in meinem

---

[26] Sie hatte Ende 1536 das Ordenskleid empfangen, folglich schreibt sie diese Zeilen Ende 1565.

[27] Siehe V 32,14f und V 33,2.

Kloster[28] einen großen Wirbel gab, nachdem das, was geschehen war, dort und in der Stadt bekannt geworden war.[29]

Alsbald schickte mir meine Oberin[30] einen Befehl, auf der Stelle zurückzukommen. Sobald ich ihren Befehl sehe, lasse ich meine Schwestern arg betrübt zurück und gehe sofort hin.

Ich sah sehr wohl, daß mir ziemlich große Prüfungen bevorstünden, aber da es schon vollbracht war, machte ich mir sehr wenig daraus. Ich begab mich ins Gebet und flehte den Herrn an, mir zu helfen, und meinen Vater, den heiligen Josef, mich in sein Haus zurückzubringen, und bot ihm an, was ich nun durchzumachen hätte, und ging fort, ganz glücklich, daß sich etwas ergab, um für ihn zu leiden und ihm dienen zu können, im festen Glauben, daß man mich sofort ins Gefängnis stecken würde.[31] Das hätte mich aber meines Erachtens sehr glücklich gemacht, denn dann hätte ich mit niemandem reden müssen und mich in der Einsamkeit ein wenig ausruhen können, was ich sehr gebraucht hätte, weil ich vom vielen Umgang mit Leuten ganz gerädert war.

12. Sobald ich ankam und der Oberin Rechenschaft ablegte, beruhigte sie sich ein wenig, und alle schickten nach dem Provinzial,[32] und die Sache wurde ihm überlassen. Als er kam, ging ich zum Gericht, ganz beglückt, zu sehen, daß ich etwas für den Herrn erlitt (vgl. Apg 5,41), denn ich fand nicht, daß ich in diesem Fall irgendein Vergehen gegen Seine Majestät oder gegen den Orden begangen hatte; im Gegenteil, ich bemühte mich ja, ihn mit all meinen Kräften zu fördern und

---

[28] Im Kloster der Menschwerdung.

[29] Zur gesellschaftlichen Situation Ávilas um diese Zeit siehe J. Bilinkoff, *The Ávila of Saint Teresa.*

[30] Mariá Cimbrón, die kurz zuvor, am 12. August 1562, als Priorin aus der Wahl hervorgegangen war, vor der sich Teresa bei ihrer Rückkehr aus Toledo so gefürchtet hatte; siehe V 35,7f. Sie war auch bereits während Teresas Krankheit als junge Schwester Priorin gewesen (1539–1542).

[31] Das Klostergefängnis (eine Isolierzelle), von dem in V 33,2 bereits die Rede war, war damals ein von den Konstitutionen vorgesehenes Strafmittel. Tatsächlich sollte sie aber davon verschont bleiben.

[32] P. Ángel de Salazar.

wäre liebend gern dafür gestorben, denn meine ganze Sehnsucht ging dahin, daß es mit aller Vollkommenheit erfüllt würde. Ich dachte an das Gericht über Christus und sah, wie dieses hier geradezu nichts war. Ich machte meine Culpa[33] wie eine, die große Schuld hatte, und so sah es auch aus für einen, der nicht um alle Gründe wußte.

Nachdem er mir einen scharfen Verweis gegeben hatte, wenn auch nicht mit der Strenge, die das Delikt verdient hätte, und entsprechend dem, was viele zum Provinzial gesagt hatten, wollte ich mich nicht entschuldigen – denn dazu hatte ich mich entschlossen –, sondern bat ihn vielmehr, mir zu verzeihen und mich zu bestrafen, und daß er es mir nicht übelnähme.

13. In manchen Punkten sah ich sehr wohl, daß man mich schuldlos verurteilte, denn man sagte mir, ich hätte es nur getan, um beachtet zu werden und in aller Munde zu sein und dergleichen mehr. In anderen aber sah ich klar, daß sie die Wahrheit sagten, nämlich, daß ich erbärmlicher war als andere, und wie ich denn glaubte, die Ordensdisziplin in einem anderen Haus mit größerer Strenge halten zu können, wo ich mich nicht an die strenge Disziplin gehalten hätte, die man in diesem Haus hielt, und daß ich dem Volk Ärgernis gäbe und Neuerungen einführte. Das verursachte mir keinerlei Unruhe oder Schmerz, auch wenn ich so tat, als empfände ich sie, damit es nicht so aussah, als würde ich mir aus dem, was sie mir sagten, nichts machen. Am Ende befahl er mir, mich vor den Schwestern zu rechtfertigen, und das mußte ich auch tun.

14. Da ich innerlich ruhig war und der Herr mir half, rechtfertigte ich mich in einer Art und Weise, daß weder der Provinzial noch die anwesenden Schwestern einen Grund fanden, mich zu verurteilen. Anschließend äußerte ich mich bei ihm allein

---

[33] Öffentliches Bekenntnis der Verfehlungen in der Runde der Mitschwestern – in diesem Fall vor dem Provinzial –, was regelmäßig im sog. Schuldkapitel stattfand, aber in Ausnahmefällen, wie dies einer war, auch außerhalb desselben.

noch deutlicher; dabei war er sehr zufrieden und versprach mir, er würde mir – falls es gut weiterging – die Erlaubnis geben, dorthin zu gehen, sobald sich die Stadt beruhigt hätte, denn in der ganzen Stadt herrschte ein so großer Wirbel, wie ich nun beschreiben will.

15. Zwei oder drei Tage danach versammelten sich einige Stadt-räte[34] und der Stadtrichter[35] und einige aus dem Domkapi-tel[36] und sagten alle zusammen, daß man da auf keinen Fall zustimmen dürfe, da dem Gemeinwohl eindeutig Schaden zu-gefügt würde, und daß man das Allerheiligste Sakrament ent-fernen müsse, und man in keiner Weise dulden würde, daß es weiterbestand.[37] Sie ließen alle Ordensgemeinschaften zusam-menkommen, um ihre Meinung zu sagen, je zwei Studierte aus jeder.[38] Einige schwiegen, andere verurteilten; sie kamen aber

---

[34] *Regidores*, damals die offizielle Bezeichnung der Mitglieder des Stadtrates.

[35] *Corregidor*: der königliche Beamte, der die höchste richterliche und admini-strative Gewalt in der Stadt besaß.

[36] Ein aus mehreren hohen Geistlichen (dem Domdekan und den Domkapitula-ren) bestehendes einflußreiches kirchliches Gremium.

[37] Mit dem Kloster San José befaßten sich Ratsversammlungen am 25., 26., 29. und 30. August, nachdem es schon am 22. eine Anzeige vonseiten eines Stein-metzes und Brunnenbauers, Lázaro Dávila, gegeben hatte. Es folgten noch wei-tere Sitzungen im September, Oktober und November; siehe *La Reforma Te-resiana*, 152ff.

[38] Diese Versammlung fand am 30. August 1562 statt. Der Leser beachte, daß selbstverständlich nur die Männerorden bzw. deren Theologen gefragt wur-den, obwohl es in Ávila mehrere Frauenklöster gab. – Die offiziellen Akten geben ein gutes Bild davon, wie ernst die Sache genommen wurde: *„Über die Angelegenheit des Klosters. – Heute sagten der Herr Richter und die Ratsherren in der Ratssitzung: Um über die Angelegenheit des Klosters, das man kürzlich zu errichten versucht hat, zu sprechen und zu beraten, vereinbaren und ordnen sie an, daß die Herren Juan de Henao und Perálvarez Serrano im Namen dieser Stadt den Herrn Dekan und die Herren Domkapitulare bitten mögen, für mor-gen, Sonntag, um drei Uhr nachmittags, Personen zu ernennen, die zur Rats-sitzung kommen, um zur besagten Stunde über diese Sache zu beraten. Dasselbe mögen sie auch den Herren Francisco de Valderrábano und Pedro del Peso Senior sagen – und falls Don Francisco anderweitig beschäftigt sein sollte, möge man es dem Herrn Diego de Bracamonte sagen –; und desgleichen bitte und benach-richtige man auch den Herrn Prior von Santo Tomás [= der Dominikaner] und den Herrn Guardian des hl. Franziskus [der Franziskaner] sowie den Prior des Klosters U. L. Frau vom Karmel [der Karmeliten] und die Äbte des Hl. Geist-Klo-sters und des Klosters Nuestra Señora de la Antigua [der Benediktiner] und die*

schließlich zum Schluß, daß es alsbald aufzulösen sei. Lediglich ein Präsentatus aus dem Orden des hl. Dominikus,[39] der zwar dagegen war – nicht gegen das Kloster, aber daß es arm sein sollte –, sagte, daß es doch keine Sache sei, die man auf diese Weise rückgängig machen solle; daß man gut hinschauen solle, da dazu ja noch Zeit wäre, denn es sei dies ein Fall für den Bischof, oder so ähnliche Argumente, was sehr hilfreich war. Denn bei der Wut war es ein Glück, daß es nicht sofort in die Tat umgesetzt wurde. Es war schließlich so, daß es sein sollte, denn es war dem Herrn damit gedient, und gegen seinen Willen vermochten alle nur wenig. Sie nannten ihre Gründe und hatten dabei guten Eifer, und ohne Gott zu beleidigen ließen sie mich und alle, die dafür waren, leiden, denn davon gab es einige, und die machten schlimme Angriffe durch.

16. Es war der Aufruhr im Volk so groß, daß man über nichts anderes mehr sprach, und so gab es nichts, als mich zu verurteilen und zum Provinzial und zu meinem Kloster zu rennen! Ich empfand über das, was sie von mir sagten, nicht mehr Schmerz als wenn sie es nicht sagten, wohl aber Angst, ob man es wohl auflösen müßte. Das bereitete mir großen Schmerz, und auch zu erleben, daß die Personen, die mir geholfen hatten, an Ansehen einbüßten, und welche Not sie durchmachten, während ich mich über das, was sie von mir sagten, glaube ich, eher freute. Und wenn ich ein bißchen Glauben gehabt hätte, wäre ich überhaupt nicht beunruhigt gewesen, aber wenn es ei-

---

Rektoren des Namens Jesu [der Jesuiten], sowie die Gelehrten der Stadt, und Cristóbal Juárez und Alonso de Robledo, damit alle Stände der Stadt vertreten sind, um über das oben Gesagte zu beraten, und jeder seine Meinung dazu abgebe, zum Dienst an Gott unserem Herrn und Seiner Majestät dem König, unserem Herrn, und zum Wohl des Gemeinwesens dieser Stadt." (La Reforma Teresiana, 154f.)

[39] Präsentatus (presentado), siehe Anm. zu V 35,6. – Im Autograph notiert Domingo Báñez am Seitenrand: „Das geschah im Jahr 1562, Ende August; ich war dabei und tat diese Meinung kund. Fray Domingo Báñez (Unterschrift mit Schnörkel). Und als ich dies schreibe, ist das Jahr 1575, und es hat diese Mutter schon neun Klöster mit großer Ordensdisziplin gegründet." Auch Gracián hatte in seinem Exemplar notiert: „Der Magister Fray Domingo Báñez".

nem ein wenig an einer Tugend mangelt, so genügt das, um alle zum Einschlafen zu bringen; und so war ich an den beiden Tagen, an denen unter dem Volk die Versammlungen, von denen ich eben spreche, stattfanden,[40] sehr bedrückt. Und als ich sehr niedergeschlagen war, sagte mir der Herr: *Weißt du denn nicht, daß ich mächtig bin? Wovor fürchtest du dich denn?* Und er versicherte mir, daß es nicht aufgelöst würde. Daraufhin war ich sehr getröstet.

Sie machten eine Eingabe beim Königlichen Rat, mit ihrer Information.[41] Es kam die Verfügung, daß man einen Bericht verfasse, wie es zustande gekommen sei.

17. Da begann nun ein großer Prozeß! Denn von der Stadt aus gingen sie an den Hof, und auch vom Kloster aus mußte man hingehen, wo ich doch kein Geld hatte, noch wußte, was tun. Der Herr fügte es so, daß mein Provinzial[42] mir nie befohlen hat aufzuhören, mich damit zu befassen. Denn er ist ein so großer Freund jeglicher Tugend, daß er mir zwar nicht half, aber auch nicht dagegen sein wollte. Er gab mir aber keine Erlaubnis, hierher zu kommen, bis er sah, wie es ausging. Diese Dienerinnen Gottes[43] waren allein, bewirkten aber mit ihren Gebeten mehr als alles, was ich nach und nach durch Verhandlungen herausholte, obwohl dazu doch ziemlich große Anstrengung vonnöten war.

Manchmal sah es so aus, als wäre alles verloren, vor allem am Tag, bevor der Provinzial kam, als mir die Priorin[44] befahl, mich mit nichts mehr zu befassen, und das hätte bedeutet, alles fallen zu lassen. Ich ging zu Gott und sagte ihm: „Herr, dieses

---

[40] Am 25. und 26. August. Am 26. wurde der Plan gefaßt, beim Königlichen Rat gegen die Schwestern vorstellig zu werden.

[41] Am 12. September entschloß man sich offiziell, an den Königlichen Rat zu appellieren. Alonso de Robledo erhielt den Auftrag, *„nach Madrid zu gehen, um die Angelegenheit der Nonnen von San José zu regeln."* Er kam am 22. September nach Ávila zurück mit zwei Verfügungen, die vom Stadtrichter Garci Suárez umgesetzt wurden.

[42] Ángel de Salazar.

[43] Die Schwestern von San José.

[44] María de Cimbrón.

Haus gehört nicht mir, für dich wurde es errichtet; jetzt, wo niemand da ist zum Verhandeln, möge es Eure Majestät tun!" Da wurde ich innerlich so ruhig und frei von Schmerz, wie wenn ich die ganze Welt gehabt hätte, um für mich zu verhandeln, und hielt das Geschäft alsbald für gemacht.

18. Ein großer Diener Gottes, ein Priester,[45] der mir immer geholfen hatte, ein Freund jeglicher Vollkommenheit, ging an den Hof, um sich für dieses Geschäft zu verwenden, und setzte sich sehr ein. Auch der heiligmäßige Edelmann, den ich schon erwähnt habe,[46] tat in diesem Fall sehr viel und förderte es in jeder Hinsicht. Er machte arge Nöte und Angriffe durch, und ich erachtete ihn stets in jeder Hinsicht als Vater und dafür halte ich ihn auch jetzt noch.

Denen, die uns halfen, gab der Herr soviel Eifer ein, daß es jeder so sehr als seine eigene Sache verfocht, als hingen Leben und Ehre von ihnen davon ab, und doch betraf es sie nicht mehr als eine Sache, mit der man ihres Erachtens dem Herrn einen Dienst erwies. Es schien klar, daß Seine Majestät dem Magister und Kirchenmann half, von dem ich schon gesprochen habe,[47] und der auch zu denen gehörte, die mir sehr halfen. Ihn hat der Bischof seinerseits in eine große Versammlung[48] entsandt, die man abhielt, und da stand er allein gegen alle und hat sie schließlich beruhigt, indem er ihnen gewisse Maßnahmen vorschlug, was zwar ausreichte, um sie eine Weile aufzuhalten; doch genügte keine, daß sie nicht gleich wieder ihr Leben dafür hergaben, wie man so sagt, um es aufzulösen. Dieser Diener Gottes, von dem ich hier spreche, war es, der ih-

---

[45] Gonzalo de Aranda, ein Weltpriester, der bis 1567 Beichtvater im Menschwerdungskloster war. Er war Teresa sehr zugetan und verfocht ihre Sache am Madrider Hof. Ein Bruder von ihm, Rodrigo de Aranda, sollte 1577 die Schwestern des Menschwerdungsklosters in Madrid vertreten, als sie Schwierigkeiten mit dem Provinzial Juan de la Magdalena (Gutiérrez) hatten.

[46] Franciso de Salcedo; siehe V 23,6f; 28,17; 30,6 und V 32,18.

[47] Gaspar Daza; siehe V 23,6ff; 25,14; 32,18; 36,5. Er war auch schon auf der „großen Versammlung" am 30. August für sie eingetreten.

[48] Vermutlich eine Anspielung auf die Versammlung am 30. August, auf der auch alle Männerorden vertreten waren.

nen das Ordenskleid gegeben und das Allerheiligste Sakrament eingesetzt hat, und nun sah er sich argen Angriffen ausgesetzt. Es dauerte dieser Kampf fast ein halbes Jahr;[49] die großen Nöte, die wir da durchmachten, in allen Einzelheiten zu beschreiben, wäre zu weitläufig.

19. Ich war entsetzt über das, was der Böse gegen ein paar Weiblein ins Feld führte, und daß alle glaubten – ich meine, die, die dagegen waren –, daß gerade einmal zwölf Frauen und die Priorin, denn mehr sollten es nicht sein, dem Ort großen Schaden zufügen würden, und das bei so strengem Leben. Denn wenn es ein Schaden oder Irrtum gewesen wäre, dann hätte es doch eben diese betroffen, aber Schaden für den Ort, das wäre, glaube ich, gar nicht in Frage gekommen. Sie fanden aber so vielfältigen, daß sie mit gutem Gewissen dagegen waren. Sie waren schon so weit gekommen zu sagen, daß sie darüber hinweg gingen, und es weitergehen durfte, wenn es nur festes Einkommen hätte. Ich hatte es schon so satt, die Mühe all derer mitanzusehen, die mir halfen, viel mehr noch als meine eigene, so daß mir schien, es wäre nicht schlimm, ein festes Einkommen zu haben, bis sie sich beruhigt hätten, und dies später fallen zu lassen. Und andere Male glaubte ich sogar, erbärmlich und unvollkommen wie ich bin, der Herr würde das womöglich wollen, da wir sonst nicht zum Ziel hätten kommen können, und so war ich schon zu diesem Vergleich bereit.[50]

20. Als ich in der Nacht, bevor darüber verhandelt werden sollte, im Beten verweilte, während man schon mit dem Vergleich begonnen hatte, sagte mir der Herr, das nicht zu tun,

---

[49] Der erbitterte Widerstand dauerte mindestens bis Januar/Februar 1563. Noch am 12. Januar 1563 drängte man den Lizentiaten Pacheco und Juan de Henao, erneut beim Hof in Madrid zu insistieren.

[50] Am 6. November 1563 boten Juan de Henao und Diego de Villena dem Stadtrat als Kompromiß an, dem Kloster als Bedingung dafür, daß es weiterexistieren durfte, ein festes Einkommen zu besorgen, was jedoch am selben Tag von den Ratsherren abgelehnt wurde.

denn wenn wir einmal anfingen, ein festes Einkommen zu haben, würde man uns später nicht zugestehen, es wegzulassen, und noch einige Dinge mehr. In derselben Nacht erschien mir der heilige Fray Pedro de Alcántara, der bereits verstorben war,[51] und der mir, bevor er starb, geschrieben hatte[52] – wohl wissend um den heftigen Widerstand und die Angriffe, denen wir ausgesetzt waren –, daß er sich freute, daß die Gründung unter so starkem Widerstand zustande kam; denn das sei ein Zeichen, daß dem Herrn in diesem Kloster sehr gedient würde, da der Böse soviel daran setzte, daß es nicht zustande käme, und daß ich auf keinen Fall einwilligen sollte, ein festes Einkommen zu haben. Bis zu zwei- oder dreimal beschwor er mich in diesem Brief dazu, und daß alles so ausginge, wie ich es wollte, wenn ich das nur täte. Ich hatte ihn nach seinem Tod schon zweimal gesehen, und die große Herrlichkeit, die er hatte, und so machte mir das keine Angst, sondern ich freute mich im Gegenteil sehr. Denn er erschien mir immer mit verklärtem Leib,[53] erfüllt von großer Herrlichkeit, und die erfüllte auch mich in höchstem Maß, als ich ihn sah. Ich erinnere mich, daß er mir das erste Mal, als ich ihn sah, unter anderem von dem vielen sprach, das er genieße, daß es eine glückselige Buße gewesen sei, die er getan habe, da sie ihm einen solchen Lohn erlangt habe.[54]

21. Da ich, glaube ich, darüber schon etwas gesagt habe,[55] sage ich hier nicht mehr, als daß er mir dieses Mal mit Strenge begegnete und mir nur sagte, ich solle auf keinen Fall ein Ein-

---

[51] Der entschiedene Befürworter der „absoluten Armut" war am 18. Oktober 1562 gestorben.

[52] Es ist ein Brief von ihm an Teresa vom 14.4.1562 erhalten; siehe BMC 2, 125; der Brief, auf den die Autorin hier anspielt und der im September oder Oktober 1562 geschrieben wurde, als der Franziskaner schon schwerkrank war, ist jedoch verloren gegangen.

[53] Wie bei Christus auch; vgl. V 28,8; 29,4.

[54] Das entspricht genau der Rigorismus-Mentalität, dessen herausragendster Vertreter Pedro de Alcántara gewesen ist.

[55] Siehe V 27,19.

kommen annehmen, und weshalb ich denn seinen Rat nicht annehmen wolle. Und dann verschwand er gleich.

Ich war ganz bestürzt und sagte am nächsten Tag gleich zu dem Edelmann[56] – er war es nämlich, zu dem ich in allem meine Zuflucht nahm, weil er sich am meisten dafür einsetzte –, was passiert war, und daß auf keinen Fall vereinbart werden sollte, ein Einkommen zu haben, sondern daß der Prozeß weitergehen solle. Er war in diesem Punkt viel fester als ich, und war darüber erfreut. Später gestand er mir, wie ungern er über den Vergleich gesprochen hätte.

22. Nachher trat erneut eine andere Person[57] auf den Plan, ein ziemlich großer Diener Gottes, und in gut gemeintem Eifer; als es schon an einem guten Punkt angekommen war, sagte er, man müsse es den Händen von Studierten übergeben. Da hatte ich große Sorgen,[58] weil einige von denen, die mir halfen, dem zustimmten, und es war diese Intrige des Bösen von allen noch am schwersten zu verdauen. In allem half mir der Herr, denn so kurz zusammengefaßt kann man nicht gut wiedergeben, was in den zwei[59] Jahren, seitdem mit diesem Haus begonnen wurde, bis zu seinem Abschluß alles geschah. Das letzte halbe Jahr und das erste waren aber die notvollsten.

23. Nachdem die Stadt sich schon ein wenig beruhigt hatte, fädelte der Pater Präsentatus, der Dominikaner, der uns half,[60] es sehr geschickt ein; der lebte zwar nicht hier, aber der Herr

---

56 Francisco de Salcedo.

57 Wer dies war, ist nicht geklärt.

58 Hinter diesen Sorgen steht der damalige Gegensatz zwischen den sog. *espirituales*, zu denen Pedro de Alcántara und viele andere gehörten, und den *letrados*. Man kann sich aufgrund solcher Sorgen fragen, ob Teresas Vorliebe für die *letrados* wirklich so groß und eindeutig war, wie es oft erscheint.

59 Die Autorin hatte zuerst versehentlich *„drei Jahre"* geschrieben, verbesserte es dann aber selbst. Auch beim ersten Herausgeber, Fray Luis de León, heißt es: *„zwei Jahre"*.

60 Pedro Ibáñez, der zu diesem Zeitpunkt zwar in Trianos (León) lebte, aber am 30. August 1562 zusammen mit dem Prior des Dominikanerklosters Santo Tomás, Pedro Serrano, an der „großen Versammlung" zu Ávila teilnahm; siehe *La Reforma Teresiana*, 155f.

brachte ihn zu einem Zeitpunkt her, wo es sehr günstig für uns war, ja, es sah sogar so aus, als habe ihn Seine Majestät einzig zu diesem Zweck hergeholt, denn er sagte mir später, daß er keinen Grund gehabt hätte, um zu kommen, sondern daß er es zufällig erfahren hatte. Er war so lange da, wie es nötig war. Als er wieder abgereist war, sorgte er auf manchen Wegen dafür, daß uns unser Pater Provinzial[61] die Erlaubnis gab, daß ich mit noch einigen anderen Schwestern[62] in dieses Haus kam (was nahezu unmöglich ausgesehen hatte, daß er sie so bald geben würde), um das Offizium zu halten[63] und die dort waren, zu unterrichten. Der Tag, an dem wir ankamen, war für mich ein ganz großer Freudentag.

24. Als ich in der Kirche inneres Beten hielt, bevor ich das Kloster betrat, und fast in Verzückung war, sah ich Christus, der mich, wie es aussah, mit großer Liebe aufnahm, und mir eine Krone aufsetzte und mir dabei für alles dankte, was ich für seine Mutter getan hätte.[64]

Ein anderes Mal, als wir alle nach der Komplet[65] im Chor im inneren Beten weilten, sah ich Unsere Liebe Frau in größter Herrlichkeit, mit einem weißen Mantel bekleidet, unter dem sie uns alle zu beschützen schien.[66] Ich verstand, welch hohen

---

61 Ángel de Salazar.

62 Damals gingen unter anderem folgende Schwestern des Menschwerdungsklosters mit Teresa nach San José: Ana de San Juan (Dávila), eine ältere Schwester, die bereits drei Monate später in das Menschwerdungskloster zurückkehren sollte; Ana de los Ángeles (Gómez); María Isabel (Ordóñez) und die Novizin Isabel de San Pablo (de la Peña), die eine Nichte Teresas war; siehe Efrén de la Madre de Dios – Otger Steggink, *Tiempo y vida*, 231. 236.

63 *Hacer el oficio*, ein mehrdeutiger Ausdruck, hier vermutlich für: *„das Offizium (= das Chorgebet) beten"*; der Ausdruck kann aber auch bedeuten: *„das Amt (der Priorin) ausüben"*.

64 Anspielung auf die Tatsache, daß der Karmelorden der Muttergottes geweiht ist, wie es der offizielle Titel *„Orden der Brüder (und Schwestern) Unserer Lieben Frau vom Berge Karmel"* besagt; die Gründung eines neuen Karmelklosters wird hier also als Gefallen aufgefaßt, der der Muttergottes erwiesen wird.

65 Gebetszeit zum Tagesabschluß.

66 Teresa greift hier das kunstgeschichtlich bekannte Motiv der „Schutzmantelmadonna" als Bild für die liebende Fürsorge Mariens auf; der weiße Mantel dürfte eine Anspielung auf den weißen Chormantel der Karmelitinnen sein,

Grad an Herrlichkeit der Herr den Schwestern dieses Hauses verleihen würde.

25. Nachdem wir angefangen hatten, das Offizium zu beten,[67] begann das Volk große Verehrung für dieses Haus zu empfinden. Es wurden mehr Schwestern aufgenommen, und allmählich bewegte der Herr diejenigen, die uns am meisten angegriffen hatten, dazu, uns sehr zu unterstützen und uns Almosen zu geben. So billigten sie nun, was sie zuvor so sehr mißbilligt hatten, gaben den Prozeß nach und nach auf und sagten, sie hätten nun begriffen, daß es Gottes Werk sei, weil Seine Majestät es trotz so starken Widerstands hatte voranbringen wollen. Gegenwärtig gibt es niemand mehr, der es für richtig hielte, wenn es unterlassen worden wäre, und so achten sie nun so sehr darauf, uns mit Almosen zu versorgen, daß der Herr sie ohne öffentliches Betteln[68] und ohne, daß wir jemanden darum bitten, antreibt, uns welche zu schicken; und so kommen wir durch, ohne daß es uns am Notwendigen fehlt, und ich hoffe auf den Herrn, daß das immer so sein wird. Denn da es nur wenige sind, bin ich mir sicher, daß ihnen nichts fehlt und sie es nicht nötig haben, bei anderen vorstellig zu werden oder jemanden zu belästigen, wenn sie nur tun, wozu sie verpflichtet sind, wie ihnen Seine Majestät jetzt die Gnade gibt, zu tun; denn der Herr wird für sie sorgen, wie bisher.

[26] Für mich ist es ungemein tröstlich, mich hier mitten unter so losgelösten Seelen zu erleben. Bei ihrem Gespräch geht es darum, wie sie im Dienst des Herrn Fortschritte machen können. Im Alleinsein besteht ihr ganzer Trost, und der Gedanke,

---

ein Umhang, der bis heute bei liturgischen und sonstigen feierlichen Anlässen über dem Ordenskleid getragen wird. Maria, mit dem Habit und weißen Mantel des Ordens bekleidet und dem Jesuskind auf dem Arm, wird in Spanien zum typischen Bild Unserer Lieben Frau vom Berge Karmel.

[67] Siehe Anm. zu V 36,23. Hier bezieht es sich entweder auf die gemeinsame Rezitation des Chorgebets oder ganz allgemein auf die Feier der Liturgie.

[68] Anspielung auf die öffentlichen Spendenaufrufe, wie sie bei den Bettelorden üblich waren.

jemanden sehen zu müssen, außer um ihnen zu helfen, um in der Liebe zu ihrem Bräutigam[69] noch mehr zu entbrennen, ist eine Prüfung für sie, sogar wenn es sich um nahe Verwandte handelt. Und so kommt niemand in dieses Haus, der nicht darüber spricht, denn es stellt weder die Schwestern noch die Besucher zufrieden. Ihre Unterhaltung geht um nichts anderes als von Gott zu sprechen, daher verstehen sie niemanden und es versteht sie auch niemand, der nicht dieselbe Sprache spricht.[70]

Wir beobachten die Regel Unserer Lieben Frau vom Karmel, und zwar vollständig und ohne Milderung, wie von Frater Hugo, Kardinal von Santa Sabina, angeordnet, gegeben im Jahr 1248, im fünften Jahr des Pontifikats des Papstes Innozenz IV.[71]

27. Mir scheint, daß alle Mühen, die wir durchgemacht haben, gut angelegt sind. Auch wenn es manche Strenge gibt, weil ohne Notwendigkeit niemals Fleisch gegessen und acht Monate gefastet wird und noch ein paar andere Dinge, wie man sie aus derselben ersten Regel[72] ersehen kann, kommt es den

---

69 Vgl. V 4,3 und V 27,10, wo die Autorin ebenfalls auf die Sprache der Brautmystik zurückgreift; öfter als *„Bräutigam"* nennt sie Christus jedoch ihren *„Freund"*; siehe etwa V 8,5.6; 22,6.7.10.17; 25,17; 27,10; 37,5.

70 Vgl. F 1,1.6, wo Teresa in ähnlichen Worten das Lob ihrer Unbeschuhten Schwestern singt.

71 Die Autorin nennt bewußt all diese Einzelheiten, die sie fast wörtlich dem Apostolischen Schreiben *Quae honorem Conditoris* vom 1.10.1247 entnimmt; es enthält die im Auftrag Innozenz' IV. von den beiden Dominikanern Kardinal Hugo a Sancto Caro (Hugues de Saint Cher, † 1263) und Bruder Wilhelm, Titularbischof von Anterados, angepaßte Karmelregel; zum Verhältnis dieser Regelfassung zur ursprünglichen, vgl. Anm. zu V 32,9. Teresa irrt sich hier nur im Datum: 1248 anstelle von 1247. *„Ohne Milderung"* bezieht sich auf die Milderungen Eugens IV. vom Jahre 1432, auf die Teresa bewußt verzichtet. Die Regelfassung Innozenz' IV. bildet somit in spiritueller und juristischer Hinsicht die Grundlage ihrer Reform. Aus diesem Grund will sie das am Ende ihres Gründungsberichtes in aller Deutlichkeit herausstellen.

72 Teresa hält die Regelfassung Innozenz IV. irrtümlich für die ursprüngliche, da sie die noch frühere Fassung Alberts von Jerusalem (zwischen 1206 und 1214) nie kennenlernte. Abstinenz und Fasten gehören auch zu den typischen Kennzeichen der Ordensreformen im damaligen Kastilien. Daß Teresa sie hier er-

Schwestern in vielerlei Hinsicht noch zu wenig vor, und sie halten sich noch an weitere Dinge, die uns notwendig schienen, um diese mit größerer Vollkommenheit zu erfüllen.[73] Und ich hoffe auf den Herrn, daß das Begonnene immer weitergeht, wie es mir Seine Majestät gesagt hat.[74]

28. Auch das andere Haus, das die Beatin, die ich erwähnt habe,[75] zu errichten versuchte, hat der Herr sehr gefördert. Es ist in Alcalá entstanden, und es hat ihr nicht an starkem Widerspruch gefehlt, noch blieb es ihr erspart, große Nöte durchzumachen. Ich weiß, daß dort die ganze Ordensdisziplin beobachtet wird, gemäß dieser unserer ersten Regel.[76] Gebe der Herr, daß es alles zu seiner Ehre und seinem Lob und dem der glorreichen Jungfrau Maria gereiche, deren Ordenskleid wir tragen. Amen.

29. Ich glaube, Euer Gnaden[77] werden über den langen Bericht, den ich über dieses Kloster gegeben habe, verärgert sein, und doch fällt er noch sehr kurz aus angesichts der vielen Prüfungen und Wunder, die der Herr dabei gewirkt hat, denn davon gibt es viele Zeugen, die es beschwören könnten. Und so bitte ich Euer Gnaden um der Liebe Gottes willen, das, was ich sonst noch beschrieben habe, falls es Euch recht scheint, zu zerrei-

---

wähnt, zusammen mit der Rückkehr zur ursprünglichen Regel in V 36,26 – ein weiteres Kennzeichen der genannten Reformen –, mag auch strategische Bedeutung haben, um nämlich die Gemüter zu beruhigen, daß sie nichts Neues einführt, sondern nur zu den Ursprüngen zurückkehrt.

[73] Anspielung auf den ersten Entwurf eigener Konstitutionen (Ausführungsbestimmungen) für das Kloster San José.
[74] Vermutlich eine Anspielung auf die in V 32,11 erwähnte innere Ansprache.
[75] María de Jesús (Yepes), von der in V 35,1ff die Rede war; sie gründete im Jahr darauf, am 23. Juli 1563, in Alcalá de Henares den Karmel La Imagen.
[76] Wie in V 36,26.27 ist die innozentische Fassung der Karmelregel gemeint; allerdings benutzte María de Jesús eine ganz eigene Textfassung, da sie – anders als Teresa – die ursprünglich für eine Männergemeinschaft geschriebene Regel für Frauen umschrieb.
[77] P. García de Toledo OP.

ßen,[78] doch den Teil, der dieses Kloster betrifft, mögen Euer Gnaden aufbewahren und ihn nach meinem Tod den Schwestern, die hier dann leben werden, übergeben, weil es diejenigen, die dazukommen sollten, ermuntern wird, Gott zu dienen und sich zu bemühen, daß das Begonnene nicht in Verfall gerät, sondern immer gut weitergeht, wenn sie sehen, wieviel Seine Majestät daran gesetzt hat, es mit Hilfe eines so erbärmlichen und unzulänglichen Geschöpfes wie mich zu machen.

Und da uns der Herr sein Wohlwollen so einzigartig hat zeigen wollen, damit es zustande käme, glaube ich, daß die sehr schlecht handeln und von Gott sehr bestraft würde, die anfinge, die Vollkommenheit zu lockern, die der Herr hier eingeführt und gefördert hat, damit man sie mit so großer Sanftheit[79] lebe, so daß man sehr gut sieht, daß sie auszuhalten ist und man sie in aller Ruhe leben kann, und daß die Voraussetzung, die es hier dafür gibt, ausreichend ist, daß dort immer solche leben, die sich allein an ihrem Bräutigam Christus zu erfreuen verlangen. Das ist es nämlich, was sie immer anstreben sollten, allein mit ihm allein; und nicht mehr als dreizehn sein, denn mir ist aufgrund vieler Meinungen bekannt, daß das angemessen ist, und ich habe es durch Erfahrung gesehen; denn um den Geist zu wahren, der hier gewahrt wird, und um von Almosen und nicht vom Bettel zu leben, geht es mit mehr nicht.[80] Mögen sie immer mehr der glauben, die unter so vielen Mühen und durch das Gebet so vieler Menschen das beschafft hat, was am besten ist. Und daß es das ist, was zutreffend ist, wird man am großen Glück und der Freude und geringen Not ersehen, die, wie wir sehen, alle haben, seit wir in

---

[78] Die Autorin hat schon mehrfach auf die Möglichkeit angespielt, daß ihr Lebensbericht im Feuer oder im Papierkorb landen könnte, siehe V 7,22; 10,7.8; 16,8; 21,4; epíl 2.

[79] *Suavidad* ist das Gegenteil von *rigor*, nicht nur als Haltung, sondern auch als pädagogisches Mittel. Bei den bald nach Teresas Tod einsetzenden Richtungsstreitigkeiten wird einer der Vorwürfe gegen Teresas Anhänger genau dahin gehen, daß sie mit *suavidad – Sanftheit* zu Werk gehen und nicht mit *rigor*.

[80] Später wird sie allerdings ihre diesbezügliche Meinung revidieren und die Höchstzahl auf 21 erhöhen.

diesem Haus sind, und dazu noch viel bessere Gesundheit als vorher. Wem es hart vorkommen sollte, gebe die Schuld seinem Mangel an Geist, und nicht dem, was hier beobachtet wird, wo es sogar empfindsame, nicht gesunde Leute bei so großer Sanftheit leben können, weil sie den rechten Geist haben. Sie mögen doch in ein anderes Kloster gehen, wo sie ihrem Geist entsprechend ihr Heil finden mögen.[81]

---

[81] Hier wird noch einmal deutlich, daß es Teresa nicht um Strenge an sich, sondern um den rechten Geist geht. Wer den hat, kann bei der großen *Sanftheit* in ihrem Kloster leben.

KAPITEL 37

Sie spricht über die Auswirkungen, die ihr geblieben sind,
sobald der Herr ihr eine Gnade erwiesen hatte. –
Damit verknüpft sie eine ziemlich hilfreiche Unterweisung. –
Sie sagt, wie man versuchen und es schätzen soll,
einen etwas höheren Grad an Herrlichkeit zu erreichen,
und daß wir um keiner Prüfung willen von Gütern
ablassen sollen, die ewig sind.

1. Es paßt mir gar nicht, noch mehr als ich schon gesagt habe von den Gnadengaben, die mir der Herr gewährt hat, zu sprechen, wo doch das schon zu viele sind, um zu glauben, daß er sie einem so erbärmlichen Menschen wie mir erwiesen hat; um aber dem Herrn, der es mir aufgetragen hat, und Euer Gnaden[1] zu gehorchen, werde ich zu seiner Ehre einige Dinge nennen. Gebe Seine Majestät, daß es manch einer Seele von Nutzen ist zu sehen, daß der Herr ein so armseliges Ding so hat fördern wollen – was wird er dann erst mit jemandem tun, der ihm wirklich gedient haben sollte? –, und daß alle Mut fassen, Seiner Majestät zu Gefallen zu sein, da er schon in diesem Leben derartige Liebesbeweise gibt.

2. Als erstes muß man wissen, daß es bei diesen Gnadengaben, die Gott der Seele gewährt, ein Mehr oder ein Weniger an Herrlichkeit gibt. Denn bei manchen Visionen übertreffen die Herrlichkeit und das Wohlgefühl und der Trost das, was er bei anderen gibt, so sehr, daß ich über den großen Unterschied im Genießen, den es sogar schon in diesem Leben gibt, erstaunt bin. Es kommt nämlich vor, daß der Unterschied im Wohlgefühl oder der Wonne, die Gott bei einer Vision oder Verzückung gibt, so groß ist, daß es nicht möglich zu sein scheint, hier auf Erden könnte es noch etwas zu wünschen geben, und so wünscht sich die Seele das auch nicht, noch würde sie um

---

[1] An dieser Stelle sind vermutlich García de Toledo und Domingo Báñez gemeint.

größeres Glück bitten. Freilich, nachdem der Herr mir zu verstehen gegeben hat, wie groß im Himmel der Unterschied ist zwischen dem, was die einen und die anderen genießen,[2] sehe ich gut, daß der Herr, wenn ihm damit gedient ist, auch hier auf Erden ohne Maß gibt. Und so möchte auch ich bei meinem Dienst für Seine Majestät keines haben und mein Leben und meine Kräfte und Gesundheit ganz dafür einsetzen, noch möchte ich durch meine Schuld auch nur einen Bruchteil an Genuß verlieren. Und so sage ich, wenn man mich fragte, was ich mir mehr wünsche, nämlich entweder bis zum Ende der Welt inmitten ihrer Nöte zu stehen und hinterher ein bißchen mehr in Herrlichkeit aufzusteigen[3] oder ohne Not zu einer ein wenig niedrigeren Herrlichkeit zu gelangen, daß ich liebend gern alle Nöte auf mich nähme, um durch das Verstehen der Großtaten Gottes um einen Bruchteil mehr zu genießen; ich sehe ja, daß ihn mehr liebt und preist, wer ihn besser versteht.

3. Ich sage ja nicht, daß es mich nicht zufrieden machte und ich mich nicht für sehr glücklich hielte, im Himmel zu sein, und sei es am untersten Platz, denn für eine, die einen solchen schon in der Hölle hatte,[4] würde mir der Herr damit viel Erbarmen erweisen; und gebe es Seine Majestät, daß ich dorthin gelange und er nicht auf meine großen Sünden schaut. Was ich meine, ist, daß ich – auch wenn es mich noch so viel kosten würde –, durch meine Schuld nichts verlieren möchte, sofern ich es vermag und der Herr mir die Gnade erweist, viel durchzumachen. Ich armselige, die durch so vielfältige Schuld schon alles verloren hatte!

4. Man muß auch beachten, daß bei jeder Gnadengabe, die mir der Herr in Form einer Vision oder Offenbarung erwies, in

---

[2] Vgl. V 10,3. Ähnlich drückt sich auch Johannes vom Kreuz in 2S 5,10 aus.

[3] Hier wie auch im nächsten Absatz scheint die mittelalterliche Vorstellung vom „Himmel" als einem hierarchisch gestuften Ort durch, wobei sich die größere Gottnähe bildhaft im räumlich höheren Platz ausdrückt, wie es etwa auch in Dantes *Divina Commedia* der Fall ist.

[4] Anspielung auf die Höllenvision, von der sie in V 32,1–4 berichtet hat.

meiner Seele irgendein großer Gewinn zurückblieb, und bei manchen Visionen blieben ganz viele zurück.

Christus zu sehen, ließ in mir seine außerordentlich große Schönheit eingeprägt, und die habe ich heute noch, denn dazu hätte ein einziges Mal genügt, wieviel mehr die vielen Male, die mir der Herr diese Gnade erwies! Es verblieb mir ein außerordentlich großer Gewinn und der war folgender: Ich hatte einen außerordentlich großen Fehler, aus dem mir große Schäden entstanden, und das war folgender: Sobald ich zu erkennen begann, daß mich jemand mochte, faßte ich, wenn er mir auch sympathisch war, eine so große Zuneigung zu ihm, daß mich mein Gedächtnis weitgehend zwang, an ihn zu denken,[5] wiewohl es nicht mit der Absicht geschah, Gott zu beleidigen, doch freute es mich, ihn zu sehen und an ihn und das Gute zu denken, das ich an ihm sah. Das war so schädlich, daß es meine Seele arg in die Irre führte.[6] Nachdem ich aber die große Schönheit des Herrn gesehen hatte, erblickte ich niemanden mehr, der mir im Vergleich zu ihm anziehend vorkam oder mich innerlich beschäftigte. Denn sobald ich die Augen in der Betrachtung auch nur ein wenig auf das Bild richte, das ich in meiner Seele trage, bin ich dabei innerlich so frei geworden, daß mir hernach alles, was ich hier sehe, Ekel verursacht im Vergleich zu den Vorzügen und Reizen, die ich bei diesem Herrn sah. Es gibt auch kein Wissen und keine Art von Wonne, die ich für etwas halte, im Vergleich mit der Wonne,

---

5 Auf ihre leichte emotionale Ansprechbarkeit und Sehnsucht nach Zuwendung und Freundschaft – die im übrigen die natürliche Voraussetzung für ihr Charisma der Freundschaft mit Gott bildete – hatte sie auch schon in V 2,8; 7,7; 24,5f angespielt.

6 Erneut benutzt die Autorin an dieser Stelle die Sprache der *contemptus mundi*-Literatur, nach der alles, was von Gott ablenkt, dem Menschen schadet. Was sie hier kritisiert, ist jedoch letztlich nicht ihre Sehnsucht nach Freundschaft – Teresa hat ihr ganzes Leben lang innige Freundschaften zu vielen Mitschwestern, Mitbrüdern und Laien gepflegt –, sondern die Tatsache, daß sie sich allzu leicht in emotionale Abhängigkeiten verstrickte. Von daher die Betonung der inneren Freiheit. Schon in V 24,6 hatte sie ausdrücklich darauf hingewiesen, daß die tiefere Begegnung mit Christus sie gerade dazu befähigte, in innerer Freiheit Freundschaften mit Menschen zu pflegen, denen die Gottsuche genauso am Herzen lag wie ihr.

die es bedeutet, auch nur ein einziges Wort von diesem Mund sprechen zu hören, um wieviel mehr so viele. Ich halte es für unmöglich, daß mich die Erinnerung an irgend jemand so gefangen nehmen könnte, daß ich nicht durch eine kurze Hinwendung zum Denken an diesen Herrn wieder frei würde – außer der Herr läßt wegen meiner Sünden zu, daß mir dies aus dem Gedächtnis entschwindet.

5. Es erging mir so mit manchem Beichtvater (denn ich mag meine Seelenführer immer sehr). Da ich sie in aller Wahrheit an Stelle Gottes annehme, ist es, glaube ich, immer da, wo mein Wohlwollen am meisten hingeht, und da ich mich sicher fühlte, brachte ich ihnen Zuneigung entgegen. Sie aber, ängstlich und Diener Gottes, fürchteten, ich würde mich irgendwie festmachen und mich durch meine Sympathie an sie hängen, wenn auch auf heilige Weise, und zeigten mir ihre Abneigung. Das geschah, nachdem ich ihnen im Gehorsam ganz unterworfen war, denn vorher faßte ich zu ihnen keine solche Liebe. Ich lachte vor mich hin, als ich sah, wie sie sich irrten, auch wenn ich nicht jedesmal so deutlich sagte, wie wenig ich mich an jemanden hing, sofern es mir innerlich klar war. Aber ich beruhigte sie, und durch ihren weiteren Umgang mit mir erkannten sie, was ich dem Herrn verdankte. Diese Vorbehalte, die sie gegen mich hegten, gab es immer nur am Anfang.

Es setzte viel größere Liebe und viel mehr Vertrauen zu diesem Herrn ein, als ich ihn sah, wie zu einem, mit dem ich beständig im Gespräch war. Ich sah, daß er, obwohl er Gott war, Mensch war,[7] der sich über die Schwächen der Menschen nicht entsetzt, sondern Verständnis hat für unsere armselige Lage, die wegen der ersten Sünde, die wieder gutzumachen er kam, so vielen Stürzen ausgeliefert ist. Ich kann mit ihm umgehen wie mit einem Freund,[8] obwohl er doch Herr ist. Denn ich erkenne, daß er nicht ist wie die, die wir hier als Herren haben,

---

[7] Auf die Menschheit Christi weist Teresa immer wieder hin, siehe vor allem V 22, aber auch V 4,7; 9,6; 12,2; 23,17; usw.

[8] Vgl. V 8,5.6; 22,6.7.10.17; 25,17; 27,10.

die ihr ganzes Herrsein auf „Autoritätsprothesen"[9] gründen: Man braucht Sprechstunden und privilegierte Leute, die mit ihnen sprechen. Wenn es irgendein armer Kerl ist, der irgendein Geschäft hat, wird es ihm noch mehr Hin und Her und Beziehungen und Mühen kosten, es vorzubringen! Und wenn er es gar mit dem König zu tun hat, dann dürfen arme und nichtadelige Leute erst gar nicht hinzutreten, sondern man muß fragen, wer die einflußreichsten Günstlinge sind. Und das sind ganz gewiß keine Personen, die die Welt unter ihren Füßen haben, denn solche sagen Wahrheiten, die sie weder fürchten noch schuldig bleiben; sie taugen nicht für den Palast, denn Wahrheiten dürfen dort nicht vorkommen, sondern man muß verschweigen, was einem schlecht erscheint, ja, sie dürfen noch nicht einmal wagen, es zu denken, um nicht in Ungnade zu fallen.[10]

---

9 Für *autoridades postizas*. *Postizo* meint künstlich, unecht, z. B. *dientes postizos* – Zahnprothese.

10 Obwohl Teresa später nicht davor zurückschreckt, Philipp II. mehrfach schriftlich um Unterstützung für ihre Klöster zu bitten (siehe Ct 52; 86; 208; 218), spart sie nicht mit Kritik am Günstlingswesen am Hof, das auch eindrucksvoll von zeitgenössischen Quellen belegt wird, wodurch deutlich wird, wie genau Teresa die Zustände kannte. So schreibt der bekannte spanische Historiker Gregorio Marañón: „*Selbst wenn darüber schon viel gesagt wurde, so hält sich doch der heutige Leser der Geschichte von damals nicht genügend vor Augen, was es bedeutete, beim König in Gunst zu stehen, und wie der Kampf, um in ihren Besitz zu kommen und sie zu erhalten bzw. das Unglück, sie zu verlieren, die Politik des Landes bestimmte. Ein Monarch war damals nicht nur der absolute Herr von Leben und Vermögen seiner Untertanen, wie es ein Diktator heute sein mag, sondern der absolute Herr von Leben und Vermögen, mit dem man noch nicht einmal im verborgensten Winkel seines Herzens diskutieren durfte, war doch seine Allgewalt nicht einfach nur legitim, sondern als dem Plan Gottes geschuldet geradezu sakral. Man mußte sich deshalb seine Gnade verdienen, wie die Gottes selbst, und wenn man sie verlor, konnte man nichts anderes tun als resignieren. Die Ungerechtigkeit des Königs akzeptierte man ebenso gleichförmig wie man Ungerechtes annahm, das uns von Gott zuzukommen scheint. Die schlimmste Strafe für einen Höfling war die Verbannung, auch wenn diese an sich nicht hart war und in einer Art Hausarrest bestand, doch bedeutete es bereits, die Gegenwart des Königs nicht mehr zu genießen, ähnlich einem Verworfenen, der inmitten der Hölle mehr an der Abwesenheit Gottes als an den endlosen körperlichen Strafen leidet. Deshalb war es nicht selten, daß auf dem Schlachtfeld oder in der strengen Zurückgezogenheit ihrer Studierstube bewährte Männer bei Verlust der königlichen Gunst vor Kummer starben.*

6. Du König der Herrlichkeit und Herr aller Könige! Wie ist dein Königreich nicht mit kleinen Stöckchen bewaffnet,[11] denn es hat kein Ende! Wie wenig braucht man bei dir Mittelspersonen! Nur durch den Blick auf deine Person sieht man gleich, daß nur du es verdienst, daß man dich Herr nennt, so wie du deine Majestät kundtust. Es bedarf keiner Gefolgs- oder Wachleute, um zu erkennen, daß du König bist. Denn hier erkennt man einen König an seiner Person nicht gut, wenn er allein ist. Auch wenn er noch so gern als König erkannt werden möchte, wird man ihm nicht glauben, da er nicht mehr darstellt als die anderen. Es muß schon etwas zu sehen sein, wodurch es glaubhaft ist; und so ist es recht, daß er diese „Autoritätsprothesen" hat, denn wenn er sie nicht hätte, würde man nichts von ihm halten. Der Machterweis kommt nämlich nicht aus ihm; die Autorität muß ihm von anderen zukommen.[12]

Du mein Herr und mein König! Wer könnte jetzt die Majestät darstellen, die du hast! Man kann gar nicht anders, als sehen, daß du in dir selbst ein großer Herrscher bist, denn es ist erstaunlich, diese Majestät zu betrachten. Aber noch mehr erstaunt es, zusammen mit ihr deine Demut zu sehen und die Liebe, die du so einer wie mir erweist. In allem kann man mit dir umgehen und sprechen, wie es uns gefällt, sobald man einmal das erste Erstaunen und die Furcht vor Eurer Majestät verloren hat, wobei freilich eine größere bleibt, dich nur ja nicht

---

Darin liegt die Erklärung dafür, daß der Besitz der Gunst des Königs das eigentliche Ziel der Politik jener Männer war, und daß jeder von ihnen zu allem fähig war, um sie nur ja nicht zu verlieren, natürlich auch zum Verzicht auf die eigenen Überzeugungen in der Innen- und Außenpolitik." In: ders., Antonio Pérez. vol. I, 31

[11] Im Vergleich mit der unendlichen Macht Gottes sind alle Waffen, mit denen irdische Herrscher ihre Macht verteidigen, bestenfalls *„palillos – kleine Stöckchen"*. Siehe R 3,1, wo sie in Hinblick auf die Zuverlässigkeit der Menschen von *„palillos de romero seco – dürre Rosmarinzweiglein"* spricht.

[12] Teresa unterscheidet hier sehr schön zwischen unechter Autorität, die auf äußeren Machtansprüchen beruht und sich nur durch Machtgehabe erhalten kann, und innerer Autorität, die auf der Glaubwürdigkeit der Person beruht. Wenn sie Gott aufgrund seiner Allmacht auch als König erlebt, so ist er doch ganz anders als die irdischen Machthaber, was im folgenden noch genauer ausgearbeitet wird.

zu beleidigen – allerdings nicht aus Angst vor der Strafe, mein Herr, denn die bedeutet nichts verglichen mit der, dich zu verlieren.

7. Das sind also die Vorteile dieser Vision, abgesehen von den anderen großen, die sie in der Seele zurückläßt. Wenn sie von Gott kommt, erkennt man das an den Auswirkungen, sobald die Seele Licht hat. Denn wie ich schon oftmals gesagt habe,[13] will der Herr, daß sie in Finsternissen weilt und dieses Licht nicht sieht, und so braucht es nicht viel, daß eine, die sich so erbärmlich erlebt wie ich, Angst hat. Erst vor kurzem ist es mir passiert, daß es mir acht Tage lang so erging, daß mir war, als wäre in mir keine Kenntnis von dem, was ich Gott verdanke, und als könnte ich sie auch nicht haben, und keine Erinnerung an die Gnadengaben, sondern die Seele war so benommen und was weiß ich wohin versetzt oder wie dran – zwar nicht mit schlechten Gedanken, aber für die guten war sie so unfähig, daß ich über mich lachte und es mir Spaß machte zu sehen, wie unzulänglich eine Seele ist, sobald Gott nicht beständig in ihr am Werk ist.[14] Sie sieht zwar gut, daß sie in diesem Zustand nicht ohne ihn ist, denn es ist nicht wie bei den großen Prüfungen, die ich, wie ich gesagt habe,[15] gelegentlich durchmache. Aber obwohl sie Holz zulegt und dieses wenige tut, was sie von sich aus tun kann, gibt es kein Auflodern[16] des Feuers der Gottesliebe.[17] Es bedeutet großes Erbarmen seinerseits, daß man den Rauch wahrnimmt, um zu erkennen, daß es nicht ganz erloschen ist. Der Herr facht es wieder an, denn auch wenn eine Seele sich den Kopf zerbricht, um es anzublasen und die Holzscheite aufzuschichten, sieht es doch so aus, als würde es das alles noch mehr ersticken. Ich glaube, das Be-

---

[13] Siehe V 30,8–18.
[14] Vgl. V 30,8 mit der dortigen Anmerkung zu Teresas Glaubenskrisen.
[15] Ebd.
[16] Vgl. V 39,23, wo dasselbe Bild wiederholt wird.
[17] So im Autograph und bei Fray Luis de León; die meisten modernen Ausgaben haben aufgrund eines Fehlers in der fotolithographischen Ausgabe des Autographs statt „Gottesliebe" nur „Liebe".

ste ist, sich ganz darin zu ergeben, daß man aus sich allein nichts vermag, und sich – wie ich gesagt habe[18] – auf andere verdienstvolle Dinge einzulassen. Denn womöglich nimmt ihr der Herr das innere Beten, damit sie sich auf diese einläßt und durch Erfahrung erkennt, wie wenig sie von sich aus vermag.

8. Ganz gewiß bin ich heute vom Herrn verwöhnt worden und habe es gewagt, mich bei Seiner Majestät zu beklagen. Ich habe ihm gesagt: „Wie, mein Gott? Reicht es denn nicht, daß du mich in diesem armseligen Leben festhältst,[19] und ich das aus Liebe zu dir durchstehe, und daß ich sogar leben will, wo alles nur hinderlich ist, um mich an dir zu erfreuen, sondern ich essen und schlafen und Geschäfte tätigen und mit allen verhandeln muß? Aus Liebe zu dir stehe ich das alles durch, denn du weißt genau, mein Herr, daß es mir eine Riesenqual ist; und dann verbirgst du dich in den kurzen Momenten, die mir bleiben, um mich an dir zu erfreuen? Wie verträgt sich denn das mit deiner Barmherzigkeit? Wie kann das die Liebe, die du zu mir hast, ertragen? Ich glaube, Herr, wenn es möglich wäre, daß ich mich vor dir verberge, wie du es vor mir tust, dann denke und glaube ich, daß du es aus Liebe zu mir nicht erträgst. Aber du bist bei mir und siehst mich immer. Laß das doch nicht zu, mein Herr! Ich flehe dich an, schau doch, daß dadurch einer, die dich so sehr liebt, Unrecht geschieht!"

9. Dies und noch manch anderes zu sagen, kam mir in den Sinn, obwohl ich vorher erkannt hatte, wie nachsichtig der Ort, den ich in der Hölle schon hatte, im Vergleich zu dem war, den ich verdiente. Manchmal aber platzt die Liebe so heraus, daß ich mir meiner nicht mehr bewußt bin, sondern es in meinem Kopf nur noch solche Klagen gibt, aber der Herr erträgt mich in allem. Gepriesen sei dieser gute König! Kommen wir einmal

---

[18] Siehe V 11,15.16, wo sie Werke der Nächstenliebe und Lektüre nennt, aber im gleichen Atemzug zugibt, daß zu manchen Zeiten nicht einmal das möglich ist.

[19] Vgl. V 6,9; 16,4; 17,1; 20,12f; 21,6; 29,8.10.12; 30,20; 33,8; 34,10; 40,20.

den irdischen mit solchen Frechheiten ... ![20] Beim König wundere ich mich nicht einmal, wenn man nicht mit ihm zu sprechen wagt, denn da gibt es Grund zur Furcht, und auch nicht bei den Herren, die als wichtige Männer gelten. Aber es ist in der Welt schon so weit, daß man ein längeres Leben bräuchte, um die Punkte und Neuerungen und Eigenheiten der Etikette zu lernen, wenn man noch ein bißchen von seinem Leben auf den Dienst für Gott verwenden wollte.[21] Ich bekreuzige mich,[22] wenn ich sehe, was sich da alles tut. Tatsache ist, daß ich nicht mehr wußte, wie ich noch leben sollte, als ich mich hierhin[23] verzog. Denn es wird nicht als Scherz aufgefaßt, wenn man nicht achtgibt, die Leute viel höflicher zu titulieren, als sie es verdienen; im Gegenteil, sie fassen es wirklich als Affront auf, so daß ihr wegen eurer Intention mehrfache Entschuldigung leisten müßt, wenn es da – wie ich sage – nachlässig zugeht; und gebe Gott, daß sie diese annehmen.[24]

10. Ich komme wieder darauf zurück, daß ich tatsächlich nicht wußte, wie ich leben sollte, denn man hat da eine arme, geplagte Seele vor sich: Sie sieht, daß man ihr aufträgt, ihr Denken immer auf Gott zu verlegen, ja, daß es notwendig ist, es auf ihn auszurichten, um sich aus vielen Gefahren zu befreien. Andererseits sieht sie, daß es nicht angeht, auch nur einen Punkt im Punktespiel der Welt zu verlieren,[25] um denen, die ihre Ehre auf solche Punkte gesetzt haben, keinen Anlaß zur Versuchung zu geben. Das machte mich fertig, und vor lauter

---

[20] Pünktchen von Teresa.

[21] Teresa tadelt und belächelt immer wieder das übertriebene Prestige- und Standesdenken ihrer Zeit; vgl. etwa V 21,9; 27,15; CV 36,4. Allerdings sind ihre ironisierenden Schilderungen der Sitten der gesellschaftlichen Oberschicht auch vor dem Hintergrund ihres schwierigen Sonderstatus als *Conversa* mit gekauftem Adelstitel zu lesen.

[22] Vor Entsetzen; vgl. V 19,10.

[23] In San José.

[24] Hinter dieser Invektive Teresas steckt das sog. „*drama de la honra*", von dem vor allem Américo Castro spricht. Siehe dazu U. Dobhan, *Gott – Mensch – Welt*, 335–341.

[25] *Perder punto en puntos de mundo*, ein ironisches Wortspiel.

Entschuldigungen kam ich zu nichts mehr, denn – obwohl ich es studierte – konnte ich gar nicht anders, als dabei viele Fehler zu machen, was in der Welt, wie ich eben sage, nicht für wenig gilt.

Und stimmt es, daß es in den Orden, die wir in solchen Fällen mit Recht entschuldigt sein sollten, eine Entschuldigung gibt? Aber nein, sagt man doch, daß die Klöster eine Hochschule der Etikette sein und diese kennen müssen. Ich kann das gewiß nicht verstehen. Ich habe gedacht, ob etwa irgendein Heiliger gesagt hat, daß sie eine Hochschule sein sollten, um die zu unterrichten, die Höflinge des Himmels werden wollen, und man hat das falsch verstanden. Denn wie einer, der zu Recht beständig die Sorge haben sollte, Gott zu gefallen und die Welt abzuweisen, diese Sorge haben, ja sie im gleichen Maße haben kann, um denen, die in der Welt leben, in den Dingen zu gefallen, die sich so oft ändern, das weiß ich nicht. Wenn man es ein für allemal lernen könnte, ginge es noch; aber sogar für die Anreden in Briefen ist es – sozusagen – schon nötig, einen Lehrstuhl zu haben, wo man Vorlesungen hält, wie man es zu machen hat, denn einmal läßt man auf der einen Seite einen Rand frei, dann auf der anderen, und wen man früher nicht einmal mit Magnifizenz ansprach, den muß man jetzt mit Euer Durchlaucht ansprechen.[26]

11. Ich weiß nicht, wo das noch enden soll, denn ich bin noch keine fünfzig Jahre alt,[27] und habe in meinem bisherigen Leben schon so viele Änderungen erlebt, daß ich nicht mehr weiß, wie

---

[26] Vgl. auch CV 2,5; 27,5. Das Pochen auf immer bombastischere Titel war im damaligen Spanien tatsächlich so ausgeufert, daß Philipp II. sich am 8. Oktober 1586 genötigt sah, eine Verordnung zu erlassen, in der die Titulierung offiziell geregelt wurde. Trotz ihrer ironischen Bemerkungen und ihrer vorgeblichen Unkenntnis der gesellschaftlichen Formen, zeigen Teresas Briefe, daß sie sich genauestens auskannte und ihre Adressaten sehr wohl standesgemäß zu titulieren wußte. Doch stand sie innerlich darüber, und ihre Gründung entbehrt auch in diesem Punkt nicht eines gewissen Protestes gegen Mißstände in Kirche und Gesellschaft.

[27] Evtl. eine Anspielung auf Joh 8,57. Teresa schreibt dies Ende 1565; da sie am 28.3.1515 geboren wurde, war sie also in Wirklichkeit gut fünfzig Jahre alt.

leben. Und die, die heute geboren werden und noch viele Jahre leben, was müssen die tun? Ich habe gewiß Mitleid mit spirituellen Menschen, die verpflichtet sind, aus manch heiligen Zwecken in der Welt zu leben, denn es ist ein schreckliches Kreuz, das sie dabei tragen. Wenn sich alle darauf einigen und sich unwissend stellen und zustimmen könnten, daß man sie in diesen Wissenschaften dafür hält, würden sie sich viel Not vom Leibe halten.

12. Aber auf was für Dummheiten habe ich mich da eingelassen! Um von Gottes Großtaten zu sprechen, bin ich dahin gekommen, über den Kleinkram der Welt zu reden. Da mir der Herr die Gnade erwiesen hat, sie verlassen zu haben, will ich aus ihr ausbrechen. Mögen sich dort die zurechtfinden, die diese Nichtigkeiten mit soviel Mühe erhalten. Gebe Gott, daß wir im anderen Leben, wo es keine Veränderungen gibt, nicht dafür zahlen müssen. Amen.

Hier spricht sie über einige große Gnadengaben,
die ihr der Herr gewährte, sowohl durch Offenlegung
einiger himmlischer Geheimnisse als auch durch weitere
großartige Visionen und Offenbarungen,
die ihr Seine Majestät zu schauen geben wollte. –
Sie spricht über die Auswirkungen, die diese
in ihr zurückließen, und über den gewaltigen Fortschritt,
der in ihrer Seele zurückblieb.

1. Als ich mich eines Nachts so krank fühlte, daß ich mich vom inneren Beten dispensieren wollte, nahm ich einen Rosenkranz, um mündlich zu beten; dabei bemühte ich mich, meinen Verstand nicht zu sammeln, obwohl ich mich äußerlich in ein Oratorium zurückgezogen hatte.

Wenn der Herr etwas will, nützen diese Bemühungen aber wenig. Ich war erst ganz kurz da, als mich mit solcher Gewalt eine Geistesentrückung überkam, daß ich mich nicht wehren konnte. Mir kam vor, als wäre ich in den Himmel versetzt, und die ersten Personen, die ich dort sah, waren mein Vater und meine Mutter,[1] und dazu so großartige Dinge – in so kurzer Zeit, wie man ein *Avemaria* beten kann[2] –, daß ich ganz außer mir war, weil mir das als eine allzu große Gnade erschien.

Das mit der kurzen Zeit mag auch länger gewesen sein, aber es kommt einem sehr kurz vor. Ich hatte Angst, daß es eine Täuschung war, obwohl es mir nicht wie eine vorkam. Ich wußte nicht, was tun, denn ich schämte mich sehr, damit zum Beichtvater zu gehen;[3] aber meines Erachtens nicht aus Demut, sondern ich glaubte, daß er mich auslachen und sagen würde: Von wegen Sankt Paulus, um himmlische Dinge zu schauen,

---

[1] Siehe Anm. zu V 1,1.
[2] Ein weiteres Zeitmaß der damaligen sakralisierten Gesellschaft, vgl. V 4,5 und V 38,10; und ferner V 12,5; 15,7; 30,16, wo die Rede ist von einem *Credo* lang.
[3] Vgl. auch V 26,4 und V 34,7. Ihr damaliger Beichtvater war vermutlich P. Baltasar Álvarez.

oder Sankt Hieronymus![4] Und weil diese glorreichen Heiligen derartige Erlebnisse gehabt hatten, machte es mir noch mehr Angst. Ich weinte nur noch heftig, weil ich meinte, es gäbe keinen Ausweg. Schließlich ging ich doch zum Beichtvater, auch wenn mir das noch so arg zusetzte, denn etwas zu verschweigen, wagte ich nie, mochte es mir noch so sehr zusetzen, es auszusprechen, weil ich eine riesige Angst hatte, getäuscht zu werden. Er tröstete mich sehr, als er mich so niedergeschlagen sah, und sprach mir gut zu, um mir den Schmerz zu nehmen.

2. Im Laufe der Zeit ist mir das manchmal passiert und so passiert es mitunter auch jetzt.

Der Herr zeigte mir allmählich noch größere Geheimnisse. Denn daß eine Seele mehr sehen möchte, als man ihr vor Augen stellt, dafür gibt es kein Mittel, noch ist es möglich, und so sah ich nie mehr als das, was der Herr mir jeweils zeigen wollte. Das war so viel, daß das Geringste davon genügte, um meine Seele in Staunen zu versetzen und sehr voranzubringen, um alle Dinge des Lebens gering zu schätzen und unwichtig zu nehmen.

Ich wollte, ich könnte etwas weniges von dem, was ich da erkannte, zu verstehen geben, aber wenn ich dann darüber nachdenke, wie das gehen kann, entdecke ich, daß es unmöglich ist. Denn allein schon für den Unterschied, der zwischen dem Licht, das wir hier sehen, und dem, das einem dort gezeigt wird, besteht, wo doch alles Licht ist, gibt es keinen Vergleich, denn sogar die Klarheit der Sonne sieht wie etwas völlig Lichtloses aus. Kurz, nicht einmal die Vorstellungskraft, so scharfsinnig sie auch sein mag, schafft es, zu zeichnen oder zu umreißen, wie dieses Licht ist, ebenso wenig wie irgendeines der anderen Dinge, die mir der Herr mit einem so sublimen Glücksgefühl zu verstehen gab, daß man es nicht aussprechen

---

[4] Anspielung auf die Entrückung des hl. Paulus in 2 Kor 12,2–4 und die des hl. Hieronymus, von der dieser im *Brief an Eustochium* (ML 22,416) berichtet. Teresa hatte in ihrer Jugend die Briefe des hl. Hieronymus gelesen; vgl. V 3,7 und V 11,10.

kann.[5] Denn alle Sinne genießen in so hohem Grad und mit solcher Zärtlichkeit, daß man es nicht ausdrücken kann, und so ist es besser, nicht mehr dazu zu sagen.

3. Einmal blieb der Herr in dieser Weise mehr als eine Stunde lang dabei, mir wunderbare Dinge zu zeigen, da er, glaube ich, nicht von meiner Seite wich. Er sagte mir: *Schau, Tochter, was die verlieren, die gegen mich sind; versäume nicht, es ihnen zu sagen!*

Ach, mein Herr, und wie wenig nützt das, was ich sage, denen, die ihre Taten blind machen, wenn Seine Majestät ihnen nicht Licht spendet! Einigen Personen, denen du es gespendet hast, hat es genützt, von deinen Großtaten zu erfahren. Aber dann, Herr, sehen sie, daß sie einem so erbärmlichen, armseligen Ding gezeigt werden,[6] daß ich es für viel halte, wenn es überhaupt jemanden gegeben hat, der mir glaubt. Gepriesen seien dein Name und dein Erbarmen, denn zumindest ich habe eine auffallende Besserung an meiner Seele wahrgenommen.

Danach wäre sie am liebsten immer dort geblieben und nicht zum Leben zurückgekehrt, denn es blieb mir eine große Geringschätzung für all das Irdische: Es kam mir wie Unrat vor, und ich sehe, auf welch unzulängliche Weise wir uns beschäftigen, wenn wir uns damit aufhalten.

4. Als ich bei jener Dame weilte, von der ich gesprochen habe,[7] passierte es mir einmal, als ich wieder einmal Herzschmerzen hatte (denn die habe ich, wie ich schon sagte,[8] stark gehabt, wenn auch jetzt nicht mehr), daß sie mir – da sie sehr liebevoll ist – goldene Juwelen und Edelsteine vorlegen ließ, von denen

---

[5] Auf die Unaussprechlichkeit ihrer inneren Erfahrungen weisen alle Mystiker immer wieder hin; siehe bei Teresa etwa auch V 18,14; 20, 9; 6M 1,13; bzw. bei Johannes vom Kreuz C pról 1; CA 17,2 bzw. CB 26,3; CA 36,5; CA 38,4 bzw. CB 39,5; CB 21,14; 34,1; 37,6; 38,4.8; S pról 1; 2S 26,1; 2N 17,5; LB pról 1; 2,20; 3,5.8; 4,10.17.

[6] Sie meint sich selbst.

[7] Doña Luisa de la Cerda, siehe V 34,1ff.

[8] Auf ein „Herzleiden" hatte sie schon mehrfach angespielt; siehe etwa V 4,5; 5,7; 7,11; 23,13; 25,14; usw.

sie welche von großem Wert hatte, insbesondere einen mit Diamanten, den man hoch einschätzte. Sie dachte, daß sie mich erfreuen würden. Ich lachte in mich hinein und empfand Mitleid, als ich sah, was die Menschen schätzen, da ich an das dachte, was der Herr für uns bereithält. Ich dachte mir, wie unmöglich es mir wäre – sogar wenn ich es mir abringen wollte –, solche Dinge für etwas zu halten, sofern mir der Herr nicht die Erinnerung an die anderen nahm.

Das bedeutet eine große Souveränität für die Seele, so groß, daß ich nicht weiß, ob das versteht, wer sie nicht besitzt. Das ist nämlich die eigentliche, natürliche Loslösung, denn sie geht ohne jede Anstrengung unsererseits.[9] Gott tut alles, denn Seine Majestät zeigt diese Wahrheiten in einer Art und Weise, daß sie einem tief genug eingeprägt bleiben, um deutlich zu erkennen, daß wir es in so kurzer Zeit aus eigener Kraft in dieser Weise niemals erreichen.

5. Es verblieb mir auch wenig Angst vor dem Tod, den ich immer sehr gefürchtet hatte. Jetzt kommt er mir ganz leicht vor für einen, der Gott dient, denn im Nu sieht sich die Seele aus diesem Kerker befreit[10] und in Ruhe versetzt. Denn daß Gott den Geist entrückt und ihm in diesen Verzückungen solch überragende Dinge zeigt, ist meines Erachtens gut vergleichbar mit dem Austritt der Seele aus dem Leib, da man sich im Nu in diesem ganzen Gut erlebt. Lassen wir einmal die Schmerzen des Augenblicks, wenn sie aus dem Leib herausgerissen wird, beiseite, denn auf die sollte man wenig geben. Und diejenigen, die Gott wirklich geliebt und die Dinge dieses Lebens aus den

---

[9] Die wirkliche innere Loslösung von allem, was allzu vordergründig ist und uns nicht zu unserem wahren Glück – Gott – hinführt, ist Teresa zufolge also nicht das Ergebnis unserer asketischen Bemühungen; vielmehr ist sie die natürliche Folge, wenn uns immer tiefer aufgeht, wer Gott ist. Vgl. V 31,18, wo dasselbe auch schon in bezug auf die innere Freiheit gesagt wurde.

[10] Das heißt, aus dem Kerker des Leibes, ein paulinisches bzw. neuplatonisches Bild, das in der geistlichen Literatur des Spätmittelalters ein weit verbreiteter Topos war; vgl. V 16,8; 20,25; 21,6; 38,5; E 17,3; und ferner das Gedicht *Ich lebe, ohn' in mir zu leben (Vivo sin vivir en mí)* (P 1).

Händen gegeben haben, werden wohl eines sanfteren Todes sterben.

6. Auch hat es mir, glaube ich, sehr geholfen, unsere wahre Heimat kennenzulernen und zu sehen, daß wir hier Pilger sind (1 Petr 2,11), und es ist großartig, das zu sehen, was es dort gibt, und zu wissen, wo wir leben werden. Denn wenn jemand in ein anderes Land gehen und dort leben soll, ist es ihm eine große Hilfe, um die Strapazen der Reise durchzustehen, wenn er gesehen hat, daß es ein Land ist, in dem er sich sehr wohl fühlen wird, und es hilft auch, um die himmlischen Dinge zu betrachten und uns zu bemühen, daß unser Wandel dort ist (Phil 3,20); das geschieht mit Leichtigkeit. Das ist ein großer Gewinn, denn allein schon ein Blick zum Himmel führt die Seele zur Sammlung. Denn da der Herr ihr etwas von dem, was es dort gibt, hat zeigen wollen, denkt sie immer wieder daran; und mir passiert es manchmal, daß diejenigen, die mich begleiten und mit denen ich mich tröste, die sind, von denen ich weiß, daß sie dort leben, und daß mir vorkommt, als wären sie die wirklich Lebenden, und diejenigen, die hier leben, so tot, daß mir ist, als leiste mir die ganze Welt keine Gesellschaft, insbesondere wenn ich diese Aufwallungen habe.

7. Alles, was ich mit den leiblichen Augen sehe, kommt mir wie ein Traum vor, und als sei es ein Witz.[11] Was ich bereits mit den Augen der Seele gesehen habe, das ist es, wonach sie sich sehnt, und da sie sich weit weg davon erlebt, ist dies für sie der Tod. Es erweist also der Herr einem, dem er solche Visionen schenkt, eine überaus große Gnade, weil es ihm sehr hilft, aber er gibt ihm auch ein schweres Kreuz zu tragen, weil ihn nichts befriedigt, sondern ihm alles zuwider ist. Und wenn der Herr nicht zuließe, daß man es ab und zu vergißt, auch wenn man sich nachher wieder daran erinnert, dann weiß ich nicht, wie man leben könnte. Er sei für immer und ewig gepriesen und gelobt!

---

11 Vgl. V 16,6 und V 40,22, wo die Autorin sich ähnlich ausdrückt.

Gebe Seine Majestät um des Blutes willen, das sein Sohn für mich vergossen hat, daß es mir, wenn er mir schon etwas von diesen großen Gütern zu verstehen und in ihren Anfängen etwas davon zu genießen geben wollte, nicht so ergehe wie Luzifer, der aus eigener Schuld alles verlor.[12] Das lasse er nicht zu, weil er ist, der er ist, denn manchmal habe ich nicht wenig Angst, auch wenn mir andererseits – und zwar zu allermeist – Gottes Erbarmen Sicherheit gibt. Denn da er mich aus so vielen Sünden herausgeholt hat, wird er mich schon nicht aus seiner Hand entlassen wollen, um verlorenzugehen.

Das erbitte ich von Euer Gnaden,[13] daß Ihr ihn immer wieder darum bittet.

8. Aber die schon erwähnten Gnaden sind aus vielen Gründen und wegen der großen Güter, die mir davon blieben, und der großen Stärkung der Seele meines Erachtens nicht so groß wie die, von der ich jetzt berichten will, auch wenn jede, für sich betrachtet, so groß ist, daß man sie mit nichts vergleichen kann.

9. Es war eines Tages, am Vigiltag des Heilig-Geist-Tages,[14] nach der Messe. Ich begab mich an einen abgelegenen Ort, wo ich oft meine Gebete sprach, und begann in einem „Kartäuser" über dieses Fest zu lesen.[15] Und als ich von den Anzeichen las,

---

[12] Der Sturz Luzifers – der Name bedeutet „Lichtbringer", d. h. Morgenstern –, von dem in Jes 14,12 die Rede ist, war ursprünglich ein Bild für den Fall des Königs von Babel. Er wurde jedoch Jahrhunderte lang, u. a. im Zusammenhang mit Lk 10,18, wo vom Sturz des Satans die Rede ist, auf den Abfall des „Engels des Lichtes" von Gott hin gedeutet, der dadurch zum Obersten der Dämonen wurde.

[13] García de Toledo.

[14] Also am Vortag von Pfingsten. Wie aus R 67 hervorgeht, zog sie sich in eine der Einsiedeleien zurück, die sie im Garten des Klosters San José hatte errichten lassen. In diesem Gewissensbericht erzählt sie über eine weitere besondere Gnadenerfahrung, die sie Pfingsten 1579 erlebte, als sie an die „zwanzig Jahre zuvor … in der Einsiedelei Nazareth" erhaltene Pfingstgnade zurückdachte. Damit dürfte die hier beschriebene Erfahrung gemeint sein, die also um das Jahr 1559, vermutlich aber am 29.5.1563 stattgefunden haben dürfte.

[15] „Kartäuser" (Cartujano) nannte man die Bände des vom Kartäusermönch Ludolph von Sachsen in lateinischer Sprache verfaßten Lebens Christi, das Anfang des 16. Jahrhunderts im Auftrag des Kardinals Francisco Jiménez de Cisneros

die die Anfänger und die Fortgeschrittenen und die Vollkommenen aufweisen sollten, damit man erkennt, ob der Heilige Geist bei ihnen ist, schien mir, nachdem ich diese drei Stadien durchgelesen hatte, als sei er, soweit ich es erkennen konnte, durch Gottes Güte ständig bei mir. Ich pries ihn immer wieder und dachte an das vorige Mal, als ich es gelesen hatte, als mir das alles noch sehr abging – denn das sah ich ganz genau, so wie ich jetzt das Gegenteil bei mir erkannte; und so erkannte ich, daß es eine große Gnade war, die mir der Herr erwiesen hatte. Und so begann ich, den Ort zu betrachten, den ich in der Hölle wegen meiner Sünden verdient hatte,[16] und lobte Gott immer wieder, weil ich meinte, ich würde meine Seele aufgrund der Veränderung, die ich feststellte, nicht wiedererkennen. Während ich noch bei dieser Betrachtung war, überkam mich eine gewaltige Aufwallung, ohne daß ich ihren Anlaß erkannte. Mir schien, als wollte meine Seele aus dem Leib fahren, denn sie war außer sich[17] und fühlte sich unfähig, ein so großes Gut abzuwarten. Es war eine so starke Aufwallung, daß ich mir nicht helfen konnte, und meiner Meinung nach anders als andere Male, noch begriff ich, was mit der Seele los war oder was sie wollte, so erregt war sie. Ich lehnte mich an, denn ich konnte nicht einmal sitzenbleiben, weil die natürliche Kraft mir ganz abhanden kam.

10. Während ich so verweilte, sah ich über meinem Kopf eine Taube,[18] aber sehr verschieden von den hiesigen, denn sie hatte keine Federn wie diese, sondern Flügel aus kleinen Muscheln, die hellen Glanz ausstrahlten. Sie war auch mehr als taubengroß. Mir war, als hörte ich das Rauschen, das sie mit ihren

---

von Ambrosio de Montesinos ins Kastilische übersetzt wurde und mehrere Auflagen kannte (Alcalá 1502, 1503, usw.). In der Pfingstbetrachtung ist die Rede von den drei Stadien des geistlichen Lebens (Anfänger, Fortgeschrittene und Vollkommene), auf die Teresa im folgenden anspielt.

[16] Siehe V 32,1–4.

[17] *No cabía en ella*; vielleicht ist es aber auch ein Lapsus für *no cabía en él* (= el cuerpo): „*Sie paßte nicht mehr in ihn hinein.*"

[18] Biblisches Symbol für den Hl. Geist.

Flügeln machte. Sie wird wohl ein *Avemaria* lang[19] über mir
geschwebt haben. Die Seele war schon soweit, daß sie sie beim
Verlieren ihrer selbst aus dem Blick verlor.[20]

Bei diesem guten Gast kam mein Geist zur Ruhe, denn die
so wunderbare Gnade muß ihn, meine ich, beunruhigt und er-
schreckt haben. Und als er sie zu genießen begann, verließ ihn
die Angst, und es begann die innere Ruhe mit dem Genuß,
während er in Verzückung blieb.

11. Die Seligkeit dieser Verzückung war überaus groß. Ich war
während des Pfingstfestes die meiste Zeit so benommen und
betäubt, daß ich nicht wußte, was ich mit mir tun sollte, noch
wie eine so große Gunst und Gnade in mich hineingingen. Ich
sah nichts und hörte nichts, wie man so sagt, vor großer innerer
Freude. Seit diesem Tag begriff ich, daß mir in der erhabensten
Liebe zu Gott und in der weiteren Festigung in den Tugenden
ein ganz großer Nutzen zugekommen war. Er sei für immer gelobt und gepriesen. Amen.

12. Ein anderes Mal sah ich dieselbe Taube über dem Kopf eines Paters aus dem Orden des hl. Dominikus,[21] nur schien mir,
als würden die Strahlen und der Glanz von diesen Flügeln
noch weiter ausgreifen. Man gab mir zu verstehen, daß er Seelen zu Gott führen würde.

13. Wieder ein anderes Mal sah ich, wie Unsere Liebe Frau
dem Präsentatus eben dieses Ordens, von dem ich ein paarmal
gesprochen habe,[22] einen schneeweißen Umhang anlegte. Sie
sagte mir, daß sie ihm diesen Mantel als Belohnung für den
Dienst gebe, den er ihr durch seine Hilfe beim Zustandekom-
men dieses Hauses erwiesen hätte, zum Zeichen dafür, daß sie

---

[19] Siehe Anm. zu V 38,1.
[20] Ausdruck, der den Beginn der Ekstase markiert. In V 25,5 hat die Autorin
schon ausdrücklich gesagt, daß auf dem Höhepunkt der Ekstase keine imaginativen Visionen möglich sind; vgl. auch V 22,9; 28,9; 29,2.
[21] Gracián zufolge handelt es sich um Pedro Ibáñez.
[22] Erneut notiert Gracián: „P. Ibáñez".

seine Seele von nun an rein bewahren und er nie in eine Todsünde fallen würde.[23] Ich bin überzeugt, daß es so war, denn wenige Jahre danach starb er;[24] denn das, was ihm noch zu leben blieb, war ein Leben von solcher Buße, und sein Tod von solcher Heiligkeit, daß daran, soweit man es erkennen kann, kein Zweifel bestehen kann. Es sagte mir ein Bruder, der bei seinem Tod dabei gewesen war, daß er vor seinem Tod zu ihm gesagt hätte, es sei der hl. Thomas bei ihm.[25] Er starb mit großer Freude und der Sehnsucht, aus diesem Exil herauszukommen. Nachher ist er mir einige Male in großer Herrlichkeit erschienen und hat mir einige Dinge gesagt. Er hatte ein so tiefes inneres Gebet, daß er es, als er im Sterben lag, wegen seiner großen Schwäche unterlassen wollte, es aber nicht vermochte, weil er so viele Verzückungen hatte. Kurz bevor er starb, schrieb er mir, was für ein Hilfsmittel ich wüßte, da er nach Beendigung der Messe eine lange Weile[26] in Verzückung blieb, ohne es verhindern zu können. Es gab ihm Gott am Ende den Lohn für den vielfachen Dienst, den er ihm sein ganzes Leben lang erwiesen hatte.

14. Beim Rektor der Gesellschaft Jesu, den ich einige Male erwähnt habe,[27] sah ich einige der großen Gnaden, die ihm der Herr erwies, die ich aber, um nicht noch mehr auszuholen, hier nicht aufschreibe. Einmal widerfuhr ihm eine große Not, wodurch er sehr verfolgt wurde, und er fühlte sich sehr niedergeschlagen. Als ich eines Tages der Messe beiwohnte, sah ich, als er die Hostie erhob, Christus am Kreuz; er sagte mir einige

---

23 Eine der seltenen Anspielungen Teresas auf die sogenannte „Bestätigung in der Gnade". Man vergleiche auch mit der in V 33,14 beschriebenen Vision.

24 P. Ibáñez starb am 2.2.1565 in Trianos, wohin er sich zurückgezogen hatte, um ein intensiveres geistliches Leben führen zu können.

25 Thomas von Aquin (1224–1274), Dominikaner, Kirchenlehrer, einflußreichster Theologe der Kirche, mit besonderer Bedeutung für die Erneuerung der Theologie im Spanien des 16. Jahrhunderts.

26 Diese Zeitangabe ergänzte die Autorin am Seitenrand.

27 Sowohl Gracián als auch María de San José nennen hier Baltasar Álvarez, der damals Kirchenrektor war. Es könnte aber auch der damalige Rektor Gaspar de Salazar gemeint sein.

Worte, die ich ihm zum Trost sagen sollte, und andere, um ihn
vor dem zu warnen, was auf ihn zukommen sollte, und um
ihm das vor Augen zu stellen, was er für ihn erlitten hatte, und
daß er sich auf Leiden gefaßt machen solle. Das gab ihm viel
Trost und Mut; alles aber hat sich nachher so zugetragen, wie
es mir der Herr gesagt hatte.

15. Von denen, die zum Orden dieses Paters gehören, das ist
die Gesellschaft Jesu, habe ich über den ganzen Orden große
Dinge geschaut: Ich sah sie einige Male im Himmel, mit weißen Bannern in den Händen, und habe, wie ich eben sage,
noch weitere ganz erstaunliche Dinge über sie gesehen; und so
hege ich für diesen Orden große Verehrung, denn ich habe mit
ihnen viel zu tun gehabt und sehe, daß ihr Leben mit dem zu-
sammengeht, was mir der Herr über sie zu verstehen gegeben
hat.

16. Als ich eines Nachts im Gebet weilte, begann mir der Herr
einige Worte zu sagen, die große Scham und Schmerz bei mir
auslösten, da er mir mit ihnen in Erinnerung rief, wie schlecht
mein Leben gewesen war. Denn auch wenn sie nicht mit Strenge
kommen, lösen sie doch Mißmut und Schmerz aus, die vernich-
tend sind. Und man verspürt durch ein einziges dieser Worte
einen größeren Fortschritt in der Selbsterkenntnis, als wenn wir
selbst viele Tage lang unsere Erbärmlichkeit betrachten, weil es
eine Wahrheit mit sich bringt, so tief eingemeißelt, daß wir sie
nicht ignorieren können. Er führte mir meine Verliebtheiten vor
Augen, die ich mit soviel Oberflächlichkeit gepflegt habe, und
sagte mir, daß ich seinen Wunsch, ein Verliebtsein, das sich
so schlecht verausgabt hat wie meines, nun auf ihn zu richten,
hoch einschätzen und dieses zulassen sollte.

Andere Male sagte er mir, mich doch daran zu erinnern, als
es so aussah, als hätte ich es als Ehre angesehen, der seinen zuwider zu handeln; wieder andere Male, doch an das zu denken,
was ich ihm verdankte, denn wenn ich ihm den schwersten
Schlag versetzte, war er dabei, mir Gnaden zu erweisen. Wenn
ich so manche Fehler hatte – und derer habe ich nicht wenige –,

gibt mir sie Seine Majestät so zu verstehen, daß ich mich ganz vernichtet vorkomme, und da ich viele habe, ist das oft der Fall. Es kam vor, daß mich der Beichtvater zurechtwies, und ich mich im Gebet darüber hinwegtrösten wollte, und daß ich dort erst recht meinen Teil abbekam.

17. Um nun aber zu dem zurückzukehren, was ich sagte: Als der Herr mir mein erbärmliches Leben in Erinnerung zu rufen begann, dachte ich aufgrund meiner Tränen (weil ich damals nach meinem Dafürhalten noch nichts getan hatte),[28] ob er mir wohl eine Gnade erweisen wollte. Denn wenn ich irgendeine besondere Gnade vom Herrn erhalte, ist es normalerweise so, daß ich mich vorher selbst zunichte gemacht habe, damit ich besser erkenne, wie weit ich davon entfernt bin, sie zu verdienen;[29] ich glaube, das muß der Herr wohl bewirken.

Kurz danach wurde mein Geist so sehr entrückt, daß mir schien, er befände sich fast ganz außerhalb des Leibes; zumindest erkennt man dann nicht, daß er noch in ihm lebt. Ich sah die allerheiligste Menschheit[30] mit mehr überströmender Herrlichkeit, als ich sie je gesehen hatte. Es wurde mir durch eine wunderbare und klare Erkenntnis gezeigt, wie er[31] an den Brüsten[32] des Vaters ruht. Ich könnte nicht ausdrücken, wie das ist, denn ohne es zu sehen,[33] war mir, als würde ich mich in der Gegenwart dieser Gottheit sehen. Ich war so verblüfft und in einem solchen Zustand, daß einige Tage vergingen, bis ich wieder zu mir kommen konnte. Immerzu glaubte ich, die Majestät des Sohnes Gottes bei mir zu haben, wenn es auch nicht so wie beim ersten Mal war. Das begriff ich sehr wohl; aber es bleibt der Vorstellungskraft so eingemeißelt, daß sie es – mag es noch so

---

[28] Gemeint ist: noch nichts für den Herrn.

[29] Vgl. V 22,11, wo sie dies schon einmal gesagt hatte.

[30] Jesus Christus in seiner menschlichen Gestalt.

[31] Christus.

[32] Bzw. im Schoß. Der Leser beachte die paradoxe Verbindung eines männlichen Gottesbildes (Vater) mit weiblichen Zügen, was im übrigen schon biblische Wurzeln hat.

[33] Also in einer intellektuellen Vision, wie sie in V 27,2 beschrieben wurde.

schnell vorbeigegangen sein – eine Zeitlang nicht aus sich entfernen kann, und es ist von großem Trost und sogar Nutzen.

18. Dieselbe Vision habe ich noch dreimal geschaut. Sie ist meiner Meinung nach von allen Visionen, die zu schauen mich der Herr begnadet hat, die höchste, und sie zieht überaus große Vorteile nach sich. Es scheint, als läutere sie die Seele in hohem Maße und nehme dieser unserer Sinnenwelt[34] nahezu alle Kraft. Sie ist eine gewaltige Flamme, die, so scheint es, alle Wünsche des Lebens verbrennt und zunichte macht; denn wenn ich sie auch, gottlob, nicht mehr auf nichtige Dinge richtete, wurde mir hier doch so richtig klargemacht, wie alles Nichtigkeit ist, und wie null und nichtig[35] die Herrscherwürden von hienieden sind. Und es ist eine gewaltige Lehre, um unsere Wünsche zur reinen Wahrheit zu erheben. Dabei wird eine Ehrfurcht eingeprägt, die ich nicht beschreiben könnte, die aber ganz anders ist als alles, was wir hier erwerben können. Es erfüllt die Seele mit großem Entsetzen, zu sehen, wie sie es wagte – oder jemand es wagen kann –, eine so überaus große Majestät zu beleidigen.

19. Ich mag diese Auswirkungen von Visionen und sonstigen Erfahrungen zwar schon ein paarmal erwähnt haben, aber ich habe auch schon gesagt,[36] daß es da mehr oder weniger Fortschritt gibt; hier ist er riesig.

Wenn ich beim Gang zur Kommunion war und an die überaus große Majestät dachte, die ich erblickt hatte, und dann be-

---

[34] *Sensualidad,* siehe Anhang. Gemeint ist hier nicht, daß die Sinne irgendwie geschwächt würden, sondern daß diese tiefe Gotteserfahrung den Menschen innerlich eint und zum Wesentlichen hinführt. Somit macht sie der Zersplitterung aufgrund vielfältigster sinnenhafter Eindrücke, die den Menschen hin- und hergerissen sein ließen, ein Ende. In Teresas Sprache: Sie nimmt der Sinnenwelt die Kraft, ihn ständig vom Wesentlichen abzulenken.

[35] Emphatische, intensivierende Wiederholung; siehe auch die diesbezügliche Anm. zu V 10,7.

[36] Von den Auswirkungen der Visionen hat sie bereits in V 28,10–13 bzw. V 32,12 gesprochen; vom gewaltigen Unterschied zwischen ihnen war in V 37,2 die Rede.

trachtete, daß er es war, der im Allerheiligsten Sakrament[37] weilte (öfter will der Herr sogar, daß ich ihn in der Hostie erblicke), sträubten sich mir die Haare,[38] und ich kam mir ganz vernichtet vor. O mein Herr! Wenn du deine Größe nicht verhülltest, wer würde es dann wagen, so oft zu kommen, um etwas so Schmutziges und Erbärmliches mit einer so großen Majestät zu vereinen? Sei gepriesen, Herr! Es loben dich die Engel und alle Geschöpfe, weil du die Dinge so nach unserer Schwäche bemißt, daß uns bei der Freude an solch überragenden Gnaden deine große Macht nicht derart erschrickt, daß wir es als schwache und armselige Menschen noch nicht einmal wagten, uns an ihnen zu freuen.

20. Es könnte uns ja so ergehen wie jenem Bauern, und das weiß ich sicher, daß es sich ereignet hat: Er fand einen Schatz, und da dieser zu groß war, um in seinen beschränkten Geist hineinzugehen, überfiel ihn bei dessen Anblick eine solche Traurigkeit, daß er vor lauter Niedergeschlagenheit und Sorge, weil er nicht wußte, was er damit anfangen sollte, allmählich so dahinstarb. Wenn er ihn nicht auf einmal gefunden, sondern man ihm nach und nach davon gegeben und ihn damit ernährt hätte, hätte er glücklicher gelebt als in seiner Armut, und es hätte ihn nicht das Leben gekostet.

21. Du Reichtum der Armen, wie wunderbar verstehst du es, die Seelen zu ernähren! Ohne daß sie so große Reichtümer sehen, gibst du sie ihnen zu sehen, Schritt für Schritt!

Wenn ich eine so große Majestät in einem so kleinen Ding, wie es die Hostie ist, verborgen sehe, dann ist es so, daß ich hernach eine so große Weisheit bewundere und nicht weiß, wie mir der Herr den Mut und die Kraft gibt, mich ihm zu nahen. Wenn er, der mir so große Gnaden erwiesen hat und noch erweist, sie mir nicht schenkte, wäre es mir weder möglich, es verbergen zu können, noch es aufzugeben, diese großen Wun-

---

[37] Der Eucharistie.
[38] Vgl. V 20,7.

der auszuposaunen. Was wird dann ein so erbärmliches, mit Gemeinheiten beladenes Geschöpf wie ich, das sein Leben in so geringer Gottesfurcht verpfuscht hat, verspüren, wenn es merkt, daß es sich diesem Herrn von so gewaltiger Majestät nähert, sobald er will, daß meine Seele es merkt? Wie soll sich der Mund, der so viele Worte gegen diesen Herrn gesprochen hat, diesem allerglorreichsten, von Reinheit und Mitgefühl erfüllten Leib aneinen? Denn da sie ihm nicht gedient hat, schmerzt und bedrückt die Liebe, die dieses Antlitz von solcher Schönheit in Zärtlichkeit und Liebenswürdigkeit ausstrahlt, mehr als daß die Majestät, die sie an ihm sieht, sie in Furcht versetzt.

Aber was könnte ich in den beiden Fällen empfunden haben, als ich das sah, was ich noch beschreiben will?[39]

22. Gewiß, mein Herr und meine Herrlichkeit, schon bin ich dabei zu sagen, daß ich bei den tiefen Betrübnissen, die meine Seele verspürt, in gewissem Sinne doch etwas getan habe in deinem Dienst. Ach…, was weiß ich denn, was ich da sage…,[40] denn fast ohne daß ich da rede, schreibe ich dies! Denn ich fühle mich verwirrt und ein wenig außer mir, sobald ich mir diese Dinge wieder in Erinnerung rufe. Wenn dieses Gefühl von mir käme, hätte ich mit Recht gesagt, daß ich etwas für dich getan hatte, mein Herr. Aber da sich kein guter Gedanke einstellen kann, wenn nicht du ihn schenkst, gibt es nichts, was ich mir zu verdanken hätte. Ich bin die Schuldnerin, Herr, und du der Beleidigte.

23. Als ich eines Tages zur Kommunion ging, sah ich mit den Augen der Seele, deutlicher als mit den leiblichen,[41] zwei böse Geister in wüster Gestalt. Mir schien, als umklammerten ihre Hörner die Gurgel des armen Priesters, und in seinen Händen, in der Hostie, die er mir geben wollte, sah ich meinen

---

[39] Anspielung auf die Erfahrung, von der sie in V 38,23 berichtet wird.
[40] Pünktchen von Teresa.
[41] Wie andere Male spielt sie auf eine imaginative Vision an.

Herrn mit der bereits beschriebenen Majestät, und es war deutlich zu sehen, daß es die Hände von einem waren, die ihn beleidigt hatten; dabei erkannte ich, daß diese Seele in Todsünde war.

Was für ein Anblick, Herr, deine Schönheit zwischen so wüsten Gestalten! Sie waren wie eingeschüchtert und verschreckt in deiner Gegenwart, so daß sie, glaube ich, liebend gern geflohen wären, wenn du sie hättest gehen lassen. Das wühlte mich so auf, daß ich nicht weiß, wie ich kommunizieren konnte, und es befiel mich große Angst, da mir schien, daß Seine Majestät nicht zugelassen hätte, daß ich sähe, wieviel Böses es in dieser Seele gab, wenn es eine Vision von Gott wäre. Da sagte mir der Herr selbst, daß ich für ihn beten sollte, und daß er es zugelassen hätte, damit ich die Kraft erkännte, die den Wandlungsworten zu eigen ist, und daß Gott nicht aufhört, gegenwärtig zu sein, mag der Priester, der sie spricht, noch so schlecht sein; und damit ich seine große Güte sähe, da er sich in die Hände seines Feindes begibt, und das alles nur zu meinem und aller Menschen Heil.[42]

Ich verstand gut, wieviel mehr als die anderen die Priester verpflichtet sind, gut zu sein, und wie folgenschwer es ist, dieses Allerheiligste Sakrament unwürdig zu empfangen (vgl. 1 Kor 11,27), und wie sehr der Böse Herr einer Seele ist, die in Todsünde ist. Das brachte mir sehr großen Nutzen und gab mir eine gute Kenntnis von dem, was ich Gott schuldete. Er sei für immer und ewig gepriesen.

24. Ein anderes Mal passierte mir etwas Ähnliches, was mich aufs äußerste erschreckte. Ich war an einem Ort, wo jemand gestorben war, der, wie ich wußte, sehr schlecht gelebt hatte, und das viele Jahre lang; seit zwei Jahren litt er aber schon an

---

[42] Erneut schaltet sich Teresa in die theologische Diskussion ihrer Zeit ein: Eines der Themen, um die es in Reformation und Gegenreformation im Zusammenhang mit der Gnadenlehre ging, war die Gültigkeit der von einem „unwürdigen" Priester gespendeten Sakramente.

einer Krankheit[43] und hatte sich, wie es scheint, in mancherlei Hinsicht gebessert. Er starb ohne gebeichtet zu haben, aber bei allem glaubte ich doch nicht, daß er verdammt sein würde. Als der Leichnam in ein Grabtuch gehüllt wurde, sah ich, wie sich viele böse Geister dieses Leichnams bemächtigten, und es sah aus, als trieben sie mit ihm ihre Spielchen und auch als bestraften sie ihn, was mir großen Schrecken einflößte, denn mit großen Haken zerrten sie ihn von einem zum anderen. Als ich dann sah, wie er in Ehre und mit den Zeremonien wie alle anderen beerdigt wurde, weilte ich in Gedanken bei Gottes Güte, da er nicht gewollt hatte, daß diese Seele in Verruf geriet, sondern daß verborgen blieb, daß sie seine Feindin war.

25. Ich war halb benommen von dem, was ich gesehen hatte. Während des ganzen Seelenamtes[44] sah ich keinen bösen Geist mehr. Als sie dann später den Leichnam ins Grab hinunterließen, befand sich da eine solche Menge, um ihn in Empfang zu nehmen, daß ich von diesem Anblick außer mich geriet, und es brauchte nicht wenig Mut, um es zu verbergen. Ich erwog, was sie wohl mit jener Seele tun, wenn sie sich derart des unseligen Leibes bemächtigten. Wollte doch Gott, daß alle, die sich in einem schlimmen Zustand befinden, sähen, was ich gesehen habe – etwas so Schreckliches! –, denn das wäre meines Erachtens etwas Großes, um uns zu einer guten Lebensführung zu bringen.

All das läßt mich besser erkennen, was ich Gott verdanke und wovon er mich befreit hat.[45] Ich war voller Angst, bis ich mit meinem Beichtvater darüber sprach, weil ich mir dachte, daß es eine Täuschung des Bösen wäre, um diesen Menschen in Verruf zu bringen, auch wenn er nicht gerade als guter Christ

---

[43] Krankheit bzw. das Ertragen von Leiden hatte nach traditioneller Vorstellung, die Teresa übernimmt, eine läuternde Wirkung auf den Menschen und konnte somit sogar die Läuterung im Jenseits („Fegefeuer") vorwegnehmen.
[44] Das heißt, während der kirchlichen Bestattungsfeier; auch hier verwendet die Autorin den Begriff *oficio*, wie in V 36,23.25.
[45] Sie zieht aus dieser inneren Erfahrung also dieselben Schlüsse wie aus der Höllenvision, von der sie in V 32,1–4 berichtet hatte.

577

galt. Es ist wahr, daß es bei mir immer Angst auslöst, wenn ich daran denke, auch wenn es keine Täuschung war.

26. Da ich nun einmal über Visionen von Verstorbenen zu sprechen begonnen habe, möchte ich noch von einigen Dingen berichten, die mich der Herr in diesem Zusammenhang über manche Seelen hat schauen lassen wollen. Ich werde nur wenige erwähnen, um mich kurz zu fassen, und weil es nicht notwendig ist, ich meine, keinerlei Nutzen bringt.

Es wurde mir gesagt, daß ein ehemaliger Provinzial von uns, mit dem ich zu tun hatte und dem ich einige gute Werke verdankte, verstorben war (als er starb, war er es in einer anderen Provinz).[46] Er war ein Mensch mit vielen Tugenden. Als ich erfuhr, daß er verstorben war, wühlte es mich sehr auf, weil ich um sein Seelenheil fürchtete, denn er war zwanzig Jahre lang Oberer gewesen; davor ist mir sehr angst, weil es mir eine sehr gewagte Angelegenheit zu sein scheint, einen Auftrag über andere Seelen zu haben; und so ging ich ganz betrübt in ein Oratorium. Ich schenkte ihm alles Gute, das ich in meinem Leben getan hatte,[47] was recht wenig gewesen sein dürfte, und so sagte ich dem Herrn, daß seine Verdienste ergänzen möchten, was diese Seele bedurfte, um aus dem Fegfeuer herauszukommen.

27. Noch während ich den Herrn so gut ich konnte darum bat, hatte ich den Eindruck, daß er an meiner rechten Seite aus den Tiefen der Erde heraufstieg, und ich sah ihn hocherfreut in den Himmel aufsteigen. Er war schon recht alt, aber ich sah ihn im Alter von dreißig Jahren, und sogar noch jünger, wie mir schien,

---

46 Gregorio Fernández, der 1561 als Provinzial (Provinzoberer) der Karmeliten Andalusiens starb. Er war 1550–1556 Provinzial der kastilischen Provinz und zeitweise auch Prior (Hausoberer) in Ávila gewesen.

47 Das heißt, sie bietet es dem Herrn stellvertretend für diesen Menschen an, damit es ihm als Verdienst angerechnet werde (womit erneut die Vorstellung des Verdienste-Sammelns im Hintergrund steht). Der Gedanke der Stellvertretung kehrt bei Teresa öfter wieder (vgl. etwa auch V 31,7), ist aber nicht dominierend, denn ihre prägende geistliche Erfahrung ist die des *inneren Betens*, verstanden als Freundschaft. Sie ist es um so mehr als damals gerade die andere Erfahrung die allgemein übliche war.

und mit Leuchten im Gesicht. Diese Vision ging sehr schnell vorüber, aber ich war so überaus getröstet, daß ich nie mehr Schmerz über seinen Tod empfinden konnte, auch wenn ich Leute erlebte, die seinetwegen ziemlich betrübt waren, weil er sehr beliebt gewesen war. Der Trost, den meine Seele empfand, war so groß, daß es mir nichts ausmachte, noch ich daran zu zweifeln vermochte, daß es eine gute Vision, ich meine keine Täuschung war.

Es waren nicht mehr als vierzehn Tage vergangen, seit er verstorben war. Trotz allem ließ ich nicht in meiner Sorge nach, daß man ihn Gott empfehle, und das auch selbst zu tun, abgesehen davon, daß ich das nicht mehr mit derselben Bereitschaft tun konnte, wie wenn ich dies nicht gesehen hätte. Denn wenn der Herr mir dies zeigt und ich sie nachher Seiner Majestät empfehlen möchte, kommt es mir unwillkürlich vor, wie einem Reichen Almosen zu geben. Nachher erfuhr ich – denn er starb ganz weit weg von hier –, welchen Tod ihm der Herr geschenkt hatte; er war nämlich so erbaulich, daß alle erstaunt waren über sein volles Bewußtsein und die Tränen und die Demut, mit denen er verschied.[48]

28. Es war vor kaum mehr als eineinhalb Tagen im Haus[49] eine Schwester gestorben, eine große Dienerin Gottes. Während eine Schwester eine Lesung aus dem Totenoffizium,[50] das im Chor für sie gebetet wurde, vorlas, stand ich da, um zusammen mit ihr den Vers zu sagen.[51] Mitten in der Lesung sah ich sie, als mir schien, daß die Seele aus demselben Ort herauskam, wie die vorige, und in den Himmel einging. Das war aber keine imaginative Vision wie die vorige, sondern wie die anderen,

---

[48] Diese Merkmale entsprechen erneut den Vorstellungen der mittelalterlichen *ars moriendi*-Literatur von einem „guten Tod".

[49] Im Menschwerdungskloster. Zu dem Zeitpunkt, als die Autorin diese Zeilen schrieb, war in San José noch keine Schwester verstorben.

[50] Stundengebet, das für Verstorbene verrichtet wird.

[51] Anspielung auf eine bestimmte Zeremonie beim Chorgebet: Während die Lesung von der Lektorin in der Mitte des Chores vorgetragen wurde, hielt sich Teresa bereit, um gemeinsam mit ihr den Antwortvers anzustimmen.

von denen ich berichtet habe; aber man zweifelt daran nicht mehr als an den anderen, die man sieht.[52]

29. Eine weitere Schwester in diesem meinem Haus starb noch. Seit ihrem achtzehnten oder zwanzigsten Lebensjahr war sie immer krank gewesen, aber eine große Dienerin Gottes, war gern im Chorgebet und sehr tugendhaft. Ich glaubte sicher, daß sie nicht ins Fegefeuer kommen würde, weil sie viele Krankheiten durchgemacht hatte, sondern daß sie sich mehr als genug Verdienste erworben hätte.[53] Als ich noch vor ihrer Beerdigung beim Chorgebet war, vielleicht vier Stunden nach ihrem Tod, erkannte ich, daß sie aus demselben Ort herauskam und in den Himmel einging.

30. Als ich mich in einem Kolleg der Gesellschaft Jesu[54] befand, war ich aufgrund der großen Nöte, die ich, wie gesagt, manchmal an Leib und Seele erlitt und noch erleide, in einem solchen Zustand, daß ich, glaube ich, nicht einmal einen guten Gedanken fassen konnte. In jener Nacht war ein Bruder[55] aus dieser Niederlassung der Gesellschaft verstorben, und als ich ihn gerade, so gut ich konnte, Gott anempfahl und an der Messe eines anderen Paters aus der Gesellschaft für ihn teilnahm, überkam mich eine tiefe Sammlung, und ich sah ihn in großer Herrlichkeit in den Himmel aufsteigen und den Herrn mit ihm. Ich erkannte, daß es aufgrund einer besonderen Gunst war, daß Seine Majestät mit ihm ging.

---

52 Es war also eine intellektuelle Vision, wie in V 27,2 beschrieben.

53 An dieser Stelle begegnet erneut die traditionelle Vorstellung, daß Krankheit die jenseitige Läuterung im Fegefeuer vorwegnehmen kann, verbunden mit dem Gedanken des Verdienste-Sammelns; vgl. auch V 38,24.

54 Das Jesuitenkolleg San Gil zu Ávila. Sie spielt auf die jahrelangen schweren körperlichen und seelischen Leiden an, von denen sie in V 23–25 berichtet hat, als sie „außerordentlich große seelische Nöte, und dazu aufgrund so schlimmer Beschwerden körperliche Qualen und Schmerzen" (V 30,8) durchmachte.

55 Der Laienbruder Alonso de Henao, der aus dem Kolleg von Alcalá gekommen war und am 11. April 1557 in Ávila starb.

31. Ein anderer Bruder unseres Ordens, ein ganz lieber und guter Bruder,[56] war sehr krank, und als ich in der Messe war, überkam mich eine Sammlung und ich sah, daß er verstorben war und in den Himmel ging, ohne ins Fegefeuer zu kommen. Er starb zu der Stunde, als ich es gesehen hatte, wie ich nachher erfuhr. Ich war erstaunt, daß er nicht ins Fegefeuer gekommen ist. Da erkannte ich, daß ihm die Bullen des Ordens, um nicht ins Fegefeuer zu kommen,[57] von Nutzen waren, weil er ein Bruder war, der seine Profeß gut gehalten hatte. Ich weiß nicht, weshalb ich das erkannte. Ich glaube, es muß wohl sein, weil nicht der Habit – ich meine sein Tragen – den Mönch ausmacht, um deshalb den Zustand größerer Vollkommenheit zu genießen, für den das Ordensleben steht.

32. Ich möchte über diese Dinge nichts mehr sagen, weil dazu, wie ich schon gesagt habe,[58] kein Grund besteht, auch wenn es

---

[56] Diego Matía, ein Karmelit aus Ávila, der eine Zeitlang Beichtvater im Menschwerdungskloster gewesen war.

[57] Anspielung auf die sog. *„Bulla sabbatina"*, die den Karmeliten am 3. März 1322 von Papst Johannes XXII. gewährt und später von mehreren Päpsten neu bekräftigt wurde. Darin wurde offiziell das sog. Samstagsprivileg des Karmel bestätigt, das angeblich auf ein Versprechen Marias zurückging und besagt: Wer mit dem Karmelskapulier (einem Teil des Ordensgewandes) bekleidet stirbt und noch einige weitere, die Lebensführung betreffende Bedingungen erfüllt, darf seines Heils gewiß sein, was sehr konkret verstanden wurde als Erlösung aus dem Fegefeuer durch Maria am ersten Samstag (dem traditionellen Marientag) nach dem Tod. Heute wissen wir, daß diese Bulle gefälscht und die sie begründende Vision Marias vor Johannes XXII. eine Legende ist; siehe L. Saggi, *La „Bolla Sabatina"*, 84. Die Karmeliten versuchten, wie alle anderen Orden auch, ihre Popularität zu erhöhen; sie kamen aber auch dem Wunsch vieler Laien entgegen, ein sichtbares Zeichen des Schutzes zu haben. Da der Ordensstand als „Stand der Vollkommenheit" galt, war es vielen ein Anliegen, zumindest durch ein kleines Stück des Habits einem Orden anzugehören, um dann sicherer in den Himmel zu kommen. Siehe dazu den Wunsch des sterbenden Vaters Teresas, im strengsten Orden gelebt haben zu wollen (V 7,15 mit der Anm. dort). Grundlage für diesen Wunsch war die allgemeine Überzeugung, die das ohnehin schon einengende Axiom *„extra Ecclesiam nulla salus – außerhalb der Kirche kein Heil"* noch mehr einengte zum *„extra claustrum nulla salus – außerhalb des Klosters kein Heil"*. Um so erstaunlicher ist Teresas Meinung, die sich an dieser Stelle gegen eine allzu magische Handhabung wehrt: Nicht das materielle Tragen des Gewandes, sondern die Treue zu dem dadurch symbolisierten Lebensstil ist entscheidend.

[58] Siehe V 37,1. In V 39,20 und V 40,17 wird sie dies noch einmal wiederholen.

ziemlich viele sind, die zu sehen mir der Herr die Gnade verliehen hat. Aber bei allen, die ich sah, habe ich nie erkannt,
daß es einer Seele erspart blieb, ins Fegefeuer zu kommen,
außer bei diesem Pater, beim heiligen Pedro de Alcántara und
bei dem Dominikanerpater, von dem die Rede war.[59] Bei einigen gefiel es dem Herrn, daß ich die Grade der Herrlichkeit
sah, die sie besitzen, indem sie mir an den jeweiligen Orten
gezeigt wurden, die sie einnehmen. Sie weisen einen großen
Unterschied untereinander auf (vgl. 1 Kor 15,41).

---

[59] Pedro Ibáñez, siehe V 38,13.

Sie fährt fort mit demselben Thema, dem Bericht
über die großen Gnadengaben, die ihr der Herr gewährte. –
Sie spricht davon, wie er ihr versprach, für andere zu tun,
worum sie ihn für sie bitten sollte. –
Sie berichtet über einige bemerkenswerte Fälle,
in denen ihr Seine Majestät diese Gunst erwiesen hat.

1. Als ich eines Tages den Herrn anflehte, jemandem, dem ich mich verpflichtet fühlte,[1] das Augenlicht wiederzugeben, das er nahezu gänzlich verloren hatte, empfand ich großes Mitleid mit ihm, fürchtete aber, daß der Herr wegen meiner Sünden nicht auf mich hören würde. Da erschien er mir so wie bei anderen Malen[2] und zeigte mir gleich zu Beginn die Wunde an seiner linken Hand und zog mit der anderen einen großen Nagel heraus, der in ihr steckte. Es kam mir vor, als würde er zusammen mit dem Nagel auch Fleisch herausreißen. Man sah gut den heftigen Schmerz, was mir sehr weh tat, und er sagte mir, daß ich nicht daran zweifeln sollte, daß einer, der das für mich erlitten hatte, um so mehr erfüllen würde, worum ich ihn bat; daß er mir verspräche, daß ich ihn um nichts bäte, was er nicht tun würde (Mt 21,22), denn er wisse schon, daß ich ihn um nichts bitten würde, was nicht zu seiner Ehre wäre, und daß er folglich auch tun würde, worum ich ihn jetzt bat; daß ich bedenken solle, daß ich ihn auch damals, als ich ihm noch nicht diente, um nichts gebeten hätte, was er nicht viel besser getan hatte, als ich es hätte erbitten können; um wieviel besser würde er es jetzt tun, wo er wußte, daß ich ihn liebte, und daß ich daran nicht zweifeln sollte.

Ich glaube, es waren noch keine acht Tage vergangen, da gab der Herr diesem Menschen das Augenlicht wieder. Das erfuhr mein Beichtvater sofort. Es mag sein, daß es nicht auf mein Gebet hin geschah; da ich aber diese Vision geschaut hatte, ver-

---

1 Wer diese Person war, ist nicht bekannt.
2 Das heißt in einer imaginativen Vision; vgl. V 28,3; 37,4; F 1,8.

blieb mir eine Sicherheit, daß ich Seiner Majestät wie für eine mir erwiesene Gnade dankte.

2. Ein anderes Mal war jemand schwer an einem sehr schmerzhaften Leiden erkrankt, das ich hier nicht bezeichne, weil ich nicht weiß, welcher Natur es war.[3] Es war unerträglich, was er seit zwei Monaten durchstand, und er machte eine solche Qual durch, daß es ihn zerriß. Mein Beichtvater, der Rektor, von dem ich gesprochen habe,[4] besuchte ihn und hatte großes Mitleid mit ihm, und sagte mir, daß ich ihn auf jeden Fall besuchen sollte, da er jemand sei, bei dem ich das machen könne, denn er sei ja Verwandter von mir. Ich ging also hin, und er bewegte mich zu solchem Mitgefühl, daß ich den Herrn ganz inständig um seine Heilung zu bitten begann. Dabei erlebte ich nach allem, was mir vorkam, deutlich, welche Gnade er mir erwies, denn gleich am anderen Tag war er von diesem Schmerz völlig geheilt.[5]

3. Einmal war ich zutiefst betrübt, weil ich wußte, daß jemand, dem ich sehr verbunden war,[6] etwas tun wollte, was sehr gegen Gott und seine eigene Ehre verstieß, und er war schon fest dazu entschlossen. Ich war so niedergeschlagen, daß ich nicht wußte, was tun. Ein Mittel, daß er davon abließe, schien es

---

[3] Nach Auskunft Graciáns handelt es sich um ihren Cousin Pedro Mejía, der an einem Steinleiden erkrankt gewesen und sehr schmerzhafte Nierenkoliken erlitten haben soll. Der Leser beachte erneut Teresas Bemühen um Wahrhaftigkeit: Sie verzichtet auf genauere Angaben, weil sie sich nicht sicher ist.

[4] P. Gaspar de Salazar, von dem sie in V 33,7ff gesprochen hatte. Die hier beschriebene Episode fand noch vor der Gründung von San José statt.

[5] In Anbetracht der Wundersucht, die unter ihren Zeitgenossen typisch ist, muß es geradezu erstaunen, daß Teresa von nur zwei solchen wunderbaren Heilungen auf ihr Gebet hin berichtet. Sie legt größeren Wert auf Bekehrung und innere Entwicklung bei Menschen, die sich ihr anvertrauen, wozu sie erheblich mehr eigene Erfahrungen beisteuert (vgl. V 39,5). Bei beiden hier berichteten Heilungen erlebt sie nicht sich selbst als Handelnde, sondern erfährt Gott als den, der frei handelt. Sich selbst sieht sie als Bittstellerin. Die Heilungen deutet sie als Machterweis des menschenfreundlichen Gottes und sieht sie als Ansporn, ihn mehr zu lieben und ihm mehr zu dienen. (B. S.)

[6] Die Identität dieser wie auch der in V 39,4 genannten Person ist nicht geklärt.

schon nicht mehr zu geben. Ich flehte Gott von ganzem Herzen an, eines anzuwenden. Aber solange ich es nicht erlebte, gab es für meinen Schmerz keine Linderung.

In diesem Zustand begab ich mich in eine etwas abgelegene Einsiedelei, wie es sie in diesem Kloster gibt,[7] und während ich in einer war, in der Christus an der Geißelsäule dargestellt ist, und ihn anflehte, mir diese Gnade zu gewähren, hörte ich eine sehr sanfte Stimme zu mir sprechen, wie mit einem Pfeifen. Es sträubten sich mir alle Haare, da es mir Angst machte, und ich wollte verstehen, was sie mir sagte, konnte es aber nicht, weil es sehr schnell vorbeiging. Nachdem mir die Angst vergangen war, was schnell der Fall war, verblieb ich in einer solchen Ruhe und Freude und inneren Beglückung, daß ich ganz erstaunt war, wie nur das Hören einer Stimme (das hörte ich mit den leiblichen Ohren, aber ohne ein Wort zu verstehen) eine solche Wirkung auf die Seele haben konnte. Daran erkannte ich, daß geschehen würde, worum ich gebeten hatte, und so kam es, daß in etwas, was noch gar nicht geschehen war, mein Schmerz ganz wegging, wie wenn ich es als schon vollendet erlebte, wie es dann später der Fall war. Ich sagte es meinen Beichtvätern, von denen ich damals zwei hatte, sehr studiert und große Diener Gottes.[8]

4. Ich erfuhr, daß jemand, der sich entschlossen hatte, Gott allen Ernstes zu dienen und auch schon einige Tage lang inneres Beten gehalten hatte, und dem Seine Majestät große Gnaden erwiesen hatte, dieses wegen gewisser Gelegenheiten zur Sünde, in die er hineingerutscht war, wieder aufgegeben hatte, und daß er sich immer noch nicht davon fernhielt, und dabei waren sie sehr gefährlich. Mir tat das ganz arg leid, weil es je-

---

7 Die Einsiedelei „Christus an der Säule" im Garten des Klosters San José wurde so genannt, weil sich in ihr ein Gemälde befand, das den an der Geißelsäule angebundenen Christus darstellte. Einer Zeugenaussage beim Seligsprechungsprozeß zufolge wurde es im Auftrag Teresas und nach deren genauen Anweisungen gemalt, als diese dort eines Tages lange gebetet hatte; siehe BMC 19, 496.

8 Vermutlich die beiden Dominikaner García de Toledo und Domingo Báñez.

mand war, den ich sehr gern hatte und dem ich viel verdankte. Ich glaube, es war schon mehr als ein Monat, daß ich nichts anderes tat als Gott anzuflehen, diese Seele sich wieder zuzuwenden.

Als ich nun eines Tages im inneren Gebet weilte, sah ich neben mir einen bösen Geist, der mit großem Zorn einige Papiere, die er in der Hand hatte, zerriß.[9] Das tröstete mich sehr, weil ich glaubte, das, worum ich gebetet hatte, sei geschehen. Und so war es auch, denn nachher erfuhr ich, daß er mit großer Reue gebeichtet und sich so aufrichtig wieder Gott zugewendet hatte, daß er, wie ich auf Seine Majestät hoffe, immer weiter vorangehen wird. Er sei für alles gepriesen. Amen.

5. Daß unser Herr Seelen aus schweren Sünden herausholte, weil ich ihn darum bat, und andere zu größerer Vollkommenheit führte, kommt oftmals vor. Und beim Herausholen von Seelen aus dem Fegefeuer und weiteren auffallenden Dingen sind die Gnaden, die der Herr mir darin erwiesen hat, so zahlreich, daß ich mich ermüden und auch den, der dies lesen sollte, ermüden würde, wenn ich sie benennen wollte, und dabei ging es viel häufiger um das Heil der Seelen als um das des Leibes. Das ist ganz offensichtlich gewesen, und dafür gibt es reichlich Zeugen. Im ersten Augenblick machte mir das arge Skrupel, weil ich nicht anders konnte als zu glauben, daß es der Herr aufgrund meines Gebetes tat – abgesehen von der Hauptsache, daß es aufgrund seiner Güte geschah. Aber es gibt da schon so viele Dinge und sie sind anderen Leuten schon so aufgefallen, daß es mich nicht mehr bedrückt, dies zu glauben, sondern ich preise Seine Majestät und fühle mich beschämt, weil ich sehe, daß ich noch mehr in seiner Schuld stehe. Auch läßt es mich meines Erachtens in der Sehnsucht wachsen, ihm zu dienen, und es wird die Liebe belebt. Und was mich am

---

[9] Mit der Metapher des Zerreißens eines schriftlichen Vertrages oder „Paktes" mit dem Bösen soll ganz plastisch ausgedrückt werden, daß dieser Mensch der Macht des Bösen entrissen wurde. In Teresas geistigem Umfeld rechnete man allerdings auch ganz selbstverständlich mit der realen Möglichkeit eines Teufelspaktes.

meisten erstaunt, ist, daß ich den Herrn nicht um Dinge bitten kann, von denen er sieht, daß sie unangebracht sind, auch wenn ich möchte; im Gegenteil, ich mache es mit so wenig Kraft und Geist und Eifer, daß es mir unmöglich ist, auch wenn ich mich noch so sehr dazu zwingen möchte,[10] wo ich doch bei anderen Dingen, die der Herr tun will, erlebe, daß ich oftmals und ganz inständig darum bitten kann. Auch wenn ich diese Sorge gar nicht habe, sieht es so aus, als würde sie mir vor Augen gestellt.

6. Es besteht ein großer Unterschied zwischen diesen beiden Arten des Bittens, so daß ich nicht weiß, wie ich das erklären soll. Denn auch wenn ich im ersten Fall bitte (dabei unterlasse ich nicht, mich zu zwingen, den Herrn darum zu bitten, wiewohl ich in mir nicht dieselbe Begeisterung fühle, wie in anderen Fällen, selbst wenn es mich sehr angeht), so ist es wie bei jemandem, der sich die Zunge zerbricht, denn obwohl er sprechen möchte, kann er es nicht, und wenn er spricht, dann ist es derart, daß er merkt, daß man ihn nicht versteht; im anderen Fall ist es wie bei einem, der klar und hellwach zu jemandem spricht, von dem er sieht, daß er ihm gern zuhört. Das eine erbittet man, sagen wir jetzt einmal, als mündliches Gebet, das andere in so tiefer Kontemplation, daß einem der Herr in einer Art und Weise gegenwärtig ist, bei der man erkennt, daß er uns versteht und Seine Majestät sich freut, daß wir ihn darum bitten, und er uns einen Gefallen tut.

Er sei für immer gepriesen, der soviel gibt, wo ich ihm so wenig gebe. Denn was tut schon einer, mein Herr, der sich für dich nicht ganz und gar aufreibt? Und wieviel, wieviel, wie unendlich viel – noch tausendmal könnte ich es sagen – fehlt mir noch dazu! Deshalb (auch wenn es noch andere Gründe gibt) sollte ich nicht weiterleben wollen, weil ich nicht entsprechend dem lebe, was ich dir schuldig bin. Wie viele Unvollkommenheiten erlebe ich an mir! Welche Lauheit in deinem Dienst! Es ist sicher, daß ich manchmal, wie mir scheint, lieber von Sin-

---

[10] Ein Beispiel solchen Betens bietet sie in CV/CE 1,5.

nen wäre, um nicht soviel Böses bei mir zu erkennen. Er, der es vermag, möge dem abhelfen.

7. Als ich bei jener Dame weilte, von der ich gesprochen habe,[11] wo ich aufpassen und immer auf die Nichtigkeit achten mußte, die die Dinge des Lebens alle mit sich bringen, weil ich dort sehr geschätzt war und sehr gelobt wurde und mir viele Dinge geboten wurden, an die ich mich sehr wohl hätte hängen können, wenn ich nur auf mich geachtet hätte – aber es achtete der, der den wahren Blick hat, darauf, mich nicht aus seiner Hand fallen zu lassen…[12]

8. Jetzt, da ich vom „wahren Blick" rede, fallen mir die großen Nöte ein, die man durchmacht (Menschen, die Gott so weit gebracht hat, um zu erkennen, was Wahrheit ist) beim Umgang mit diesen Dingen der Welt, wo so vieles verschleiert wird, wie mir der Herr einmal sagte. Denn vieles von dem, was ich hier aufschreibe, ist nicht aus meinem Kopf, sondern dieser mein himmlischer Lehrmeister sagte es mir. Bei Dingen, wo ich ausdrücklich sage „das habe ich vernommen" oder „der Herr hat mir gesagt", kommt mir nämlich ein arger Skrupel, auch nur eine Silbe hinzuzufügen oder wegzunehmen; so steht es da wie von mir gesagt, wenn ich mich im Einzelfall nicht genau an alles erinnere, denn bei manchen Dingen wird es auch so sein. Das was gut ist, nenne ich nicht mein, weil ich schon weiß, daß es in mir nichts gibt außer dem, was mir der Herr ganz ohne mein Verdienst geschenkt hat;[13] ich sage aber „von mir gesagt", wenn es mir nicht in einer Offenbarung zu verstehen gegeben wurde.

9. Aber ach, mein Gott, sogar beim Geistlichen wollen wir – wie beim Weltlichen – die Dinge nach unserer Auffassung ver-

---

[11] Also in Toledo bei Doña Luisa de la Cerda; siehe V 34,1ff.

[12] Hier bricht der Satz unvermittelt ab, weil der Gedanke vom „wahren Blick" neue Assoziationen bei der Autorin weckt, so daß sie sich zu einem längeren Exkurs hinreißen läßt – ein gutes Beispiel für Teresas spontanen, assoziativen Stil. Erst in V 39,17 wird sie ihren Bericht fortsetzen.

[13] Vgl. V 10,7; 18,8.

stehen, dazu noch durch arge Verdrehung der Wahrheit! Und es scheint uns, daß wir unseren Fortschritt nach den Jahren bemessen dürfen, die wir auf manche Gebetsübung verwenden, ja es sieht sogar so aus, als wollten wir dem ein Maß setzen, der seine Gaben ohne jedes Maß gibt, wann er will,[14] und der dem einen in einem halben Jahr mehr geben kann als einem anderen in vielen! Und das ist etwas, was ich bei so vielen Personen beobachtet habe, daß ich mich wundere, wie wir uns damit aufhalten können.

10. Gern glaube ich, daß einer, der die Begabung hat, die Geister zu unterscheiden, und dem der Herr die wahre Demut verliehen hat, nicht in dieser Täuschung leben wird, denn dieser urteilt nach den Früchten und der Entschlossenheit und Liebe, und der Herr gibt ihm Licht, damit er es erkennt. Danach, und nicht nach den Jahren, beurteilt er das Vorankommen und den Fortschritt der Seelen, denn der eine kann in einem halben Jahr mehr erreicht haben als ein anderer in zwanzig. Der Herr gibt es nämlich, wie ich sage, wem er will, und dann auch dem, der sich besser vorbereitet. Ich erlebe jetzt nämlich, wie einige Frauen in jungem Alter in dieses Haus kommen;[15] sobald Gott sie anrührte und ihnen ein wenig Licht und Liebe schenkte – ich meine in wenig Zeit, in der er ihnen so manches Geschenk machte –, widerstanden sie ihm nicht, noch stellte sich ihnen etwas in den Weg, ohne noch ans Essen zu denken, denn sie schließen sich für immer in ein Haus ohne festes Einkommen ein, wie jemand, der das Leben nicht schätzt um dessentwillen, von dem er weiß, daß er sie liebt. Sie lassen alles zurück, wollen auch nicht mehr ihren Willen haben, noch kommt es ihnen in den Sinn, daß sie in dieser Abgeschlossenheit und Enge un-

---

[14] Vgl. V 21,9; 34,11.

[15] Hier ist die Rede vom Kloster San José. Vermutlich meint sie Isabel de San Pablo, eine Tochter des Francisco de Cepeda, die am 21. Oktober 1564 im Alter von 17 Jahren ihre Profeß in San José ablegte. Eventuell sind auch María Bautista (siehe V 32,10), María de San Jerónimo und Isabel de Santo Domingo gemeint, die alle kaum zwanzig Jahre alt waren, als sie dort Profeß gemacht haben.

glücklich sein könnten: Alle zusammen bringen sich Gott als Opfer dar.

11. Wie gern gebe ich ihnen hier den Vorrang und wie müßte ich vor Gott beschämt sein! Denn was Seine Majestät mit mir in all den vielen Jahren, seit ich mit dem inneren Beten begann und er mir Gnaden zu erweisen begann, nicht fertiggebracht hat, das bringt er mit ihnen in drei Monaten fertig – und bei mancher sogar in drei Tagen –, obwohl er ihnen weit weniger Gnaden erweist als mir, auch wenn ihnen Seine Majestät gut bezahlt. Ganz gewiß sind sie nicht unglücklich über das, was sie für ihn getan haben.[16]

12. Deshalb wollte ich, daß wir, die wir seit Jahren Profeß haben, und solche, die seit Jahren inneres Beten halten, an die vielen Jahre denken, aber nicht, um die zu entkräften, die in kurzer Zeit weiter vorangehen, indem wir sie zum Zurückgehen bewegen, damit sie sich an unseren Schritt halten, und diejenigen, die dank der ihnen von Gott gewährten Gnaden wie die Adler fliegen, wie ein angebundenes Huhn laufen zu lassen,[17] sondern damit wir die Augen auf Seine Majestät richten und ihnen, wenn wir sie mit Demut sehen, die Zügel freilassen; denn der Herr, der ihnen so viele Gnaden erweist, wird sie nicht abstürzen lassen. Sie vertrauen sich selbst Gott an, denn dazu verhilft ihnen die Glaubenswahrheit, um die sie wissen. Und wir sollten sie ihm nicht anvertrauen, sondern sie entsprechend unseren unzureichenden Anwandlungen an Mut mit unserem Maß messen wollen? Nein, so nicht, sondern, wenn wir schon nicht an ihre reichen Früchte und Entschlüsse herankommen, weil man die ohne entsprechende Erfahrung schlecht verstehen kann, dann seien wir demütig und verurteilen sie nicht. Denn unter dem Anschein, auf ihren Fortschritt bedacht zu sein, nehmen wir ihn uns weg und verpassen diese Gelegenheit, die

---

[16] Man vergleiche auch mit dem Lob, das sie den ersten Schwestern von San José in F 1 zollt.
[17] Vgl. V 13,3.5.

der Herr uns gibt, um demütig zu werden und zu verstehen, was uns fehlt, und um wieviel losgelöster und näher bei Gott diese Seelen sein müssen als die unseren, da Seine Majestät sich so nahe zu ihnen begibt.

13. Ich verstehe nichts anderes, noch möchte ich es verstehen, als daß mir seit kurzem geübtes inneres Beten, das so reiche Früchte hervorbringt, daß man sie gleich erkennt (denn es ist unmöglich, daß es die gibt, um alles zurücklassen, nur um Gott zu gefallen, ohne gewaltige Liebeskraft), viel lieber wäre als eines von vielen Jahren, das es aber nie fertig gebracht hat, am Ende mit mehr Entschlossenheit dazustehen als am Anfang, um etwas für Gott zu tun, was etwas darstellt; außer wir halten ein paar so kleine Dinge wie Salzkörner, die weder Gewicht noch Bedeutung haben – es könnte sie, glaube ich, ein Vogel mit seinem Schnabel davontragen –, für eine großartige Frucht und Übung ins Absterben. Wir machen Aufhebens von einigen Dingen, die wir für den Herrn tun, und dabei ist es schade, daß wir sie überhaupt wahrnehmen, sogar wenn wir viele täten.

Ich bin das! Dabei vergesse ich die Gnadenerfahrungen bei jedem Schritt. Ich sage ja nicht, daß Seine Majestät sie nicht hoch einschätzen wird, entsprechend seiner Güte. Aber ich möchte kein Aufhebens von ihnen machen und nicht wahrnehmen, daß ich sie tue, denn sie sind nichts. Aber verzeihe mir, mein Herr, und sprich mich nicht schuldig, denn mit etwas muß ich mich ja trösten, wenn ich dir schon keinerlei Dienst erweise; denn wenn ich dir mit großartigen Dingen diente, würde ich von so nichtigen kein Aufhebens machen. Glücklich die Menschen, die dir mit großen Werken dienen! Wenn man mir in Rechnung stellt, daß ich sie darum beneide und mich danach sehne, bliebe ich nicht weit zurück, um dir zu gefallen. Aber ich bin nichts wert, mein Herr. Gib du mir meinen Wert, denn du liebst mich ja so sehr.[18]

---

[18] „Wertvoll" in den Augen Gottes sind wir also Teresa zufolge nicht aufgrund unserer Leistungen, sondern weil er uns liebt; eine klare Absage an die Leistungsfrömmigkeit.

14. Es geschah mir an einem dieser Tage, daß mit dem Eintreffen eines Breves aus Rom, aufgrund dessen dieses Kloster kein festes Einkommen haben durfte,[19] dieses zum Abschluß kam, was, wie mir scheint, einige Mühe gekostet hat. Als ich nun Trost empfand, weil ich sah, daß es so zum Abschluß gekommen war, und an die Nöte dachte, die ich damit hatte, und den Herrn lobte, der sich meiner ein wenig hatte bedienen wollen, begann ich über alles nachzusinnen, was ich durchgemacht hatte. Und es ist so, daß ich bei allem, was in etwa danach aussah, als hätte ich es getan, eine Menge Fehler und Unvollkommenheiten entdeckte, und manchmal Kleinmut, und oftmals Kleingläubigkeit. Denn bis heute, wo ich alles erfüllt sehe, was nach den Worten des Herrn an mich über dieses Haus[20] zu geschehen hatte, war ich nie so weit gekommen, es mit Entschlossenheit zu glauben, konnte aber auch nicht daran zweifeln. Ich weiß nicht, wie das war. Es ist so, daß es mir einerseits oftmals unmöglich vorkam, ich andererseits aber nicht daran zweifeln, ich meine, nicht glauben konnte, daß es nicht zustande käme. Letztlich fand ich, daß der Herr das Gute alles von sich aus getan hat, ich aber das Schlechte. Und so hörte ich auf, darüber nachzudenken, und möchte nicht mehr daran erinnert werden, um nicht auf so viele Fehler von mir zu stoßen. Gepriesen sei er, der alles zum Guten wendet, wann er will. Amen.

15. So meine ich, daß es gefährlich ist, die Jahre zu zählen, die man inneres Beten gehalten hat, denn selbst wenn Demut da sein sollte, so scheint es doch, als könnte da eine „Ich-weiß-auch-nicht-was-für-eine-Meinung",[21] man habe für seinen Dienst etwas verdient, zurückbleiben. Ich sage ja nicht, daß sie

---

[19] Anspielung auf die von Pius IV. am 17. Juli 1565 ausgefertigte Bulle *Cum a Nobis petitur*, mit der dem Kloster San José endgültig das Privileg der „absoluten Armut" gewährt wurde; sie traf einige Monate später in Ávila ein.

[20] Den Karmel San José zu Ávila.

[21] Wörtlich „*un no sé qué de parecer*"; vgl. auch V 33,9. Auch Johannes vom Kreuz liebte den Ausdruck „*un no sé qué*" (siehe CA/CB 7; CA 26,6 bzw. CB 17,7; 2N 7,6; P 12).

es nicht verdienen und es ihnen nicht reichlich vergolten wird; aber jeder spirituelle Mensch, der meint, für die vielen Jahre, in denen er inneres Beten gehalten hat, diese Wonnen des Geistes verdient zu haben, wird, und dessen bin ich sicher, nicht auf dessen Gipfel kommen. Ist es nicht schon genug, verdient zu haben, daß ihn Gott an seiner Hand hält, damit er ihm nicht die Beleidigungen antut, die er ihm antat, bevor er inneres Beten hielt, sondern will er ihm, wie man so sagt, wegen seines Geldes auch noch den Prozeß machen?[22] Das scheint mir keine tiefe Demut zu sein. Mag sein, daß sie es ist, doch ich halte es für Vermessenheit. Obwohl ich wenig Demut besitze, habe ich das, glaube ich, nie gewagt. Es kann sein, daß ich nie darum gebeten habe, weil ich ihm nie gedient habe; womöglich würde ich mir, falls ich es getan hätte, mehr als alle wünschen, daß es mir der Herr vergälte.

16. Ich sage ja nicht, daß eine Seele nicht ständig wächst und der Herr ihr das nicht schenken wird, wenn ihr Gebet demütig war; aber diese Jahre soll man vergessen, denn im Vergleich mit einem einzigen Blutstropfen, den der Herr für uns vergossen hat, ist alles, was wir zu tun vermögen, widerlich. Und wenn wir um so mehr in seiner Schuld stehen, je mehr wir ihm dienen, was ist das denn, was wir erbitten, da uns tausend Dukaten zurückgegeben werden, wenn wir auch nur einen Maravedí von unserer Schuld abbezahlen?[23] Lassen wir also um Gottes willen solche Urteile beiseite, die nur ihm zustehen. Solche Vergleiche sind immer schlecht, sogar in irdischen Dingen; wie wird es dann erst sein bei etwas, das nur Gott weiß?

---

[22] Volkstümliche Redewendung, die soviel bedeutet wie: „ein Geschenk oder einen Gefallen einfordern". Hier steht sie für die Einstellung eines Menschen, der als Gegenleistung für seine vermeintlichen Tugenden ein Anrecht auf mystische Gnaden zu haben glaubt, obwohl doch auch seine Tugenden letztlich ein Geschenk Gottes sind. Ein weiterer Beweis für Teresas innere Nähe zur Geschäftswelt, was sie auch wieder als typische *Conversa* ausweist. Siehe auch V 4,2 mit Anm. und ferner V 11,1; 19,11; 20,27; 33,14.

[23] Ein *Maravedí* war eine alte Münze unterschiedlichen Materials und Wertes, doch war sie auf jeden Fall wesentlich weniger wert als ein Dukaten (*ducado*), der eine Goldmünze war. Siehe auch die diesbezügliche Anm. zu V 36,6.

Das hat Seine Majestät deutlich gezeigt, als er den Letzten genauso viel ausbezahlte wie den Ersten (Mt 20,12).

17. Es ist so viele Male und an so vielen Tagen, daß ich mich ans Schreiben dieser drei Seiten gemacht habe, – weil ich, wie ich gesagt habe,[24] kaum Gelegenheit hatte und habe – , daß ich vergessen hatte, was ich zu erzählen begonnen habe,[25] nämlich folgende Vision:

Ich sah mich im Gebet allein auf einem großen Feld stehen. Um mich herum waren viele verschiedenartige Leute, die mich eingeschlossen hatten. Alle hatten, glaube ich, Waffen in den Händen, um auf mich loszugehen: die einen Lanzen, die anderen Schwerter, wieder andere Dolche und noch andere sehr lange Stoßdegen. Kurz, ich konnte nach keiner Seite entkommen, ohne mich Todesgefahr auszusetzen, und dabei allein, ohne daß jemand auf meiner Seite stand. Während sich mein Geist in dieser Not befand, so daß ich nicht wußte, was tun, erhob ich meine Augen zum Himmel und sah Christus, und zwar nicht im Himmel, sondern hoch über mir in der Luft, wie er die Hand nach mir ausstreckte und mir von dort aus derart beistand, daß ich mich vor all den anderen Leuten nicht mehr fürchtete und diese mir keinen Schaden zufügen konnten, selbst wenn sie gewollt hätten.

18. Es scheint eine zwecklose Vision zu sein, aber mir hat sie größten Nutzen gebracht, weil mir zu verstehen gegeben wurde, was sie bedeutete. Und wenig später fand ich mich so ungefähr in diesem Kampf und erkannte, daß diese Vision ein Bild für die Welt ist, denn alles, was es in ihr gibt, scheint Waffen zu haben, um auf die bedrängte Seele loszugehen. Lassen

---

[24] Vgl. V 10,7. Wie Johannes vom Kreuz schrieb auch Teresa ihre Werke in verlorenen Augenblicken, zwischen vielen anderen wichtigen Aufgaben nieder.

[25] Hier endet der Exkurs, der in V 39,8 begonnen hatte. In der nun folgenden Vision, die sie, wie sie in V 39,7 angibt, eines Tages im Haus der Doña Luisa de la Cerda schaute, wird ihr – in wunderbarer Bildersprache – eine Vorahnung von den Schwierigkeiten zuteil, die im Zusammenhang mit der Gründung des Klosters San José auf sie zukommen werden; zugleich wird ihr Vertrauen gestärkt, daß Christus ihr beistehen und alles zu einem guten Ende führen wird.

wir einmal die beiseite, die keine besonderen Diener Gottes sind, und auch die Ehrenposten und Besitztümer und Vergnügungen und derartigen Dinge mehr, denn es ist klar, daß man sich genau dann umgarnt erlebt, wenn man es nicht merkt; zumindest versuchen all diese Dinge zu umgarnen. Aber selbst Freunde und Verwandte und, was mich am meisten erstaunt, ganz gute Menschen: Von überall her fühlte ich mich später so bedrängt – wobei sie glaubten, etwas Gutes zu tun –, daß ich nicht wußte, wie mich erwehren oder was tun.

19. O mein Gott, wenn ich all die unterschiedlichen Arten von Nöten aufzählte, die ich in dieser Zeit erlitt, sogar noch nach dem, was oben gesagt wurde:[26] Was für eine gute Anleitung wäre das, um alles völlig gering zu achten!

Es waren, glaube ich, von allen Angriffen, die ich je durchgemacht habe, die schlimmsten. Ich meine, daß ich mich zuweilen von allen Seiten so bedrängt fühlte, daß ich nur Abhilfe fand, indem ich die Augen zum Himmel erhob und zu Gott rief. Da erinnerte ich mich gut an das, was ich in dieser Vision geschaut hatte. Und das nützte mir sehr, um auf niemanden mehr groß zu vertrauen, denn außer Gott gibt es niemanden, der beständig ist. Immer wieder schickte mir Gott in diesen großen Nöten jemanden, der mir, wie er es mir gezeigt hatte, von seiner Seite her die Hand reichte, so wie er es mir in dieser Vision gezeigt hatte, ohne daß ich mich an anderes festmachte, als nur daran, dem Herrn zu gefallen. Das geschah, um dieses wenige an Tugend zu erhalten, das ich im Verlangen, dir zu dienen, besaß. Sei für immer gepriesen!

20. Als ich einmal sehr unruhig und aufgewühlt war und mich nicht sammeln konnte, dabei innerlich in Kampf und Streit, weil meine Gedanken zu Dingen abschweiften, die nicht vollkommen waren – ich war, glaube ich, auch nicht so losgelöst wie sonst –, bekam ich, weil ich mich so erbärmlich erlebte,

---

[26] Anspielung auf die Nöte, von denen sie im Bericht über die Gründung von San José in V 32–36 berichtet hat.

Angst, ob die Gnaden, die mir der Herr gewährt hatte, nicht Illusionen wären.[27] Kurz, ich befand mich in einer großen seelischen Dunkelheit. Wie ich nun so bedrückt war, begann der Herr zu mir zu sprechen und sagte mir, ich solle mich nicht grämen, denn wenn ich mich in diesem Zustand erlebte, verstünde ich, was für ein Elend es wäre, wenn er sich von mir abwendete, und daß es, solange wir in diesem sterblichen Fleisch lebten, keine Gewißheit gäbe. Er gab mir zu verstehen, wie gut dieser Kampf und Streit für einen solchen Lohn eingesetzt ist;[28] dabei hatte ich den Eindruck, daß der Herr Mitleid mit uns hatte, die wir in der Welt leben. Doch solle ich nicht glauben, daß er mich vergessen hätte, denn nie würde er mich im Stich lassen; dennoch wäre es nötig, daß ich täte, was in meiner Macht steht.[29] Das sagte mir der Herr mit Mitgefühl und Herzlichkeit, dazu noch andere Worte, mit denen er mir viel Wohlwollen erwies, doch es gibt keinen Grund, sie zu erwähnen.[30]

21. Diese sagt er mir oftmals und erweist mir dabei große Liebe: *Du bist mein und ich bin dein.*[31]

Die Worte, die zu sagen ich mir angewöhnt habe und meines Erachtens in aller Wahrheit sage, sind: „Was geht es mir, Herr, denn um mich, als vielmehr um dich!" Es gereichen mir diese Worte und Liebkosungen zur allergrößten Beschämung, sobald mir einfällt, was ich für eine bin, denn wie ich, glaube ich, schon bei anderen Gelegenheiten gesagt habe[32] und jetzt manchmal zu meinem Beichtvater sage, ist meines Erachtens mehr Mut erforderlich, um diese Gnaden anzunehmen, als um die größten Nöte durchzustehen. Sobald das passiert, vergesse ich fast auf meine Werke, dafür wird mir dann gegenwärtig, daß

---

[27] Vgl. V 33,3.

[28] Anspielung auf den himmlischen Lohn, der auf den irdischen Kampf folgt.

[29] Ein Prinzip teresianischer Spiritualität, das auf das theologische Axiom aufbaut: *„Facienti quod est in se, Deus non denegat gratiam – Wer tut, was er vermag, dem verweigert Gott seine Gnade nicht".* Siehe auch V 31,18.20 und Anm.

[30] Dieselbe Zurückhaltung übt sie etwa auch in V 38,32 und V 40,2.17.

[31] Vielleicht klingt darin Hld 6,3 an: *„Mein Geliebter ist mein und ich bin sein."*

[32] Vgl. V 7,19 und V 31,12.

ich erbärmlich bin, ohne verstandesmäßige Überlegung, was mir manchmal auch als übernatürlich vorkommt.[33]

22. Es überfallen mich manchmal gewaltige Anwandlungen von brennender Sehnsucht zu kommunizieren, daß ich nicht weiß, ob man es übertreiben könnte.[34] Es ereignete sich eines Morgens, daß es so stark regnete, daß es nicht danach aussah, als würde man aus dem Haus kommen. Als ich schon draußen war, war ich vor Sehnsucht danach schon so außer mir, daß ich, glaube ich, sogar in Lanzen hineingelaufen wäre, wenn man sie mir vor die Brust gehalten hätte, wieviel mehr in den Regen. Sobald ich in der Kirche ankam, überfiel mich eine tiefe Verzückung: Ich glaubte, die Himmel sich öffnen zu sehen, nicht nur ein Tor, wie ich es andere Male gesehen hatte. Es stellte sich mir der Thron dar, den ich, wie ich Euer Gnaden gesagt habe,[35] schon mehrmals gesehen hatte, und über ihm ein weiterer, auf dem – wie ich durch eine Erkenntnis, die ich nicht beschreiben kann, erkannte, auch wenn ich es nicht sah – die Gottheit weilte. Mir schien, als würden einige Lebewesen den Thron stützen; ich glaube, ich habe eine Darstellung von diesen Lebewesen gehört (Offb 4,6–8; Ez 1,4ff);[36] ich dachte, ob

---

[33] „Übernatürlich" im Sinne von: „nicht selbst gemacht, sondern von Gott geschenkt"; siehe auch Anhang I.

[34] In Kapitel 6 der *Klostergründungen* wird sie sich ausführlich mit diesem in frommen Kreisen damals offensichtlich gar nicht seltenen Phänomen befassen, da sie inzwischen die Erfahrung gemacht hat, daß neben authentischer Sehnsucht nach Gott auch grobe Selbsttäuschung im Spiel sein kann, etwa reine Einbildung oder unbewußter Geltungsdrang. Dazu ist allerdings zu bedenken, daß der Kommunionempfang damals sehr viel restriktiver gehandhabt wurde als heute; auch sehr fromme Menschen brauchten die Erlaubnis ihres Beichtvaters, um öfter als ein paarmal im Jahr zur Kommunion gehen zu dürfen. Vor diesem Hintergrund kann dieses Phänomen zumindest *auch* als Gegenreaktion gegen die Tendenz, den Gläubigen die eucharistische Gabe vorzuenthalten, verstanden werden.

[35] Anspielung auf einen mündlichen Bericht an P. García de Toledo. Die hier beschriebene Erfahrung dürfte während ihres Aufenthalts in Toledo (Januar–Juli 1562) stattgefunden haben.

[36] An dieser Stelle scheint die Autorin selbst die Verbindung zwischen der konkreten bildlichen Ausgestaltung ihrer inneren Erfahrung und den ihr durch Lektüre und Predigt vertrauten Bildern zu legen; in diesem Fall ist die Bildersprache eindeutig biblischen Ursprungs.

es wohl die Evangelisten seien. Wie aber der Thron war oder was auf ihm war, sah ich nicht, sondern nur eine sehr große Schar von Engeln. Sie erschienen mir von einer unvergleichlich viel größeren Schönheit als die, die ich im Himmel gesehen habe. Ich habe mir gedacht, ob es Seraphim oder Cherubim seien, weil sie an Herrlichkeit ganz anders sind, da es aussah, als stünden sie in Flammen. Der Unterschied ist groß, wie ich schon gesagt habe.[37] Und die Seligkeit, die ich damals in mir verspürte, kann man weder beschreiben noch aussagen, noch kann sie sich ausdenken, wer das nicht erlebt hat.

Ich begriff, daß dort alles zusammen da war, was man sich wünschen kann, sah aber nichts. Man sagte mir – ich weiß nicht, wer –, alles, was ich hier tun könne, sei, zu erkennen, daß ich nichts erkennen kann,[38] und zu sehen, daß im Vergleich damit alles nichts ist. Es ist so, daß meine Seele nachher beschämt war, zu sehen, daß sie bei Geschaffenem stehenbleiben, ja, sogar Zuneigung dazu fassen kann, denn alles kam mir vor wie ein Ameisenhaufen.

23. Ich kommunizierte und blieb in der Messe,[39] weiß aber nicht, wie ich dableiben konnte. Es kam mir vor, als sei es nur eine sehr kurze Zeitspanne gewesen. Ich erschrak, als die Uhr schlug und ich merkte, daß es zwei Stunden waren, die ich in dieser Verzückung und Herrlichkeit geweilt hatte. Ich war nachher erstaunt, wie sehr dieses Feuer wahrer Gottesliebe, das von oben zu kommen scheint, beim Heranzüngeln den alten Menschen[40] mit seinen Fehlern und seiner Lauheit und Erbärmlichkeit zu verzehren scheint (denn wenn ich es noch so

---

[37] Siehe V 29,13 mit der diesbezüglichen Anm.

[38] Johannes vom Kreuz wird es später „eines der großen Gnadengeschenke, die Gott einem Menschen in diesem Leben, wenn auch im Vorübergehen, macht" nennen, wenn er einem Menschen „deutlich zu verstehen und tief zu erfühlen gibt, so daß er es ganz klar begreift, daß man nicht alles verstehen oder erfühlen kann" (CA/CB 7,9).

[39] Damals (und noch bis zur Liturgiereform des Zweiten Vatikanischen Konzils) wurde die Kommunion außerhalb der Messe, etwa vorher ausgeteilt; daher Teresas Bemerkung, daß sie noch zur Messe dablieb.

[40] Im paulinischen Sinn; siehe Eph 4,22 und Kol 3,9.

sehr möchte und mich bemühen und deswegen zerreißen sollte, kann ich, wie ich andere Male schon gesagt habe,[41] keinen Beitrag dazu leisten, auch nur einen Funken davon zu haben, außer wenn Seine Majestät es will). Und nach der Art, wie es der Vogel Phönix tut – nach dem, was ich gelesen habe[42] –, und wie aus ebendieser Asche, nachdem er verbrannt ist, ein neuer Vogel aufsteigt, so wird auch die Seele nachher zu einer anderen, mit anderen Wünschen und großer Seelenstärke. Sie scheint nicht die frühere zu sein, sondern macht sich mit neuer Lauterkeit auf den Weg des Herrn.

Als ich Seine Majestät anflehte, daß es so sein möge, und ich ganz neu anfangen könne, ihm zu dienen, sagte er mir: *Du hast einen guten Vergleich gefunden; schau, daß du ihn nicht vergißt, damit du dich bemühst, immer besser zu werden.*

24. Als ich eines Tages im selben Zweifel war, den ich erst vorhin erwähnt habe,[43] ob denn diese Visionen von Gott kommen, erschien mir der Herr und sagte in strengem Ton zu mir: *O ihr Menschenkinder! Wie lange wollt ihr noch hartherzig sein?* (Ps 4,3 Vg) Und daß ich mich darin genau prüfen solle: Ob ich ihm ganz zu eigen gegeben wäre oder nicht; und wenn ich es jetzt wäre und meinem Wesen nach sei, sollte ich glauben, daß er mich nicht verloren gehen ließe.

Ich quälte mich sehr wegen dieses Ausrufs. Da sagte er noch einmal mit großer Zärtlichkeit und Liebenswürdigkeit, mich doch nicht zu quälen, denn er wüßte doch, daß ich von mir aus nicht versäumte, mich allem hinzugeben, was zu seinem Dienst wäre; daß all das geschähe, was ich wollte (und so geschah das, worum ich ihn damals bat); daß ich doch auf die

---

41 Teresa hebt immer wieder hervor, daß das Eigentliche von Gott kommt; vgl. V 16,4; 19,2; 20.7.9; 21,11; 31,17f; 38,4.

42 Vermutlich las sie dies bei Francisco de Osuna, der in seinem *Tercer Abecedario*, XVI, 5 über den Phönix spricht. Allerdings war dieser Mythos, der schon bei Tacitus und Plinius d. Ä. zu finden ist, damals so verbreitet, daß sie ihn auch an anderer Stelle gefunden haben könnte. In 6M 4,3 wird sie erneut auf ihn anspielen.

43 Siehe V 39,20.

Liebe schauen sollte, die in mir jeden Tag mehr wächst, um ihn zu lieben, denn daran würde ich doch erkennen, daß es nicht der Böse sei;[44] daß ich nicht glauben dürfe, daß Gott zustimme, daß der Böse in den Seelen seiner Diener eine so große Rolle spielte und dir die klare Verstandeseinsicht und innere Ruhe schenken könnte, die du hast. Er gab mir zu verstehen, daß ich schlecht daran täte, es nicht zu glauben, nachdem mir so viele und so gewichtige Personen gesagt hätten, daß es Gott sei.

25. Als ich einmal den Psalm *Quicumque vult*[45] rezitierte, wurde mir so deutlich zu verstehen gegeben, wie es nur einen Gott und drei Personen gibt, daß ich sehr erstaunt war und großen Trost empfand. Es verschaffte mir größten Nutzen, Gottes Größe und seine Wundertaten zu erkennen, und wann immer ich an die Allerheiligste Dreifaltigkeit denke oder die Rede von ihr ist, glaube ich zu verstehen, wie das sein kann, und das beglückt mich sehr.[46]

26. Eines Tages, am Fest der Aufnahme der Königin der Engel[47] und Unserer Lieben Frau in den Himmel,[48] wollte mir der Herr diese Gnade gewähren, daß mir in einer Verzückung ihr Aufstieg in den Himmel gezeigt wurde, und die Freude und Feierlichkeit, mit der sie dort aufgenommen wurde, und der Ort, wo sie weilt. Zu sagen, wie das war, brächte ich nicht fertig. Es war allergrößte Seligkeit, die mein Geist empfand, eine so große Herrlichkeit zu sehen. Es verblieben mir gewaltige Wirkungen, und es nützte mir, um noch mehr nach dem Erleiden von großen Prüfungen zu verlangen, und es blieb ein starkes Verlangen in mir, dieser Herrin zu dienen, da sie es so sehr verdiente.

---

[44] Wie schon in V 28,11 bürgen die positiven Wirkungen für den göttlichen Ursprung einer inneren Erfahrung.
[45] Es handelt sich nicht um einen Psalm, wie Teresa irrtümlich meint, sondern um das sog. „Athanasianische" Glaubensbekenntnis, das damals an bestimmten Tagen während der Prim (Chorgebet am frühen Morgen) rezitiert wurde.
[46] Vgl. V 27,9.
[47] Traditioneller Ehrentitel Mariens.
[48] 15. August.

27. Als ich in einem Kolleg der Gesellschaft Jesu war,[49] und die Brüder dieses Hauses gerade zur Kommunion gingen, sah ich über ihren Köpfen einen sehr kostbaren Baldachin. Das sah ich zweimal. Als andere Personen zur Kommunion gingen, sah ich ihn nicht.

---

[49] Anspielung auf das Kolleg San Gil in Ávila.

*Sie fährt fort mit demselben Thema, dem Bericht
über die großen Gnadengaben, die ihr der Herr gewährt hat. –
Einigen kann man eine ziemlich hilfreiche Lehre entnehmen,
denn wie sie schon gesagt hat,[1] war es,
abgesehen vom Gehorsam, ihre Hauptintention,
die Dinge zu beschreiben, die den Seelen von Nutzen sind. –
Mit diesem Kapitel endet der von ihr
niedergeschriebene Bericht über ihr Leben. –
Möge er dem Herrn zu Ehre gereichen. Amen.*

1. Als ich eines Tages im inneren Beten weilte, war die Beseligung, die ich in meinem Inneren empfand, so groß, daß ich – eines solchen Gutes unwürdig – darüber nachzudenken begann, wie ich es eher verdient hätte, an dem Ort zu weilen, den es, wie ich gesehen hatte, in der Hölle für mich gab; denn wie ich schon gesagt habe, vergesse ich niemals, in welchem Zustand ich mich da erlebte.[2]

Es begann sich meine Seele durch diese Betrachtung noch mehr zu entflammen, und es überkam mich eine derartige Geistesverzückung, daß ich es nicht sagen kann. Mir war, in jene Majestät, die ich andere Male schon erkannt hatte, eingetaucht und von ihr erfüllt zu sein. In dieser Majestät wurde mir eine Wahrheit zu verstehen gegeben, die der Inbegriff aller Wahrheiten ist. Wie, kann ich nicht sagen, weil ich nichts sah.

Man sagte mir, ohne daß ich sah, wer, doch erkannte ich, daß es die WAHRHEIT selbst war: *Es ist nicht wenig, was ich hier für dich tue, sondern es ist eines der Dinge, derentwegen du mir viel verdankst. Denn der ganze Schaden, der der Welt entsteht, besteht darin, daß die Wahrheiten der Schrift nicht in aller Klar-*

---

[1] Siehe V 18,8; 19,3f.

[2] Anspielung auf die in V 32,1–4 beschriebene Höllenvision. Dort hatte sie schon erwähnt, daß es ihr *„unmöglich scheint"*, diese Erfahrung *„zu vergessen, auch wenn ich noch viele Jahre zu leben hätte"* (V 32,1). – Die mystische Erfahrung, von der in diesem Absatz berichtet wird, bildet sozusagen einen Kontrapunkt dazu.

heit erkannt werden. Kein Häkchen von ihr wird vergehen (vgl.
Mt 5,18).

Ich meinte, daß ich das schon immer geglaubt hatte, und
daß alle Gläubigen es glaubten. Er sagte mir: *Ach, Tochter, wie*
wenige lieben mich in Wahrheit! Denn wenn sie mich liebten,
würde ich ihnen meine Geheimnisse nicht verbergen. Weißt du,
was es bedeutet, mich in Wahrheit zu lieben? Zu verstehen, daß
alles, was mir mißfällt, Lüge ist. In aller Klarheit wirst du das,
was du jetzt nicht verstehst, an dem ersehen, was deiner Seele
Nutzen bringt.

2. Und so habe ich es gesehen – der Herr sei gepriesen –, so
daß mir seitdem das, was ich nicht als auf den Dienst des
Herrn ausgerichtet erlebe, so sehr als Nichtigkeit und Lüge vorkommt, daß ich es nicht so zu benennen vermöchte, wie ich es
verstehe, dazu noch das Mitleid, das mir die verursachen, die
ich voller Finsternis in dieser Wahrheit stehen sehe, und vielfachen weiteren Gewinn, den ich hier benennen, und vielfachen,
den ich nicht werde benennen können. Der Herr sagte mir hier
ein besonderes Wort überaus großen Wohlwollens.[3] Ich weiß
nicht, wie das zuging, weil ich nichts sah. Aber ich verblieb danach in einem Zustand, den ich genauso wenig benennen
kann, mit größtem Starkmut, und in aller Wahrhaftigkeit, um
die Heilige Schrift mit all meinen Kräften bis ins kleinste zu erfüllen.[4] Ich glaube, daß sich mir nichts entgegenstellen könnte,
was ich deshalb nicht durchstanden hätte.

3. Es blieb mir, ohne zu wissen wie, noch was, von dieser göttlichen WAHRHEIT, die sich mir darstellte, eine Wahrheit so tief
eingemeißelt, daß mich das eine neue Ehrfurcht vor Gott emp-

---

3 Vgl. V 39,20, wo sie dieselbe Zurückhaltung übt.
4 Ein deutliches Beispiel für die Unaussprechlichkeit der mystischen Erfahrung;
   vgl. auch V 18,14; 20,9; 38,2; 39,26 und viele weitere Stellen. In 6M 10,5f wird
   sie erneut auf die hier angedeutete Erfahrung zu sprechen kommen. – Dies ist
   einer der Texte, in denen Teresa auf der fast ausschließlichen Gültigkeit der
   Hl. Schrift besteht (vgl. V 13,6; 25,13; 32,17; 33,5; 34,11; 40,1), was an Martin
   Luthers *„sola scriptura"*-Prinzip erinnert.

finden läßt, weil sie auf eine Weise, die man nicht benennen kann, von seiner Majestät und Macht Kunde gibt. Ich vermag nur zu erkennen, daß es etwas Großes ist.

Es verblieb mir ein ganz großes Verlangen, nichts als ganz wahre Dinge zu sagen, die über das, worüber hier in der Welt gesprochen wird, hinausgehen, und so begann es mich zu bedrücken, in ihr leben zu müssen.[5] Es hinterließ in mir eine große Zärtlichkeit und Wonne und Demut. Ich glaube, daß der Herr mir hier, ohne daß ich erkenne wie, viel gegeben hat. Dabei verblieb mir kein Verdacht, daß es eine Täuschung gewesen sei. Ich sah nichts, erkannte aber das große Gut, das darin besteht, kein Aufhebens von Dingen zu machen, die nicht dazu da sind, um uns Gott näher zu bringen; und so erkannte ich, was es bedeutet, wenn eine Seele in Wahrheit vor der WAHRHEIT selbst wandelt.[6] Was ich da erkannte, ist, daß der Herr mir zu verstehen gab, daß er die WAHRHEIT selbst ist.[7]

---

5 Erneutes Beispiel für die Spannung zwischen Leben und Sterben, die die ganze *Vida* durchzieht; vgl. V 6,9; 16,4; 17,1; 20,12f; 21,6; 29,8.10.12; 30,20; 33,8; 34,10. Siehe aber auch die Anmerkung zum vorübergehenden Charakter dieser Empfindungen in V 20,12 und vor allem auch die differenziertere Aussage in V 40,20.

6 Diese mystische Erfahrung liegt also der berühmten Definition Teresas der Demut als *„Wandel in der Wahrheit"* (in der eigenen Wahrheit stehen) zugrunde; siehe 6M 10,7.

7 Vgl. diese mystische Erfahrung Gottes als „höchster Wahrheit" mit 6M 10,6–8: Gott ist *„die Wahrheit selbst"* (V 40,3). Das „sieht" sie in einer intellektuellen Vision: *„Ich sah nichts"* (V 40,1.2.3); *„man sagte mir, ohne daß ich sah"* (V 40,1); *„er sagte mir manchmal mit Worten, andere Male ohne Worte einige Dinge mit größerer Klarheit als…"* (V 40,4). Doch obwohl sie nichts „sah", berichtet sie: *„Ich verstand die größten Wahrheiten über diese WAHRHEIT"* (V 40,4); sie blieben „eingemeißelt" (V 40,3); die Vision bringt auch die Erkenntnis von der *„Nichtigkeit der Welt"* mit sich (V 40,3); *„das, was ich nicht als auf den Dienst des Herrn ausgerichtet erlebe, kommt mir so sehr als Nichtigkeit und Lüge vor"* (V 40,2). So ist *„in Wahrheit wandeln"* oder *„Gott in Wahrheit lieben" „zu verstehen, daß alles, was mir mißfällt, Lüge ist."* (V 40,1); *„kein Aufhebens um Dinge zu machen, die nicht dazu da sind, um uns Gott näher zu bringen"* (V 40,3). Eine weitere Auswirkung ist auch *„der größte Starkmut, …um die Heilige Schrift mit all meinen Kräften bis ins kleinste zu erfüllen"* (V 40,2), als Kriterium für die Echtheit ihrer Visionen; *„ich glaube, daß sich mir nichts entgegenstellen könnte, was ich deshalb nicht durchstanden hätte"* (V 40,2); *„große Zärtlichkeit und Wonne und Demut"* (V 40,3). Vgl. auch V 20,29; Ct 318,16; R 1,15. – Man kann sich viel-

4. Alles, was ich gesagt habe, erkannte ich, indem er mir manchmal mit Worten, andere Male ohne Worte einige Dinge mit größerer Klarheit sagte, als wenn sie mir ausdrücklich gesagt worden wären. Ich verstand die größten Wahrheiten über diese WAHRHEIT, besser als wenn mich viele Studierte darüber belehrt hätten.[8] Mir scheint, daß man sie mir in keiner Weise so hätte einprägen können, noch wäre mir die Nichtigkeit dieser Welt so klar zu erkennen gegeben worden.

Diese Wahrheit, von der ich hier sage, daß sie sich mir zu erkennen gab, ist in sich selbst Wahrheit, und sie ist ohne Anfang und Ende, und alle weiteren Wahrheiten hängen von dieser Wahrheit ab, wie auch alle weiteren Arten von Liebe von dieser Liebe und alle weiteren Großartigkeiten von dieser Größe, wobei das dunkel ausgedrückt ist angesichts der Klarheit, mit der es dem Herrn gefiel, es mir zu verstehen zu geben. Und wie zeigt sich hier die Macht dieser Majestät, denn in so kurzer Zeit hinterläßt sie einen solchen Gewinn und so großartige Dinge in der Seele eingeprägt!

Du meine Hoheit und Majestät! Was machst du, mein allmächtiger Herr? Schau, wem du solch erhabene Gnaden gewährst! Erinnerst du dich nicht mehr, daß diese Seele ein Abgrund von Lügen und ein Ausbund von Nichtigkeiten[9] war,

---

leicht vorstellen, wie dieses existentielle Erleben der Wahrheit, von dem Teresa hier berichtet, auf eine Wahrheitssucherin wie Edith Stein gewirkt haben mag, als sie Ende Mai / Anfang Juni 1921 Teresas *Vida* las, die sie sich *bewußt* aus dem Bücherschrank der Reinachs in Göttingen ausgewählt hatte. Sie war ihr nicht, wie immer wieder zu lesen ist, „aufs Geratewohl" im Haus ihrer Freundin Hedwig Conrad-Martius in Bergzabern in die Hände gefallen! Siehe dazu U. Dobhan, *Wahrheitsliebe – eine spirituelle Grundtugend bei Edith Stein und Teresa von Ávila*, in: U. Dobhan – R. Körner, *Einfühlung und Wahrheitsliebe*, 27–52 (28 f.).

8 Erneut betont sie die Überlegenheit des Erfahrungswissens über dem theoretischen Wissen der Gelehrten, über dem als letzte Instanz die Hl. Schrift steht (vgl. V 40,2 mit Anm.); vgl. V 27,9; 28,7. Siehe ferner auch V 30,3 und V 34,12, wo sie „nicht-studierten" Frauen (wie sie selbst) in manchen Fällen eine größere Erfahrungskenntnis zutraut als den studierten Männern.

9 Vgl. V 18,8, wo sie denselben Ausdruck *piélago* (wörtlich: Ozean, abgrundtiefes Meer) verwendet.

und alles durch meine Schuld, denn obwohl du mir eine natürliche Abscheu vor dem Lügen verliehen hast, ließ ich mich selbst in vielen Dingen zur Lüge verleiten? Wie ist das zu ertragen, mein Gott? Wie verträgt sich soviel Wohlwollen und Gnade mit einer, die das so wenig von dir verdient hat?

5. Als ich eines Tages mit allen Schwestern beim Stundengebet war, sammelte sich plötzlich meine Seele und kam mir ganz und gar wie ein klarer Spiegel vor, ohne daß es da rückwärts oder seitlich oder oben oder unten etwas gegeben hätte, das nicht ganz klar gewesen wäre, und in ihrer Mitte stellte sich mir Christus, unser Herr, dar, wie ich ihn für gewöhnlich sehe.[10] Mir schien, ihn an jeder Stelle meiner Seele so deutlich wie in einem Spiegel zu sehen, und sogar dieses Spiegelbild war – ohne daß ich sagen kann, wie – durch eine ganz liebevolle Selbstmitteilung, die ich nicht beschreiben könnte, ganz dem Herrn selbst nachgemeißelt.[11]

Ich weiß, daß mir diese Vision jedes Mal, wenn ich an sie denke, von großem Nutzen war, ganz besonders nach der Kommunion. Es wurde mir zu verstehen gegeben, daß bei einer Seele, die in Todsünde weilt, dieser Spiegel mit dichtem Dunst überzogen und ganz schwarz ist, und so dieser Herr weder dargestellt noch gesehen werden kann,[12] obwohl er immer gegenwärtig ist, da er uns das Sein gibt.[13] Und daß es bei den Häretikern so ist, als sei der Spiegel zerbrochen, was viel schlimmer ist als verdunkelt.[14] Das zu sehen, ist noch ganz anders als es zu sagen, denn es läßt sich nur schwer zu verstehen geben.

---

[10] Also in einer imaginativen Vision, wie sie in V 28,1.3. beschrieben wurde. Vgl. auch V 29,4; 37,4; 39,1 und F 1,8.

[11] Diese Erfahrung, bei der ihr aufging, daß Christus in der Seele lebt, liegt der ganzen *Inneren Burg* zugrunde; siehe 1M 1. Vgl. ferner auch CV 29; R 24 und R 18.

[12] Vgl. 1M 2.

[13] Ähnlich drückt sich auch Johannes vom Kreuz in 2S 5,3 und CB 11,3 aus. Gott bleibt in *jedem* Menschen gegenwärtig, *„nicht nur in den besten und heiligsten, sondern sogar in den bösen und den Sündern"* (CB 11,3).

[14] Erneuter Hinweis, wie sehr die Schreckensmeldungen über die „Häresien" der Reformatoren Teresa innerlich beschäftigt haben; vgl. V 7,4; 21,1; 30,8; 32,6.

Es hat mir viel Nutzen, aber auch viel Leid gebracht wegen der vielen Male, die ich durch vielfache Schuld meine Seele so verdunkelt habe, daß ich diesen Herrn nicht mehr sah.

6. Diese Vision scheint mir nützlich für Menschen, die Sammlung suchen,[15] um ihnen beizubringen, den Herrn im tiefsten Innern ihrer Seele zu betrachten. Das ist nämlich eine Betrachtung, die näher geht und viel fruchtbarer ist, als ihn außerhalb von sich zu betrachten, wie ich bei anderer Gelegenheit schon gesagt habe;[16] auch in einigen Büchern über das innere Beten wird beschrieben, wo man Gott suchen soll.[17] Insbesondere sagt es der glorreiche heilige Augustinus, der ihn weder auf den Plätzen, noch in den Vergnügungen oder sonstwo, wo er ihn suchte, so gefunden hätte, wie in seinem Inneren.[18] Und es ist auch ganz klar, daß das besser ist. Es ist nicht nötig, in den Himmel hinaufzusteigen oder weiter wegzugehen als nur zu uns selbst, denn das bedeutet, den Geist zu ermüden und die Seele abzulenken, noch dazu ohne soviel Frucht.

7. Auf eine Sache möchte ich hier hinweisen, falls jemand davon betroffen wäre. In tiefer Verzückung kommt es vor, daß die Seele nach jener Zeitspanne, in der sie in der Gotteinung ist (sie hält die Seelenvermögen gänzlich aufgesogen, aber das dauert, wie ich schon gesagt habe, nur kurz an[19]), noch gesammelt bleibt und selbst äußerlich nicht wieder zu sich kommen kann, aber die beiden Seelenvermögen der Erinnerung und der Erkenntnis mehr oder weniger im Wahn zurückbleiben, ganz

---

[15] Heute würde man sagen: Für Menschen, die den Weg nach innen gehen wollen. – In CV 28 und CV 29 wird sie diese Übung sehr empfehlen.

[16] Siehe V 9,4–6.

[17] Vermutlich eine Anspielung auf Francisco de Osunas *Tercer Abecedario* (18,1) und Bernardino de Laredos *Subida del Monte Sión* (III, 22 bzw. III, 41).

[18] Anspielung auf die pseudo-augustinianischen *Soliloquien*, 31. Vergleichbare Stellen gibt es aber auch in den *Bekenntnissen* Augustins, etwa in Kap. 10, 27.

[19] Schon in V 18,12 und 20,18 hatte sie gesagt, daß die tiefste Ekstase, in der alle Seelenvermögen außer Kraft gesetzt sind, nur kurz anhält; es folgt darauf aber ein semi-ekstatischer Zustand, in dem es dem Menschen so gehen kann, wie sie nun beschreibt.

irrsinnig. Das, sage ich gerade, kommt manchmal vor, besonders an den Anfängen. Ich denke mir, ob es nicht daher kommt, daß unsere schwache Natur eine solche Geistesgewalt nicht aushalten kann, und die Vorstellungskraft geschwächt wird.[20] Ich hielte es für gut, wenn man dann das innere Beten mit Gewalt abbräche und zu anderer Zeit die versäumte Zeit nachholte, aber nicht auf einmal, weil das sehr böse ausgehen könnte. Davon, und wie ratsam es ist, auf das zu achten, was unsere Gesundheit verkraftet, gibt es Erfahrung.[21]

8. In allem braucht es Erfahrung und einen Lehrmeister,[22] denn wenn eine Seele bis zu diesen Grenzen gelangt ist, werden ihr viele Dinge begegnen, über die sie sich mit jemandem besprechen sollte. Hat sie einen gesucht, aber nicht gefunden, wird ihr der Herr nicht fehlen, hat er doch auch mir nicht gefehlt, wo ich doch die bin, die ich bin. Ich glaube nämlich, daß es nur wenige gibt, die zur Erfahrung so großer Dinge gekommen sind; und wenn diese fehlt, ist es umsonst, Abhilfe zu geben, ohne zu beunruhigen und zu bedrängen. Aber das wird der Herr schon auch bedenken. Darum ist es besser (wie ich das schon andere Male gesagt habe, und vielleicht habe ich schon alles gesagt, was ich gerade sage, nur erinnere ich mich nicht mehr so gut, doch sehe ich, daß es sehr wichtig ist), vor allem wenn es sich um Frauen handelt, es mit dem Beichtvater zu be-

---

[20] „Geschwächt" im Sinne von: Man wird von allen möglichen Vorstellungen überschwemmt. – Einige Ausgaben haben hier noch den Zwischensatz: *Ich weiß, daß es manchen Personen so geht.*

[21] In der Medizin der Zeit spielt das rechte Maß (die „*discretio*") bei allem Tun und Lassen im Leben eine herausragende Rolle. Ein Übermaß im inneren Beten könnte demzufolge ernsthaften Schaden anrichten, solange die schwache menschliche Natur der Gewalt der neuen Erfahrungen nicht gewachsen ist. Im Ernstfall wäre für die geistige Gesundheit zu fürchten. Der herrschenden Lehrmeinung folgend, sieht Teresa gerade Frauen in der Gefahr, einer solchen „Schwäche der Vorstellungskraft" zu erliegen, auch wenn sie ihnen zugleich eine größere Begabung im inneren Beten zuspricht. Teresa hat im Rahmen der zeitgenössischen Vorstellungen eine klare Konzeption von psychischen Auffälligkeiten, die sich an vielen Stellen ihres Werks spiegelt. Vgl. insbesondere F 7–8. (B. Souvignier, *Die Würde des Leibes*, 136–166.) (B. S.)

[22] Vgl. V 4,7.9; 13,6.14.16.19; 14,7; 19,15; 22,3.

sprechen, der aber ein solcher sein sollte.[23] Und es gibt viel mehr Frauen als Männer, denen der Herr diese Gnaden erweist; das habe ich vom heiligen Fray Pedro de Alcántara[24] gehört (und außerdem selbst beobachtet),[25] denn er sagte, daß diese auf diesem Weg viel besser vorankämen als Männer. Dafür gab er auch ausgezeichnete Gründe an, alle zugunsten der Frauen, doch besteht kein Grund, sie hier zu nennen.[26]

9. Als ich eines Tages im inneren Beten weilte, stellte sich mir ganz kurz dar (ohne daß ich etwas Genaues sah, aber es wurde mir dennoch in aller Deutlichkeit gezeigt),[27] wie alle Dinge in Gott zu sehen sind und er sie alle in sich enthält.[28] Das beschreiben zu können, dazu bin ich nicht in der Lage, aber es blieb meiner Seele fest eingeprägt, und es ist eine der großen Gnaden, die mir der Herr erwiesen hat, und eine von denen, die mich am meisten verwirrt und beschämt haben, wenn ich mich dann an die Sünden erinnere, die ich begangen habe.

Ich glaube, wenn der Herr gewollt hätte, daß ich das zu einem anderen Zeitpunkt gesehen hätte, und wenn es diejenigen sähen, die ihn beleidigen, dann hätten sie weder das Herz noch

---

[23] Aufgrund ihrer schlechten Erfahrungen mit Beichtvätern, die eigentlich keine „solchen" waren; d. h. sie verlangt einen mit Erfahrung.

[24] Siehe Anm. zu V 27,3 und ferner V 13,19; 27,16ff; 30,2ff.17; 32,10.13; 34,11.13; 35,2.5; 36,1f.20; 38,32.

[25] Teresa verschanzt sich hinter der damals fast unanfechtbaren Autorität des Pedro von Alcántara und schreibt ihre eigene Erfahrung in Klammern, obwohl es gerade die ist, die sie mitteilen möchte. Ein typisches Beispiel teresianischer „Taktik"!

[26] Erneut reibt Teresa den Theologen unter die Nase, daß Frauen in spirituellen Dingen die größere Erfahrung haben, wofür sie an dieser Stelle sogar die Autorität eines Pedro de Alcántara bemüht; siehe auch V 30,3 und V 34,12. Das ist um so bemerkenswerter, als genau diese Theologen Frauen häufig jede Kompetenz in spirituellen Dingen absprachen. Sogar der von Teresa so geschätzte Francisco de Osuna schrieb in seinem Werk *Norte de Estados*: *„Für die Frau reicht es, eine Predigt zu hören, und ihr, wenn sie mehr will, ein Buch vorzulesen, wenn sie spinnt, und sich der Hand ihres Mannes zu unterstellen"*; zitiert in U. Dobhan, *Gott – Mensch – Welt*, 53.

[27] Es handelt sich also wieder um eine intellektuelle Vision nach Art derer, wie sie in V 27,2 beschrieben wurde.

[28] Vgl. 6M 10,2.

den Mut, es zu tun. Es schien mir, sage ich, ohne jedoch behaupten zu können, daß ich etwas sah, aber etwas muß man wohl sehen, da ich folgenden Vergleich bringen kann;[29] es geschieht aber auf so feine, zarte Weise, daß das Erkenntnisvermögen nicht heranreichen wird, oder aber ich vermag diese Visionen nicht zu verstehen, die nicht nach imaginativen aussehen, und doch muß es in einigen etwas davon geben,[30] nur können es die Seelenvermögen, weil sie ja in Verzückung weilen, nachher nicht so ausprägen, wie es ihnen der Herr dort darstellt und zu genießen geben will.

10. Sagen wir, daß die Gottheit wie ein ganz klarer Diamant ist, viel größer als die ganze Welt, oder wie ein Spiegel, nach Art dessen, was ich von der Seele in jener anderen Vision gesagt habe,[31] nur ist das auf so viel erhabenere Weise der Fall, daß ich es nicht beschreiben könnte; und daß man alles, was wir tun, in diesem Diamanten sieht, weil er so ist, daß er alles in sich enthält, da es nichts gibt, was aus dieser Größe herausfällt. Es war beängstigend für mich, hier in diesem klaren Diamanten in so kurzer Zeit so vieles zugleich zu erblicken und jedes Mal, wenn ich daran denke, äußerst bedrückend zu erleben, daß sich in dieser lauteren Klarheit so häßliche Dinge, wie es meine Sünden waren, darstellten. Und es ist so, daß ich nicht weiß, wie ich das ertragen kann, sobald ich daran denke, und so war ich damals so beschämt, daß ich, so schien mir, nicht wußte, wohin mich verkriechen.

Ach, wer könnte das denen zu verstehen geben, die ganz schändliche und häßliche Sünden begehen, damit sie daran denken, daß diese nicht verborgen sind, und daß Gott sie zu

---

[29] Dieser folgt erst in V 40,10.

[30] Wie auch schon in V 27,2ff zu merken war, fiel es Teresa außerordentlich schwer, die sog. intellektuellen Visionen, bei der sie nichts „sah", aber dennoch eine tiefe und ganz klare intuitive Einsicht gewann, einzuordnen und ihre diesbezüglichen Erfahrungen in Worte zu fassen. Schon in V 27,3 hatte sie geklagt: *„Ich brachte einen Vergleich nach dem anderen, ... aber es gibt für diese Art von Vision nach meinem Dafürhalten schlicht und einfach keinen wirklich passenden."*

[31] Siehe V 40,5.

Recht spürt, denn derart in Gegenwart der Majestät geschehen sie, und so ehrfurchtlos benehmen wir uns vor ihm!

Ich sah, wie sehr man wegen einer einzigen Todsünde die Hölle verdient, denn man kann gar nicht begreifen, wie äußerst schwerwiegend es ist, sie in Gegenwart einer so hohen Majestät zu begehen, und wie sehr solche Dinge außerhalb dessen liegen, wer er ist. So erkennt man besser sein Erbarmen, denn obwohl wir das alles erkennen, erträgt er uns.[32]

11. Das hat mich zu folgender Betrachtung angeregt: Wenn eine Erfahrung wie diese die Seele so entsetzt zurückläßt, was wird dann am Tag des Gerichts sein, wenn diese Majestät sich uns in aller Klarheit zeigt (Mt 25,31), und wir die Beleidigungen sehen, die wir ihm zugefügt haben? O mein Gott, was für eine Blindheit ist das, in der ich steckte! Oftmals habe ich mich über das entsetzt, was ich hier niedergeschrieben habe. Wundern sich Euer Gnaden[33] nicht, es sei denn darüber, wie ich noch lebe, wenn ich solche Dinge sehe und dann mich betrachte. Er sei für immer gepriesen, der soviel von mir ertragen hat!

12. Als ich eines Tages in tiefer Sammlung, Zärtlichkeit und Ruhe im inneren Beten war, schien mir, als wäre ich von Engeln umgeben und ganz nahe bei Gott. Ich begann, Seine Majestät für die Kirche zu bitten. Da gab man mir zu verstehen, wie sehr sich in diesen letzten Zeiten ein gewisser Orden als nützlich erweisen würde, und mit welchem Starkmut seine Mitglieder den Glauben stärken sollten.[34]

---

[32] Wie schon in V 32,2–4 verbindet Teresa auch hier wieder den Gedanken an die Schwere der menschlichen Schuld sofort mit dem des unendlichen göttlichen Erbarmens. Es geht ihr niemals um Angstmacherei, sondern sie möchte die Größe des Erbarmens Gottes, aber freilich auch die ernste Verantwortung des Menschen vor diesem großen Gott herausstellen.

[33] García de Toledo.

[34] Jerónimo Gracián denkt hier an den Dominikanerorden, Francisco de Ribera an die Jesuiten, noch andere halten es für möglich, daß die Karmeliten gemeint sind; vgl. T. Álvarez, *Pleito sobre visiones*.

13. Als ich eines Tages vor dem Allerheiligsten Sakrament betete, erschien mir ein Heiliger, dessen Orden ein wenig in Verfall geraten war. Er hielt ein großes Buch in den Händen, schlug es auf und sagte mir, einige Worte zu lesen, die groß und gut leserlich darin standen und so lauteten: *In kommenden Zeiten wird dieser Orden blühen; es wird dort viele Märtyrer geben.*[35]

14. Ein anderes Mal, als ich gerade im Chor bei der Matutin[36] war, zeigten sich mir und traten mir sechs oder sieben – ich meine, so viele wären es gewesen – aus diesem Orden vor Augen, mit Schwertern in den Händen. Ich denke, damit wird klar gemacht, daß sie den Glauben verteidigen sollen. Ein anderes Mal nämlich, als ich gerade beim inneren Beten war, wurde mein Geist entrückt: Mir schien, als wäre ich auf einem weiten Feld, wo viele miteinander kämpften, und die aus diesem Orden kämpften mit großer Begeisterung. Sie hatten schöne Gesichter, ganz entflammt, und warfen viele besiegt zu Boden, andere töteten sie. Es kam mir als Kampf gegen die Häretiker vor.[37]

15. Diesen glorreichen Heiligen[38] habe ich ein paarmal gesehen. Er hat mir einiges gesagt und für das Gebet gedankt, das

---

[35] Gracián denkt erneut an den hl. Dominikus und die Dominikaner. Andere glauben jedoch, daß der hl. Albert von Trapani (Sizilien), ein karmelitanischer Heiliger aus dem 13. Jahrhundert, und damit der Karmelorden gemeint ist; vgl. T. Álvarez, *Pleito sobre visiones.*

[36] Nächtliches Chorgebet.

[37] Erneute Anspielung auf die Glaubenskämpfe des 16. Jahrhunderts; siehe auch V 7,4; 21,1; 30,8; 32,6; 40,5. Über diese kämpferische Sprache sollten wir uns nicht wundern, sie entspricht der damaligen Zeit und Mentalität, der sich auch Teresa nicht ganz entziehen konnte. Vgl. aber dazu, was sie in CV (CE) 3,1 schreibt: *„Als ich diese großen Übel sah, wo menschliche Kräfte nicht ausreichen, um dieses Feuer einzudämmen (auch wenn man den Anspruch erhoben hat, Leute zusammenzubringen, als könnten sie mit Waffengewalt diesem so großen Übel, das so sehr vorangeht, abhelfen)…"* Damit erweist sich Teresa als ihrer Zeit weit voraus. Die von ihr daraufhin eingesetzten „Waffen" sind anderer Art.

[38] Gracián notiert erneut: *„der hl. Dominikus",* doch könnte auch Albert von Trapani gemeint sein; siehe oben V 40,13.

ich für seinen Orden verrichte, und versprochen, mich dem Herrn zu empfehlen. Ich nenne die Orden nicht (wenn der Herr will, daß man es erfährt, wird er sie schon bekanntmachen), damit sich andere nicht gekränkt fühlen. Es sollte aber jeder Orden, oder jedes Mitglied von ihnen für sich dafür sorgen, daß der Herr seinem jeweiligen Orden durch seine Mithilfe zu einem solchen Glück verhilft, daß sie ihm in der großen Not, die die Kirche heutzutage durchmacht,[39] dienen. Glücklich, die dafür ihr Leben verlieren!

16. Einmal bat mich jemand, Gott zu bitten, ihn erkennen zu lassen, ob er ihm mit der Übernahme eines Bistums einen Dienst erwiese. Nach der Kommunion sagte mir der Herr: *Falls er in aller Wahrheit und Deutlichkeit erkennt, daß die wahre Herrschaft darin besteht, nichts zu besitzen, dann kann er es übernehmen.* Damit gab er zu verstehen, daß einer, der geistliche Würden erhalten soll, sehr frei davon sein sollte, sich das zu wünschen oder zu wollen, oder zumindest, es anzustreben.[40]

17. Diese und viele weitere Gnaden hat der Herr dieser Sünderin[41] erwiesen und erweist sie ihr unablässig, aber mir scheint,

---

[39] Erneute Anspielung auf die Reformation und die damit verbundenen Glaubenskämpfe.

[40] Nach Gracián ist der Inquisitor Francisco de Soto y Salazar gemeint. Er war Inquisitor in Córdoba, Sevilla und Toledo, wurde aber erst 1575 Bischof von Salamanca, nachdem er bereits 1571 für den Bischofsstuhl von Segorbe vorgeschlagen worden war. Als er um 1562 auf der Durchreise in Ávila weilte, riet er Teresa, einen ausführlichen Lebensbericht zu verfassen und ihn zur Begutachtung an Juan de Ávila zu schicken; siehe R 4,6. Er starb im Jahr 1578. – Allerdings erscheint die Annahme, daß hier wirklich Soto gemeint ist, problematisch angesichts der Tatsache, daß dieser erst nach 1570 für einen Bischofsstuhl vorgeschlagen wurde, während Teresa die *Vida* 1565 oder spätestens 1566 beendete. Daher sind von modernen Historikern auch andere Namen vorgeschlagen worden, etwa Gregorio Gallo aus Salamanca, der 1564 zum Bischof von Orihuela ernannt wurde, oder auch Bartolomé de Torres, der 1566 für den Bischofsstuhl der Kanarischen Inseln vorgeschlagen wurde. Von letzterem weiß man, daß er unschlüssig war, ob er die Ernennung annehmen sollte, und unter anderem Francisco de Borja um Rat anging. Siehe E. Llamas, *Bartolomé de Torres, teólogo y obispo de Canarias*, 323–337.

[41] Die Autorin selbst.

daß es keinen Grund gibt, sie hier zu erwähnen; denn aus dem Gesagten kann man meine Seele und den Geist, den mir der Herr verliehen hat, erkennen. Er sei für immer gepriesen, da er so gut für mich gesorgt hat.

18. Um mich zu trösten, sagte er mir einmal (und zwar mit großer Liebe), daß ich mich nicht grämen sollte, denn in diesem Leben könnten wir nicht immer in derselben Verfassung sein.[42] Manchmal hätte ich Begeisterung, andere Male wäre ich ohne sie, manchmal in Unruhe, andere Male ruhig und mit Versuchungen, doch solle ich auf ihn hoffen und keine Angst haben.

19. Eines Tages machte ich mir Gedanken, ob es Anhänglichkeit sei, wenn es mich beglückte, mit den Menschen zusammenzusein, mit denen ich mich über meine Seele bespreche und zu denen ich Liebe empfand, und auch mit denen, die ich als große Diener Gottes erlebe, denn bei ihnen fühlte ich mich getröstet. Da sagte er mir, daß es keine Tugend wäre, wenn ein Kranker, der in Todesgefahr schwebte, glaubt, daß ein Arzt ihm die Gesundheit wiedergibt, aber ihm den Dank versagte und ihn nicht liebt;[43] und was hätte ich denn getan, wenn es nicht durch diese Menschen gewesen wäre? Und daß das Gespräch mit Guten mir nicht schadete, aber meine Worte sollten immer abgewogen und heilsam sein, und daß ich nicht aufhören solle, mich mit ihnen zu besprechen, denn das wäre eher vorteilhaft als schädlich. Das tröstete mich sehr, denn manchmal wollte

---

42 Vgl. auch V 30,16.

43 Teresa kennt, nutzt und schätzt die begrenzten Hilfsmöglichkeiten der zeitgenössischen Medizin und zeigt sich darin sehr bewandert. Überall in ihrem Werk zeigt sich ihre Vertrautheit mit den Therapien der Zeit, wenngleich sie sich immer als gut informierte medizinische Laiin erweist. Die Wertschätzung, die sie Ärzten entgegenbringt, zeigt sich exemplarisch in diesem Vergleich. Teresa macht bei vielen Gelegenheiten deutlich, daß sie zunächst auf „naturwissenschaftlich begründete" Hilfsmittel vertraut. Für ihre Zeit, in der Krankheit häufig noch als Werk finsterer Mächte gesehen und mit Hilfe magischer Praktiken oder der Hoffnung auf ein Heilungswunder „behandelt" wird, beweist sie damit ein ungewöhnliches Maß an Nüchternheit. (B. Souvignier, *Die Würde des Leibes*, 65–127.) (B. S.)

ich schon ganz aufhören, mich mit ihnen zu besprechen, da es mir als Anhänglichkeit vorkam.[44]

In allem gab mir dieser Herr Ratschläge; er sagte mir sogar, wie ich mit den Schwachen und mit bestimmten Menschen umgehen sollte. Nie vernachlässigt er mich.

20. Manchmal bin ich niedergeschlagen, wenn ich mich so untauglich in seinem Dienst erlebe, und sehe, daß ich gezwungen bin, mehr Zeit als ich möchte auf einen so schwachen und erbärmlichen Leib, wie es meiner ist, zu verwenden. Ich weilte einmal im inneren Gebet, als die Stunde kam, um schlafen zu gehen. Da hatte ich ziemlich starke Schmerzen und mußte mich noch, wie gewohnt, zum Erbrechen bringen.[45] Als ich mich so erlebte, gebunden an mich selbst, und andererseits den Geist mit dem Wunsch nach Zeit für sich, fühlte ich mich so niedergeschlagen, daß ich in Tränen ausbrach und am Boden zerstört war.

Das ist nicht nur einmal, sondern – wie ich eben sage – oftmals der Fall, so daß es mich, wie mir scheint, gegen mich selbst aufbrachte und ich mich dann richtiggehend verabscheue. Doch ist es nicht der Normalfall, so über mich zu denken, daß ich mich verabscheue oder es an dem mangeln lasse, was ich für mich als notwendig betrachte. Und gebe der Herr, daß ich nicht oftmals mehr nehme, als notwendig ist, denn das werde ich bestimmt tun.

Bei diesem Mal, von dem ich spreche, als ich so bedrückt war, erschien mir der Herr und verwöhnte mich sehr. Er sagte mir, daß ich diese Dinge aus Liebe zu ihm tun und durchstehen sollte, da mein Leben jetzt noch notwendig sei. Und so

---

[44] Erneuter Hinweis auf Teresas Umgang mit ihrem emotionalen Dilemma, das sich aus ihrem sehr liebesfähigen und liebesbedürftigen Naturell ergab, aber mit Sicherheit durch die Warnungen der *contemptus mundi*-Literatur vor zu großer „Anhänglichkeit" verschärft wurde: Schließt die innige Freundschaft mit Christus menschliche Freundschaften aus bzw. unter welchen Bedingungen ist menschliche Zuneigung im Sinne Gottes und wo wird sie zu einer ungesunden Abhängigkeit? Vgl. auch V 24,5f und V 37,4 mit den dortigen Anm.

[45] Siehe V 7,11 mit der dortigen Anm. und ferner R 26,2.

habe ich mich, glaube ich, nie wieder bedrückt gefühlt, seit ich entschlossen bin, diesem meinem Herrn und Tröster mit all meinen Kräften zu dienen;[46] denn auch wenn er mich ein bißchen leiden ließ, tröstete er mich doch so, daß der Wunsch nach Prüfungen nichts ist.

Und so glaube ich, jetzt keinen anderen Grund mehr zu haben, um weiterzuleben, als nur dies, und das ist es, worum ich Gott mit mehr Nachdruck bitte. Manchmal sage ich mit ganzer Bereitschaft zu ihm: „Herr, entweder sterben oder leiden;[47] um etwas anderes bitte ich dich für mich nicht." Es tröstet mich, die Uhr schlagen zu hören, weil ich glaube, ich komme der Anschauung Gottes ein klein bißchen näher, sobald ich sehe, daß wieder eine Stunde in meinem Leben vorbei ist.

21. Andere Male bin ich in einem Zustand, daß es mich weder bedrückt zu leben, noch glaube ich, Verlangen nach dem Sterben zu haben, sondern ich bin aufgrund von großen Prüfungen in einer solchen Lauheit und Dunkelheit in allem, wie ich schon gesagt habe, daß ich sie oft empfinde, [48] und auch, weil es dem Herrn gefallen hat, daß diese Gnaden, die mir Seine Majestät erweist, öffentlich bekannt würden, wie er mir vor einigen Jahren schon gesagt hatte, daß es geschehen würde.[49] Das machte

---

[46] Jetzt beginnt sie also für sich einen Weg zu finden, mit der Spannung zwischen ihrer Sehnsucht nach Gott und den konkreten Bedürfnissen dieses Lebens bzw. ihres kranken Leibes, die das ganze Leben durchzieht (vgl. etwa V 6,9; 16,4; 17,1; 20,12f; 21,6; 29,8.10.12; 30,20; 33,8; 34,10), umzugehen: Sie begreift, daß das Entscheidende die Verfügbarkeit für Gott im Hier und Jetzt ist; um diese zu ermöglichen, ist es nötig, auf ihre leiblichen Bedürfnisse zu achten. Vgl. auch 7M 3,6f.

[47] Damit ist keine masochistische Verherrlichung des Leidens gemeint, wie diese Maxime in der Vergangenheit oft gedeutet wurde. Es geht vielmehr um die Spannung zwischen der Sehnsucht nach der endgültigen Begegnung mit Gott nach dem Tod und der Bereitschaft, sich in diesem Leben für ihn einzusetzen, was – zumal bei Teresas prekärem Gesundheitszustand – automatisch Leiden und Nöte mit sich brachte; vgl. auch die Variante in V 40,23, wo die Alternative eindeutiger heißt: sterben oder dem Herrn dienen. Um diese Worte richtig zu verstehen und anzuwenden, ist außerdem ihr „Sitz im Leben" Teresas zu berücksichtigen.

[48] Vgl. V 30,8ff.

[49] Siehe V 31,13.

mich sehr niedergeschlagen, und wie Euer Gnaden[50] wissen, habe ich bis heute nicht wenig durchgemacht, weil jeder es so auffaßt, wie es ihm paßt. Es war mir ein Trost, daß es nicht durch meine Schuld geschah. Denn ich war sehr und sogar übertrieben auf der Hut, es niemandem als nur meinen Beichtvätern oder Menschen zu sagen, von denen ich wußte, daß sie es von ihnen wußten; und nicht aus Demut, sondern weil es mich, wie ich gesagt habe,[51] sogar bedrückte, es selbst den Beichtvätern zu sagen.

Jetzt macht mir das alles – gottlob! – nur noch sehr wenig aus, auch wenn sie viel über mich lästern, sogar aus heiligem Eifer, und andere Angst haben, mit mir zu sprechen oder auch nur meine Beichte zu hören, und wieder andere mir vieles nachsagen, da ich erkenne, daß der Herr auf diesem Weg vielen Seelen hat helfen wollen. (Das habe ich nämlich deutlich gesehen, und ich denke auch daran, wie viel der Herr für eine einzige durchgemacht hat.)

Ich weiß nicht, ob dazu beiträgt, daß mich Seine Majestät in dieses so abgeschlossene Winkelchen[52] gebracht hat, wo ich doch schon gedacht hatte, daß man sich – wie bei etwas, was tot sei –, nicht mehr an mich erinnern würde. Aber das geschah nicht in dem Maße, wie ich es mir wünschte, denn notgedrungen muß ich mit manchen Menschen sprechen. Da ich aber nirgends zu finden bin, wo man mich sieht, scheint es, als hätte es dem Herrn gefallen, mich in einen Hafen zu bringen, der, wie ich zu seiner Majestät hoffe, sicher sein wird,

[22] weil ich ja schon aus der Welt draußen und unter wenigen, heiligen Gefährtinnen bin.[53] Ich schaue gleichsam von oben herunter, und es macht mir herzlich wenig aus, was sie sagen, noch was man weiß. Für wichtiger hielte ich es, wenn

---

[50] García de Toledo.
[51] Siehe V 26,4 und V 38,1.
[52] Das Kloster San José.
[53] Erneut zeigt sich an dieser Stelle, daß ihre Entscheidung für die strenge Abgeschlossenheit von San José vor allem von der Sehnsucht motiviert war, ungestört und ohne Einmischung von außen ihren Weg gehen zu dürfen.

eine Seele ein Quentchen Nutzen davon hätte, als alles, was man von mir sagen kann. Denn seit ich hier bin, hat es dem Herrn gefallen, daß alle meine Wünsche darauf hinauslaufen. Und er hat mein Leben zu einer Art Traum gemacht, so daß ich fast immer den Eindruck habe, daß ich das, was ich erlebe, nur träume;[54] weder Glück noch Schmerz, die der Rede wert wären, sehe ich in mir. Wenn mir manche Dinge den verursachen, geht er so schnell vorbei, daß ich mich wundere, und es hinterläßt das Gefühl, als hätte ich es nur geträumt.

Und das ist die ganze Wahrheit, denn auch wenn ich mich nachher noch gern über dieses Glücksgefühl freuen oder über diesen Schmerz betrüben wollte, liegt das nicht in meiner Hand, sondern es wäre so, wie wenn ein vernünftiger Mensch Schmerz oder Beseligung über einen Traum empfände, den er hatte. Der Herr hat meine Seele nämlich schon aus allem aufgeweckt, was mich sehr betroffen gemacht hatte, als sie für die Dinge der Welt noch nicht aufs Sterben eingestellt oder tot war; und Seine Majestät möchte nicht, daß sie wieder blind wird.

* * *

23. Auf diese Weise lebe ich jetzt, mein Herr und mein Vater.[55] Flehen Euer Gnaden Gott an, daß er mich entweder zu sich nehme oder mir verleihe, ihm zu dienen.[56] Möge es Seiner Majestät gefallen, daß das hier Niedergeschriebene Euer Gnaden ein wenig nützt; denn wegen des Zeitmangels[57] war es mit

---

[54] Vgl. V 16,6 und V 38,7.

[55] Erneut ist García de Toledo gemeint, den sie hier wegen seiner adeligen Herkunft als „Herr" anspricht, allerdings verbunden mit dem vertraulicheren „padre mío" („mein Vater"). – Teresa schreibt dies im Alter von etwa fünfzig Jahren; nach allem, was sie innerlich und äußerlich durchgemacht hat, sie ist zu einer großen spirituellen und psychologischen Reife und Abgeklärtheit gelangt.

[56] Eine Variante der Maxime „sterben oder leiden", wie sie in V 40,20 zu finden war.

[57] Vgl. V 10,7; 14,8; 39,17.

Mühe verbunden. Aber es wäre eine glückselige Mühe, wenn es mir gelungen wäre, etwas zu sagen, wofür der Herr auch nur ein einziges Mal gepriesen würde, denn damit hielt ich mich für belohnt, sogar wenn Euer Gnaden es gleich verbrennen sollten.[58]

24. Es wäre mir aber nicht recht, daß das geschähe, ohne daß es die drei Personen zu Gesicht bekommen, von denen Euer Gnaden weiß, denn sie sind und waren meine Beichtväter.[59] Denn wenn es schlecht geraten ist, dann ist es gut, daß sie ihre gute Meinung, die sie von mir haben, aufgeben; wenn aber gut, dann weiß ich, daß sie als gute und studierte Männer wissen, wo es herkommt, und den preisen, der es durch mich gesagt hat.

Seine Majestät möge Euer Gnaden immer an seiner Hand halten und Euch zu einem so großen Heiligen machen, daß Ihr mit Eurem Geist und Licht dieses armselige, wenig demütige, dafür sehr dreiste Geschöpf erleuchtet, das es gewagt hat, sich zum Schreiben von solch erhabenen Dingen zu entschließen. Gebe der Herr, daß ich dabei nicht in die Irre gegangen bin, da ich doch die Absicht und den Wunsch hatte, es recht zu machen und zu gehorchen, und daß dem Herrn durch mich ein wenig Lob zuteil würde, denn das ist es, worum ich ihn seit vielen Jahren anflehe. Da mir dazu die Werke fehlen, habe ich mich erdreistet, über dieses mein zerfahrenes Leben zu berichten, auch wenn ich nicht mehr Sorgfalt und Zeit darauf verwendet habe, als notwendig war, um es zu beschreiben; vielmehr habe ich nur mit aller Schlichtheit und Wahrhaftigkeit, zu denen ich fähig war, aufgeschrieben, was mir widerfahren ist.

Möge es dem Herrn gefallen – denn er ist mächtig, und was er will, das kann er –, daß es mir in allem gelinge, seinen Wil-

---

58 Vgl. V 7,22; 10,7; 16,8; 21,4; epíl 2.
59 Einer dieser drei ist auf jeden Fall Domingo Báñez, die beiden anderen sind vermutlich Baltasar Álvarez und Gaspar de Salazar oder aber Gaspar Daza. Außerdem sollte das Buch in die Hände des Juan de Ávila gelangen.

len zu tun, und möge er nicht zulassen, daß diese Seele, die Seine Majestät mit so vielen Kunstgriffen und Taktiken so oft aus der Hölle geholt und an sich gezogen hat, verloren gehe. Amen.[60]

---

[60] Dem aufmerksamen Leser wird nicht entgangen sein, daß Teresas Bericht in V 38–40, nach den sehr engagierten Äußerungen in V 37, irgendwie abflaut, und sie beginnt, von „großen Gnadengaben" zu berichten. Entgegen einer immer wieder anzutreffenden Meinung sind diese nicht die Hauptsache bei ihr, auch wenn sie am Schluß stehen. Ihre wichtigsten Anliegen sind es vielmehr, die Menschen zum inneren Beten zu bringen und zur echten Demut, d. h. daß sie alles als unverdiente Gnade Gott zuschreiben, sich selbst aber nichts. Der Bericht über die verschiedenen Visionen wird verständlich, wenn wir an die ständigen Verdächtigungen und Angriffe denken, denen sie als spirituelle Frau und *Conversa* ausgesetzt war. Sie möchte damit sagen: Trotz allem sind meine Erfahrungen echt! Ich werde nicht vom bösen Geist getäuscht! So sagt sie mit Recht: *„Auf diese Weise lebe ich jetzt…"* (V 40,23).

NACHWORT[1]

JHS[2]

1. Der Heilige Geist sei mit Euer Gnaden allezeit! Amen.[3]

Es wäre nicht schlecht, Euer Gnaden diesen Dienst[4] ans Herz zu legen, um Euch zu verpflichten, mich mit großer Sorgfalt unserem Herrn zu empfehlen, denn bei dem, was ich dabei durchgemacht habe, wenn ich mich hier beschrieben sehe und mir meine so großen Erbärmlichkeiten in Erinnerung rufe, könnte ich das gut tun. Allerdings darf ich wahrheitsgemäß sagen, daß es mich mehr bedrückt hat, die mir vom Herrn gewährten Gnaden zu beschreiben als die Beleidigungen, die ich Seiner Majestät zugefügt habe.

2. Ich habe das, was mir Euer Gnaden auftrug, nämlich weit auszuholen, erfüllt,[5] unter der Bedingung, daß Euer Gnaden auch tun, was Ihr mir versprochen habt, nämlich zu zerreißen, was Euch schlecht erscheint.[6] Ich war noch nicht fertig, um es nach dem Schreiben noch einmal durchzulesen, als Euer Gnaden danach schicken ließen. Es mag sein, daß manches schlecht erklärt und anderes zweimal gesagt ist, denn die Zeit war so knapp, daß ich nicht noch einmal durchlesen konnte, was ich geschrieben hatte. Inständig bitte ich Euer Gnaden, es

---

[1] Dieses Nachwort in Form eines Begleitschreibens ist aller Wahrscheinlichkeit nach an den Hauptadressaten des ganzen Werkes, P. García de Toledo, gerichtet. Dieser war es ja, der sie aufgefordert hatte, *„nichts auszulassen"* (V 30,22), und der sie auch jetzt drängt, ihm das fertige Manuskript möglichst bald zu überlassen (siehe epíl 2). Gegen die von Isabel de Santo Domingo beim Seligsprechungsprozeß geäußerte Ansicht, es handle sich beim Adressaten um Gaspar Daza, der 1564 den Auftrag erhielt, das Buch an Juan de Ávila zu schicken, spricht der Inhalt des Briefes. – Wie aus der Datierung am Schluß sowie aus einer Anmerkung des Dominikaners Domingo Báñez hervorgeht, handelt es sich um das Begleitschreiben zur ersten Fassung (Juni 1562).

[2] Siehe V pról mit der dortigen Anm.

[3] Dieser feierliche Gruß knüpft an liturgische Grußformeln an.

[4] Die Tatsache, daß er seinen Auftrag erfüllt und ihr Leben beschrieben hat.

[5] Siehe V 30,22 und ferner V 10,8; 37,1.

[6] Siehe V 7,22; 10,7; 16,8; 21,4; 36,29.

zu verbessern und eine Abschrift anfertigen zu lassen, wenn es zum Pater Magister Ávila gebracht werden sollte, weil es sein könnte, daß jemand meine Handschrift kennt.[7] Ich wünsche mir sehr, daß der Auftrag erteilt werde, auf welchem Weg er es zu Gesicht bekommen soll, denn mit dieser Absicht begann ich es zu schreiben.[8] Denn wenn ihm scheint, daß ich einen guten Weg gehe, werde ich mich sehr getröstet fühlen, weil es nichts mehr gibt, was ich aus eigener Kraft noch tun kann. In allem machen es Euer Gnaden so, wie es Ihnen gut scheint und Ihr seht, daß Ihr es einem Menschen schuldet, der Euch derart seine Seele anvertraut.

3. Eure Seele werde ich mein ganzes Leben lang unserem Herrn anempfehlen. Beeilt Euch deshalb, um mir einen Gefallen zu tun, Seiner Majestät zu dienen, denn aus dem Beiliegenden werden Euer Gnaden ersehen, wie gut man sich einsetzt, wenn man sich ganz dem hingibt, der sich uns ohne Maß hingibt, womit Euer Gnaden ja schon begonnen haben.

4. Er sei für immer gepriesen, denn ich hoffe auf sein Erbarmen, daß wir uns einst dort sehen, wo Euer Gnaden und ich deutlicher sehen werden, welche Großtaten er an uns getan hat, und ihn für immer und ewig loben. Amen.

Dieses Buch wurde im Juni des Jahres 1562 beendet.[9]

---

[7] Erneut ist sie um absolute Anonymität bemüht. In Wirklichkeit sollte García de Toledo jedoch keine Abschrift, sondern das Original an den großen andalusischen Meister, Juan de Ávila, schicken.

[8] Das bezieht sich auf die zweite Fassung, die einzige, die auf uns gekommen ist. Der Gedanke, *„einen ausführlichen Bericht über alles"* an Juan de Ávila zu schicken, stammt vom Inquisitor Francisco de Soto y Salazar, der ihr dies 1562 oder 1563 vorschlug, also nachdem die erste Fassung bereits abgeschlossen war und mehrere Jahre vor der Entstehung der zweiten Fassung.

[9] Diese Datierung wurde erst später von der Autorin ergänzt. Es folgt eine Anmerkung von Domingo Báñez: *„Dieses Datum bezieht sich auf das erste Mal, als Mutter Teresa von Jesus dies ohne Kapiteleinteilung schrieb. Später fertigte sie diese Abschrift an, in der sie vieles ergänzte, was sich nach diesem Datum zugetragen hat, wie etwa die Gründung des Klosters San José zu Ávila, wie auf Seite 169 zu ersehen ist. L. Fray Domigo Báñez."* – Der erste Herausgeber Fray Luis de León verknüpfte diese Anmerkung mit dem Text Teresas, indem er einige

Details änderte und die Unterschrift wegließ. – Im Autograph folgt noch ein sechsseitiges positives Gutachten von P. Báñez, das er im Jahr 1575 aufgrund einer Denunziation durch die Prinzessin Éboli, Ana de Mendoza, und einige weitere Personen für den Inquisitionsrat erstellte. Bei seiner Zeugenaussage vor dem bischöflichen Gericht von Salamanca im Vorfeld des Seligsprechungsprozesses im Jahr 1590 protestierte er ausdrücklich gegen die Tatsache, daß dieses Gutachten in der 1588 in Salamanca erschienenen Erstausgabe der Werke Teresas nicht enthalten war. Wir lassen es hier folgen.

GUTACHTEN VON P. DOMINGO BÁÑEZ
IM AUTOGRAPH DER VIDA[1]

Ich habe dieses Buch, in dem Teresa von Jesus, Karmelitin und Gründerin der Unbeschuhten Karmelitinnen, um von ihren Beichtvätern unterrichtet und geleitet zu werden, in aller Einfachheit über alles berichtet, was in ihrer Seele vor sich geht, mit großer Aufmerksamkeit durchgesehen. Und in dem ganzen Werk habe ich nichts entdeckt, was meinem Urteil nach eine schlechte[2] Lehre wäre. Im Gegenteil, es enthält viele sehr erbauliche Lehren und viel Weisung für Menschen, die inneres Beten halten. Denn ihre große Erfahrung, ihr Unterscheidungsvermögen und ihre Demut, insofern sie bei ihren Beichtvätern immer Licht und theologische Unterweisung gesucht hat, lassen es ihr gelingen, so über Gebetserfahrungen zu spre-

---

[1] Dieses Gutachten wurde vom zentralen Inquisitionsgericht von Toledo angefordert. Schon zuvor hatte sich Báñez mündlich positiv zur *Vida* geäußert; siehe CE/CV pról 1 und CE 73,6. Nun wurde das Buch ihm offiziell vom Inquisitionsgericht von Madrid übergeben, das es aufgrund mehrerer Anzeigen beschlagnahmt hatte. Zu dem Zeitpunkt, als Báñez dieses Gutachten anfertigte, befand sich Teresa in Sevilla, wo sie ein Kloster gegründet hatte. In dieser Zeit sollte sie beim Inquisitionsgericht von Sevilla angezeigt werden. Aufgrund dieser letzten Anzeige schrieb sie einem Konsultor des Inquisitionsgerichtes von Sevilla, P. Rodrigo Álvarez: *„Es ist ein Gewaltstreich, was mit dem passiert ist, was sie [= sie selbst] geschrieben hat… Ihre Niederschrift übergab sie dem P. Magister Fray Domingo Báñez, der in Valladolid weilt… Sie glaubt, daß er sie dem Heiligen Offizium von Madrid vorgelegt hat."* (zitiert in: T. Álvarez, *Nota histórica.* Anexo al volumen II del *Libro de la Vida* [Faksimile-Ausgabe], 621.) In einem *Gewissenbericht* heißt es dann: *„Er [Báñez] hat es dem Heiligen Offizium von Madrid vorgelegt"* (R 4,12f). – Trotz des positiven Grundtons dieses Gutachtens und ungeachtet der berechtigten Vorsicht gegenüber paramystischen Phänomenen merkt man ihm doch die typischen Vorbehalte eines *letrado* („Studierten") gegen die *espirituales* („Spirituellen") an. Anders als Luis de León, der das Werk 1587 in einem Gutachten für den Königlichen Rat als *„äußerst nützlich für alle Leser"* (T. Álvarez, ebd., 633) bezeichnet und sich nicht scheut, es ein Jahr später zu veröffentlichen, bleibt Báñez sehr restriktiv: Es soll nur in die Hände von *„gebildeten und mit christlicher Erfahrung und Unterscheidungsgabe ausgestatteten Männern"* gelangen. – Dieses Gutachten befindet sich am Schluß des Autographs der *Vida*; es wurde jedoch nicht mitveröffentlicht von Luis de León. Wir übersetzen aus den *Obras Completas*, hg. A. Barrientos, Madrid [5]2000.

[2] Im Sinne von „unorthodox".

chen, wie es manchmal mangels Erfahrung nicht einmal den sehr Gebildeten gelingt.

Nur gibt es in diesem Buch eines, was man beanstanden könnte, und zwar mit Recht, aber es genügt, das sehr genau zu prüfen: Es enthält nämlich viele Offenbarungen und Visionen, die immer sehr bedenklich sind – besonders bei Frauen, die leichter zum Glauben neigen, daß sie von Gott kommen, und die Heiligkeit darauf verlegen –, wo sie doch nicht darin besteht. Im Gegenteil, man soll sie für Menschen, die nach der Vollkommenheit streben, als gefährliche Prüfungen betrachten, denn der Satan hat die Gewohnheit, sich in einen Engel des Lichts zu verwandeln und neugierige und wenig demütige Seelen zu täuschen, wie es sich in unseren Zeiten gezeigt hat. Doch dürfen wir deshalb noch keine allgemeine Regel daraus machen, daß alle Offenbarungen und Visionen vom Bösen sind. Denn wäre es so, dann würde der hl. Paulus nicht behaupten, daß sich der Satan in einen Engel des Lichts verwandelt, wenn uns der Engel des Lichts nicht doch so manches Mal erleuchtete.[3]

Es gibt heilige Männer, die Offenbarungen gehabt haben, und auch heilige Frauen, nicht nur in den alten Zeiten, sondern sogar in unserer modernen Zeit, wie der hl. Dominikus, der hl. Franziskus, der hl. Vinzenz Ferrer, die hl. Caterina von Siena, die hl. Gertrud, und viele weitere, die man gar nicht aufzählen könnte.[4] Und da die Kirche Gottes immer heilig ist und es bis zum Ende sein wird, nicht nur weil sie sich zur Heiligkeit bekennt, sondern weil es in ihr Gerechte und vollkommene Heilige gibt, ist es nicht richtig, daß wir Visionen und Offenbarungen in Bausch und Bogen[5] verurteilen und mißachten (denn sie pflegen mit großer Tugend und viel christlichem Geist einherzugehen); vielmehr gilt es, sich an das Diktum des Apostels im

---

[3] Dasselbe Argument bringt auch Luis de León im Vorwort zu seiner Erstausgabe der Werke Teresas (*Editio princeps*, 13).

[4] Auch dieses Argument greift Luis de León auf (ebd., 14).

[5] *A carga cerrada*: wörtlich „als verschlossene Ladung", eine typische Redeweise des 16. Jahrhunderts, die auch Johannes vom Kreuz ein paarmal verwendet (2S 18,9; D 113).

fünften Kapitel des ersten Briefes an die Thessalonicher zu halten: *Spiritum nolite extinguere, prophetias nolite spernere; omnia probate, quod bonum est tenete; ab omni specie mala abstinete vos.*[6] Wer liest, was der hl. Thomas zu dieser Stelle sagt, wird verstehen, mit welcher Sorgfalt diejenigen geprüft werden müssen, die in der Kirche Gottes eine besondere Gabe aufdecken, die zum Nutzen oder auch zum Schaden der Nächsten gereichen kann, und wie genau die Prüfer achtgeben müssen, um in den Guten die vom Geist Gottes geschenkte Begeisterung nicht auszulöschen, und auch, damit andere in den Übungen des vollkommenen christlichen Lebens nicht mutlos werden.

Diese Frau ist nach allem, was aus ihrem Bericht hervorgeht, auch wenn sie sich in dem einen oder anderen täuschen mag, keine Betrügerin. Denn sie spricht so schlicht über Gutes wie Böses und mit solchem Verlangen, es recht zu machen, daß sie an ihrer guten Absicht keinen Zweifel läßt. Und je mehr Grund besteht, daß derartige Geister geprüft werden, weil man in unseren Zeiten Verführer mit dem Anschein der Tugend erlebt hat, um so wichtiger ist es, diejenigen in Schutz zu nehmen, die allem Anschein nach echte Tugend besitzen; denn es ist schon merkwürdig, wie sehr sich oberflächliche, weltlich gesinnte Leute darüber freuen, diejenigen, die einen tugendhaften Eindruck machten, diskreditiert zu sehen.

Gott hat sich schon zu alten Zeiten durch den Propheten Ezechiel, Kapitel 13, über die falschen Propheten beklagt, die die Gerechten bedrängten und den Sündern schmeichelten; er sagt über sie: *Moerore fecistis cor justi mendaciter, quem ego non contristavi, et confortastis manus impii.*[7] Das kann man in gewissem Sinne denen vorwerfen, die den Seelen, die den Weg des inneren Betens und der Vollkommenheit gehen, Schrecken einflößen, indem sie sagen, daß dies gefährliche Wege und Sonderbarkeiten seien, und daß auf diesem Weg schon viele

---

[6] Löscht den Geist nicht aus! Verachtet prophetisches Reden nicht! Prüft alles, behaltet das Gute! Meidet das Böse in jeder Gestalt (1 Thess 5,19–22).

[7] Ihr habt dem Herzen des Gerechten durch eure Lügen Kummer bereitet; ich aber wollte ihn nicht betrüben; und ihr habt dem Gottlosen die Hände gestärkt (Ez 13,22 Vg).

Irrtümern verfallen seien, und daß ein ebener, allgemein üblicher, ausgetretener Weg am sichersten sei.

Über solche Worte betrüben sich natürlich diejenigen, die die [evangelischen] Räte und die Vollkommenheit [des Evangeliums] durch beständiges Gebet – sofern sie das können – und durch häufige Fastenübungen und Nachtwachen und Disziplinen[8] befolgen möchten. Und andererseits fühlen sich die Lauen und die Lasterhaften ermuntert und verlieren die Gottesfurcht, weil sie ihren Weg für sicherer halten.

Das aber ist die Täuschung, was sie als ebenen, sicheren Weg bezeichnen: mangelnde Kenntnis und mangelnde Beachtung der Abgründe und Gefahren, die uns allen auf unseren Wegen in dieser Welt begegnen. Denn es gibt keine andere Sicherheit als daß wir im Wissen um unsere tagtäglichen Feinde demütig das Erbarmen Gottes anrufen, wenn wir nicht von ihnen eingefangen werden wollen; erst recht, da es Seelen gibt, die von Gott so sehr bedrängt werden, den Weg der Vollkommenheit einzuschlagen, daß sie sich, sobald sie der erste Eifer verläßt, nicht an den Mittelweg halten können, sondern gleich in das andere Extrem der Sünden fallen. Solche Menschen brauchen es ganz besonders, Nachtwachen zu halten und ohne Unterlaß zu beten. Und schließlich hat es noch niemanden gegeben, dem Lauheit nicht geschadet hätte. Es möge doch ein jeder in sich gehen,[9] dann wird er diese Wahrheit entdecken. Ich glaube sicher: Wenn Gott die Lauen eine Weile duldet, dann nur wegen der Gebete der Eifrigen, die ständig zu ihm rufen: *Et ne nos inducas in tentationem.*[10]

Das habe ich aber nicht gesagt, damit wir gleich alle die kanonisieren, die nach unserem Dafürhalten den Weg der Kontemplation gehen, denn das ist das andere Extrem dieser Welt und eine verkappte Verfolgung der Tugend: gleich diejenigen heilig zu sprechen, die diesen Eindruck machen. Damit geben sie ihnen nämlich Anlaß zu Ruhmsucht und erweisen der Tu-

---

[8] Selbstgeißelung als Bußübung.
[9] Wörtlich: *„die Hand auf die Brust legen."*
[10] *Und führe uns nicht in Versuchung,* eine der Bitten des Vaterunsers (Mt 6,13).

gend keine große Ehre, sondern bringen sie in eine gefährdete Stellung; denn wenn diejenigen, die so gelobt werden, abstürzen sollten, büßt die Tugend mehr an Ehre ein, als wenn man sie niemals geschätzt hätte. Daher betrachte ich diese Übertreibungen der Heiligkeit von Menschen, die noch in dieser Welt leben, als eine Versuchung des Bösen. Daß wir von den Dienern Gottes eine gute Meinung haben, ist völlig richtig; aber laßt uns sie doch immer als Menschen betrachten, die gefährdet sind, mögen sie noch so gut sein, und auch bedenken, daß ihr Gutsein für uns nicht so offenkundig ist, daß wir jetzt schon ganz sicher sein können.

Die Wahrheit dessen bedenkend, was ich hier gesagt habe, bin ich bei der Prüfung dieses Berichtes über das Beten und Leben dieser Schwester immer mit Vorsicht vorgegangen, und keiner war hinsichtlich ihrer Visionen und Offenbarungen mißtrauischer als ich, freilich nicht hinsichtlich ihrer Tugend und ihrer heiligen Wünschen, denn darin habe ich viel Erfahrung von ihrer Wahrhaftigkeit, ihrem Gehorsam, ihrer Bußfertigkeit, ihrer Geduld und Liebe zu denen, die sie verfolgten, und ihren weiteren Tugenden, die, wer auch immer mit ihr Umgang haben sollte, an ihr erleben wird. Das ist es aber, was man als sichereres Anzeichen der wahren Gottesliebe bewerten darf als die Visionen und Offenbarungen.

Aber ihre Offenbarungen und Visionen und Verzückungen verachte ich durchaus nicht, vielmehr vermute ich, daß sie von Gott sein könnten, wie sie das bei anderen Heiligen waren. Doch ist es in diesem Fall immer sicherer, mit Furcht und Vorsicht vorzugehen. Denn so wie man sich sicher fühlt, hat der Böse Gelegenheit, seine Geschosse abzufeuern, und was vorher womöglich von Gott kam, wandelt sich nun und wird dämonisch.

Ich komme zum Schluß, daß dieses Buch nicht jedem beliebigen weitergegeben werden soll, sondern nur gebildeten und mit christlicher Erfahrung und Unterscheidungsgabe ausgestatteten Männern.[11] Es ist sehr geeignet für das Ziel, zu dem es

---

[11] Bei all seiner Wertschätzung für Teresa zeigt sich Báñez hier als typischer Vertreter der damaligen männerorientierten Welt: Das Buch darf nur von theolo-

geschrieben wurde, nämlich damit diese Schwester diejenigen, die sie leiten, über ihre Seele informierte, um nicht der Täuschung zu verfallen.

Von einem bin ich sehr sicher, sofern man das menschlich gesprochen sein kann: daß sie keine Betrügerin ist, und so verdient es ihre Offenheit, daß sie alle bei ihren guten Absichten und guten Werken unterstützen. Denn in den letzten dreizehn Jahren hat sie in dieser Gegend, glaube ich, bis zu zwölf Klöster von Unbeschuhten Karmelitinnen gegründet, mit einer so großen Strenge und Vollkommenheit wie in den strengsten. Darüber können alle, die sie visitiert haben, ein gutes Zeugnis ausstellen, wie etwa der Provinzial der Dominikaner und Magister der Theologie, Fray Pedro Fernández, der Magister Fray Hernando de Castillo[12] und viele weitere. Das ist im Augenblick meine Meinung, was die Beurteilung dieses Buches anbelangt, wobei ich meine Meinung derjenigen der heiligen Mutter Kirche und ihrer Diener unterwerfe.

Gegeben im Kolleg San Gregorio zu Valladolid am siebten Juli des Jahres 1575.

Fr. Domingo Báñez

---

gisch gebildeten und erfahrenen Männer gelesen werden. Damit wird es automatisch bis auf weiteres unerreichbar für die Mitschwestern Teresas, trotz der von ihr am Schluß des *Weges der Vollkommenheit* geäußerten diesbezüglichen Hoffnung; siehe CE 73,6. Neun Jahre nach ihrem Tod, im Oktober 1591, bekräftigt er seine damalige Position noch einmal: *„daß es nicht gut gewesen wäre, wenn dieses Buch veröffentlicht worden wäre, solange sie noch am Leben war…; es sollte beim Heiligen Offizium aufbewahrt bleiben, bis man sah, wie es mit dieser Frau ausging; und daß gegen den Willen dieses Zeugen einige Abschriften des besagten Buches angefertigt wurden"* (BMC 18, 10).

12 Beide sind Dominikaner. Pedro Fernández (1527–1580) war als Apostolischer Visitator im Auftrag von Papst Pius V. eine Zeitlang Teresas Oberer (1569); Hernando de[l] Castillo (1529–1598) wurde ebenfalls von der Inquisition beauftragt, ein Gutachten über die *Vida* anzufertigen, das jedoch nicht erhalten ist.

ANHANG I

ERKLÄRUNG WICHTIGER BEGRIFFE

Dieser Anhang ist lediglich als Lesehilfe für das vorliegende Werk Teresas gedacht; darum werden nur die wichtigsten Begriffe aufgelistet, und es wird jeweils kurz erläutert, in welchem Sinn sie in diesem Werk benützt werden. Kursiv gedruckte Begriffe werden als eigenes Stichwort geführt.

ABSTERBEN, DEM ALTEN MENSCHEN ABSTERBEN (mortificar), siehe EINÜBUNG INS ABSTERBEN.

ANSEHEN (honra), siehe PRESTIGEDENKEN.

ANSPRACHE (habla) steht bei Teresa für eine auditive innere Wahrnehmung als mystische Begleiterscheinung der *Kontemplation*, bei welcher der Mensch ohne sein eigenes Zutun und ohne äußerlich etwas zu hören innere Worte vernimmt, die sich ihm unauslöschlich einprägen (in der Fachsprache: Audition). Siehe auch OFFENBARUNG; VISION.

ARMSELIG (ruin), siehe ERBÄRMLICH.

AUFHEBUNG (suspensión), siehe EKSTASE.

AUFWALLUNG (ímpetu) nennt Teresa eine ekstatische Erfahrung, die den Menschen urplötzlich mit großer Heftigkeit erfaßt. Die dabei empfundene übermächtige Sehnsucht nach dem als abwesend erlebten *Gott* äußert sich als paradoxe Verbindung von ekstatischer *Wonne* und heftigem seelischem Schmerz, der sich auch auf den Leib auswirken kann. Teresas berühmt gewordene Vision(en) der Herzverwundung (V 29,13f) fand(en) im Rahmen derartiger Liebesaufwallungen statt. Siehe auch EKSTASE.

BEGLÜCKUNG, GLÜCKSGEFÜHL (contento) bezieht sich an manchen Stellen auf die oberflächlichen Freuden und Vergnügungen der *Welt*, die dem Menschen kein bleibendes Glück zu schenken vermögen, häufiger jedoch auf die spirituelle Freude eines Menschen, der *Gott* als seinen eigentlichen Lebensinhalt entdeckt hat, oder spezifisch auf die im Gebet erfahrenen *mystischen* (von Gott geschenkten) Freuden. Siehe auch WOHLGEFÜHL; WONNE.

BESELIGUNG (deleite), siehe BEGLÜCKUNG; WOHLGEFÜHL; WONNE.

(DER) BÖSE (demonio) steht für die (personhaft verstandene) Gegenkraft *Gottes*, die den Menschen vom spirituellen Weg abhalten und verwirren möchte. Als Kind ihrer Zeit rechnet Teresa zwar selbstverständlich mit dämonischen Einflüssen, doch legt sie ihnen gegenüber im Vergleich zu ihren Zeitgenossen eine bemerkenswerte Nüchternheit an den Tag. Ihre Spiritualität ist weit mehr von Gottvertrauen als von Angst vor dem Bösen geprägt.

DEMUT (humildad) ist eine der wichtigsten Grundhaltungen der teresianischen Spiritualität. Sie besagt, daß ein Mensch in der existentiellen *Wahrheit* seines Lebens verwurzelt ist: Er erkennt an, daß er von *Gott* geschaffen ist und nicht kraft eigener Leistung, sondern aus *Gottes* Liebe lebt. Seine menschliche Würde entdeckt er darin, als Geschöpf *Gottes* zur Freundschaft mit *Gott* berufen zu sein. Der demütige Mensch begegnet nicht nur *Gott*, sondern auch seinen Mitmenschen mit einer realistischen Selbsteinschätzung, in der er sich weder überschätzt noch auf ungesunde Weise abwertet.

EINÜBUNG INS ABSTERBEN (mortificación) meint nicht einzelne asketische Praktiken als solche, sondern die Überwindung des tief verwurzelten Egoismus des „alten Menschen" (nach Eph 4,22 und Kol 3,9) in der Nachfolge Christi, des Gekreuzigten, indem man allem „abstirbt", was einen in unfruchtbarer Weise an sich selbst bindet, um so zum „neuen", innerlich freien und selbstlos liebenden Menschen zu werden.

EINUNG (unión), siehe GEBET DER GOTTEINUNG.

EKSTASE (éxtasis) steht für eine Erfahrung höchster Konzentration aller psychischen Kräfte, die nicht „machbar" ist, sondern einen Menschen als Begleiterscheinung einer besonders intensiven Erfahrung der *Gegenwart Gottes* (aber auch sonstiger intensiver Erfahrungsmomente) ohne sein eigenes Zutun überkommen kann. Dabei werden kurzfristig sämtliche geistliche und psychische Energien von dieser Erfahrung in Beschlag genommen, so daß die peripheren Aktivitäten der Psyche, wie die Sinneswahrnehmung, vorübergehend herabgesetzt oder sogar ganz außer Kraft gesetzt werden. Im Rahmen der Gottsuche sind ekstatische Phänomene – sofern sie bei einem Gottsucher überhaupt vorkommen – charakteristisch für die Übergangsphase, in der ein Mensch auf dem Weg der *Gotteinung* zwar schon fortgeschritten, aber noch nicht zur tiefsten Einung gelangt ist, die in diesem Leben möglich ist. Sobald der Mensch die *Gotteinung* in der sog. geistlichen Vermählung voll in sein Leben integriert hat, hören im Normalfall diese paramystischen Begleiterscheinungen auf. Teresa verwendet für ekstatische Phänomene eine ganze Reihe von Begriffen wie Verzückung, Entrückung, Erhebung des Geistes, Aufhebung, Geistesflug usw., zwischen denen sie im vorliegenden Werk nicht genau unterscheidet. Siehe auch AUFWALLUNG; VISION.

EMPFINDUNGSVERMÖGEN (voluntad) ist nach scholastischem Verständnis die Bezeichnung für das *Seelenvermögen*, das nicht nur die Willenskraft und Entscheidungsfähigkeit, sondern auch den ganzen Gefühlsbereich, insbesondere die Fähigkeit zu lieben, umfaßt. In der *Kontemplation* wird Teresa zufolge vor allem die Liebeskraft dieses Seelenvermögens aktiviert. – Öfter steht bei ihr „voluntad" auch für den Willen im engeren Sinn (Willenskraft, Absicht) und wird dann auch so übersetzt.

ENTRÜCKUNG (arrebatamiento, rapto), siehe EKSTASE.

ERBÄRMLICH, ERBÄRMLICHKEIT (ruin, ruindad) meint die Unfertigkeit und Unzulänglichkeit des Menschen als gebrochene Existenz, seine Begrenztheit und Unfähigkeit, also die Erfahrung, das Gute zwar zu erkennen und sogar zu wollen, es aber nicht auch schon vollbringen zu können. Mit großer Ehrlichkeit und ebenso tiefem Sinn für die *Wahrheit*, daß letztlich alles Gute von *Gott* kommt, erlebt Teresa sich als unfähig, ohne seine Hilfe etwas Gutes zustande zu bringen. Mit diesem Begriff wird also letztlich die absolute Verwiesenheit des Menschen auf *Gott* ausgedrückt, auch wenn an manchen Stellen in der Selbstbezeichnung als „erbärmliches Weiblein" (mujercilla ruin) die frauenfeindliche Haltung ihres Umfeldes, insbesondere gegen „nicht-studierte Frauen", die ein *geistliches Leben* führen möchten, mitschwingt.

ERHEBUNG (levantamiento), siehe EKSTASE.

ERINNERUNGSVERMÖGEN (memoria) ist nach scholastischem Verständnis die Bezeichnung für das *Seelenvermögen*, das die Fähigkeiten des Menschen umfaßt, Erlebtes und Gelerntes zu speichern, sich daran zu erinnern und es sich zunutze zu machen, aber auch sich Zukünftiges vorzustellen (zu planen, zu erhoffen oder zu befürchten). Das Erinnerungsvermögen ermöglicht es dem Menschen, der Heilstaten *Gottes* zu gedenken, sich seiner *Gegenwart* im eigenen Innern bewußt zu werden und die endgültige *Gotteinung* zu ersehnen.

ERKENNTNISVERMÖGEN (entendimiento) ist nach scholastischem Verständnis die Bezeichnung für das *Seelenvermögen*, das die rationalen und intuitiven Fähigkeiten des Menschen, zu erkennen, zu verstehen oder zu erahnen umfaßt. In der *Kontemplation* denkt das Erkenntnisvermögen zwar nicht diskursiv nach, aber es ist auf rezeptive Weise tätig, indem es die ihm dargebotene unaussprechliche Erkenntnis *Gottes* aufnimmt und intuitiv erfaßt. Bei Teresa steht „entendimiento" auch oft für den „Verstand" im landläufigen Sinn.

ERLEUCHTUNG, siehe WEG DER ERLEUCHTUNG.

ERSCHEINEN (aparecer), siehe IMAGINATIVE VISION.

FREUDE (contento), siehe BEGLÜCKUNG.

FREUNDSCHAFT (amistad) kennzeichnet Teresas Beziehung zu *Gott* und zu ihren Mitmenschen. Ausgehend von ihrem Charisma der Freundschaft definiert sie das *innere Beten* als eine freundschaftliche Beziehung zu *Gott* bzw. Christus, womit einerseits deutlich wird, daß es sich um eine personale Du-Beziehung handelt, andererseits aber auch, daß es nicht nur um bestimmte Gebetsstunden geht, sondern das ganze Leben im Zeichen dieser Freundschaft gelebt wird. Wie bei jeder guten Freundschaft geht es auch in der Gottesbeziehung darum, daß der Mensch sich immer besser der Wesensart seines göttlichen Freundes anpaßt. Je mehr sich Teresas Freundschaft mit *Gott* vertieft, um so mehr wird er auch die Mitte ihrer menschlichen Freundschaften.

GEBET DER GOTTEINUNG (oración de unión) ist ein Fachausdruck, den Teresa von anderen geistlichen Autoren (etwa Francisco de Osuna, Bernardino de Laredo und Bernabé de Palma) übernimmt. Er steht für eine tiefe kontemplative (siehe KONTEMPLATION) bzw. *mystische* Gebetserfahrung, bei der alle *Seelenvermögen* in die intensive Begegnung mit dem als gegenwärtig erfahrenen *Gott* (siehe GEGENWART) einbezogen sind, und der Beter also vorübergehend – ohne sein eigenes Zutun, als reines Geschenk – in all seinen *See-*

lenvermögen mit *Gott* geeint ist. Diese Gebetsweise ist charakteristisch für die dritte *Gebetsstufe*. Teresa unterscheidet zwischen mehreren Graden der Gotteinung: Neben der weniger intensiven Gotteinung, die einem mitten in den alltäglichen Geschäften zuteil werden kann (V 17,4), spricht sie von einer intensiveren, die jedoch noch keine vollständige Gotteinung ist (V 17,5) und schließlich – als intensivstem Grad – von der vollständigen Gotteinung, die sie auch als *Schlaf der Seelenvermögen* bezeichnet (V 16). Darüber hinaus gibt es die ekstatische Gotteinung in all ihren Abstufungen, die sie als vierte *Gebetsstufe* bezeichnet (V 18–21) und in deren Rahmen auch paramystische Phänomene wie *Visionen, Ansprachen, Offenbarungen* usw. auftreten können (siehe Ekstase).

GEBET DER RUHE (oración de quietud) ist ein Fachausdruck, den Teresa von anderen geistlichen Autoren (namentlich Francisco de Osuna, Bernardino de Laredo und Bernabé de Palma) übernimmt. Er steht für die ersten Erfahrungen kontemplativen (siehe KONTEMPLATION), *mystischen* oder *übernatürlichen*, also mehr von passivem Empfangen als von aktivem Tun geprägten Betens, wie es typisch für die zweite *Gebetsstufe* ist (V 14–15). Die charakteristischen Empfindungen, die dem Beter hier ohne sein eigenes Zutun zuteil werden, sind innere Ruhe und eine unwillkürliche *Sammlung* in der *Gegenwart Gottes*. Im Gebet der Ruhe sind die *Seelenvermögen* zwar weniger aktiv als auf der ersten *Gebetsstufe*, doch ist die Intensität der Gotteserfahrung noch nicht so groß, daß sie die Fähigkeiten des Menschen völlig lahmlegte und er nur noch rein passiver Empfänger wäre.

GEBET DER SAMMLUNG (oración de recogimiento) wird im vorliegenden Werk noch nicht so eindeutig als Fachausdruck für die Vorstufe des *Gebetes der Ruhe* verwendet, wie Teresa das später in der „Inneren Burg" tun wird. Sammlung und Ruhe werden vielmehr öfter in einem Atem genannt für die ersten Erfahrungen *mystischen* oder *übernatürlichen*, mehr von passivem Empfangen als von aktivem Tun geprägten Betens. Sie stehen also für eine anfanghafte innere Versenkung, wie sie typisch für die zweite *Gebetsstufe* ist. Siehe auch SAMMLUNG.

GEBETSSTUFE (grado de oración), siehe STUFEN DES INNEREN BETENS.

GEGENWART (presencia) ist ein Schlüsselbegriff in der Gebetslehre Teresas. Wer wirklich beten will (und jedes echte Gebet ist immer auch schon *inneres Beten*), muß sich bewußt in die Gegenwart *Got-*

tes versetzen, also *Gott* als reales und ihm zugewandtes Du ernstnehmen. *Gott* ist immer im Innern des Menschen gegenwärtig, darum ist es zur *Sammlung* besonders hilfreich, in das eigene Innere einzukehren und *Gott* dort als gegenwärtig zu betrachten. In dem Maße, wie sich das Gebetsleben vertieft, kann es dem Beter geschenkt werden, die Gegenwart *Gottes* oder Christi auf *mystische* (nicht selbst hervorgerufene, sondern gottgewirkte) Weise zu verspüren. Da *Gottes* Gegenwart in diesem Leben immer eine verborgene ist, alternieren Erfahrungen der spürbaren Gegenwart *Gottes* mit solchen der scheinbar völligen Abwesenheit *Gottes*, durch die der Mensch immer besser lernen soll, *Gott* nicht mit seinem eigenen Gottesbild zu verwechseln und ihn nicht um seiner Gaben, sondern um seiner selbst willen zu lieben.

GEISTESFLUG (vuelo de espíritu), siehe EKSTASE.

GEISTLICH (espiritual) steht bei Teresa im weitesten Sinn für „auf *Gott* und die *Freundschaft* mit ihm bezogen, von ihm geschenkt oder zu ihm hinführend". Insofern wird es gelegentlich als Gegenpol zu *sinnlich* oder *sinnenhaft* benutzt. Siehe ferner GEISTLICHES LEBEN.

GEISTLICHES LEBEN (vida espiritual) steht für das Bemühen, im konkreten Alltag aus der *Freundschaft* mit *Gott* zu leben und den Weg der *Gotteinung* zu gehen. Die Betonung liegt also auf der Pflege einer lebendigen Gottesbeziehung – auf dem, was Teresa das *innere Beten* nennt, das nicht auf bestimmte Gebetsstunden beschränkt ist –, und nicht auf einem gewissen Pensum an geistlichen Übungen.

GLEICHGESTALTUNG MIT GOTT (transformamiento en Dios) ist die tiefste Form der *Gotteinung*, bei der der Mensch so gottähnlich geworden ist, daß er an der Daseinsweise Gottes teilhat. Der Weg der Gleichgestaltung mit Gott ist ein langer Weg, der bereits mit der Schöpfung begonnen hat und sich am Ziel des Lebens vollenden wird; die Person des Menschen wird dabei nicht aufgelöst, sondern findet in *Gott* zu ihrer wahren Gestalt und Bestimmung. – In diesem Werk verwendet Teresa diesen Begriff jedoch nicht in diesem umfassenden Sinn, sondern im Sinne einer vorübergehenden intensiven Einheitserfahrung mit *Gott* im ekstatischen Gebet. Siehe auch GOTTEINUNG; EKSTASE.

GLÜCKSGEFÜHL (contento), siehe BEGLÜCKUNG.

GNADE (gracia) ist ein Schlüsselbegriff in der Beziehung zwischen *Gott* und dem Menschen. Der biblische Begriff der Gnade betont den Geschenkcharakter der liebenden Zuwendung *Gottes* zum Menschen und seines Heilshandelns an ihm. In den religiösen Auseinandersetzungen, die unmittelbar nach dem Tod Teresas innerhalb der katholischen Kirche zum „Gnadenstreit" (1582–1601) führen sollten, war die Verbindung von Gnade und *Gotteinung* in Christus ein wichtiger eigener Akzent der teresianischen und sanjuanischen Mystik.

GNADENGABE, GNADE (merced) ist im weitesten Sinne alles, was Gott einem Menschen schenkt, damit dieser sich ihm immer ungeteilter zuwenden kann. Insbesondere steht der Begriff für die im *inneren Beten* geschenkten spürbaren Erfahrungen der *Gegenwart* und Liebe *Gottes*, im engeren Sinn dann auch für die ekstatischen und paramystischen Begleiterscheinungen der *Kontemplation*. Siehe auch EKSTASE; MYSTISCH; ÜBERNATÜRLICH; VISION.

GOTT (Dios) ist für Teresa die zentrale Wirklichkeit ihres Lebens und ihr wichtigster Partner. Ihm zu dienen und im *inneren Beten* die *Freundschaft* mit ihm zu pflegen ist für sie der Sinn ihres Lebens. Sprachlich zeigt sich das: 1. in der Wortstatistik (Gott ist das am häufigsten vorkommende Substantiv im Gesamtwerk); 2. in der dynamischen Perspektive: in der Begegnung mit Gott wird der Mensch immer mehr mit Gott geeint; 3. in der Beschreibung der Beziehung zwischen Gott und dem Menschen als einer personalen freundschaftlichen Beziehung. Teresa hebt sowohl Gottes Transzendenz (seine alles übersteigende Größe und Andersartigkeit) als auch seine Immanenz (seine verborgene *Gegenwart* im Innern des Menschen) hervor. Gott ist der Drei-einige, der uns in Christus menschlich nahe gekommen ist, daher spielt die *Menschheit Christi* in ihrer Spiritualität eine besondere Rolle.

GOTTEINUNG (unión con Dios) ist das Ziel des geistlichen Lebens, das jedoch in diesem Leben nie in seiner ganzen Fülle erreicht werden kann. In gewisser Weise ist der Mensch immer schon mit *Gott* geeint, da er sofort ins Nichts versinken würde, wenn *Gott* ihn nicht am Leben erhielte. Diese grundlegende wesenhafte Gotteinung muß sich jedoch im Laufe unseres Lebens entfalten und vertiefen. Wachsende Gotteinung bedeutet, daß der Mensch sich immer mehr dem Willen *Gottes* hingibt. Im vorliegenden Werk wird der Begriff Gotteinung zumeist nicht in diesem umfassenden Sinn gebraucht

– auch wenn die wachsende Gotteinung als Zielvorstellung der ganzen Spiritualität Teresas zugrunde liegt –, sondern nahezu ganz auf das sog. *Gebet der Gotteinung* eingeschränkt.

GUTER RUF (honra), siehe PRESTIGEDENKEN.

IMAGINATIVE VISION (visión imaginaria) nennt Teresa eine innere bildhafte Vorstellung, die sich dem Menschen als paramystische Begleiterscheinung der *Kontemplation* plötzlich und ohne sein Zutun aufdrängt und mit den sog. „Augen der Seele" wahrgenommen wird. Darum spricht sie auch von „erscheinen". Siehe ferner VISION.

INNERES BETEN (oración bzw. oración mental) steht bei Teresa nicht für eine bestimmte Gebetsstufe, sondern im weitesten Sinne für die innere Haltung, die alles Gebet – ob mündlich oder nur im Herzen – begleiten sollte, nämlich für die betende Aufmerksamkeit auf das verborgen gegenwärtige Du *Gottes* und die personale Hinwendung zu ihm, die sie unter dem Begriff *Freundschaft* faßt. So betrachtet, beschränkt sich das innere Beten nicht auf bestimmte Gebetsstunden oder Übungen, sondern durchdringt den ganzen Alltag. Im engeren Sinn meint inneres Beten vor allem das persönliche stille Gebet bzw. das meditative Verweilen in der *Gegenwart Gottes*. Der Weg des inneren Betens ist ein langer Weg der bewußten Hinwendung zu *Gott*, auf dem anfangs das betende Bemühen des Menschen vorherrscht (siehe auch MEDITATION), der aber im Normalfall immer mehr in die *Kontemplation* einmündet, bei der der Beter zum schweigenden Empfänger der Selbstmitteilung *Gottes* wird.

INTELLEKTUELLE VISION (visión intelectual) ist die klassische Bezeichnung für eine intuitive innere Einsicht ohne jede bildhafte Vorstellung, die dem Menschen als Begleiterscheinung der *Kontemplation* ohne sein Zutun zuteil wird. Von dieser Erfahrung berichtet Teresa im vorliegenden Werk mehrfach, doch benutzt sie dafür nie den klassischen Fachausdruck, wie sie es später in den „Klostergründungen" und der „Inneren Burg" tun wird, sondern weicht behelfsmäßig auf die Umschreibung „keine *imaginative Vision*" aus.

KONTEMPLATION (contemplación) ist nicht eine bestimmte Gebetsweise, die man einüben soll, sondern die frei geschenkte Selbstmitteilung *Gottes*, die dem im *Gebet der Ruhe* bzw. *der Gotteinung* immer mehr zum schweigenden Empfänger werdenden Beter ohne sein eigenes Zutun auf je umfassendere und unmittelbarere Weise zuteil wird. Sie ist nicht machbar, sondern reines Geschenk, auch wenn der Mensch sich für sie bereit machen kann, indem er sich auf das *innere Beten* und die Nachfolge Christi im Alltag einläßt. In der Kontemplation wird dem Beter ein intuitives Erahnen und Erspüren der *Gegenwart* Gottes oder Christi zuteil, die zugleich Liebe zu diesem geheimnisvollen, aber sehr realen Gegenüber weckt. Gott selbst bestimmt den Augenblick, wo das diskursive Betrachten der *Meditation* der von ihm geschenkten Kontemplation zu weichen hat. Für Teresa bleibt auch in der tiefsten Kontemplation die Du-Beziehung zu Christus bestehen; der beste Weg, um zur Kontemplation zu gelangen, ist die Pflege einer freundschaftlichen Beziehung zur *„Menschheit Christi"*, also zu Jesus von Nazareth, wie ihn die Evangelien schildern. Der Weg der Kontemplation ist ein langer Weg sich immer mehr vertiefender *Gotteinung*, der auch ekstatische Erfahrungen und paramystische Begleiterscheinungen einschließen kann, aber keinesfalls muß. Siehe auch INNERES BETEN, EKSTASE, GEBET DER RUHE, GEBET DER GOTTEINUNG, VISION.

LÄUTERUNG, siehe WEG DER LÄUTERUNG.

MEDITATION (meditación) steht für die diskursive Betrachtung von Glaubenswahrheiten (discurrir), Schriftstellen usw., bei welcher der Hauptakzent auf die nachdenkende und einfühlende Tätigkeit des Menschen fällt. Ziel der Meditation ist es, *Gott* besser kennen und lieben zu lernen. Bei der Meditation überwiegt die Leistung des Menschen; sie ist die Vorstufe zur *Kontemplation*, bei der die Leistung des Menschen zurücktritt und die Selbstmitteilung *Gottes* in das Zentrum rückt. Insofern ist sie charakteristisch für die Anfänge im *geistlichen Leben*.

MENSCH (alma), siehe SEELE.

MENSCHHEIT CHRISTI (Humanidad de Cristo) steht bei Teresa für die menschliche Gestalt Jesu Christi, wie sie uns in den Evangelien nahegebracht wird. Die *Freundschaft* mit Jesus Christus im *inneren Beten* und in der konkreten Nachfolge im Alltag ist der Dreh- und Angelpunkt ihrer Spiritualität. Sie wehrt sich vehement gegen geistliche Lehrer, die in der *Kontemplation* die Du-Beziehung zu Christus zugunsten einer als „kontemplativer" oder „höher" bewerteten diffusen Einheitserfahrung aufgeben möchten. Ihrer Meinung nach steht oder fällt der Fortschritt im Gebet mit dem Festhalten an der Du-Beziehung zu Christus (siehe V 22).

MORTIFIKATIONEN (mortificaciones) sind bewußte asketische Übungen zum Zweck der *Einübung ins Absterben* und damit der Erlangung der inneren Freiheit des „neuen Menschen" (im paulinischen Sinn). Zu Teresas Lebzeiten und noch bis zum Zweiten Vatikanum vor allem in den Orden weit verbreitet, konnten diese Übungen sich im Rahmen einer Rigorismus-Mentalität leicht verselbständigen, so daß sie häufig leibfeindliche oder sogar geschmacklose Formen annahmen, frommes Leistungsdenken begünstigten und somit ihre eigentliche Intention verfehlten. Teresas Haltung ihnen gegenüber ist eher kritisch: Wichtiger als äußere Bußübungen ist ihr die Einübung in die innere Freiheit, indem man lernt, sich zurückzunehmen und nicht immer den eigenen Willen durchzusetzen.

MYSTISCH (místico), siehe MYSTISCHE THEOLOGIE, ÜBERNATÜRLICH.

MYSTISCHE THEOLOGIE (teología mística) meint im Zuge einer breiten mittelalterlichen Tradition, die auf Pseudo-Dionysius Areopagita (um 500) und die griechischen Kirchenväter zurückgeht, die in der *Kontemplation* gewonnene Erfahrungserkenntnis *Gottes;* insofern ist der Begriff synonym mit *Kontemplation.* „Mystisch" steht hier für: von Gott geschenkt.

NICHTIGKEIT, NICHTIG (vanidad, vano) nennt Teresa all das, was den Menschen nicht zur eigentlichen *Wahrheit* seines Lebens – dem bewußten Leben aus der existentiellen Verbundenheit mit *Gott* – hinführt, sondern ihn im Gegenteil dazu verführt, sein Leben auf trügerischen Werten aufzubauen. Siehe auch SINNENWELT; WELT.

OFFENBARUNG (revelación) nennt Teresa spezifische Botschaften oder Verheißungen, die sie ohne ihr eigenes Zutun im Rahmen ihrer ekstatischen Erlebnisse erhält. Das wichtigste Kriterium für die Echtheit – d.h. für den göttlichen Ursprung – einer solchen Privatoffenbarung ist ihre völlige Übereinstimmung mit der Hl. Schrift und der Lehre der Kirche, also mit der einmaligen und unüberhöhbaren Selbstoffenbarung Gottes in Christus. Teresa hat sich bei ihren Entscheidungen nie von Offenbarungen leiten lassen – auch nicht von solchen, von deren göttlichen Ursprung sie überzeugt war – , sondern sich immer nach Vernunftkriterien und der Meinung ihrer geistlichen Führer gerichtet. Siehe auch ANSPRACHE; VISION.

PRESTIGEDENKEN (honra) ist nach Teresa ein ernsthaftes Hindernis für jeglichen Fortschritt im *geistlichen Leben,* da es den Menschen seine Identität und sein Selbstbewußtsein auf trügerischen, *nichtigen* Werten wie gesellschaftlichem Ansehen, der Meinung anderer oder eigener Einbildung statt auf der *Wahrheit* aufbauen läßt, daß wir die sind, die wir vor *Gott* sind. Insofern ist Prestigedenken der genaue Gegenpol der *Demut*, die eine zentrale Rolle in ihrer Spiritualität spielt. Auch wenn Teresas Betonung der negativen Auswirkungen des Prestigedenkens vor dem Hintergrund des übertriebenen Kultes der „honra" in ihrem damaligen Umfeld und ihrer eigenen Herkunft aus Converso-Kreisen zu sehen ist, spricht sie eine Fehlhaltung aller Zeiten an.

PUNKT DES EHRENKODEXES (punto de honra), siehe PRESTIGEDENKEN.

RUHE (quietud), siehe GEBET DER RUHE.

SAMMLUNG (recogimiento) steht öfter für das sog. *Gebet der Sammlung*, also für einen von *Gott* geschenkten anfanghaften Versenkungszustand (zweite *Gebetsstufe*). Teresa verwendet den Begriff aber auch im nicht-mystischen Sinn, nämlich für das aktive Bemühen des Menschen, sich in die *Gegenwart Gottes* zu versetzen. Sammlung suchen bedeutet für sie dann: den Weg nach innen gehen und insbesondere, das *innere Beten* üben.

SCHLAF DER SEELENVERMÖGEN (sueño de las potencias) ist ein Fachausdruck für eine prä-ekstatische Gebetserfahrung als Intensivform des *Gebetes der Gotteinung* (dritte *Gebetsstufe*). Dabei ist die Tätigkeit der *Seelenvermögen* zwar noch nicht ganz und gar außer Kraft gesetzt, wie das in der *Ekstase* im eigentlichen Sinn der Fall ist, aber sie sind doch kaum noch selbst aktiv, sondern allenfalls rezeptiv tätig.

SEELE (alma) bezeichnet bei Teresa nicht nur den seelischen Bereich, sondern die ganze Person, wobei deren spirituelle Dimension hervorgehoben wird. Dieser ganzheitlichen Bedeutung zuliebe wird an manchen Stellen auch mit „Mensch" übersetzt.

SEELENVERMÖGEN (potencias) ist ein Begriff aus der scholastischen Philosophie bzw. Anthropologie, auf den Teresa gelegentlich zurückgreift. Dabei folgt sie der Vorstellung Augustins, der die geistigen Kräfte des Menschen drei Seelenvermögen zuordnet: dem *Erkenntnis-, Empfindungs-* und *Erinnerungsvermögen*.

SINNENHAFT, SINNLICH (sensual), siehe SINNENWELT.

SINNENWELT (sensualidad) steht zunächst für den ganzen Bereich der mit der Leiblichkeit und Sinnenhaftigkeit des Menschen verbundenen Kräfte, die ihm den Kontakt mit seiner Umwelt und das Leben in ihr ermöglichen. Oft ist aber einschränkend der Einfluß vielfältigster sinnenhafter Eindrücke und Impulse auf einen Menschen gemeint, der an der Oberfläche lebt und sich vielen *Nichtigkeiten* hingibt. Diese Haltung läßt ihn innerlich zerrissen sein und hindert ihn daran, sich ganz dem eigentlichen Sinn seines Lebens – der *Freundschaft* mit *Gott* – hinzugeben. *Gott* selbst führt den Menschen nach und nach – über alles immer nur bruchstückhafte eigene Bemühen hinaus – aus dieser Zerrissenheit heraus. Je tiefer seine Gottesbeziehung wird, um so mehr wird der Mensch auch in sich geeint und zum Wesentlichen hingeführt. Dann werden auch die Kräfte der Sinnenwelt in den *geistlichen* Prozeß der *Gotteinung* einbezogen.

STUFEN DES INNEREN BETENS (grados de oración) nennt Teresa ihren Versuch, innerhalb der organischen Entwicklung des *inneren Betens* mehr oder weniger ausgeprägte Entwicklungsstadien zu benennen, die es ihr ermöglichen, ihre eigenen Erfahrungen zu ordnen und anderen Betern konkrete Hilfestellungen zu geben. Sie nennt vier Stufen, auf denen die bewußte Leistung des Menschen immer mehr zurücktritt, zugunsten einer immer umfassenderen Selbstmitteilung *Gottes*: 1. das betrachtende *innere Beten*, bei dem der Beter selbst noch sehr aktiv ist (*Meditation*); 2. das *Gebet der Ruhe*; 3. das *Gebet der Gotteinung*; 4. die ekstatische *Gotteinung* in ihren verschiedenen Abstufungen und Ausprägungen (siehe EKSTASE). Freilich gibt es in der Praxis fließende Übergänge und sehr viele Zwischenstufen, da es sich letztlich um einen und denselben langen Weg der sich immer mehr vertiefenden *Gotteinung* handelt.

TROCKENHEIT (sequedad) meint die Unfähigkeit, Geschmack an spirituellen Übungen bzw. am Gebet zu finden. Insofern ist sie ein Aspekt der Pädagogik *Gottes*, die den Menschen auf diesem Weg von der Abhängigkeit von vordergründigen *Wohlgefühlen* befreien und sein ganzes Streben auf das Wesentliche – die Hingabe an *Gott* – hinlenken will.

TUGENDEN (virtudes) sind positive Grundhaltungen des Menschen *Gott*, seinen Mitmenschen und sich selbst gegenüber, z.B. Wahrhaftigkeit, Gerechtigkeitssinn, Demut, Hilfsbereitschaft usw. Sie sind weniger das Ergebnis moralischer Anstrengungen als vielmehr Früchte der wachsenden *Gotteinung*.

TUGENDHAFT (virtuoso) steht für: in sittlicher und spiritueller Hinsicht bewährt, ein guter Mensch und guter Christ. Siehe auch TUGEND.

ÜBERNATÜRLICH (sobrenatural) bedeutet für Teresa (im Gegensatz zur heutigen Bedeutung) nicht, daß etwas die Naturgesetze sprengt, sondern daß es ein reines Geschenk Gottes ist, das der Mensch durch eigene Anstrengung allein nicht erlangen kann. *„Mystisch"* oder „übernatürlich" ist das Gebet für Teresa, sofern es mehr von passivem Empfangen als von aktivem Tun geprägt ist.

VERBINDUNG (mit Gott) (juntamiento (con Dios)) steht für die ekstatische *Gotteinung*. Siehe auch EKSTASE.

VERSTAND (entendimiento), siehe ERKENNTNISVERMÖGEN.

VERZÜCKUNG (arobamiento), siehe EKSTASE.

VISION (visión) steht für eine innere „Schau" (im weitesten Sinn des Wortes), die sich bei eidetisch begabten Menschen ohne ihr eigenes Zutun als paramystische Begleiterscheinung der intensiven Gotteserfahrung in der *Kontemplation* einstellen kann. Visionen und ihr auditives Pendant, innere *Ansprachen* (Auditionen), treten vor allem in der beginnenden oder auch abklingenden *Ekstase* auf; auf dem Höhepunkt der Ekstase gibt es keine paramystischen Erlebnisse. Grundsätzlich unterscheidet Teresa mit Augustinus drei Arten von Visionen: 1. leibliche, also mit den leiblichen Augen wahrgenommene Erscheinungen, die sie jedoch nach eigener Aussage nie erlebt hat; 2. *imaginative Visionen*, also mit den „Augen der Seele" wahrgenommene bildhafte Vorstellungen; 3. geistige oder *intellektuelle Visionen* (im vorliegenden Werk sagt Teresa: „keine imaginative Vision"), also intuitive Einsichten ohne jede bildhafte Vorstellung. Letztere betrachtet sie im Zuge der Tradition als die wertvollsten und am wenigsten für Täuschung anfälligen, wiewohl sie persönlich die imaginativen Visionen als hilfreicher empfindet. Aufgrund ihrer eigenen Gefährdung als visionär veranlagter Frau im damaligen Umfeld hat Teresa sich intensiv mit der Frage nach Kriterien für die Unterscheidung von „echten" und „falschen" visionären Erlebnissen auseinandergesetzt. Ob eine Vision oder eine sonstige innere Wahrnehmung von *Gott* kommt, ist vor allem an der völligen Übereinstimmung mit der Hl. Schrift und den Auswir-

kungen erkennbar (siehe dazu V 25,2 ff; 28,9 ff; 37,7). Siehe auch
OFFENBARUNG.

VOLLKOMMENHEIT (perfección) als Ziel des geistlichen Weges ist
gleichbedeutend mit der tiefsten *Gotteinung*, die in diesem Leben
möglich ist. Seine letzte Vollendung findet dieser Prozeß allerdings
erst nach dem Tod. Die fortschreitende *Gotteinung* wirkt sich zwar
auch auf der moralischen Ebene, d. h. im konkreten Verhalten des
Menschen aus, doch ist mit Vollkommenheit primär nicht die moralische, sondern die existentiell-geistliche Ebene gemeint.

VORSTELLUNGSKRAFT (imaginación) nennt Teresa im Zuge der scholastischen Tradition die Fähigkeit, sich Dinge vorzustellen und Si-
tuationen innerlich durchzuspielen, wobei auf das große Sammel-
becken an Erlebtem und Gelerntem, auf das *Erinnerungsvermögen*,
zurückgegriffen wird. Da ihr das betrachtende Beten (*Meditation*)
mit Hilfe von inneren Vorstellungen nicht liegt, erlebt sie die Vorstellungskraft eher als Hindernis denn als Hilfe für das *innere Beten*.
Besonders die spontanen, unkontrollierbaren Gedankenfetzen und
Regungen der Phantasie auch in der tiefsten *Gotteinung* setzen ihr
sehr zu, bis sie nach und nach lernt, solche Störungen nicht zu beachten. Dabei unterscheidet sie allerdings nicht immer genau zwischen Denken, Verstand, Phantasie und Vorstellungskraft.

WAHRHEIT, WAHRHAFTIGKEIT (verdad) ist für Teresa ein Schlüsselbegriff ihrer Spiritualität, der eng mit ihrem Konzept von der
Demut verknüpft ist. *Gott* ist die Wahrheit in Person (V 40,3),
darum kann ihm nicht näherkommen, wer sich nicht bemüht, in
der Wahrheit seiner Existenz zu stehen. Mit dem „Weg der Wahrheit" (V 1,4) ist nicht zuletzt auch die Erkenntnis gemeint, daß
alles Irdische vergänglich ist und nur das, was den Menschen *Gott*
– der Wahrheit schlechthin – näher bringt, letztlich bleibt.

WEG DER ERLEUCHTUNG (vía bzw. vida iluminativa) ist die klassische, auf Pseudo-Dionysius Areopagita (um 500) zurückgehende
Bezeichnung für die mehr oder weniger klar ausgeprägte zweite
Phase innerhalb des dynamischen geistlichen Weges eines Gottsuchers, die auch als das Stadium der Fortgeschrittenen bezeichnet
wird. Dabei meint Erleuchtung, daß der Mensch immer deutlicher
die *Wahrheit* seines Lebens erkennt und *Gott* sich ihm immer umfassender als der mitteilt, der er ist. Klassisch wird zwar die Phase
der *Läuterung* gegen die späteren Phasen der Erleuchtung und der
Gotteinung abgehoben, doch ist es zutreffender, die fortschreitende

Erleuchtung auf den gesamten geistlichen Weg oder Weg der *Gotteinung* zu beziehen.

WEG DER LÄUTERUNG (vía bzw. vida purgativa) ist die klassische, auf Pseudo-Dionysius Areopagita (um 500) zurückgehende Bezeichnung für die mehr oder weniger klar ausgeprägte erste Phase innerhalb des dynamischen geistlichen Weges eines Gottsuchers, die auch als das Stadium der Anfänger bezeichnet wird. Dabei meint Läuterung den inneren Befreiungsprozeß, der den Menschen nach und nach für die *Gotteinung* bereitet, indem er ihn für die Liebe *Gottes* öffnet und von allem heilt, was der Entfaltung seiner Liebesfähigkeit im Wege steht. Klassisch wird zwar die Phase der Läuterung gegen die späteren Phasen der *Erleuchtung* und der *Gotteinung* abgehoben, doch ist es zutreffender zu sagen, daß der ganze Weg ein Läuterungsweg bzw. ein Weg der *Erleuchtung* und sich vertiefenden *Gotteinung* ist, in dessen späteren Phasen immer mehr die Früchte dieses Weges zum Tragen kommen.

WELT (mundo) steht bei Teresa zumeist nicht für die irdische Wirklichkeit an sich, sondern für eine Lebenseinstellung, die mehr auf materielle Werte wie Besitz, Konsum, Macht, Prestige usw. als auf spirituelle Werte setzt. Diese Lebenseinstellung macht den Menschen unfrei. Sie hindert ihn daran, in der existentiellen *Wahrheit* seines Lebens zu stehen und tiefer mit *Gott geeint* zu werden. Darum ist oft die Rede von der *Nichtigkeit* der Welt. Siehe auch PRESTIGEDENKEN.

WILLE (voluntad) siehe EMPFINDUNGSVERMÖGEN.

WOHLGEFÜHLE (gustos) steht für die innere Ruhe und die inneren Freuden oder Glückserfahrungen, die dem Gottsucher im Gebet als reines Geschenk zuteil werden können. Auch wenn er solche Wohlgefühle nicht bewußt anstreben oder beanspruchen sollte, darf er sie doch dankbar annehmen, sofern sie ihm geschenkt werden, weil sie ihn für die Stunde der Prüfung stärken. Teresa verwendet den Begriff öfter im technischen Sinn als Synonym für das *Gebet der Ruhe*. Auch der *Böse* versucht den Menschen mit trügerischen Wohlgefühlen zu täuschen; wer aber Erfahrung von den gottgewirkten hat, merkt den Unterschied. Die von Gott geschenkten Wohlgefühle regen den Menschen zur *Demut* an. Wohlgefühl und geistiger Schmerz schließen sich nicht aus, sondern können durchaus eine paradoxe Verbindung miteinander eingehen. Siehe auch BEGLÜCKUNG; WONNE.

WONNEN (regalos) steht ganz allgemein für beglückende Gebetserfahrungen, aber insbesondere für die Erfahrungen intensiven Genusses, die Teresa im Rahmen ihrer *Ekstasen* erlebt und die auch auf den Leib übergreifen können. Wonnen und geistiger Schmerz schließen sich nicht aus, sondern können in der *Ekstase* eine paradoxe Verbindung miteinander eingehen. Siehe auch BEGLÜCKUNG; WOHLGEFÜHLE.

ANHANG II

PERSONEN- UND ORTSVERZEICHNIS

Da Teresa es aus Diskretionsgründen bis auf wenige Ausnahmen vermei-
det, Personen und Orte namentlich zu nennen, beziehen sich die Stel-
lenangaben in der Regel auf Anmerkungen zum entsprechenden Absatz.
Gottesnamen und Namen Christi sind in dieser Liste nicht enthalten.
Ordensnamen werden nach dem Vornamen eingeordnet; in Klammern
folgt der bürgerliche Name, soweit bekannt. An den fettgedruckten Stel-
len sind ausführlichere Informationen zu finden.

Águila, Catalina del: Tante Teresas 1,1.2; 3,4; 23,7
Águila, Mencía del: Ehefrau von Francisco de Salcedo 23,7; 24,4
Ahumada, Agustín de: *1527, Bruder Teresas 1,3
Ahumada, Antonio de: 1520–1546, Bruder Teresas 1,3; **4,1**
Ahumada, Beatriz de → Dávila y Ahumada, Beatriz
Ahumada, Hernando de: 1510–1565, Bruder Teresas 1,3
Ahumada, Juan de: *ca. 1517, Bruder Teresas 1,3; 4,1
Ahumada, Juana de: *1528, jüngste Schwester Teresas 1,3; 31,19; 33,11;
    36,3
Ahumada, Pedro de: *1521, Bruder Teresas 1,3
Ahumada, Teresa (Teresita) → Teresa de Jesús
Alba de Tormes: Stadt in der Provinz Salamanca, damals Herrschafts-
    gebiet der Herzöge von Alba, Wohnort von Teresas Schwester Juana
    de Ahumada, Sterbeort Teresas 29,14; 33,11; 36,3
Albert von Jerusalem (= Albert von Avogadro): Hl., † 1214, Patriarch
    von Jerusalem, Verfasser der Karmelregel (zwischen 1206 und 1214)
    32,9; 35,2; 36,27
Albert von Trapani: Hl., † 1307, Karmelit 40,13.15
Alcalá de Henares: Stadt in Neukastilien, damals Herrschaftsgebiet
    des Erzbischofs von Toledo, wo Francisco Jiménez de Cisneros 1509
    eine „moderne" Universität gründete (die berühmte „Complutense")
    33,7; 35,1; 36,28; 38,9.30

Quito: Stadt im damaligen Vizekönigreich Perú (heute Ecuador), lang-
jähriger Wohnort von Teresas Bruder Lorenzo de Cepeda 2,2; 33,12

Rachel: alttestamentliche Gestalt, Frau des Jakob 17,7

Ramírez, Martín: Converso, Kaufmann in Toledo 1,1

Ramón Dalmáu, Pedro: Stifter des Karmelitinnenklosters von der
Menschwerdung zu Valencia 31,13

Revilla, Úrsula de → Úrsula de los Santos

Ribera, Francisco de: erster Biograph Teresas 1,4; 2,1; 11,7; 16,3.10;
23,2; 25,14; 29,7; 30,6; 33,10; 34,6; 40,12

Ripalda, Jerónimo: 1535–1618, Jesuit, Beichtvater Teresas 23,3

Robledo, Alonso de: angesehener Einwohner Ávilas, Teilnehmer an der
„Großen Versammlung" am 30. August 1562 wegen der Gründung
des Klosters San José und Kläger gegen das Kloster im Auftrag des
Stadtrates von Ávila 36,15.16

Rom: 29,13; 32,13; 33,2.16; 35,1f; 36,1

Rossi, Giovanni Battista (Juan Bautista Rubeo): 1507–1578, Karmelit,
1564–1578 Ordensgeneral 7,2; 32,9

Rubí, Mosén: Stifter einer Kapelle in der Pfarrkirche Santo Tomé zu
Ávila 30,3

Ruusbroec, Johannes (Jan) van: 1293–1381, Regularkanoniker, flämi-
scher Mystiker 22,6

Salamanca: damals Stadt in León, heute Provinzhauptstadt in der auto-
nomen Region Castilla-León, berühmte Universitätsstadt 9,7; 20,5;
25,22; 28,14; 29,14; 39,16; epíl 4

Salazar, Ángel de: Karmelit, Provinzial der Karmeliten Kastiliens, Oberer Teresas 30,3; 32,13.15; 33,1.11.16; 34,1; 35,7; 36,12.17

Salazar, Gaspar de: 1529–1593, Jesuit, Rektor des Jesuitenkollegs von
Ávila 33,7ff.10; 34,2.7.14; 38,14(?); 39,2; 40,24

Salcedo, Francisco de: † 1580, „Spiritueller", Berater Teresas 16,7; 23,4.6ff;
24,1.3; 25,14; 28,17; 29,4; 30,6; 32,17f; 36,1.18.21

San Gil: Jesuitenkolleg zu Ávila 23,3; 24,4; 28,14; 33,7; 34,2.7; 38,30;
39,27

San José (Ávila): erste Klostergründung Teresas (1562) 3,7; 7,3; 10,7;
14,8; 20,5; 23,6; 24,4; 27,3.19; 29,5; 30,8; 31,8.19; 32,tít.10; 33,13f;
34,18; 35,12; 36,1; 39,10.14; 40,21

San Pedro, Diego de: 15. Jh., spanischer Dichter 14,2

Sánchez de Cepeda, Alonso: ca. 1480–1543, Vater Teresas 1,1.2.4;
2,1.2.4.6ff; 3,3.7; 4,1.5; 5,3.10; 7,6.10.12.13.14.16

Sánchez de Cepeda, Pedro: Onkel Teresas 1,1.2; 3,4; 4,7; 7,10; 9,4;
23,7; 38,1

Sancho IV. von Kastilien: 1284–1296 König von Kastilien 21,5

Danksagung

Die finanzielle Zusammenarbeit für die Übersetzung der Schriften des Johannes vom Kreuz setzt sich auch bei der neuen Übersetzung der Schriften Teresas von Ávila fort. So sei an dieser Stelle der Interkarmelitanischen Arbeitsgemeinschaft – INTERKARM – wieder herzlich gedankt. Zu ihr gehören die Provinzialate der niederdeutschen und der oberdeutschen Provinzen der Karmeliten (O.Carm.), die Provinzialate des Teresianischen Karmel (OCD) in Deutschland und Österreich, verschiedene Klöster der Karmelitinnen in Deutschland und Österreich, die Kongregation der Marienschwestern vom Karmel mit ihren Provinzen im deutschen Sprachraum, die Tertiarkarmelitinnen Unserer Lieben Frau vom Berge Karmel in Luxemburg, die Karmelitinnen vom Göttlichen Herzen (Carmel DCJ) mit ihren Provinzen im deutschen Sprachraum, das karmelitanische Säkularinstitut „Notre Dame de Vie" in Weisendorf und die Teresianische Karmel-Gemeinschaft (Säkularorden des Teresianischen Karmel); ihnen allen sei hier ausdrücklich gedankt.

Zu Dank verpflichtet sind wir auch Maximiliano Herráiz García OCD und José de Jesús Orozco OCD (beide Rom), die uns oft bei den nicht immer leicht verständlichen Satzgebilden Teresas Erklärung und Verstehenshilfen gegeben haben.

Rom/Weimar, 24. August 2001   Ulrich Dobhan OCD
                                                         Elisabeth Peeters OCD

Faszinierende Porträts

Teresa von Avila
„Ich bin ein Weib und obendrein kein gutes"
Eine große Frau, eine faszinierende Mystikerin
Hg. von Erika Lorenz
Band 4904

Teresa von Avila: eine vitale, starke Frau mit allen Ecken und Kanten,
voller Selbstbewußtsein und Kampfgeist. Ein faszinierendes Porträt der
großen Mystikerin.

Christian Feldmann
Mutter Teresa
Die Heilige von Kalkutta
Band 4855

Die Biografie zeichnet den Weg, die Persönlichkeit, die Anliegen, die
Kraftquellen, das Engagement und das Vermächtnis Mutter Teresas nach.

Roswitha Mair
Käthe Kollwitz – Leidenschaft des Lebens
Biografie
Band 4769

Die Künstlerin Käthe Kollwitz führt ihr Leben unkonventionell und
neugierig. Ein Leben wie ein Roman.

Ruth Pfau
Das letzte Wort wird Liebe sein
Ein Leben gegen die Gleichgültigkeit
Band 5172

Die deutsche Lepraärztin erzählt von ihrer Arbeit, ihren Krisen
und von ihren Träumen.

Jörg Zink
Binde deinen Karren an einen Stern
Band 4816

Das Buch spürt im Gespräch Fragen auf, die uns alle angehen, und
macht die Faszination des engagierten Menschen Jörg Zink deutlich.

HERDER spektrum

Mystik, Meditation und Spiritualität

Niklaus Brantschen
Erfüllter Augenblick
Wege zur Mitte des Herzens
Band 5030

Lärm, Unruhe, Hektik, Stress, Zerstreutheit – damit unser Leben nicht davon überwältigt wird, können wir Oasen der Stille suchen und ein neues Gefühl für das Leben finden.

Gernot Candolini
Im Labyrinth sich selbst entdecken
Band 5143

Ein uraltes Menschheitssymbol ist das Bild des Labyrinths und des rettenden Lebensfadens, der zur Mitte führt. Wer seine spirituelle Kraft erkundet, wird zu sich selber finden.

Hildegard von Bingen
Scivias – Wisse die Wege
Eine Schau von Gott und Mensch in Schöpfung und Zeit
Band 4115

Das Hauptwerk Hildegards: die faszinierenden, überraschend aktuellen Visionen einer der modernsten Frauen des Mittelalters.

Karlfried Graf Dürckheim
Meditieren – wozu und wie
Band 5156

Ein praktischer und vielfach erprobter Grundkurs der Meditation für alle, die im Alltag den Weg zum Wesentlichen gehen wollen.

Karlfried Graf Dürckheim
Vom doppelten Ursprung des Menschen
Vorwort von Wolf Büntig
Band 5141

Das grundlegende Werk des großen Meisters der Spiritualität, das den Weg zu einer unverkrampften, freien und reifen Haltung eröffnet.

HERDER spektrum

Dalai Lama
Das kleine Buch vom rechten Leben
Hg. und eingeleitet von Dirk Kron
Band 4949
Die zentralen Texte des Dalai Lama, in denen sich der große Weisheitslehrer Themen des Alltags und ganz persönlichen Fragen widmet.

Dalai Lama
Der Friede beginnt in dir
Wie innere Haltung nach außen wirkt
Band 5128
Die moderne Auslegung der wichtigsten Lehren über den Weg zu innerem und äußerem Frieden.

Thich Nhat Hanh
Zeiten der Achtsamkeit
Mit einer Einleitung hrsg. von Judith Bossert und
Adelheid Meutes-Wilsing
Band 5179
Die schönsten Texte des bedeutenden Meditationsmeisters.

Pierre Stutz
Meditationen zum Gelassenwerden
Band 4975
Konkrete Übungen und Rituale.

Peter Wild
Finde die Stille
Spiritualität im Alltag Ein Übungsbuch
Band 4818
Dieses Übungsbuch zeigt, welche Schritte zu tun sind, um die innere Stille täglich zu erleben.

HERDER spektrum

Meister der Spiritualität

HERDER spektrum

Anselm Grün

Anselm Grün
50 Engel für die Seele
160 Seiten, gebunden mit Schutzumschlag
ISBN 3-451-27444-2

Anselm Grün
50 Engel für das Jahr
Ein Inspirationsbuch
Band 4902
auch gebunden erhältlich:
ISBN 3-451-27178-8

Anselm Grün
Herzensruhe
Im Einklang mit sich selber sein
Band 4925

Anselm Grün
Jeder Mensch hat einen Engel
Band 4885

Anselm Grün
Vergiss das Beste nicht
Inspiration für jeden Tag
Band 4864

Anselm Grün
Das kleine Buch vom wahren Glück
Band 7007

HERDER spektrum

Das Werk des Johannes vom Kreuz

in 5 Bänden: Vollständige Neuübersetzung.
Hg., übersetzt und eingeleitet von Ulrich Dobhan,
Elisabeth Hense und Elisabeth Peeters

Johannes vom Kreuz
Die dunkle Nacht
Band 4374
Im Aufgeben des eigenen Selbst wird man offen für die andere Realität.

Johannes vom Kreuz
Worte von Licht und Liebe
Briefe und kleinere Schriften
Band 4506
Ratschläge, Lebensregeln, spirituelle Anweisungen, voll psychologischer Einsicht und Menschenkenntnis.

Johannes vom Kreuz
Der Geistliche Gesang
Band 4554
Johannes vom Kreuz besingt die Liebesbeziehung mit Gott als höchstes Glück, zu dem der Mensch fähig ist.

Johannes vom Kreuz
Aufstieg auf den Berg Karmel
Hense und E. Peeters OCD
Vollst. Neuübersetzung
Band 4802
Wie gelangen wir zu echter innerer Freiheit? Wie werden wir sensibler für das Wesentliche? Mystik als Weg – neu verständlich gemacht.

Johannes vom Kreuz
Lebendige Liebesflamme
Band 5049
In seinem letzten und reifsten Werk besingt Johannes vom Kreuz die höchste Gleichgestaltung mit Gott, die einem Menschen zuteil werden kann.

HERDER spektrum